高等院校公共基础课特色教材系列

现代教育技术

杜玉霞　孔维宏　主　编
梁瑞仪　黄琼珍　副主编

清华大学出版社
北　京

内 容 简 介

本教材将国内外教育技术发展的新理论、新理念和新观点融入到各章内容中，通过实例展现新技术应用及其融入教育教学的具体方法，注重培养学生的自主学习能力和实践创新能力。

本教材共分8章，第1章介绍了信息时代教师应具备的新型能力与素质；第2章介绍了交互白板、iPad与iPhone等现代教育媒体的特性、教学功能及其教学应用方法；第3章探讨了各类现代教育技术环境的构成、特点及其教学应用；第4章结合案例讲解信息化教学的设计、应用与评价；第5章结合实例介绍了各类信息化教学资源的特点及其获取、管理与评价方法；第6章讲解了各类信息化教学资源的设计与开发的技术及其具体方法；第7章介绍了移动互联网等新媒体技术在远程教育中的应用；第8章介绍了云计算技术、可视化技术等新技术在教育中的应用现状与发展趋势。

本书既适合各类教师教育高等院校作为公共课教材使用，也可作为教育技术学专业(教育类)专业基础课教材，还可以作为教师接受继续教育的教材和基础教育教师提高技术能力的培训教材，并可作为开展"教师教育"工作的各类教师和专业人员的参考书。

图书在版编目(CIP)数据

现代教育技术 / 杜玉霞，孔维宏主编. --北京：清华大学出版社，2013(2020.8 重印)
高等院校公共基础课特色教材系列
ISBN 978-7-302-32424-9

Ⅰ. ①现…　Ⅱ. ①杜…　②孔…　Ⅲ. ①教育技术学—高等学校—教材　Ⅳ. ①G40-057

中国版本图书馆 CIP 数据核字(2013)第 105582 号

责任编辑：张龙卿
封面设计：徐日强
责任校对：刘　静
责任印制：丛怀宇

出版发行：清华大学出版社
网　　址：http://www.tup.com.cn，http://www.wqbook.com
地　　址：北京清华大学学研大厦 A 座　　**邮　　编**：100084
社 总 机：010-62770175　　**邮　　购**：010-62786544
投稿与读者服务：010-62776969，c-service@tup.tsinghua.edu.cn
质 量 反 馈：010-62772015，zhiliang@tup.tsinghua.edu.cn

印 装 者：北京富博印刷有限公司
经　　销：全国新华书店
开　　本：185mm×260mm　　**印　　张**：29.25　　**字　　数**：673 千字
版　　次：2013 年 8 月第 1 版　　**印　　次**：2020 年 8 月第 2 次印刷
定　　价：69.00元

产品编号：048030-02

前言

信息通信技术迅猛发展，对教育领域形成日益剧烈的冲击和挑战，世界各国都在积极采取各种措施应对。我国在《国家中长期教育改革和发展规划纲要(2010—2020年)》中指出，“信息技术对教育发展具有革命性影响”，要“促进教育内容、教学手段和方法现代化”。强调要“强化信息技术应用。提高教师应用信息技术水平，更新教学观念，改进教学方法，提高教学效果。鼓励学生利用信息手段主动学习、自主学习，增强运用信息技术分析解决问题的能力”。这意味着承担教育职责的高校，要及时更新教学内容与理念，改革教学方式与手段，勇于变革，既要着眼于当前，培养能够运用信息技术开展信息化学习的职前教师，也要着眼于未来，培养能够胜任信息化教学与改革的新型教师。“现代教育技术”公共课是我国负责教师教育的院校培养职前教师信息化教学能力的核心课程，但现有教材或者内容偏于陈旧，或者教学理念守旧。针对这些现状，我们编写了这本《现代教育技术》，本教材主要在以下方面有所突破。

一是将国内外教育技术发展的新理论、新理念、新观点融入本教材；二是注重新技术及其教育应用方法的介绍与使用，并结合恰当的实例，为新技术的学习与应用提供参考；三是注重培养学生信息化环境下的自主学习能力和解决问题的能力，在各章开始，通过设计实例与问题，促使学生主动探究。各章最后提供的拓展资源让学生将课内外结合，在问题解决中，增强实践创新能力和自主学习能力。

本书既适合各类教师教育高等院校作为公共课教材使用，也可以作为教育技术学专业(教育类)作为专业基础课教材，还可以作为教师继续教育和基础教育技术能力培训教材，以及作为开展教师教育工作的各类教师和专业人员的参考书。

本书由杜玉霞、孔维宏任主编，黄琼珍、梁瑞仪任副主编。本书共分8章，具体分工如下，第1章由杜玉霞编写，第2章、第3章由黄琼珍编写，第4章、第7章由梁瑞仪编写，第5章、第6章、第8章由孔维宏编写。孔维宏整理了全书的目录和参考文献等资料，最后由杜玉霞、孔维宏负责统稿。全书的结构由杜玉霞策划，经曹卫真、李康、梁斌、程智、陈泽波、曾亦琦等老师以及本书所有编者的反复商讨后确定，因此，本书是在广州大学教育技术系全体老师的共同努力下完成的，是集体智慧的结晶，在此感谢各位老师的支持和努力，本书的出版离不开他们的鼎力支持和关心。

最后，感谢广州市属高校重点学科建设项目及广东省普通高校优势重点学科建设项目资助本教材及相关成果。

由于编者水平和所获取的资料有限，难免存在诸多不足与错漏，恳请使用此书的老师、学生和读者们将使用此书的任何建议和批评告诉我们，以便将来有机会再版时，将其修改得更加规范和完善。

编者

2013年3月

目录

第1章　信息时代需要什么样的教师

学习目标

(1) 了解信息时代教师面临的挑战。

(2) 理解并陈述信息化教学能力的概念及其六方面的能力。

(3) 掌握现代教育技术的定义与内涵。

(4) 理解现代教育技术与教师专业发展的关系。

1.1 信息时代教师面临新挑战

随着信息通信技术和多媒体技术的迅速发展,人类社会生产和生活的各个方面正在发生着剧烈的变革,教育领域更是面临着技术革新和新型人才培养的双重挑战:一方面,教育领域面临着对具备良好学习能力和应变能力的创新人才的需求;另一方面,传统的教育方式已经不能满足信息时代教育发展的要求,教育必须变革,探索新的教育教学方式。教育大计,教师为本。有好的教师,才有好的教育。教师要发展,学习是基础,教师必须不断学习新知识与新技能,提高自身的能力与素质,才能应对各类挑战与要求。

1.1.1 信息时代的教育变革

信息技术的迅猛发展,不仅提高了信息传递的质量和速度,而且改变了信息存储、传递、处理、加工、管理和利用的方式,将人类社会带入了一个全新的时代——信息时代。今天,信息技术已经广泛渗透和影响到人类社会生活的各个领域,极大地改变了人类社会的生产和生活方式,改变了知识的生产、传递、存储和应用方式,信息技术进入教育领域后,给教育观念、教育功能、教育内容、教学方式以及教育者角色定位带来了一场巨大的变革。

中共中央、国务院在2010年印发的《国家中长期教育改革与发展纲要》中指出:信息技术对教育发展具有革命性影响,必须予以高度重视。把教育信息化纳入国家信息化发展整体战略,超前部署教育信息网络。到2020年,基本建成覆盖城乡各级各类学校的数字化教育服务体系,促进教育内容、教学手段和方法现代化。有学者指出①,将教育信息化作为带动教育现代化的有力引擎,其战略意义不仅在于环境和手段的革新,更重要的是要在社会信息化的大背景下,对学生的思辨、协作、沟通、创新、解决问题、敢于尝试等能力产生影响,这一前提,促使我们重新审视教育的目标、理念和方法。为了培养符合信息时代需求的具有创新意识和能力的新型人才,教育工作者必须积极运用各类信息技术,改善教学环境,改革教学手段,变革学习方式和教学方式。

1.1.2 信息时代教师角色的转变

随着信息技术对教育观念、教育功能、教育内容、教学方式等方面产生的巨大影响以及国家新课程改革的实施,引发了教育者角色的转变。

① 周伟涛.一对一数字化学习:课堂教学改革的有益尝试[J].中国教育报,2012(12).

信息时代的教师角色由知识的传授者转变为教学内容、教学资源的设计者、开发者和加工整合者，学生学习过程和学习方法的研究者；教师由课堂教学的主宰者转变为学生学习活动的设计者、组织者、引导者，转变为学生与各方面关系的协调者，转变为为学生提供信息化教学资源和服务的帮助者。这些角色变化要求教师不仅要有广博的学科知识，还要具备在信息网络环境下实施教学活动的新型能力与素质。

1.1.3 信息时代教师必须具备新型能力与素质

信息时代要求教师具备新型能力与素质，“在世界各国教育改革的过程中，各国学者和政府都认识到，教育改革的成功与否决定于教师，教育质量的高低取决于教师。”①有专家研究指出：“教师信息化知识的掌握与教学应用能力的培养是决定教育信息化推广与应用的关键。”②教育部也发文指示：“要充分认识教师在办学中的主体地位，使广大教师掌握现代教育理念和应用优质教育资源实施教学的理论与方法，形成教师根据教学实际将优秀教学资源应用于教学的主动性和自觉性。”③

以信息化教学能力为核心的新型教学能力是信息时代教学环境变化对教师能力提出的新要求，是教师能够顺利开展信息化教育、培养创新人才的必备能力。世界上许多国家都非常重视教师信息化教学能力的培养，开展了大量教师教育改革研究，为社会信息化过程中教师教学能力的发展提供帮助与支持。如美国的 PT3 项目、英国教师的 ICT 培训项目、新加坡的 MP 项目、韩国教师的 ICT 素养培训项目、中国的教师教育技术能力建设项目等。随着教师教育职前职后教育一体化进程的加快，越来越多的政府和相关机构与人员逐渐认识到，职前教师即师范生信息化教学能力的发展状况，不仅体现着高等院校师范教育的质量，更关系到教师教育的质量，关系到整个基础教育教学改革的成败，必须采取各种措施提高师范生的信息化教学能力。

1.2 教师的信息化教学能力

信息化教学能力是指教师通过对信息技术支持的教学过程和教学资源进行设计、开发、实施、管理与评价，提高教学质量的综合能力，它是将现代信息技术融入传统教学，进行混合式教学活动时所表现出来的能力，包括信息化教学意识、信息技术应用能力、信息化教学设计能力、信息化教学资源的获取与利用能力、信息化教学的实施能力以及信息化教学评价能力等方面。

---

① [美]Thomas R. Guskey. 教师专业发展评价[M]. 方乐，张英等译. 北京：中国轻工业出版社，2005.

② 王珠珠，刘雍潜，黄荣怀，赵国栋，李龙. 中小学教育信息化建设与应用状况的调查研究报告(下)[J]. 中国电化教育，2005(11)：26.

③ 教育部办公厅关于全面推动农村中小学现代远程教育三种模式应用的指导意见[DB/OL]，http://www.moe.edu.cn/edoas/website18/level3.jsp? tablename=1555&infoid=14904，2011-07-23.

1.2.1 信息化教学意识

教师是否能够主动地利用信息化环境和资源开展教学活动，取决于教师对信息化教育理论、现代教学媒体、新型教学手段和方法的认识及情感态度，即取决于教师是否具备信息化教学意识。教师只有拥有了信息化教学的意识，才会有开展信息化教学的意愿，才可能积极主动地运用各种信息化环境和资源开展教学活动。信息化教育理念强调在教育中应用先进的教育理论和信息化教学资源，优化教学效果，强调学生的个性发展、全面发展和全体发展，注重创造性人才的培养。

增强教师的信息化教学意识，首先，应该让教师认识到信息化教学与传统教学的差异，体会信息化教学的优势与魅力，促使教师逐步转变教育教学观念，深刻认识到信息化教育的趋势与潮流，反思传统教学方法、教学手段以及教学模式的缺陷与不足，树立新的教学理念。其次，教师要充分认识开展信息化教学的重要性和迫切性，主动学习信息化教学的理论和方法，充分认识现代教学媒体和信息化教学环境的特点与优势，建立不断探索和创造新型教学模式的意识。再次，教师要树立以学为中心的理念，注重学习者学习能力的培养，发挥教师作为学习的促进者，引导者和帮助者等角色在学生学习过程中的作用。最后，建立全方位的教学资源观，教师能够充分认识信息化教学资源的特点与价值，具有运用各种资源支持学生学习的意识和开展教学改革的意识。

1.2.2 信息技术应用能力

信息化教学是在信息技术构建的软硬件环境下开展的教学活动，教师要在教学中顺利应用各种现代教育媒体和基于现代信息技术而设计、开发的各种教学资源，必须掌握相关信息技术能力，这是实施信息化教学的前提条件和基本要求。国内外都非常关注教师的信息技术应用能力，并分别制定了一系列标准，使指导教师信息技术应用能力得到培养和提高。

早在 2000 年，美国的国际教育技术协会（International Society for Technology in Education，ISTE）联合教育领域各种有影响的团体，制订了美国国家教育技术标准，明确了教师在教育中应用信息技术应具备的基本概念、知识、技能和态度。联合国教科文组织在 2008 年制定并发布了《教师信息通信技术能力标准》（*The UNESCO ICT Competency Standards for Teachers*），该标准是由思科、英特尔和微软等跨国公司会同国际教育技术国际协会、美国弗吉尼亚理工大学合作开发的，其目的是帮助教育决策者和课程开发者确定教师在教育工作中利用信息通信技术所需的技能。此外，英国、法国、澳大利亚等国家都先后制定和颁布了教师应用信息技术的相关能力标准以指导和规范教师信息技术应用能力的培养和提高。

2004 年，我国教育部就正式颁布了《中小学教师教育技术能力标准（试行）》，这是我国中小学教师的第一个专业能力标准，全面提高中小学教师的教育技术能力，要求中小学教师只有通过该能力考试才能具备任职资格。相比国内外相关能力标准，虽然在某些方面的侧重点不同，但共同之处在于都要求教师具备良好的硬件操作技能和软件使用技能等信息技术应用能力，即能够恰当使用计算机网络等各类媒体设备和软件，构建有利于学生学习的教学环境，能将各类教育资源与日常教学进行整合并合理应用，能够帮助学生有效地运用信息技术进行学习，指导学生获取信息化学习资源等能力。

1.2.3 信息化教学设计能力

教学设计是依据对学习需求的分析，提出解决问题的最佳方案，使教学效果达到优化的系统决策过程。它是以学习理论、教学理论和传播理论为基础，应用系统科学理论的观点和方法，调查、分析教学中的问题和需求，确定目标，建立解决问题的步骤，选择相应的教学活动和教学资源，评价其结果，从而优化教学效果。① 随着信息技术的发展，教学设计将建设成为以高新技术为支撑的，促进人的学习，发掘人的潜力，支持社会协商与合作，鼓励实践参与创新、开放、包容的具有反思精神与自我更新能力的一个不断发展的创新系统。为了与传统的教学设计相区别，人们将信息化教育环境下的教学设计简称为信息化教学设计，即运用系统方法，以教与学的理论为指导，综合运用各种策略和方法，充分、恰当地利用现代信息技术和信息资源，科学地安排教与学过程的各个环节和要素，实现教学过程和学生学习效果的最优化。

信息化教学设计能力体现在教师把教育信息化切实贯彻到教学的各个环节中，这对于当前素质教育、创新教育等新理念起着决定性的作用。② 除了具备传统教学设计所涉及的相关能力外，信息化教学设计要求教师能够将信息技术融入教学过程中，以学为中心，注重学习者学习能力的培养，在掌握教学设计理论的基础上，能够将信息技术合理运用于教学过程之中，使技术成为教学设计的工具和手段，能够关注学生知识的意义建构，能够充分利用各种信息资源来支持教学，促进学习者综合能力的有效发展。例如，教师应该具备基于信息化学习资源的学习活动设计能力、运用信息技术测定学习目标的能力、设计信息化学习策略和方法的能力等各种相关能力。

1.2.4 信息化教学资源开发与应用能力

信息化教学资源是信息技术应用于教育领域后产生的新型教学资源，它是以现代信息技术为基础设计、生产、存储和处理的一切支持教学活动的资源，是实现信息化教学的重要保障。③ 传统教学资源不能满足信息化教学的需要，具有处理数字化、存储海量化、管理智能化、显示多媒体化、传输网络化、交互性强等特点的信息化教学资源应运而生，它既满足了现代教育对资源的新要求，又是教学资源在信息时代的新发展和新形式，具备良好的信息化教学资源开发与应用能力，是教师实施信息化教学的基础和重要保障。

面对海量的信息化教学资源，教师必须熟悉信息化教学资源的类型与特点，能够根据教学需要，善于通过多种途径获取需要的教学资源，具备熟练的信息化教学资源的收集与获取能力，能对已有的信息化教学资源进行恰当的评价、筛选和分析，并能够因地制宜地加工和改造，满足教学需要。同时，教师还应该能够掌握相关软件的使用，例如 PowerPiont，Photoshop、Flash、Authorware 等应用性软件开发课件音频、视频等多媒体素材的信息化

---

① 南国农.信息化教育概论[M].北京：高等教育出版社，2004：79-80.

② 马丽.职前教师信息化教学能力提升的有效策略研究[J].内蒙古师范大学学报，2010(8)：71-73.

③ 杜玉霞.西部地区中小学信息化教学资源的优化与应用研究策略研究[D].华南师范大学，2007.

教学资源。

1.2.5 信息化教学实施能力

信息化教学实施能力是指教师根据教学目标和学生发展需求，组织信息化教学活动、调控教学过程的能力。信息化教学实施能力体现在教师能够根据不同的教学对象和不同的教学内容，利用恰当的资源，通过创设教学情境、组织教学活动和选择教学策略、应用教学媒体、调控教学进程等实施教学的能力。信息化教学强调学生的主体参与和互动，在教学实施过程中，教师要注意师生之间新型的互动关系与角色，与学生进行有效的交流和沟通，指导学生的学习过程，帮助学生学会学习。同时，教师要能够有效协调教学过程中各个要素之间的关系，保障信息化教学活动有序进行和有效实施。

1.2.6 信息化教学评价能力

信息化教学评价不同于传统教学评价方式，要求教师在关注学生发展的同时，又能关注学生的个体差异，能够将终结性评价与过程性评价相结合，能够有效运用各种信息化认知与测评工具，通过评价给学生及时有效的反馈，激励学生克服困难，通过问题解决等方式培养学生的能力。"教师既要关注学生信息化学习中知识技能的评价，也要关注学生信息化学习中实践性能力的发展和信息化学习中情感培养的评价，实现单一的评价方式向促进学生全面发展的全面评价方式的转变"、"以促进学生信息化学习能力的发展、学生的信息化创造性实践能力的提高为评价的主要价值取向。"①

信息化教学评价能力还包括教师对自身教学质量、教学过程的评价和反思能力。对信息化教学活动的过程性评价，有助于教师及时反思教学实施情况，调控教学进程，改善教学质量。

综上所述，教师的信息化教学能力是包括信息化教学意识、信息技术应用能力、信息化教学设计能力、信息化教学资源的获取与利用能力、信息化教学的实施能力以及信息化教学评价能力等一个动态的、不断发展的、复杂的能力体系，每一方面的能力又可以细分为许多子能力，这些能力是在信息化教学实践中表现出来，具有情景性特点；这些能力是随着信息化教学条件和环境发展而不断发展变化的，具有动态性特点；这些能力之间存在着错综复杂的联系，具有关联性。因此，教师信息化教学能力的培养与发展，要注意遵循相关能力之间的关系，例如某些能力是其他能力发展的基础和前提，同时，要注意能力发展的动态性，保持开放的心态，树立终身学习的理念，将理论与实践有效结合，全面培养和发展教师的信息化教学能力。

1.3 现代教育技术与教师专业发展

信息化社会急需具有良好信息化教学能力的新型教师，那么，如何培养这些新型教师？怎样才能持续发展教师的信息化教学能力而不落伍？使教师成为教育教学改革的弄潮儿

① 王卫军. 教师信息化教学能力发展研究[D]. 西北师范大学，2009：109.

而非教育改革的被动追随者？职前教师即师范生的信息化教学能力，目前基本上是以开设"现代教育技术"等相关课程进行系统培养；对在职教师，主要是通过对现代教育技术等相关知识与技能的培训等方式来发展教师的信息化教学能力。现代教育技术在教师信息化教学能力发展中扮演着举足轻重的角色，发挥着重要作用。那么，什么是现代教育技术？现代教育技术是怎样作用于教师能力发展乃至专业发展的？在回答这些问题之前，首先要了解什么是现代教育技术。

1.3.1 现代教育技术概述

现代教育技术是20世纪八九十年代，随着信息技术在教育领域的应用而产生的新概念，是教育研究与实践中发展起来的一个新兴领域，现代教育技术的术语来源于教育技术，二者的本质是一致的，现代教育技术是人们为了强调新技术与新媒体对教育的作用提出的新名称。要定义现代教育技术，必须先明确什么是教育技术。

教育技术最初被认为是一种工具技术。"它指利用手段、媒体和硬件来达到教育目标。"①随着媒体技术及其教育应用的发展，学者们为了使教育技术的名称能反映其实践现状，不懈地研究和更新其定义，这主要体现在美国教育传播与技术协会(AECT)于1972年、1977年、1994年以及2004年数次发布的教育技术定义。在其发布的最新定义即2004年给出的定义中指出："教育技术是通过创造、使用、管理适当的技术性的过程和资源，以促进学习和提高绩效的研究和符合伦理道德的实践。"在该定义中，强调了教育技术的目的是促进学习和提高绩效，这是美国对教育技术的定义。

中国的教育技术是先有其事，后有其名，1915年金陵大学设校园电影放映场的事件标志着中国教育技术的诞生。② 直到1936年我国才正式确定了电化教育的名称。21世纪初，随着我国教育信息化的发展和网络教育的兴起，人们开始用信息化教育替代电化教育的名称。教育技术的概念，是20世纪70年代末由美国引进的，后来随着该概念在国内的逐渐使用，人们发现，一方面按照美国教育传播与技术协会的教育技术"1994年定义"其内涵与我国这一领域的实践有一定差异，因此，提出了"现代教育技术"的概念，以符合我国的实际，另一方面，我国教育技术发展到了新阶段，应该与原来的电化教育有所区别。南国农教授指出，现代教育技术和信息化教育、电化教育三者的目的和研究对象相同，它们名称虽然不同，但基本实质是一样的，都是在现代教育思想、理论的指导下，运用现代信息技术，优化教育教学，提高教育教学的质量和效率，可以互相换用。③

综上所述，随着教育技术实践的不断发展，教育技术的名称与内涵也在经历着不断的改变与更新，关于现代教育技术的定义，由于教育技术实践领域的复杂性、发展性和研究者背景的不同，目前还没有一个统一的定义，李克东教授认为④：现代教育技术，是指运用现代教育理论和现代信息技术，通过对教与学过程和教与学资源的设计、开发、利用、管理和

① [美]巴巴拉·西尔斯等.教学技术：领域的定义和范畴[M].乌美娜等译.北京：中央广播电视大学出版社，1999:35-38

② 南国农."中国电化教育(教育技术)发展史研究"课题研究情况汇报[J].电化教育研究，2012(10)：15.

③ 南国农.信息化教育概论[M].北京：高等教育出版社，2004.

④ 李克东.新编现代教育技术基础[M].北京：华东师范大学出版社，2002.

评价，以实现教育最优化的理论与实践。

也有许多学者直接将美国教育传播与技术协会在2004年发布的教育技术定义，作为现代教育技术的定义。无论采用哪种定义，教育技术的本质都是为了优化教与学的过程，取得教与学的最优效果。

1.3.2 现代教育技术的内涵

当前国内外关于教育技术的不同定义，从不同角度为我们开展信息化教育提供了理论借鉴和启示。根据中国的教育信息化的发展情况和国情，为了正确认识和应用现代教育技术，发挥现代教育技术的作用与价值，必须掌握现代教育技术的下列内涵。[①]

(1) 现代教育技术必须以现代教育思想和理论为指导。

现代教育思想包括以促进学生全面发展、全体发展和个性发展的素质教育观；在个人一生中的各个阶段都要持续学习的终身教育观；发挥学生和教师两方面主动性和创造性的双主体教育观；以培养和发展学生创新意识、创新精神、创新能力的创新教育观；强调情商是成功关键因素的情商为主的教育观；培养学生学会认知、学会做事、学会做人、学会生存的四大支柱教育观等。

现代教育理论包括现代教学理论和现代学习理论。主要有赞可夫的发展教学理论、布鲁纳的结构—发现教学理论、巴班斯基的教学最优化理论、加德纳的多元智能理论等教学理论，以及新行为主义学习理论、建构主义学习理论、人本主义学习理论、折中主义学习理论等。

现代教育技术如果脱离了现代教育思想和理论的指导，就不能在教学活动中有效发挥作用，影响了现代教育技术的应用效果和教学效果。

(2) 现代信息技术是指现代媒体技术、现代媒传技术和教学系统设计技术三种技术。

何克抗教授指出，技术是人类在生产活动、社会发展和科学实验过程中，为了达到预期的目的而根据客观规律对自然、社会进行认知、调控和改造的物质工具、方法技能和知识经验等的综合体。[②]

南国农教授认为，现代信息技术包括现代媒体技术、现代媒传技术和教学系统设计技术三种技术。

现代媒体技术即现代教育媒体，是指教育教学中应用的现代技术手段，是一种物化形态的技术。例如多媒体计算机、掌上电脑及各种移动终端设备等。

现代媒传技术即媒传教学法，是运用现代教育媒体进行教育教学活动的方法，是智能形态的技术。

教学系统设计技术即教学设计，是优化教学过程的系统方法，是一种应用广泛的智能形态的技术。

掌握现代教育媒体的功能和使用方法是基础，更重要的是掌握运用现代媒体开展教学活动的方法和优化教学过程的方法，只有熟练掌握这三种现代信息技术的教师，才是信息

---

① 李克东. 新编现代教育技术基础[M]. 北京：华东师范大学出版社，2002:5；南国农. 信息化教育概论[M]. 北京：高等教育出版社，2004.

② 何克抗，李文光. 教育技术学[M]. 北京：北京师范大学出版社，2002：2.

时代的合格教师。

(3) 现代教育技术的目标是通过教学过程的最优化，培养具有良好信息素养的创新人才。

教学过程的最优化就是教师根据具体的教学对象和条件，运用最恰当的方法和手段，用最少的时间、花费最少的人力和物力资源，取得最大的教学效果。通过教学活动的实施，培养具有良好信息素养的创新人才是现代教育技术追求的终极目标。

(4) 教师是现代教育技术实现有效应用的关键要素。

现代教育技术的应用，一方面促使着教学模式和学习方式的变革，另一方面作为物化技术是教师教学的辅助工具和学生学习的认知工具，作为智能技术指导着教师的信息化教育活动。现代教育技术的这些作用能在实践应用中真正发挥作用，掌握现代教育技术应用理论与技能的优秀师资队伍是关键。

1.3.3 现代教育技术的作用

南国农教授认为，现代教育技术主要有四个作用。

一是能够提高教育质量，是推动素质教育的强大动力。

二是能够提高教学效率，使教师完成某项教学任务所需的时间更短；使学生能够综合利用多种感官学习，可以学得更快，学得更好。

三是能够扩大教育规模，为建设全民学习、终身学习的学习型社会，提供强有力的支持。

四是能够促进教育改革，现代教育技术引发的是一场全面的、深入的、历史性的教育变革。

现代教育技术将现代信息技术手段引进教育领域，使教学手段实现了多媒化；在教学方法方面，现代媒传教学法的应用，使教学方法实现了多样化，并为学生采用探索式、发现式学习创造了有利条件；在教育模式方面，现代教育媒体的应用改变了原有教育过程的结构，形成了多种新模式，也使个别化学习和交互式远程教学成为现实；在教育观念方面，现代教育技术的出现，为教育发展提供了新思路，并促进了现代教育观、现代教学观、现代学校观、现代人才观等的形成。

1.3.4 现代教育技术与教师专业发展

我国在《国家中长期教育改革和发展规划纲要(2010—2020年)》中提出，要鼓励学生利用信息手段主动学习、自主学习，增强运用信息技术分析、解决问题的能力。要提高教师的专业水平和教学能力，提高教师应用信息技术的水平，更新教学观念，改进教学方法，提高教学效果。教师专业发展是当前教育研究与实践中关注的重要课题，教学能力发展是教师专业发展的核心，教师专业发展是一个持续的、动态的、长期的过程，教师专业发展的内容和手段随着教育环境、教育方式等因素的变革而改变。要培养信息时代的创新人才，必须先发展教师的信息化教学能力等专业能力和素质。要有效地开展教师专业发展，必须应用现代教育技术。

信息化环境下教师专业发展的直接目标包括：应用信息技术开展有效的教学；利用信息技术支持学术及教学研究；利用信息技术进行交流协作；利用信息技术进行学习。要想达成这些目标，需要教师不仅要学习新技术的基本知识和技能，而且要形成新的结合了技术的教学方法及教学理念，对自己的教学实践产生新的认识，探究对课程内容和资源更深入的理解。[①] 即教师在专业发展中，既要学习物化形态的现代教育技术，还要掌握智能形态的现代教育技术。

信息化教育背景下，教师专业发展与现代教育技术应用这二者之间存在着互动互促的关系。

(1) 现代教育技术在教育领域的应用，要求教师要具备新型专业能力与素质，即现代教育技术向教师专业发展提出了挑战和要求。

(2) 系统学习和掌握现代教育技术的相关知识与技能是信息时代教师专业发展的重要内容。

世界各国都十分重视以掌握现代教育技术理论与技能为核心内容的教师专业发展，先后通过项目或制定教师教育技术相关能力标准等方式，为信息时代的教师专业发展提供帮助与支持，同时也规范了教师教育技术能力的培训与资格认证。与此同时，有关的教师能力标准也相继颁布。例如，联合国教科文组织的《信息和传播技术教师能力标准》，美国多次修订的《面向教师的美国国家教育技术标准》，英国政府发布的《ICT 应用于学科教学的教师能力标准》，以及我国于 2004 年颁布的《中小学教师教育技术能力标准（试行）》等。

(3) 现代教育技术为教师专业发展提供了新型技术与资源支撑服务，提供了新的学习途径与学习方式。现代教育技术使教育发生了革命性的变化，教师的学习方式也随之变革，教师可以利用丰富的信息化资源和各类认知工具等资源，开展灵活自主的专业发展活动。例如，教师可以根据自己的兴趣与需要，在职利用网络开展自主研修、主题研讨和网络课程学习等多种形式的学习活动，教师在专业发展中对现代教育技术的应用，既使教师体验到现代教育技术在学习中的作用和价值，又使教师掌握了现代教育技术的应用方法，培养了主动开展信息化教学的意识和能力，并使教师将专业发展过程与信息化教育实施结合起来，促进新型教师专业发展模式的探索和形成，实现教师教育信息化。

(4) 教师专业发展的结果即专业能力与素质的提升推动着现代教育技术在教育领域更深入更广泛的应用。

教师信息化教学能力的全面提升是信息时代教师专业发展的核心内容和结果，具有良好信息化教学能力的教师，能够在教学过程中主动有效地应用现代教育技术，培养具有良好信息素养的创新人才。

思考与作业题

1. 名词解释

信息化教学能力　教育技术　现代教育技术　教师专业发展

2. 简答题

(1) 信息时代教师面临的挑战有哪些？

(2) 请举例说明什么是信息化教学意识。

---

① 顾小清. 信息时代的教师专业发展理念、方法[J]. 电化教育研究，2005(2)：35-39.

(3) 请举例说明什么是信息技术应用能力。

(4) 请举例说明信息化教学设计能力是什么。

(5) 请简述信息化教学资源的获取与利用能力具体包含哪些方面。

(6) 请举例说明什么是信息化教学的实施能力。

(7) 请简述信息化教学评价能力的作用是什么。

(8) 请根据自己的认识谈一下现代教育技术对教师专业发展的意义。

3. 论述题

(1) 结合实例分析论述信息化教学能力构成的6个方面。

(2) 请论述现代教育技术的内涵是什么。

(3) 请在网络探究的基础上,论述现代教育技术在教育改革与发展中的作用有哪些。

4. 讨论题

请在利用网络探究的基础上,与本班同学讨论提高职前教师信息化教学能力的途径有哪些。并根据讨论结果,制订自己提升信息化教学能力的计划,并发布在个人博客和网络课程论坛中,请老师和同学提出建议,以便完善并实施。

5. 课外延伸

(1) 请利用网络,寻找相关专家、学者、其他地区和院校的教育技术专业人士,共同探讨现代教育技术对职前教师能力培养的意义和途径,并将讨论结果整理、发表在自己的博客和网络课程论坛中,与老师和同学进行分享。

(2) 请通过网络查阅我国政府颁布的有关教师现代教育技术能力的相关政策和文件,了解政策制定的背景和意义。

拓展学习

(1) 教育技术能力将纳入教师资格认证体系。

2012年3月,教育部下发《教育部关于印发〈教育信息化十年发展规划(2011—2020年)〉的通知》(教技〔2012〕5号),其中,第10章提出,要加强队伍建设,增强信息化应用与服务能力。具体内容如下。

队伍建设是发展教育信息化的基本保障。造就业务精湛、结构合理的教育信息化师资队伍、专业队伍、管理队伍,为教育信息化提供人才支持。

提高教师应用信息技术水平。建立和完善各级各类教师教育技术能力标准,继续以中小学和职业院校教师为重点实施培训、考核和认证一体化的教师教育技术能力建设,将教育技术能力评价结果纳入教师资格认证体系。加快全国教师教育网络联盟公共服务平台的建设,积极开展教师职前、职后相衔接的远程教育与培训。到2020年,各级各类学校教师基本达到教育技术能力规定标准。采取多种方法和手段帮助教师有效应用信息技术,更新教学观念,改进教学方法,提高教学质量。

(2) 进一步推进"全国中小学教师教育技术能力建设计划",开展中小学教师五年一周期的全员培训。

2011 年 1 月 4 日教育部下发了《教育部关于大力加强中小学教师培训工作的意见》(教师〔2011〕1 号),提出了适应教育现代化和教育信息化的新要求,要进一步推进"全国中小学教师教育技术能力建设计划",促进信息技术与学科教学的有效整合,提高教师在教育教学中有效应用现代教育技术的能力和水平,要继续开展全员培训和完善教师培训制度。

第 2 章　现代教育媒体

实例与问题

教学是为了达到预定的目的而利用媒体进行的信息传播活动。视、听媒体及其教育应用是教育技术重要的研究对象之一。目前，越来越多的现代教育媒体被运用到教学过程中，媒体是教学过程中的一个重要因素，什么是教育媒体？常用的教育媒体有哪些？各种媒体的特性有何不同？如何选择与运用这些教育媒体？以上是本章的主要内容。

教学指南

在教学中，各种教育媒体各有所长，通过本章学习，应在学生掌握各种媒体使用的基础上，分析各种教育媒体的优势及适用范围，尝试将各种教育媒体优势综合应用。本章在分析各类教育媒体在教学中运用的特点的基础上，说明如何选择适用的教育媒体。主要内容分为视听觉基础知识、视听觉媒体教学基础和视听觉媒体教学基础。本章结构如图 2-0 所示。

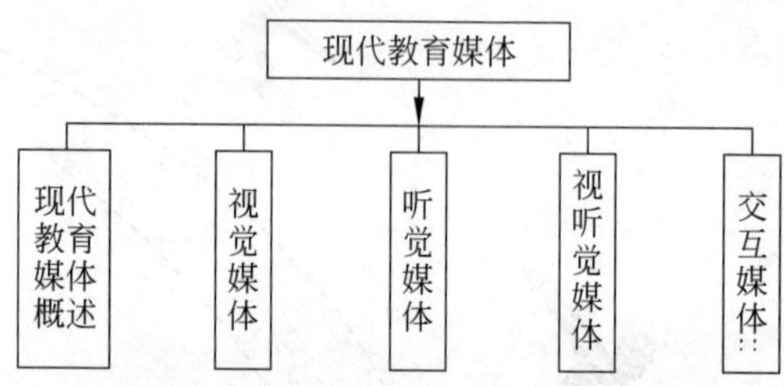

图 2-0　现代教育媒体的内容结构

教学目标

(1) 正确解释媒体、教育媒体的含义。
(2) 了解教育媒体的特性、作用和分类。
(3) 阐述教育媒体的本质。
(4) 了解教育媒体发展的几个历史阶段和所引起的教育变革。
(5) 阐述选择、开发和运用各种教育媒体的原则与方法。
(6) 了解各种常用的教育媒体的特性、基本类型、教学功能及其应用特点。
(7) 熟悉目前常用视听觉媒体的基本原理与使用方法。

教学方法与课时分配建议

教学方法：

注重学生实践能力的培养，采用课堂讲授与演示，学生的实际操作相结合的教学方法。

课时分配：

计划时数为 10 学时，其中讲授为 6 学时，实验(实践)时数为 4 学时。

2.1 现代教育媒体概述

2.1.1 现代教育媒体的概念

1. 媒体与教育媒体

媒体一词来源于拉丁语 media，音译为媒介，意为“介于两者之间”，是指信息传播过程中，从信息源到接收者之间携带和传递信息的载体和物质工具。一般来说，媒体有两层含义，一是指承载信息所使用的符号系统，如语言、文字、声音、符号、图形、图像等；二是指加工、传递、存储信息的实体，如书籍、挂图、报纸、图片、幻灯投影片、录音带、录像带、光盘、辅助教学软件，以及相关的处理、呈现和存储信息的设备，如录音机、电视机、投影器、计算机等。

当媒体被用于教学时，被称为教育媒体。教育媒体是教学活动中传递教育信息的载体和中介，以传递教育教学为目的，是连接教育者与学习者的中介物，是人们用来传递和取得教育教学信息的工具。从教学的本质上看，教与学过程是一种获取、加工、处理和利用事物信息的过程，作为储存和传递信息的任何媒体，只要应用于教育教学活动的媒体，都可以称为教育媒体。

习惯上，把教育媒体分为传统的教育媒体和现代教育传播媒体两大类。传统教育传播媒体主要包括语言、文字、印刷材料、图片、黑板、粉笔、教科书、挂图、模型和实物及教师的各种表情、体态等，而现代教育媒体是指在教育、教学中应用的电子和数字化信息技术手段，它们是用来存储、处理和传递教育信息的工具，也是学习者认识世界，获取知识的认知工具。

2. 现代教育媒体的优势

随着现代科学技术的发展，20 世纪以来利用科技成果发展起来并被引入教学领域的电子传播媒体称为现代教育媒体，在我国也称为电化教育媒体。主要包括幻灯、投影、广播、录音、音响设备、录像、电影、电视、电子计算机、程序教学机等教育媒体；此外，现代教育媒体包括各种教学媒体组成的各种系统，如语言实验室、微格教学系统、多媒体教学系统、计算机网络教室、闭路电视系统、视听阅览室、校园网等。现代教育媒体是指直接介入教学活动过程，并用来传递和再现教育信息的现代化信息传递工具。它由两个互相联系的要素构成，即传递和再现教育信息的设备(硬件)以及记录、储存信息的载体(软件)。

与传统教育媒体相比，现代教育媒体应用于教育教学中，主要有如下优势。

(1) 扩大教学规模。通过现代教育媒体(如广播、电视、计算机网络等)能使教学信息即时传播至遥远的地区和更加广阔的范围，为实现远程交互式学习和实现学习资源的共享提供了先进的技术和手段。

(2) 提高教育教学的质量效率。现代教育媒体(如电影、电视、多媒体电脑及网络)，不仅能传送语音、文字和静止图像，还能传送活动图像，能准确、直观、完整地传送事物运动状态、特征与规律的信息，有助于提高教育质量；同时，在应用教育教学媒体时，通过对应用媒体的整个教学系统进行精心设计，进行教学信息的多通道传输，刺激学生的多种感官，能在单位时间内传递更多的教学内容，提高教学效率。

(3) 为教育教学改革提供了物质与技术的手段。现代教育媒体(如录音、录像、计算机等)，能记录、储存、传输和再现各种教学信息，计算机还具有信息加工处理并与学习者相互作用的能力，将多媒体计算机与多种现代媒体集成组合在一起，还能虚拟仿真出多种物理、化学实验，模拟宏观、微观物体的各种运动变化过程，网络提供了个性化交互和社会性交互的方式，从而为个别化、开放式学习以及创建新型教学模式，提供物质基础与技术条件，从而有利于促进教育改革与发展。随着科学技术的发展，越来越多的媒体运用到教学过程中。现代教育媒体在教育教学中的引入，不仅改变了教学方法、提高了教学效率，更重要的是媒体的应用也使得人们的教育观念、教育理念发生了深刻的变化，从而教育方式、教学模式则出现根本性的变革。

现代教育媒体由于具有以上优越性，因此，它的设计开发与应用一直成为教育教学研究的热点之一。但值得一提的是，现代教育媒体虽然具有以上优势，但它却不能代替传统的教育媒体。各种媒体各有其自身的特点与功能，又有其局限性。传统的教育媒体，如教师的语言、表情、手势等仍是教学活动中的重要组成部分，文字与印刷媒体始终仍是教学活动中的重要媒体。在教学活动中，只有把多种媒体优化组合，将各种媒体的优势互补，才能充分发挥各种媒体应有的教学功能，并真正实现教学过程的最优化。

现代教育媒体包括硬件和软件两种形态。硬件是指那些储存、传递信息的机器和设备，如幻灯机、投影机、电视机、电影机、摄像机、计算机、视盘、放像机、录音机、语言实验室等，软件是指那些能存储与传递信息的物体，即各种教学片、带、盘等，如幻灯片、光学投影片、录音带、录像带、计算机光盘和软件等。硬件和软件缺一不可，只有相互配合使用，才能发挥其储存和传递教育信息的功能。

2.1.2 媒体的主要特性与作用

加拿大著名传播学者马歇尔·麦克卢汉在《媒体通信：人体的延伸》一书中写道：媒体是人体功能的延伸，如印刷品是人眼的延伸、无线电广播是人耳的延伸、电视则是人耳和眼睛的同时延伸、传声器是嘴巴的延伸、面对面交流则是五官的延伸、电脑则是大脑的延伸。每一种新媒体的出现都是一种延伸，而每一种新的延伸，都会使人的各种感官的平衡产生变动。这说明媒体可以克服人类靠自身的感觉器官直接获取信息的限制，同时也说明了各类媒体运载信息的符号不同，刺激接受者感官的不同，因此，延伸的方向也不一样，从而造成了媒体的教学功能也不同。在应用媒体进行教学时，应分析每种媒体的教学功能与特性，取长补短，综合应用。

1. 媒体使用的符号系统

传播学家宣伟伯指出符号是人类传播活动的要素，符号代表事物，它能脱离参加传播关系的双方而独立存在，教学媒体用符号去表征事物运动状态与规律的信息。关于媒体使用的符号，目前常有如下的分类方法：一种是将媒体使用的符号分为语言符号与非语言符号；另一种分类方法是把符号分为数序符号、形状符号和模拟符号。

(1) 语言符号与非语言符号

语言符号是由音、义的结合构成的符号系统，“音”是语言符号的物质表现形式，“义”是语言符号的内容，音和义相结合构成了语言的符号，语言符号包括口头语和以书写符号文字形态出现的书面语。借助于语言符号，人们的思想得以表达、感情得以传达、知识得以交流。

非语言符号是指不以人工创制的自然语言为语言符号，而是以其他视觉、听觉等符号为信息载体的符号系统，如语调、表情、姿势、眼神、形体动作等。非语言符号又可以分为动作性符号、音响符号、图像符号、目视符号(地图、曲线、绘画等符号)。

虽然语言是人类最重要的符号系统，在教学中，主要是以语言符号来传递教育信息，如文字、教师的口头语、板书等。但是非语言符号同样在教育传播活动中扮演着不可或缺的角色，教学中还通过大量的非语言符号传递信息，非语言符号的多样化为信息的表征提供了多种途径，它既可以加强、扩大语言手段的作用，也可以弱化、抵消语言手段的效果。在教学媒体的设计中，要根据语言符号和非语言符号的传播特点，充分利用各类符号来增强教学效果。

(2) 数序符号、形状符号和模拟符号

数序符号包括口头语言、书写与印刷的文字符号。这类符号的特点是符号之间有先后顺序，不能打乱，如同数序一样，所以称为数序符号；形状符号包括图画、图表、地图等。它是对实际事物进行抽象而得到的符号；模拟符号包括音乐和动作的符号；模拟符号又可分为视觉模拟符号(如动作和事物的活动图像)和听觉模拟符号(如音乐和音响)。数序符号也称为语言符号，形状符号和模拟符号也称为非语言符号。

不同的媒体，使用不同的符号系统，如表 2-1 所示。

表 2-1 媒体使用的符号系统

媒体		符号			受刺激感官
		数序符号	形状符号	模拟符号	
印刷品	无插图	√			视觉
	有插图	√	√		视觉
幻灯片			√		视觉
有声幻灯片		√	√		视、听觉
无声电影			√	√	视觉
加字幕无声电影		√	√		视觉
有声电影		√	√	√	视、听觉
录音带		√		√	听觉
电视		√	√	√	视、听觉
录像带		√	√	√	视、听觉
多媒体		√	√	√	视、听觉
计算机课件		√	√	√	视、听觉

在教学中，要根据教学对象和教学内容来选择使用最合适的符号与教学媒体。

2. 媒体主要特性

教学媒体有以下主要特性。

(1) 重现力：是指媒体不受时间、空间的限制，将记录、存储的内容能随时使用的能力。有即时重现和事后重现之分。有些媒体的重现力较强，可以即时重现或事后重现，如录音、录像和计算机媒体；有些媒体的重现力较弱或者说不能重现，稍纵即逝，如广播、电视媒体。

(2) 表现力：是指各类媒体表现客观事物的时间、空间、运动特性，以及表征声音、颜色特性的能力。空间特性就是指事物的形状(点、线、面)、大小、距离、方位、色调等；时间特性就是指事物出现的先后顺序、持续时间、出现频数、节奏快慢等；运动特性就是指事物的运动形式(平移、旋转、滚动)、空间位移、形状变换等。不同媒体的表现力是不同的，如幻灯投影媒体可以表现物体的空间和颜色特性，广播媒体具有时间和声音特性，而电视、计算机等媒体能全面表现物体的各类特性。

(3) 传播力：也称为接触面，是指媒体把信息同时传递到接受者的空间范围的能力，有无限接触和有限接触之分。有限接触面是指媒体传播信息的范围是有限的，只有一定范围的受众才能接触到信息，幻灯、投影、电影等；无线接触面是指媒体传播信息的范围非常广，它能跨越时空的界限，受众人数很多，如广播、电视、计算机网络等媒体。

(4) 参与性：是指媒体使用者在使用媒体过程中共同参加活动的机会。分为感情参与和行为参与两种。如电影、电视媒体，具有较强的表现力与感染力，容易激发学生感情上的参与；而计算机和网络具有交互能力，有利于学习者控制学习速度与进度，因此，它是一种行为与感情上参与程度高的媒体。

(5) 可控性：指使用者对媒体操纵控制的难易程度，分为易控和难控。幻灯、投影、录音、录像、电子计算机都比较容易操纵，并适合用于个别化学习。电影放映则必须接受专门训练，才能操作使用。无线电和电视广播，使用者只能按电台播出的时间去视听，难以控制。

表 2-2 列出了几种媒体的不同教学特性。

表 2-2　几种媒体的教学特性

教学特性＼媒体		录音	幻灯	电影	广播电视	电视录像	计算机
重现力	即时重现	√				√	√
	事后重现	√	√	√		√	√
表现力	空间特征		√	√	√	√	√
	时间特征	√		√	√	√	√
	运动特征			√	√	√	√
	声音特性	√		√	√	√	√
	颜色特征		√	√	√	√	√
传播力	无限接触				√		√
	有限接触	√	√	√		√	√
参与性	感情参与	√		√	√	√	√
	行为参与		√				√
可控性	易控	√	√			√	√
	难控			√	√		

各种教学媒体都有各自的优点，也有各自的局限性，没有一种可以适合所有教学情况的“超级媒体”。在教学活动中应根据教学目的、教学内容、教学对象、教学环境选择合适的媒体，充分发挥各媒体的长处，将各种教学媒体有机组合，扬长避短、优势互补、取得整体优化的教学效果。

3. 媒体的作用

教学过程是复杂的、动态的，随着教学内容、教学对象、教学方法的不同，教育媒体所起的作用也会有所不同。对于同一种媒体而言，由于使用方式的不同，对所要实现的教学目标产生的作用也可能不同。各种媒体都有自己的优缺点，适应任何教学目标、教学内容、教学对象或教学策略的教育媒体并不存在。但是，对于某些具体的教学目标来说，还是存在某种媒体，能使教学效果明显优于其他媒体。

(1) 提供事实，建立经验。利用教育媒体，可以将事物的现象、形态、结构真实地记录下来，显示事物的特征，集文字、声音、图像、图形、视频、动画等多种传播媒介于一体的现代教育媒体有利于建立共同的经验，形成对概念的正确认识。

(2) 显示过程，形成表象。现代教育媒体可以将事物的发展变化过程真实完整地记录下来，提供某一典型的事物运行、成长、发展的完整过程，揭示事物发生、发展的原因和规律，也有利于对同类事物进行分析比较，从而了解该事物与其他事物的区别与关系，事物的运动过程与规律，从而形成表象。

(3) 创设情境，引发动机。在教学中利用各种现代教育媒体，可以创设教学所需的情境，渲染教学气氛，激发学生的学习兴趣，引发学生的学习动机。同时，在创设的情况中还可以陶冶学生情操，提高审美能力。

(4) 提供示范，便于模仿。通过教育媒体，可以将教学中标准操作、动作记录下来，如在实验、动作、声乐、发音等提供标准示范演示，对学生的技能训练提供示范，显示正确的操作方法，有利于学生进行模仿与练习。

(5) 演绎原理，启发思维。通过演绎推理或类比的方法，使教学内容由抽象变为直观，突出重点、突破难点，化繁为简、化难为易，便于观察和认识，在演绎原理的过程中还可以启发学生对教学内容进行不断思考，理解原理，使学生知识产生迁移。

(6) 设难置疑，引起思辨。利用教育媒体，可以围绕教学内容不断提出问题，引导学生认真观察、设疑，引导思考，探究规律，总结概括，培养学生发现问题和提出问题的能力。

(7) 开阔视野，提升能力。利用教育媒体以不同的方式呈现教学内容，多方位、多角度、多途径地向学生传递信息，提供与教学内容有关的文献、史料等客观事实，使学生开阔视野，利用媒体可以开展自主学习、探究学习、合作学习等多种学习方式，让学生通过手脑并用的探究活动，为学生提供开展科学探究的机会，有利于培养学生的创新意识，发展学生的创造性思维和创新能力。

(8) 节省课时，提高效率。利用教学媒体有利于从大量感性材料中概括出规律性的理论，便于解释说明教学中的难点问题，突出、强化教学重点，突破、化解教学难点，能使学生在更短的时间掌握本质特性，从而提高教学效率，也减轻了教师的劳动。

2.1.3 教育媒体的类型

教育媒体的分类方法有多种，常用的有以下三种分类方法。

1. 按照媒体发展先后分类

(1) 传统教学媒体：传统教学中常用的媒体称为传统教学媒体。如教师语言、黑板、粉笔、挂图、标本、模型、实验演示装置等。

(2) 现代教学媒体：20 世纪以来利用科技成果发展起来并被引入教学领域的电子传播媒体称为现代教学媒体，在我国也称为电化教育媒体。主要包括有：幻灯、投影、广播、录音、广播、录像、电视、电影、程序教学机、计算机等教学媒体。还包括它们的组合系统，如语言实验室、微格教学系统、多媒体电教室、计算机网络机房、闭路电视系统、视听阅览室、校园网等。

2. 按照作用于人的感官分类

(1) 听觉型媒体：主要作用于人的听觉信息的媒体，如录音机与录音磁带、唱机与唱片、激光唱机与激光唱片、传声器与扬声器、扩音机、语言实验室等。

(2) 视觉型媒体：主要作用于人的视觉器官的媒体，它包括投影媒体和非投影媒体。非投影视觉媒体包括黑板、印刷材料、图片、图示和图解材料、实物与模型教具、展览。投影视觉媒体包括幻灯、投影、实物投影。

(3) 视听型媒体：主要作用于视听觉器官的媒体，视听觉媒体集视觉媒体和听觉媒体的功能于一身，生动、直观、逼真地传递教育教学信息，如电影放映机、电视机、录像机、影碟机(DVD、VCD)大屏幕投影电视、视频展示台以及相应的教学软件。

(4) 相互作用型媒体：是指能够在媒体与人之间构建起信息传递的双向通道，使双方能够相互作用、相互影响的媒体。如程序教学机、计算机及课件、多媒体计算机和计算机网络等。

3. 按照媒体的物理性能分类

(1) 光学投影类媒体：主要通过光学放大元件，把透明或不透明的图片、标本、实物放大投射到银幕上，以呈现教学信息。如幻灯机和幻灯片、投影器和投影片等。

(2) 电声类媒体：能将声音信号转化为音频电信号和磁信号，并记录、传输、放大、播放的媒体。如扩音机、收音机、录音机、激光唱机和唱片、录音带等。

(3) 电视类媒体：能将静止或活动的图像转化为视频电信号和磁信号，并记录、传输、放大和播放的媒体。如电视机、大屏幕投影电视、录像机、影碟机、视频演示仪和录像带、VCD、DVD 光盘等。

(4) 计算机类媒体：将模拟信号转化为数字信号进行处理的媒体。如多媒体计算机和CD-ROM 光盘、磁盘等。

2.1.4 教育媒体的发展

教育史学家认为，教育史上曾经发生过三次重大的教育技术革命，现在是进行第四次革命：第一次革命是将教育年轻人的责任从家族手中转移到专业教师手中。第二次革命是采用书写，作为与口语同样重要的教育工具。第三次是发明印刷术和普遍使用教科书。第四次就是近些年来电子学、通信技术和信息处理技术飞跃发展所带来的结果，使电子传播媒体在教育领域获得广泛应用。可见，媒体的发展与人类文化、科技发展密切相关。同时，一种新型媒体的出现与应用，将导致教育史上的一场重大革命。

1. 语言媒体阶段

由于社会劳动的需要，人类约定用某种声音符号来代表某种意义进行思想交流，从而产生了原始语言。

语言的产生标志着人类在交流方面，特别是在记忆和传递知识以及表达较复杂的概念的能力方面取得了巨大的进步。人们通过语言可以将自己学到的东西有效地传播给家庭成员及社会中的其他成员特别是年轻的下一代。随着社会发展的需要，这项工作由部落中有经验和有威望的年长者来担任，因而出现了专职教师的教育方式，这就是教育史上第一次革命。在这一阶段，人类的教育方式主要是口耳相传和模仿等。

语言媒体作为一种最古老的传播媒体，具有简单、快捷、通俗等优越特性，即使在具备多种多样的现代化媒体的今天仍具有其他媒体所不能取代的优点。语言媒体具有以下教学功能：

(1) 符号的功能。

(2) 促进思维、表达思想的功能。

(3) 具有交流传播的功能。

但是语言媒体的局限性表现在：语言符号比较抽象，常常需要手势、表情、体态去辅助，而且转瞬即逝，难以保存；语言媒体的传播距离有限，只能在有限的距离内实现交流。因此，在教学活动中，语言媒体应与其他教育媒体相互配合使用才能获得良好的教学效果。

2. 文字媒体阶段

从语言的产生到文字的出现，其间经历了几万年。据考究，人类最初采用文字的时间大约在公元前4000年，由古老的图画经验演变而来，如古埃及的图画文字、苏马利亚人和巴比伦人的楔形文字和中国的象形文字等。随着人类社会的进步，我们使用的文字也在不断地发展和完善。目前世界上大约有500种文字，主要的文字体系有西方世界的拼音文字体系和以中国为代表的东方国家的表意文字体系。

最早的文字主要刻写在龟甲、兽骨、竹简、锦帛之类的物品上，从发明了造纸术并生产出第一批良纸开始，纸便成了人们书写和记录文字最方便的工具。

文字媒体的出现，引起了教育方式的第二次重大变革，使教育将文字书写与口头语言作为同等重要的教育工具，人类除了口耳相传又可以利用书写文字来传达信息，引起了教育史上的又一次重大革命。

3. 印刷媒体阶段

在印刷术发明以前，文字的传播主要靠各种形式的“手抄本”。在1 300多年前，中国隋代发明了雕版印刷术。先将文字雕刻的枣木、梨木上。采用雕版印刷术，一次能印几百、几千部，但仍费时费力，且只能使用一次。公元101—1048年间，我国宋代的毕昇发明了活字印刷术。他用胶泥刻好单字，然后在一铁框里排字，并用松香加热后固定压平。印刷后，这些刻字还可取下再用。这种活字印刷的方法，大大地节省了雕版的费用，缩短了出书时间，提高了效率，在印刷史上是一场大革命。

印刷媒体的出现，使得信息可以大量复制、存储并广泛流传。对人类社会保存文化、传播思想和发展教育起了重大作用。

印刷媒体引进教育领域，教科书成为学校教育的重要媒体。学生的知识信息来源不仅来自教师，也来自教科书。学生不仅向教师学习，也向书本学习。教师利用统一的教科书，可以面对一班学生开展有效的教学活动，导致 17 世纪产生了学校教育的班级授课制。引起了教学方式教学规模的又一次重大变革，产生了教育史上的第三次革命。

文字印刷媒体是教学活动中传送教育信息的重要媒体。其应用于教学的主要优点如下。

(1) 易于携带，使用方便。

(2) 制作成本低，易于分类保存修改和分发。

(3) 教科书、学术著作的出版，通常经过严格的审订，一般具有较高的水平，值得信赖。

(4) 具有稳定性和持久性。

(5) 学生可以按照自定步调组织学习。

但由于文字是通过采用文字符号去描述事物和现象，过于抽象，对于缺乏生活经验的青少年难以理解接受。因此，在教学活动中，教师运用各种直观教具进行讲授，也是教学活动中不可缺少的环节。

4. 电子传播媒体阶段

19 世纪末至今，是科学技术迅速发展的年代。以电子技术新成果为主发展起来的新传播媒体即电子传播媒体大大提高了人类信息的传播能力和传播效率，并由此引发了教育领域中教育方式与规模上的一个根本性变革，从而产生了教育史上的第四次革命。这一阶段具体可分为以下两个时期。

(1) 第一个时期是从 19 世纪末到 20 世纪 50 年代。在这一时期电教媒体被逐步引入教学，教育媒体开始出现电子化和现代化的特征。首先是幻灯、投影、留声机、广播走进了教育领域，接着是无声电影和有声电影。

1844 年，塞缪尔·莫尔斯(Samuel Morse)发明了电报，首次把电报信号从华盛顿传到巴尔的摩。

1876 年，贝尔(Bell)发明了电话。

1895 年，马可尼(Marconi)和波波夫(ПоnoB)分别成功地使用无线电收发报。

1834 年，英国的爱迪生(Edison)制成了一种放映影片用的“活动电影视镜”。法国的卢米埃尔兄弟对它进行重大改进后，于同年研制成功了世界上第一部电影放映机。

1901 年，人们发明了光学录音法，历经 28 年后，有声电影正式试制成功并推广。

1910 年开始试制彩色胶片，到 1940 年彩色电影开始普及。

1910 年左右发明了无线电。1924 年英国广播公司开办了学校广播。几年后，美国、日本、澳大利亚和新西兰也相继开办了学校广播。

1941 年，加拿大设立了“农村广播专题节目”，直接对农民进行教育。

电子科学技术的飞速发展，导致电子化媒体频频问世并应用于教学实践，推动教育媒体由视觉媒体、听觉媒体向视听结合媒体发展，从而掀起了视听教育的热潮。作为这一时期的核心媒体的电影，由于具有视听结合、直观、形象、生动、感染力强等特点，在20世纪40年代得到了广泛的应用。但随着电视技术、录像技术发展的日臻完善，电影媒体最终因设备昂贵、影片制作周期长、成本高而逐步退出了教学领域。

(2) 第二个时期为20世纪50年代至今。在这一时期，电子技术、通信技术与信息处理技术都得到迅猛发展。首先是电视、录像技术的发展。1884年，德国科学家尼普科(Nipkow)发明了世界上第一张机械式视盘，为现代电视技术奠定了基础，1927年美国法伦斯(Franswort)发明了世界上首台电视摄像机。9年后，“美国广播公司”即开始播放电视节目。电视在推广与应用中要解决的主要问题是图像的记录与重放，1954年世界上首台能用于演播室的磁带录像机诞生了，历经近半个世纪的发展，录像技术已非常成熟。目前，许多普及型、教学型的录像机已走进千家万户和学校课堂。

利用人造卫星转发电视节目，使电视覆盖面扩大至广阔的空间，又是电视技术发展的新里程碑。1957年苏联成功地发射了第一颗人造地球卫星。

1962年7月10日，美国太空总署发射卫星“电星一号”首开人类利用卫星传播电视节目的先河，这是专为新闻传播设计的人造卫星。1974年，美国发射的“实用技术卫星6号”直播用彩色电视播放内容进行扫盲、普及教育、职业训练和成人教育，取得了令人鼓舞的教学效果。

1986年我国租用国际通信卫星上的两个转发器，并分别于1986年7月1日和1988年11月1日起开通两个专用教育电视频道，播送电大、成人教育、师资培训和职业技术培训等课程。我国自1979年2月创办中央广播电视大学，在经历了二十多年的发展后，已逐步形成了一个以中央电大为教育中心，以各省市电视大学进行分级办学、分级管理的多层办学、全方位开放的远程教育体系。

计算机是20世纪最重要的科技发明。从1951年第一台电子管计算机诞生开始，计算机技术发展突飞猛进，不断更新换代，从电子管、晶体管、集成电路到大规模集成电路，甚至单芯片的微型处理机等的问世，计算机的体积越来越小，运算速度越来越快，功能越来越强大，应用领域不断扩大，信息处理能力也在不断增强，日益显示出其强大的生命力。利用多媒体计算机辅助教学，交互地综合处理文本、图形、图像、音频、视频和动画等多种媒体信息，通过其进行有效控制并建立逻辑连接，能表达出更加丰富而复杂的教学内容，能有效地突破教学中的难点，解决平时教学中难以解决的一些问题，能使教学内容简单化，使教学过程变得更加生动、形象和有趣。目前，多媒体化、网络化和智能化使计算机的发展进入了一个崭新的发展时期，并成为当今一种重要的现代教育媒体。

网络的强大生命力在于其对信息的传播和资源的高度共享。从美国国防部网络ARPAnet发展起来的Internet(国际互联网)，是由分布在世界各地大量计算机网络遵照共同的传输控制协议联接而成的因特网。因特网的迅猛发展始于20世纪90年代，在经历10多年的发展后，现已成为一个全球性的网络，用户遍及世界上170多个国家和地区，1996年网上已经有了80万台计算机和3 000多万用户。2000年，有100万个网络、1亿台计算机和10亿用户使用因特网。我国于1994年4月20日用64Kb/s专线正式联入因特网，并被国际上正式承认为接入因特网的国家。同年5月，中国科学院高能物理研究招兵买马设立了我国的第一个万维网服务器,在9月中国公用计算机互联网CHINANET正式启动。目前,我国已建成的全国性网络主要有:中国公共数字数据网、金桥网和中国教育科技网CERNET等。至1996年8月,已有100多所大学通过中国教育科技网络联通因特网。

我国的高等院校和有条件的中小学,都在学校内建立起自己的校园网,这些网都将通过本地区教育城域网、电信宽带网或教育科研网与Internet联接。这样,多种渠道的大量信息都能通过网络进入学校,学生可以从网上自由选取适合的教育资源进行有效的学习。

2.1.5 现代教育媒体的功能

1. 提高教育信息传递的质量,促进学生的全面发展

学生的感性认识有些是在生活中取得的,有些是在学习中积累的,而大量感性认识需要教师在课堂上使用直观材料,使学生通过观察和实验来取得。现代教育媒体为学习者提供了感性材料。可以提供替代的经验,如幻灯、电影、VCD、多媒体等可以直观形象地再现客观事物,尤其是在正常情况下难以感知的事物和现象,如天体的运动,火山的爆发,细胞的分裂,植物的生长,火箭的发射,原子弹爆炸以及历史事物,异国风情等,都可以通过媒体的作用展现在学生面前,在短时间内为学生提供大量的感性材料,使学生对教学内容进行充分的感知。具有生动性、形象、有趣等特点,能吸引学生的注意,调动学生学习的积极性。

在教学过程中,教师如果只凭口头语言的讲解,学生理解起来比较困难,这就要求教师应用媒体手段呈现出学生必须作出反应的事物或创设情境,恰当地利用媒体传递信息使之产生身临其境的感觉,帮助学生对知识信息进行再认与回忆,使学生的感知深刻。

各种现代教育媒体可以使一些抽象的知识形象化、具体化,通过图形、动画等教学内容化繁为简、化虚为实,突出教学的重点和难点,缩短了学生掌握知识的时间。学生通过对大量具体材料的观察、对比、分析、综合,有利于对比较复杂、抽象知识的理解,为顺利掌握知识创造了条件。由于媒体的应用活跃了学生的思维过程,在从感性认识上升到理性认识的过程中,不仅帮助学生理解了知识,也培养了抽象概括的能力,发展了智力。

形成技能是学生获得知识和运用知识的一个重要方面。在培养学生的技能时,通过现代教育演示材料、提供示范,甚至可以通过改变播放速度克服实际操作中的限制,使学生获得有关技能和实际动作的清晰表象,利用各种媒体为学生提供技能训练的示范,不仅可以缩短训练时间,而且能使学生掌握牢固技能。

在教育工作中,运用现代教育媒体,对培养学习者的高尚情操、树立远大理想、形成正确的道德观念和良好的行为习惯具有潜移默化的影响。因为,现代教育媒体能以具体、鲜明、生动的道德形象感染学生,给他们留下深刻的印象。所以,充分利用各种现代教育技术手段对学生进行思想品德教育,能促进学生良好思想品德的形成。

综上所述,在现代教学工作中,现代教育媒体对于学生掌握知识、形成技能、发展能力、形成正确的世界观和人生观都有较大的促进作用。

2. 多通道传输教学信息,提高教学效率

人类的学习是一种特殊的认识过程,知识的巩固在于保持记忆。记忆是一个复杂的过程,它主要包括识记、保持、再认与回忆。一般来说具体的东西比抽象的东西容易识记,看

过的东西印象深刻,有趣的材料不易忘掉,经过多种感官的材料会牢牢地保持在记忆里。学生在对教育内容进行感知的时候,需要大量的感性经验做基础。根据心理学的研究结果,人的各种感官在获得知识、引起注意、保持记忆等方面所起的作用是不同的。根据心理学家的实验研究,人的五个感官就其学习比率而言,视觉要占学习总分的83%,听觉占11%,嗅觉占3.5%,触觉占有1.5%,味觉占1%。而且要是几大感官综合运用,那么效果会更佳。在引起注意方面,视觉的注意集中比率为81.7%,听觉的注意集中比率为54.6%;有关研究表明,学习某一份材料,在保持记忆方面,不同感官的记忆保持比率如下:3小时后的记忆保持比率,听觉60%、视觉70%、视听并用90%,3天后,单靠视觉学习记忆率为40%,单靠听觉学习记忆率为15%,如果视听觉结合并用学习记忆率可达75%。从以上数据可以看出,人在识记客观事物时以视听结合效果最佳。

现代化教学手段,能够提高教学速度,节省教学时间,增加教学容量。因为经过精心的设计与制作,运用现代教育媒体进行教学,能够在短时间内展开事物运动发展的全过程,便于学生掌握事物的全貌,使学生对所学教材获得最充分的感知;现代教育媒体可以使学生充分地利用视觉和听觉去获取知识,可以使学生综合利用多种分析器进行学习,因而能够提高教学效率。

3. 突破时间和空间限制,扩大教育规模

随着广播电视技术、卫星技术与网络技术的发展,使得现代教学越来越不受时间、空间的限制,能大面积传递信息,反复使用和复制信息,能向学校、家庭、社会传输教育课程,为更多的人提供接受教育的机会,有利于普及推广成人教育和终身教育,提供远程教育的技术手段,有利于扩大教育规模。此外,充分利用广播电视手段和现代网络教育向广大区域传输教育信息,大大节省了师资、校舍、设备和资金,一个优秀的老师可以教成千上万的学生。

4. 促进教育手段、方法与教学模式的变革

从教学手段看,现代媒体的运用,特别是多媒体技术及网络技术的介入,使得教学手段开始逐步现代化与多样化,甚至改变了教学模式和教学组织方式。从教材方面看,现代教育教材改变了单一的文字教材的状况,音声像教材、多媒体教材等进入了教育领域。从教学模式来看,由于新型媒体的出现,为教学添加了新的教学模式,教师和学生的角色、地位发生了明显的变化,相互作用形式也发生了急剧的变化。总之,充分运用现代教育媒体,能极大地促进当前的教育改革,促进从应试教育向素质教育、创新教育的转化。

2.1.6 教育媒体选择的依据

1. 教育媒体选择的依据

在选择各类教育媒体时,首先要了解各媒体的优势及不足,才能在教学中更合理地选择和利用,如对于印刷媒体,像教科书、参考书以及各种读物,其优点是学生可以自定步调进行学习,使用方便,制作成本低,但主要用文字表达,抽象程度较高,需要一定的阅读基础,同时,印刷制作的周期较长。而广播电视可以多通道传输教育信息,图文声像并茂,但转瞬即逝,使用时需借助一定的设备及条件。可见,每种媒体都有其独特的内在规律,都有自己的优缺点,不存在一种能对任何学习目标和任何学习者发生最佳相互作用的“超级媒

体”。对于具体的教学来说，选择媒体要从教育媒体的功能与教学的需要等方面去考虑，一般应遵循以下几个基本方面。

（1）依据教学目标

教学目标是贯穿教学活动全过程的指导思想，它不仅规定教学活动的内容和方式，而且制约着媒体类型和媒体内容的选择。教学中，不同的知识点有不同的教学目标，为达到不同的教学目标常需要使用不同的媒体去传递教学信息。不同的媒体具有不同的特性和教学功能，选择恰当的媒体可以实现教学目标。在教育教学实践中，要分析媒体在完成某一特定的教学目标中所起的作用，选择具有相应功能的媒体。

（2）依据教学内容

不同学科的性质不同，适用的教育媒体也会有所区别，就同一学科而言，不同教学内容对教育媒体的使用也有不同要求。例如在外语教学中，让学生掌握语法规则和要求学生情境对话是两种不同的教学目标。前者可以通过语音或文字讲解并辅以各种动画、视频实例来帮助学生形成语法概念，后者则可以通过播放录音，提供标准示范，以便于学生模仿，也可以利用将学生的发音录制下来，将学生发音与标准发音进行比较，使学生能迅速纠正发音中存在的问题。此外，利用播放录像或动画片段创设情境，建立共同经验，使学生在具体的情境中掌握正确的言语技能。可以说，不同的教学目标决定着不同的媒体类型和内容的选择。

（3）依据教学对象

不同年龄阶段的学生，认知能力和思维特点有很大的差别。一般来说，小学低年级各学科的媒体设计重点应放在如何实施形象化教学，以适应学生的直观、形象的思维图式，因而应多采用图形、动画和音乐之类的媒体使教学图文声并茂；小学高年级阶段则要把重点放在如何帮助学生完成由直观、形象思维向抽象思维过渡，形象化的教学可适当减少；在初中阶段尽管形象化手段不可缺少，但是只能作为一种帮助理解抽象概念的辅助手段。选用抽象的、综合的、比较的、概括的教育媒体内容就能收到良好的效果。

（4）依据媒体的特点

作用于人体不同感官的媒体，各有所长，各有所短，可以互相补充，而很少能互相代替。一般来说，广播、录音属于以时间因素组织信息的媒体，它的表现力受到时间先后顺序的影响。它们的优点是生动、感人，能借助语言、音乐及音响效果的组合，轻重缓急地表现事物的特征，广播虽然受众较多，但瞬时即逝，不便考察；录音方便回放，可以反复使用应对个性化的学习需求；幻灯、投影的最大特点是能以静止的方式表现事物的特征，让学生详细地观察放大的清晰图像或事物的细节；电影、电视的表现力极强，它以活动的画面、鲜艳的色彩，动听的旋律，呈现出事物正在变化的过程，形象逼真，能系统描绘出事物的运动形式、空间位移、相互关系及形状变换；以计算机为核心的交互媒体除了集成了以上媒体的大部分功能外，还具有交互性，特别适合个别化教学，通过网络，可以进行远程交互式教学。

因此，教师要善于根据媒体特点，选择出符合教学要求的媒体类型。

（5）依据教学条件

教学中能否选用某种媒体，还要视具体条件而定，这些条件包括资源状况、经济能力、师生技能、使用环境、管理水平等因素。一般来说，媒体的选择应考虑代价小、功效大、有实效的媒体。如果有两种媒体代价相同,则应考虑功能多的媒体;如果两种媒体的功效相当,应该选择代价比较小的媒体。从经济实用角度考虑教学媒体的选择,是必须考虑的一个重要问题,那种不切实际地一味追求教学媒体现代化,而不考虑经济实用原则的做法是不可取的。

2. 选择、运用现代教育媒体应注意的问题

在教育教学实践中,选择和运用现代教育媒体应注意以下几个问题。

(1) 依据教学实际需要来选择不同类型的教学媒体。

媒体的使用要切合目标,有助于突出教材的重难点。选择的媒体不是越多越好,越昂贵越好,使用媒体切忌过泛、过滥。媒体的运用是提高教学效果,运用现代教育媒体旨在有针对性地解决那些用传统教育媒体难以解决的问题,而不是追求形式。因此,使用媒体时要明确所使用媒体在教学中所起的作用,根据需要来使用,不能滥用。

(2) 正确把握使用现代教育媒体的时机和“度”的问题。

如调动学生的学习兴趣,要解决教学重点、突破教学难点,或者是在需要创设情境或是提供事实材料起示范作用,媒体需要作为学生探究对象等来使用,同时还要把握好媒体的最佳使用时机。

(3) 媒体的选择要遵循低成本、高效能的原则。

在选择、设计媒体时,要根据媒体产生的功效与所付出代价的比率大小来选择使用最经济实用的媒体。

(4) 要充分利用现代教育媒体的特点组合教学,扬长避短,互为补充。

电视录像表现活动的画面有独特的优势,但它呈现时间太短,一闪而过,学生的认知过程难以展开,但如果将它与投影、图片教学相结合,则既能表现活动的画面,又能表现静止放大的图像,教学效果必然很好。

(5) 使用现代教育媒体并不排斥传统的媒体,两者要有机结合才能取得最优的教学效果。

在知识的传授中,教师在课堂上讲解、板书和直观教具的运用是不可缺少的,现代教育媒体与之结合才能达到课堂教学的最优化。

(6) 运用现代教育媒体前必须做好充分准备。

教师要不断增强应用现代教育媒体的意识,深入研究现代教育媒体的不同功能和特点,不断提高使用现代教育媒体的能力,这样才能发挥现代教育媒体的优势,有效地促进教学。另外,教师在教学之前要准备并熟悉媒体所表现的教学内容,设计媒体使用的时机,调试好相关的媒体设备,避免在课内教学出现不该有的失误。

2.2 视觉媒体

视觉媒体在教学中的应用非常广泛,利用视觉媒体进行辅助教学,能将复杂、真实、重要的图形、图像在课堂中直观形象地展现出来,有利于细致、长久地观察事物现象,可以用于突破教学中的重点、难点。目前,教学中常用的视觉媒体有幻灯、光学投影仪、照相机、数

码相机、屏幕、实物视频展示平台、扫描仪等。

2.2.1 视觉媒体的特点与教学功能

1. 视觉媒体的特点

(1) 视觉媒体能直观、形象地再现客观事物或现象的静止、放大的图形或图像。

(2) 画面经过投射放大，画面清晰、明亮，信息传播质量好，可以面向众多的学生传播信息。

(3) 利用各种视觉媒体可以投射各种文字或图片、静止或动态的信息。不受时间的限制，完全由教师根据不同教学内容与教学对象，在课堂上灵活操作和讲解，可深、可浅、可长、可短。

(4) 一般来说，各类视觉媒体制作简单，操作方便，价格低廉，教师能自行设计与制作，容易普及推广。使用时，教师能观察学生听课情况，控制教学过程，可以使学生有目的、有重点、有条理地观看图像，以符合不同内容的教学要求。

(5) 视觉媒体只提供视觉形象，在教学运用时必须善于与语言相配合，才能更好地发挥作用。具体做法有：先用语言启发提出问题，然后才适时播放图像；图像呈现与语言解说同步进行，形象与抽象相结合，可加深对事物的认识与理解；先映示图像，然后进行综合小结，从感性提高到理性的认知，用语言概括事物、现象的本质特征与规律。

2. 视觉媒体的教学功能

(1) 在教学上为学生提供形象、直观的事物形象和感性材料。

(2) 视觉媒体的操作与控制不受时间限制。在教学时，要从教学内容、教学对象出发，控制好教学的速度和画面呈现的节奏，使其符合学习者的思维与认知规律，以期取得好的教学效果。

(3) 视觉媒体教学简便易行，适用于各种课程。在教学过程中着重引导学习者观察投射画面中传递的教学信息，最大限度地理解画面内容并知道画面的内涵。不过它提供的只是文字及图像方面的视觉信息。

(4) 投影媒体除呈现图像、图表，还能用于呈现书写工整的文字，以代替板书。利用旋转、位移等方法，化静为动，将单一动作制成复合投影片，用于教学的投影片，可由教师在课前绘制，部分可代替板书；也可在讲课时当场书写。

2.2.2 幻灯机

幻灯机是一种能放映静止画面的光学放大器，画面形象、逼真。它所放映的幻灯片面积小，因此，要求画面放大倍数要大。教学中主要是使用规格为135胶片的幻灯片。在白天教室中放映，要适当遮光才能达到满意的效果。

1. 幻灯机的种类

(1) 按教学用途，可分为显微幻灯机、单片插入式幻灯机、135胶片卷片式幻灯机等。

(2) 按操作功能，可分为直轨推挽式手动幻灯机、直轨推挽式自动幻灯机、圆盘起落式自动幻灯机、直轨圆盘两用式自动幻灯机、声画同步幻灯机、三镜头幻灯机。

(3) 按使用的幻灯片格式,可分为单片幻灯机、卷片幻灯机。

2. 幻灯机的结构原理

幻灯机是放映幻灯片的光学投影设备,它的基本构造如图 2-1 所示,主要由光源、反光镜、聚光镜、放映镜头和灯箱等构成。

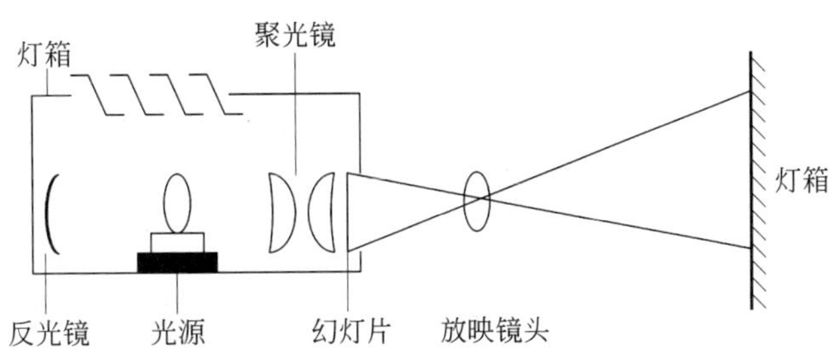

图 2-1 幻灯机的结构原理示意图

(1) 光源:发出的光使幻灯片上的图像通过透镜放大映示在银幕上。目前多采用金属卤素灯(溴钨灯),这类灯泡的优点是发光效率高,放映效果好。小型幻灯机一般采用 24V、150W 或 250W 的光源。

(2) 反光镜:把光源向后发射的光线反射回来,以加强银幕上的亮度。反光镜常用凹面镜,有金属抛光镀亮的,也有玻璃镀银的。

(3) 聚光镜:使光源发出的光线均匀地照射在幻灯片上,并且通过幻灯片的光线聚集到放映镜头上。聚光镜一般用两块平凸透镜组合起来,平面朝外,两个凸面间留有一定间隙。聚光镜片的大小要选用比幻灯片的画面稍大的。

(4) 放映镜头:在银幕上形成一个放大了的清晰明亮的幻灯片的图像。

(5) 灯箱:一般使用金属材料或硬塑料制成,箱壁有通风散热窗口。

3. 幻灯机的使用

(1) 在使用前,首先阅读说明书,了解其性能与特点。

(2) 将幻灯机放置到适当的位置,与银幕保持适当的距离,高度也要适宜,以避免学生头部挡住光线。

(3) 正确连接电源线和各种控制线。

(4) 插上电源,先开风扇马达开关,再开灯泡开关。风扇马达停止运转时,严禁使用幻灯机。

(5) 把幻灯片正确装入片盒,注意幻灯片要倒立放入按教学要求排好顺序。然后送入片门。

(6) 适当调节幻灯机的位置使画面投射在屏幕的中央,同时使画幅大小合适。

(7) 通过粗调和微调调整焦距,使画面清晰。

(8) 轻按送片按钮,使幻灯片前进或倒退。

(9) 使用完毕后,取出片盒,关闭电源。

4. 幻灯机的维护

(1) 使用完后要及时盖上镜头盖及防尘罩。

(2) 及时更换烧毁灯泡。

(3) 定期清洁和加注润滑油。

(4) 应存放在阴凉通风处,并定期通电,以免受潮。

(5) 发现较大问题时,交维修人员维修。

2.2.3 投影器

1. 投影器的种类

投影器又叫投影仪,是最常用的教育媒体之一。较为常用的投影器有简易式投影器、台式投影器、镝灯高亮度投影器、便携式投影器、带附件的投影器、显微投影器等。

2. 投影器的结构原理

一般来说,投影器的基本结构主要分为光学系统、调焦系统和电路三部分,如图 2-2 所示。

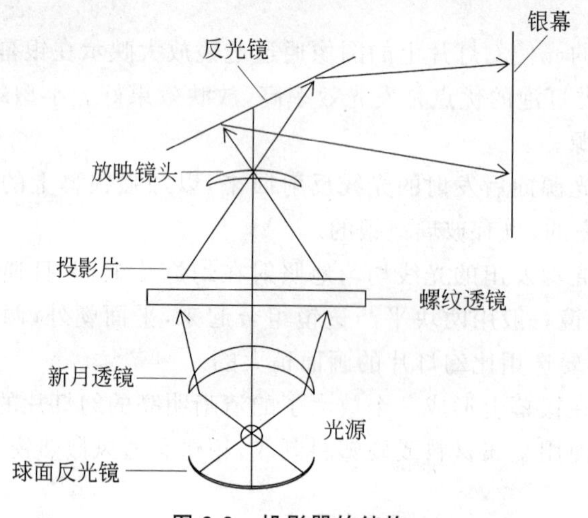

图 2-2 投影器的结构

(1) 光学系统:主要由反光镜、灯泡、新月透镜、聚光镜、放映镜头和反射镜组成。

反光镜的作用是将散射的光线反射回去,提高光照度;灯泡是投影器的光源,通常采用的是卤钨灯和镝灯;新月透镜是一个辅助聚光镜,其作用主要有三点,一是可以用于隔热,降低螺纹透镜的温度,二是可以辅助聚光,提高光亮度,第三是缩短聚光焦距,减少体积;聚光镜通常采用螺纹透镜,用塑料和有机玻璃制成,具有片门孔径大、厚度薄、重量轻,透光性好、照度均匀等特点。

(2) 调焦系统:是安装在支撑臂上同放映镜头连接在一起的装置,通过调节它,可使图像清晰。

(3) 电路部分:主要由输入电路(220V)、输出电路(通常为 24V)、电源变压器、开关和散热风扇等组成。

3. 投影器的使用

(1) 熟悉设备,了解投影器的各种开关、特殊装置及其作用。

(2) 连接电源,外接 220V 电源。

(3) 插上电源，打开开关。

(4) 打开反光镜，调节使光线投射至银幕中央。

(5) 放投影片于载物玻璃上，调整光幅，使其高低、大小及高度适宜。

(6) 调整焦距，使画面清晰为止。

(7) 放映画面时，如银幕上光线不够亮，可打开强光开关。

(8) 使用完毕后，先关强光开关，然后关电源开关，盖上反光镜，拔下电源插头。

4. 投影器的维护

(1) 使用完后，将反光镜合下，为避免尘土污染，应盖上防尘罩。

(2) 保持放映镜、反光镜、螺纹透镜的清洁。如有必要，应用软质绒布轻拭。定期用吹气球或小毛刷清洁投影器内灰尘。

(3) 更换灯泡时，要注意规格必须相同。

(4) 设备不用时，应放在阴凉通风处，长期不用时，要定期通电，以免受潮。

2.2.4 扫描仪

1. 扫描仪的教学功能

扫描仪是一种计算机外部设备，是计算机系统中的主要输入设备之一。用户可以将书籍、报刊、文稿、表格等印刷品的图像信息转化为可供计算机识别和处理的图像信息，扫描仪还是一种快捷的文本输入工具，通过扫描仪扫描文字后，利用 OCR 软件将转化得到的图像信息转换成计算机可处理的文本信息，在制作课件和教学过程中，扫描仪在图像获取、减少文本输入时间、提高制作质量等方面发挥着重要的作用。

扫描仪在教学中的功能主要有以下几方面。

(1) 作为图像和文字的输入设备。利用扫描仪，配合文字识别软件和图像编辑软件，可以分别分离出文字和图形、图像，识别的文字可用 Word、WPS 等文本编辑软件进行编辑；图形、图像也可以经扫描仪扫描后，经图像编辑软件加工后进行存储，供教学需要时使用。

(2) 快速制作彩色投影片。将图片经扫描仪输入计算机，根据教学需要，用 Photoshop 等图像处理软件进行加工、着色、上文字，再经打印机输出，即可获得教学上需要的彩色投影片，若底稿质量很好，可以将扫描仪各项参数调高些，扫描后直接由打印机输出。如有条件用热升华打印机输出，投影片的透明度更高、色彩更纯、效果更佳。

(3) 用于制作多媒体课件中的图形、图像素材。图形、图像是多媒体课件三大要素之一。利用扫描仪可以很轻松地将手工难以绘制的图像及一些复杂的图形，根据需要应用到多媒体课件中。

2. 扫描仪分类

扫描仪的种类繁多，根据扫描仪扫描介质和用途的不同，扫描仪大体上分为：平板式扫描仪、名片扫描仪、底片扫描仪、馈纸式扫描仪、文件扫描仪。除此之外还可以将扫描仪分为手持式扫描仪、鼓式扫描仪、笔式扫描仪、实物扫描仪和 3D 扫描仪。

(1) 平板式扫描仪

平板式扫描仪又称台式扫描仪，这种扫描仪一般采用 CCD 或 CIS 技术，具有价格低廉，体积小的优点，目前已经成为家庭及办公的主流产品。平板式扫描仪一般光学分辨率在 300dpi 到 8 000dpi 之间，色彩位数在 24 位到 48 位之间，如图 2-3 所示。

(2) 手持式扫描仪

这种扫描仪扫描宽度较小，只有 105mm，利用手持推动完成扫描，一般使用 CIS 技术，光学分辨率只有 200dpi，它的价格比平板式扫描仪更便宜，但是由于扫描幅面太窄、效果差等一系列的缺陷，目前已被平板式扫描仪所取代，如图 2-4 所示。

图 2-3　平板式扫描仪

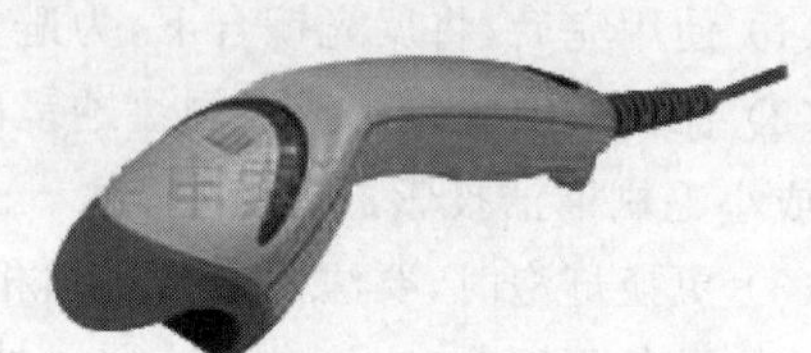

图 2-4　手持式扫描仪

(3) 滚筒式扫描仪

这种扫描仪的感光器件是光电倍增管，光学分辨率在 1 000dpi 到 8 000dpi 之间，色彩位数在 24 位到 48 位之间。光电倍增管实际上是一种电子管，用金属铯的氧化物作为感光材料，用它制成的光电阴极射线管，在光的照射下可以发射光电子，光电子经过栅极放大后冲击阳极，从而形成电流。与 CCD、CIS 比较起来，光电倍增管的性能较高，灵敏度和噪声系数等优于其他感光器件，输出信号在相当大的范围保持着高度的线性输出，从而使得输出信号几乎不用做任何的修正就可以获得很好的色彩还原，但滚筒式扫描仪价格昂贵，扫描时间长。滚筒式扫描仪主要应用于专业印刷排版领域中。

3. 扫描仪原理与组成

虽然从外形上看，扫描仪的整体感觉十分简洁、紧凑，但其内部结构却相当复杂：不仅有复杂的电子线路控制，而且包含精密的光学成像器件，以及设计精巧的机械传动装置。扫描仪结构一般由上盖、原稿台、扫描装置、机械传动系统以及控制电路等部分组成。扫描仪主要由光学成像部分、机械传动部分和光电转换部分组成。其中，光学部分主要由光源(可移动)、载物玻璃、平面反光镜(可移动)、红绿蓝滤色镜，凸透镜组成。扫描仪的工作原理见图 2-5。

光源向上发出的光，照射到载物玻璃上的扫描材料后，经反射平面反光镜反射和红绿蓝三色滤光系统分解成三基色光学信号后，再经凸透镜成像在感光元件上(目前广泛应用 CCD 电荷耦合器件)，由 CCD 完成光信号到电信号的转换工作。该电信号为模拟信号，经模数转换电路转换，变为数字信号，送入计算机处理。

4. 扫描仪的使用

扫描仪在使用前，应确定已经开锁，为避免扫描仪光学组件在搬运过程中受振动而受损，扫描仪都有光学组件锁定装置。在扫描仪使用前，应先解锁，否则，扫描仪不能正常工作。不同的扫描仪在扫描图像时，使用的具体步骤虽然会有所差别，但一般都经过以下几个步骤。

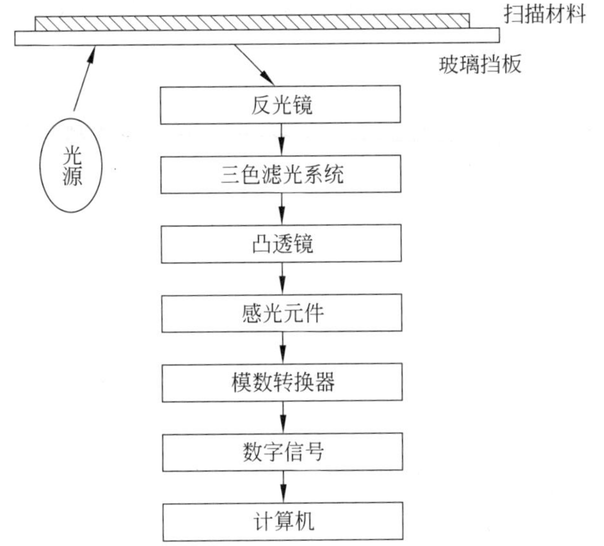

图 2-5 扫描仪的工作原理

(1) 安装扫描仪驱动程序

打开计算机的光驱，利用厂家提供的安装光盘在计算机中安装扫描仪的驱动程序，安装时按提示一步一步进行操作即可。

除安装扫描仪的驱动程序外，根据需要还可以安装有关的配套软件，如文稿识别等软件。程序安装完成后，桌面上会出现相应图标。

需要注意的是，在安装扫描仪的驱动程序前一般先不要连接电源线。

(2) 连接计算机与扫描仪

将扫描仪摆放在水平的位置上，这样可以保证能达到理想的扫描效果。利用 USB 数据线将扫描仪和计算机的 USB 接口相连，然后连接上扫描仪的电源线。

(3) 重新启动计算机

重新启动计算机后，打开扫描仪的电源开关，扫描仪进行自检，自检信号指示灯闪烁，表示扫描仪正在自检。若自检正常，信号指示灯将停止闪烁。表示扫描仪与计算机已成功连接。

(4) 放置原稿

首先将要扫描的资料画面向下放在扫描仪的玻璃平台上，并摆放好位置，注意画面要放正。然后盖上扫描仪的上盖。

(5) 启动扫描仪驱动程序

启动扫描仪驱动程序后，安装在扫描仪内部的可移动光源开始扫描原稿。

(6) 预览扫描画面

启动后，单击扫描仪界面上的"预览"按钮，对整个图像进行预扫描，将扫描材料的内容显示出来，这时在扫描仪的扫描窗口中出现整个扫描画面，然后点击"预扫"或"预览"按钮。

(7) 设置扫描参数

设置扫描参数，包括图像类型、扫描图像的分辨率、缩放比例等，根据扫描图像的实际需要和用途，对扫描类型、扫描色彩、扫描质量要求、扫描分辨率、扫描比例大小等进行调整，以保证扫描结果的品质。

(8) 选择扫描的区域并正式扫描

预览效果之后，用鼠标框选将要扫描的区域，将需要输出的部分显示于虚线框内，框取正式扫描的范围后，还可以调整屏幕上的虚线框。然后点击“扫描”按钮开始扫描。扫描仪开始扫描，经过数秒时间，扫描完成。单击扫描仪界面上的“退出”键，可在计算机上查看所得到的图像。

(9) 保存或处理扫描文件

扫描得到的图像可直接保存，保存之后再用图像处理软件适当修改；也可直接导入图像处理软件中进行编辑处理。一般来说，扫描的图像可以选择多种存储的格式。常用TIFF、BMP、JPG、PCX等格式保存。不同的格式对图像的压缩比率是不同的，制作多媒体课件一般使用JPG、PCX格式，这两种图形存储格式的压缩比率大，信息损失小，能被大多数的多媒体软件调用；若是制作高精度图片或投影片，应选择BMP位图格式或TIFF等图形格式存储，这类格式占有的磁盘空间大，但信息几乎没有任何损失。

(10) 文字识别

目前购买的扫描仪几乎都会随机附送文字识别软件。它可以处理扫描得到的图像文件，将其中的文字图像转换成计算机可以处理的文本文件。

在计算机中安装了文字识别系统后，一般识别文件的操作步骤如下。

① 扫描或打开要识别的文字图片。

② 在OCR软件中设定辨识字集。

③ 利用OCR软件提供的工具设定辨识区域。

④ 设定版面格式。

⑤ 辨识文件，在OCR软件中点击“辨识”按钮。

⑥ 对扫描后的文字进行校对。

⑦ 传送至其他文字编辑软件，或将识别后的文字复制到文字处理软件中保存为文本文档即可。

2.2.5 数码相机

近年来，数码技术的飞速发展，使得数码相机在教育教学活动中的应用也越来越普遍。数码相机使用方便，它所记录的影像不需要进行复杂的暗房工作就可以即时地在液晶屏上看到效果；也可以很方便地通过计算机进行图像加工处理，打印照片，制作多媒体幻灯片，储存备用等；借助数字通信网络，还可以实现及时远距离传输。因此，数码相机越来越受到人们的青睐，已经逐步成为计算机常用的输入设备。

1. 数码相机的特点

数码相机具有如下特点。

(1) 低消耗。数码相机所用的感光芯片CCD、CMOS以及任何形式的储存卡，都可反复使用，因而用数码相机拍摄正常消耗很低，而且无污染，后期处理也不像传统胶片那样，要消耗大量的化学材料，有利于环保。

(2) 多用途。数码相机除了可作为传统相机拍摄照片外，还可以作为计算机的图像输入设备，也可以作为数字摄像机拍摄带有声音的录像。因此，摄影者可以用它记录下拍摄地点、拍摄感想等说明，方便以后查询。

(3) 即拍即显。多数数码相机都设置了小型的彩色液晶监视器。拍摄一帧照片，可随时通过液晶显示器观看，若发现不足即刻补拍。

(4) 远程传送。数码相机拍摄的影像文件是数字化信息，可以借助数字通信网络，实现即时远距离传输。多用于新闻图片的传送，速度快，无信号损耗，也可以用于远程教学的交流与协作。

2. 数码相机和普通光学相机的区别

数码相机与传统相机相比，从外观和操作功能上看没有多大差异，但工作原理和实际应用却有很大不同，主要表现在以下几个方面。

(1) 感光载体的不同。传统相机使用的是银盐感光材料——胶卷。拍摄后胶卷要经过冲洗加工才能看到影像，不经过冲洗就无法判断拍摄效果的好坏。感光材料只能依次使用，且图像效果较难改变。而数码相机不使用胶卷，拍摄好后可以通过相机自身的液晶屏回放直接观看，对不满意的影像可以删除，储存器可以反复使用。感光材料不同。普通光学相机采用胶片感光，数码相机采用 CCD 光电转换器件感光。

记录信息介质不同。普通光学相机用胶片存储光学影像，数码相机用存储卡存储数码影像，此外，还可以根据实际需要，在拍摄时可灵活地选用不同的图像分辨率和质量，以提高存储卡的利用率。

(2) 拍摄敏感性的不同。传统相机按下快门即时记录，而数码相机在按下快门，记录影像要慢，这主要是供相机进行快门时间、聚焦、光圈等一系列调整，拍摄以后还要进行图像处理和存储，需要延迟一段待机时间才能拍摄下一张。

(3) 影像质量的差别。传统相机使用卤化银胶卷拍摄，影像质量以每英寸解像度多少作为指标，一般常用感光度 21°的 35 毫米胶卷解像度为 3 000 左右，相当于数码相机 2 000 万像素水平左右。目前我们常见的数码相机像素多为 200 万像素以上，不少品牌达到 500 万像素，有的甚至达到 800 万像素。不过由于 CCD(电耦合器件)在较亮或较暗的光线下会失去部分细节，因此数码相机的解像度、层次、质感、色彩饱和度等方面不如传统相机拍摄的图片。

(4) 影像处理的方式不同。传统相机拍摄的影像必须经过暗房冲洗工艺来完成，冲洗工序要求严格且烦琐，非专业人员无法进行。而数码相机拍摄的影像出图处理就方便得多，拍摄后可通过显示屏立即观看拍摄效果，不满意的可以即刻删除，拍摄满意的照片可以存储，也可以直接输入到计算机中处理后打印出来，利用图像处理软件可以对影像进行各种修改或处理，这是传统拍摄暗房技巧难以做到的。

(5) 输出方式不同。传统相机拍摄胶片上的影像，通过冲洗制成照片，而数码相机直接将图像数据输出到计算机处理或由专用热升华打印机打印出照片。数字图像可通过网络方便快捷地传递，达到资源共享的目的。

(6) 数码相机除了有取景器外，还有 LCD(液晶显示屏)，它可以用作取景框或在拍摄后浏览照片，也是设置相机工作参数时的窗口。

3. 数码相机的原理与构成

数码相机的基本组成包括镜头系统、感光芯片、存储器、液晶显示器、电源、模/数转换系统、取景机构、音频电路系统和接口等部分。

数码相机的成像原理可以简单地概括为：CCD接收光学镜头传递来的影像，经模/数转换器(A/D)转换成数字信号后储存于存储器中。其工作原理及图像处理过程如图2-6所示。

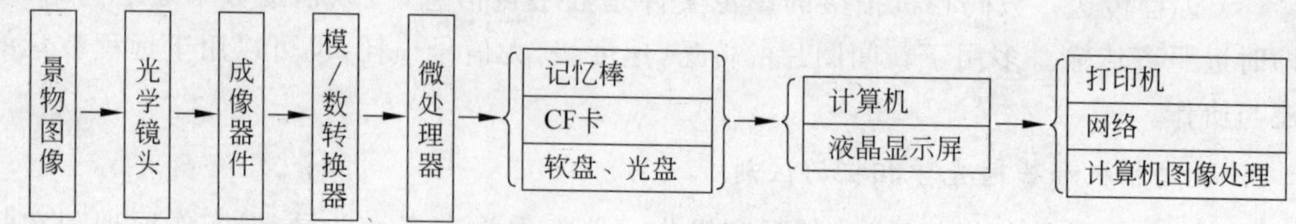

图 2-6 数码相机的工作原理及流程

数码相机的光学镜头主要包括镜头、聚焦系统、光圈、快门等，与传统相机相比，它的作用是将要拍摄的景物成像在CCD或CMOS感光器件上。CCD是半导体器件，替代了传统相机中的感光胶片位置，其功能是将光信号转换成电信号，CCD是数码相机的核心，CCD芯片的面积和像素是选择数码相机时应考虑的主要因素。其内含器件的单元数量决定了数码相机的成像质量——像素，像素数越高，成像质量越好，通常情况下像素的高低代表了数码相机的档次和技术指标。因此CCD的精度越高，拍摄图像的精度越高，其成像效果越好。CCD将被摄体的光信号转变为电信号，这是模拟信号，还需要进行数字信号的转换才能被计算机处理。转换工作由模/数转换器(A/D)来完成，模/数转换部分的质量档次直接决定所拍摄存储影像的质量。微处理器(MPU)对信号进行压缩并转化为特定的图像文件格式储存；数码相机自身的液晶显示屏(LCD)用来显示相机的工作状态和拍摄模式；还可以用来呈现、播放所拍摄的影像，类似于液晶电视的显示器。数码影像可以通过各种PC/CF卡和软盘等存储，还可以通过输出接口连接外部设备进行影像输出，也可以直接传给计算机进行图像处理、打印、网上传输等工作。

4. 数码相机的性能指标

(1) 分辨率

分辨率是单位面积上的像素数目。它是数码相机最重要的性能指标并通常作为划分数码相机档次的主要依据，它决定拍摄图像能达到的清晰程度。分辨率的高低取决于CCD芯片阵列。使用时设置的分辨率越高，图像越清晰，但同时图像文件也大，占用的空间也越大。

(2) 色彩位数

色彩深度，也叫量化位数，用位或比特表示，反映了数码相机分辨、记录色彩的能力。色彩位数越高，就越能真实地再现色彩。

(3) 存储器类型及存储容量

存储器可分为内置存储器和可移动存储器，内置存储器安装在相机内部，用于临时存储图像，装满后要及时向计算机转移文件，否则无法继续存入图像；可移动存储器(软盘、PC卡、CF(Compact Flash)卡、SM(Smart Media)卡等)装满后可取出更换。存储器的存储容量用MB或GB表示,如1GB/4GB。容量越大可存储的数据越多。存储器内数据可以删除以供再次拍摄。因此为保证有足够的存储空间,应及时将图片下载到计算机中或多备几个存储卡。

(4) 压缩方式和压缩比例

数码相机都采用压缩存储图片的方式,其存储格式大多数为JPEG或TIFF格式,大多数码相机还提供了几种压缩比例以供选择(图像质量的选择)。一般来说压缩比越大,图像文件越小,图像质量也越差。

(5) 信号输出形式

数码相机可通过USB电缆与计算机连接,部分数码相机有视频AV输出端子,可以将信号输出至电视机或监视器观看。

(6) 取景显示方式

除了用光学取景器外,数码相机还可用LCD显示屏取景。

除了以上所说的性能指标外,数码相机还有其他一些性能指标如连拍速度、白平衡调整、相当感光度、镜头相当焦距、声音记录和视频记录等。

5. 数码相机的使用

(1) 安装电池

所有数码相机都需有电源才能工作,拍摄时一般使用电池供电。不同机型使用的电池种类不同,如有5号电池、普通碱性电池、锂电池等,大多数是专用电池,且不同品牌之间不能通用。电池的安装也因机而异,在准备阶段,要熟悉电池的更换、安装方法。

(2) 安装存储卡

要在照相机处于关机状态下进行,并要装载到位,特别要注意卡的正反面、前后方向是否正确。

(3) 应用模式的选择

数码相机一般分为拍摄、查看、连接或下载等几挡的转换开关和转盘,操作时须选择对应挡,如要拍摄必须将开关或转盘处于所需拍摄挡。

(4) 参数设置

数码相机的参数设置一般分两个区域。一部分常数设置是在LCD液晶显示屏上,通过旁边的操作按钮以选择菜单的方式来调整,比如分辨率、感光度、时间等;另一部分曝光参数通常在机身上有相应操作键,如光圈、快门、闪光灯、调焦等。

(5) 取景、构图、拍摄

按下快门后,CCD拾取图像,接着相机会有短时的读取数据、处理、保存的过程。这时,我们会从LCD显示屏上看到刚刚拍摄的画面效果。图像显示后消失,可继续拍摄。因此,在拍摄两张照片之间要有短暂的间隔。此外,有些数码相机也有自动连续拍摄功能。

(6) 观看拍摄的画面

用液晶显示器观看所拍摄的画面。通过液晶显示器观看拍摄画面时,有三步:将REC/PLAY开关拨至PLAY(播放)位置;开启电源开关;按"+"、"-"按钮选择观看画面。

也可以用电视机呈现数字影像。用视频线将数码相机的视频输出与电视机的视频输入连接起来,并将电视机调至AV状态,一边操作数码相机,一边通过电视观看拍摄的影像。

(7) 下载影像文件

读取数码相机图片数据有两种方式,一种是从相机中直接读取;另一种是将存储卡取出,通过读卡器读取。使用第一种方式时,用连接电缆将数码相机的输出端和计算机的输入端连接,按照说明提示,将数码相机的影像文件下载到计算机中,或储存或重新编辑。需要注意的是,有些相机在读取之前要在计算机上安装该相机的驱动程序。

6. 数码相机使用注意事项

(1) 数码相机拍摄时有延迟;因此不能按下快门后就立即移动相机,否则会造成影像模糊。

(2) 数码相机的电源打开时,不能取出存储卡,否则容易导致存储卡损坏或卡上信息丢失。另外存储卡应避免剧烈的振动或撞击。

(3) 应根据照片用途设置图片质量。一般网上或计算机课件对图像质量的要求并不高,可选择较低的分辨率,以节省存储卡空间。

(4) 数码相机耗电大,使用时应备足电池。可充电式氢化镍电池用于数码相机可达到较好的性价比,同时由于 LCD 耗电多,建议使用电池时尽量少用 LCD 取景和预览。

(5) 在灰尘较多的环境里,尽量不要使用数码相机,暂时不拍照时要盖好镜头盖,拍照完毕后要及时将相机装进相机包,并且注意清洗镜头盖上的灰尘;而在潮湿多尘的环境下,要把相机装进塑料袋里。

(6) 勿摄强光。保护数码相机的 CCD 或 CMOS 固体成像器件,注意避免数码相机长时间对着太阳或强光灯,不要将数码相机放在强光下长时间曝晒及放在暖气或电热设备附近,因为数码相机对于强光和温度的耐受力有限,以保证拍摄质量和成像器件不受损坏。如果因特殊需要无法避开时,也尽量缩短拍照时间。

(7) 远离强磁场与电场。数码相机是光电一体的精密设备,光电转换是其成像的主要工作原理。关键部件如 CCD 芯片、DSP 芯片等对强磁场和电场都很敏感,强磁场和电场会影响这些部件正常性能的发挥,直接影响到拍摄质量,严重时还会导致相机出现故障。因此,数码相机在使用和保存时都应远离强磁场和电场,不要把相机放在强磁性物体或强电磁感应的设备附近,如音响、电视机、大功率变压器、电磁灶等。

2.2.6 教学银幕

1. 教学银幕的种类

(1) 按显示方式分,有反射型银幕与透射型银幕两种。反射型银幕不受尺寸限制,但受环境光线的影响较大,包括各种规格的手动挂幕和电动挂幕。反射型银幕按照光学原理分为漫散反射银幕和方向性漫散反射银幕。透射型银幕画面整体感较强,不受环境光线的影响,能正确反映图像质量,画面色彩艳丽,形象逼真,包括各种规格的硬质透射幕和软质背投幕。

(2) 按银幕材料分,有玻璃微珠幕、布基白塑幕、玻璃微珠定向幕、高级塑料透视幕、白布幕与木板幕等。

(3) 按银幕尺寸来分类,有各种规格的银幕尺寸,如 160×213、320×410 等。

此外,教学银幕还可以按银幕式样分,有板框幕、软片幕和卷筒幕三种;按银幕的安装方式分类,有悬挂、脚架式银幕等。

2. 不同材料教学银幕的性能和特点

(1) 白布幕：用白布制成，它属于漫散射反射银幕，散射角在40°左右。这种银幕的价格便宜，使用方便。

(2) 木板幕：用三合板或五合板制成，上面刷上白漆，为了防止反光，可在白漆中加入一定数量的太白粉。

(3) 布基白塑幕：这种银幕用布做底，采用高反射系数的塑料涂料制成。幕面洁白均匀，光线反射柔和，视觉不易疲劳，价格低于玻璃微珠幕。

(4) 玻璃微珠放映幕：这种幕是以布作底，在布基上喷涂一层白胶漆，然后均匀地喷上一层透明的玻璃微珠，最后用胶水固定。这种银幕不能折叠，不能用手指、锋利硬物碰触幕面，否则容易造成污痕和裂纹。

(5) 玻璃微珠定向幕：这种幕的玻璃微珠粒较大，光线直射方向平行于光轴位置为最亮，偏移5°亮度即大幅度下降。这种幕一般固定在木框上，不能卷折。

(6) 透射式银幕：透射式银幕为方向性漫散射反射银幕，其特点是亮度系数高，散射角小，抗杂光干扰能力强。

(7) 金属银幕：金属银幕有两种，一种是用铝板经处理后制成；另一种是在布基上涂布一层含有增塑剂的白色聚氯乙烯，再喷涂一层含铝粉的清漆，干燥后在专门的机器中加热并压出光栅网格。这种幕光效高，均匀性好。

3. 教学银幕的选择与安装

(1) 银幕安装

教学银幕可以挂在教室的正前方，也可挂在黑板的一侧，银幕的规格应根据教室的大小、学生的座位多少来决定。银幕悬挂的高度以银幕的底边与坐在前排座位上的学生头部平齐为准，银幕至第一排学生的距离应大于银幕宽度的1.3～1.5倍，银幕至最后一排学生的距离为银幕宽度的6倍为宜，不能超过8倍，否则视者不容易观察分清图像的细部，也容易引起视觉疲劳。太近则会使视者感觉画面影像不清晰、不稳定，容易产生疲劳。为了使学生看到的图形不变形，幻灯投影设备之光轴与银幕中垂线的夹角应小于12°，用透射式幻灯机放映时，银幕上边需要向前倾斜，使之与光束垂直。

(2) 银幕类型的选择

方向性漫散反射银幕，由于亮度系数大，散射角小，所以适合用于窄而长的放映场所。对于宽而短的放映场所，则应选择散射角大、亮度系数均匀的漫散反射银幕，这种银幕能使各个方位的观众都能获得满意的视觉效果。对于无任何遮光条件而又明亮的放映场所，可考虑选择透射式银幕，因其抗杂光干扰性能特别好。放映立体幻灯或电影，则必须选择金属银幕，因为金属银幕的反射不改变光的偏振情况，其他材料的银幕反射改变光的偏振情况。

(3) 银幕尺寸的选择

适宜的银幕尺寸取决于使用的空间面积及课室座位的数量、位置的安排等因素。银幕尺寸的选择原则为：银幕宽度大约等于从银幕到观众席最后一排座位距离的1/6，银幕到第一排座位的距离应大于2倍银幕的高度，屏幕高度要让每一排的观众都能清楚地看到投影画面的内容，银幕底部距观众席所在地面应为120cm左右。

(4) 银幕的使用环境

银幕应在无尘、通风、干燥、阴凉的环境中使用，如果幕面发黄，出现斑点，则是银幕表面粘有灰尘和通风不良、室内湿度大等原因造成的。因此，要对银幕进行定期保养和维修，对银幕表面进行除尘处理。当银幕表面粘有灰尘时，应用柔软的布或软毛刷轻轻地拂拭银幕的表面，严禁用手直接接触银幕表面，对不能拂拭的灰尘和杂物可用柔软的毛刷蘸清洁水进行清洗，清洗不掉的痕迹可用中性洗涤剂擦洗，但不得过分用力，以免损坏银幕表面的细微结构。注意不得用工业酒精和其他溶剂来擦拭银幕。银幕使用过程中要注意爱护，如防止灰尘、污物对银幕的污染；防止高温和受潮；防止曝晒；防止碰伤划伤；经常维护和保养。

2.2.7 视觉媒体的教学应用

1. 视觉媒体的教学方法

视觉媒体的使用非常广泛，可用于不同层次，能够变小为大，化虚为实，化难为易，便于观察，利用投影片等视觉媒体进行辅助教学，能将复杂、真实、重要的图形图片在课堂中直观形象地展现出来，有利于细致、长久地观察事物现象，对于突破教学中的重点、难点是非常有益的。视觉媒体应用的教学方法有如下几种。

(1) 书写教学法

这是利用投影教学时最基本、最常用、最简便的一种方法。在透明胶片上或在投影器工作台面的载物玻璃上，用彩色笔边讲边写。片子需要长期保存时，则用油溶性彩色笔书写；若随写随擦，则用水溶性彩色书写笔。

(2) 实物投影法

通过投影器将实物、投影教具和某些化学、物理、生物的实验演示器件，投映放大到银幕上，扩大演示物的可见度，使学生对演示物的构造、性能和现象的变化过程等，产生直观、清晰的了解。

(3) 图片教学法

利用已设计制作好的幻灯、投影图片来进行教学，也是最常用的一种方法。它可以代替黑板和挂图的部分作用。上课时，教师可以利用课前制作的投影片，边讲解边放映，既可节约板书时间，又容易把问题讲清楚，便于学生接受。教师还可利用幻灯片、投影片提出问题，引导学生在已有经验、知识的基础上，回答教师提出的问题，从而获得新的知识。还可以在投影片上边画边写(设计成基础图片)；也可制成活动投影片。

对于某些教学内容，可用单片一次性映示的方法表现教学内容；对于某些教学内容可采用逐次显示的方法去表现，常用的有以下三种。

① 增减法：用复合式投影片进行教学时，以加片或减片的方式按教学要求逐步显示教学信息，引导学生由简到繁、由局部到整体、由表及里地去认识事物，掌握知识，有助于学生智力的发展和能力的培养。

② 遮挡法：将事先制作好的投影片用纸遮盖，然后按教学需要一部分、一部分有顺序地映示，依次呈现教学内容。采用遮盖住投影片部分幅面的方法，根据教学需要逐步显示文字和图像，可以引导学生由局部到整体理解教材内容，掌握知识。

③ 活动法：将某些教学内容制作成活动式教学投影片，如旋转片、抽拉片等，在讲授过

程中，以片子的活动来表明教学内容或验证讲授结果。

(4) 导引教学法

备课时教师将讲稿写在透明胶片上，上课时在投影讲稿的导引下边讲授边映示，逐步展开教学。

导引教学法的讲稿要简明，系统，突出重点，适于启发等。教师在备课中要仔细分析教学内容，哪些内容事先在胶片上写好，哪些内容边讲边写，哪些图表事先在胶片上画好，哪些图表边讲边画，这些都要从提高教学质量出发，认真进行分析研究。导引教学法有以下几个优点。

① 讲稿已写在透明胶片上，教师逐步讲解，不必死记硬背讲稿，可节约大量的备课时间和节省大量板书时间。

② 可以避免讲授内容的颠倒、遗漏或错误的现象发生，保证教学大纲的要求和进度。

③ 一节课讲完之后，还可以将提纲(投影片)倒转回来，进行复习、巩固和小结。

(5) 作业教学法

教师可根据教学的需要，设计出各种基图式作业投影片，在课堂或课后让学生进行作业练习。教师采用这种方法可在课堂批改作业，使全班同学受益。

(6) 声画教学法

利用视觉媒体进行教学，有些教学内容不仅需要显示画面，而且需要运用录音机配以解说，做到声画同步，以增强教学效果。例如语文、外语以及其他文科教学中，利用声画教学法进行教学，可收到良好的教学效果。

2. 视觉媒体在教学应用中的注意事项

视觉图像的特点是它比文字和语言更具有实体化和形象化的功能。人们学习的 80% 以上是通过视觉完成的。一般情况下，视觉图像可以分为 4 种类型：真实的、模拟的、类比的、结构的。利用视觉图像提供的实体化和形象化，并不要求绝对真实，有时还需要做一些人为的加工处理，以突出中心主题或是排除某些干扰。实际上，一幅过于真实的视觉图像中存在的无关信息，会干扰正常的学习，而一幅过于欠真实的视图由于太抽象，同样会增加学习的难度。视觉图像的读和写分别是指能够准确地理解视觉图像信息的能力和有效地创造视觉图像信息的能力。人们读解视觉图像的能力与所处的文化背景、年龄大小、性别以及民族习惯等有着密切的关系。

2.3 听觉媒体

传统的教学中，教师的语言讲授是学生获取信息的主要来源。现代听觉媒体的发展和丰富扩大了学生利用听觉获取信息的范围，种类繁多的听觉媒体和听觉媒体材料已成为现代学习资源的重要组成部分。

听觉媒体指采集、记录、播放声音的媒体，应用于现代教学的听觉媒体主要有传声器、扬声器、无线电广播、录音机与磁带、激光唱机与 CD、语音教室，以及一些如 MD、MP3 播放器等新的听觉媒体。传声器是一种将声波信号(机械能)转换为电信号(电能)的能量转换器件。扬声器是一种把电信号转变为声信号的换能器件。磁带录音机用于声音的记录和重放。CD唱机用于声音的播放。扩音机是用于将微弱的电信号放大成具有一定功率电能的设备,也就是把话筒、拾音器受到机械振动后所产生的信号,或由收音机、录音机等接收的信号,经过多级放大后,使其具有一定的功率,来推动扬声器,从而发出声音。

2.3.1 听觉媒体的基本特性与教学功能

1. 听觉媒体的基本特性

听觉媒体具有如下基本特性。

(1) 以时间因素来组织信息,声音媒体是按时间的先后次序来传播教学信息。

(2) 借助声音来表现事物的特征,声音刺激的是人的听觉器官而不能多感官参与,影响了信息的有效转移,一般可以配合其他的视觉媒体来使用。

(3) 适用于特殊对象的教育,如有视觉障碍人士的教育。

(4) 听觉媒体制作成本较低,使用简单方便,可用于各种形式的教学,如班级教学、自学、远程教学等。

2. 听觉媒体的教学功能

在教学中,录音已被广泛应用于语言教学和音乐教育,特别是在现代外语教学中,听觉媒体是必不可少的重要媒体。听觉媒体在语言及音乐学习方面能够提供标准的发音示范教学;听觉媒体与其他媒体结合可创设教学情境,如利用音乐伴音、课文朗诵、情景对话等,可激发学习者的情感和想象。经济实用、简便易行的听觉媒体既适合课堂教学,还可利用广播、录音等方式辅助个别化学习,也可以进行远距离教学,扩大教学规模。当听觉媒体用于课堂教学时,其功能主要是帮助教师解决某些课程中的难点,或创设教学情景;用于个别化教学,可以进行标准音示范,进行听力训练,也可以帮助学生将自己的发音录制下来,有利于提供反馈,通过自我矫正,自我强化,有利于标准发音训练,听觉媒体在教学中的应用非常广泛。

(1) 创设情境,突破难点。录音教材可将朗读、朗诵配以音乐,从而为教学创设情境,将学生带入特定的氛围,使他们受到感染。能传送各种文学和音乐作品,从而陶冶学生情操,提高其鉴赏能力。能突破教学中的重难点,比如在讲外国音乐家的作品风格时,可用录音片段来加深理解,突破难点。

(2) 因材施教,照顾差异。同一个班的学生中,总存在着个性差异,这些差异在课堂上无法全面照顾。这时教师可以编制不同的录音教材,分别加强辅导和训练,使他们能够扬长避短,加强薄弱环节。

(3) 典型示范,反复训练。录音为语言类和声乐类课程的个别化学习提供了可能。在语言、音乐等教学训练中,录音媒体可用于提供示范,利用录音教材不失原始声音的特征,可多次反复播放标准录音,最大限度地训练学生的模仿能力。如语言教学中语音、语调的示范,会话、朗读示范,音乐教学中演唱、演奏的示范,发声的比较和练习等,学生可以根据示范反复练习,直到合乎标准为止。学生外语听、说水平,可以在课后通过听录音带自学来提高,如果使用语言复读机提供标准典型的声音示范,更为方便、有效。

(4) 及时反馈,自我评价。学生的语言训练、声乐练习和器乐演奏都可随录随放,对照相应的示范标准,寻找自己的差距,及时加强练习,以利提高。师范院校的学生在进行教育实习时,可把自己的试讲和讲课录下来,及时播放,从而作出评价,便于改进。

(5) 扩大教育规模和范围。广播、录音等设备的使用,打破了教育时空的限制,人们足不出户,就能听取优秀教师的演讲、优美的音乐、准确的外语朗读等声音资料,扩大了教育信息的传播范围和教学规模。

2.3.2 传声器

传声器通常称为话筒,也称麦克风(Microphone),它是把声波(机械能)转换成电能的一种拾音设备。

1. 传声器的类型与原理

话筒的种类很多,按工作原理可以分为电动式话筒和电容式话筒,电动式话筒又分动圈式和铝带式两种;按信号的传递方式分为有线话筒和无线话筒;按话筒的灵敏度方向性分为全指向性、双指向性和单指向性话筒;按声道数分成单声道话筒和立体声话筒,按信号的处理方式分为模拟话筒和数字话筒等。在教学中广为应用的是动圈式、电容式有线话筒及无线话筒。

(1) 动圈式传声器

动圈式传声器由磁铁和软铁组成磁路,磁场集中于芯柱和外圈软铁所形成的缝隙中。音圈处在磁铁的磁场中,当声波作用在振动膜使其产生振动时,当振动膜受声波压力前后振动时,振动膜便带动音圈作相应振动,线圈便切割磁力线,产生感应电动势,即把声波转换成了电能,其构造如图 2-7 所示。由于音圈的阻数很少,它的阻抗很低,不能满足扩音机对输入信号的要求。因此,动圈式传声器中装有升压变压器,初级接振动膜线圈(音圈),次级接输出线,将电压增大。

动圈式传声器具有坚固耐用、工作稳定等特点,具有单向指向性,价格低廉,适用于语言、音乐扩音和录音。

(2) 电容式传声器

电容式传声器的振动膜是一块质量很轻、弹性很强的薄膜,表面经过金属化处理,与另一极板组成一个平板电容器。当声波传到振动膜上时,它便随之振动,改变了两极之间的距离,从而使电容量发生变化。在这个电容器的两端,经过电阻 R 接上一直流电压 E,称为极化电压。电容量随声音变化时,电阻 R 两端便得到交变的电压降,从而实现了声能—电能之间的转换。电容式传声器的构造如图 2-8 所示。

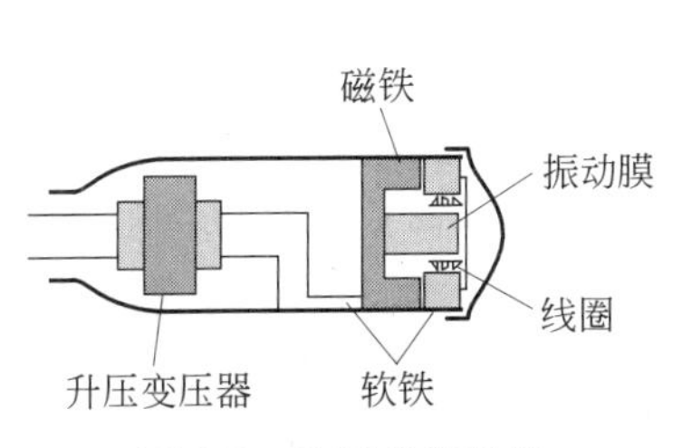

图 2-7 动圈式传声器

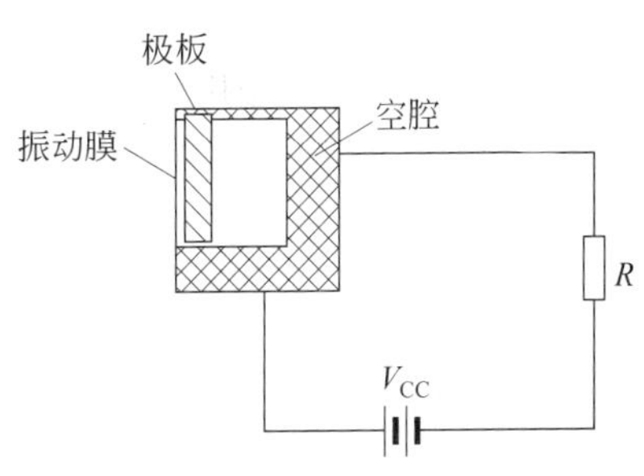

图 2-8 电容式传声器

电容式话筒灵敏度高、频率特性好、失真小、音质好，且体小质轻，但结构相对复杂、成本高，多用于高质量的广播、录音、扩音工作中。

(3) 驻极体传声器

驻极体传声器由声电转换和阻抗转换两部分组成，当声波使驻极体膜片振动时，膜片的镀金属膜与金属极板间形成的电容的电场发生相应变化，产生随声波变化的音频电信号，该信号通过场效应管输出，如图 2-9 所示。

驻极体传声器具有体积小、结构简单、电声性能好、价格低廉等优点，广泛应用于盒式收录机、电话机、无线话筒及声控电路中。

(4) 无线传声器

无线传声器通常称为无线话筒，无线话筒常见的为领夹式、头戴式和手持式三类，无线传声系统由拾音头、发射器和接收机等组成，以无线方式传递电信号：拾音头将声音信号转换为电信号，然后由发射器将其调制，并通过天线向空间发射，接收机在有效接收范围内接收到信号，经过检波、解调，并将还原后的电信号输出给后续设备。由于省去了电缆线，使用起来更方便。

在无线传声器内部，一般包括动圈式或电容式传声器加上发射电路、发射天线和电池仓等构成。图 2-10 为手持式无线传声器。

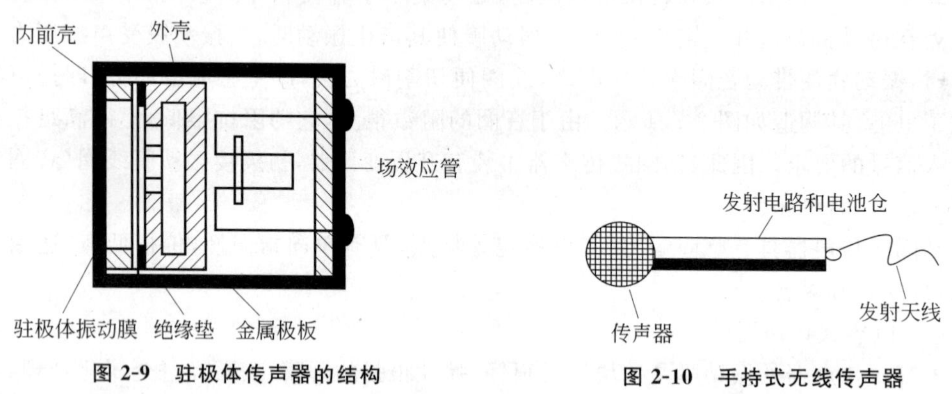

图 2-9 驻极体传声器的结构

图 2-10 手持式无线传声器

常见的领夹式传声器将发射电路和电池仓置于一盒中，使用时常别在腰后，而微型传声器则别在衣领上。

2. 传声器的选择与使用

(1) 传声器的选择

在实际工作中，应根据用途和音响设备的性能选择合适的传声器，如传声器的指向性、灵敏度、频率响应，特别要注意阻抗匹配。需要高质量的扩音和录音时，选择电容式传声器、铝带式传声器等质量较高的传声器；一般语言扩音时，则可选用普通动圈式传声器、驻极体电容式传声器；器乐演奏的拾音应优先选择电容式话筒或高质量的动圈式话筒；录制小提琴、小号等乐器演奏，则应选择高频响应好的；录制交响乐或街道、大自然等外景的现场效果声，则要选择频段响应范围宽的话筒。手持式传声器则适用于其他场合。用多只传声器时，应配备调音台，每一路传声器信号单独放大后，再混合到一起。为了防止说话时发出气流声，要在传声器上套上话筒罩。

按声源方位的灵敏度，传声器可分成全向、双向和单向（心形指向）三种，如图 2-11 所示。遇到嘈杂环境，或需要突出某一声音时，可选用方向性较强的（如心形指向）传声器；一般的课堂教学选用低阻抗、单向性（对正面声音有很高的灵敏度而对其他方向尤其是后面的声音源响应很低）对中频段响应好的动圈话筒；教师在讲台上讲课，经常走动时，可采用领夹式无线传声器；如果在较小且安静的空间录制采访类的内容，则应选择无指向性或双指向性的话筒。

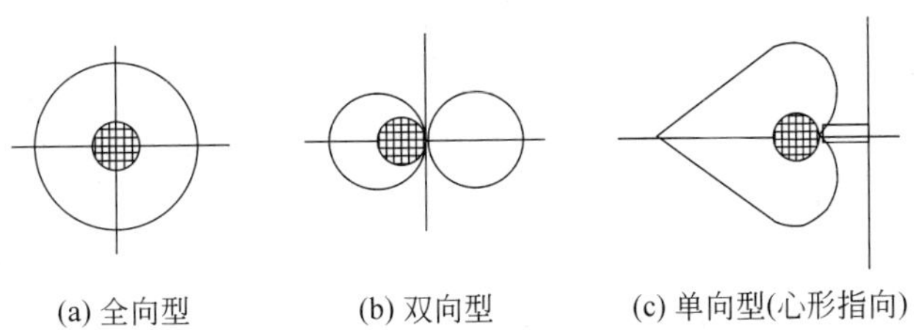

图 2-11　传声器的方向特性

无论哪种方向特性的传声器，只有在声源对准它的中心线（声轴）时，才能使传声器灵敏度最高、失真最小；两者之间的偏角越大、高音损失越大。使用传声器如果出现"呲呲"声时，就偏转传声器的方向，噪声即可以减弱或消失。

(2) 传声器的连接线

在整个音响系统中，传声器处于系统的第一环节，它是与前置放大器相连接的。话筒与输入设备之间的连接必须用音频屏蔽线，使用高质量的传声器时，应选用以双绞线为芯线的金属屏蔽线，一般传声器可以使用单芯金属屏蔽线，避免用普通导线。高质量话筒应选择双芯金属屏蔽线，双芯金属屏蔽线抗干扰能力强，可进行远距离信号传输。高阻抗话筒输出时输出信号较强，对放大器的要求较低，但转输线长了易受外界干扰引起交流声和使高频严重衰减，故通常传输线长度不超过 5m；低阻抗话筒输出通常借用卡侬插头进行平衡连接，抗干扰能力强，连线可延长至 10～30m。

(3) 传声器放置的位置

扩音时，话筒不要靠近扬声器或对准扬声器，应放在扬声器的后面或侧面，以免引起刺耳的啸叫声；同时不宜把话筒音量开得过大。安放位置话筒的放置方式，除要考虑方向外，还要考虑与声源之间的距离，通常会议扩音和老师在固定位置讲课时，话筒的工作距离以 20～30cm 为宜。在录制播音员的解说时，一般是把距离保持在 10～20cm，同时还要考虑话筒的近讲效应，即话筒与声源近时，低频成分提升，声音变得浑厚。为了减少频率失真，声源应对准传声器的中心线。

(4) 避振、防潮、防风

传声器一般经不起强烈的振动和敲击，尤其是灵敏度较高的电容式传感器更怕振动，因此话筒在使用中应防止敲击或跌倒，在试音时，不宜采用吹气、拍打和敲击的方法试验传声器，否则很容易损坏传声器内部的振动薄膜；若话筒本身有防风罩（通常是海绵或皮毛制成的），在使用中要正常佩带，以保证音质；日常存放要注意防尘、防振。

(5) 应根据放大器的输入阻抗来选择

在选择传声器的阻抗时，要做到传声器的输出阻抗应尽量与放大器的输入阻抗相匹配。

(6) 保持传声器与扬声器的距离

在扩音时,传声器不要对准和靠近扬声器,否则会引起反馈啸叫。

(7) 正确使用无线话筒

① 正确安装发射器上的电池,有尾部天线的,在使用前把天线装好;打开发射器的电源和接收机电源。

② 试音,调整接收机接收天线长度(一般为接收电磁波波长的1/4左右)和谐振频率,以得到满意的接收效果。

③ 使用无线话筒时应注意:手不要接触天线,以免频率的漂移;手不要握防护罩,以免引起声响改变和声音失真。

④ 传声器的输出电缆引线要有良好的屏蔽,且不能太长,一般应为几米。使用低阻抗输出的传声器时,电缆引线可以适当加长一些,但在使用高阻抗输出的传声器时,传声器的电缆引线不能很长,否则由于电缆分布电容的影响,会使传声器的高频特性变坏。

2.3.3 扬声器

扬声器又叫喇叭,扬声器是把电能转换成声音的一种器件,是电声系统的终端部件,扬声器的性能优劣对音质的影响很大。扬声器需要与扩音机配套使用或直接配置在一些机器设备上,如录音机、收音机的机内扬声器。

1. 扬声器的类型与原理

扬声器的种类很多,根据构造不同,可分为电动式(动圈式)、静电式(电容式)、电磁式(舌簧式)、压电式(晶体式)等几种,教学中最常使用的是电动式扬声器;按频率范围可分为低频扬声器、中频扬声器、高频扬声器,这些扬声器常用在音箱中作为组合扬声器使用。

(1) 电动纸盆式扬声器:电动纸盆式扬声器又称为低音喇叭,主要由磁路系统和振动系统两部分组成,其构造如图2-12所示。

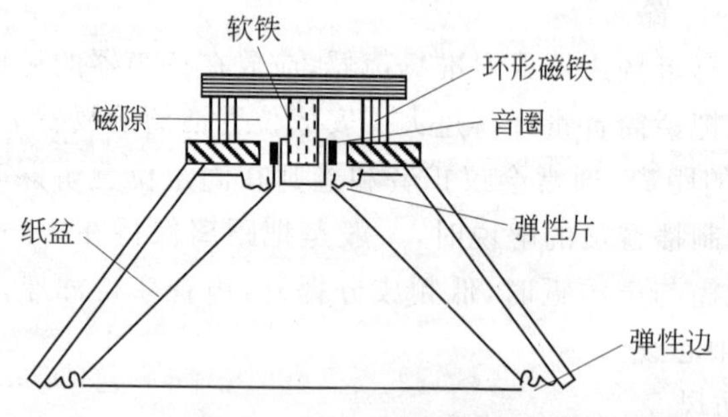

图 2-12 电动纸盆式扬声器

磁路系统由环形永久磁铁和软铁组成,磁场集中在缝隙处。振动系统由带音圈的纸盆组成,弹性片把音圈固定在磁隙的正中。当音频电流通过时,音圈在磁场力的作用下,带着纸盆运动,发出声音。纸盆扬声器的口径影响扬声器发声的频率范围,以及扬声器所能承受的最大功率。一般来说,扬声器纸盆口径越大,低音就越丰富,最大发声功率也越大。

(2) 电动号筒式扬声器。电动号筒式扬声器又称为高音喇叭,主要由磁路系统、振动系统和助音筒三部分组成，其构造如图2-13所示。磁路系统和振动系统装在一起，称为发音头。

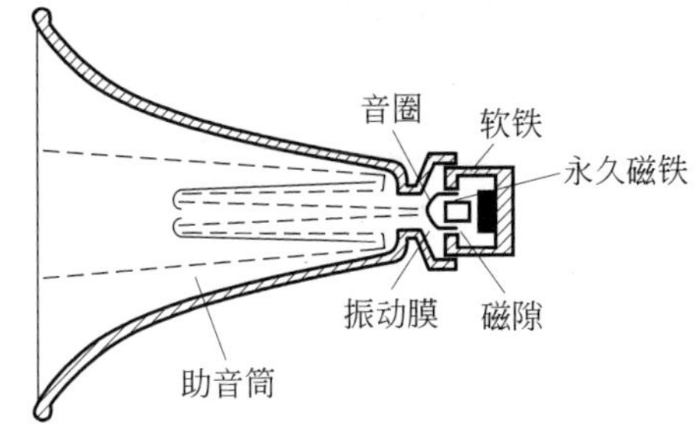

图2-13 电动号筒式扬声器

磁路系统由永久磁铁和软铁组成，磁场集中在缝隙处。振动系统主要由带音圈的振动膜组成。音频电流通过音圈时，受磁场力作用，音圈便带动振动膜运动，从而使周围空气发生振动。因发音头前面装有助音筒，能使空气共振，产生洪亮的声音。

(3) 组合式扬声器。通常将几只不同频率响应范围的扬声器组合在一起，装入同一组音箱内，构成组合音箱。它可以使整个音频范围内的频率响应曲线得到显著改善，提高放音质量。

2. 扬声器的主要性能指标

扬声器的主要性能指标有：额定功率、额定阻抗、频率响应、失真、指向性以及灵敏度等参数。

(1) 额定功率

扬声器的功率有标称功率和最大功率之分。标称功率又称为额定功率，是指扬声器在额定不失真范围内容许的最大输入功率。最大功率是指扬声器在某一瞬间所能承受的峰值功率。为保证扬声器工作的可靠性，要求扬声器的最大功率为标称功率的2～3倍。

(2) 额定阻抗

因扬声器的阻抗是频率的函数，故阻抗数值的大小随输入信号的频率变化也发生变化。额定阻抗是指音频为400Hz时，从扬声器输入端测得的阻抗。

(3) 频率响应

频率响应范围是指扬声器能够还原的声音的频率范围。给一只扬声器加上电压相同而频率不同的音频信号时，其产生的声压将会产生变化。一般中音频时产生的声压较大，而低音频和高音频时产生的声压较小，从而出现在低频端和高频端，曲线出现下跌的趋势，通常把低频端和高频端的输出相对于中间水平段下跌3dB的那两点称为低频截止点和高频截止点，这两点之间的频带就是扬声器的频响范围。理想的扬声器频率特性是均匀重放人耳的可听频率范围，即20～20 000Hz。

(4) 失真

扬声器不能把原来的声音逼真地重放出来的现象叫失真。失真有两种：频率失真和非线性失真。频率失真是由于对某些频率的信号放音较强，而对另一些频率的信号放音较弱造成的，失真破坏了原来高低音响度的比例，改变了原声音色。而非线性失真是由于扬声器振动系统的振动和信号的波动不够完全一致造成的，在输出的声波中增加了新的频率成分。

(5) 指向性

用来表征扬声器在空间各方向辐射的声压分布特性。若干规定的声波辐射方向，如音箱中心轴水平面0°,30°和60°方向所测得的音箱频响曲线簇。指向角度越狭窄，则其指向性越强。

(6) 灵敏度

扬声器的灵敏度是指给扬声器输入电功率为1W时，在扬声器正面的几何中心1m距离处，所测得的声压级(声压与声波的振幅及频率成正比，声压级是表示声压相对大小的指标)。

3. 扬声器使用的注意事项

(1) 扬声器得到的功率不要超过它的额定功率，否则，将烧毁音圈，或将音圈振散。

(2) 扬声器的阻抗应和扩音机输出阻抗匹配，避免损坏扬声器或扩音机。

(3) 正确选择扬声器的类型。若室外使用，应选用电动号筒式扬声器；若室内使用，则选用电动纸盆式扬声器；要求高保真度声音时，应选用优质的组合音箱。

(4) 电动号筒式扬声器，必须把音头套在号筒上后才能使用，否则很易损坏发音头。

(5) 两个扬声器放在一起使用时，必须注意相位问题。如果是反相，声音将明显削弱。

(6) 在使用立体声放音系统时，应将两个音箱分开适当的距离，两个音箱之间的距离应等于音箱到听众中间位置的长度。

2.3.4 录音机

1. 录音机种类

录音机是利用电磁转换原理记录和重放声音的一种音响设备。磁带录音机的种类很多。按结构和使用磁带形式分为盘式录音机、盒式录音机、卡式录音机；按体积分为落地式录音机、台式录音机、录音座、便携式录音机、袖珍式录音机；按处理的信号分，可分为数码录音机、模拟录音机；按功能分为立体声录音机、单放机、跟读机、多用机等；如果按同时记录不同的内容，可分为单通道、双通道以及多通道录音等几种；按记录在磁带上的磁迹，可分为单轨、双轨、四轨、八轨等。单通道单轨，主要用于普通广播录音；单通道双轨，主要用于盘式单声道录音机；双通道双轨和双通道四轨，主要用于立体声录音机；四通道四轨和八通道八轨，主要用于专业立体声录音制作。

2. 录音机的基本结构

盒式录音机主要由磁头、机械传动机构(机芯)和电路三部分组成。录音机最基本的组成如图2-14所示。

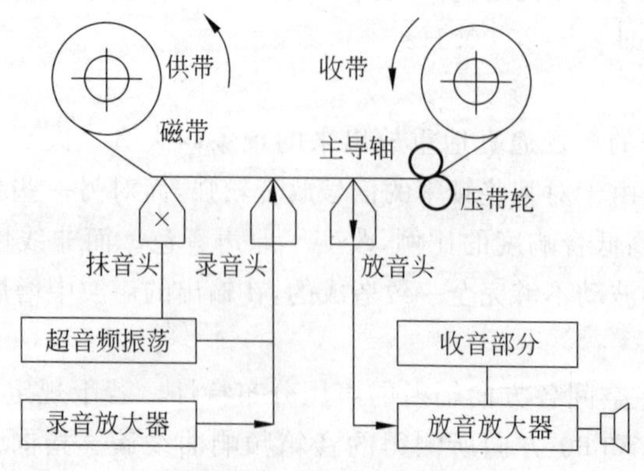

图2-14 录音机的组成

(1) 磁头

磁头是录音机中的电磁转换器件,也是录音机中最重要的部件。它可将电信号转换成磁信号而储存在磁带上,又可将记录在磁带上的磁信号还原为电信号,还能将已录信号抹掉。

录音机的磁头分为录音磁头、放音磁头和抹音磁头三种,普及型录音机常把录音磁头和放音磁头并成一个录放磁头。

(2) 机械传动机构

机械传动机构又称作机芯,机械传动部分由驱动机构、制动机构和各种功能操作机构组成。主要由主导机构、供收带机构、制动机构、控制机构和附属机构五部分组成。

(3) 录放基本电路

录放基本电路由音频放大器、均衡放大器、超音频振荡器和一些特殊功能电路组成。

3. 录音磁带

录音带是磁带的一种,录音磁带由带基和磁性层组成。按磁带盘形可分为开盘式、卡式、盒式磁带。其中盒式录音磁带使用最为普遍;按录音时间长短,可分为C-60(60分钟)、C-120(120分钟)等几种;按其材料,可分为氧化铁磁带、二氧化铬磁带、铁铬磁带、钴改性氧化铁(铁钴)磁带和金属磁带等几种。其中,用 Fe_2O_3 磁粉的叫普通磁带,是目前用的最广泛的一种磁带,用 CrO_2 磁粉的叫铬带,既用铁粉又用铬粉的叫铁—铬双涂层带,用金属磁粉的叫金属带。普通磁带：中、低频特性较好,价格低,适用于一般语言或音乐节目的录音;二氧化铬带：高频特性好,频率动态范围宽,适宜录制交响乐等乐曲;铁铬磁带：高、中、低频特性都较优越,适合录制各种音乐节目;金属带：输出电平高,动态范围大,用作现场录制音乐节目时,真实感强,是专业录音用的磁带。

4. 录音机的录音放音和抹音原理

(1) 录音原理

磁带录音机是利用电磁转换的原理进行声—电—磁的转换。录音过程是话筒将声音信号转变成音频电流,经放大电路放大后送入录音磁头,在磁头铁芯中产生交变的磁通,在磁头的工作缝隙处形成随音频而变化的磁场,当磁带紧贴着通过磁头缝隙时,磁力线穿过磁带上的磁性层,将它磁化,从而留下了剩磁,使其输出的音频磁信号记录在磁带上,随着磁带的恒速移动,就在磁带上留下随音频信号变化的连续性剩磁磁迹,如图2-15(a)所示。

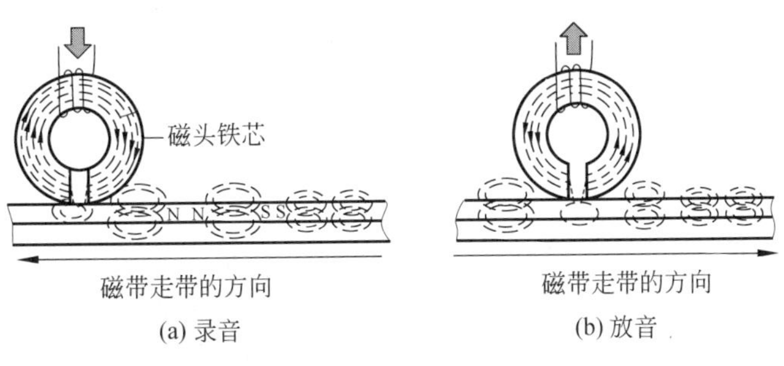

图 2-15 录音和放音原理

(2) 放音原理

放音时,当录有磁迹的磁带通过磁头的工作缝隙时,由于磁头铁芯的磁导率比空气高得多,磁带上的剩磁场的磁力线将通过磁头铁芯而成闭合磁路。因磁带上的剩磁强度和方向是变化的,磁头铁芯内的磁通量也相应变化,从而在线圈中便产生变化的感应电动势,就将记录在磁带上的磁信号转变为音频电流,经放大电路放大后推动扬声器还原出声音,如图 2-15(b)所示。

(3) 抹音原理

抹音就是对磁带进行消磁,将磁带上的剩磁去掉。目前较多采用交流抹音的方法。交流抹音又称超音频抹音。抹音磁头的基本结构与录放磁头相同,只是工作缝隙宽度大约为录放磁头的 10 倍。抹音时,超音频振荡器给抹音头线圈提供超音频电流,使磁头缝隙处产生一个交变次数足够多的磁场,磁带上各段在逐渐接近缝隙中心的过程中逐渐增强的交变磁场反复作用,使剩磁逐渐减小到零。磁带上原录有的磁迹就完全抹掉了。

另一种抹音方法是直流饱和抹音法,它是让直流电流通过抹音头线圈产生一个足以使磁带上磁性材料饱和磁化的磁场。当磁带通过抹音头缝隙时,磁带上所有磁性材料复印的剩磁都达到饱和。这样磁带上各处磁通量一致,放音时就不可能产生感应电信号了。这种抹音方式常与直流偏磁方式结合采用,使录音机简单而经济。

5. 录音机的操作使用

(1) 放音操作

录音机的按键有倒带、快进、播放、停止、录音、放音等按钮。利用快进或倒带找到需要播放的位置,按下放音键,如果播放时需要暂时停止,可以按暂停键。

(2) 录音操作

在录音时,应尽量选用较好的录音机和合适的磁带,并将录音机上磁带种类选择开关处于与磁带种类相同的挡位。且在录音前应检查磁头是否清洁。此外,录音房间的混响时间对音质有很大影响,混响时间长短适合,才能使录制的声音清晰明亮,丰满浑厚,感染力强。一般在录制语言时,录音房间的混响时间在 0.5s 左右为宜,录制音乐节目时,1s 左右较好。

(3) 录音方式的选择

① 机内话筒录音

盒式录音机内部都装有一到两只驻极体电容话筒,可以直接用它录音。利用机内话筒录音时,应使声源对准话筒,并调整好声源与录音机的相对距离。此种方式录制的节目,往往噪声较大,音质不好,一是录音机内机械摩擦声所致,二是机内话筒的档次一般不高。

② 外接话筒录音

将一外接话筒的插头插入录音机上 MIC 插口,机内话筒即时断开,话筒远离录音机,可有效避免录音机制机械噪声。

③ 收音录音

将收录机处于 RADIO 正常收音状态,装入磁带,在需要录音时按下录音键,即可直接录下收音节目的内容。录制收音节目时应注意调台一定要准确。

④ 电视伴音的录音

需要录制电视节目的声音信号时,可以将电视机耳机输出作为信号源,将其连接到录音机的线路输入(LInE In)插孔进行录音。录音电平可直接由电视机的音量调节旋钮进行调节。

⑤ 磁带转录

如果是双卡录音机,则一个带仓放音,另一个带仓同时录音。若为单卡录音机,转录时需要两台录音机:一台作放机,一台录机,内录线的一端接放机的输出,另一端接录机输入,构成磁带转录系统。而录音复制机可将一盒磁带上的信息同时快速复制到多盒磁带上去。

(4) 录音机的维护保养

① 清洁。录音机工作一段时间后,磁头和磁带的相互摩擦刮下的磁粉以及磁带上的灰尘等物,会附在磁头、主导轴、压带轮上,影响正常的录放音。清洁时,可用棉花蘸上无水酒精或磁头清洁剂等轻轻擦拭磁头、主导轴和压带轮等,亦可用磁头清洁剂。擦磁头时,应用镜头纸蘸上酒精或四氯化碳轻轻擦洗,不要用力过猛、不要用硬物刮磁头。

② 消磁。录音机使用一段时间后,由于磁带与磁头的摩擦,扬声器、电源变压器等、或有磁性物体靠近了磁头,都会使磁头残留剩磁,从而在录、放音过程中产生噪声,严重时会使信号失真,因此就要对磁头作消磁处理。消磁时,可用专用的盒式磁头消磁器,一般操作是:断开电源,在录音机带仓中装入磁头消磁器,按下放音键即完成磁头的消磁。在对磁头作消磁处理时,动作要慢,消磁器的电源应离开磁头直接距离一米左右时才可切断,千万不能在接近磁头时断电,同时,对磁头消磁时最好也对主导轴消磁。

③ 注油。经常使用的录音机应该用注射器给转动速度较高的电机、飞轮、压带轮、主导轴滴一两滴比较稀、黏度很小的润滑油以提高机械性能、减少噪声。盒式录音机的注油主要针对转动部分,可用钟表油或精密仪表油。注油时,先打开录音机机壳,往电机轴、主导轴等转动部分注放少量油即可,切勿将油滴到橡胶件或塑料件上,以防对橡胶件或塑料件腐蚀导致变形损坏。注油不可过量,要防止橡胶、塑料制品粘上油。

④ 存放。录音机应存放在干燥处,以防磁头及机内元件霉变而损坏。电源使用干电池时,若长时间不使用,应将电池取出,以免电解液渗出腐蚀盒的接触片和录音机机体。

(5) 使用录音机的注意事项

① 大多数录音机都是交直流两用,长时间不用的机器应将电池取出,以免电池电解质流出腐蚀机件,使用交流电源时应检查电源插头、电源线、开关是否良好,机器用完后应将电源插头从插座中拔出。

② 录音机有自停和半自停之分,半自停录音机在作快进快倒时,要注意及时按下停止键,以免电机转速减慢,电流增大烧毁电机和机器录音机不工作时,各功能键均应处于停止状态,以免弹性部件长期受力而变形。

③ 按各功能键时,不要用力过猛。

④ 录音机应放在清洁、干燥的地方,应远离煤炉、煤气灶、潮湿的地方,录音机附近不能有强磁场,不得用手触摸磁头、磁带、压带轮的表面等。

(6) 录音带的保养方法

① 磁带应放置在干燥通风处,免受阳光直射,并避免高温。

② 不要将磁带快速倒带之后保存,以免磁片快速倒带之后太紧而变形,应在录音或放

音后保存。

③ 长期储存不用的磁带最好放在密封容器内，每三个月应快进走带一次，以避免粘连。

④ 磁带不宜放置在磁性物体周围，以免磁带被磁化或退磁。

⑤ 磁带使用前应检查一下松紧度。过松应用小棒转紧，过紧用手轻轻拍打几下即可。磁带使用过程中，必须让磁带完全停止转动后再快进或快倒。

⑥ 使用磁带时，忌用手触及磁带，以免碰污磁带。

⑦ 发现磁带断裂，应及时用胶带粘好后再使用。

2.3.5 数码录音机

普通磁带录音机采用模拟信号处理技术，存在着易产生幅度失真、信噪比低、声音记录存储的动态范围窄等不足。而各类数字化音频设备，包括数码录音机、MP3、MD等，利用数字方式存储音频信号，音质优于模拟信号，信号的传递不易失真，后期编辑处理方式灵活多样。

目前的数码录音机主要有DAT和DCC两大类。数字音频磁带机DAT(Digital Audio Tape)是以磁带为存储介质，主要用于专业录音的一种数字录音装置，采用了同录像机(VCR)相似的旋转磁头；DCC(Digital Compact Cassette)是使用与盒式磁带规格相同的磁带记录信息的数字录音机，与普通录音机具有半兼容性，音质听起来已跟CD唱机接近。

数码录音机在使用上主要需注意以下几点：

① DAT输入及输出均备有模拟和数字两种端口，可灵活地接收或向后续设备提供模拟或数字信号。

② 录音时应注意录音机的采样频率设置与放音机的参数相同。

③ 从理论上讲，数字磁带可以多次进行数字信号记录，但使用次数增加同样会出现磁粉脱落，使误码率上升。因此对于重要的内容还是用新磁带较安全。

2.3.6 CD唱机

激光唱机通常称为CD机，激光唱机组成包括激光拾音器、精密伺服机构、数字信号处理电路和数/模转换电路等部分，它集中了激光技术、数字信号处理技术、自动控制与精密伺服等新技术，是目前最好的音源设备。CD是英文Compact Disc-digital Audio的缩写，原意为“数字化精密型唱片及放唱系统”，该系统由激光唱片和激光唱机组成。

CD唱机优越的性能，主要体现在频响宽、动态范围大、信噪比高、声道隔离度大、失真度小以及光盘信息存储密度大、寿命长等方面。

1. 激光唱片的结构

激光唱片是利用光学方法记录和重放音频信号的一种存储介质，它利用激光拾音头发出的激光打到激光唱片上的凹坑点上时，反射光的强度随凹坑的散射作用而降低。若光束打到无凹坑的反射膜时，因无散射而使反射光较强，以这种反射光的强弱来反映激光唱片上的“0”、“1”数字信息，经过一系列电路处理恢复为原来的模拟音频信号，最后通过扬声器或耳机还原。

图 2-16 为激光唱片的剖面图。CD 盘主要由保护层、反射激光的铝反射层、刻槽和聚碳酯衬垫组成，如图 2-16(a)所示。唱片的基片是由厚度为 1.2mm 的透明聚酯板构成的，在它的内表面刻有深度为 0.1μm，宽度为 0.4～0.5μm，长度不同的信号坑，经过镀铝膜和涂敷树脂保护层而构成。

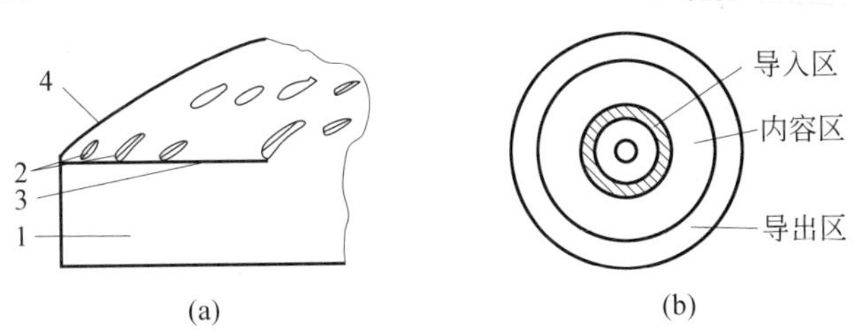

图 2-16 激光唱片结构

1—透明聚酯板；2—信息坑；3—反光金属膜；4—保护层

激光唱片外径为 120mm，信息面分为三个区域：导入区、内容区和导出区，如图 2-16(b)所示。

CD 盘光道的结构是螺旋形光道，CD 唱盘的光道长度大约为 5 公里。CD 盘转动的角速度在光盘的内外区是不同的，而它的线速度是恒定的，通常用 CLV(constant linear velocity)表示恒定线速度。由于采用了恒定线速度，所以内外光道的记录密度(比特数/每英寸)可以做到一样，这样就充分利用盘片应有的数据存储容量，但采用这种方式，随机存储特性变得较差，控制也比较复杂。

CD 唱盘的信号采样频率为 44.1kHz，16 位量化位数，频率响应范围为 20Hz～20 000Hz。光盘最大存储容量为 780MB，可存储 74 分钟的高质量双声道音频节目。

2. 激光唱机的拾音原理

激光唱机拾音的工作原理如图 2-17 所示。

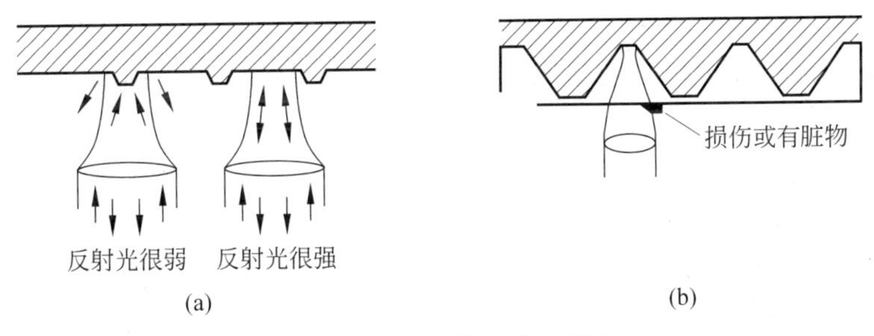

图 2-17 激光唱片声音的还原

激光唱机首先把激光束照射在唱片的信号面，然后检测反射光的强弱。从图 2-17(a)可见，在有信号的地方有凸起(从下面投射)而产生散射，使反射光减弱；无信号的地方，反射光很强。这些反射光的强弱变化就是激光唱片的信号。用检测器检出这些强弱的变化，经放大和处理后，便可还原出原来的声音。激光头与 CD 盘片之间是不接触的，因此不存在拾音头和 CD 盘片之间的磨损问题。

3. 激光唱机的组成

激光唱机由机械和电路两大部分组成，机械部分由唱片仓（托盘）驱动机构、唱片旋转机构和激光拾音器进给机构组成。电路部分主要由激光拾音器、伺服系统、信号处理系统、控制显示系统以及电源等组成，如图 2-18 所示。

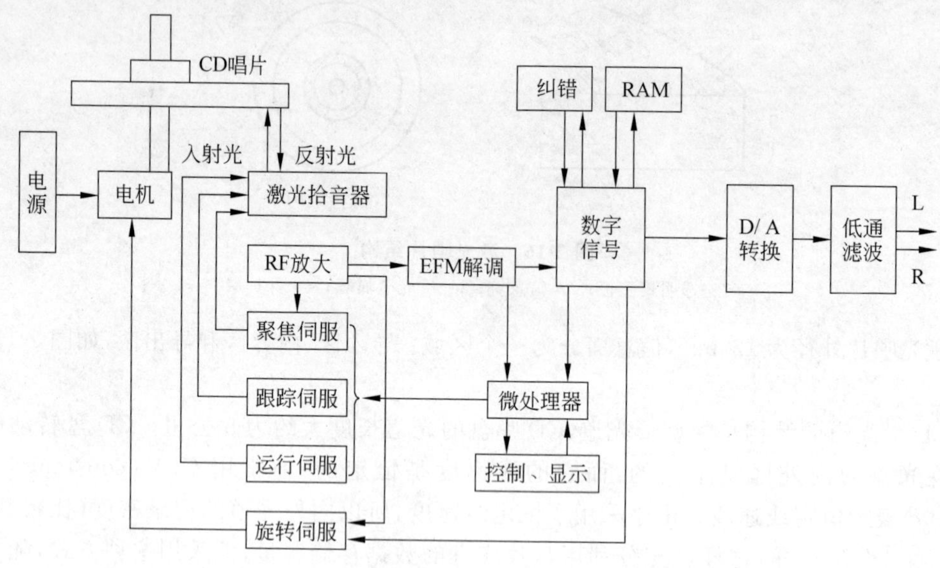

图 2-18　激光唱机的系统组成

（1）激光拾音器。激光拾音器通常称为激光头，它的作用是读取激光唱片反射的光信号，并把光信号转换为高频电信号。

（2）伺服系统。在激光唱片上，信息轨迹排列得十分紧密，信息凹坑（从树脂面向下看）又非常小。为了保证激光拾音器发出的激光能准确地照射到信号轨迹上，不致受到唱片可能发生形变的影响，在激光唱机内设有自动聚焦伺服系统、自动循迹伺服系统和进给伺服系统。为了保证激光拾音器能以恒定的速度扫描信号轨迹，还设有主轴伺服系统。

（3）控制显示系统。接收各种操作指令和各种检测数据，并对各种输入信息进行判断和处理，产生相应的输出指令控制机械部分和电路部分工作，并显示各种信息。

（4）信号处理系统。信号处理系统由 RF 射频放大电路、EFM 解码及数字信号处理电路和 D/A 转换电路组成。射频放大电路对激光拾音器输出的高频电信号进行放大、整形，输出 EFM 信号；EFM 解码及数字信号处理电路对 EFM 信号进行解调、纠错、插补等处理，输出 16 位的数字音频信号；D/A 转换电路将数字音频信号转换成模拟音频信号，经低通滤波后输出。

（5）电源。向激光唱机各部分提供所需要的不同电压和电流。

4. 使用激光唱机的注意事项

（1）不要使用有裂纹或扭曲变形的唱片，以免损坏机器。

（2）不要长时间使用暂停功能。因为暂停时，虽然声音停止了，但唱片仍在旋转。如果打算较长时间停放，则应按停止键，使唱片处于静止状态。

(3) 激光唱机在使用中应避免振动，不要随便搬动。

(4) 激光唱机内部结构精密，为保证放音质量达到高标准，不要随便拆开机器。

2.3.7 MP3 播放器

MPEG(Motion Picture Experts Group)是设置数字音视频压缩标准的国际专家小组。音频压缩是在心理声学模型的基础上建立起来的，可通过 Layer1、Layer2、Layer3 三种编码方式来实现，复杂度和有效性递增，每一层均为前一层的延伸，并且具有等级兼容性。MP3 实际上指的是 MPEG Audio Layer Ⅲ，它拥有近似于 CD 的音质，对于采样频率为 44.1kHz，量化为 16bit 双通路立体声的 1min 音片段所需的 WAV 文件存储空间为 10MB。而压缩成为 MP3 格式文件，其存储空间只需 1MB。MP3 播放器是一种新型的播放音乐节目的数字音频系统，是目前应用最广泛的有损压缩编码的音频格式。

MP3 播放器体积小，重量轻、不怕振动、便于携带，而且功耗低、连续播放时间长、没有机械磨损的问题，可反复录入和编辑音乐且使用 USB 接口，支持即插即用，支持 Windows，MAC 操作接口等特性。可以将 MP3 模块内置于 CD 光盘随身听、移动硬盘、掌上电脑手机和数码相机等。在教学应用方面，我们可以利用网络及时获取各种教学信息并下载到 MP3 播放机中进行播放，可用做普通的录音机，用于采访和会议记录，还有独具特色的电话簿功能，可用做电子通信录等；利用 MP3 播放机可以进行声音的编辑；也可利用 MP3 播放机做语音复读机，具有自动重放、智能跟读，并进行跟读对比。

MP3 音乐数字放音系统只经过短短的数年已获得迅速发展。虽然目前 MP3 音乐的音质还不如高保真放声系统，但它有许多高科技特点，随着 MP3 播放器性能的改进，价格的下降，它将结合到更多的数字产品中，如家用立体声 MP3 播放器、便携式 PC、掌上 PC、数码相机、便携式 DVD、便携式 CD、车用 MP3 播放器、网络 MP3 播放器、MP3 CD-ROM 播放器等。如果开发出直接在网上搜索 MP3 音乐文件并从网站上下载的专用设备将会更受欢迎，特别是 MP3 可兼作移动存储器使用，扩展了 MP3 的应用范围。

1. MP3 的类型

目前，MP3 的存储介质分类三类：闪存、微硬盘以及硬盘。这三种 MP3 各有优缺点。

(1) 闪存式 MP3 随身听

采用闪存芯片的 MP3 随身听是比较简单的一种，存储的容量较小、耗电小、音质好、支持线录、可播放数小时 MP3 歌曲，附加调频收音功能。缺点是容量小，价格高。

(2) 硬盘式 MP3 随身听

硬盘式 MP3 的优点是容量大，其存储量为 10～40GB，具有更大的输出功率，传输方式采用 USB2.0，支持外接麦克风。缺点是价格高，体积较大，重量较重，耗电量相对较大，对振动比较敏感，更换及维修的成本都较高。

(3) 微型硬盘 MP3 随身听

微型硬盘 MP3 具有超大容量，使用寿命长，带有缓存，功耗小，无须外置电源，高速传输，接口具有广泛的兼容性(有 CF 卡、PCMCIA、USB 2.0、ATA 并口等接口的微硬盘)等优点，此外，由于微硬盘的特殊设计，具有高防振性。微型硬盘以苹果公司的 iPod 为代表，目前微型硬盘的大小由4.57cm(1.8in)向2.16cm(0.8in)小型化发展，iPod随身听采用4.57cm(1.8in)5GB微型硬盘，在工作时能承受100g/2.0ms的冲击，如加上30MB RAM作缓冲，使iPod随身听的防振时间长达20min，它使用传输速度达400MB/s的IEEE1394接口并支持多种编码方式。韩国Seahan信息系统公司生产的MP-H10随身听直接采用6.35cm(2.5in)，2GB的微型硬盘作存储器，而且它还可作PC的外接标准硬盘用。

(4) 多功能MP3随身听

多功能MP3随身听通常是数字录音、移动存储器、MP3播放三合一的机种。这种MP3集MP3播放、专业数字录音等多种功能于一体，支持MP3，WMA和TVF音乐编码格式，并提供多种音效模式，拥有多级子目录播放，A—B回放，中文屏幕显示，音效均衡模式调节功能。用作移动存储器时，采用A级闪存卡，自带USB接口，支持即插即用，在Windows me/2000/XP下无须驱动。

2. MP3的原理与使用

(1) MP3的组成

MP3播放器具有类似于PC的结构，MP3播放器是利用数字信号处理器DSP(Digital Sign Processer)来完成处理传输和解码MP3文件的任务，DSP控制着数据传输，设备接口控制，文件解码回放等活动。具有存储器(ROM、RAM、内存卡、微型硬盘)、显示器(LCD显示屏)、微处理器(MCU或DSP)，解码器，DAC/ADC等部件。典型的MP3播放器的原理如图2-19所示。

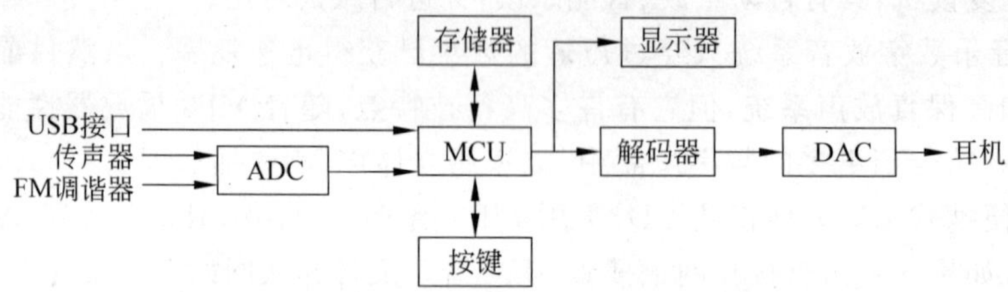

图2-19　MP3随身听工作原理示意图

(2) MP3的使用

MP3播放器的操作方法分为准备MP3节目和播放两个过程。准备MP3节目是将MP3音乐或语音文件由PC下载到MP3随身听并存储在闪存卡或微型硬盘内，通常利用USB接口控制电路实现接口通行功能。在MP3内部的ROM内存放着类似于PC中的BIOS引导程序。在播放过程中，开机后DSP先执行ROM内引导程序，然后在闪存卡加载微型操作程序，执行所指定的各种功能播放MP3音乐。播放过程就是MP3文件的解码过程，MCU利用CPU对MP3文件进行解码运算，也有使用专用DSP来解码的，然后将数字音频信号经DAC转变为模拟音频信号并用耳机来收听。

3. MP3使用及其注意事项

(1) 安装

安装指的是MP3机通过USB接口(或早期的并口)连接到电脑，安装管理程序(无安装驱动型的则不需要安装管理程序)。

（2）下载音乐文件

正常安装后，通过管理程序将要下载到MP3机上的文件拖到MP3位置（不同MP3机管理程序有差别，但大致原理相同）。应该注意的是，有些MP3机不支持目录或者不支持大文件的复制。播放下载好后，一般是先关闭管理程序，然后拔掉USB线，就可以开始操作MP3机了。

（3）播放音乐文件

按下MP3的播放键即可，不同机型的播放键位置不同，具体可看其说明书。有些MP3文件和MP3机支持的格式不同，容易出现跳过、死机的现象，这时可以删除或者用软件重新转换成符合MP3播放要求的文件格式即可。

（4）使用FM功能

有些多功能MP3播放器内建有FM收音机功能，在搭配语音录制功能的时候，就可以将FM收音机播放的内容录制成语音文件。一般MP3能自动搜索电台，对一些信号较弱的电台有可能会跳过，所以最好采用手动方式逐渐搜索；另外，移动中有可能会失去信号。此外，有些MP3收听FM时最好不要用线控，有的配线控的机器，连线控时确实信号不好可直接用耳机。

（5）使用录音功能

内置了麦克风的MP3播放器，可实现录音功能。录制外部音源的时候，注意把MP3上的MIC口对准音源；有的MP3可以设置录音时的采样频率，其录音的品质可以调节，如果要求音质较好的话就用高质量方式的选项，但录制下来的文件容量会变大。而且还要注意，最好不要手拿着录制，因为移动手指的声音很容易被录下来，此外，录制FM的时候注意要把背光关掉，因为背光打开时可能会产生噪声。

（6）复读功能

MP3播放器可当语言学习机使用。利用MP3播放器复读功能可以让用户通过自定义一个时间区间，在此区间上面反复播放文件，直到操作被停止为止。

2.3.8 扩音机

扩音机又称为功率放大器，简称功放。扩音机是将微弱的电信号放大成具有一定功率的大电信号的电声设备。它将来自各个信号源（话筒、收音机、录音机）的微小电信号加以放大到足以推动扬声器还原出声音。经过多级放大后，使其具有一定的功率，来推动扬声器发出声音。扩音机的组成分为3个部分：前置放大部分、功率放大部分、电源部分。

1. 功放的种类

按电路所用器材分类，可以分为电子管放大器和晶体管放大器。电子管放大器：采用电子管作为放大级，主要优点是：动态范围大，线性好，音色甜美、悦耳。利用晶体管放大器作为放大级，克服了电子管功放的两个缺点，阻尼系数可做得很高，有良好的瞬态特性，在声音的节奏感、力度上要比胆机明快、爽朗、有力，无须变压器，不仅节省成本，缩小体积，而且避免了由变压器所引起的失真。

按功能不同，可以前置放大器（又称前级）、功率放大器（又称后级）与合并式放大器。不带信号源选择、音量控制等附属功能的功率放大器称为后级。前置放大器是功放之前的预放大和控制部分，用于增强信号的电压幅度，提供输入信号选择，音调调整和音量控制等功能。将前置放大和功率放大两部分安装在同一个机箱内的放大器称为合并式放大器，常见的功放机一般都是合并式的。

按用途不同，可以分为AV功放，Hi-Fi功放。AV功放是专门为家庭影院而设计的放大器，一般都具备4个以上的声道数以及环绕声解码功能，且带有一个显示屏。该类功放以真实营造影片环境声效让用户体验影院效果为主要目的；Hi-Fi功放是为高保真地重现音乐的本来面目而设计的放大器，一般为两声道设计，且没有显示屏。

2. 扩音机的组成

扩音机的组成如图2-20所示。

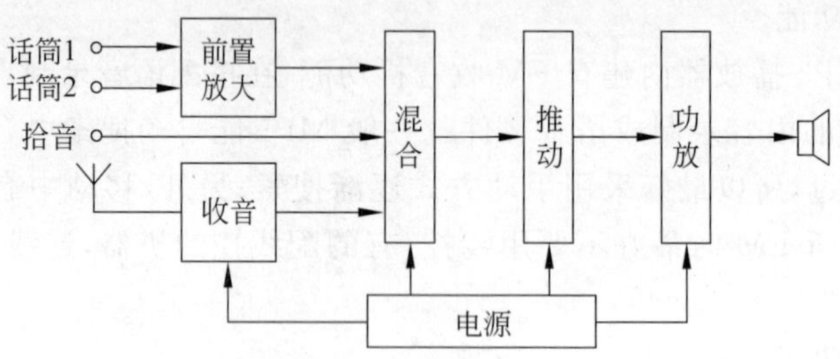

图2-20 扩音机的组成

扩音机包括电压放大（前置放大、混音放大）和功率放大（推动级、功率级）两部分。它把来自传声器、电唱机、激光(CD)唱机、录音机和收音机等的音频信号加以放大，推动扬声器发出声音。

话筒输出的音频信号微弱，需要先进行前置放大，再与其他各路信号进行混合放大，并经推动级放大，最后由功率放大级输出足够功率的信号。

3. 扩音机的使用和注意事项

(1) 在音响系统中，应注意开机、关机的顺序。开机时，应先开音源等前置设备，再开功率放大器；关机时，应先关功率放大器，再关音源等前置设备。各音量控制旋钮平时应置于最小位置。开启某一路音量旋钮时，应逐渐由小到大，缓慢均匀，防止机器过荷，扩音机使用时最适合的音量位置为最大音量的2/3。扩音机用完后，要把音量旋钮恢复到最小。

(2) 扩音机有多种输入插口，包括传声器输入(MIC In)，线路输入(Line In)，CD输入(CD In)，并在面板上设有扩音类型转换键。扩音机的各输入信号源不能插错。话筒插口要求的输入信号约为3～5mV，而拾音器插口要求输入信号达100mV以上。如果错把话筒插入拾音器插口，扩音机会由于输入信号太弱而使音量很小；而如果错把拾音器插入话筒插口，则会由于输入信号太强产生消波失真或使扩音机超负荷。

(3) 扩音机同扬声器的配接应达到功率匹配、阻抗匹配或电压匹配，扬声器所得功率总和应等于或稍小于扩音机的额定输出功率，而扬声器额定功率总和必须大于或至少等于扩音机输出功率，以防扬声器过载而损坏。

(4) 注意扩音机的保养，长期不用的扩音机应定期通电。扩音机的放置地点要清洁、无尘、通风、干燥、严禁雨淋。高温季节使用时，要注意在机器的四周应留有足够的空隙，以利于机器的散热。

(5) 使用时注意保持话筒与扬声器之间的距离和方位，要注意扬声器与话筒的距离尽量远一些，不能把扬声器布置在话筒后面，更不能正对着话筒，避免出现声反馈而产生啸叫或过载损坏扩音机和扬声器。

2.3.9 听觉媒体的教学应用

一般来说，录音教材更适用于听与说一类的语言训练活动，利用录音手段为学生提供规范性的语言、语调、朗读和歌唱的资料，既不失原始声音的特征，又可多次重复播放标准录音。听觉媒体在教学中被广泛应用，如在课堂教学中穿插播放录制有教学资料的录音节目，利用广播教学进行远程教学，利用语言教学系统进行语言教学及让学生课后利用录音机进行自我模仿练习、自我检查用的自学等。在课堂教学中，听觉媒体用于辅助教学时，主要用于和听觉有关的教学内容，一般应用于语言、音乐、语音教学，可以利用听觉媒体直接在课上提供标准读音、辨音有关的教学内容，利用听觉材料情感效应强的特点烘托气氛，创设教学情境；在社会和家庭教育中，可作为个别化学习材料支持学习者的个别化学习，用于从幼儿到成年人的各种录音教材、函授教材等，对各个年龄段的人进行教育和教学；在师资培训方面，通过录音把优秀教师的讲课过程记录下来，除供学生使用外，还可供教师的培训和教学研究之用；在远程教学中，利用广播可以进行专业课程广播教学、社会教育广播教学、地区性有线广播教学、学校范围内的有线广播教学，课堂里的播音教学等形式，广泛适用于大、中、小学教育，职业教育，成人教育等，具有教学的范围广、人数多、规模大等特点；此外，在思想品德教育中，通过利用录制先进英雄人物事迹报告的录音，对学生进行思想品德教育，可以收到良好的教育效果。

利用听觉媒体进行教学，首先要根据教学所要完成的教学目标来选择录音教材。根据使用目的不同，可以采用如下的教学方法。

(1) 情境法。为教学创设情境，增强教学效果，通常和其他媒体配合使用，创设情境，引起学生的共鸣。

(2) 示范法。为学生提供规范性的听觉材料，便于学生的模仿和训练。教师要采用灵活机动的方法对学生加强指导。

(3) 比较法。为学生提供听觉的对比材料，指导他们分析、比较、区别异同，分辨正误、加强练习。

(4) 反馈法。随录随放，使学生真实、迅速地获得反馈信息，及时进行自我分析，自我评价，以利于改进。

2.4 视听觉媒体

2.4.1 视听觉媒体概述

1. 视听觉媒体的基本特性

视听觉媒体是同时作用于人的视觉和听觉两种器官的媒体。相关的实验研究数据已表明，在听觉媒体、视觉媒体和视听觉媒体三种媒体中，利用视听觉媒体进行教学的记忆保持率最高。目前，教学中常用的视听觉媒体包括电视机和摄像机、录像机和影碟机、VCD、

DVD、实物视频展示平台、大屏幕投影等。视听觉媒体的基本特性主要体现在如下几个方面。

(1) 视听结合。视听觉媒体既能提供图像、文字、图表、符号等视觉信息，同时又能传递语言、音乐和其他音响等听觉信息，图文声并茂，声画结合呈现知识有较强的艺术感染力。

(2) 形象生动。视听觉媒体是一种形象化的教育媒体，它能真实地再现客观事物，能以形象的方式展示客观事物，即使是非常抽象的内容，视听教育媒体也可以采用形象化的画面、解说、模仿、演示来表示。

(3) 能记录储存音像信息，操作形式灵活多样。可以根据教学的需要进行重放、慢放、快放、暂停画面等，特别是利用一些激光影碟机播放视听节目时可以定点寻找节目内容和进行人机间的交互学习活动。

(4) 能突破时空限制，擅长表现抽象复杂的教学内容。它可以表现运动状态、运动过程、与时空有关的抽象的教学内容；能够创设时空，充分表现宏观、微观、瞬间和漫长的事物及其过程，能够按教学需要化小为大、化大为小、化快为慢、化慢为快、化虚为实、化实为虚；可以演示实验情境，向学生提供各种案例学习材料。在某些情况下视听觉媒体还可以代替教师的教学，提供学生不能直接观察和感知的内容，有利于激发学生的兴趣，加深对知识的理解，提高学习效率。

(5) 具有可存储、即时传递、时效性强等特点。视听觉媒体能随时记录、存储、重放视听节目，学生可以按照自定时间、步调进行学习。可以及时传递身在异处的教学活动实况，具有很强的时效性和现场感，可以替代现场参观。

2. 视听觉媒体的教学功能

利用视听觉媒体进行教学，在提高教学质量、提高教学效率、扩大教学规模和促进教学改革等方面均能起良好作用。

(1) 视听教育媒体表现方式灵活多样，有利于提高教学质量和效率。

视听觉媒体提供活动画面，具高清晰度、大画面等特点，可使得教学内容生动活泼，具有极强的感染力，从而充分调动学生学习的积极性和主动性，增强学生的理解力与记忆力，从而提高教学质量与教学效率。视听觉媒体是集图、文、声多种符号于一体的媒体，是视听艺术、摄影艺术与音乐艺术相互结合的时空综合艺术媒体，视听觉媒体图、文、声并茂，既能展示形象逼真的画面、文字、图表、符号等视觉信息，又能传递优美动听的音乐、语言、音效等听觉信息，把图片、照片、图表、实物、模型、投影片、幻灯片、录音、电影、计算机等教育媒体结合运用，画面形象直观，语言抽象概括，音乐渲染气氛，能发挥多种教育媒体功能，有极大的艺术感染力，能给学习者以美感，在教学中以情动人，可以增强教学效果，组织最优化的教学过程。

视听结合对多种感官的综合刺激，视听教育媒体中图、文、声像并茂，有较强的直观性，使学生身临其境，有助于弥补学生直接经验的不足。能够沟通抽象概念与具体经验之间的联系，使教学变得更有效。而且，直观形象的图像符号与抽象概括的文字、语言符号相互结合，对于讲授同样的教学内容，可能是单纯运用口头语言符号讲授所花时间的十分之一或几分之一。利用视听觉媒体进行情境创设，给学生身临其境的感觉，相比单纯的文字更能激发学生的兴趣，比较容易进入学习状态。视听觉媒体在传递信息的同时作用于人的眼、耳，通过双通道的信息传递，视音频媒体对信息的记忆保持率更高。

此外，视听觉媒体可以真实地再现历史时间，真实地重现大自然事物、现象与变化过程，能运用摄像技巧、录像编辑与重放特技技巧、电视动画与特技等技巧，突破时间、空间、宏观、微观的限制，可通过放大或缩小，清晰表现微观和宏观的事物。例如，在电视教学中，用特写镜头放大被观察微小生物；用航空摄像将动植物生态环境缩小展现在屏幕上；对于特快、特慢的运动过程，在拍摄时可以用化快为慢、化慢为快的技巧，可以将快速的动作、缓慢的植物生长过程用常速表现，从而突出事物、现象的本质属性和运动过程，也可以利用录像的慢放与镜像功能，对快速运动的物体或瞬间即逝的现象进行细致的观察与分析。借助录像编辑技巧和延时摄像技巧，可以把植物生长、液体结晶等需要长时间的慢变化过程，缩短在很短时间内呈现，从而提高教学效率。通过长焦镜头变远为近、变内为外，能远距离看清楚自然环境中野兽的生活习性。利用内窥镜摄像可以拍摄到人体内部组织器官情况。通过电视动画能将原子结构、化学反应、人体病理变化等看不见、摸不着、拍不到的景象，形象地表现出来，化虚为实、化实为虚。运用特技分析、综合、比较、抽象、概括事物的本质，呈现事物的整体与局部关系，操作正确与错误，实物与图形的关系等。

(2) 视听教育媒体传递信息的范围广，有利于扩大教学规模。

视听觉媒体与现代通信技术相结合，如电视通过有线传输、无线广播、与计算机网络和通信网络联网等方式，可以将教育信息即时、迅速、远距离、大范围传播。使广大地区的学校、企业部门甚至每一个家庭，乃至世界各地的人都有可能同时进行学习，突破了传统学校的班级教学限制，使得一个优秀教师能教千万个学生。因此，不管哪一级、哪一类学校，甚至幼儿、成人、老年人，都可在电视播送的适当课程中去学习，扩大了教学的规模。总之，电视的远程教育对由于科技迅速发展和知识不断更新而开展的继续教育、职业技术教育和终生教育，均起着重要作用。

(3) 视听教育媒体改变了学习方式，促进教学改革。

视听教育媒体形象生动，能够提高学生的兴趣，充分发挥学生的主体作用，有利于学生发散性思维和创新精神的培养，有利于组织学生进行探究式学习。用录像带和光盘记录、储存、重放教学内容的电视教材，师生可以自由控制时间和步调进行教与学，有力地促进教育教学方法的改革，创新课堂教学模式。而且，学生除了在教师指导下通过电视教材学习外，学生本人可以自控时间与步调，选择适合的电视教材有效地进行个别化学习、小组协商学习与训练等，从而使电视教材成为学生学习的认知工具，对传统的教学方式产生很大的影响。

2.4.2 摄像机

1. 电视系统的组成

电视系统通常由摄像、传输、显像三部分组成，如图 2-21 所示。

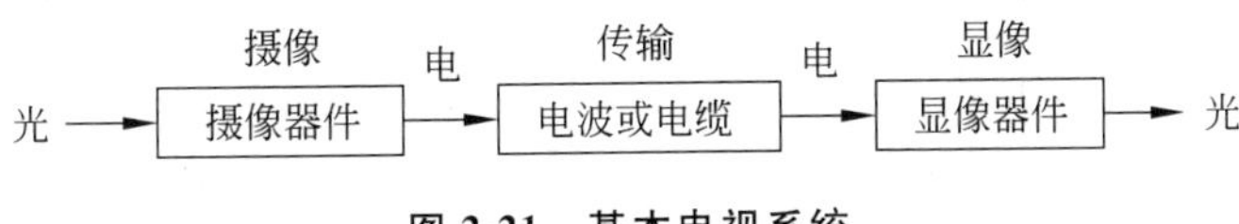

图 2-21 基本电视系统

在电视发送端，通过摄像设备将景物进行图像分解，完成时空变换、光电变换后送至传输通道；电视传输通道可以是电缆构成的有线方式，也可以是空间电磁波构成的无线方式；在接收端，再由显像设备将图像复合，还原成图像。

视频显示有两种基本方式：隔行扫描和逐行扫描。逐行扫描用在计算机显示器和数字电视机上，一次显示图像的所有水平扫描线作为一帧；隔行扫描用在标准制式电视机上，一次只显示一半水平扫描线。

我国广播电视采用隔行扫描方式，屏幕光栅行数为625行，每秒传送25帧图像，每帧图像分两场扫描，场扫描频率是50Hz，即每秒扫描50场。

摄像机是一种重要的视频记录媒体，是制作电视录像节目的关键设备之一。它利用摄像器件进行光电转换，将自然界中的光信号转变为视频信号，并记录下来。

2. 摄像机的种类

摄像机按其性能可分为广播用摄像机、专业用摄像机和家庭用摄像机；按记录的信号分，有模拟型摄像机和数字型摄像机；按摄像机的使用场合，可分为演播室用摄像机、室外用便携式摄像机和监视用摄像机；按摄像机的光电转换器件分，有摄像管式摄像机和固体摄像器件摄像机；按摄像机与录像机连接的状况分，有单纯的摄像机和摄录一体机。目前应用最广的是以固体摄像器件为光电转换器件的彩色摄录一体机。摄录一体机按录像机格式和使用的磁带规格不同可分为VHS型摄录机、VHS—C型摄录机、S—VHS型摄录机、8mm型摄录机、高带8mm(Hi 8)型摄录机等。

3. 摄像机的组成结构

各类摄像机的外部结构基本相同，主要由镜头、寻像器、话筒、机身和附件等组成。

(1) 镜头。镜头由若干组透镜组成，其作用是使景物的光线通过摄像器件形成清晰的倒立的影像。摄像机镜头有固定焦距镜头和变焦距镜头之分。变焦距镜头的变焦范围一般有广角、标准和长焦三种类型。

(2) 寻像器。寻像器实际上是一个黑白或彩色的监视器，显示尺寸大小不等。主要作用是：作为摄像取景用；作为监视器用(放像时)；显示摄像机的工作状态或警告信息。

(3) 话筒。话筒用于拍摄时拾取现场声音。一般带有灵敏度选择开关，有的还带有全向拾音、单指向拾音、超指向拾音和变焦拾音选择开关。除了机内话筒外，还设有外接话筒插口。

(4) 机身。机身即摄像机的躯体，载有摄像机的所有部件，设置有各种操作开关和输入输出插口。

(5) 附件。包括摄像机工作时各种必要的器件，诸如交流适配器、充电电池、磁带、三脚架、连接线等。

4. 摄像机的原理与结构

摄像机主要由光学系统、光电转换系统、视频图像信号处理系统、自动控制系统、磁记录/重放系统等部分组成，如图2-22所示。

(1) 光学系统。光学系统的作用是将通过镜头的景物光线在分色系统的作用下分解为三基色图像，它由镜头、色温滤光片和分色系统组成。

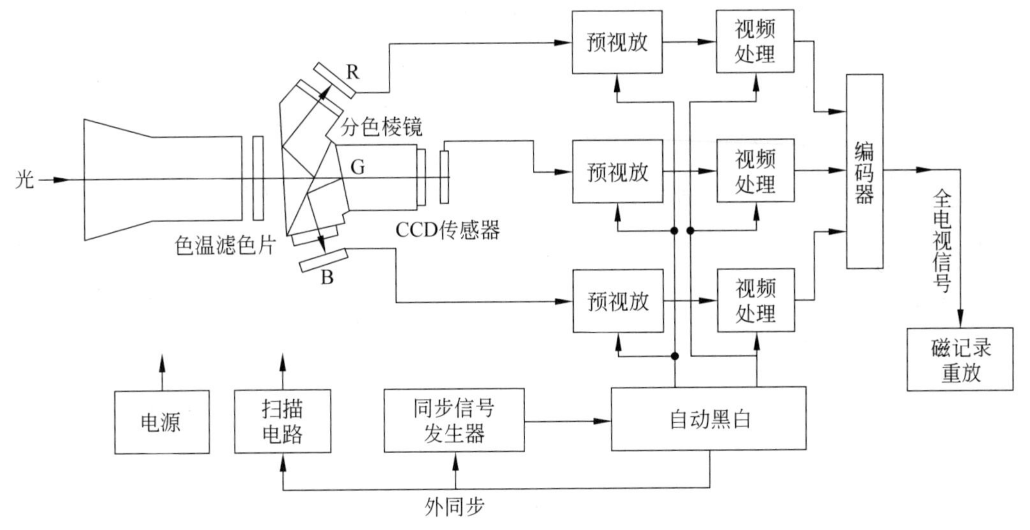

图 2-22 摄像机的原理与结构示意图

① 镜头用于拾取景物图像，并使它清晰地成像于摄像管的光敏靶上。

② 色温转换滤光片包括色温片和滤光片。滤光片是用来改变入射光的强弱；色温片用来校正色温，它能将不同光源的色温变换为摄像机要求的 3 200K，使拍摄的图像色彩真实。

③ 分色系统由分色棱镜组成。其任务是将彩色图像分成红、绿、蓝三基色图像，并分别传送给对应的红绿蓝摄像管。

(2) 光电转换系统。光电转换器的作用是使图像各像素按顺序进行光电转换，主要有电真空摄像管和固体摄像器件两大类。

① 电子真空管光电转换系统。通过设置在电真空摄像的电子枪和偏转线圈，控制摄像管内电子束从左到右、从上到下的行及场扫描，规律准确地对准靶面进行正确扫描，获得清晰的图像。

② 固体摄像器件光电转换系统。固体摄像器件，又称半导体摄像器件。目前比较成熟的有：金属氧化物半导体(MOS)器件、电荷耦合(CCD)器件和电荷驱动(CPD)器件三大类，其中 CCD 器件应用最广。

彩色固体摄像机将固体摄像器件装在分色系统的成像面上，省略了电子枪、偏转线圈和真空玻璃管等体积大而结构复杂的部分，使摄像机更小巧轻便。

(3) 视频图像信号处理系统。视频图像信号处理系统的作用是对摄像器件输出的信号进行预放大后，对三基色图像信号进行各种校正、补偿处理。经过加工处理的红绿蓝三基色信号进入彩色编码器后，按一定的方式进行编码处理，得出包含亮度信号和色度信号的彩色全电视信号，向外输出。亮度信号携带黑白图像信息，色度信号携带彩色信息，这样就能实现彩色电视与黑白电视兼容。

(4) 自动控制系统。摄像机日趋小型化、实用化，使摄像操作人员只需简单地调整就可以独立操作，实现各项功能。自动控制系统使摄像机操作越来越简单化，而摄像机的功能却越来越齐全。

(5) 磁记录/重放系统。对于摄录一体化的摄像机,还设置了磁记录/重放系统,其作用是将摄像机拍摄的景物图像的彩色电视信号记录在磁带上。可以重放,检查图像质量,寻找摄录开始位置。

5. 摄像机的基本操作

初次使用摄像机,应仔细阅读说明书,熟悉机器的各功能开关及其操作方法,这是正确使用摄像机的前提和基础。摄像机的基本操作过程包括以下几个步骤。

(1) 检查:为了保证摄像任务的完成,在每次摄像前都应做好充分的准备,尤其出外景拍摄,更要认真检查机器是否正常,附件是否齐备。

(2) 正确连接摄像机与外围设备。

(3) 开机:打开摄像机电源开关,预热后,打开镜头盖,对准拍摄景物,调节焦距,使景物图像清晰。

(4) 选择色温滤色片:根据不同的场合环境或不同性质的光源,选择与其相适应的色温滤色片,保证色彩准确。

(5) 调整光圈:其目的是控制镜头的进光量,以保证摄像机在不同光照度环境下,曝光亮度值相对一致。光圈的控制分自动和手动两挡。使用自动光圈,摄像机能根据被拍摄景物的平均亮度自动调整光圈的大小,始终保持正确的曝光量;逆光摄影或景物与背景之间亮度差别很大的场合时,必须通过手动光圈控制,才能获得满意的曝光量,使图像清晰、层次丰富。

(6) 白平衡与黑平衡调整:一般是先调整黑平衡,再调整白平衡。调白平衡时,需要镜头对准白色物体,并调整镜头变焦,使白色充满整个画面,然后根据菜单提示按下白平衡按钮,直至显示 OK 为止。

(7) 聚焦:聚焦的目的是使拍摄景物的图像最清晰,聚焦有手动聚焦和自动聚焦之分。自动聚焦方式最常见的是红外线式自动聚焦,它是以画面中央景物为对象进行调焦,如果主景物不在画面中心,最好用手动聚焦方式或者进行自动聚焦的锁定办法,使不在中央位置的主景物也获得清晰的图像。

(8) 变焦控制:变焦是画面的推拉或景物的变换。变焦有电动和手动之分,手动挡适合用于快速变焦或特殊效果,一般情况下用电动挡进行变焦控制。

(9) 保持画面的稳定:使用时既可以扛在肩上进行拍摄,也可以安装在三脚架上使用。若扛在肩上进行拍摄,必须注意扛机的稳定性,以保证摄取的图像稳定。如拍摄近景或特写,最好是安装在三脚架上,才能确保拍摄画面的图像稳定无晃动。

6. 摄像机使用的注意事项

(1) 摄像机拍摄要注意平、稳、准、均。

① 平:画面要平。画面要平主要指所拍摄的画面要摆平,地平线要平,垂直物要直。如果是肩扛摄像机操作,应当利用画面中景物的垂直线,站立的人物或水平线条作为参考,校正寻像器边框与这些线条相平等,大体就可以做到“平”的要求。如果是使用三脚架拍摄,确保画面地平线的关键是摆平三脚架。一般三脚架上有水平仪,可以调整各支架的高度及云台,使水泡处于中心位置,摄像机的水平就调好了。

② 稳：拍摄的画面要保持稳定，消除任何不必要的晃动。如果画面不稳定，就会给人以不安全的感觉，容易造成视觉疲劳。画面的稳定是对摄像人员的基本要求，要求拿稳摄像机，防止上下及左右抖动。操作时多为两种方式：支架式和手持式。广角镜拍摄较稳，容易掌握，长焦拍摄较容易抖动，较难掌握。

③ 准：摄像要准主要指拍摄的对象、范围、起幅落幅、焦点变化、镜头运动以及景深运用等都要准确。准包括构图准和聚焦准；当你拿起摄像机的时候，就要考虑怎样拍，拍什么画面，所拍画面表达什么内容，即如何构图，是拍全景、中景还是近景。此外还要注意色彩还原要准。

④ 均：摄像要均主要指镜头运动速度的均衡和构图上的均衡。所谓镜头运动速度的均衡是指在利用推、拉、摇、移、跟、升、降等景别的变化速度要均匀，拍摄过程运动的速度不要时快时慢，断断续续。起幅、落幅时的加速和减速也应缓慢、均匀。

(2) 在拍摄中需注意避免反复使用推拉镜头。拍摄时，应留有 5～10 秒钟的静止画面，以便为编辑时留有预览的时间，而对于运动镜头，在起幅之前，落幅之后的停留几秒，也方便在后期编辑时进行“动与动”、“静与静”编辑。

(3) 摄像机携带和使用中要远离磁场电场，注意防振、防摔。注意防潮、保持清爽，勿遭雨淋，采取必要的防尘措施。

(4) 工作中不要任意切断电源，摄像机使用完毕存放之前应将磁带和电池从摄像机内取出。

2.4.3 电视

1. 电视的类型

(1) 按输入信号分：普通电视接收机、监视器和收监两用机。

(2) 按影像在屏幕上是直接成像还是通过光学系统间接成像来分，有直视型电视机和投影电视机，前者如 CRT、LCD、PDP 电视机，后者如近几年在国内开始流行的背投电视机。

(3) 按彩色电视制式分：单制式和多制式电视机。

(4) 按电视图像清晰度分：标准电视机和高清晰度电视机。

(5) 按信号接收、处理格式分：模拟电视机和数字电视机。

(6) 按电视屏幕对角线长度分：9、14、19、21、25、29、33、40、50、60 英寸等(1 英寸＝25.4 毫米)。

(7) 按屏幕长宽比例的不同分，有 4∶3 和 16∶9 两种规格。

(8) 按成像的原理来分，有阴极射线管(CRT)电视机(传统的显像管电视机)、液晶(LCD)电视机、等离子(PDP)电视机及有机电致发光体(OEL)电视机之分。

(9) 按再现色彩分，可分为彩色电视机和黑白电视机。

2. 彩色电视制式

在彩色电视系统的发送端，可以采用不同的编码方式，把三基色转换成亮度信号和色度信号，这些编码方式叫彩色电视制式。NTSC、PAL、SECAM 制式是广泛应用的三种彩色电视制式。NTSC 制式主要应用于美、加、日等国；PAL 制式主要应用于德、英、中等国；

SECAM制式主要应用于法、俄、东欧等国家或地区。我国的彩色电视制式采用PAL-D.K制。

3. 广播电视频道

电视台把彩色全电视信号和伴音信号经过调制合成为一个完整的电视频道信号，共用一副发射天线向空中发射电磁波。我国电视频道划分如表2-3所示。

表2-3　我国电视频道的划分

	频道	频段	频率(MHz)
甚高频(VHF)	1～5	VL	48.5～92
	6～12	VH	167～233
特高频(UHF)	13～24	U	470～566
	25～68		606～958

4. 电视接收机的原理与组成

电视接收机主要由接收天线接收电视台发射的电视信号，经过高频调谐器(高频头)调至所欲选择的电视台频道，经过一系列放大处理后，用显像器件来呈现图像，用扬声器还原出声音，如图2-23所示。

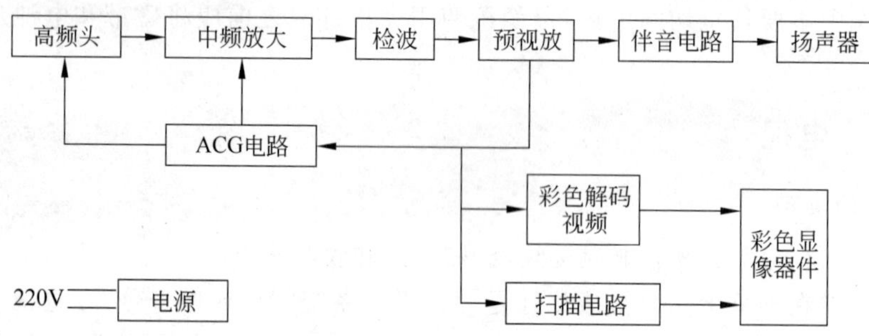

图2-23　电视机的组成

(1) 公共通道：包括高频调谐器、中频放大器和图像检波器等，其作用是把天线接收到的电视台发射的信号进行频道选择、调谐、检波、放大等一系列处理。

(2) 伴音通道：包括伴音检波器、伴音放大器、监视器、音频放大器等，其作用是调谐出音频信号，经放大后推动扬声器发出声音。

(3) 彩色解码通道：包括亮度通路、彩色通路和解码矩阵，其作用是把彩色全电视信号还原成三基色信号。

(4) 同步扫描电路：包括同步分离、行扫描电路、场扫描电路等，其作用是从彩色全电视信号中分离出复合同步信号，以保证彩色显像器件准确完成与发送端严格一致的行扫描与场扫描，从而得到稳定的电视图像。

(5) 彩色显像器件：其作用是把三基色还原成彩色图像。

(6) 电源电路：包括交流变压器、整流器与稳压电路等，作用是供给电视机各部分所需电压。

5. 认识电视机的接口

(1) RF 射频接口，即天线输入接口，也是现行电视的标准接口。RF 射频接口接收的是射频信号，即将视频信号经过调幅，音频信号经过调频并混合调制在一起的信号。

(2) AV 接口，也叫“视频接口”，接收的是不包含音频的彩色全电视信号。由于它没有经过调制和解调这个过程，减少了传输过程中一些信号的损失，所以它的图像质量一般比射频输入的信号好一些，但是音频要另外接线。

(3) S 端子接口，也叫 S-Video。由于它是将视频信号分离成亮度信号和色度信号，因此消除了亮度和色度信号之间的互相混叠和干扰，所以它的图像质量比 AV 接口输入的信号好一些。但是音频要另外接线。

(4) 分量输入端子。它是在 Y/C(亮度/色度)的基础上，进一步把色度信号做解调处理。由于这种信号是没有经过调制的亮度、色度信息，可实现亮度恒定传输，所以它的图像质量比 S 端子输入的信号好一些。但是音频要单独接线。

(5) VGA 接口。目前一些高端数字彩电设有这种接口，可以和计算机相连，获得高清晰度图像效果。但是音频要另外接线。

6. 电视机的使用注意事项

(1) 熟悉电视接收机的控制面板，清楚了解各个旋钮的位置、作用和调整方法，接通前检查电视机使用的电压是否和电源电压相同。

(2) 电视频道的选择应该注意节目的频段(VL、VH、U)选择，仔细看说明书，按步骤进行。

(3) 使用电视接收机前要进行调整，电视接收机的调整主要有三个方面。

① 对比度与亮度调整。对比度是调整图像黑色与白色之间的层次，用电视台播出测试卡的六个灰度等级作为标准去调节最方便，可反复调整对比度(CONTRAST)与亮度(BRIGHT)钮，使黑色不发亮，白色不反光。若较黑的两级分辨不开，则应增大亮度；若较黑的两级和较白的两级分辨不清，则应减少对比度。

② 彩色饱和度调整。彩色饱和度(COLOR)调节是图像深浅的调节，要与对比度、亮度配合调节。一般先将色饱和度调到最小，使色彩图像变为黑白来调节对比度和亮度，待黑白图像层次分明后，再调节色彩饱和度，使图像色彩鲜艳自然。

③ 音量调节。完全按照个人需要，清楚、柔和就可以。

需要注意的是，电视机的色彩、音量、对比度、亮度等要调节适中，不要频繁调节。

(4) 天线与电视机的阻抗相匹配。

(5) 用遥控器关电视机并未切断电源，所以还应关掉电视机体上的电源开关。

(6) 夏季雷雨前，最好关掉电视，拔下天线和电源插头，防止电视受雷击烧坏。

(7) 电视机放置要注意防潮、防热、防尘、防磁。

(8) 不要覆盖塑料布、布套等，在底部也不要垫泡沫塑料。以免影响电视机的透气、散热。

(9) 收看节目和刚关机时，不要搬动和振动电视机，以防损坏显像管和产生虚焊。显像管要避开阳光照射。

(10) 不要用挥发油、稀释剂等擦拭电视机外壳，擦拭荧光屏时，宜用细软的绒布或药棉蘸酒精少许，从屏幕中心开始向四周擦拭。也可以用照相机镜头清洁纸来清洁荧光屏的表面尘埃。

2.4.4 数字电视

1. 数字电视简介

所谓数字电视，就是将传统的模拟电视信号经过采样、量化和编码转换成二进制表示的数字式信号，然后进行各种功能的处理、传输、存储和记录，也可以用计算机进行处理、检测和控制。采用数字技术不仅使各种电视设备获得比原有模拟设备更高的技术性能，而且具有模拟技术不能实现的新功能，使电视技术进入崭新的时代。

在传统的模拟电视中，将模拟全电视信号调制在无线电射频载波上发送出去，广播信道可以是地面广播、有线电视网或卫星广播。数字电视则是将电视信号进行数字采样，信号的数据率很高，演播室质量的数字化电视信号的数据量是 200Mbps，要在原模拟电视频道带宽内传输如此高速率的数字信号是不可能的，因此，数字电视采用了数字压缩技术。

实现数据压缩技术的方法有两种：一种是在信源编码过程中进行压缩，利用人类听觉、视觉效应去除信号中的多余成分，在不影响收听收看效果的前提下，尽量压缩数据率；二是改进信道编码，发展新的数字调制技术，提高单位频宽数据传送速率。在信源编码方面，MPEG 专家组已制定了 MPEG-1、MPEG-2 两项国际标准。MPEG-1 主要用于 CD-ROM、VCD 等，码率为固定的 1.15Mbps。MPEG-2 供数字电视使用，支持宽频和高清晰度电视等多种格式，其码率可变，为 3～40Mbps。

信源编码是把节目源的模拟图声信号变为数字信号，再经过 MPEG-2 压缩编码，形成数字信号源，并根据多个节目传输的要求，编为复用码流。MPEG-2 采用不同的层和级组合，可满足从家庭质量到广播级质量，满足播出的高清晰度电视质量的不同要求，应用面很广。

2. 数字电视的特点

数字电视技术与原有模拟电视技术相比，有如下特点。

(1) 图像清晰度高。使用效果不受传输、转播影响，在接收端有望达到发射端的水平。

(2) 音频质量高。支持 5.1 声道的数字环绕声节目源，可以通过电视节目获得家庭影院效果。

(3) 抗干扰能力强。数字视频不受干扰、增益、相位错误和串音的影响。同等传输条件下的抗干扰能力明显优于模拟电视。

(4) 传输效率高。进行地面方式发送时，原 PAL 信道可播放高清晰度电视 HDTV 或四套标准格式数字电视 SDTV，有线电视网中的一个 PAL 通道可播 8～10 套标准清晰度数字电视 SDTV。

(5) 可以兼容现有模拟电视。通过在普通电视机前加装数字电视机顶盒即可接收数字电视节目，电视台的电视节目制作设备也可部分沿用。

(6) 提供全新的多业务用途。普通的模拟电视只能是电视台按预定的节目表播放节目，用户只能被动地接收。数字电视网与电信网及计算机网相结合，实现三网合一，不仅使信息源更为丰富，还可增加用户与各种信息提供源之间的交互性，实现用户自由点播节目自由选取网上的各种信息，可以提供多种数据业务服务，使电视机可以真正融入信息网络中去，实现多种新的功能。

从数字电视的发展趋势来看，我国数字电视发展大致可分为3个阶段：普及型数字电视PDTV，标准清晰度数字电视SDTV和高清晰度数字电视HDTV，这三者将在一个很长的时期内并存。

3. 数字电视的教学功能

(1) 多节目电视广播。数字电视系统允许在一个模拟电视频道中传输多路电视节目。

(2) 多路声音广播。在一个模拟电视频道中可以传送100路左右的立体声广播。

(3) 准视频点播(NVOD)。在一个模拟电视频道里以一定的时间间隔循环播放同一个电视节目，观众可以在设定的时间内从头到尾观看电视节目。

(4) 提供与节目相关的数据。有关数据与节目一起传送。这种数据有两类：一类是电视节目指南，另一类是与节目内容相关的数据，如与足球赛有关的双方球队的战绩及球员的个人背景资料等，观众可根据自己需要选择与节目有关的数据。

(5) 数据广播：将数据服务器中的大量数据循环播出，可以对其中某些数据进行实时更新，用户可以主动地从数字电视广播信息中找到所需的信息。

(6) 交互式业务：利用电话线或有线电视回传通道，实现用户与电视中心和有线电视前端的交互操作。VOD是交互业务的典型例子。

数字电视技术的产生，使得我们将会从被动接受过渡到主动地有选择地接收自己喜爱的节目，最终实现有目的挑选或存储自己所需的节目。同时，数字电视技术的发展使传统的电视制作行业发生新的变化，增加许多新的技术应用领域，带动新的产业发展。节目数量的增加和频道的专业化可以满足不同观众群体的需要，通过数字电视广播，电视台可以提供更多的节目和业务。

2.4.5 录像机

录像机的全称是磁带录像机，是利用磁性录放原理记录和重放图像信号和声音信号的机电设备。录像机用于记录时可以记录图像和声音信息，用于重放就成为节目源。重放的视音频信号可用于传输显示，也可用于复制和编辑录像。

1. 录像机的类型

(1) 按用途分：有广播级录像机、专业级录像机、家用级录像机。

(2) 按功能分：放像机、录像机、编辑录像机、摄录一体机。

(3) 按视频磁头分：单磁头、双磁头、三磁头、四磁头、六磁头录像机等。

(4) 按信号处理方式分：模拟信号录像机、数字信号录像机。

(5) 按磁带宽度分：有1英寸带录像机、3/4英寸带录像机、1/2英寸带录像机、8毫米带录像机。

(6) 按走带方式划分，有开盘录像机、U型录像机、VHS型录像机，B型录像机。

(7) 按制式来划分，有NTSC制式(美国地区)、PAL制式(中国、原西德等地区)、SECAM制式(法国、苏联等地区)。

2. 录像机的工作原理

磁带录像机的声音记录方式与磁带录音机一样，而图像记录方式比磁带录音机要复杂得多。因为录音机记录的声音频带一般是 20～20 000Hz，而录像机记录的图像频带是 0～600万 Hz，视频信号高频端比音频信号高频端高 300 倍左右。因此，要记录视频信号，磁带的速度也要提高 300 倍左右，否则当视频信号每变化一周期时，磁带好像还没有来得及移动，使磁带上的磁化互相抵消，于是视频信号既记录不下来，也重放不出去。为此，一方面要求录像磁头的缝隙必须十分窄，比录音磁头缩窄几倍；另一方面要使录像磁头高速旋转，提高录像磁头与磁带的相对速度，才能满足视频信号记录的要求。

普通的盒式录像机常采用两磁头螺旋扫描方式。两个视频磁头彼此间隔 180°角，装在能旋转的磁鼓上。磁带以某一角度环绕在磁鼓表面，当磁鼓旋转时，两个视频磁头交替地接触磁带，螺旋扫描出一条条倾斜于磁带边缘一定角度的磁迹，每一条磁迹记录一场视频信号，如图 2-24 所示。

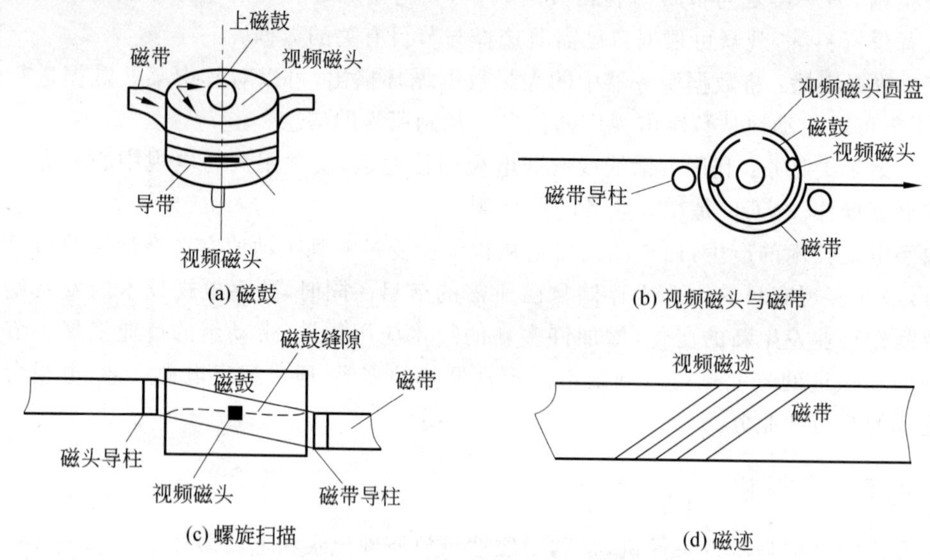

图 2-24 录像机螺旋扫描示意图

音频磁头在磁带一边记录音频信号，控制磁头在磁带另一边记录同步控制信号，所以完整的录像带磁迹包括视频磁迹、音频磁迹和控制磁迹三部分，如图 2-25 所示。

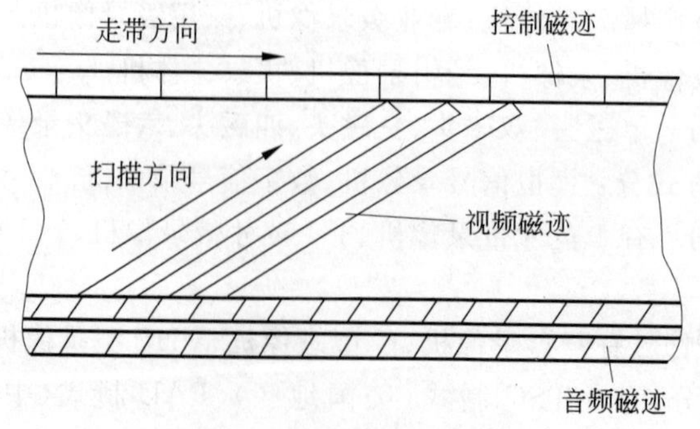

图 2-25 录像带磁迹分布

3. 录像机的使用与维护

(1) 录像机与电视接收机和监视器的配接

用录像机录像与放像时,必须要与电视接收机或监视器连接,才能将图像和声音呈现出来。

用高频同轴电缆将天线线缆接至录像机的天线输入插孔,录像机的射频输出(RF Out)插座与电视接收机的天线射频输入(RF In)插座连接。把电视接收机和录像机接上交流电源,然后将电视机 AV/TV 信号选择开关调整到 TV 状态,将录像机的测试信号(Test Signal)开关置至 ON 处,调节电视机至录像机射频输出的相应频道,使电视机屏幕出现录像机的黑白测试条纹,最后将测试信号开关拨到 OFF 处,如图 2-26 所示。

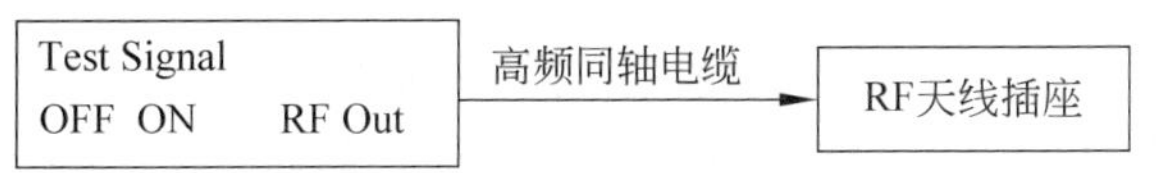

图 2-26 电视与录像的配接 1

用视频线将录像机的视频输出(Video Out)与监视器的视频输入(Video In)连接;用音频线将录像机的音频输出(Audio Out)与监视器的音频输入(Audio In)连接,将电视机 AV/TV 信号选择开关调至 AV 状态,如图 2-27 所示。

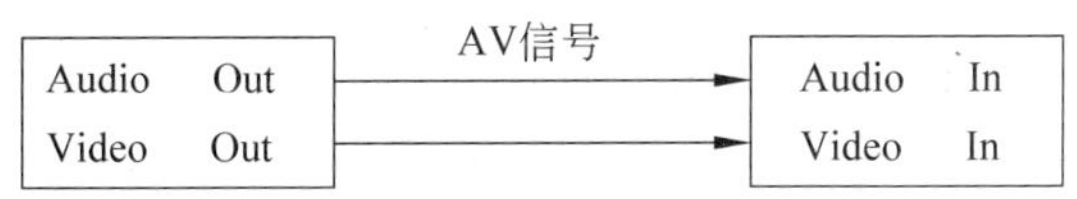

图 2-27 电视与录像的配接 2

将录像机的 S-Video 输出端子与电视机的 S-Video 输入连接,用音频线将录像机的音频输出(Audio Out)与监视器的音频输入(Audio In)连接,这种连接方式的画质比使用普通的视频连接有所改善。

(2) 录像机与信号源的配接

录像机可以记录摄像机与话筒、放像机、电视台的电视图像和声音信号。记录摄像机节目时可用视频线将摄像机的视频输出(Video Out)与录像机的视频输入(Video In)插座连接,将话筒的音频线插头插入录像机的音频输入(Audio In)插座。专业级与广播级摄像机的视频信号和话筒的音频信号可以用多芯电缆接到具有摄像机(Camera)多芯插座的录像机中,进行电视节目的录制。

记录放像机节目时,可用视频线将放像机的视频输出(Video Out)与录像机的视频输入(Video In)插座连接;用音频线将放像机的音频输出(Audio Out)与录像机的音频输入(Audio In)插座连接。专业级与广播级放像机与录像机的视频信号可以用多芯电缆将它们的复制输出(DUB Out)与复制输入(DUB In)连接,这样复制出来的图像质量较好。

记录电视台节目时,将电视接收天线的高频同轴电缆连接录像机的射频输入(RF In)插座。按下录像机的高频调谐器的节目预选键,调谐至所需要的电视台频道节目,直至电视接收机或监视器出现最佳的图像与声音。

(3) 录像机的记录调整

在插入盒式录像带之前,应检查是空白带还是已录带。如果是已录带,看看这些内容是否可以不要。已录带如去掉了防抹帽、防抹片,或防抹键置于防抹处,放入录像机内是不能记录的。专业级与广播级录像机有视频记录电平与音频记录电平调整。当正常视频记录时,将视频选择开关(Video)置于自动位置(Auto),视频信号被控制在标准电平上;当需要提高或降低视频电平时,将视频选择开关置于手动位置(Manual),调整视频电平控制旋钮(Video Level),使视频电平表的指针摆到预定值。当正常音频记录时,将音频选择开关(Audio)置于手动位置(Manual),调整音频电平控制旋钮(Audio Level),使音频电平表的指针不超过 0V 电平;当在声音太大的现场录音时,将音频选择开关置于自动位置(Auto),以减少声音的失真。

当摄像机用多芯电缆遥控录像机时,同时按下录像机的录、放键(REC 和 PLAY),录像机记录开始;若要停止记录,再按下摄像机的录遥控键即可。当录像机用视频线记录摄像机、放像机节目和用高频电缆记录节目时,要同时按下录像机的录、放键(REC 和 PLAY),录像机就开始记录,并利用暂停键(PAUSE)控制录像机的停录与记录。

(4) 录像机的重放调整

录像带重放时,如果图像出现噪声或雪花干扰,可以调整磁迹跟踪旋钮(Tracking)使图像清晰,或使磁迹跟踪电平表 Tracking 的指针摆到最大位置。专业级与广播级录像机有图像扭曲校正调整,当画面上部出现扭曲现象,可调整张力旋钮(Skew)校正;当画面突然失色或不能维持正确色调,可调整彩色锁相旋钮(Color Lock),使图像彩色恢复正常。

(5) 录像机的维护

录像机不但比彩色电视机有更加复杂的电路部分,而且还有彩色电视机没有的复杂机械驱动系统。所以,录像机对工作环境要求较高,要在规定的电压、温度与湿度范围,防尘、防磁、防腐、防振的环境工作,还应选择在清洁、干燥、通风环境中使用。

磁头鼓是录像机的心脏,使用寿命约 1 000 小时。所以,使用录像机,特别是记录摄像机节目时,应事先做好各种录像准备工作,减少录像机重复记录和重放次数,以延长其寿命。如果经常或长时间使用暂停键,会容易磨损视频磁头。当视频磁头弄脏时,图像会消失、时有时无、有雪花和条纹干扰,可用鹿皮蘸上磁头清洁剂或无水酒精,紧贴在磁鼓视频磁头部位的圆柱面上,用手慢慢旋转磁鼓,轻轻擦拭视频磁头。注意不要沿垂直方向擦拭,以免损坏视频磁头;也不要用棉花或普通棉布清洗,因棉花毛或普通棉布容易被磁头尖勾住,阻塞磁头而造成不良后果。用清洁带清洗磁头,每次的时间不能太长,以运转十圈左右为宜,否则会过快磨损磁头。录像机从阴冷处搬到热处或者潮湿处,磁鼓和磁头会凝结水珠而容易损坏。所以,录像机有测湿去湿装置,如果机内潮湿,通电源后录像机的功能键不起作用,待水烘干后才能正常工作。录像机工作时,应水平放置,避免搬运时振动。录像机内不要装存磁带,使用完毕时,应取出机内磁带以免损坏磁鼓、磁头和磁带。

定期清洗录像磁带走带时经过的部件,如磁头鼓、视频磁头音控磁头、全消磁头、消音磁头、磁带导柱、主导轴、压带轮等。擦抹时要小心,防止损坏机件和碰断导线。定期润滑机械转动部分和轴承，每次注油量要少，使之不致溢出。

4. 录像机的使用注意事项

(1) 录像机一般放置于电视机附近，同样要注意干燥通风、避免阳光直射，还要注意不要放在喇叭、电动机等有强磁场的地方，以免磁头被磁化。

(2) 录像机使用时间一般每次不超过 5 小时，高温季节使用每次最好不超过 2 小时。

(3) 录像机应经常保持清洁。经常用软布擦去外壳灰尘。在使用一段时间后应对录像机磁头进行清洗。方法是：用棉签蘸少许酒精或磁头清洁剂进行擦洗。注意切不可采用汽油擦洗，否则容易损伤磁头表面并导致带轮变质。

(4) 录像机使用过程中，如需倒带、快进，必须先按停止键，否则传动机容易损坏。

(5) 录像机停机后应拔掉电源插头，因为即使录像机不工作，其变压器还会消耗一些电能，长期如此，会影响变压器的寿命。

2.4.6 影碟机

影碟机(VCD)又叫激光影碟播放机，是播放激光影碟(光碟、光盘、视盘)图像和声音信号的电视设备。激光视盘所记录的声音信号和图像信号都是数字信号，并经压缩处理。一张直径为 12 厘米的小型激光视盘，就可记录长达 74 分钟的活动图像和声音。随着电子数字技术的迅速发展，数字激光视盘的升级换代产品 DVD(Digital Video Disc)的容量极大，一张 DVD 激光视盘单面记录容量是 CD 光盘的 7 倍，是普通计算机软磁盘的 3 000 倍，达到 4.7GB，可记录 133 分钟连续活动图像。画质更清晰、具有高保真音质和更大的存储容量，显现更加优越的性能。

激光影碟机与磁带录像机相比，具有以下优点。

(1) 读取信号时的非接触方式。唱机、录音机、录像机都是采用接触式拾取信号的工作方式，因此必然会产生损耗。而激光方式是利用激光头拾取反射光的强弱，根据有无坑点来拾取信号，激光头是离开视盘表面的，不可能划伤视盘或造成磨损，所以它的寿命仅取决于视盘材料的老化速度。因此，激光影碟可以长时间地持续重放静止画面，而不会产生跳动或杂波。

(2) 对于划伤和尘埃有很强的抵抗力。由于激光视盘的表面覆盖着一层透明的硬质丙烯树脂，信号反射面受其保护，坑点不会直接遭受操作。另外激光束通过光学系统聚焦于信号反射面上，而视盘表面是处于焦点以外。即使上面有尘埃、划伤或者指纹污垢等异物，对金属反射面，能承受外来的冲击和弯曲，而不发生变形。

(3) 高质量的图像及声音。一般录像机的水平清晰度为 250 线，而 NTSC 制影碟机已达 450 线以上，并且影碟机都有完全独立的双声道立体声，通过技术处理可以完全保证 20～20 000Hz 的宽频特性和 70dB 以上的信噪比。

(4) 具有瞬时搜索功能。激光视盘中每帧图像都附加有一个“帧号码”，利用这些号码可立刻调出某帧图像的内容。同样，所录的每一个节目前都有一个“章号码”(相当于一本书的章节数)，只要利用此号码就可随时找出任何一个节目内容。

(5) 功能比较完善。具有多制式、双语言、多碟播放、菜单显示、多画面浏览、各种程序的多速播放等多种功能。

(6) 良好的兼容性。DVD-VIDEO 播放机可播放 CD、VCD；兼容 DVD-ROM 与 CD-ROM。

1. 影碟机的类型

(1) 按彩色电视制式分：有 NTSC 制、PAL 制、NTSC 和 PAL 兼容制影碟机。

(2) 按光碟灌制方式分：有 CAV(Constant Angular Velocity)等角速度标准碟的影碟机和 CLV(Constant Linear Velocity)等线速度长时间影碟机。

(3) 按视音频处理方式分：有 LD 影碟机、VCD 影碟机、SVCD 影碟机、CUD 影碟机、DVD 影碟机。

① LD。LD 影碟机是 Laser Disc 的缩写，通常称为激光视盘机、大影碟机。图像质量优于 VCD，不如 DVD，音频质量同 CD 相当，但由于该机价格高、片源少，现已被 VCD、DVD 影碟机取代。

② VCD。VCD 是 Video Compact Disc 的缩写，意为视频光盘。它采用 MPEG-1 数字压缩的国际标准，图像分辨率为 PAL 352×288，NTSC 352×240，水平清晰度为 250 线，声音为双声道，质量与 CD 相当，播放时间可达 74 分钟，兼容 CD 格式。由于 VCD 具有价格低廉、光盘种类繁多、比录像带耐用、便于保存等特点，是目前在教育领域中应用比较普遍的视听设备。

③ SVCD。SVCD 俗称超级 VCD，其主要性能指标优于 VCD，它选用 MPEG-2 视音频压缩编码的国际标准，图像分辨率为 PAL 576×480，NTSC 480×480，水平清晰度提高到 350 线以上，提供了 4 路单声道和 2 路立体声道的音频，有 4 种语言伴音和 4 种字幕选择功能。它与 CD、VCD 兼容，最大播放视音频信号 45 分钟。由于 SVCD 片源短缺、播放时间短，加之 DVD 技术的成熟，因此它是趋于淘汰的产品。

④ CVD。CVD 是 China Video Disc 的缩写，即中国视频光盘。其播放图像质量比 VCD 高，向下兼容 VCD 、CD，也兼容 SVCD。

⑤ DVD。DVD 是 Digital Video Disc 的缩写，是目前应用最广泛的视音频光盘媒体。DVD 与 VCD 相比，有以下特点。

- 高密度：DVD 盘与 VCD 盘均是直径 12cm 的光盘，但其区别却显而易见：一是 DVD 光盘采用波长更短的激光刻录并读出信息；二是 DVD 光盘上的信息坑更小，单位面积上记录的信息更多；三是 DVD 光盘结构的重大变化，即单面单层 4.7GB，单面双层 8.5GB，双面单层 9.4GB，双面双层 17GB，VCD 仅能存放视音频图像 74 分钟，而 DVD 单面单层能够存放视音频图像 133 分钟，双层双面可存放视音频图像长达 484 分钟。
- 高画质：DVD 采用国际通用的活动图像压缩标准 MPEG-2 技术，并选择了较高的码率，画质达到广播级电视图像标准画面像素为 PAL 制的 720×580，NTSC 制的 720×480，水平清晰度超过 500 线。
- 高音质：DVD 常用的音频格式有：AC-3(1 至 5.1 声道)、MPEG(1 至 5.1 声道或 7.1 声道)、LPCM(1 至 8 声道)、DTS(1 至 6 声道)等。DVD 无论选择哪种音频格式都可以是数字环绕高保真音响效果。
- 高兼容性：DVD 视盘机也可播放 CD 盘、VCD 盘、CD-ROM 盘、SVCD 盘、DVD-

RAM 盘和 DVD-R 盘等视音频光盘。

- 高可靠性：DVD 采用先进的纠错编码方式确保了数据读取的可靠性。

上述音像制品的性能比较如表 2-4 所示。

表 2-4 几种音像制品的性能比较

	图 像	音质	音视频制式	优 缺 点	单面播放时间
VHS 磁带	清晰，有杂波清晰度 240 线	较差	模拟音频 模拟视频	易磨损，易发霉，不易长时间保存	60～180min
VCD	清晰无杂波，略低于 LD，达到 VHS 水平，清晰度 280 线	好	数字音频 数字视频	不磨损，不发霉，便携带，廉价，清晰度不够高	74min
SVCD	高清晰，350 线以上	好	数字音频 数字视频	不磨损，不发霉，清晰度高，音质好	74min
LD	高清晰，清晰度 425 线	好 立体声	数字音频 模拟视频	不磨损，不发霉，清晰度高，音质好，价贵	60min
DVD	高清晰，清晰度 720 线	好 六声道 Dolby	数字音频 数字视频	不磨损，不发霉，便携带，清晰度高，音质好，价贵	135min

2. 影碟机的原理与组成

激光影碟机是集激光技术、超精密加工技术、大规模集成电路技术和数字技术等为一体的高科技产品。它由光学拾取系统、机械系统、信号解调系统、伺服系统和操作控制系统等部件组成。影碟机主要由激光捡拾头、伺服系统、视频处理系统、音频处理系统、卡拉OK 系统、驱动控制系统及电源等几大部分组成。其原理如图 2-28 所示。

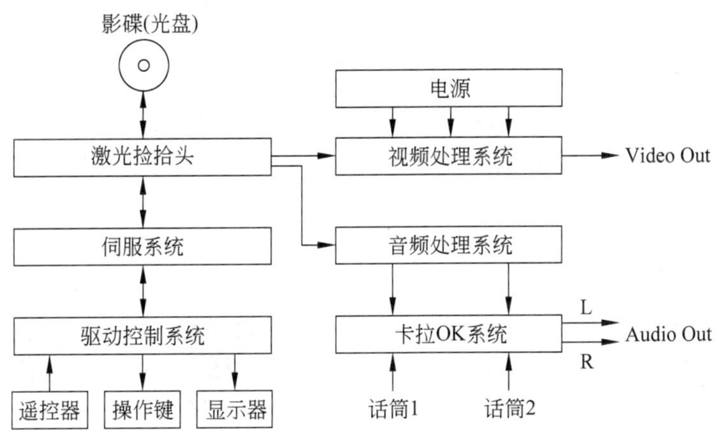

图 2-28 影碟机的组成

激光捡拾头简称激光头，由半导体激光发生器发射的激光经物镜聚焦成万分之几毫米的激光束，对光盘上的电视信号轨迹循迹扫描。载有图声信息的激光束从光盘反射回来，经过光电检测器转换成相应的电信号与检测出的伺服信号；伺服系统的作用是保证光学拾取系统正确跟踪，扫描激光碟的信号面，取出正确的信号，保证影碟按规定转速稳定转动，消除激光影碟因生产、使用过程中产生的中心孔偏离、碟片变形翘曲等缺点而引起的跟踪误差;驱动控制系统是激光碟机的指挥中心,它的作用是接收操作者发出的操作指令,经微处理器处理后,指挥相应电路和机械系统完成各项动作,进入操作者所需要的工作状态;视频、音频处理系统输出模拟视频信号和音频信号。

3. 影碟机的使用与维护

影碟机使用前,要正确连接各种信号的输出插座。普通的影碟机只有视频输出(Video Out)和音频输出(Audio Out),使用视频、音频线连接。高级的影碟机除了视频、音频输出外,还有分离视频输出(S-Video Out),使用多芯电缆连接;或有数字光输出(Optial Out),使用光缆传输线,这些输出效果都要比视频、音频输出效果好。

影碟机使用时要水平放置,以免影响激光头的聚焦和循迹。若是单面记录信息的影碟,要将其信息面对着激光头,一般的影碟机是将光盘信息面朝下放入装碟盘(光盘有封面字样面朝上放置)。使用完毕,出盘取碟,不要将身体或其他物品阻碍其出盘,防止造成机械故障。从装碟盘取出光盘时,应用大拇指和中指夹住光盘边缘,用食指按动装碟盘中央的卡碟箍,将光盘取出。之后应及时装入影碟盒内,竖直放好,以免光盘翘曲。如果光盘被灰尘、指印弄脏,首先用橡皮吹气球吹掉灰尘,不要用口吹;如吹不掉,则用柔软的干布由光盘中心向外成射线方向擦掉尘垢或指印,不能沿圆周方向擦,防止影响激光头循迹。

影碟机要在规定的电压、温度与湿度范围内,在防尘、防潮、防振、防磁、防腐等环境下使用。影碟机使用一段时间后,激光头物镜可能会有尘垢,严重时将不能播放影碟。这时可用照相机的镜头刷轻轻刷去尘垢,再用橡皮吹气球吹去剩余的尘埃。千万不能用镜头纸或清洗喷雾剂之类的化学溶剂擦洗。

光盘的保养是在取放光盘时要小心轻放,尽量保持光盘清洁,不要用任何书写工具在光盘的标识面上作记号,也不要在上面贴纸或其他附着物,不要接触光盘的正面(不带标签的一面),防止跌落、划伤或弯曲光盘。不用时,应将光盘存放在光盘盒内,并放在阴凉通风处,光盘表面较脏时,用洁净的软布按径向自中心向边缘擦拭或用软布蘸少许水轻轻擦拭,勿使用挥发性汽油、稀释剂、市售的清洁液或塑胶碟片用防静电喷雾剂等溶剂。

2.4.7 视频展示台

视频展示台(Visual Presenter)有时也被叫作实物展示台、实物演示仪、实物投影仪等,是由视频摄像头和照明灯光等组成的一种新型的教育媒体。它通过光电转换,获取视频信号,依靠电视机或投影器再现图像。视频展示仪不但集成了光学投影仪和幻灯机的功能,而且可以投射不透明、立体材料。在教学中,利用视频投影仪可以投射幻灯片、透明投影片、各种印刷材料、图片和图示材料,还可投射小型实物和模型。多媒体展示台是在小型液晶投影系统的基础上对各种系统功能的集成。它将录像机、视频展示仪、视盘机、液晶投影仪等视频媒体和音频功率放大器、录音卡座、话筒等音频设备组合在一起,同时具备了视频和音频展示的功能,是课堂用投影媒体的发展趋势。视频展示台种类型号繁多,功能也不同。

视频展示台不但集成了各种投影媒体的功能，而且具备了音频放大、记录和回放功能，是真正的多媒体投影系统。视频展示台在教学中应用方式主要有：用于实物的展示、演示实验等；用于书写和展示印刷资料和图片；展示各种透明胶片（正、负片均可），如幻灯片、投影片等。

视频展示平台的主要功能如下。

(1) 既可展示实物，又可展示透明、不透明的文字图表以及幻灯片。

(2) 提供照明灯光和透射灯箱，适用于透明或不透明资料。

(3) 带有负像/正像切换按钮，实现正片与负片的转换。

(4) 有变焦功能，根据需要可局部或全部展示画面，方便灵活。

(5) 带有数字信号输出的视频展示平台，可将图像直接输出给计算机，使用者可用其采集图像，供制作多媒体课件使用。

(6) 视频展示平台输出的视、音频信号给电视机或投影机显示图像，还可通过电视机的视、音频输出端子送视、音频信号给录音机、录像机进行记录。

1. 视频展示台的种类

根据技术模式和输出信号划分，视频展示台通常分为模拟展示台和数字展示台两种。模拟展示台视频输出信号有复合视频、S-Video 两种，一般清晰度在 400～470 线水平电视线，采用隔行扫描方式。数字展示台视频输出信号除了复合视频，S-Video 外，最主要的是具备 VGA 输出接口，VGA 接口是计算机主机传送给显示器图像的一种标准 RGB 分量视频接口，并且是逐行扫描方式，图像分辨率较高。

从光源方式上，可以分为单灯照明视频展台、双侧灯式视频展台、底板分离式视频展台、便携式视频展台等。单灯照明视频展台常见的一种照明方式，单灯照明不存在双灯照明的光干涉现象，光线均匀，便于被演示物体的最佳演示，不同展台单灯的位置不同，但不影响效果；双侧灯式视频展台是最为常见的照明方式，设计良好的双侧灯可以灵活转动，覆盖展台上的全部位置，并实现对微小物体的充分照明；便携式视频展台设计紧凑，体积小巧，携带方便，适合移动商务演示。

2. 视频展示台的结构

视频展示台由光源、彩色摄像头、实物载板、调控系统、附件等组成，如图 2-29 所示。

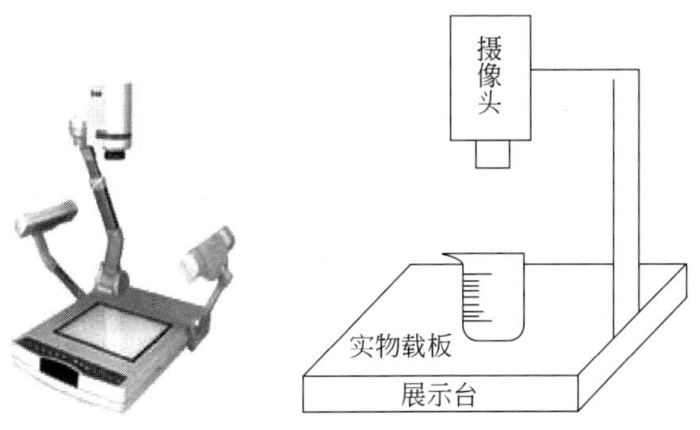

图 2-29　视频展示台及其结构

（1）光源：包括设置在摄像头两侧的光源和实物载板下面的光源。摄像头两侧的光源是为拍摄、呈现实物或文件光线不足时增强光源；实物载板下面的光源是为呈现透明胶片光线不足时增强光照度。

（2）彩色摄像头：用来摄取被摄物体的影像，并将所摄取的视频信号由摄像头的视频输出端送给电视机或计算机来呈现图像。

（3）实物载板：用来承载被摄实物、文件或透明胶片。

（4）调控系统：用来调控光源选择、摄像机自动平衡调整、自动焦距调节和颜色补偿等。

（5）附件：常用的附件有显微镜头、监视器等。

3. 视频展示台的使用

（1）视频展台与设备的连接

视频展台一般与多媒体投影机、大屏幕背投电视、普通电视机、液晶监视器、录像机、VCD机、DVD机、话筒等输出输入设备配套使用。一般是将视频展示台的信号输出与多媒体投影机或大屏幕背投电视机、液晶监视器、普通电视机等设备的信号输入端连接起来，也可将DVD、录像机信号输出端与视频展示台信号输入端连接起来，按连线端口的标识，将视/音频线对应接好。

一些展台已经具备支持与计算机连接使用，计算机通过视频捕捉卡连接展台，通过相关程序软件，可将视频展台输出的视频信号输入计算机进行各种处理。

（2）视频展台的操作使用

视频展台的型号不同，操作使用方法也不同，总地来说，可遵循下列步骤。

① 连接好视频展示平台与大屏幕投影机的视、音频线。

② 撑起力臂，打开调整好镜头。

③ 插上电源线，打开视频展示平台电源开关。

④ 展示不透明资料时，如展示实物和图片时，需要打开摄像头两侧的照明灯光。

⑤ 展示透明资料（投影片、幻灯片）时，如展示一般胶片时，则关闭摄像头两侧光源，打开实物载板下面的电源开关；如果是负片的话，可通过调控系统直接反转成正片后送到其他输出设备（实物展示台具备调整图片颜色的补色功能）。

⑥ 展示资料，调整变焦数据，使得屏幕或银幕上画面大小适合。

⑦ 仔细调整焦点，使得图像清晰；也可采用自动调焦按钮。

⑧ 使用完毕，关闭电源。闭合台灯支架和摄像头支架，盖上防尘罩。

视频展台上的小液晶监视器让用户便于检查被投物图像，在展示过程中不用另外准备监视器，也不用看着屏幕放置被投物。视频展台的画面定格也叫帧存储功能，是指视频展台使用过程中，移去被投物，画面仍可保持而不消失，使展示内容从一个画面到另一个画面平滑过渡。有的展台有存储功能是指：展台设备中内置存储器，一般可存储20幅以内的图片（一般为JPEG格式）。

2.4.8 多媒体投影机

投影机是一种投射、放大图像信号的媒体。目前教学用的投影机可分为视频投影机和数字投影机。视频投影机只能显示视频图像信号，而数字投影机既可以投射视频图像信号，也可以显示计算机数字图像信号。通常把数字投影机称为多媒体投影机。

1. 多媒体投影机的类型

根据成像器件与技术的不同，投影机可分为RGB三管会聚、LCD液晶板、TFT液晶光阀、DLP数码光源处理技术等几种。

(1) CRT投影机

CRT投影机采用技术与CRT显示器类似，成像器件为CRT管。构成图像的三基色(RGB)信号分别在红绿蓝CRT管上扫描成图像，并经过透镜投射在大屏幕上会聚成彩色图像。具有高亮度、高清晰度、高分辨率、显示的图像色彩丰富、适应性强、还原性好、寿命长、体积大、较重等特点。其丰富的调整图形失真的能力，较强的拼图能力，多台投影机亮度一致性的调整能力，使CRT投影机广泛应用于高档会议室、控制指挥中心、模拟中心等固定场合。由于技术的制约，无法在提高分辨率的同时提高流明，直接影响CRT投影机的亮度值。

(2) 液晶光阀投影机

这种投影机采用的是新型液晶光阀技术，其成像器件有液晶或CRT管，其共同之处是在成像元件前有固态图像光放大器，图像光信号在经过光学镜头后形成超高亮度、超高对比度、超高分辨率的高质量画面。但目前此种投影机的价格颇高。

(3) LCD液晶投影机

LCD投影机的技术是透射式投影技术，这种投影机的成像器件是液晶板(LCD像素板)，光源是金属卤素灯，通过复合透镜及分光镜控制其颜色光线透过，形成三束光，分别透射过红、绿、蓝三块液晶板，再经过光学棱镜和投影镜头，形成大屏幕图像。其特点是亮度高、体积小、重量轻、自动调整功能强、使用简单、携带方便、价格低，画面色彩还原真实鲜艳，色彩饱和度高，光利用效率很高。但分辨率不够高，另外光源寿命较短，色彩还原不完全等，限制了它的应用范围。如图2-30所示为LCD液晶投影机。

图2-30 LCD液晶投影机

(4) DLP投影机

DLP投影机的技术是反射式投影技术，DLP投影机(Digital Light Processing)也称数字光处理投影机，是采用数字微反射镜器件DMD(Digital Micomirror Device)作为光阀成像器件，采用数字光信号处理技术(DLP)调制视频信号，驱动DMD光路系统，通过投影镜头获得屏幕图像。DMD是由数十万个很小的正方形微小反射镜面组成的阵列，每一个镜面对应一个像素，每一个镜面相当于一个数字光开关，具有独立控制光线的能力，这个开关由视频信号来控制，而视频信号由数字光处理DLP调制成等幅的脉冲调制信号，用脉冲宽度大小来控制小反射镜，光线通过的时间不同，在屏幕上产生灰度等级的亮度也不同。该投影机具有明显的优点：结构紧凑，光效率高图像质量高，色彩丰富，稳定性好，响应速度快，对比度和亮度均匀性都比较好，图像没有晶格和扫描线等结构。若要提高分辨率，只需更换相应的DMD芯片。

2. 多媒体投影机的功能

(1) 可接收并显示来自多媒体计算机的数字信号，还可显示放像机、摄像机、视频展示台、电视机输出的模拟信号，如图 2-31 所示。

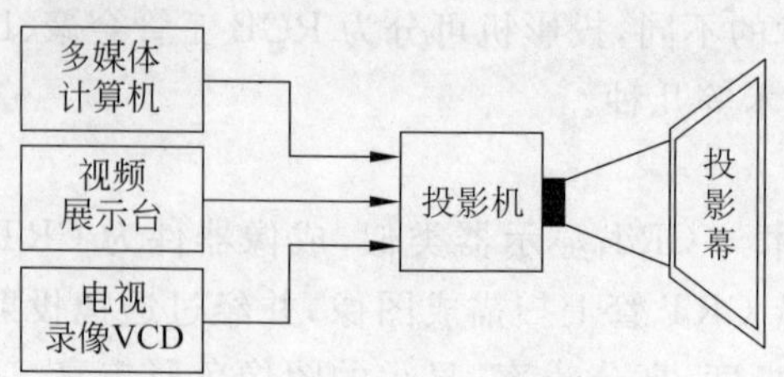

图 2-31 投影机与其他设备的连接

(2) 可遥控变焦，改变画面大小、亮度和对比度，大大方便了使用者操作。

(3) 有的具有软盘或硬盘驱动器配置，实现快速软件显示。

(4) 具有麦克风输入，立体声喇叭输出功能。

3. 多媒体投影机的几项主要技术指标

(1) 分辨率。分辨率通常有两种表示方法：一是以点阵来表示，即整个投影图像行与列的像素数。二是电视行数来表示，分辨率与行频有关，行频为 15～48 000Hz 可接视频和计算机，分辨率为 640×480；行频为 15～64 000Hz 可接视频、计算机、图形卡和部分工作站，分辨率为 800×600；行频为 15～135 000Hz 可接视频、计算机、图形卡和部分工作站，分辨率为 1 280×1 024。视频投影的分辨率主要取决于投影机的 RGB 带宽，扫描频率和信号源带宽。

(2) 明亮度。投影机的亮度输出以流明(lumen)为单位，流明度越高，影像越清晰。实际亮度的大小，主要由投影灯泡的功率和屏幕的反射率两个因素决定。

(3) 散热结构和灯泡的使用寿命。不同的灯泡类型，散热结构不同，灯泡的使用时间也不同。目前常用的液晶板投影灯泡有两种：金属卤素灯、UHP 冷光源灯泡。三枪投影机的灯泡为红绿蓝三只投影灯管。

(4) 光输出(Light Out)：是指投影机输出的光能量，单位为流明(lm)。与光输出有关的一个物理量是亮度，是指屏幕表面受到光照射发出的光能量与屏幕面积之比，亮度常用的单位是勒克斯(lx，$1lx=1lm/m^2$)。

(5) 水平扫描频率(行频)：电子在屏幕上从左至右的运动叫作水平扫描，也叫行扫描。每秒钟扫描次数叫作水平扫描频率，视频投影机的水平扫描频率是固定的，为 15.625kHz (PAL 制)或 15.725kHz(NTSC 制)。

(6) 垂直扫描频率(场频)：电子束在水平扫描的同时，又从上向下运动，这一过程叫垂直扫描。每秒钟扫描的次数叫作垂直扫描频率，垂直扫描频率也叫刷新频率。垂直扫描频率一般不低于 50Hz，否则图像会有闪烁感。

4. 多媒体投影机的使用与维护

(1) 投影方式的选择。根据用户的需要，投影机可作正投、背投、倒投三种投影方式，有的投影机可同时具备三种投影方式。在超大面积的投影环境下，需要多台投影机进行投射面的拼接，这种多机、多屏、多画面的拼接除了硬件的拼接连接外，还需要有拼接的软件系统来支持，才能达到无缝的拼接、拼图、组合拼接的效果。

选择投影方式要根据自己的安装环境来确定，要考虑环境的光线与灯光控制性能、屏幕大小尺寸、观众与屏幕之间的距离、角度、场地的使用要求等因素。

(2) 投影屏幕的选择。采用的屏幕类型也直接影响使用效果，一般以投影面的反射率和增益的高低来衡量投影面的显示效率，通常使用的软幕投影效果比起硬幕来效果明显差一些。在投影幕中有支架软幕、电动幕、背投软幕、硬幕(金属幕)、背投硬幕等多种类型。

(3) 投影信号分配系统的选择。随着信号输入系统的不断增加，如有的场合除了连接计算机信号外，还要与多台视频系统连接，甚至与多台外接显示设备连接。这时就需要利用相应的输入输出信号分配器，来配置同时接驳的多台视频输入输出设备和计算机。

(4) 遥控系统。通常，投影机都配有遥控器，有的投影机既有线控也有红外遥控，有的还在遥控器上设置了鼠标功能。通过遥控器可以完成对图像的放大、缩小、对焦、亮度调整等功能操作。

(5) 连接接口的选择。包括 RGB 输入输出接口、AV 接口、S-VHS 接口、MIC 接口等。

- RGB 输入输出接口：通常 CRT 三枪投影机采用的是单独的 R、G、B 三个 BNC 接头，液晶投影机采用 15 针孔为 RGB 接口，另一头与投影的计算机显示卡接口相连，这是投影机的主要输入输出接口。
- AV 接口：音像设备之间使用音频和视频信号进行连接，简称 AV 接口。这类接口是通用的标准莲花插头，一般用红色、白色表示立体声的左(L)、右(R)声道，用黄色表示图像通道。
- S-VHS 接口：通常称为 S 端子，这是专用于音像设备之间进行高品质图像信号传输的接口，为圆形的插头、插座，正常观赏音像节目时需要与声音连接配合使用。
- MIC 接口：通常称为扩展接口，这个接口可外接音频功放，用于将音频信号进行放大处理。

(6) 投影机的维护。

① 机械方面：避免强烈的冲撞、挤压和振动。

② 光学系统：注意使用环境的防尘和通风散热。

③ 灯源部分：在开机状态下严禁振动，搬移投影机，防止灯泡炸裂，停止使用后不能马上断开电源，要让机器散热完成后自动停机。同时减少开关机次数。

④ 电路部分：严禁带电插拔电缆，信号源与投影机电源最好同时接地。

2.4.9 视听觉媒体的教学应用

电视、录像、激光视盘等视听觉媒体，以直观而鲜明的图像，生动而精练的语言，激发和引导学生的兴趣和注意，提高学生的学习效率。用视听觉媒体可以组织多种形式的教学活动。在社会和学校的教学工作中，视听觉媒体获得广泛的应用。

(1) 辅助课堂教学。在课堂教学中，将视听觉媒体与传统教育媒体相互配合用于课堂教学，能有效地发挥教师的主导作用和学生的主体作用，将视听觉媒体的图文声像并茂、形象直观的特点，用以弥补传统课堂上教师很难讲清楚的内容，取得最优化的教学效果。

（2）示范教学。利用视听教材为学生提供典型的示范，不仅可以提供标准动作的演示，还可以将动作进行慢放，供学生观察仿效，以培训学生实践技能的一种教学模式。

（3）训练教学。利用电视摄录手段对学生进行技能训练，主要是通过把学生的实际技能操作过程或学生的动作过程拍摄下来，录制完成后进行重放，帮助学生进行反复的自我观察、分析，并与正确的技能示范进行对比，纠正错误动作，以掌握正确技能。训练教学往往与示范教学结合起来。

（4）远程教学。远程教学是指采用视听觉媒体进行整门课程的远距离教学。我国的广播电视大学课程大多采用这种形式进行教学的，主要利用卫星宽带多媒体输入平台，将精心编制的整门课程的视听教材传播给学习者，进行远程教学。在部分高等院校个别课程，由于学科缺少教师，也采用这种形式进行教学。但由于视听觉媒体信息是单向传播的，学生不能及时提出问题，教师也不能及时判断学生的学习情况，缺少反馈信息，为此，远程教育中配备好辅导教师就非常必要。辅导教师要做好教学组织工作，教学提示、个别答疑、指导实验、批改作业和进行考查考试等教学工作。

（5）学生自学。视听教材不仅提供了丰富的感知材料，可以通过图解、表演、演示等方式来表现提供教学内容，还可以录制教师在课堂上对教学内容的讲授、分析、讲解，使学生根据自己的学习需要利用视听教材自学，比自学文字教材更容易理解和接受。因此，这种学习模式能充分发挥学生学习的主动性和潜力，有利于因材施教。视听觉媒体是一种学生自学的理想认知工具。

（6）素质教育。应用电视设备和电视教材对学生进行素质教育，是深受青年学生欢迎和行之有效的好形式。例如，许多学校利用校内闭路电视，宣传本校的新人、新事、新风尚；组织学生观看表现英雄或先进人物的电影、电视剧，以及一些电视纪录片，能晓之以理，动之以情，导之于行，这比老师在课堂上枯燥抽象的说教效果强得多。在课外活动中，利用电视教材与中外名片欣赏对学生进行德育、智育、体育、美育、劳动技术教育与心理素质等多方面的教育，不但丰富了学生的课外活动，而且增长了古今中外的知识，对开发学生的潜能、心理素质培养和提高社会文化素养都有十分重要的意义。

2.5 交互媒体

交互媒体是指可以通过人—机对话的方式，进行双向信息传递的媒体。Berge 为交互给出了一个广泛的定义："交互是在某种学习环境中，两个或两个以上的个体间进行的双向交流，其目的在于促进学习任务的完成或人际关系的构建。因此，交互对于教师和学生来说，是一种接收信息反馈和学习活动自适应的方式。"在教学中存在两种类型的交互活动，即人际交互和人机交互。人际交互活动体现在人与人之间通过电子邮件、声音邮件、邮件列表、新闻组、聊天室、电子公告牌、在线会议或其他双向传播媒体进行；人机交互主要是通过人与机之间即时反馈、问答、内容控制、频率控制和其他交互工具进行。

交互媒体具有不同的种类和形式。从原始的教学机器逐渐发展出程序教学机。模拟机以及电子计算机等，在教学中都可被称为交互媒体，它们都具有交互媒体的教学特点。

目前常用的交互媒体包括程序教学机、计算机、个人数字助理(PDA)、可视电话、视频会议系统等媒体。

2.5.1 交互媒体概述

1. 交互媒体的教学特性

(1) 人—机交互性

交互性使用户可以更有效地控制和使用信息,增加对信息的注意和理解。计算机等交互媒体在教育信息化中起着十分重要的作用。无论是视觉媒体、听觉媒体还是视听觉媒体,这些媒体具有图文声像一体化的特点,但并不具备交互性,因为用户只能使用信息,而不能自由地控制和处理信息,不能实现双向交互。而交互类媒体则突破了这一限制,实现双向通信、人机交互,为教与学带来了极大的方便。

交互性是交互媒体的一个主要特征,将交互媒体作为自控教学机器来提供学习课程,已经成为教学的有效方法。交互媒体可以调动学生的主动性和积极性,使学生主动地接受知识。

(2) 信息处理方式的数字化

交互类媒体采用数字化的方式对信息进行处理,采用数字化方式来存储、传输信息,使信号失真小,抗干扰能力强,视音频质量高等特点,使教育信息处理简单、统一、可靠,教学信息表现更准确,更适宜教学活动的需要。

(3) 信息载体的集成性

媒体的集成性包括两方面,一是多媒体信息媒体的集成,二是处理这些媒体的设备和系统的集成。在多媒体系统中,集图、文、声像功能于一身,实现了信息载体的多元化,使教学信息的表现更丰富,具有很强的真实感和表现力,可以同时调动视、听、说等多种感官,可以激发和提高学生学习的兴趣,形成合理的教学过程体系,使学习者在最佳的学习环境中学习,使之达到教学的最佳效果;集多种媒体设备于一身,系统包括能处理多媒体信息的高速及并行的CPU,多通道的输入/输出接口及外设,宽带通信网络接口及大容量的存储器,将这些硬件设备集成为统一的系统,综合运用多种媒体功能,有利于教师在教学中开展各种各样的教学活动,可以及时反馈教学信息,可以突出重点,解决难点,增大课堂教学容量,极大地提高教与学的效率。

(4) 信息传输的网络化

交互类媒体以数字化方式存储、处理信息,经过编码压缩后的信息数据量小,适合于网络传播,而且传输及时、可靠、效率高,多数情况下能做到双向实时,学生可以从众多的学习内容中选择自己需要的内容,实现教学信息在广泛的范围内传播。

(5) 信息组织方式的非线性

交互类媒体采用网络的信息结构,以超文本非线性的方式存储,符合人类联想记忆结构,为学生提供了良好的个别化学习环境,可以使学习者沿着自己的思路,适应自己的需要去发展学习的过程,并可以控制教学内容的速度与进度,使学生能根据自己的学习能力调节学习进度和难度,从而体现学生是学习活动的主体,真正实现因材施教。

2. 交互媒体的教学功能

以计算机为代表的交互媒体，性能强大，在当今社会的各个领域都得到了广泛的应用，在教育领域尤其受到人们的青睐。交互媒体可存储丰富的教学信息，而且能够快速地进行处理、检索和提取，提高师生对学习资源的利用能力；创设学生进行自主学习的环境；交互性水平较高，可以有效激发学生的学习动机，保持学习积极性；可以记录和分析学生进步的情况，并利用这些信息来调整教学，及时满足学习者的需要。交互媒体在教育过程中发挥着越来越大的作用，它可以充当许多种不同的教学角色，促进了教学观念、教学方式、教学手段、学习活动等变化，其教学功能主要表现在以下几个方面。

(1) 作为模拟教师

交互媒体可以在多方面扮演教师的角色。它可以模拟教师的行为，向学生传授整门课程或章节课程的内容，使教师节省很多时间，大大减轻了教师的工作负担。典型的教学过程是：计算机呈现一段教学信息，介绍一个概念、规则或事实，接着向学生提问；学生接受教学信息，思考问题，给出问题的答案；计算机接收并判别学生的回答，给出反馈信息，并根据学生的理解程度，决定让学生通往下一步去学习新的材料，或者向他提供补充材料。计算机“这位不知疲倦的教师”还能引导学生完成大量的操练与练习，进行对话、答疑等。

(2) 作为虚拟学伴

虚拟学伴是利用人工智能技术，让计算机来模拟教师和同级学生的行为。在计算机网络通信工具的支持下，学生们可突破地域和时间上的限制，进行同伴互教、小组讨论、小组练习、小组课题、协同学习等合作性学习活动。

(3) 作为教学与认知工具

将计算机作为工具基本上有两种不同的用途：一是作为提高信息处理效率的工具，主要用于帮助人们提高工作效率，例如用文字处理系统编辑文稿，用电子报表处理计算问题；二是作为认知工具或称智力工具，如专家系统、数据库系统等，可以支持学生的思维活动。

(4) 作为学习环境

利用交互媒体可模拟各种自然现象或社会环境，在这个环境中，学生可以允许自由探索微型世界。学生通过观察、尝试和推断，能够认识他前所未知的客观规律，如目前教学游戏是利用计算机产生的一种带有竞争性的学习环境，把科学性、趣味性和教育性融为一体，能大大激发学习动机，起到寓教于乐的作用。

(5) 作为通信工具

交互媒体作为一种人—机、人—人对话的双向交流的通信工具，为开展同时异地的远程教学、实现师生之间跨国、跨地区的“面对面”实时讨论提供了良好的手段，利用留言、讨论、聊天工具实现了远程交互式的学习，有利于开展远距离的合作交流，实现资源共享。

(6) 作为学习资源

交互媒体是一种蕴藏量巨大的学习资源，特别是通过网络，学习者可以自由访问世界著名的大图书馆、各知名学府的资料中心、各种专业信息服务站点和大量网上课程。此外，每年世界各国要出版数以万计的多媒体电子出版物，有百科全书、文学经典、资料汇编、儿童读物等。利用这些资源，可以丰富学生课外生活，拓宽视野、扩大知识面。

(7) 作为教学管理助手

个别化教学要求根据个别学生的学习能力、兴趣、学习速度和学习风格等个人特点来安排教学，有许多不同的教学计划，这就加重了教师在教学管理上的责任。而计算机管理教学(CMI)可以解决实行个别化教学所带来的教学管理问题。目前，计算机管理教学主要应用于教学资源管理、学习成绩管理、教学测量与评价等方面。

2.5.2 程序教学机

程序教学机是最早出现的一种交互媒体。1924 年，美国心理学家普莱西(S. L. Pressey)就设计出了世界上第一台自动教学机器。20 世纪 50 年代，美国心理学家 B. F. 斯金纳，把操作性的条件反射原理应用于教学，并在普莱西的自动教学机器基础上进行了改进，所以程序教学机一般又称之为斯金纳型教学机。

程序教学机器是一种在程序化学习材料上进行自动教学的装置，它为学习者提供一系列的问题，要求学习者对问题作出反应。程序教学机主要包括程序教材和程序教学机器。程序教学机装有程序教材，能够显示问题，分析反应，指出正误，并提示下一步如何学习的机器。这种教学机的构造，通常包含输入、输出、储存和控制 4 部分。程序教材将教学内容分解为一系列小的学习单元，这些学习单元按一定的顺序排列，难度逐渐递增，每一个学习单元后都设有要求学生回答的问题，并提供与之对应的附加单元，这个附加单元包括了问题的正确答案及强化正确反应的反馈信息。

程序教育媒体具有以下优点：学生积极参与学习活动；有利于个别化学习；即时反馈和强化，加强学生的学习动机。在程序教学方式上，学习者利用程序教材和程序教学机器，制定学习步调，自控学习进度，在没有教师直接参与教学过程的情况下自主进行学习，完成学习任务。应用程序教学机可以把教师从批改作业、指导练习等繁重的负担中解脱出来，使他们有较多的时间和精力用于备课、科学研究、不断提高教学工作的质量。由于程序教学机能适应学生的个别差异，因此它也适用于学生的个人自学。

利用程序教学机，可以采用如下的两种模式。

(1) 直线式程序

直线式程序是由斯金纳首创的。他首先把教学内容分成连续的小单元，学生以填空的方式先回答第一个单元的问题，在得到正确的肯定以后，就可以进入第二个单元的学习。如果学生的反应是错误的，直线式程序一般有两种处理方式，其一是程序向学生呈现正确答案，学生了解答案以后，继续对下一个单元进行反应；其二是程序可以指出学生的错误，学生需重新对此单元进行反应，直到得出正确的答案。

直线式模式的每一个单元都有一对“刺激—反应”，学生只有做出正确的反应才能获得强化。因此，每一个小单元的教学内容都被设计得很容易，学生在学习时几乎不会出现错误。

(2) 分支式程序

美国心理学家克劳德(Norman Crowder)设计出了另一种程序模式——分支式程序。分支式程序也是用一系列教学单元把教材呈现给学生，但每个单元的信息比直线式的大。学生通过多重选择进行学习，在学生掌握了一个单元之后，立刻用这些材料对他们进行一次简短的测验，并根据测验的结果决定下一步将要给学生一个什么样的单元。分支式程序可以根据学生的反应对他们进行补习性的辅导，而不是仅仅告诉他们反应的正误。

目前的程序教学机一般是采用两种模式相结合的形式。

2.5.3 计算机

计算机是20世纪最重要的科技发明。自1964年第一台电子计算机ENIAC在美国宾夕法尼亚大学诞生以来，计算机技术发展突飞猛进，机器体积越来越小，运算速度越来越快，功能越来越强，应用领域不断扩大，日益显示出其强大的生命力。它的自动化和智能化特性使之已经成为重要的现代化教育媒体。

1. 计算机媒体的分类

计算机种类繁多，如按性能和容量可分为巨型机、小巨型机、大型主机、小型机、工作站和个人计算机；按用途可分为通用计算机和专用计算机等。但在教育领域，尤其是在学校多媒体课件开发中，使用最多的是个人计算机（Personal Computer，PC），PC由于价格低、性能可靠、支持的软件多、操作简单等因素而备受欢迎。

2. 计算机媒体组成

计算机是依靠硬件和软件的协同工作来执行给定任务的。一个完整的计算机系统应包括硬件系统和软件系统两大部分。其整体构成如图2-32所示。

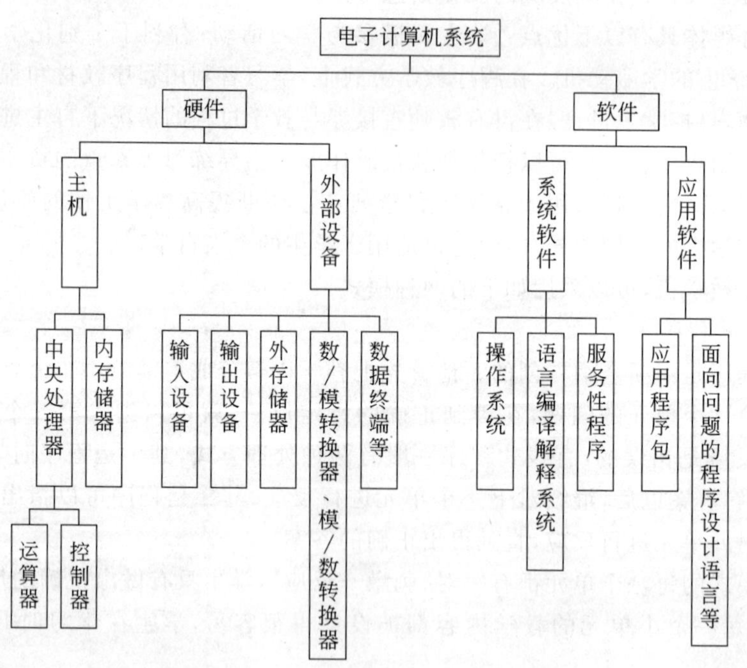

图2-32 计算机系统组成框图

（1）硬件系统

计算机的硬件系统通常由五大部件组成：运算器、控制器、内存储器、输入设备和输出设备，如图2-33所示。由于运算器、控制器和内存储器是计算机的主要部件，通常被安装在主板上，人们把它们称为主机，而把输入设备、输出设备称为计算机的外部设备，常用的输入设备有键盘、鼠标、触摸屏、数字转换器等，常用的输出设备有：显示器、打印机、绘图仪等。

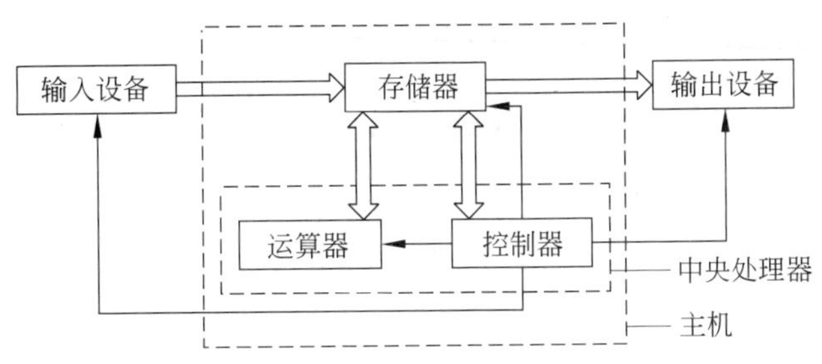

图 2-33 计算机基本原理结构图

存储器分为内存储器和外存储器两类。内存储器(内存)是主机的一个组成部分，计算机的内存储器是由半导体器件构成的，分为随机存储器(Random Access Memory，RAM)和只读存储器(Read Only Memory，ROM)两种。而外存储器的种类很多，外存通常是磁性介质或光盘，像硬盘、软盘、磁带、CD 等，能长期保存信息，并且不依赖于电源来保存信息，但是由机械部件带动，速度与 CPU 相比就显得慢很多。外存储器既可以用作输入设备(信息输入)，也可以用作输出设备(信息保存)。

外部设备与主机之间的信息交换是通过外部设备接口(I/O 接口)实现的，不同的外部设备有各自的 I/O 接口。

计算机各部件之间用总线连接。总线是数据、指令及控制信息的公共传输通道。总线由三部分组成：地址总线、数据总线和控制总线。在计算机中，基本上有两股信息在流动：一股是数据信息(空心线箭头表示)，即各种原始数据、中间结果、程序等，这些都由输入设备送到存储器中。在运算过程中，数据从存储器读入运算器进行运算，运算的结果要么存入存储器，要么经输出设备输出；另一股信息是控制信息(实线箭头表示)，由全机的指挥中心——控制器根据程序的规定走向，发出控制信号协调其他部件的工作。通常，把运算器和控制器合在一起称为中央处理器(CPU)；而把控制器、运算器和主存储器合在一起称为计算机的主机。各种输入输出设备等称为计算机的外部设备。

早期的 PC 中基本上不具有多媒体处理的能力。随着多媒体应用需求的日益强烈和计算机技术、多媒体技术的迅速发展，在原先 PC 的基础上增加了 CD-ROM 驱动器、声卡、音箱等多媒体配件，从而把它称为多媒体计算机(Multimedia Personal Computer，MPC)。MPC 系统所带的多媒体配件并不统一，有的 MPC 系统可能只带 CD-ROM 驱动器、声卡、音箱或耳机，而有的 MPC 系统可能还配置视频卡、扫描仪等设备。现在市面上出售的计算机绝大多数是 MPC。

(2) 软件系统

计算机的软件系统包括系统软件和应用软件两大部分。系统软件主要包括操作系统、语言处理软件和工具软件三部分；应用软件是指为了解决某类特定问题，利用语言处理软件或工具软件开发的软件，如文字处理软件、图像处理软件、信息管理软件、辅助设计软件、实时控制软件、多媒体课件制作软件等，在金融、保险、商业、信息管理、教育、娱乐以及语音识别等方面会应用到不同的软件系统。

3. 计算机的操作使用

计算机的操作是在计算机的操作系统支持下来完成的。关于计算机的操作使用，在"计算机应用基础"等课程学习中有详细的介绍，此处不再赘述。

2.5.4 个人数字助理——PDA(Personal Digital Assistant)

1993年Apple公司提出了个人数字助理的概念，并首家推出了第一批真正意义上的掌上信息处理产品，PDA(Personal Digital Assistant)，即个人数字助理，一般是指掌上电脑，是一种手持式电子智能产品。

PDA是掌上信息处理产品的统称，可以分为广义的PDA和狭义的PDA。广义的PDA就是包括Palm、PPC、PDA、掌上电脑、商务通等类产品的掌上信息处理产品的统称，它集中了电子记事、计算、电话、传真和网络等功能，不仅用于管理个人信息，还可以上网浏览、收发短信息或E-mail、发传真，当移动通信手机使用，是信息时代的高级助理；狭义的PDA特指电子记事本，功能稍逊掌上电脑。它功能单一，主要是指管理个人信息，如通信录、记事和备忘、日程安排、便笺、计算器、录音、辞典等，没有通用的操作系统。目前，国内外越来越多的人都是从广义的角度来理解PDA的。

PDA便携性以及越来越强大的各类PDA软件，使PDA在教育领域发挥越来越大的作用。目前，国内一些学校已经开展了PDA的应用试验，与无线网络配合，PDA可以成为方便获取网上教学资源的便携设备。当然，学生也可以在使用PDA的过程中，进行有效的个人知识管理。

1. PDA的类型

目前，PDA可分为电子词典、掌上电脑、手持电脑设备和个人通信助理机四大类。而后两者由于技术和市场的发展，已经慢慢融合在一起了。目前的PDA大致可分为低、中、高三种类型：低档次的PDA。这种类型的PDA具有电话本、名片、收发邮件和短信息的功能，如商务通、名人、文曲星等；中档次的PDA功能比第一类要多，包括Palm、Pocket PC等产品；高档次的PDA功能最强，包括掌上电脑和具有无线上网功能的产品。

2. PDA的教学功能

相对于传统电脑，PDA的优点是轻便、小巧、可移动性强。PDA作为个人效率工具，是纸质笔记的电子替代品。早期的PDA只有日历、日程安排、通信录、记事本等基本功能，现在的PDA已经具有更加丰富的软件，如类似于个人计算机的字处理软件、电子表格软件等，以及传送数据、无线通信能力、收发邮件等功能。PDA以其体积小、能耗低、功能强、易开发等特点，无疑是信息时代学习的好帮手，是适应社会化学习、终生学习的有效便捷的教学工具，在个别化学习、合作性学习及远程学习中得到应用。目前一些学校已经开展了PDA在学校应用的试验与研究。在教学领域中，利用PDA集计算机、网络浏览器、MP3播放器、电话、传真为一体的功能，可用于管理个人信息，具备通信录、记事和备忘、日程安排、便笺、计算器、录音和辞典等功能，可以作为安排课程、电子笔记本、记事和日常的事务管理，PDA的教学功能具体体现在如下几点。

(1) 利用 PDA 提供的电子词典功能，利用中英文互译、英语单词朗读等功能，可进行语言类学科的学习。

(2) 学生利用 PDA 管理日历、日程安排、通信录、记事本的过程中，可以掌握有效提高个人信息管理技巧。

(3) 将 PC 和 PDA 连接后，可用作教学节目的传输、录制与播放。

(4) 可以和其他设备，如其他 PDA、PC、ATM 机、打印机等进行数据交换和信息交流，可用于教学信息的上传与下载。

(5) 在无线传输方面，大多数 PDA 具有红外和蓝牙接口，以保证无线传输的便利性。许多 PDA 还具备 Wi-Fi 连接以及 GPS 全球卫星定位系统。通过无线网络，PDA 可以成为方便获取网上教学资源的便携设备，成为移动学习的工具。

(6) 用户可以利用 PDA 对远程教学信息进行编辑、修改，操作控制远程计算机完成某些特定的工作和学习。

3. PDA 的使用

PDA 具备了一台电脑主机的基本结构，因此它也拥有电源开关、屏幕开关、硬启动和软启动按钮。一般情况下，我们总是将电源开关始终处于打开状态。

(1) PDA 的操作系统

从目前的市场来看，PDA 产品的操作系统主要包括 Palm OS、Windows CE OS 和 EPOC OS 三类。而在目前我国品牌手机中，大多数使用的是 EPOC 操作系统，例如，爱立信、摩托罗拉、松下以及诺基亚等品牌手机都支持该操作系统。

Palm OS 系统是所有 PDA 操作系统中发展最早的，整体的设计理念上以简单、实用为出发点，强调的重点是取得功能与使用经验值的平衡；Windows CE OS 操作系统最大的优势是能与现今流行的 Windows 操作系统无缝连接，能非常方便地支持 Office 格式文档，而且能直接支持 PC 格式的 AVI、RM、MPG、WMV 等多媒体软件；EPOC 操作系统是一种和移动通信结合非常紧密的操作系统，EPOC 系统性能更加稳定，设计更紧凑，功能更加实用，更能提高个人工作效率和个人信息管理功能，而且市场上有很多免费共享软件以及商业软件可以给 EPOC 系统增加很多新功能。

虽然操作系统竞争激烈，却又各有特色，Palm OS 实用方便的功能、Windows CE OS 的多媒体绚丽表现、EPOC 与手机结合的无线通信，适用于不同的用户群。

(2) 系统设置与软件安装

PDA 的操作系统将各项设置功能集中在一起，无论是 Palm 还是 Pocket PC 都是如此。首先我们要注意的是 PDA 上的多个快捷键，以 Pocket PC 为例，打开“设置”，单击“按键”，我们可以针对不同的按钮选定相对应的应用程序，在这里还可以设定滚动条的速度。与台式计算机类似，可以进行时钟设定、区域设定、电源节能设定、机主设定等。

(3) PDA 的输入方式

PDA 一般都不配备键盘，而用手写输入或语音输入。在第一次使用 PDA 之前，我们必须对输入笔进行调整，不然 PDA 屏幕可能会无法正确感应，造成操作失误。在 PDA 操作系统中，单击相当于鼠标左键，长时间点击不放相当于鼠标右键。手写输入使用者可选择以下输入法：手写辨识时在荧幕上写字，按输入键，文字即可显示；利用拼音输入时，在荧幕上输入该字的罗马拼音及音调,输入即完成。

(4) PDA 的手写速记

在触摸屏上书写时,页面会自动上卷露出空白区域,手写的文字和图画可以保存并显示在屏幕上,并且手写速记的内容可以与计算机同步化,可编辑移动和插入其他数据与字符,也可以作为电子邮件的附件发送出去。

(5) PDA 与计算机的连接方式

PDA 与计算机或其他同类产品共有三种连接方式:一是通过 RS232 电缆与台式机进行连接,实现同步化;二是通过红外连接(两台设备的红外端口对准来实现),使掌上电脑与同类产品或具有红外端口的台式电脑及打印机连接;三是通过内置调制解调器,利用电话线连接,通过电话线的连接能实现收发电子邮件及传真功能。

(6) PDA 与计算机的数据同步

PDA 与计算机的数据同步必须先做好两个准备工作:一是要在计算机安装有同步功能的软件,如以 Windows CE 为例,首先在不连接 PDA 数据线的情况下直接安装 ActiveSync;二是使用同步电缆将台式机的串行端口与掌上电脑连接起来,(如果计算机有红外端口,可将掌上电脑的红外端口与台式机的红外端口对准,进行红外连接)后,按照计算机和 PDA 上的图标提示,进行同步化操作,同步完成之后,我们可以用 ActiveSync 对 IE 收藏夹、Outlook 文档等进行同步。如果仅仅是简单地拷贝一些文件至 PDA,那么可以在 Windows 资源管理器中的"移动设备"(连接到计算机上的 PDA),通过文件拷贝或移动等方式,就能完成数据交换,智能化的 ActiveSync 会在复制文件时为我们自动转换格式。

(7) 软件安装与卸载

操作系统所提供的几个简单的应用程序是无法满足我们需求的,安装第三方应用程序才是非常必要的。这些第三方应用程序会被安装在 RAM 内存中,需要注意的是,使用硬启动之后,这些第三方应用程序都将会被删除。

Palm 与 Pocket PC 应用程序的安装方法略有区别。Palm 应用程序要通过 Palm Desktop 来安装,先将所要安装的应用程序拷贝到 Palm Desktop 目录下的 Add-on 子目录中,运行 Palm Desktop 之后,单击安装按钮,打开 Palm 安装工具对话框,我们可以从中选择需要安装的内容,然后按照提示进行安装即可。相对而言,Pocket PC 应用程序的安装更为简单一些,在保证同步连接的前提下,我们可以在台式机硬盘上的任一目录直接执行安装程序,此时该程序会自动安装到 PDA 中。

(8) PDA 的上网方式

PDA 可用的无线上网方式有三种:在个人工作区内的红外对接和蓝牙技术;在局域网范围内采用 802.11b 无线协议,通过无线站点(Wireless Access Points,WAPS)与校园网连接;以及广域网范围的无线连接。PDA 在局域网内上网采用的是 Hub 方式,大家分享 11Mbps 的带宽,因此速度可能不高,目前也有一些厂商在试用 802.11a,网络速度可以达到 54Mbps。广域网的问题是无线连接费用较高,而且覆盖范围有限。

(9) 拨号上网

① 单击"开始"菜单,选择"程序"。

② 单击"通信",选择"连接管理器"。

③ 双击“建立新连接”。

④ 输入新建连接的名称，如 My169，并选择“拨号连接”，然后转入“下一步”。

⑤ 选择 Modem：对于 PDA 的内置 Modem，则选择 InternetModemCOM4；对于 PDA 外置 Modem 则选择 HayesCompatibleonCOM1。

⑥ 点击“配置”，选择合适的速率进入下一步，输入您的 ISP 上网电话号码，如 169，完成上述设置后，从“开始”菜单进入新建的连接 169，对“拨号属性”的各选项进行设置，完成后，点击“连接”就可以拨号上网了。

(10) 设置与收发 E-mail

① 打开“开始”菜单，单击“收件箱”。

② 进入收件箱后，单击“撰写”。

③ 然后单击“选项”，选择“服务”。

④ 单击“添加”，选择 Internet Mail，然后单击 OK。

⑤ 输入你的 E-mail 账号简称，以 info@pda. com. cn 为例，可简称为 infopda。

⑥ 进入“服务定义(1/3)”，输入各选项的内容：从已建立的连接中选择一个连接，例如 263POP3 主机：输入您接收邮件的服务器，例如 pda. com. cn；输入邮件的用户名，即邮件账号中@前面的部分，例如 info；密码：例如 8888；可选项：SMPT 主机，如果与 POP3 服务器相同，此项可不填返回地址，选择“下一步”，完成“服务定义”的其他设置，然后可以看到新创建的账号旁已经有了一个“ * ”号。

现在，就可以使用“收件箱”接收邮件了。接通 Internet 后，只需从“开始”菜单进入“收件箱”，在“服务”菜单中选择邮件账号，然后点击右上角的连接图标就开始收发邮件了。

4. 使用 PDA 的注意事项

(1) 不要将 PDA 置于潮湿的环境中，或者将水溅到 PDA 上或在雨中使用 PDA。

(2) 不要将 PDA 暴露在温度极高或极低的环境中，包括将其放在靠近加热器附近、将其留在汽车的尾箱内或将其放在阳光直射的窗户边。

(3) 不要跌落或撞击、重压 PDA。

(4) 使电源始终保持有电状态，避免在没有关闭 PDA 的情况下取出电池。只能使用附带的电源适配器为掌上电脑充电。

(5) 屏幕不要沾上灰尘(或其他任何脏物)，用触控笔来点击屏幕，不要使用钢笔、铅笔、回形针或其他尖锐物品。

2.5.5 交互白板

在多媒体教室的应用中，目前常用的解决方案是以投影机、实物展台、计算机等为主，这种方法能方便地将实物、计算机教学课件、视频、音频等教学内容呈现在学生面前，而在绝大部分实际教学中，传统的教学手段，如板书依然是最常用的教学手段，是课堂教学必不可少的组成部分，因为板书是教师控制教学进程的一个重要方式，呈现知识点内容、知识点之间的关系以及分析与推理过程，以辅助教师讲授。可以根据教师的讲课思路和课堂教学的实际需要随时插入内容。然而在多媒体教室中进行板书比较困难，一般多媒体教室为避免过多的粉笔灰尘对多媒体设备污染，一般不使用粉笔，而是使用白板进行板书，但教师还是无法在计算机演示的多媒体课件上直接书写和批注，随着教学条件的逐步改善和多媒体教室建设实践的发展，电子白板等相关产品相继出现，这个矛盾逐步得到解决。

电子白板产品已成为沟通传统教学方式与现代化多媒体教学设备最佳的桥梁，实现了与计算机的交互控制。电子白板具有人性化、多元化的设计，根据场地的大小，电子白板具有多种不同的尺寸。与电脑连接后，可以直接显示出电脑页面中的内容，方便学生了解更多的知识内容。此外，电子白板还具有如白板或黑板的基本功能，老师在白板界面能够根据教学的需要，随时利用手指或鼠标笔自由板书，包括书写文字或手绘图形，还可以在界面上实现对计算机文件与程序系统的操作控制。此外，除具备传统黑板的功能外，电子白板具有显示及注解功能，还可以方便地处理和存储各种数字化的教学材料，使丰富的教学内容能方便调用显示，并且可以随时用多种格式的文件在电脑中保存当前板书内容，供下节课重用或留给学生作课后复习。在教学过程中，学生也可以在白板上面进行操作，随时在计算机界面、网页上和光盘播放界面上进行标注、画图，并与老师进行讨论。

可见，电子白板的出现，综合了传统的教学与当前的信息技术，把传统教学与计算机、网络、软件等教学结合起来，改变了以往"教与学"的枯燥模式，满足了时代发展的需求，以师生间整体的互动让教学过程更加轻松。

1. 交互白板的教学特性

交互式电子白板是以计算机技术为基础，集软硬件系统、资源系统的平台，整合了电子、感应、网络等技术，将传统的黑板和现代多媒体技术有效地结合在一起，可直接在白板上进行电脑操作。交互白板具有如下的教学特性。

(1) 灵活高效。使用交互白板技术能即时、方便灵活地引入多种类型的数字化信息资源，并可对多媒体材料进行灵活地编辑组织、展示和控制。通常多媒体教室的设计是使用计算机、投影仪和幕，将计算机上的画面投影到幕布上或电视上，但老师必须在电脑面前操作电脑、点击鼠标，被束缚在电脑面前。而交互白板实现了白板与计算机之间的双向交互通信与操作，交互白板既是电子白板又是计算机屏幕，教师既可以演示课件，也可以用电子笔在屏幕上标注，在电子白板上的书写或作图的内容可以存储到计算机中并做进一步的加工处理，方便地实现课件讲解过程中的批注、编辑、存储，教师还可以把屏幕当作黑板在其上进行板书与推演，它使得数字化资源的呈示更灵活，也解决了过去多媒体投影系统环境下，使用课件和幻灯讲稿教学材料结构高度固化的问题。

(2) 操作简单方便。交互白板的应用使得教学过程中对计算机的操作访问更加方便，交互白板既是电子白板，同时又是计算机屏幕。在交互白板上的书画内容及其加工处理结果均被存储在计算机中，同时，在交互白板上可以实现对计算机的各种操作，所有对计算机屏幕内容的操作和加工处理的结果都会即时存储在计算机中和呈现在电子白板上。白板系统与网络、与其他计算机应用程序互补，促使师生共同运用计算机作为认知和探索发现的工具，这必将构建学生新的认识和解决问题的思维方式。

(3) 资源整合。交互白板可以安装在各类实验室、计算机网络教室、语音实验室、电教教室和电子图书馆等处，可以大大加强这类基础设施的教学功能，能够实现丰富多样的教育资源的灵活整合。在交互白板的计算机工作界面调用计算机及网络原有的各类资源(包括各类计算机和网络软件课件，播放各类多媒体光盘和视音频材料等)，还可直接调用交互白板内置的多种资源库。

(4) 板书内容可重复使用。交互式电子白板能实现板书内容的即时存储。在交互白板上的书画内容、在交互白板上对计算机的各种操作、加工处理的结果都会即时存储在计算机的硬盘或移动存储设备中,并呈现在电子白板上,可以供下节课、下学年或在其他班级播放使用,或与其他教师共享,也可以电子文件格式或打印出来分发给学生,供课后温习或作为复习资料。

(5) 多媒体呈现教学信息。交互白板技术使用以前,教学呈现仅止于手写文字和手绘图形的黑板,色彩单调,而现在既可如以往一样自由板书,又可展示、编辑数字化的图片、视频,这将有利于提高学生学习兴趣,从而提高教学效率。

2. 交互白板的组成与原理

交互白板是硬件电子感应白板(White Board)和软件白板操作系统(ACTIV studio)集成。它的核心组件由电子感应白板、感应笔、计算机和投影仪组成。图 2-34 所示的是交互式电子白板的系统组成。

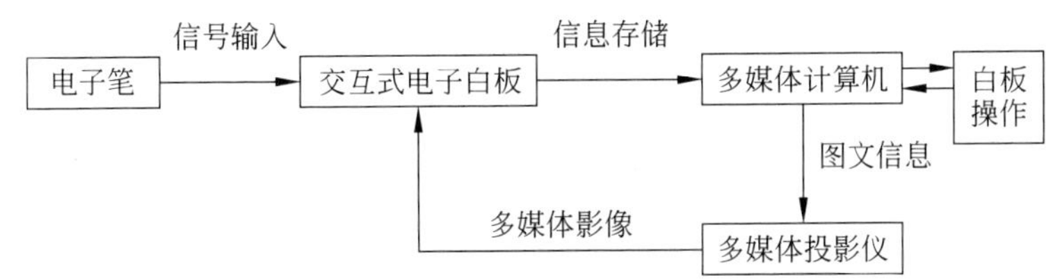

图 2-34　交互式电子白板的系统组成

电子感应白板是一块具有正常黑板尺寸、在计算机软硬件支持下工作的感应屏幕,其作用相当于计算机显示器并代替传统的黑板。电子感应笔承担电子白板书写笔和计算机鼠标的双重功用,其作用代替传统的粉笔。白板操作系统(ACTIV studio)是存在于计算机中的一个软件平台,它不仅支撑人与白板、计算机、投影仪之间的信息交换,而且它还自带一个强大的学科素材库和资源制作工具库,并且是一个兼容操作各种软件的智能操作平台。

从原理上来说,交互式电子白板融合了大屏幕投影技术、精确定位的测试技术等。其中,电子白板的精确定位技术具有代表性的是电磁感应、红外线、电阻、超声波、CCD 等技术。根据使用不同的定位技术,电子白板工作原理分为压感原理和激光跟踪原理两种。使用压感原理的触摸式白板相当于计算机的一个触摸屏,是一种用手指或笔触及屏幕上所显示的选项来完成指定的工作的人机互动式输入设备,这种电子白板内部有两层感压膜,当白板表面某一点受到压力时,两层膜在这点上造成短路,电子白板的控制器检测出受压点的坐标值(手指或笔触及的位置),经 RS-232 接口送入计算机;使用激光跟踪原理的白板上端两侧各一激光发射器。白板启动后,激光发射器发出激光扫射白板表面,特制笔具有感应激光功能,从而反馈笔的位置。

下面,从实现技术角度对目前最常用的电子白板精确定位技术进行简要的介绍。

(1) 电阻膜技术

电阻膜技术原理是:电子白板基本结构是由多层膜组成,包括水平线电阻膜、绝缘网格、导电膜、绝缘网格、垂直电阻膜等，组合膜与使用区域大小相同。工作原理是在电阻膜上加一个固定的电压，在没有外力作用下，导电膜不接触电阻膜，没有电压被测得，不会有定位的信息反应。当用硬物压在电阻膜的某一点时，电流通过导电膜被测试电路读取，就像从一个电位器中点测试到一个变动的电压，这个电压与触摸点的位置有关，根据从水平和垂直方向读取的电压，可以换算为触摸点的 X、Y 方向位置。电阻式触摸屏是一种网格扫描实现方式，特点是有物体压住膜的表面时，可以反映出物体压住的位置。

使用电阻膜技术进行定位，其优点是定位相对准确，无须专用笔，可做触摸操作。但也存在一些缺点如反应速度较慢，使用面积不宜过大，书写较吃力，力度不够字迹显示不出来，怕划伤且划伤就不能使用。

(2) 电磁感应

电磁感应式的工作原理是：电磁波可以通过空气和绝缘物体进行传播，电磁感应是采用一支可以发射电磁波的笔，水平垂直两个方向排列接收线圈膜的组成，膜的大小与显示区域相同。定位原理是，发射电磁波的笔按间歇方式发射电磁波，当笔靠近接收线圈的膜时，线圈上会感应到笔发射的电磁波。离笔越近的线圈组感应到的电动势越高，根据水平方向和垂直方向感应到的电动势，通过计算可以获得笔所在的 X、Y 坐标位置。

使用电磁感应进行定位，其优点是定位相对准确，书写过程中有压感，即根据书写的轻重不同，笔迹的粗细会不同，显示区域的均匀度较好；其缺点是必须使用专用笔才能书写，不能做触摸操作，反应速度不够快，即书写的笔过去之后笔迹才出现，怕划伤，一旦中间出现划伤整块板就可能不能用了，难以实现超大面积的版面制作，产品易受功率设备、电子设备及其他金属物干扰。

(3) 红外线感应技术

红外技术的原理是：由密布在显示区四周红外接收和发射对管形成水平和垂直方向的扫描网格，形成一个扫描平面网，当有可以阻挡红外光的物体阻挡住网格中的某对水平和垂直红外扫描线时，就可以通过被阻挡的水平和垂直方向的红外线位置确定 X、Y 坐标，实现坐标的定位。

使用红外线感应进行定位，其优点是定位准确、精度较高，无须专用笔，可用手指、教鞭等进行书写或触摸操作，不怕划伤，即便板中有任何划伤也不影响操作使用，使用寿命较长，反应速度较快；其缺点是无压感反应，但可以通过软件弥补，可能受强红外光的影响。

3. 交互白板的教学功能

(1) 利用交互式电子白板，可以多方位的展示教学内容。

教学过程中，教师可以把所需的各种资源(包括文字、图片、视频、课件等)保存到交互式电子白板的资源库中，以便上课使用；特别是对于动态的内容，利用白板可以更好地吸引学生参与且协助他们更好、更快地掌握知识点；学生也可以在电子白板上进行实际操作达到自主学习的目的，这样更有利于激发学生的学习兴趣。

(2) 在促进师生交互上，电子白板的交互性引发了师生进行有意义交流。

新技术的应用使灵活的教学方式应运而生，课堂教学应用交互白板体现了传统与创新的结合，使教学更加适应要求，贴近师生，促进了教师和学生教学与学习方式的改变，加强技术对于个体学习和社会协商的支持。

利用白板的交互性和其他功能突出学生的主体性，给学生更多的时间，增加师生互动空间，支持构建一个课堂教与学的协作环境，师生教与学的角色和行为都发生了积极的变化，极大地促进了多种多样的交互活动，有利于教师发挥导学和助学的作用，教师对整个教学过程可以有更灵活的控制，同时也有利于学生充分发挥学习主体的作用。基于交互白板的课堂协作教学环境中，有利于教师发挥导学和助学的作用，教师对整个教学过程可以有更灵活的或强或弱的控制，同时也有利于学生充分发挥学习主体的作用，学生会表现出更多的参与和协作、活力和凝聚力。

(3) 在教学资源方面，电子白板可储存性和共享性，促进了教学资源积累方式的变革。

交互式电子白板内置了丰富资源。使用这种媒体，教师可以在白板上直接操作计算机，直观地将思维过程呈现给学生，同时交互式白板还可以自动存储课堂教学中教师或学生在白板上的书写内容，这样既方便学生课后进行复习，也方便教师之间资源共享、交流探讨。有利于教学资源的积累，如交互白板支持在课堂教学师生交互情境中教育资源的现场创作和再加工，从而不断形成和积累可重复使用的新教育资源。交互式电子白板中强大的表征、保存挂图、拍摄和抓图等功能，为教师提供了更加便利和人性化的信息技术教学工具。此外，由于白板系统兼容微软的各种软件应用，所以，教师还可以在白板上直接上网搜索课程资源。

(4) 在教学模式上，基于交互白板的课堂教学适应教与学的多种模式，实现教学结构与模式的多元化和多样化，实现了教与学方式的变革。

利用交互白板，可以引起教学方式的改变，促进教学改革。基于交互白板的课堂教学实现教学结构与模式的多元化和多样化。基于交互白板的课堂教学既可以适应以教师为中心、以教为主的教学结构与模式，也可适应以学生为中心、以学为主的教学结构与模式；既可用于加强讲授型教学、也可用于促进协作型教学、自主型学习和探究型学习等。在实现教学结构与模式的多元化和多样化方面，交互白板比当前用于课堂教学的其他信息技术装备(包括多媒体教室和计算机网络教室)具有更大的适应性和灵活性。

(5) 在教师专业发展领域，交互白板为教师培训和教研活动同样提供了一种强有力的平台、环境和工具。

基于交互白板的课堂教学可以继承传统教学的优点，同时可以对信息技术与各类学科课程教学的整合进行探索和创新，并将这两者结合起来，相得益彰。同时，交互白板提供了巨大的资源储存空间，便于教师对教学资源、教学过程的积累和反思，教师本人可以利用电子白板方便地进行教学过程的实录，课后回放实录可以研究、探讨，便于教学经验的总结和整理，促进教师专业发展和提高，并且节省教师的教学准备时间。通过共享资源，方便教师对教学活动进行改进和总结，有利于进行信息技术与各类学科课程教学整合的探索和创新。

4. 交互白板的使用

交互式电子白板可以与电脑进行信息通信，将电子白板连接到计算机，并利用投影机将计算机上的内容投影到电子白板屏幕上，在专门的应用程序的支持下，可以构造一个大屏幕、交互式的协作会议或教学环境。利用特定的定位笔代替鼠标在白板上进行操作，可以运行任何应用程序，可以对文件进行编辑、注释、保存等，电子笔完全代替键盘及鼠标可以实现任何操作，可以直接在板面上控制计算机，也可以使用各种颜色的电子墨水在板面上直接书写。

白板集传统的黑板、计算机、投影仪等多种功能于一身。交互白板通过与电脑、投影机组成交互式演示系统，如图 2-35 所示。交互白板用配套电子笔完全代替鼠标，直接操控电脑，电脑的一切操作均可在白板上实现并同步显示，在白板上的操作也均可在电脑上同步显示，并可存储。配套的电子笔作为输入设备，利用电子笔可以进行单击、双击等类似于用鼠标进行计算机操作，也可以利用电子笔在白板上随意写字、调用各种素材或应用软件教学，使用非常方便，相当于传统教学中师生用粉笔在黑板上操作，符合教师传统课堂教学的习惯，教师或学生直接用感应笔在白板上写字或调用各种软件，然后通过电磁感应反馈到计算机中并迅速通过投影仪投射到电子白板上。

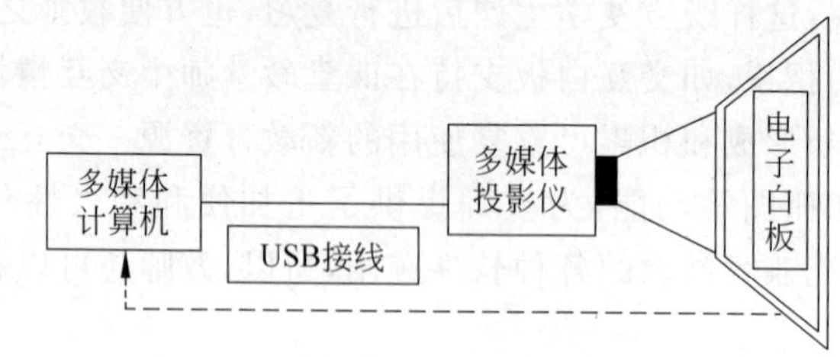

图 2-35　交互白板的连接

(1) 交互白板一般可以提供如下功能。

① 画面浏览的功能。配套功能强大的教学辅助工具，提供对屏幕的部分区域实现放大显示，对需要突出的内容可以做重点显示，同时可以屏蔽屏幕其他内容。

② 手写及识别功能。利用电子笔在电子白板上进行书写、标注、任意擦除，有普通笔、毛笔、荧光笔、排笔四种书写、标注的笔形选择，可随意调整笔的粗细和颜色，而且荧光笔还可以设置颜色的透明度；提供了直尺、量角器、圆规等教学辅助工具，更好地实现教师与同学的互动；具有上下、左右拉幕功能，页面移动的功能，能够把页面移动到合适书写的位置，增强了教学的灵活性。

③ 书写和标注的过程可自动记录，并具有页面回放的功能。可以直接打开 Office 文档及 PDF 文档，对文档直接进行注解和修改，并可保存为 Word、PowerPoint、PDF 或 TXT 格式文档。

④ 可以随意捕捉电脑屏幕显示的全部或局部画面，并且可复制到当前操作页面、图库、剪贴板的功能，具有可以将记录内容导出为常用的图片和网页，可将页面上的各个对象存储到图库，并随时提取出来；也可以将图库导出为一个文件，并在其他位置导入图库。

⑤ 支持文本和图片的超链接，以便链接到其他页面或应用程序、声音和视频文件。

(2) 交互白板常用的功能键。

在交互白板中，提供文件的基本操作、设置功能键，如新建、打开、保存、另存为、打印、打印预览、打印部分页面、导出、发送邮件等功能键，删除页、前一页/后一页、放大/缩小功能、漫游等功能键。

在书写时，交互白板提供了各种批注工具，可以利用电子白板的屏幕批注功能，上课时加上重点词语的批注、下画线、着重号、画圈等引起学生注意，还可以改变书写工具、标注笔的颜色、橡皮擦的大小、遮屏及重点显示的颜色、屏幕快照等常用的功能键。

① 提供硬笔、软笔、莹光笔、激光笔、橡皮擦等书写工具，并提供设置笔的颜色、大小等选项。

② 聚光灯：可以圈出并突出显示重点内容，有利于发现问题。

③ 屏幕录制器：可对在白板上的教学笔迹进行录制和播放，便于回顾、复习内容。

④ 抓图工具：通过拖框的方式截取当前屏幕部分图像进行插图操作。

⑤ 遮屏：利用遮挡拉幕功能键，可以根据学习进度，分批呈现资源，上课时教师可以通过拖拉屏幕幕布来遮盖任意的位置、范围和大小来显示一部分内容，而把另一部分内容遮盖起来，有利于学生集中注意力。

⑥ 屏幕键盘：用户可调出屏幕键盘，以输入文本字符。

⑦ 时钟/定时器：用于显示时间、计时等。

⑧ 放大/缩小功能、漫游：可以针对教学重点，重点呈现，便于学生细致观察，有利启发学生思维。

（3）使用交互白板时，可按如下步骤进行操作。

① 通过 USB 数据线，将电子白板连接到计算机。

② 利用厂商提供的白板软件，安装白板的软件应用程序，安装时按照有关的提示进行操作即可，安装完成后重新启动计算机。

③ 启动多媒体计算机并打开交互白板相关软件，为了有效地使用交互白板，电子笔笔尖的位置需要与屏幕上的光标一致，必须先对交互白板进行校准，步骤是在软件启动后，屏幕中会出现一个虚拟的交互式浮动工具条，用电子笔的笔尖点击交互白板板体校准快捷键，用电子笔精确点击屏幕四个角上依次出现的黑色“＋”号的中间位置，当屏幕中间显示“校准完毕!”后，点击“确定”按钮，即完成校准操作并退出校准程序。

④ 创建、打开和保存文档：进入白板软件时，会自动创建一个新文档，用户选择浮动工具条上的工具即可在屏幕上绘制或书写。如果在以后的教学中要回顾一下当前上课内容，可以选择保存，方法是在结束并退出软件时，系统提示是否保存，选择“是”并指定文件名称和位置即可。将书写或修改后的内容保存为电子文档后，在以后的教学中就可以打开该文件使用保存的上课记录。

⑤ 选择白板的工作模式，交互式电子白板中提供了三种工作模式：控制模式、窗口模式和注解模式。如需要对计算机进行操作，如打开一个课件或应用程序时，在控制模式下，电子笔相当于鼠标，所有能用鼠标操作完成的步骤都可以用电子笔在对应的图标上快速点击两下，这相当于鼠标的双击，或是按住电子笔上的辅助按键然后在对应的图标上点一下，这相当于鼠标的右击；在窗口模式和注解模式下，均可以在播放课件的时候，利用电子笔进行板书或编辑书写内容。模式之间的切换，窗口模式下，运行其他应用程序时，软件将自动切换到控制模式。控制模式下，点了画笔等只有在窗口模式和注解模式下才能用的工具，软件将自动切换到注解模式。一般来说，在窗口模式中能完成的操作，在注解模式中都能相应地完成。同样，在注解模式中能完成的操作，在窗口模式中能相应地完成。

⑥ 播放时的页面操作：设置页面背景颜色，在三种模式下，选择新建页面，都会建立一

个空页，默认时，这个新建的页面是白色的，如果我们需要换其他颜色作为背景，可以在主菜单中选“画图/背景颜色”命令，这时程序弹出背景颜色选择框，点击选择需要的页面颜色；选择工具图标中的“页面缩放”对页面进行缩放；选择工具图标中的“页面漫游”可以通过拖拽浏览整个页面；利用“全屏显示”可以将编辑窗口切换至全屏状态。

⑦ 在窗口模式和注解模式中，可以利用橡皮擦、几何工具、普通笔、荧光笔、毛笔、排笔工具进行擦除、书写和绘画内容，利用选取工具对选择的对象进行缩放、删除、克隆等操作。

⑧ 导出图片与网页：点击主菜单上的“文件”，选择“导出为图片”或“导出为网页”，程序弹出“导出为图片”或“导出为网页”窗口来选择导出范围，选定范围后，在弹出的窗体中输入文件名称并选择保存类型后，点击“保存”即可。

⑨ 选择工具图标中的“退出”按钮，可以退出软件。

(4) 使用电子白板进行电子幻灯的演播和操作。

① 在进行电子幻灯操作前，首先启动白板软件的服务程序，启动后可以在计算机右下角出现快捷工具栏。

② 在电脑开启状态下，打开一个电子演示文稿，并选择全屏播放模式。

③ 利用电子幻灯工具条对电子幻灯进行播放控制，该工具条是在电子幻灯播放状态下启动的敏感工具条，可以与电子幻灯播放软件沟通，完成放映控制、嵌入批注内容、保存批注内容等功能、选择前翻页/后翻页按钮、漫游浏览和选择浏览页面内容。

④ 选择标注笔进行书写批注，此外，还可以选择笔的颜色、笔宽等。

⑤ 将添加标注或修改后的电子幻灯文件的保存，可以保存为图像格式、PPT 格式、PDF 格式、HTML 格式。

⑥ 单击“结束放映”，结束电子幻灯播放状态。

5. 使用交互白板的注意事项

尽管交互白板支持构建一个课堂教与学的协作环境，具有技术集成高、资源整合强、交互功能好等优势，师生便于交流、易于实现传统与创新的结合、适应多种教学结构与模式和各类学科课程的日常教学等特征。交互白板的课堂教学成功与否，归根结底取决于教师对教学的设计和教学实践经验，取决于师生在课堂教学中教学活动的安排与师生协作的情况。因此，在使用电子白板前，需要进行精心的教学设计，要加强教师的培训和经常开展基于交互白板的教研活动，才能取得良好的教学效果。

6. 交互白板的技术指标

(1) 计算机接口

目前电子白板与电脑连接常见的接口类型有三种：并口（也称为 IEEE 1284，Centronics）、串口（也称为 RS-232 接口）和 USB 接口。

并口又称为并行接口。目前，并行接口主要作为打印机端口，采用的是 25 针 D 形接头。所谓“并行”，是指 8 位数据同时通过并行线进行传送，这样数据传送速度大大提高，但并行传送的线路长度受到限制，因为长度增加，干扰就会增加，数据也就容易出错。目前计算机基本上都配有并口。

串口叫作串行接口，现在的 PC 一般有两个串行口 COM 1 和 COM 2。串行口不同于并行口之处在于它的数据和控制信息是一位接一位地传送出去的。虽然这样速度会慢一些，但传送距离较并行口更长，因此若要进行较长距离的通信时，应使用串行口。通常 COM 1 使用的是 9 针 D 形连接器，也称之为 RS-232 接口，而 COM 2 使用的是老式的 DB25 针连接器，也称之为 RS-422 接口，不过目前已经很少使用。

USB 即 Universal Serial Bus，中文名称为通用串行总线。这是近几年逐步在 PC 领域广为应用的新型接口技术。USB 接口具有传输速度更快，支持热插拔以及连接多个设备的特点。目前已经在各类外部设备中广泛地被采用。目前 USB 接口有两种：USB 1.1 和 USB 2.0。理论上 USB 1.1 的传输速度可以达到 12Mbps，而 USB 2.0 则可以达到速度 480Mbps，并且可以向下兼容 USB 1.1。

(2) 输出类型

电子白板可将白板上书写的内容通过一定的方式扫描并打印出来。其功能完成过程与普通的复印过程一样，首先由图像传感器件对白板上的内容进行采集，采集信号经过一定的图像处理后，最后用热敏、喷墨或其他打印方式输出。普通电子白板是利用外接的打印输出设备来完成这一过程，复印式电子白板自带打印输出系统，可以直接完成输出打印这一过程。打印输出的方式一般有热敏、喷墨和色带等。

(3) 面板尺寸

面板尺寸是指电子白板的实际尺寸大小，单位是毫米，通常是指电子白板的长×宽。

(4) 有效读取尺寸

有效读取尺寸是指电子白板可以书写使用的有效尺寸，在这个区域内可以任意书写和进行复印输出，它的尺寸一般比实际面板尺寸要小。

(5) 面板数量

一般情况下电子白板配有 1～4 块面板，面板数量在 2 块以上可以方便进行屏幕循环，并支持多屏内容展示，可以多面连续书写，方便用户使用。

(6) 复印系统

电子白板一般以热敏和喷墨两种复印方式输出。热敏的方式是用加热的方式使涂在打印纸上的热敏介质变色，热敏复印系统接收到打印数据后，将复印数据转换为位图数据，然后按照位图数据的点控制复印系统机芯的发热元件通过电流，这样就把复印数据变成复印纸上的复印内容了。喷墨的方式就是通过将墨滴喷射到复印介质上来形成文字或图像。目前有连续式喷墨技术和随机喷墨技术两种。

(7) 复制速度

复制速度是指电子白板每分钟能够复制的张数，它的单位是张/分。

(8) 连续复制张数

连续复制是指对同一稿件不需要进行多次设置，电子白板可以一次连续完成复制的最大数量。连续复制因为可以避免对同一稿件的重复设置，节省了每次作为首页复制的时间，因此对于经常需要对同一对象进行多份复制的用户相当实用。连续复制的标识方法为 1～X 张，X 代表该款产品连续复制的最大能力。

2.5.6 iPhone 与 iPad

iPhone 和 iPad 分别是由苹果公司(Apple，Inc.)推出的手机和平板电脑，具有外观时尚大方，操作简单快捷等特点，同时配合数以千计的教育类应用，正为教学活动带来崭新变革。

iPhone 将移动电话、宽屏 iPod 和上网装置三大功能集于一身，具体来说，iPhone 是结合移动电话、个人数码助理、媒体播放器以及无线通信设备的掌上设备，iPhone 4 频段的 GSM 制式手机，支持 EDGE 和 802.11b/g 无线上网，iPhone 3G/3Gs/4 支持 WCDMA 上网，iPhone4 支持 802.11n，支持电邮、移动通话、短信、网络浏览、娱乐以及其他的无线通信服务。iPhone 没有键盘，而是创新地引入了多点触摸(Multi-touch)屏界面，具有媒体播放功能，采用 iPhone OS 操作系统，提供了摄像头，陀螺仪(三轴方向重力感应器)能依照用户水平或垂直的使用方式，自动调整屏幕显示方向，并且内置了光感器，支持根据当前光线强度调整屏幕亮度，还可以直接从网站复制粘贴文字和图片。

iPad 是一款触摸屏的平板电脑，iPad 小巧便携，定位介于 iPhone 和笔记本电脑产品(MacBook、MacBook Pro 与 MacBook Air)之间，提供浏览互联网、收发电子邮件、观看电子书、播放音频或视频等功能。iPad 集成了智能手机和上网本的优势，被看成是下一代移动 PC 的代表。目前，iPad 已作为一种现代化教育装备被引入国内外一些学校的课堂中。下面，以 iPad 为例，介绍其教学特点、功能与应用。

1. iPad 的教学特点

(1) 教学应用程序丰富

目前，苹果应用商店 App Store 中专为 iPad 开发的教育类应用约有 5 400 款，其中近 1 000 款可免费下载。这些应用程序包括电子书、休闲小游戏、在线图书阅读器、乐器演奏类软件、万年历，此外还有其他厂商和公司开发的各种软件，如腾讯公司专为 iPad 设计开发的一款即时通信软件 QQ HD、Gaia 全球定位系统、口袋青蛙游戏、手机归属地查询、小城故事游戏等。第三方应用的平台让苹果 iPad 可以无限使用众多不同的任务，用户可以在苹果应用商店(Apple App Store)中获取第三方应用。苹果应用商店还提供另外一项重要功用，针对 iPad 的所有应用升级也同样可以在苹果应用商店里得到集中处理，更是推动了 iPad 在教学中的应用。

(2) 人性化设计，便于携带

iPad 有一个 9.7 寸的 IPS 显示器，厚度为 13.4mm，重量为 680g。2011 年 3 月 2 日，苹果公司举行 iPad 2 的新品发布会，iPad 2 仅有 8.8mm，重量只有 601g，更加接近我们日常使用的书籍，使用时的手感更好，界面也可随着 iPad 的转动而变成横或竖版。

(3) 功能多样，使用方便

iPad 使用了苹果公司的 Apple A4 1GHz 处理芯片。iPad 支持多点触控，内置 16～64GB 的闪存。电池可提供 10 小时的续航使用时间，以及最长达一个月的待机能力。通信能力方面，iPad 支持 Wi-Fi 802.11n 规格的无线网络，以及蓝牙(Bluetooth)2.1，iPad 亦具备内置 3G 模块的版本。另外，iPad 同时内置动态感应器、电子罗盘、喇叭、麦克风。3G 版本的 iPad 具备 GPS 模块，可以提供精准和快速的导航。iPad 2 采用 A5 处理器、双核 1GHz 处理器，2 倍于 A4 处理器的性能。在 iPad 的基础平台上，用户只要绑定信用卡，需要什么应用就直接到苹果商店里面去购买，相当方便。

此外，iPad 视频镜像功能，使用户可通过 HDTV 或投影屏幕分享 iPad 上的内容，极为适合在讲课和演示时使用。

2. iPad 的教学功能

iPhone、iPod touch 和应用程序正在改变教师授课和学生学习的方式，学生利用 iPad 可以追踪查询课外作业，记录笔记并备战期末考试；教师可用它们授课、监控学习进度，并管理日程计划和教学资料。

(1) 为教学提供了丰富的学习资源

苹果应用商店 App Store 提供数以千计可供下载的教育应用程序。这些应用程序涉及语言、数学、自然科学、历史、地理、艺术、音乐、创造力、健康、体育，包括诸如童话精选、英语学习、新华字典、金山词霸、网易公开课、唐诗三百首、名人名言、中国之最等课程内容。这些应用程序提供了每个学科和学级(从学前教育到高等教育)的应用程序，这使得学习能够在课堂内外进行。有助于实现个性化教学、满足多样的学习方式，并营造高度互动的课堂氛围。这不仅令学习环境更有吸引力，还可以全面提升学习表现。如美国加州一所小学，四年级学生通过课堂中 iPod touch 使每个学生的阅读分数得到提升，整体进步率是该地区其他课堂的 2～3 倍。

iTunes U 汇集了世界各地教育机构发布的 350 000 多个免费讲座、视频、读物和播客内容。在 iTunes U 上提供免费内容的有耶鲁、斯坦福、UC Berkeley、牛津、剑桥、麻省理工、北京广播电视大学、东京大学等高等学府，以及 PBS(美国公共广播电视公司)等广播公司，内容范围涵盖讲座、演示文稿、教学大纲和校园地图等。使用 iTunes U 十分简单，只需轻点 iTunes U 图标，由此便可浏览内容并将其直接下载到 iPad 上。

(2) 可提供多样化的教学手段

将 iPad 作为一种新型教学工具，可以使用这款设备播放多媒体内容，也可以利用它来进行游戏教学，或者利用动画演示复杂或抽象的教学内容，既可以将它作为课本使用，也可以用它与教师互动，提交论文和家庭作业。

iPad 上的 iBooks 拥有色彩生动的屏幕、清晰的文字和 Multi-Touch 界面，用户用手指轻扫就能翻页。它还是浏览和下载电子书的便捷途径，在 App Store 下载免费的 iBooks 应用程序后，它就会出现在虚拟书架上，轻点一下就可开始阅读。此外，还可以通过书签标出暂停阅读的位置、高亮显示文字和日期并进行注释，还可存储和阅读 PDF 文档，非常适合用于课堂讲义、学术论文等。

(3) 具备联网学习的功能

在 iPad 可浏览网站、撰写电邮、翻阅图片或观看教学视频，如在 iPad 上的 Safari 可以在宽大的 Multi-Touch 屏幕上以纵向或横向模式浏览页面；利用 Mail 可以接收电子邮件，并提供了滚动浏览电邮、编写邮件、删除邮件等功能。横向模式下在分屏画面中同时看到打开的邮件和收件箱里的邮件列表，要单独查看已打开的邮件，将 iPad 转为纵向，该邮件会自动旋转并充满屏幕。

(4) 具有完善的信息处理功能

学生和老师可随时随地利用三款 iWork 应用程序：Pages、Keynote、Numbers。Pages 是文字处理程序，利用 Pages 可以进行文字编辑与排版，制作出专业效果的文档；利用 Keynote 可轻松制作带有动画和特效的演示文稿，Keynote 不仅支持几乎所有的图片字体，还可以使界面和设计也更图形化，另外，Keynote 还有真三维转换，幻灯片在切换的时候用户便可选择旋转立方体等多种方式；Numbers 是苹果公司开发的电子表单应用程序，Numbers 可让学生和老师快速创建包含表格和图表的电子表格，Numbers 还提供公式功能、公式列表显示、表格归类，在 Numbers 中创建图表，可以复制到 Pages 文档或 Keynote 演示文稿中，图表和 Numbers 中的原始数据相联系，在 Pages 和 Keynote 中也可以随时方便地访问 Numbers 中的原始数据，或者取消数据的联系。

在 Numbers 中可以打开 Microsoft Excel 文件，也可以将 Numbers 文件保存为 Microsoft Excel 格式或将文件输出为 PDF 格式。

(5) 方便进行学习计划和日程管理

iPad 可按照日、周、月或列表模式来显示日历，可设计学习计划，也可以查看一月的整体安排或一天的详细日程。iPad 还可以一次显示多个日历，使你得以同时管理工作、私人及学生的日程表。

在 iPad 提供的备忘录中，可以随时捕捉学习心得与体会，记录学习问题，iPad 会将当前的备忘录用红色圆圈标注。

(6) 可应用于特殊教育

iPad 预装了屏幕阅读器、原生支持隐藏式字幕的播放，及其他创新的万能辅助功能。无须购买或安装额外的软件。这些功能使 iPad 对于视力受损学生、失聪或重听学生，以及有肢体或学习障碍的学生而言更为易于使用。

3. iPad 的教学应用

目前，美国、法国、新加坡等多个国家开始将 iPad 引入课堂，并引起学校师生的强大兴趣。尽管一些学者对向所有学生利用便携式电脑是否影响学业存在分歧，如认为平板电脑的定位是休闲娱乐电脑，使用 iPad 会影响儿童的健康和发育，因此不适合教学使用。但是一些实验学校的老师认为，iPad 是一种拥有许多强大应用软件且功能齐全的工具，其中有数千种教育应用程序，可以使教学充满趣味性，且电脑可内置很多电子书，可以扩大学生的知识面，而且将轻薄 iPad 作为课本使用，这将使学生从沉重的书本中解放出来。

目前，许多国家的学校已将 iPad 作为最新的教具，并应用在课堂教学中，教师使用其多媒体功能讲授卡夫卡文学，通过危险智力游戏方式来进行历史教学，以及用动画片一步步演算复杂的数学习题。与时俱进的多媒体教学手段丰富了教学内容。其他方式的教学实验应用，如电视游戏、YouTube(视频网站)等极大地增加了学生们的受教育体验。

存储有大量的课件、习题、图片、视频、音频文件的 iPad，不仅可以提高学生的学习兴趣，而且更方便学生随时学习，学生可以利用 iPad 作为自主学习和协作学习工具，大大提高了整体学习效率及学生的积极性。如学生可以在上课前先阅读与课程内容有关的视频或者演示文稿，在课前进行预习，学生在课外将 iPad 作为保存、提交论文和作业的工具。在 iPad 上装载电子教科书非常方便，学生不用每天背着沉重的书包来上课。更重要的是，学生可以随时与同伴和教师交流，不管在课堂上还是在课外，都可以通过通信平台与老师或同学之间保持密切联系。

据报道，美国俄克拉荷马州立大学、宾夕法尼亚州的薛顿贺尔大学、俄勒冈州的乔治福克斯大学、里德学院、加利福尼亚州大学尔湾分校、北卡罗来纳州立大学等一些大学在

2010年秋季学期采用iPad进行教学。大部分实施试验计划的学校都会为学生提供一台免费的iPad平板电脑。马里兰州大学也计划购入一批，对60位学生实行为期两年的"数字文化和创造"课程，激发学生充分利用新技术的潜力。许多利用iPad进行教学的高校负责人表示，选择iPad来辅助教学活动，这是一种探索新型教学方式的过程，并不是赶高新技术的时髦，而是为了评估iPad对教师教书和学生学习到底有没有帮助，iPad是否能够促进或改进学生的学习，iPad将如何融入学生的日常生活。同时，看看采用iPad是否能够节省教科书的成本，是否能够让学生走出校门后更好地融入商业社会。当然，他们也要测试采用iPad教学还存在什么局限。

当然，美国教育界也有一些人士对这一实验性计划提出质疑。2010年春季学期中，普林斯顿大学和乔治·华盛顿大学曾经因为学生大量使用iPad而导致校园网络出现问题，影响了网络的使用。另外，学生在使用电脑或电子阅读器时，可能会进行各种游戏和娱乐，而影响他们的学业。专家预测，iPad和其他电子阅读器在未来的教育中扮演的角色将会越来越重要，如学生接受在线授课，用它可以与同学、与教师进行学习讨论与交流，在线提交论文和家庭作业等，iPad对于教材形式的影响将会更加明显一些，这可能从根本上改变目前传统的教学方式和教科书的结构。

2.5.7 交互媒体的教学应用

在具体的教学活动中，交互媒体主要应用模式有如下几种。

(1) 课堂辅助模式

这种教学模式是指教师利用交互媒体辅助其课堂教学，以突破教学内容中的重点和难点，通常是采用多媒体课件和交互白板等，教师面向全体学生，以多媒体信息诸如图形、图画、动画、视频图像和声音，在课堂教学中全方位地展示教学内容，使学生获得生动形象的感性材料。还可以根据教学实际情况和学生的反馈信息，及时调整教学进度、强化教学重点，以求全方位多角度地达到教学目标。这种教学模式，可以充分发挥教师的主导和调控作用。

(2) 操练与练习模式

操练与练习(Drill and practice)模式主要用于实现教学过程中学生练习阶段的功能，这是多媒体教学最常用的模式。该模式并不向学生传授新知识和新技能，只是用来巩固和熟练某些知识和技能，这些知识和技能是学生已经通过其他途径学会了的。

(3) 个别指导模式

个别指导型也称指导型(Tutorials)，它是由交互媒体扮演讲课教师的角色，目的在于向学生传授新的知识或技能。这是能较好体现计算机个别化教学特点的一种模式，常常用于学生自学或者补习功课。

在多媒体教学个别指导模式中，通常将教学内容划分为一些较小的教学单元，每个单元只讲授一个概念或知识点。在每个教学单元的教学中，计算机先在屏幕上讲解概念、知识或技能，然后向学生提问并检查他们的掌握情况。每隔若干个教学单元或学习结束时，计算机就针对所学过的内容来提问，这相当于平时的单元复习或总复习。这就类似于一位有经验的教师，计算机会根据学生的反应，决定让学生进入新内容的学习还是退回原有的内容,学生只有达到课件所规定的成绩标准后,才能进入下一个主题。

(4) 教学测验

测验是教学过程的重要一环。因此,计算机辅助测验(Computer Based Testing,CBT)也是CAI或多媒体教学的一个重要组成部分。CBT的主要内容包括自动出试卷、联机测验或自动阅卷、测验数据分析三个方面。

(5) 模拟

模拟(Simulation)也称为仿真,就是用计算机来模仿真实自然现象或社会现象。模拟是科学家们常用的一种科学研究方法,而将模拟用于教学则是近十多年以来发展起来并越来越受到人们重视的新方法。模拟在教学中的应用十分广泛,从自然科学、管理科学到工程技术的许多学科教学中都可以采用。

(6) 问题解决

问题解决也称问题求解(Problem Solving),它是指在教学中运用交互媒体作为工具,让学生自己去解决那些与实际背景较接近的问题,其主要目的是培养学生解决实际问题的能力。问题求解给学生提供创造性解决问题的机会,通过解决问题的过程来应用、检验和精练已经掌握了的概念和知识。

(7) 教学游戏

教学游戏,就是将交互媒体以游戏的形式呈现教学内容,产生一种带有竞争性的潜在的学习环境,从而激发学生积极参与,起到"寓教于乐"的作用。

与一般的电子游戏类似,教学游戏通常有一套明确的规则,有竞争性,最后一定有赢家和输家。游戏大多数在学生与交互媒体之间展开,有些也在若干位学生之间进行。多数教学游戏是为了锻炼学生的决策能力而设计的。由于一个游戏包括许多步骤,每一步又面临着多种选择,这就迫使学生尽可能地应用他们所学的知识千方百计地寻求取胜的策略。

(8) 微型世界

微型世界(Microworld)又被称为交互学习环境(ILE)。是指利用计算机系统构造一种可供学习者自由探索的学习环境。大多数微型世界是借助计算机化建模技术构造的,这个学习环境是按照现实生活中的某些规律而建立起来的,其基本特点是学生可操纵模拟环境中的对象,可建构自己的实验系统、测试实验系统的行为。例如,一个名为"电子工作台"的软件系统,允许学习者利用它提供的"元件"构造各种模拟电路和数字电路,并能动态测试电路的性能。有一种适合儿童学习的LOGO语言,由于它提供的"图龟"世界允许学习者进行操纵并观察其反应,因此也被认为是一种微型世界。一般来说,微型世界和教学模拟、教学游戏有密切的关系。

(9) 案例学习

案例学习(Case Studies)为学生提供来自实际案例的资料,在丰富的信息环境中让学生以调查员的角色去搜集资料、调查案情,进行分析和决策。而教学查询系统本质上是数据库系统和信息检索技术的教学应用。

(10) 智能授导

智能授导系统(Intelligent Tutoring System,ITS)旨在通过学生与计算机进行双向问答式对话,利用人工智能技术来模拟"教师"的行为。一个理想的智能授导系统应能理解学生用自然语言表达的提问,能与学生进行对话,不仅要具有学科领域知识,而且要知道它所教学生的学习风格。

(11) 情景化学习

情景化学习(Situated Learning)就是在多媒体技术创设的接近实际的情境下进行学习,利用生动、直观的形象有效地激发联想,使学习者能利用自己原有认知结构中的有关知识与经验去同化当前学习到的新知识。情景化学习是建构主义学习的主要研究内容之一,它的主要方法包括抛锚式学习、认知学徒等。认知学徒模式主要采用示范、教练、扶助等方法,类似于传统的师徒传技授艺模式。在这里,教师的作用可以由智能代理来实现。

(12) 基于资源的学习

基于资源的学习(Resources-Based Learning)就是要求学生利用各类资源进行自学。现代信息技术,特别是多媒体与计算机网络技术的应用,为学习者提供了极为丰富的电子化、数字化学习资源,例如数字化图书馆、电子阅览室、多媒体电子书等。此外,因特网上有着无穷无尽的学习资源,学习者可以通过各种检索机制,方便快捷地获取所需要的知识,进行高效的学习。

(13) 探究性学习

探究性学习(Inquiry Learning)要求学生利用计算机或网络系统的信息服务功能,从学科数据库中检索出所需的信息,通过信息收集和推理之类的活动,得出对预设(通常由教师所给)问题的解答。

探究性学习与案例学习、基于资源的学习相比,它们的实质都是数据库系统和信息检索技术的教学应用,但是它们的数据组织与范围是不同的。探究性学习的数据库通常按学科范围组织而成,案例学习的数据库是围绕有一定实际背景的事例来组织的,而基于资源学习的资源通常无预定范围。

(14) 认知工具

一般认为,计算机作为学习工具,按照它们对学习者支持作用的不同,可以分为效能工具和认知工具两大类。效能工具,重在帮助人们提高工作效率,例如文字处理系统、电子报表系统等。认知工具也称为智力工具,乔纳森(Jonassen,1996)认为,认知工具是指可以帮助学习者发展批判性思维、创造性思维和综合思维能力的软件系统。乔纳森还提出了鉴别一个软件工具是否可作为认知工具的 9 项标准:计算机化、现成的应用软件、用户(在经济上)可承担、可用于表示知识、可泛化(可用于不同领域)、可支持批判性思维、学习可迁移、简单而功能强大的知识表示形式、易学易用。乔纳森认为,数据库、电子报表、语义网络工具、专家系统外壳、计算机化通信工具、超媒体工具等都是认知工具。其中有些工具如数据库软件通常都被作为处理数据的有力工具,但它们完全可作为认知工具来用。

(15) 计算机支持协作学习

计算机支持协作学习(Computer-Supported Cooperative Learning)强调利用计算机网络支持学生同伴之间的交互活动,例如,在计算机网络的支持下,学生们可突破地域和时间上的限制,进行学伴互教、小组讨论与练习、小组课题等协作性学习活动。而个别化 CAI 则注重于人机交互活动对学习的影响。

(16) 虚拟教室

虚拟教室(Virtual Classroom,VC)是指在计算机网络上利用多媒体通信技术构造的学习环境,允许身处异地的教师和学生互相听得着看得见,不但可以利用实时通信功能实现传统教室中所能进行的大多数教学活动,还能利用异步通信功能实现前所未有的教学活动,如异步辅导、异步讨论等。

思考与作业题

1. 名词解释

媒体　教育媒体　现代教育媒体　教学资源　听觉媒体　视觉媒体　视听觉媒体

2. 简答题

(1) 教育媒体的特性有哪些?

(2) 教育媒体有哪些种类?

(3) 选择教育媒体的依据是什么? 基本原则有哪些?

(4) 选择教育媒体的程序是什么?

(5) 选择教育媒体类型、内容的方法有哪些?

(6) 教育媒体常用的使用方式有哪些?

(7) 如何判断使用教育媒体的最佳时机?

(8) 常用的视觉、听觉、视听觉媒体设备有哪些?

(9) 使用光学投影设备特别要注意哪些问题?

(10) 利用视觉媒体开展教学活动有哪些方法?

(11) 怎样正确选择和使用话筒?

(12) 录音机的录音方式和录音要点有哪些?

(13) 如何使用数字音频设备 CD、MD?

(14) 如何利用录像机录电视节目? 如何放像?

(15) 影碟机有哪些主要功能? 如何使用?

(16) 摄像机有哪些主要功能? 如何使用?

(17) 视听觉媒体的教学功能和教学应用有哪些?

(18) 常见的交互媒体有哪些?

(19) 交互媒体的教学应用有哪些?

3. 实践题

(1) 比较各类教育媒体在教学中的优势与不足。

(2) 参照实际案例分析教育媒体选择与运用的注意事项。

(3) 设计一节多媒体组合实践课,根据自己的选题,选择教育媒体,优化教学设计方案。

(4) 在阅读说明书和观察的基础上,了解常用的视觉媒体、听觉媒体、视听觉媒体的外部结构和工作原理。

(5) 掌握扩音设备、电视设备的基本操作和在教学中的应用方法。包括录音机、CD

机、功放、话筒、音箱、录像机、影碟机和电视机的连接与调试。

4. 讨论题

(1) 用听觉、视觉和视听觉媒体开展教学有什么优点和局限?

(2) 交互媒体的特点是什么?教学中如何使用好交互媒体?

5. 课外延伸

(1) 回忆和反思本模块的学习过程。如果对哪一部分的培训内容仍有疑问,您可以记录下来,在后续培训中向主讲教师咨询,或者在网络条件许可的情况下利用网络培训平台的答疑区解惑。

(2) 思考教学设计方案中需要教育媒体支持的内容。

(3) 修改您以往教案中对媒体的设计,使之合理。

(4) 查阅有关教育媒体方面的资料或观摩教育媒体使用案例,进一步理解教育媒体运用的方法和实践。

拓展学习

1. 交互式多媒体

交互式多媒体(interactive multimedia)是在传统媒体的基础上加入了交互功能,通过交互行为并以多种感官来呈现信息,受众不仅可以看得到、听得到,还可以触摸到、感觉到、闻到而且还可以与之相互作用,它带给人们一种崭新的媒介形式。随着信息技术的广泛应用,人们借助电脑,通过键盘、显示器、鼠标、数据手套、摄像头、麦克风等外围输入设备以及与相应的软件配合就可以实现人机交互的功能。人机交互已经从早期的命令形式交互,发展为基于窗口、菜单、图标、指针的可视化图形界面,向着多通道、多感官自然式交互的方向发展。传统的纸质、电视、广播等媒体只是完成传播信息的任务,受众只是单向、被动地接收信息,无法进行双向性的交流沟通,缺乏交互性,在此背景下交互式多媒体应运而生。

远程网络课程学习中经常应用的交互媒体。

(1) 电子邮件:电子邮件在网络学习中被用来传送个人信息。作为一种人际交流工具,允许学习者和教师能进行一对一的交流。使用电子邮件,教师能与学习者进行交流,学习者之间也能进行交流。同样,利用电子邮件,教师或其他学习者可以获得反馈,从而辅助学习者的学习活动。一些远程课程也可以提供声音邮件系统,让学习者通过声音而不是文本邮件形式与他人进行交流。

(2) 在线讨论组:在线讨论组能让学习者与其他人就某个共同感兴趣的话题进行交谈。这种讨论环境包括新闻组和邮件列表。邮件列表实际上是一种较大的网上讨论组,它能向订阅了该邮件内容的用户发送电子邮件信息。新闻组与此相类似,但新闻组局限于一次会议中,而不是给用户发送信息。换句话说,新闻组需要用户积极主动参与到讨论中来。而邮件列表只是被动地在个人账户上接收信息。电子公告牌(BBS)也能使所有学习者参与进来,不管他什么时候在什么地方上网。

(3) 在线资源:学习者可以运用网页搜索引擎收集相关信息来辅助自己的学习活动。一些网站提供某种网络资源的集合。这种资源实质上是一些地址信息。如 Argus

Clearinghouse 和 ERIC Clearinghouse 这两个网站，可以说绝不亚于任何一部印在纸上的百科全书。此外，电子杂志也为远程学习者提供了易得性和即时性较好的学习资源。

(4) 光盘：光盘的容量非常大，能存储大量视频、音频、动画和交互式多媒体信息。许多在线课程通过光盘提供，其中综合了许多交互式多媒体资料。光盘不仅提供结构清晰、设计良好的课程，而且可综合文本、图像、图片、声音和动画等多种媒体形式实现同步再现。在学习过程中，远程学习者的计算机不是通过在线环境，而是处于与网络断开的状态，可以节省建立网络互联信道的费用。因此，光盘为远程学习者提供了一种廉价有效的工具。

(5) 在线课件：大量的网络课程管理工具，如 Blackboard、WebCT、LearingSpace、TopClass、WebCourse 和 FirstClass 等，可以协助课程设计人员或教学人员创建复杂的网络学习环境，其中包括教学人员的管理、课程设计和学生评价等诸多方面。例如在 Blackboard 和 WebCT 在线课程设计环境中，所有与在线课件的交互活动都通过网络浏览器进行，二者都提供师生间的同步交互和异步交互。

2. 多媒体组合教学的含义

多媒体教学是指在教学过程中，根据教学目标和教学对象的特点，通过教学设计，合理选择和运用现代教育媒体，并与传统教学手段有机组合，共同参与教学全过程，以多种媒体信息作用于学生，形成合理的教学过程结构，达到最优化的教学效果。

由于各种媒体所具备的特点不同，它们也有适应性和局限性，且往往一种媒体的局限性又可由其他媒体的适应性所弥补。例如电视录像，在表现活动的画面时它占有独特的优势，但在表现静止的放大画面时却比不过幻灯投影，但二者结合在一起使用时，便能既表现活动的画面又能表现静止放大的画面。因此，多媒体的组合，使各种媒体扬长避短，互为补充，有机地联系在一起。

需要注意的是，多种媒体的组合并非随机凑合，它是一种科学的有机结合，它能保证各种媒体都能发挥最佳的效果。因此，理想情况下，多媒体整体系统的功能要比各个媒体的总和更为丰富、有效。

第 3 章　现代教育技术环境

实例与问题

现代教育技术环境以多媒体、电视广播网和计算机网络为基础，具有教育媒体组合化、集成化，操作、使用方便化，信息传输网络化等特点，它是学校现代化的重要标志，也是学校教学环境建设的重要组成部分。现代教育技术环境的具体含义是什么，常用的现代教育技术环境有哪些，现代教育技术环境的结构是什么，具有哪些功能，如何使用等，是我们这一章主要的学习内容。

教学指南

本章主要介绍常用的现代教育技术环境，本章的课程结构如图 3-0 所示。

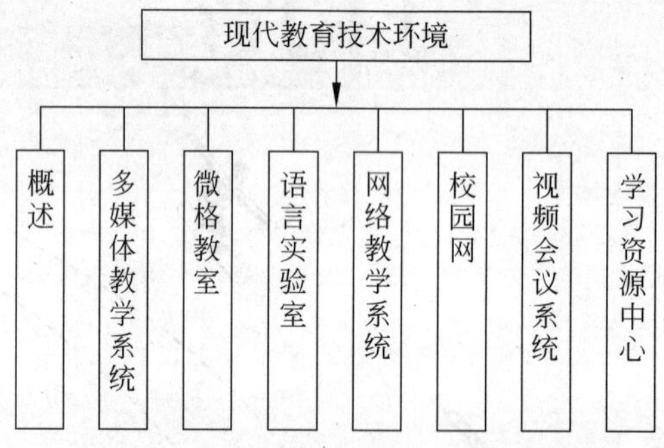

图 3-0　现代教育技术环境的内容结构

教学目标

(1) 正确解释或说明现代教育技术环境的含义和类型。
(2) 分析各类教学系统在教学中运用的功能特点和使用的方法。
(3) 掌握多媒体教学系统的原理及使用。
(4) 了解网络教学系统的组成及功能。
(5) 阐述多媒体教室的类型与功能。
(6) 阐述语言实验室的类型与功能。
(7) 阐述微格教室的结构、功能与应用。
(8) 阐述校园计算机网的结构、功能与应用。
(9) 阐述视频会议系统的结构、功能与应用。
(10) 阐述学习资源中心的结构、功能与应用。

教学方法与课时分配建议

教学方法：

注重学生实践能力的培养，采用课堂讲授与演示、参观、学生的实际操作相结合的教学方法。

课时分配：

计划时数为 10 学时，其中讲授为 6 学时，实验(实践)时数为 4 学时。

3.1 现代教育技术环境概述

现代教育技术系统环境是指在教与学的实践活动中,将不同种类现代教育媒体有机地组合在一起,便于开展多媒体教学活动,并能实现教学功能的教学环境。现代教育技术环境以多媒体、电视广播网和计算机网络为基础,具有教育媒体组合化、集成化,操作、使用方便化,信息传输网络化等特点,它是学校现代化的标志性,也是学校教学环境建设的重要组成部分。现代教育技术环境实现教学信息呈现与教学资源共享、有利于学生主动参与和协作讨论、有利于信息反馈和教师对教学过程的调控。本章的现代教育技术环境主要介绍多媒体化教学环境、网络化教学环境和教学信息资源环境。

3.2 多媒体教学系统

多媒体教学系统是根据现代教育教学的需要,将传统教育媒体(如黑板或白板、挂图、模型等)和现代教育媒体,如多媒体计算机、投影、录音、录像、音响系统等按一定教学功能进行整合、集成的综合教学系统。它能使教师方便、灵活地应用多种媒体实施多媒体组合教学,能实现文字、图形图像、视频、音频、动画和课件等多种媒体的播放与控制,可使教学过程更加符合学生的认知、理解和记忆规律,从而提高教学效果和效率。此外,多媒体教学系统还可以以某种方式接入网络(广播电视网或计算机网),从而实现网络资源调用、课堂教学的转播。

3.2.1 多媒体教学系统的特点

多媒体教学系统的主要特点有如下几种。

(1) 利用计算机演示各类多媒体教学课件,开展计算机辅助教学。

(2) 可以播放录像、VCD、DVD 等视频教学节目。

(3) 利用实物视频展示台展示实物、模型、图片、文字等资料。

(4) 大屏幕投影仪能高清晰、大屏幕显示计算机信息和各种视频信号。

(5) 可以利用高保真音响系统播放各种声音信号。

(6) 连接校园网、CERNET、Internet,使教师能方便地调用丰富的网络资源,实现网络联机教学。

(7) 连接闭路电视系统,充分发挥电视媒体在教学中的作用。

3.2.2 多媒体教学系统的教学功能

多媒体教学系统的教学功能主要体现在如下几个方面。

(1) 便于教师利用多种媒体辅助教学活动。如利用多媒体计算机播放多媒体教学软件;可模拟实验现象,讲清教学重点与难点。

(2) 利用多种媒体组合,能充分发挥各种媒体的优势,克服其局限性,优化教学过程,有利于突破教学重点、难点,提高教学质量与效率。多媒体教室集成了多种媒体,可以集多种功能于一身,利用视频展台展示实物、照片、图片、幻灯片、投影片的投影;利用话筒进行扩音,可扩大讲课规模;利用录音机或CD播放机播放录音教材,利用录像机或影碟机播放电视教材,可以创设情境,呈现事物变化过程;利用网络终端设备浏览并播放网上资源,可以扩展教学内容。

(3) 利用多媒体教室,能用于开展新型教学模式的教学试验与研究,深化教学改革。利用多种媒体相结合的方法提高教学质量与效率,优化教学过程,在培养具有创新精神和实践能力的人才方面做出尝试与研究。

(4) 利用多媒体教室,便于观摩示范教学,能扩大教学规模。多媒体课室不仅能扩大课堂教学容量,节省教学时间,利用多功能型多媒体课室,还可以把课堂教学的情景直播或转播,从而扩大教学规模。

3.2.3 多媒体教学系统的组成与类型

多媒体教学系统一般由多媒体投影机、视频展示平台、幻灯机、投影器、多媒体控制平台、卡座、话筒、调音台、功放、录像机、影碟机、多媒体网络计算机、集中控制系统等设备组成。根据配置的媒体设备的不同,多媒体教学系统可分为简易型、标准型、网络控制型、多功能型、学科专业型。

(1) 简易型。简易型多媒体教学系统主要由多媒体计算机、音视频切换器、功率放大器和音箱等组成。通过音、视频切换器可以将各种设备连接成图像和声音系统,多媒体计算机输出的VGA视频信号转换为TV信号后,能在电视屏幕上呈现出来,能与电视网络连接,基本具备开展多媒体教学的条件。简易型多媒体教学系统结构如图3-1所示。

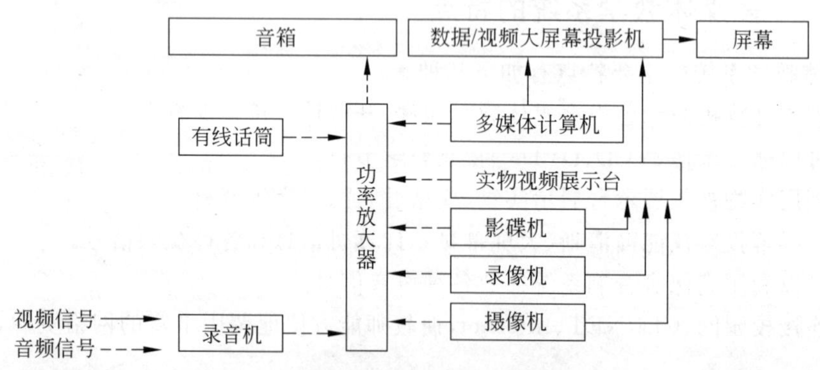

图3-1 简易型多媒体教学系统结构图

(2) 标准型。跟简易型相比,标准型多媒体教学系统主要增加了多媒体投影机、视频展示台等设备,其主要设备通过多媒体集成控制系统(又称中控系统)连成一体,多媒体计算机、投影机、视频展示台、录像机、影碟机、录音机等视音频信号可直接输入输出,并通过控制面板统一操控,整个系统可与校园电视系统或计算机网络连接。由于采用多媒体投影机进行图像输出,因此,图像画面大、清晰,教学效果好。标准型多媒体教学系统结构如图 3-2 所示。

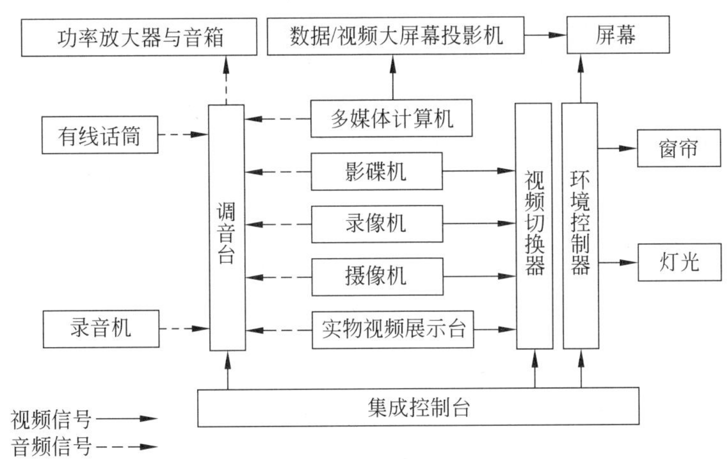

图 3-2 标准型多媒体教学系统结构图

为了方便对多媒体教室内多种设备和设施(如银幕、灯光、窗帘等)的操作与控制,集成控制系统把操作与控制的功能键集中放置于讲台的一块面板上(称为控制面板),使用控制面板实施各种操作与控制。

(3) 多功能型。多功能型多媒体演播教室是在标准型多媒体教学系统的基础上增加了以下设备。

① 摄录像装置

在教室内装配有 2～3 台带云台的摄像机,用于摄录师生的教学活动过程。摄像信号传送到中心控制室供记录存储,或同时传送至其他教学场所供观摩或扩大教学规模使用。

② 学习信息反应分析装置

利用学习信息反应分析装置,学生可以在座位旁边的按键上对教师提出的问题作选择性回答。通过计算机收集与分析学生的学习信息,使教师能及时全面地了解学生学习的整体情况,更有针对性地进行教学活动。

(4) 学科专业型。该类型是在简易或标准型配置的基础上,增加一些某种学科教学特殊需要的设备,如生物课教学需用的彩色显微摄影装置,音乐教学需要的 MIDI 设备等。

(5) 基于 Web 型。基于 Web 型多媒体教室是在多功能教室基础上增加因特网终端等设备。基于 Web 的多媒体教室可以通过校园网连接因特网,从而实现共享校园网内的教育信息资源、浏览远程教学资料、调用远程终端的教育信息资源等功能;也可以通过摄像头、电子白板、视频展示台等设备和工具软件将课堂教学内容发送到远程终端,甚至可以与远程终端进行交互式教与学活动。如对各教室内投影机的远程开关机、教师主控台电源的延时断电等操作。如果在每个教室内再加装 2～3 部带云台的摄像机,在总控制室内配置硬盘录像机和 VOD 点播服务器及相应的软件等,则可在联网的所有教室内均实现 VOD 点播和点对点、一点对多点的教学直播等,还可以通过该系统实现电子监控等功能。

3.2.4 多媒体教学系统的应用

多媒体演播型教学系统由于具有强大的多种媒体演播功能、集成控制功能和网络接入功能，目前广泛应用于课堂演播教学、培训、远程网络教学、会议报告和各种演示等方面。多媒体演播型教学系统用于课堂教学，可通过文字、图形、图像、实物、电视、录像和动画等多媒体信息的演播来展示事实、模拟过程、创设情境和设疑思辨，开展多种教学模式。如以教师讲授为主辅以媒体演播的讲播式教学模式；运用媒体演播，提供示范，然后让学生模仿练习的示范式教学模式；运用媒体创设情境，引起学生联想，激发学生兴趣的情境式教学模式；运用媒体设疑思辨，引导学生探究的引探式教学模式，等等。需要指出的是，随着应用的不断深入，多媒体教学系统的教学应用将会产生更多适合教学目标要求和学生学习的教学模式产生。

3.3 微格教室

微格教学(microteaching)通常又被称为“微型教学”，它是由美国斯坦福大学艾伦(D. Allen)教授等人创立的一种利用现代视听设备(摄像机、录像机等)，专门训练学生掌握某种技能、技巧的小规模教学活动。由于这一训练活动只有很少人参加，时间很短，而且只训练掌握某一教学技能，所以称之为微格教学，也叫微型教学。

在教学技能训练中，微格教学是利用现代教育媒体对师范生和在职教师的教学技能技巧进行系统训练的一种教学方法。它以现代教育理论为基础，利用先进的媒体信息技术如利用摄像、录像、录音、系统示范和记录教学行为，依据反馈原理和教学评价理论并及时进行评价反馈给受训者，分阶段系统培训教师教学技能的活动，使受训者的教学技能得到提高。进行微格教学的一般方法是：将完整的教学过程分解成许多容易掌握的单项教学技能，由受训者(人数以不超过 10 人为宜)用 10～15 分钟的时间，对某个教学技能进行训练。训练情况由录像机记录，指导教师和受训者一起观看，共同分析优缺点，然后再做训练，直至掌握正确的教学技能。

微格教学技术自诞生后，得到了迅速推广和应用，尤其受到世界各国师范教育界的重视。目前，微格教学在欧美已成为教师培训的基本课程。在我国各类师范院校中，几乎都建有微格教学系统。在我国其他高等院校(如体育、音乐类)中也相继开展了微格教学的应用，微格教学对学生和教师教学行为的训练起到了极大的促进作用。

3.3.1 微格教学的特点

微格教学的基本特点之一就是运用了视听设备记录教学活动，对自身的教学状态进行监控和指导，在整个过程中利用信息的传递、处理来提高教学水平，微格教学还具有如下的特点。

1. 学习目标明确

微格教学将传统的教学过程进行分解，训练目的明确具体，从简单的单项教学技能，如导入技能、讲解技能、实验技能、强化技能、语言技能、板书技能、提问技能、练习技能、课堂组织技能等入手，制订科学的训练计划。每一项技能达成的目标要求翔实、具体，常用行为目标表述，具有可操作性。

2. 学习规模小、参与性强

参加培训的学生采取分组的方式，小组人数一般 3～5 人，最多不超过 10 人，每人讲课时间一般 5～10 分钟，听讲人由指导教师和其他受培训者组成。在教学的实施过程中，每一位不仅要登台讲课，展示自己对某项技能的理解、掌握及运用情况，还要参与对自己和其他同学的讲课技巧、教学效果的自评与他评，不断总结经验。

3. 训练反馈及时客观

利用声像设备把每一位受培训者的讲课过程如实客观地记录下来，为小组讨论及自评提供了直观的现场资料。被培训者可以通过放录像及时进行自我分析和相互讨论评价，获得自我反馈信息，找出教学中的优点和不足，有利于及时修正教学中存在的问题。

4. 评价技术科学合理

传统的教师技能培训中的评价主要是他人凭经验和印象进行评价，评价指标也不明确、系统。微格教学中不仅对教学技能进行系统分类、明确学习内容，并对教学技能要达到的目标尽量做到细化，提高可操作性，制定科学具体的评价指标体系，运用一定的评价技术，对每项技能进行公正评价。参评人员不仅仅是指导教师，而且包括试讲人自己和其他受训教师，可以通过多次放录像及时进行技能分析，使信息反馈多元化、教学评议民主化。

5. 便于观摩示范与模仿

为了增加对教学技能的感性认识，在微格教学前指导老师往往会提供一些优秀教学范例供学生观摩、评论，有利于培训者在模仿的基础上进行创新，体现教学的灵活性、创造性。由于听讲"学生"是指导教师和其他受培训者，即使在微格教学过程中出现差错也不必担心对学校教学或学生造成不良影响，心理压力小，有利于增强掌握教学技能的信心。

3.3.2 微格教室的功能

微格教学是训练学生掌握技能的有效方法，微格教室的功能主要体现在三个方面。

1. 教学功能

(1) 教学模拟。微格教室可以同时开展一组或多组微格教学活动，同时对一个或多个学生进行模拟教学(或其他技能)训练。教师课堂教学基本技能包括导入教学技能、应变教学技能、讲解教学技能、板书板画教学技能、媒体演示操作教学技能、提问教学技能、反馈强化教学技能、归纳总结教学技能、课堂组织教学技能等，微格教室都应该具备训练这些技能的功能。

(2) 示范观摩。利用示范观摩室(也可兼作模拟教室使用)，可以让全班学生集中观摩教师的教学示范。往往在学生模拟教学之前，指导教师通过示范观摩室进行示范讲解，分析典型课例，组织学生观看优秀教师课堂教学录像，给受训学生或教师提供示范，以便仿效。

2. 管理功能

(1) 实况录像与播放。微格教室具有实况录像与播放功能，在中心控制室可以对各个模拟教室进行教学实况录像，并重播录像节目供各模拟教室观看，各室可以播放同一节目内容，也可以根据需要，不同室播放不同节目内容。

(2) 教学转播。微格教室具有转播功能，在中心控制室可以转播任一模拟教学现场供其他模拟教室或示范观摩室的师生观看。

(3) 监视。微格教室具有全方位的监视功能，在控制室的监视器中，可监视各模拟教室的教学活动实况。

(4) 控制。在控制室中，利用云台控制器可以控制各模拟教室的摄像头上下、左右移动和摄像头的调焦、变焦及光圈大小；利用矩阵切换器和录像播放系统，可以实现各路视频、音频信号的切换、转播和录像等功能。所有的控制操作均在控制台上完成。

(5) 对讲。在控制室，教师可以与任一模拟教室进行双向对讲，以便于学生遇到问题时，教师能提供及时的指导。

3. 反馈评价功能

(1) 反馈及时、准确。在微格教室中，教师借助摄像监控系统可以实时掌握每一组学生的训练状况，学生在模拟教学训练后，通过及时重播录像，也可了解自己训练的情况。

(2) 评价客观、全面。在微格教学训练过程中，具有多种形成性评价方式：可以是"教师"角色扮演者通过重播自己训练的录像，肯定成绩，分析问题，进行自我纠正和评价；也可以是同组训练的"学生"角色扮演者通过听课及一起观看重播录像，对"教师"角色扮演者的模拟教学情况进行讨论、分析和评价；此外，指导老师也要对"教师"角色扮演者的模拟教学情况进行全面的分析、评价，并提出改进意见。这些评价方式，对于帮助"教师"角色扮演者提高教学技能是及时有效的。

3.3.3 微格教室的组成

微格教室是进行微格教学的场所。微格教室是在装有电视摄像、录像系统的特殊教室内，借助摄像机、录像机等媒体，进行技能训练和教学研究的教学环境。微型教学系统一般由微格教室、控制室、研讨室、观察室、预备室等组成。其结构布局如图 3-3 所示。

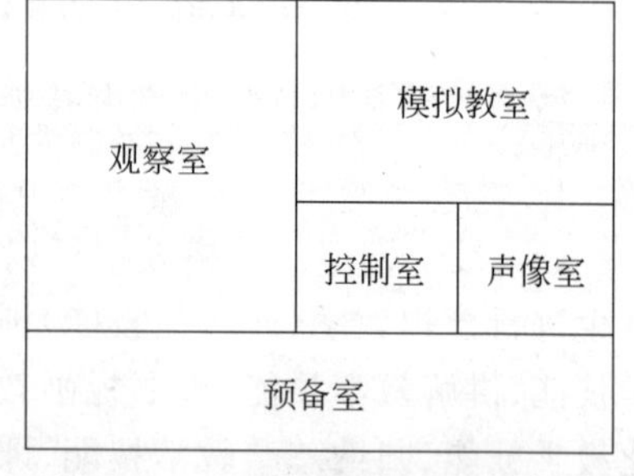

图 3-3 微格教室的结构布局

(1) 模拟教室(微型教室)。模拟教室里装有话筒和摄像系统，用来拾取"模拟教师"的声音和教学活动形象。如有条件，还有另一台摄像机用来拾取"模拟学生"的学习反应情况。室内还设置有电视机，用来重放已记录的教学过程录像，供同学们进行评价分析。摄像机由控制室操纵，用以拍摄教学过程，并将图像信号通过电缆线送到控制室记录下来。

(2) 控制室。控制室装有电视特技机(信号混合处理器)、调音台(混音器)、录像机、视频分配器、监视器等设备。从每间模拟教室送来的"模拟教师"、"模拟学生"教学活动的两路视频信号经电视特技台控制，一路送到录像机进行录像，另一路则可经视频分配器把教学实况信号直接送到观摩室，供同步评述分析。控制室与教室用一块单向玻璃隔开，从教室里看不见控制室，而从控制室能看清教室里情况。这样既不影响训练或教学过程又便于控制室人员选择较佳的镜头进行拍摄。

(3) 示范观摩室。这是一个装有电视机的普通视听教室,把控制室中经视频切换器选择后的视频信号送到电视机上,即可实时同步播放教学实习的实况,供指导教师现场评述,使较多的学生观摩分析。

3.3.4 微格教学的过程

微格教学经过多年的研究和实践,已基本形成一定的程序模式,一般包括以下几个步骤,如图 3-4 所示。

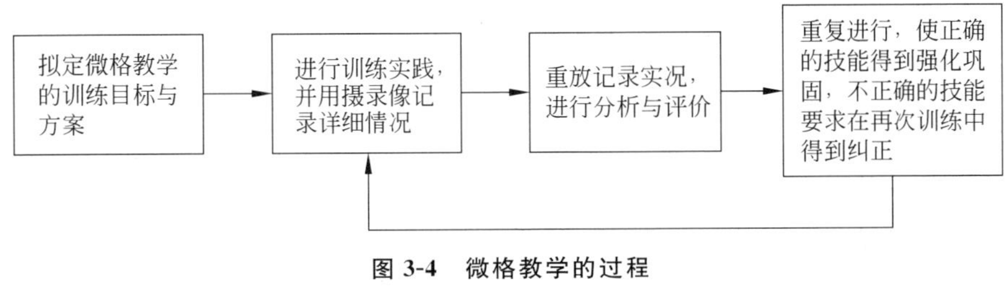

图 3-4 微格教学的过程

3.3.5 微格教室的教学应用

1. 分组训练

指导教师布置好课题后,可将受训者分组,到各自的微格教室,扮演各自的角色:模拟教师或学生,每个模拟教师对指导教师指定的内容进行训练,一般为几分钟。通过微格教学系统的摄录像设备作实时的记录,记录后的录像带马上可以播放或课后播放。各小组的模拟师生在训练过程中,指导教师在监控室中实施全面监控,包括图像、声音的双向传送及混合对讲;通过记录设备,记录各间微格教室的训练情况,并作为后期反馈和评价的素材。

2. 交互学习

通过控制室的有关设备,可以实现小组与小组之间的实况联播。指导教师可以通过控制设备将任意一间微格教室的训练活动切换到其他微格教室的电视机上,并可向模拟的师生作同步评析,让各间微格教室的模拟师生相互学习、共同讨论。

3. 示范教学

在开展微格教学前,指导教师在微格教室内播放优秀课例,可以用来分析教学技能、模拟优秀教师教学,为受训者提供典型示范。在学生教学技能训练中,指导教师还可以随时展示标准的示范,让受训者对照仿效。

4. 讲评教学

教学训练操作完成后,指导教师与受训者一起观看教学训练录像,指导教师对受训者的教学技能进行分析、评价。此外指导教师还要指导受训者进行评议,并将有代表性的教学训练录像在全班播放或小组重放,以供大家观摩学习。

3.4 语言实验室

语言实验室又叫语言学习系统，英文名称为 Language Laboratory，最早由美国夏威夷州立大学提出。其含义是指利用各种实验仪器对语言进行分析和实验的场所。当时不是像现在这样把它用于语言教学上。第二次世界大战以后，美国军队急需培养大量外语人才，于是在语言实验室中采用录音机进行语言训练，收到很好的效果，因此语言实验室得到了迅速发展。现在的语言实验室是现代教育媒体综合运用的重要成果。它是由录音机、电视机、计算机等多种媒体装备起来的教室。在普通学校中，语音室主要用于语言教学，特别是语言训练教学。随着科学技术的飞速发展，各种现代化的视听设备逐渐丰富，以计算机为主的学习反应分析器也被引入语言实验室，从而大大扩大了语言实验室的教学功能。它不仅适用于语言教学，而且还适用于其他学科的教学，甚至适用于个别自学和班级复式教学。这种扩大了功能的现代化语言实验室又称为学习实验室或视听室。

3.4.1 语言实验室的类型及组成

语音教室是由多种现代教学设备装备起来，主要用于语言教学的系统。语言实验室的组成形式多种多样，从不同的角度看，语言实验室有不同的分类方式。

从技术的特点来看，语言实验室分模拟型和数字型两类，目前正朝着多媒体数字型的方向发展，不少产品集语言实验室、多媒体网络型教室和计算机实验室等多种功能于一体，可开展多学科教学，具有广泛的适用性。

从媒体配置及教学功能来看，语言实验室可以分为听音型(AP 型)、听说型(AA 型)、听说对比型(AAC 型)、视听说对比型(AACV 型)、多媒体学习型(ML 型)五种类型。前两种为普通型，现在已经很少使用。听说对比型和视听说对比型目前在各级各类学校里用得比较普遍。近几年来，多媒体学习型语言实验室已成为各级各类学校重点建设的方向。

(1) 听音型(Audio Passive，AP)语音教室是一种单纯供听力训练使用的语音教室。AP 型语言学习系统主要由控制台部分和学生座位部分构成。主要设备是在教师控制台装配一台录音机，每个学生座位都配备有学生耳机。其系统结构如图 3-5 所示。

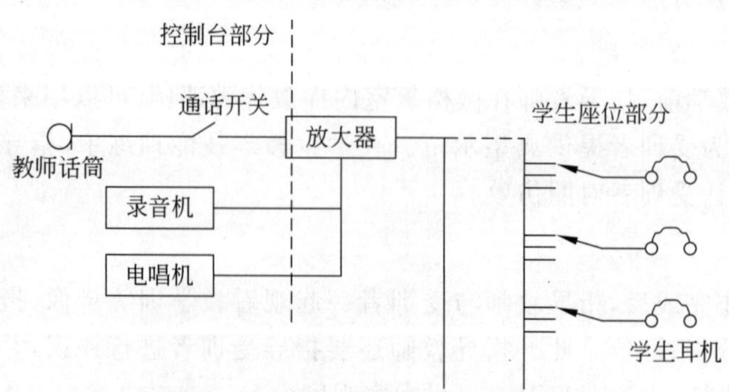

图 3-5 听音型语言实验室系统结构

控制台的主要装置有录音机、扩音机、CD 播放机、耳机和话筒等。教师可以通过控制台上的话筒进行讲授,也可以通过录音机、CD 播放机播放录音教材。来自控制台的信号接至每个学生座位的耳机插孔,学生通过耳机可选听来自控制台的教学内容,进行学习。学生不能通过系统听到自己的发音,也无法与教师对话,因而难以发现和纠正自己发声中的错误。所以,听音型语言实验室只适用于语言的听力和听写训练。

(2) 听说型(Audio Active,AA)语音教室是在听音型的基础上,增加了学生用话筒、呼叫开关及教师主控台的音源控制和通话控制部分等组成的双向通话系统。听说型语言实验室具备听力和对讲两种功能。其系统结构如图 3-6 所示。

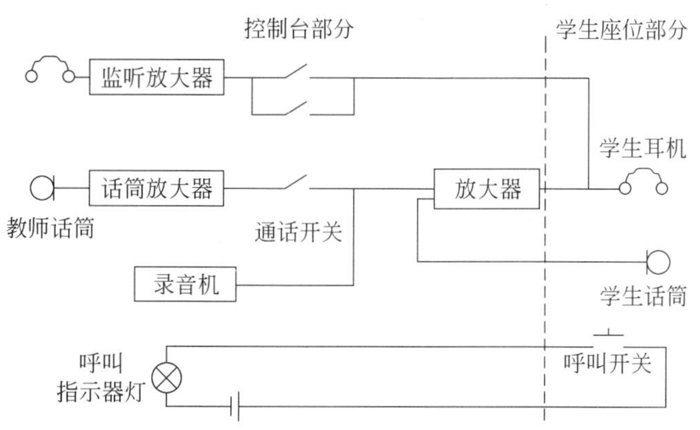

图 3-6 听说型语言实验室系统结构

在听说型语音教室中,在学生使用的耳机上增设了送话器,师生可以直接对话,同时还增加了监听和呼叫功能。学生除了可以收听教师的讲解和播放的录音教材外,在需要时可以呼叫教师,和教师对话;教师可以在不被学生注意到的情况下有计划地选择监听,并录下任意一个学生的练习情况,可及时进行个别或集体辅导,或选录学生的练习;还可以让学生分组讨论,增加学生训练的机会,学生也可以通过呼叫键请求教师解答问题。可见,听说型语言实验室最重要的优点是交互性,能给学生提供更多的实践机会,可用于听音、听写和进行语音、语调、句型、口头翻译等多种形式、功能的训练。

(3) 听说对比型(Audio Active Comparative,AAC)语音教室是在听说型的基础上,在学生座位上加装双声道录音机,构成对比听说系统。其结构如图 3-7 所示。

听说对比型语言实验室是一种能进行听音对讲训练,以及录音比较的双向交互型语言实验室。听说对比型语言实验室与前两种类型的最主要区别是每个学生座位都配有一架"跟读录音机"。它是一台双声道双音轨录音机,可将来自控制台标准声源的示范读音录在一条音轨上;另一个声道则供学生跟读或回答问题时录音用,学生可以在示范读音不被抹去的情况下,随时抹去自己的声音反复重录。放音时两声道可一前一后地播出,便于与示范声迹进行比较,有利于培养学生进行独立的语言学习能力。学生可以有选择地收听、收录教师的讲课内容或控制台播放的录音节目,同时跟读并把自己的声音也录制下来,学生把教师的讲解和播放的录音教材录在录音磁带上的一个声道上,另一个声道可以同时录下自己回答、跟读的声音。记录完毕,学生可在任何时间任意多次地反复收听录制下的教学节目和自己的跟读,可以将标准读音和跟读语音进行听说对比,从而通过自己的声音和教

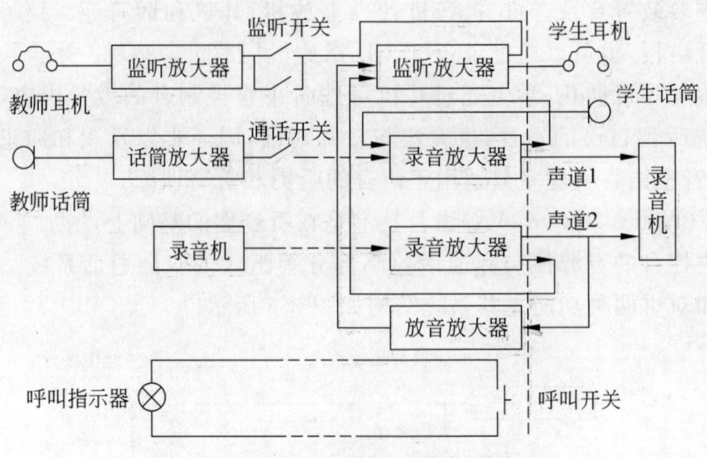

图 3-7　听说对比型语言实验室系统结构

学节目的直接比较发现和纠正错误。学生还可以擦除自己跟读语音而保留标准读音,反复模仿练习,重放比较,自我矫正,强化训练。

在听说对比型语言实验室里,学生有问题可以随时呼叫教师以取得帮助。教师可以将一个教学节目或几套节目同时送出,供学生选择听音和复制,也可将学生分组,并提供不同的学习内容;教师可进行全班呼叫、小组呼叫和单向送话或插话,教师可选择一个小组对其进行监听或加入该小组,教师还可对小组中的一个成员或全体成员讲话或将学生编组对话。

学生座位上的录音机一般由学生自己进行操作,教师控制台还可以实现对学生录音机的遥控,以控制学生活动,并有目的地记录学生作业,使教学有节奏地进行。

有的听说对比型语言实验室教师控制台具有学习效果分析功能,可及时对课堂教学进行分析与评价。

(4) 视听对比型(Audio Visual Comparative,AVC)是在听说对比型语言实验室的基础上,增加幻灯机、投影器、录像机、影碟机、电视机或投影电视机等视觉媒体而构成的语言实验室,其系统结构如图 3-8 所示。在这种语言实验室中,提供图像、文本、声音的交互学习内容,学生既能听、能说,又能看,可以视听并用地学习,使语言教学更加生动、活泼,更能发挥学生学习主体的地位和积极参与作用,从而提高教学效果与效率。在视听说对比型语言实验室中视觉信息的呈现有两种方式:一是增加公共的电视机或大屏幕投影电视机,集

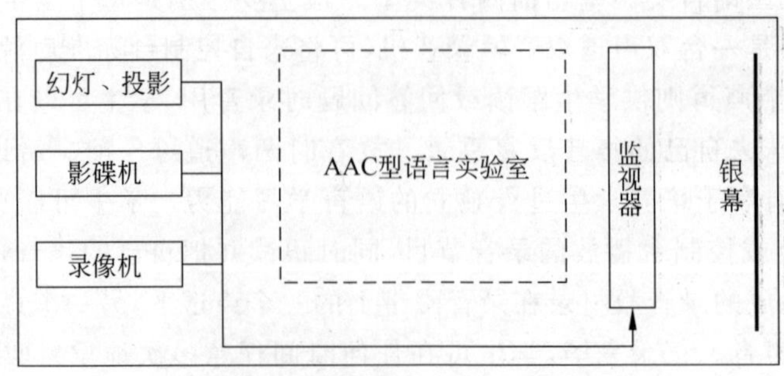

图 3-8　视听对比型语言实验室系统结构

体呈现视觉信息；二是在每个学生座位上增加小型监视器等视频终端设备，单独呈现视觉信息。

视听对比型(AVC)语言实验室既能听又能看，学生视听并用，这就大大提高了学生的学习积极性，使教学效果更好。具有呼叫与通话、播放与示范、跟读与录音、监听与记录、遥控与复制五种基本功能，一般还具有分析与评价的辅助功能。

(5) 多媒体学习型语言实验室是一种新型的数字化语言实验室。它以多媒体计算机技术、网络技术、通信技术为基础，采用软件控制与硬件处理相结合的方法，通过教师计算机和语言教学系统，控制学生计算机语音终端的运行，完成语言的教学和训练功能。

多媒体学习型语言实验室在教师控制台上安装了语言教学系统的主机(多媒体计算机)，在学生座位上安装了计算机终端显示器和学习反应信息测试分析器，构成了学习网络系统。

其系统结构如图 3-9 所示。

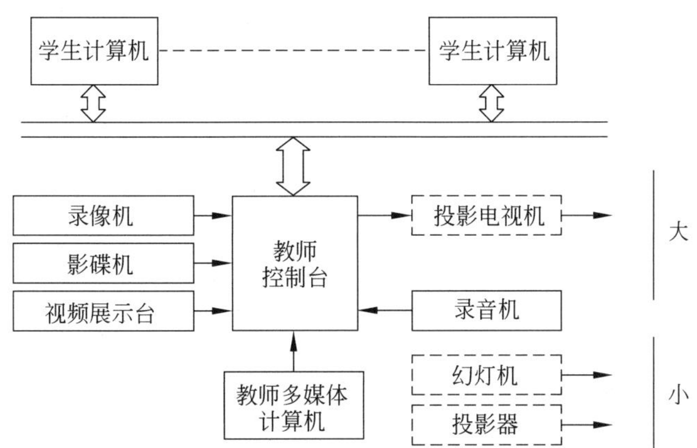

图 3-9 多媒体学习型语言实验室系统结构

多媒体语言实验室实现了全数字化语音传输，不仅具有常规语言教学功能，而且还可进行多路音频实时广播、可视化音频点播，支持各种多媒体节目和教材、多种多媒体教学软件的播放，支持其他各种多媒体播放设备的应用，学生还能通过语言实验室终端计算机上网，实现网络资源的共享和网络教学功能的实现，广泛应用于语言教学训练。此外，多媒体语言实验室由于采用多种媒体和利用计算机技术进行管理，可将学生数、提问次数、问题回答的正确率、错误率等有关的教学管理数据信息显示或打印出来供教师随时掌握教学现状，随时修正自己的教学方案，这就将课堂教学置于动态的交互的快速反应状态下，也利于教学管理人员课后根据实际的反应结果作出统计和检查。

3.4.2 语言实验室的功能

使用语言实验室进行教学，有利于因材施教，有利于学生自学和个别化学习，有利于教师改进教学方法，有利于创造良好的语言环境，有利于提高教学效率。

由于结构的不同，各种类型的语言实验室所具备的功能不完全一样，表 3-1 列出了不同类型语言实验室在功能上的差别。

表 3-1 各种类型语言实验室功能对照

功能	类型	AP 型	AA 型	AAC 型	AACV 型	ML 型
呼叫与通话	教师通过扬声器对全班讲课	☑	☑	☑	☑	☑
	教师通过耳机传声器组对全班讲课	☑	☑	☑	☑	☑
	教师对某一小组讲话		☑	☑	☑	☑
	教师对个别学生进行辅导		☑	☑	☑	☑
	教师在播放教材中间进行讲解和插话	☑	☑	☑	☑	☑
	学生之间互相通话,分组学习		○	☑	☑	☑
	学生呼叫老师,请求帮助		☑	☑	☑	☑
播放与示范	播放录音教材	☑	☑	☑	☑	☑
	播放视觉图像				☑	☑
	学生自主选择听音	☑	○	☑	☑	☑
	教师指定听音(强制听音)			○	☑	☑
	学生示范		○	☑	☑	☑
跟读与录音	教师录音机自动反复播放			○	☑	☑
	学生录音机自动反复播放			○	☑	☑
	学生录制教学内容			☑	☑	☑
	学生录制跟读内容,进行对比训练			☑	☑	☑
监听与记录	教师顺序监听全班或分组学生的学习情况		○	☑	☑	☑
	教师监听任一学生的学习情况		☑	☑	☑	☑
	教师记录学生的学习情况		○	☑	☑	☑
遥控与复制	教师对学生录音机进行控制			○	☑	☑
	教师对学生传声器进行遥控(全班或分组关闭)			○	☑	☑
	教师遥控学生录音机复制教材			○	☑	☑
	快速复制录音教材			○	☑	☑
分析与评价	学生出席点名		○	☑	☑	☑
	分析学生回答问题状况,显示成绩			○	☑	☑
	评价教学结果			○	☑	☑
	打印分析评价的结果			○	☑	☑
程序化、智能化、自动化的高级处理						☑

注:☑表示必备功能;○表示选择功能。

从表 3-1 中可以看出,在几种语言实验室中,多媒体学习型(ML 型)集计算机技术、多媒体技术、通信技术及丰富的软件为一体,具有呼叫与通话、播放与示范、跟读与录音、监听与记录、遥控与复制、分析与评价等功能,具有很强的交互性,使教学更加程序化、智能化;配备恰当的语言教学软件,可以促使学生进行探索式、发现式学习;能充分调动学生学习的积极性,促使他们通过思考和努力来获得新的知识;可以大大地减轻教师的劳动强度,有效地提高了教学质量。随着多媒体技术的不断发展，语言学习软件的不断开发，语音实验室的设备也越来越先进，多媒体学习型语言实验室将会越来越多地进入各类学校。

3.4.3 语言实验室的教学应用

语言实验室创造一个良好的语言学习环境、有利于提高学习质量，语言实验室的多种功能和交互作用，促使教师更新其教学思想，改进教学方法。它不仅用于外语教学，而且还用于音乐、戏曲、体育、教育等其他科目的教学。在语言实验室，每个学生都配有耳机、话筒。较好的语言实验室，学生座位之间有隔音壁，可进行集体教学，也可进行个别化教学。学生可以选用不同难易的教材，教师通过监听学生的学习，有针对性地个别通话辅导，实现因材施教。学生在学习时互不干扰，注意力集中，大大提高了课时利用率。学习积极性、主动性得到充分发挥。

除此之外，语言实验室教学还有反馈与评估及时，多种媒体综合运用的特点。语言实验室教学常采用的课型有语音课、听力课、口译课、句型训练课、会话课、考试课等。由于多媒体系统具有交互性，可以直接进行双向交流，可以促进学生进行探索式、发现式学习，能创造一个不断提出问题的气氛，能充分调动学生学习的积极性，促使他们通过思考和努力来获得新的知识。

1. 语音语调训练

语音语调训练是外语初学阶段的重要环节。训练中包括发音、辨音、正音、语音技巧、语调朗读等多种练习。模仿是掌握语音语调的最佳方法。它可根据提供的标准语音语调进行反复模仿。进行这些练习可充分利用双通道四磁迹录音机、耳机话筒组等功能。学生根据教学的要求，先将教师播放的模仿材料听一遍，并可录制下来，然后教师讲解发音要领，再分句播放第二次，学生边听边模仿。分句播放时，教师要通过暂停控制装置，或在录制磁带时根据练习的需要，留有暂停时间供学生模仿练习。教师可通过监听和对讲键对学生纠音指导，学生模仿练习时可倒回重听，把模仿音与标准音进行比较；还可抹去自己的原模仿练习声音，再重新模仿练习，自己辨音、纠音。

2. 听力训练

听力训练以提高学生听懂外语的能力为主要目标，其训练方法是多种多样的。可用单纯听力理解的方法，将听到的材料通过回答问题的方式，将理解的问题记录下来(可记录在磁带上，也可以用笔写下来)，也可以采取看、听、说并用的方法，边看边听边讲或根据追记理解的方法进行讲述。对于单纯听力理解练习，可先将一篇短文从头到尾播放 2～3 次，再提出问题让学生回答，或者干脆将事先准备好的选择填写题发给学生，待学生听完后在课堂上做好并收回评定。材料的播放次数要根据材料的难易程度、学生的水平和教学所要达到的要求而定。

3. 会话训练

会话训练主要用于提高学生的口语能力。口语能力提高的关键在于实践。会话训练时可利用有情景的视觉教材或会话材料，结合学生的看、听、模仿与记忆，让学生进入角色中进行多种形式的会话练习。

4. 句型训练

句型训练是让学生通过大量的实践，训练遣词造句，提高自由表达思想的能力。其练习形式有重复练习、替换练习、转换练习、连环转换练习、固定增添练习和问题练习。训练中要根据不同训练形式采取不同方法，分步骤进行。一般的练习形式是：按照所要求练习的句型举出几个例子，然后留出一定的空隙让学生练习。练习后最好能为学生提供标准答案，以便让学生进行比较模仿。

5. 跟读复述训练

跟读复述训练主要是培养学生正确的连续讲读习惯，对培养学生思维和记忆非常有帮助。这种训练方法要求能提供重复教学的语言材料，并要求提供的语言材料有一定的连贯性，最好有故事情节。在复述时，教师要指导学生尽可能地按原文的意思复述，或尽可能地用自己的话照原文复述，并引导学生从单句复述逐步过渡到段落或全文复述。

6. 口译训练

口译训练是培养与提高学生语言交际能力与技巧的一种有效方法。训练前，教师可根据翻译练习的要求先编制好录音带，再对训练的难易程度及速度作出规定。在训练中，学生可以一边听一边作口译训练，也可以采用同声翻译法，先给学生播放幻灯、影视资料，再让学生进行练习。

口译的材料一般以 15 分钟左右为宜。开始训练时，可以逐句或并句翻译为主，然后逐步到小段翻译，最后再一步一步加大难度，利用会话题材进行训练。口译要求逐步达到语言规范、语音清晰，并能抓住线索、跟上情节，保证语速正常。训练中，教师可先进行示范翻译，第一遍让学生细听和记忆，第二遍让学生进行口译训练，然后再播放正确翻译录音，让学生整段练习译文。

如果进行视听译训练，可先让学生边看边听原文或边看边听原文和译文，然后再播放画面让学生边看边口译，或将画面与原文一同播放，让学生进行视听译。训练过程中，教师也可播放标准译文让学生进行比较。这种训练可全面锻炼学生的反应、记忆、理解以及语言的运用和表达能力。

3.4.4 使用语言实验室教学应注意的问题

(1) 熟练掌握语言实验室系统的操作与使用方法。在使用前，熟悉语言实验室内的设备设施，在使用时注意规范操作，灵活运用语言实验室主控台及各种功能按键的操作与使用等。

(2) 要注意多种教学形式的有机结合、灵活运用。在教学中，要注意把听说、个别练习、会话练习、会话和分组活动等各种形式有机地结合起来，尽量避免长时间地进行单一形式的教学活动。

(3) 组合运用多种媒体手段，创设真实的语言视听觉环境。在使用语言实验室进行教学，应充分发挥多种媒体优势，让语言、图像和声音同时作用于学生的多种感官，充分发挥学习积极性，从而进一步提高听、说、读、写、译的综合能力。

3.5 网络教育教学环境

3.5.1 网络教育教学环境

计算机网络是将地理位置不同的、具有独立功能的多台计算机及其外部设备，通过通信线路连接起来，在网络操作系统，网络管理软件及网络通信协议的管理和协调下，实现资源共享和信息传递的计算机系统。网络在教育中的应用越来越广泛，给教育教学模式、教学方法的改革和探索提供了新的平台，各种形式的网络均在教育教学中有着广泛的用途。与传统教学环境相比，网络教育教学环境具有信息资源丰富、时空不受限制、人机优势互补等特点。因此，在网络环境下，可以充分发挥学习者的主体作用，采用新的教学模式来进行学习，培养创造型人才。用于教育的计算机网络称为教育网络。网络教育教学环境的构成如图 3-10 所示。

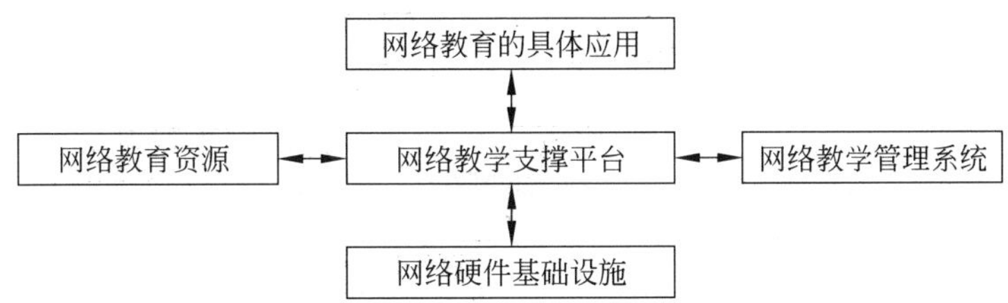

图 3-10 网络教学环境的组成

从图 3-10 中可以看出，网络环境的最底层主要指构成网络环境的物理设施部分；网上教育资源包括各种类型的能够为教育所利用的资源；教学支持平台通过各种工具、手段(如教学通信工具、共享技术等)和教学管理系统来利用教育资源，进而支持网络教育的各种具体应用。

1. 教育网络的基本类型

计算机网络是计算机技术和通信技术相结合的产物，随着计算机日益广泛的应用以及信息化时代发展的需求，计算机网络已经成为社会各领域中不可缺少的重要组成部分。在教育领域，大量教育教学信息的收集、存储、传递和处理、教育教学管理，以及教育科研、计算机辅助教学等许多业务工作都离不开计算机网络的应用。

教育网络充分发挥网络的各种教育功能和丰富的网络教育资源优势，向受教育者和学习者提供一种基于网络的教和学环境。教育网络根据地理范围划分，主要有教室网、校园网和国际互联网三种类型，各种形式的网络教育活动就在其基础之上进行。

(1) 教室网

教室网是指在一个物理教室范围内的计算机局域网，主要服务于课堂教学，通常又称网络教室。教室网一般是交换式局域网，即使用多个集线器(HUB)或交换机(Switch)和网线把教室里的所有计算机连在一起，其中选择一台配置较好的计算机做服务器，用来存放教学资源库，供各个客户机共享资源使用，以及进行用户管理等。服务器也可以兼做教师机使用。有的教室网还配备投影仪、扫描仪、打印机、视频捕捉卡等多媒体设备，图 3-11 是典型的教室网的结构。

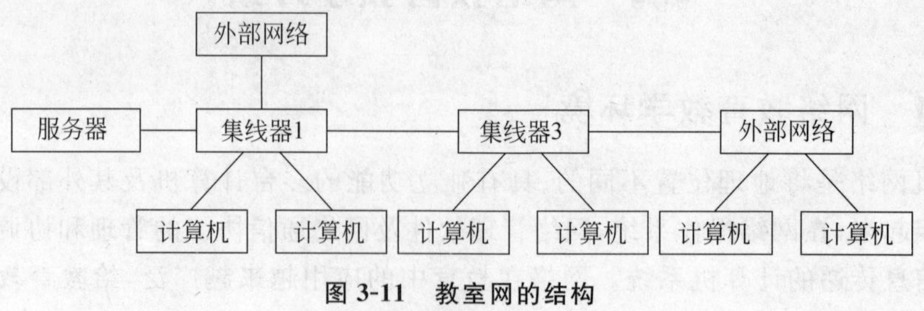

图 3-11 教室网的结构

教室网一般有一个外部出口连接到外部网络，如连接到校园网或直接连接到互联网。较小的教育机构通常只有一个教室局域网，而没有校园网或内部网，一般是通过电话线采用拨号的方式与外部网络相连。采用拨号方式时，服务器要安装一个代理服务器，以便使整个局域网内的所有计算机都能和外部网络进行通信。

(2) 校园网

校园网是在学校范围内，在一定的教育思想和理论指导下，为学校教学、科研和管理等教育提供资源共享、信息交流和协同工作的计算机网络。概括地讲，校园网是为学校师生提供教学、科研和综合信息服务的宽带多媒体网络。首先，校园网应为学校教学、科研提供先进的信息化教学环境。这就要求校园网是一个宽带、具有交互功能和专业性很强的局域网络。

校园网往往是由多个局域网组成的，同时，它又与外部的计算机网络相连，如 Internet (因特网)。校园网由于校园面积较大，往往要建立多个局域网，同时考虑到网络扩展性，一般采用"主干加分支"的结构。在这种方式中，利用高速网络技术构筑整个校园的主干网，主干网中包含一个或一个以上的出口连接到外部网络，学校里各个部门的局域网或其他计算机系统则作为校园网的分支通过交换设备或集中设备连接到校园网主干部分，进而形成一个统一的校园网。

校园网在高层运用上一般采用流行的 Intranet 企业内部网技术，以 TCP/IP 为基础，以 Web 为核心，构成统一和便利的信息交换平台。它使用环球网 WWW 工具，采用防止外界侵入的安全措施，为学校内部服务，并有连接 Internet 的接口。还提供了与 Internet 类似的通信手段，让学生和教师能够在网络上进行方便的交流。

(3) 国际互联网

互联网是由分布在世界各地的大量计算机网络采用共同的传输控制协议/网际协议 (TCP/IP)连接而成的，是网络之间的网络，因此称为"网中网"或"国际网"。现在，Internet 已成为一个全球性的网络，它遍及世界 170 多个国家和地区。2002 年统计，全世界与 Internet 联网的主机有 10 亿多台，我国上网用户达 1 亿以上，并且在与日俱增。

到目前为止，我国已经建成的全国性网络有中国公共数字数据网 China DDN、中国公用计算机互联网 China Net、中国金桥信息网 China GBN、中国科技网 CSTNET 和中国教育科研网 CERNET 等。

CERNET 已建成位于清华大学的 CERNET 全国网络中心，连接全国 8 个地区网络中心的 CERNET 主干网，建成了分别设在北京、上海、南京、西安、广州、武汉、成都、沈阳 8 个城市 10 所高等院校的 8 个地区网络中心和两个主节点。到 21 世纪初，CERNET 已覆盖了全国除台湾省、港澳地区和西藏自治区以外的其他省、市、自治区，成为中国最大的学术性计算机网络。

2. 教育网络的功能

计算机网络用于教育教学就成了教育网络。教育网络除了具有一般计算机网络的基本功能如共享网络中的软件硬件功能、电子邮件服务、文件传输服务、构建网上学校、实现人机与人人之间的远距离信息传播、协作功能、检索功能等之外，还具有以下基本功能。

(1) 教学服务功能

首先，教学网络使得教育的形式从传统言传身教的课堂教学模式走向多样化。其次，教育网络促进了教育教学过程中的个性化。再次，教育网络使得老师之间、与外校的教师之间、学生与老师之间的联系更密切。教育网络还使得远程教育可以方便进行。

(2) 管理服务功能

计算机由于其巨大的数据存储与处理的能力，而成为学校机构建立现代化管理系统的物质基础。计算机可以为学校在人事、财务、教务、日常办公、后勤管理等方面，提供一个先进的管理系统，从而提高管理效率，达到事半功倍的效果。建立在校园网基础上的学校信息管理网络系统，将会使原有的管理模式，从原来的纵向、单通道、主要依靠个人的经验、判断和决策的简单模式，发展成为现代化的、多向的、多通道的、网络状的复杂模式。

(3) 科研服务功能

在科研方面，教育网络可以使用户共享各类计算机的软件资源和硬件资源，为科学研究服务。教育一方面能提高科研的效率，另一方面可以降低科研的费用。科研人员可以通过网络方便地交流思想，还可以利用教育网络检索世界各地的信息资料，及时了解相关领域的最新研究动态。

3.5.2 多媒体网络教室

多媒体网络教室又称网络机房或网络教室，是指分布在一个教室范围内的用于课堂教学的计算机局域网络，是在计算机网络系统的基础上为开展网络多媒体教学所提供的控制系统，它包括多媒体控制与教学管理两部分。是目前国内各类学校，尤其是中小学较为普遍、应用广泛的一种网络教学系统。它集普通的计算机机房、多媒体演示室等功能于一体，利用网络技术和多媒体技术将若干台多媒体计算机及相关的网络设备互联成小型的教学网络，为提高教学质量、建构协作化学习环境创造了良好的技术基础。

多媒体网络教室提供了一个多媒体计算机网络教学平台，为教学提供丰富多彩的多媒体内容，辅助教学工具以及通信交流工具，把影视、图形、声音、动画和文字等信息实时、动态地引入教学过程，为提高教学质量、建构协作化学习环境创造了良好的技术基础。

1. 多媒体网络教室的特点

计算机网络教室提供了一个先进的多学科授课环境及学习平台，利用了视觉、声觉同步教学的手段，使学生多种感官参与了学习，提高了知识接收的效率，充分发挥了计算机辅助教学的作用，从根本上改变并促进了师生之间的信息交流、资源共享和教学合作。在网络教室中，除了满足一般计算机教学外，还能满足多媒体课件的示范教学、听力教学、语音教学（接近多媒体语言室的功能），还能进行网上教学与交流等（例如：信息的收发、上传下载、语音交流、实时广播、查询信息）。多媒体网络教室所具有的广播教学、小组教学、个别辅导的功能，可将教师的屏幕及声音同步广播到每一个或部分学生的计算机上，学生可以在自己的屏幕上看到教师的操作，同时可举手提问，有利于根据学生特点进行个别化辅导。具体来说，有如下特点。

(1) 多媒体演示教学。教师可以将来自网络服务器和教师机硬盘或光盘中的多媒体信息（包括文字、图形、图像、动画、视频、声音）传送给学生，进行演示教学；也可以将教师机或任一学生机的屏幕内容传送给某个、某组或全体学生；教师和学生可以共同操作同一终端将操作示范发送给某个、某组或全体学生；可实现全动态图形、图像、视频和声音的实时同步发送。

(2) 分组教学。教师可以选择某个、某组或全体学生进行教学。

(3) 监听监视。教师可以循环方式自动轮流监视每个学生的学习、操作情况，可以调回任一学生的屏幕内容进行监视。

(4) 交互式教学。学生可以通过电子举手方式与教师联系，进行实时交互式的教学。

(5) 学生自主学习。学生可以选择脱机状态进行单独学习，也可以自己调用文件服务器内的信息资源进行学习。

(6) 语言辅导教学。教师和学生之间可以通过耳机/话筒通话。教师可以发布信息，也可以接受学生的意见或问题，进行语言指导。

(7) 网上学习。网络教室和校园网相连，并连接到 Internet 上，学生可充分利用网上资源进行学习。

(8) 资源共享。可提供文件服务器、打印、传真等多种设备和各类信息资源的共享。

(9) 进行教学测试和信息反馈分析。学生可以自己调用网络服务器上的试题库进行自学、自测，可以及时了解自己的学习水平，以便调整学习的进度。

2. 多媒体网络教室的结构与组成

多媒体网络教室的硬件组成主要有：服务器、交换机（或集线器）、教师多媒体计算机、学生多媒体计算机、视频展示台、多媒体集成控制系统、投影机、银幕及音响系统等组成。这些设备集成在一起，形成一套功能齐全的视听型多媒体计算机网络教学系统，还可接入校园网或 Internet。图 3-12 为多媒体网络教室的拓扑结构图。

一般来说，多媒体网络教室主要包括三大部分：计算机网络系统、网络教学支持系统、教学信息资源系统，如图 3-13 所示。

(1) 计算机网络系统

网络物理上的连接可采用星型、总线型等多种拓扑结构。在这个网络系统中，服务器主要用于存放本地教学资源，提供 WWW、FTP、E-mail 等 Internet 应用服务。教师机主要用于教师对所有学生机的控制和教学信息的传递。

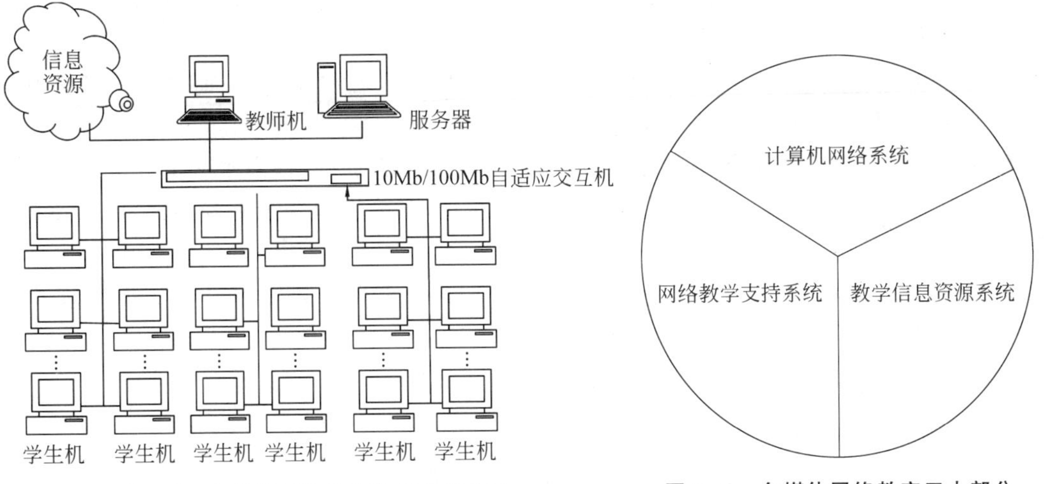

图 3-12　多媒体网络教室的拓扑结构图　　**图 3-13　多媒体网络教室三大部分**

(2) 网络教学支持系统

教学支持系统是指基于计算机网络并为网络教学提供支持的系统。教学支持系统包括核心控制系统和教学管理系统两大类。

① 核心控制系统。核心控制系统是以计算机网络系统为基础，在教师和学生机上增加了相应的硬件控制和软件控制，使多媒体网络教室的基本功能得以实现。核心控制系统只是为教学活动的开展提供许多基本控制功能，它本身并不涉及具体的教学活动。核心控制系统大致分为纯硬件型、纯软件型和软硬件结合型。但不论是哪种类型，其涉及的核心技术都是相同的，即影音视频信号和控制信息的传输技术。

② 教学管理系统。网络教学管理系统直接支持网络教室的教学活动，如网络考试系统、集成学习系统等。

网络考试系统包括试卷自动生成、自动发卷收卷、计算机自动阅卷、考试成绩统计等功能，教师在考试过程中可对学生进行灵活有效的控制。网络考试系统使教师从传统的人工出考卷、人工批改考卷等烦琐的劳动中解放出来，使教师有更多的精力放在教学上，加强对结果的反馈，提高了教学效率。

集成学习系统是个别化教学模式的典型应用，它提供一到多门功课的成套课件，能够提供个别指导、操练与练习以及联机测试等功能。此外，集成学习系统还配有计算机辅助教学管理系统，提供个别化教学管理，如分配学习任务、监测学生学习进程、为教师提供学生情况分析数据等。

(3) 教学信息资源系统

教学信息资源系统是计算机网络教室系统不可或缺的组成部分之一。按功能可分为三部分：辅助备课资料库、学习资源库、资源搜索工具等。

① 辅助备课资料库。辅助备课资料库可包括多媒体教学资源库和微教学单元库。多媒体教学资源库主要由文、图、声、像等资料组成，是以知识点为基础，按一定检索和分类规则组织的素材。微教学单元库是由许多微教学单元组成的，每个教学单元又包含一定的过程和结构。教师在教学准备过程中，借助备课资料库进行备课，制作多媒体教材。同时利

用系统信息传输的双向性，教师制作的多媒体教材又可以随时存入辅助备课资料库中，以供教学时使用。

② 网上学习资源库。网上学习资源库主要是供学生在自学、复习时使用。学生利用交互式的多媒体教学终端，不仅可以进行查询、补课、自学、复习，而且还可以利用各学科专用软件配上相应的设备开辟第二课堂，进行教学模拟仿真训练，提高了学生分析问题和解决问题的能力。若该网络与校园网络、Internet 相连，学生可以登录到校园网、Internet，访问或下载相关信息。

③ 资源搜索工具。无论是教师查询教学资料库，还是学生访问网上学习资源库，都需要一种方便、快捷的搜索工具。

3. 多媒体网络教室的主要功能

(1) 实时广播教学功能

教师可以将屏幕内容或讲话声音传递给全体学生、部分学生或单个学生。实时广播包括屏幕广播和声音广播。屏幕广播不仅在一定程度上发挥黑板的作用，还可以插入各种精美图片、音视频动画和图像，丰富黑板的功能，提高课堂教学效果；声音广播则使网络教室增添了语音教学功能。

(2) 示范功能

可以将指定学生的屏幕、声音广播给全体、部分或个别学生进行示范。

(3) 远程控制功能

教师可根据教学活动的实际需要，要求学生机远程执行某种命令，达到相应的控制效果。比如对学生机器进行锁定或解锁、关机或启动等。

(4) 学习监督功能

通过学习监督功能，教师可以在自己机器上观看和检查网络上全体学生、某个小组学生或个别学生的屏幕信息。这样教师不用离开自己的位置就可以了解学生的活动情况，及时进行指导或教学活动控制。此外，监督功能也可以不影响被监督者正在进行的操作，也不会被察觉。

(5) 分组讨论功能

教师在教学过程中可以对全班学生按机号进行分组，将全体学生分为学习小组开展学习或竞赛活动。教师也可加入到任何一组参加讨论。

(6) 电子举手功能

学生如果有问题提出或需要帮助时，可以随时通过自己的计算机请求发言，即所谓的“举手”。教师机上可以随时看到关于学生的“举手”信息，并决定是否允许学生提问。

(7) 在线交流功能

通过在线交流功能，师生之间、生生之间可以相互交流信息。交流的方式可以是语音交流，也可以是文本交流。交流时，在双方的屏幕上将出现交谈的窗口，显示收、发双方的信息。

(8) 学籍管理功能

可对学生的姓名、学号、班级、年龄等学籍信息进行管理并显示在屏幕上。

(9) 联机考试功能

教师运用此功能时，可以先指定一个正确答案，再通过屏幕或声音将试题发送给学生，学生按A、B、C、D回答,收卷后计算机立即自动批卷,教师可以马上了解学生对所学知识的掌握情况,从而对教学效果做出正确的评估。

4. 多媒体网络教室的应用

利用多媒体网络教室可以有效地完成多种教学任务,其应用形式主要有以下几种。

(1) 多媒体教学

网络教室中的多媒体计算机集声、像、图文为一体,能够实现实时传播多种媒体信息提供人机交互能力实现信息的双向交流,提供多样化和多维化的教学信息空间,可以激发学生的兴趣,提高教学效率和质量。在网络教室中,可以方便地将各种媒体符号信息集成在一起,开展多媒体课堂教学。甚至可以把其他学校的直播课堂或网上学习资源直接引入课堂,极大地丰富了教与学资源,有效地解决了一般教室上课信息单一、静止化问题。同时可以在不影响其他同学学习的情况下,教师对学生进行个别指导交流。

(2) 课件开发

在网络教室中的资源库可以为教师提供丰富的教学资源与素材,教师在开发制作多媒体课件时可以随时借鉴或调用;教师可以把自己做好的课件直接存入资源库中供上课时调用,也可以存入到教师机或服务器供多个教师同时使用,可以使资源库不断得到丰富,为教师之间的交流共享提供了途径,实现资源的高度共享。

(3) 多种形式的教学活动

网络教室可以为学生学习提供一个更加开放的资源及平台,促进多种形式教学活动的开展。如学生可以利用网络教室服务器提供的学习资源进行自我学习。网络教室连入Internet或校园网,为学生自学提供了一个更加开放的资源,可开展基于Web环境下的探索式学习、小组协作学习和研究型学习等。

(4) 网上练习与测试

教师可以通过网络教室为学生提供课堂练习或进行考试,既可避免打印、发放试卷的麻烦,又可以及时了解学生答题情况,甚至可以当场完成试卷评判。

3.5.3 校园网

目前全国众多的普通高校、成人教育院校和中小学校建立了计算机校园信息网络。校园网络(Campus Network)系统(以下简称校园网)是Internet技术在学校中的一个典型应用,换言之,校园网络就是一个特殊的企业内部网。校园网络系统是在校园范围内,把多媒体技术与网络通信技术紧密结合的现代教育应用系统,是由计算机网络设备、通信介质和相应的协议(例如TCP/IP等)以及各类系统管理软件和应用软件,将校园内计算机和各种终端设备有机地集成在一起,同时通过防火墙(Firewall)与外部的Internet连接,用于教学、科研、学校管理、信息资源共享和远程教育等方面工作的局域网。可见,校园网络是Internet技术在学校中的一个典型应用。

校园网是学校信息化教学环境的基础设施,是提高教学质量和管理效率的重要条件,它既是校园教育的延伸,教师和学生运用现代信息技术进行教学活动的基本条件,学校实现现代化教学管理的物质基础,也是建立远程教育体系的基本前提。校园网络系统既具有把资源(硬件、软件和数据)以相互共享的方式连接起来之功能,又具有独立进行教学、管理和信息服务的宽带多媒体计算机系统的特点。校园局域网已经成为现代教育下的必要基础设施,成为学校提高教学水平、科研和管理水平的重要途径。校园局域网建设目标,就是要为教学、科研、管理提供服务,在校园内部实现资源高度共享,为学生提供一个自主的学习环境,以提高其学习主动性,为教师构建一种新型的教学模式,为培养创新人才提供支持。

校园网的特点主要有以下几点。

(1) 提供高速的局域网连接

校园网的核心为面向校园内部师生的网络,因此园区局域网是该系统的建设重点。由于参与网络应用的师生众多,而且信息中包含大量多媒体信息,故大容量、高速率的数据传输是对网络的一项重要要求。

(2) 满足信息结构复杂

校园网既要为学生提供电子教学和宽带增值服务,又要为职能部门提供办公管理,致使应用多样化,数据成分复杂,不同类型的数据对网络传递质量的需求也各不一样,这就要求网络产品具有高智能的 QoS(服务质量)处理机制为不同类型的应用业务提供区别服务。

(3) 强大的可靠性和安全性保证

校园网中同样有大量关于教学和档案管理的重要数据,不论是被损坏、丢失还是被窃取,都将带来极大的损失。这就需要网络设备能提供全面的安全保证机制,如接入用户的身份验证、接入网络的计算机设备的安全性、接入网络的交换机的安全性以及服务器集群访问权限的控制等。

(4) 操作方便,易于管理

校园网信息点多,业务种类繁杂,面对不同知识结构的教师、学生和办公人员,安全性差,管理任务繁重。如何能够在网络中心方便地实现对整个校园网的管理和维护?所以网管操作应该简单易行,友好网管的界面,不宜太专业化。

(5) 提供可运营的特性

未来的校园网实施收费是必然,而且如果不能对网络运营,学生上网时间无法控制,影响正常教学,也是学校所不愿意看到的。良好的校园网发展模式必然是“以网养网”,如:学生免费上内部网、教育网,上 Internet 收费,运营商和校方通过合理计费(或正常收费)进而分账的运营模式。校园网通过灵活、丰富的卡号业务也能向校园中的学生用户提供更多的上网选择,提供真正灵活有效的运营模式。

(6) 经济实用

学校对网络建设的投入显然相对国防、金融等关键机构较低,因此要求建成的网络经济实用,具备很高的性价比。

(7) 提供数据和话音一体化接入

通过基于 IP 的分组话音设备,可以向宿舍区提供校园电话,有效地利用现有的校园 IP 网络,提供语音接入,向学生提供低资费的 IP 长途电话业务。

1. 校园网的体系结构

从体系结构上看,校园网一般由网络基础层、信息资源层、技术支持层和服务应用层四大部分组成,具体如图 3-14 所示。

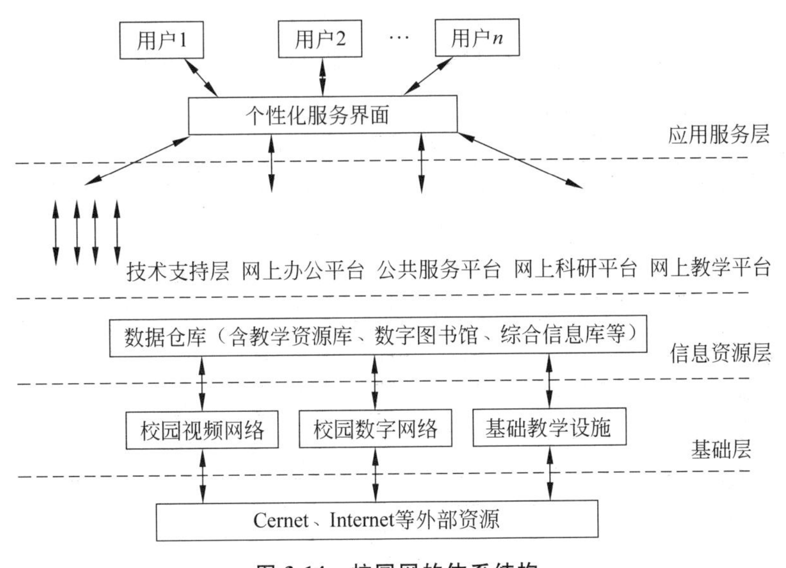

图 3-14 校园网的体系结构

其中，网络基础层主要包括学校的校园视频网、校园数字网和教学基础设施网；信息资源层主要包括教学资源库、数字图书馆、数字阅览室和综合信息库等；技术支持层主要包括学校的网上办公平台、网上教学平台、网上科研平台和公共服务平台；服务应用层主要包括学校的电子身份认证系统、电子商务系统和个性化服务界面等。

2. 校园网的组成

校园计算机网络包括两个组成部分：一是基础设施部分；二是 Internet 的接入。其中基础设施部分又分为网络设备（服务器、工作站、传输介质、网络接口卡、调制解调器、连接器件、交换机和其他互联设备等）和网络结构（包括主干网络和子网络）两方面。

校园网的网络设备基础设施主要由服务器、工作站、网络互联设备（如交换机、路由器、防火墙、网关等）及传输媒质（如光纤、双绞线）等组成。

（1）服务器

服务器（Server）是校园网中各种信息资源的集散地。与个人计算机相比，具有运算能力强、存储量大、并行、并发能力强，可接受较多用户访问等特点，同时具有较高的安全性、稳定性、可靠性和较强的可扩展性、可管理性等特点。根据其在网络中所执行的任务不同，服务器可分为：Web 服务器、数据库服务器、视频服务器、FTP 服务器、Mail 服务器、打印服务器、网关服务器、域名服务器等。上述服务器既可以安装在同一台物理服务器上，也可以分别安装在多台物理服务器上。对于小型的校园网络，往往把 Web 服务、FTP 服务、数据库服务等集中于一台服务器上。

（2）工作站

工作站（Workstation）就是校园网中的一台客户机，即网络服务的一个用户。工作站一般通过网卡连接到校园网。工作站要能访问校园网资源，必须添加相应的协议并安装必需的程序。

(3) 网络互联设备

网络互联设备一般包括集线器、交换机、路由器、网关和防火墙等设备。各设备的功能如下。

① 集线器(HUB)。集线器是计算机网络中连接多个计算机或其他设备的连接设备。集线器主要提供信号的中转和放大作用。它采用广播模式,把一个端口接收的信号向所有端口分发出去,因此,所有端口共享一条带宽。通常集线器到各节点间采用双绞线、光纤或同轴电缆连接,有些集线器还可以通过软件对端口进行配置和管理。

② 交换机(Switch)。交换机属于开放式系统互联(OSI)的第二层(数据链路层)设备,主要对传输的数据起到同步、放大和整形的作用,而且可以过滤短帧、碎片等,能够隔离冲突或有效地抑制广播风暴的产生,交换机一般工作在全双工模式。

③ 路由器(ROuter)。路由器是连接多个网络或网段的网络设备,基本功能是判断、路由选择和转发分组等。

④ 网关(Gateway)。网关是网络连接设备的重要组成部分,它不仅具有路由的功能,而且能对两个网络段中使用不同传输协议的数据进行互相的翻译转换,从而使不同的网络之间能进行互联。网关一般是一台专用的计算机,该机器上配置有实现网关功能的软件,这些软件具有网络协议转换、数据格式转换等功能。

⑤ 防火墙(Firewall)。这是一种网络安全产品,常常用在局域网与广域网的连接处,主要是防止病毒和黑客的入侵。防火墙一般设有对数据分组进行筛选和应用程序网关两个功能。

(4) 传输媒质

校园网中常用的网络传输媒质主要有双绞线(Twisted Pair)和光纤(Fiber)两种媒质。其中,双绞线采用价格低廉的两根相互绝缘的铜导线按照一定规格互相缠绕而成。在当前技术条件下,双绞线的数据传输距离一般限定在 100m 范围内,是目前局域网中使用最多的传输媒质。光纤则以玻璃或有机玻璃为介质,以光脉冲的形式来传输信号。按其传输方式来分,光纤分单模光纤(直线传播)和多模光纤(折射传播)两种。与多模光纤相比,单模光纤具有更高的容量和更大的传输距离,但价格比较昂贵。光纤具有极高的传输带宽,目前可在 1 000Mbps 以上速率上传输,传输距离可达 20km 以上。

校园网的网络结构,从硬件结构来看,由于校园面积较广,校园网的网络结构基础设施往往要建立多个局域网,同时考虑到网络扩展性,一般采用主干加分支的交换式结构。在这种方式中,利用高速网络技术构筑整个校园的主干网,主干网核心由骨干交换机(一般是千兆位交换机)来连接。主干网中包含一个或一个以上出口,通过路由器设备连到外部网络(如电信宽带网或教育科研网)。学校各部门的局域网或其他计算机系统则作为校园网的分支通过第二级交换或集中设备连接到校园网主干部分,进而形成一个完整的校园网。

目前常见的主干技术主要有以下三种。

① 快速以太网/千兆位以太网(Fast Ethernet/Gigabit Ethernet)技术。以太网是目前使用最广泛的网络技术,目前传输速度可达 1 000Mbps,由于千兆位以太网和过去大量使用的以太网与快速以太网完全兼容,并以易掌握和管理、升级费用低等优势发展成为主流网络技术。随着千兆位以太网技术的不断完善,尤其是对多媒体信息传输的改善,大、中、

小学在建设校园网时越来越多地把千兆位以太网作为首选的主干技术。

② FDDI 光纤分布式数据接口(Fiber Distributed Data Interface)技术。FDDI 技术是目前局域网主干技术中传输速率较高的组网技术,它采用光纤为传输媒质,传输速率高达100Mbps,并使用双环结构和链路恢复等故障容错技术。虽然 FDDI 技术具有许多优点,但其网络协议比较复杂,安装和管理相对困难,而且价格比较昂贵,这些都是制约其发展的因素。

③ ATM 异步传输模式(Asynchronous Transfer Mode)技术。ATM 技术采用信元交换技术,能提供较大的网络带宽,支持多媒体信息的传输。ATM 技术目前还不很成熟,而且价格昂贵、技术复杂,但由于其在多媒体信息传输方面的优势,正日益受到人们的关注和重视,有不少高校的校园网采用 ATM 网络作为主干网。图 3-15 所示为校园网拓扑结构图。

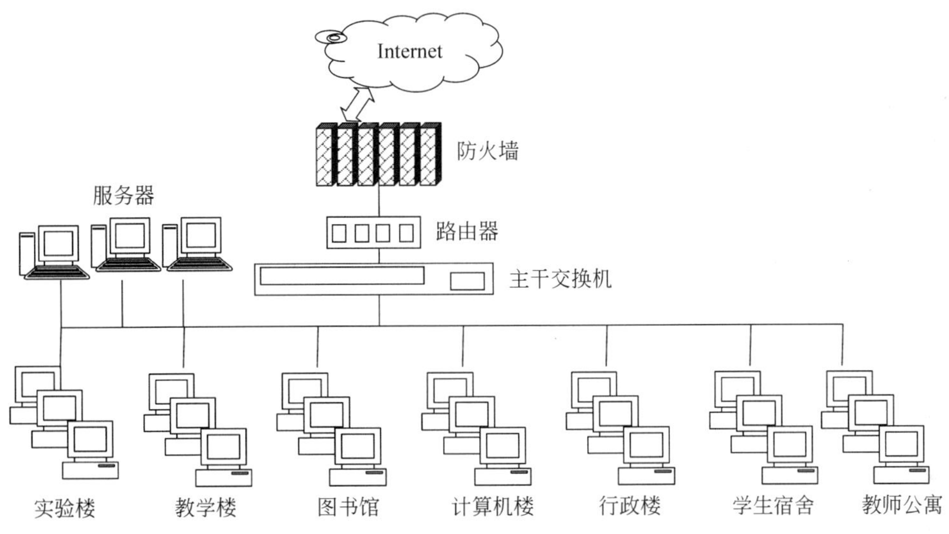

图 3-15 校园网拓扑结构

3. 校园网的主要功能与应用

校园网络最初的概念是以硬件集成为主,即只是一个硬件平台,到第二阶段又提出以教学应用软件集成为主的软件建网的校园网概念,这也是当今大多数校园网所采用的模式。现在,越来越多的人发现,硬件加软件的模式还远不能发挥出校园网的优势,校园网应该建构在全新的教育模式上,而不应依附于传统的教学模式,所以诞生了"硬件+软件+现代教育"模式的新一代校园网概念。因此建设校园网的真正目的在于为学校师生提供教学、科研和综合信息服务的高速多媒体网络。

(1) 信息发布

学校的 Web 主页犹如学校的一个窗口,学校可以通过这扇窗口向世界各地的人们充分展示学校的形象。一般来说,学校主页的主要内容应包括:学校历史、院系、部门介绍、专业设置、招生与分配信息、教学与科研信息等。学校主页上可以发布学校的各种重大事件,会议通知和安排,也可以发布各种公文,这样既节省了时间和费用,又增强了公示的效果。

(2) 教学应用

校园网的主要功能就是教学应用,它可以由网络教学平台提供支持,以网络教学信息资源库作为信息来源,运用多种网络工具完成网络教学任务。

① 网络教学支持平台。网络教学支持平台是学校开展网络教学活动的支撑系统,它可以包括网络备课、网络授课、网上课程学习、网上练习、在线考试、虚拟实验室、网络教学评价、作业递交与批改、课程辅导答疑、师生交流、教学管理等模块。因此一个完整的网络教学平台应具备以下功能。

- 具备支持教师备课、授课、提问答疑与讨论、作业布置与批改、题库维护、组织考试与活动、试卷分析等功能。
- 具备支持学生选课、学习、递交作业、提问、讨论、实验、资料查阅、考试等功能。
- 具备支持基于媒体的网络实时与非实时授课系统。
- 具备支持教务人员进行学生管理、课程管理、资料管理、教学质量分析等功能。
- 具备支持教师通过各种网络工具,相互之间或与外校的教师之间进行教学方法、教学艺术的交流与探讨。
- 具备支持连接 Internet,实现远程教育。利用远程教学方式,使得那些受客观条件限制的学校,学生学习其他学校的课程成为可能。

② 教学信息资源库。教学信息资源库是学校进行网络教学的重要组成部分,它包括多媒体素材库、教案库、课件库、试题库、学科资料库等。同时资源库还应为师生提供全文检索、属性检索,提供资源的增减与归类,还可以提供压缩打包下载等功能。

(3) 管理应用

建立在校园网络基础上的学校管理信息系统(MIS)可以为学校在人事、教务、财务、日程安排、后勤管理等方面,提供一个先进的分布式管理系统。将会使原有的管理模式从纵向、单通道的、主要依靠个人的经验、判断和决策的简单模式,发展成为现代的多向的、多通道的网络状的复杂模式,从而提高管理效率,达到事半功倍的效果。

基于校园网络的信息管理系统将大大提高原有人工管理或单机管理系统的效率,扩大管理系统的应用领域。能更加及时地收集、统计、分析学校的各种信息,以利于学校的行政管理和教学管理,充分发挥学校的整体功能,更好地为教育工作服务。

基于校园网络的计算机管理信息系统,在功能上具有以下一些特点。

① 共享数据库资源。可以避免同样的数据在多处重复存储的浪费现象,如全校学生、教职工的基本信息就可以为校内各个管理部门所共享。

② 共享软硬件资源。可以在本系统没有相应资源或本系统负载已满时,将新任务交给其他系统处理,并且避免了某些软件研制上的重复劳动。

③ 提高系统可靠性。当某个计算机系统因故障停止工作时,可由别处的计算机系统代为处理。

④ 提高办公效率。校园网络还给学校建立办公自动化提供了技术基础,可以通过校园网络迅速地传递、复制或保存各类信息,将大大节约人力、时间、纸张印刷或交通差旅费用。

学校通过校园网络可以建立一个集中和分散相结合的分级、分布式数据库管理系统，既实现学校各部门之间大量数据的共享，也为管理人员及时提供数据、快速作出决策提供了帮助。

利用校园网络提供的通信功能，可以为教职工和管理人员提供较完善的多媒体电子邮件(E-Mail)功能，能向各部门和管理人员发送各类通知、布告等消息。学校还可以利用校园网络召开电子会议。

(4) 科研应用

校园网络可以使用户共享各类计算机软、硬件资源及学术信息资源，从而提高科研的效率。另外，校园网络还可以降低科研的成本。科研人员可以通过校园网络形成一个工作小组，在不同办公室里的科研人员可以很方便地通过网络与其他成员交流思想和设计方案。同时，人们还可利用校园网络的对外联网，检索世界各地的信息资料，也可以使用电子公告栏(BBS)与世界各地的专家探讨最新的思想，发表、交流学术观点，交换论文等。

(5) 数字化图书馆

校园网络的建设对数字化图书馆的建设与应用有着巨大影响。数字图书馆是以数字化格式存储海量的多媒体信息并能对这些信息资源进行高效的操作，它的资源数字化、联系网络化、获取自主化等优点是传统图书馆无法比拟的。数字图书馆对于教育的支持服务是全方位和个性化的，可以及时响应远程用户的需求。不仅可以联机查询、借阅，还可为管理人员提供业务数据，及时分析研究，加强宏观管理。更为重要的是，每个用户都可以通过校园网络方便地对图书馆的图书、文献信息进行检索与阅读，读者可以访问图书馆的联机数据库，可以在自己家中和办公室里通过校园网络阅读报刊或检索资料。

3.5.4 视频会议系统

所谓视频会议(Video Conference)，是指利用视频摄像和显示设备，将摄录的图像声音经过信号压缩及编程解码处理，通过通信线路的传输在两地或多个地点之间实现交互式的实时音、视频通信。视频会议系统除了实时传送活动图像和声音，同时还可连接图文摄像机、投影机和录像机等各种视音频外围设备，并能传送实物图像、图纸、文件和预先制作的视频资料。

视频会议系统可以使不同地点的使用者面对面地交流，如同身处一室，使人类的通信进入一个崭新的时期。视频会议系统所采用的有关标准主要为视频标准、音频标准、数据标准和网络通信标准等。

1. 基于视频会议的远程教育特点

基于视频会议的远程教学系统是一种交互式的教学系统，具有人与机的交互性和人与人的交互性，能实现教学信息的双向交流。为远程教育师生提供交互式的教学环境，为广大异地学习者提供交互式的学习环境，这是视频会议应用于远程教育的最突出特点。与其他具有交互性的教育媒体相比，基于视频会议的双向交互远程教学有如下特点。

(1) 实时性

在视频会议中进行远程教学时，学习者与教师及其他学习者之间的信息交互是实时的。实时交互信息，视频会议系统除了实时传送活动图像和声音，同时还可连接图文摄像机、投影机和录像机等各种视音频外围设备，并能传送实物图像、图纸、文件和预先制作的视频资料。从而大大提高学习的积极性，提高学习的质量和效率。

(2) 多媒体性

视频会议系统能同时提供声音、视频流以及其他多媒体信息，极大地丰富了教学内容。远程教育中的双向交互活动并不局限于视、听手段，也不只是师生之间的教学活动，通过视频会议，学习者可以获取网络通信技术与多媒体技术有效结合的文字、图形、声音、影像、动画并茂的教学信息和其他有关信息，可以感受到师生之间、学习者之间、学习者与其他人之间的帮助、指导、鼓励、联系、情谊等氛围。

(3) 共享性

基于视频会议系统的远程教学系统的任何人都可以在同一时间听讲同一门课，同时，各地同一课程或同一科目的学习者可随时随地相互联系、相互分享，交流他们的心得、信息及成果，进行协作性的学习。此外，基于视频会议的远程教学系统还能提供视频点播(VOD)、教学记录，以及课件素材库等，以满足学生自学、复习的需要。

(4) 监控性

通过视频会议专设的控制器，教师可以用来调控教学过程，或者通过视频会议的轮流监控功能，教师实时地与学习者建立反馈联系。

基于视频会议的双向交互远程教育是对远程教育方法和模式进行的一种有益的尝试，随着视频会议的进一步发展，以及视频会议与其他新技术如信息高速公路、虚拟现实技术等的结合，基于视频会议的双向交互远程教育必将更加完善起来，从而对现代远程教育产生巨大的作用并带来深远的影响。

2. 视频会议系统的类型

(1) 根据通信节点的数量，视频会议系统可以分为：点对点视频会议系统和多点视频会议系统。

点对点视频会议系统支持两个通信节点间视频会议通信功能，它的主要业务是：可视电话；桌面视频会议系统；会议室型视频会议系统。

多点视频会议系统允许两个以上不同地点的参加者同时参与会议。多点视频会议系统一个关键技术是多点控制问题，多点控制单元(MCU)在通信网络上控制各个点的视频、音频、通用数据和控制信号的流向，使与会者可以接收到相应的视频、音频等信息，维持会议正常进行。

(2) 按使用的网络环境分类：有基于局域网的视频会议、基于广域网的视频会议。

(3) 按视频会议的终端分类：有基于电视终端的视频会议系统、基于PC的视频会议系统和基于可视电话的视频会议系统。

3. 视频会议系统的结构

视频会议系统的结构如图3-16所示，它主要由视频会议终端设备、多点控制单元(MCU)、传输通道(通信网)及控制管理软件组成。

视频会议系统终端的主要功能是：完成视频信号的采集、编辑处理及显示输出、音频信号的采集、编辑处理及输出、视频音频数字信号的压缩编码和解码，最后将符合国际标准

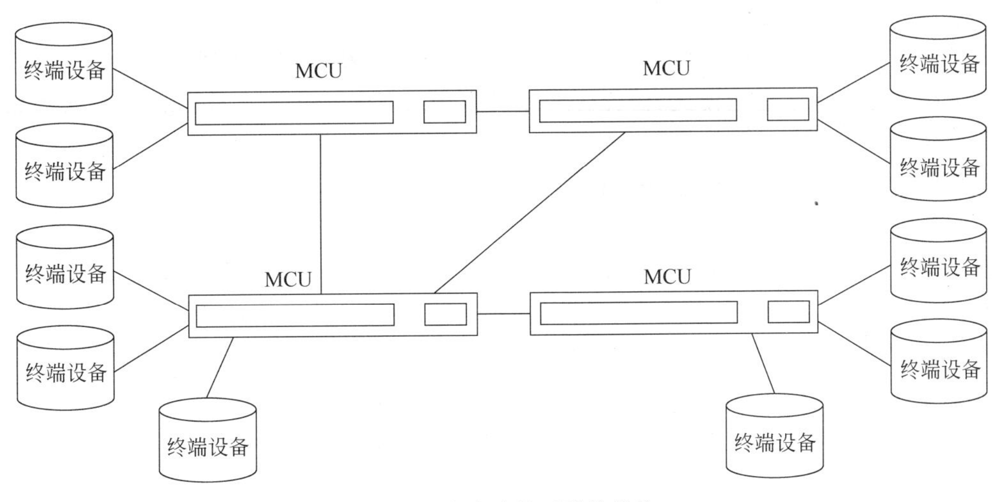

图 3-16　视频会议系统的结构

的压缩码流经线路接口送到信道，或从信道上将标准压缩码流经线路接口送到终端中。此外，终端还要形成通信的各种控制信息：同步控制和指示信号、远端摄像机的控制协议、定义帧结构、呼叫规程及多个终端的呼叫规程、加密标准、传送密钥及密钥的管理标准等。

多点控制单元 MCU(Multipoint Control Unit)是视频会议系统的关键设备，它的主要功能是对视频、语音及数据信号进行切换，例如它会把传送到 MCU 某会场发言者的图像信号切换到所有会场。对于语音信号，若同时有几个发言，可以对它们进行混合处理，选出最高的音频信号，切换到其他会场。MCU 的主要组成部分是：网络接口单元、呼叫控制单元、多路复用和解复用单元、音频处理器、视频处理器、数据处理器、控制处理器、密钥处理分发器及呼叫控制处理器。

视频会议系统的服务质量 QoS(Quality of Service)是满足视频会议系统需求的核心问题，视频会议系统要把用户的服务请求映射成预先规定的 QoS 参数，进而与系统和网络资源对应起来，通过资源的分配和调度满足用户的应用需要。资源的分配和调度可以选用资源的静态管理和动态管理去完成。资源的静态管理包括：QoS 的协商和解释、资源许可(Admission)、资源的保留和分配及资源的释放。资源的动态管理包括：进程管理、缓冲区管理、传输率和流量控制及差错控制。

视频会议系统最后一个组成部分是安全保密系统，它也是视频会议的一个重要问题。安全保密系统的主要组成部分是加密模块和解密模块，加密模块是将会议终端用户数据加密形成加密后的数据在网络上传输，解密模块接收加密数据进行解密得到用户数据。加密和解密模块的核心是密钥的生成和管理，密钥生成的核心是加密算法，加密算法不包含在国际标准的建议中，它由视频会议系统设计者研制或选用。

4. 视频会议系统的功能

(1) 实时音、视频广播

优秀的音、视频交互能力。在主控模式下，由主持人选择广播参与会议成员的视频，系统允许同时广播多路语音、视频。

(2) 查看视频

为了更加真实再现会议的临场效果,会议成员间可以相互自由查看视频。视频会议系统可灵活选择多画面显示模式,这样各会场都能在一个显示设备上同时显示,极大地增强了会议的临场效果。在多画面会议中,还可以启用语音激励模式,即多画面显示模式中的大画面将实时显示会议中发言的会场(声音最大的会场)。

通常的视信终端只能同时传送1路摄像机活动图像,即使终端同时接了多台摄像机,通常只能采用切换方式选择其中1路传送。选择内置双视传送功能的视频会议终端,在不增加会议带宽的情况下,可以同时将2路的摄像机实时图像传送给远端,通过该功能,大大增强了视频会议的临场效果。例如,主席会场的终端可将会场中与会者的活动图像和主席台上演讲人活动图像同时传到远端会场,这样各分会场就可以同时看到主会场与会者的图像以及演讲人的实时图像,更真实地再现主会场的情况。

(3) 字幕功能

会议中经常需要使用字幕功能,如用于重要提示、会议通知、欢迎词等,选择内置字幕机功能的视频会议终端,会议中可通过滚动或其他方式将信息实时发送给其他会场。

(4) 多媒体功能

① 电子白板:系统提供多块白板,与会人员都可通过白板进行绘制矢量图,可以进行文字输入、粘贴图片等。在主控模式下,主持可以禁止其他人使用白板。

② 文字讨论:会议成员可以通过会议系统中的文字聊天系统与全部、部分会议成员或其中某一位成员进行文字聊天、发送信息。另外,系统具有的词典过滤功能可以过滤那些经常出现的不文明词汇。

③ 系统消息:显示会议系统发生的事件,如其他人查看你的视频、系统中的发言、主持人的部分系统操作等。

④ 发送文件:在会议开始之前或会议进行中,发言人可以把自己的演讲稿发送给与会者。

⑤ 程序共享:视频会议的辅助功能,主要用来解决协同办公时相互之间的紧密协作问题。该功能是由发言人把自己操作的程序共享给大家,在主持人的引导下,其他会议成员可以共同操作该程序。

⑥ 演讲稿列表区:会议发言人可以事先或在会议进行时,把准备好的演讲稿放在演讲稿列表区,当被主持人列为当前发言人时,可以将该文档同步展示给大家。

⑦ 网页同步:会议成员可以引导大家上某一个具体网站,共同分析问题。

⑧ 座位列表显示区:显示参与会议的人数和各自状态,可用来查看视频和赋予发言权。

(5) 会议投票

在会议进行中,会议主持人可以就某一问题,提出几个不同观点,通过会议投票系统可以了解人们对各种观点的支持率,领导可借此实现快速判断决策。

(6) 会议管理

① 主持助理:在会议过程中,主持人正在演讲,主持助理可以拥有主持人赋予的部分权限。如:主控模式下,当有人举手时,主持助理就可以为主持人处理发言请求,主持助理

可以事先与举手的会议成员进行沟通，通过试听功能控制举手人员的发言质量，同时也可以在不影响会议进程下协商发言的内容(主要用于正规的、人数较多的会议中)。

② 试听功能：主持人或主持助理在让某人发言前，能够通过试听功能确认发言人能否把声音传输给大家，同时可把声音效果调整到最好。

③ 会议录制：在会议进行中，会议录制功能能把整个会议录制下来，供会后编辑、参考、存档。

④ 远程设置：为确保会议顺利进行，主持人通过远程设置，可以把会议成员使用的带宽调整到合适的范围。

⑤ 踢出会议室：强大的控制功能，能轻松地把不遵守纪律的会议成员请出会议室。

⑥ 设为发言人：主持人可以把某一会议成员设为当前发言人，该成员就可以广播自己的屏幕、把他的演讲稿展示给与会人员。

⑦ 系统设置：会议成员可以根据网络环境情况，选择相应的视频压缩格式，从而调整系统所需带宽，保证会议能以最好的效果进行。

⑧ 用户管理：可以灵活地添加、删除能够使用会议系统的用户，灵活地修改已有的用户信息，避免没有权限的其他人员进入会议系统，干扰会议的正常进行。

5. 视频会议系统的教学应用

一个用于教学的视频会议系统，一般都由主播教室和多个远程听课教室组成，即采用了一点到多点的教学模式。在主播教室中配置有教师计算机、多点控制器(MCU)、电子白板、实物投影仪，用于板书数据交流和文件、图表的传送，以提高远程教育开展和交流的质量和效果。远地的多媒体听课教室可以通过 Internet 或专用通信线路与主播教室中的 MCU 相联接。

用于教学的视频会议系统具有以下几方面的特点。

(1) 实时性

主播教室的多种媒体信息可以及时传输到异地的听课教室中，分隔在不同地域的师生如同身处一地，可以实时交流。

(2) 交互性

主播教室的教师可以及时了解各个远程教室中学生的听课情况，可以提问学生，学生也可以向主播教室中的教师提问。主讲教师与远端学生可以利用视频会议系统的电子白板自由讨论，相互传递多媒体信息，实现真正意义上的交互。

(3) 多媒体性

视频会议系统能同时提供声音、视频流以及其他多媒体信息，极大地丰富了教学内容。

(4) 共享性

只要接通基于视频会议系统的远程教学系统，任何人都可以在同一时间听讲同一门课。这使得更多的人有机会接受高质量教育。此外，基于视频会议的远程教学系统还能提供视频点播(VOD)、教学记录，以及课件素材库等，以满足学生自学、复习的需要。

在远程多媒体听课教室中，师生之间既可进行双向的视频教学，也可通过 Internet 与远程教育网站相连，采用 VOD 方式，下载课件进行播放，从而进行非实时的集中式教学。

(1) 远程授课

利用视频会议系统,可进行跨越地区、跨国家的远程同步实时授课,一个教师可以给几个或十几个地点的同学上课,优秀的教师可以给更多的学生讲课,具有视频会议的系统能够充分发挥专家和优秀教师的作用。

(2) 师生实时讨论

在视频会议系统中,可以通过多种手段来进行师生之间的教学交互,如通过电子白板、协同浏览,其真实、高效、实时的特点,可使身处各地教室听课的同学与教师相互交流,进行情感的沟通。

(3) 教育资源共享

借助视频会议系统,可以桌面共享、文档共享、Web 共享、文件传输等共享教学资源,实现不同地区或学校的师资、课程以及教学资源与环境的优势互补,集各家之长于一体,使得各地区的学生都能获得优质的教育资源。

(4) 师资培训

利用视频会议系统,可以方便地让更多的教师接受培训的机会,使地处偏远山区的教师足不出户就能接受优质的培训。同时,还有利于促进各地区的教师进行"面对面"的经验交流,提高教师队伍的整体水平。

3.5.5 学习资源中心

学习资源中心是一种全新的开放性的资源共享多媒体学习环境,拥有大量的网络终端和丰富的信息资源。学习资源中心并不是单纯指某种设备,而是各种媒体和资源的集合,是一种全新的系统设计,是专门为了存放和使用一批通常具有教育媒体形式的资源而建立的一个场所。学习资源建设和应用是实施教育信息化的重要基础,资源共享的学习中心,学习者不仅获取了一个便利的学习中心,而且有力地推动了学校教育信息化的发展。

1. 学习资源中心的组成

学习资源中心不是传统课堂教学的补充,而应是一种新的教学系统设计。在学习资源中心,学生可在教师的指导下独立地寻求知识,并要学会如何寻找。因此,学习资源中心应将可收集的各种媒体资料集中起来,给予合理的编目、索引;提供支持各种媒体的设备;还应具备提供个别学习或小组学习相应的用房和环境。是多种教育媒体、教学软件的聚集地,学习资源中心通常由以下几大要素组成:学习资源的来源、资源的存储、学习资源的管理与应用、学习资源的开发,如图 3-17 所示。

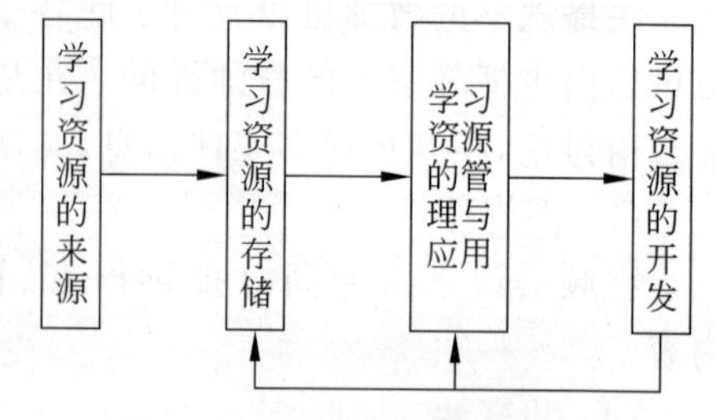

图 3-17 学习资源中心的组成

(1) 学习资源的来源

① 从市场采购各种各样的媒体资源。现代教育媒体的发展异常迅速,要掌握信息就要即时购进符合教学需要的媒体。

② 建立与校外网络相连接的校园网络系统,这是一个重要的教学信息来源。

③ 有条件的学校组织师生自行开发教育媒体资源。

④ 通过校际合作交流，扩大来源。

(2) 学习资源的存储

教学资源的储存是要建立图书和各种媒体资源的储存库，包括图书信息库和软件库。

(3) 学习资源的管理与应用

目前，学习资源中心有两种管理方法：一是集中管理，二是开放式管理。目前大多数学校采用集中管理的方法。

集中管理方法，就是将大部分重要的图书资料、媒体、信息资源和软件资源集中于库房统一管理。学习者在使用时，需办理借阅手续，或由学习者检索所需的信息源，然后再由集中管理的媒体信号控制系统输出，这样学习者就可在相应区域的学习终端上进行学习。一般的学习资源集中管理可分为库存区、服务区、利用区、电子阅览室等多个功能区，如图 3-18 所示。

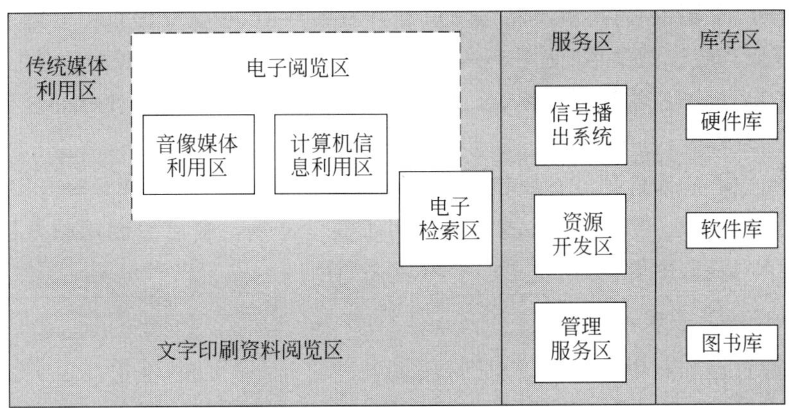

图 3-18 学习资源中心的功能区

① 库存区。

它是图书、硬件、软件集中储存的区域，有专职人员管理和维护。

② 服务区。

- 信号播出系统区：管理人员根据学习者的要求，播送媒体信号至媒体学习者的终端。
- 管理服务区：学习者在这里向管理人员提出所需服务的项目，如借出图书、硬件和软件，或是要求传送某种媒体信号至某一区域学习终端等。
- 资源开发区：教学资源开发的环境，主要是提供给教师利用，也可提供给学生特别是师范院校的学生使用。教学资源的开发包括：文字资料的复印，幻灯片，投影片的编制，录音教材的复制与录制，电视教材的复录与编制，计算机课件的编制等。

③ 传统媒体利用区。

- 计算机信息利用区：这里放置联网的电脑终端，信号源来自资源中心的服务器或来自外接的网络系统。
- 电子检索区：学习者通过电脑检索，可查找出所需要的学习资源编码目录。
- 音像媒体利用区：这里放置有几台至几十台放音/放像装置，并有线路与信号播出系统连接，学习者可要求播放某内容，或借出录音/录像带在这里收听、学习。

- 幻灯投影媒体利用区：这里放置有幻灯机、投影仪等媒体设备，学习者借出的幻灯片、投影片可在这里观看学习。
- 文字印刷资料利用区：这里放置有供阅览用的桌、椅，周边放置有报纸、杂志和常用的参考书，方便学习者自由选取阅览，学习者也可从图书库借出书籍在此阅读。

上述学习资源中心的管理采用的是集中管理的方法，这种设置的方法虽然强化了管理，但给学习者对学习资源的利用却增加了不同程度的麻烦。

开放式管理是指资源中心的图书资料、硬件和软件资源完全放开，任由学习者选取在资源中心内使用，若需要也可办理手续借出到中心外使用。这种管理方法，对管理员来说是增加了管理的难度，而对学习者来说，则提供了方便，有利于提高学习资源的利用率和利用效果。

(4) 学习资源的开发

学校的学习资源中心，还应具备学习资源开发的环境，它主要提供给教师利用，也可供学生(特别是师范院校的学生)使用，一般称为自助工作室。学习资源开发包括：文字资料的复印，幻灯片、投影片的复制与编制，录音教材的复制与录制，电视教材的复录与编制，计算机课件的编制等。

学习资源中心应为各种教育媒体的复制与开发提供物质条件，并且对开发人员进行必要的指导和培训，使之开发的媒体能有效地用于教学活动。自己编制的教育媒体，还可复制后储存于学习资源中心内，以供更多学习者去利用。

2. 学习资源的管理和利用

学习资源管理和利用的目标，一是管理好各种媒体，不丢失、不损坏；二是方便师生充分利用，有较高的利用率和利用效果。因此，就出现了两种管理方法：一是集中管理，有利于达到第一个目标，却不利于第二个目标；二是开放式管理，不利于第一个目标，却大大有利于达到第二个目标。

3. 学习资源中心的功能与应用

学习资源中心的主要功能为以下4点。

(1) 资源共享

学习资源中心集中了丰富的多种媒体的信息资源，可为全校的师生服务，充分发挥了资源的共享作用。

(2) 个别化自学

众多的多媒体学习资源为学习者的个别化学习提供了可能，满足了学生个性化学习的需要。

(3) 促进素质教育

学习资源中心为学生提供课堂外的一个重要学习场所，学生在这里按自己的兴趣与爱好，利用多种媒体去扩充自己的知识与能力，接触社会上更新更广的信息，从而对全面提高学生的素质，促进素质教育起到重要作用。

(4) 补充和充实课堂教学

具有众多学科资源的学习资源中心，能为课堂教学起到充实作用和补充作用。教师利用资源中心的资源充实了课堂教学的内容、媒体与方法。学生也可在课后到学习资源中心去查找资料，开阔视野，扩大知识面。

思考与作业题

1. 名词解释

现代教育技术系统环境　校园网　多媒体教学系统　多媒体网络教室　语言实验室　微格教学　学习资源中心

2. 简述题

(1) 现代教育技术系统环境的含义是什么？有哪些类型？

(2) 什么是校园网？简述校园网的主要功能。

(3) 多媒体教学系统的原理是什么？多媒体教学系统主要有哪几种类型？各有什么功能特点？

(4) 如何选择多媒体教学系统设备，选择标准如何？

(5) 简述多媒体网络教室的基本组成，它的主要功能有哪些？

(6) 语言实验室主要有哪几种类型？各有什么功能特点？

(7) 微格教学系统由哪几部分构成？它们在微格教学中起什么作用？

(8) 微格教室在设计当中应注意哪些方面的问题？

3. 实践题

(1) 利用学习资源中心查找学科教学的相关资源，并思考学习资源中心的特点是什么？教学中如何使用好学习资源中心？

(2) 利用视频会议开展学习交流，并思考系统视频会议系统的特点是什么？教学中如何使用好视频会议系统？

(3) 参观学校的网络中心、语言实验室、微格教学、学习资源中心。

(4) 操作使用多媒体教学系统、多媒体网络教室，并了解其组成与结构。

4. 讨论题

分组讨论校园网、多媒体教学系统、多媒体网络教室、语言实验室、微格教学、学习资源中心等现代教育技术系统环境在教育教学中的应用方式。

5. 课外延伸

(1) 回忆和反思本模块的学习过程。如果对哪一部分的培训内容仍有疑问，您可以记录下来，在后续培训中向主讲教师咨询，或者在网络条件许可的情况下利用网络培训平台的答疑区解惑。

(2) 查阅有关现代教育媒体系统方面的资料或观摩媒体系统使用案例，进一步理解系统运用的方法和实践。

拓展学习

1. 什么是云计算

云计算(Cloud Computing)是分布式处理(Distributed Computing)、并行处理(Parallel

Computing)和网格计算(Grid Computing)的发展,或者说是这些计算机科学概念的商业实现。云计算的基本原理是,通过使计算分布在大量的分布式计算机上,而非本地计算机或远程服务器中,企业数据中心的运行将与互联网更相似。这使得企业能够将资源切换到需要的应用上,根据需求访问计算机和存储系统。

2. 什么是网格

网格是一种新兴的技术,正处在不断发展和变化当中。目前学术界和商业界围绕网格开展的研究有很多,其研究的内容和名称也不尽相同,因而网格尚未有精确的定义和内容定位。比如国外媒体常用"下一代互联网"、Internet2、"下一代 Web"等来称呼网格相关技术。企业界用的名称也很多,有内容分发(Contents Delivery)、服务分发(Service Delivery)、电子服务(E-service)、实时企业计算(Real-Time Enterprise Computing,RTEC)、分布式计算(Peer-to-Peer Computing,P2P)、Web 服务(Web Services)等。

网格是利用互联网把地理上广泛分布的各种资源(包括计算资源、存储资源、带宽资源、软件资源、数据资源、信息资源、知识资源等)连成一个逻辑整体,就像一台超级计算机一样,为用户提供一体化信息和应用服务(计算、存储、访问等),虚拟组织最终实现在这个虚拟环境下进行资源共享和协同工作,彻底消除资源"孤岛",最充分地实现信息共享。

3. 什么是数字化校园

数字化校园是以数字化信息和网络为基础,在计算机和网络技术上建立起来的对教学、科研、管理、技术服务、生活服务等校园信息的收集、处理、整合、存储、传输和应用,使数字资源得到充分优化利用的一种虚拟教育环境。通过实现从环境(包括设备,教室等)、资源(如图书、讲义、课件等)到应用(包括教、学、管理、服务、办公等)的全部数字化,在传统校园基础上构建一个数字空间,以拓展现实校园的时间和空间维度,提升传统校园的运行效率,扩展传统校园的业务功能,最终实现教育过程的全面信息化,从而达到提高管理水平和效率的目的。

4. 什么是虚拟教室

虚拟教室是在计算机网络上利用多媒体通信技术构造的学习环境,允许身处异地的教师和学生进行大多数教学活动。例如网络课堂,网络的"教"与"学"环境集成在一起,组织教学活动、在线讲课、在线解答,实时视频点播教学、实时视频广播教学、虚拟教室教学监控、多媒体备课与授课、多媒体个别化交互式网络学习、同步辅导、同步测试、疑难解析、BBS 讨论、远距离教学。

第4章　信息化教学设计与应用

实例与问题

一个好的教学设计是提高教学效率和质量,使学生在短时间内有效获得知识,能力全面得到提升的前提,传统教学设计的设计对象通常以班级课堂教学为主,教学活动和过程的设计更多考量的是面授教学如何实施,教师活动设计在整个教学设计中占较大比重。随着20世纪90年代信息化产业在教学中的渗透,教育信息化开始浮出水面,多元化教学形式开始打破课堂教学一统天下的局面,信息化环境下的课堂讲授式教学、基于问题的探究式教学、基于案例的教学、基于资源的学习、WebQuest网络探究学习、基于网络的自主与协作学习等教学形式逐渐被师生们所熟知和认同,然而也让面对新事物的教师和学生们手足无措,如何开展这些学习?如何设计更为有效的教学活动,最大化地提升学生的知识与能力?信息化教学设计成为当前应提上日程的课题。教育信息化有着与传统教学不同的形式与特点,其教学设计的要素和内容自然也与传统教学设计存在不同,因此,找出信息化教学设计的设计核心,引导大家明确信息化教学设计的要素和内容成为本章教学所要达到的目的。

教学指南

本章主要由信息化教学设计概述、信息化教学设计的理论基础、信息化教学设计的基本过程、信息化教学模式的选择与设计和信息化教学评价五大模块组成。详细的内容结构如图4-0所示。

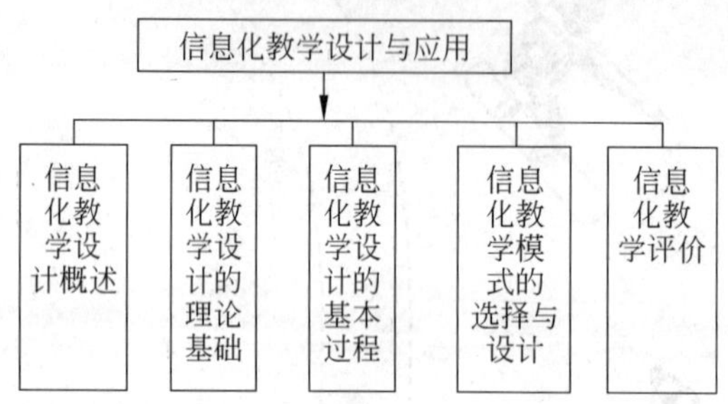

图4-0 信息化教学设计与应用的内容结构

教学目标

(1) 识记:信息化教学设计的含义及特点。

(2) 理解:信息化教学设计的教学理论和学习理论,并能应用这些理论对信息化教学设计进行正确指导。

(3) 应用:信息化教学设计的具体过程与方法,结合具体教学模式写出具体的设计方案;能应用恰当的信息化教学评价方法对信息化教学效果实施有效评价。

教学方法与课时分配建议

教学方法:

教学方法上注重学生理论联系实际能力的培养,授课形式以理论讲授和具体案例分析相结合的方式展开，通过任务驱动式教学培养学生信息化教学案例的设计能力。

(1) 本章的重点是信息化教学设计的理论基础、信息化教学设计过程及其评价。

(2) 4.1 节、4.2 节和 4.5 节可采用“讲授—讨论”的方式，教师先讲授基本内容，然后学生参与讨论以达成共识，加深对信息化教学设计及相关理论的理解。

(3) 4.3 节和 4.4 节可采用“讲授—案例—讨论”的方式，教师先讲授基本内容，然后结合案例分析信息化教学设计的过程及具体模式的应用。

课时分配：

计划时数 12 学时，其中信息化教学设计概述及理论基础 2 学时，信息化教学设计基本过程 2 学时，信息化教学模式的选择与设计 6 学时，信息化教学评价 2 学时。

4.1 信息化教学设计概述

4.1.1 信息化教学设计的含义

在理解信息化教学设计含义之前，我们首先应对信息化教学有一个明确的认识。信息化教学是与传统教学相比较而言的现代教学形态，该教学形态以信息技术作为技术支持，以现代教育、教学理念作为思想指导，信息化教学设计则是针对此教学形态所实施的一种系统设计过程。因此，信息化教学设计就是指在现代教育、教学思想的指导下，充分利用现代信息技术和信息资源，应用系统的方法，科学安排教学过程各个环节和要素，并为学习者提供良好的信息化学习条件，实现教学过程最优化的系统设计过程。信息化教学设计的目的在于培养学生的信息素养、实践能力、综合能力和创新精神。

4.1.2 信息化教学设计的特点

信息化教学的最终目的是提高学生的综合实践能力和创新能力，因此，与传统教学设计相比，信息化教学设计主要体现以下两大特点。

1. 以学生为中心，关注学生能力培养

信息化教学设计的核心理论基础是建构主义和人本主义学习理论，明确强调“以学生为主体”、“以学为中心”，充分利用各种信息资源，尤其是网络资源来支持学生的“学”。教师的教学设计和教学任务要基于学生学习水平，对教学目标、课程标准、教学资源、活动过程、评价量规、个别指导等进行设计和组织实施，教学形式应以“学”为中心，倡导探究式学习、资源型学习和协作化学习的设计与实施，并通过“问题驱动”、“问题解决”等教学形式培养学生的信息素养、批判性思维和问题解决与创新能力。

2. 强调知识内化，注重学习过程的设计

信息化教学设计强调发挥学习者在学习过程中的主动性，因此在教学目标设计上，信息化教学设计更注重知识是否能够实现意义建构，学习问题和学习情境的设计则强调通过解决具体情景中的真实问题来达到学习目标，学习环境的设计则更多表现为学习资源和学习工具的整合，教学或学习活动的设计更强调学生的主体参与，学习任务设计往往成为学习活动设计的主要形式之一，过程性评价设计也成为信息化教学评价设计的关注重点，并从知识、情感和态度三个方面对学生的学习进行全面客观的评价。

4.1.3 信息化教学设计的原则

信息化教学设计是以信息技术为支持，以建构主义理论为指导，并以学生为中心，关注学习过程的设计，强化学生能力的培养，因此，信息化教学设计应遵循以下几个基本原则。

1. 注重学习情境的创设

建构主义认为，学习总是与一定的社会背景即"情景"相联系的，在实际情境下或通过创设接近真实的情境下学习，可以激发联想，唤醒长期记忆中相关的知识和经验，从而使学习者能通过原有认知结构中的知识和经验去同化当前学习的新知识，达到新知识的意义建构。因此，信息化教学设计注重情境的创设，是使学生的知识得以自然迁移与深化的关键之一，为此，信息化教学设计应关注以下几个方面。

(1) 注重以"学"为主的学习环境的设计

乔纳森(Jonassen，1999)认为，学习环境是学习者共同体一起学习或相互支持的空间，学习者控制学习活动，并且运用信息资源和知识建构工具来解决问题，在学习过程中技术只是学习者探索、建构和反思学习的工具，社会背景对学习起到一定的支持作用。因此，学习环境的设计与选择应遵循以下原则。

① 构造仿真世界环境，提供基于案例的学习环境，构造接近真实世界的学习任务。

② 应避免知识表征的简单化，提供知识的多种不同表象，以说明真实情景的复杂性。

③ 提供必要的工具、技术和教学环境帮助学生开展自我调控的学习活动。

④ 营造具有协商和合作氛围的学习环境，支持通过交流与合作进行的学生知识建构，避免知识强加式的教学环境的产生。

(2) 提供多媒体情景式的学习资源和多样化的信息资源

信息化教学设计注重对信息资源和学习资源的设计与使用。利用多媒体技术创设与真实情景相似且与学习主题相关的问题，对于帮促学生实现意义建构具有较大的积极作用。因此，利用现代教育技术提供科学现象、史料、文献、真实的事实材料等营造事实性情景，利用多媒体手段，创设与学习内容相关的情节、景色、模拟画面等意境性情景，以计算机仿真技术设计模拟实验情景和通过现代教育技术提供典型事物的现象与过程，创设原理性情景，对于帮助学生建立经验、突破学习难点、实现意义学习具有不错的成效。信息资源则是指与问题解决相关的各种资源，这些资源要求与案例或个案具有一定相关性，内容要求丰富、生动，能帮助学生对学习问题进行分析、探究和发现。

2. 注重自主学习活动设计，强调"任务驱动"式和"问题解决"式学习

意义建构是学习者在适当的学习环境下通过主动探索、主动发现、自主学习的过程中才能实现，任务驱动和问题解决式学习能有效提高学生的主动学习动机，充分发挥学生的学习积极性。为此，自主学习活动设计应考虑以下几个因素。

(1) 学习活动可以围绕某一问题或主题展开，这些问题最好来自于现实生活中的某些具体事例。

(2) 学习活动具有明确的任务性、目的性，学生知道为什么而做，教师的重点放在如何有效地引导学习。

(3) 注重主动探索活动的体验，挖掘学生的探究精神，积极开展师生和生生间的交流与合作活动。

(4) 学习成果总结与展示活动注意形式多样化，可以研究报告、演讲、讨论等形式展开。在此过程中，教师应当对学生的学习成果进行必要的指导和帮助，帮助学习者更好地将学习成果进行展示。

3. 强调针对学习过程和学习资源的评价

学习过程评价是针对不同的学习形式与学习方法，依据一定的标准，采用适当的测量工具与方法，对学生学习过程与学习结果进行描述，并根据教学目标对所描述的学习过程和结果进行价值性的判断。

学习资源的评价是根据教学目标，测量和检验教学资源所具有的教育价值，学习资源评价的着重点在于评价方案和评价指标体系的设计，评价指标体系的设计通常包含目标分解、归类合并、评价标准的建立、评价标准的描述、指标权重设计等内容。

4.2 信息化教学设计的理论基础

4.2.1 信息化教学设计的教学理论

1. 斯金纳的程序教学论①

斯金纳是美国著名的教学心理学家。他在巴甫洛夫经典条件反射学说和桑代克的试误论的影响下，通过动物实验建立了斯金纳新行为主义学习理论，并据此提出了程序教学论及其教学模式，该学习理论成为早期计算机辅助教学(CAI)设计的理论依据，并对远程教学及网络教学具有一定的启发意义。

(1) 斯金纳程序教学论主要思想

斯金纳新行为主义学习理论的核心是操作性条件反射学说。行为主义理论强调的是刺激(S)与反应(R)的关联性，早期行为主义者比较关注能引发行为的刺激，认为刺激能使行为者产生反应，因此，认为学习是一个S(刺激)→R(反应)的渐进过程，斯金纳则认为人或动物为了达到某种目的，会采取一定的行为作用于环境，当这种行为的后果对他有利时，这种行为就会在以后重复出现，不利时，这种行为就减弱或消失，因此，斯金纳认为学习的关键在于强化，并提出了R(反应)→S(刺激)模式，也就是关注行为结果给行为者带来的刺激，并提出利用强化去推动行为的进一步产生与发展，因此，他认为教学要获得成功，就必须根据学习的目标，在促进学习者学习时，不断地给予强化，促使学习者向着学习目标迈进。

因此，根据斯金纳的操作性条件反射学说，一位教师要实施教学，必须考虑以下几个问

① 钟启泉，黄志成. 美国教学论流派[M]. 西安：陕西人民教育出版社，1998.

题：首先，要考虑在特定的时间里计划教学的内容是什么，这些教学内容最终必须通过学生的行为获得来表示。其次要考虑有哪些可以利用的强化物，强化物是可以强化教学效果的某种行为或方式，其主要包括两种：一种是学习者在学习过程中对所操纵的材料具有强烈的兴趣；另一种是在学习过程中给予学生奖励。教师要把非常复杂的行为模式逐渐精致地做成小的单位或步骤，也就是把教学目标进行具体分解，确定每个步骤所保持行为的强度，才能确保强化的有效性。

为此，斯金纳提出了程序教学应遵循的五大原则。

① 积极反应原则：一个程序教学过程，为促使学生始终处于一种积极学习的状态，就必须在学习者产生学习反应后给予适当的强化与奖励，比如说一个表扬、一个赞美或一个奖品等，从而巩固这个反应，促使学习者作进一步的反应。

② 小步子原则：程序教学所呈示的教材内容将被分解成若干小的、有逻辑顺序的单元，分小步按顺序学习，后一步的难度略高于前一步，学习的基本过程是：显示问题（第一小步）→学生解答→对回答给予确认→进展到第二小步……如此循序前进直至完成一个程序。由于知识是逐步呈现的，学生容易理解，因此在整个学习进程中学生能始终充满信心。

③ 即时反馈原则：程序教学特别强调反馈的即时性，认为对行为的即时强化是控制行为的最好办法。对学生的反应做出的反馈越快，强化的效果就越大，从而提高学生学习信心的效果就越好。

④ 自定步调原则：程序教学允许学习者按各人自己的情况来确定掌握材料的速度。这与传统教学在课堂传授中一般以“中等”水平的学习者为参照点的教学法不同，传统教学法使掌握快的学生被拖住，而学习慢的学生又跟不上，致使班级学生之间的学习水平差距越来越大。程序教学以学生为中心，鼓励学生按最适宜自己的速度学习并通过不断强化获得稳步前进。

⑤ 最低错误率原则：程序教学将教材由浅入深、由已知到未知的顺序编排，学生每次学习都因学习的循序渐进尽可能做出正确反应，把错误率降到最低限度。斯金纳认为不应让学生在发生错误后再去避免错误，无错误的学习能激发学习积极性，增强记忆，提高效率。

根据斯金纳程序教学法五步原则，得出图 4-1 程序教学的基本过程。

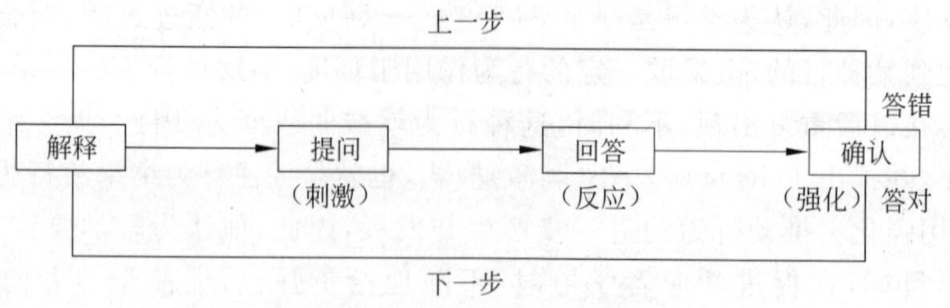

图 4-1 程序教学基本过程①

① 祝智庭. 现代教育技术——走向信息化教育[M]. 北京：教育科学出版社，2001.

（2）斯金纳程序教学论给信息化教学设计带来的启发

斯金纳的程序教学论是计算机辅助教学（CAI）设计的理论依据，因此，针对当前的计算机辅助教学及近期发展起来的网络教学和远程教学的教学设计均具有一定指导意义，所带来的启发主要体现为以下几点。

① 注重学生学习行为的设计。

② 教学目标与学生学习行为挂钩。

③ 注意信息化教学单元的小步子设定。

④ 允许学生自己控制学习进度。

⑤ 合理设置强化物和强化节奏。

⑥ 针对学生的学习行为给予及时有效的反馈。

2. 布鲁纳的结构主义教学论①

结构主义教育思想是20世纪50年代至60年代形成的一种西方教育思潮，它是以瑞士心理学家皮亚杰（J. P. Piaget）的认知心理学为基础，其主要代表人物是美国的心理学家和教育家布鲁纳（J. S. Bruner）。

（1）结构主义教学论主要观点

布鲁纳是美国著名心理学家和新教学论思想家，其创立的结构主义教学论是当今世界上最有影响的三大教学理论之一。布鲁纳强调对儿童认知结构的研究以及认知能力的发展，注重对知识结构的理解，提倡发现学习和早期教育。其所提出的结构主义教学论主要观点如下。

① 重视学生认知结构的发展和学科的知识结构。布鲁纳把认知发展作为教学论问题讨论的基础。他指出："一个教学理论实际上就是关于怎样利用各种手段帮助人成长和发展的理论。"他认为教育"不仅要教育成绩优良的学生，而且要帮助每个学生获得最好的智力发展，教育的任务在于发展智力"。"儿童的认知发展是由结构上迥异的三类表征系统（行为表征、图像表征、符号表征）及其相互作用构成的质的飞跃过程。"布鲁纳认为，学习的实质在于主动地形成认知结构。认知结构是指由人过去对外界事物进行感知、概括的一般方式或经验所组成的观念结构。学习者不是被动地接受知识，而是主动地获取知识，并通过把新获得的知识和已有的认知结构联系起来，积极地建构其知识体系。他指出，"不论我们教什么学科，务必使学生理解该学科的基本结构。"布鲁纳认为"基本概念和原理是学科结构最基本的要素"，"学习结构就是学习事物怎样相互联系的"，因为这些基本结构反映了事物之间的联系，具有"普遍而有力的适用性"。

② 提倡发现学习。在教学方法上，布鲁纳主张"发现法"。所谓"发现法"，对学生是一种学习方法，叫发现学习；对教师则是一种教学方法，叫发现教学。他认为学习是一种过程，而不是结果。他主张让学生主动地去发现知识，而不是被动地接受知识。布鲁纳的"发现学习"和"发现教学"以培养创新精神和实践能力为主要目的，即构建旨在培养创新精神和实践能力的学习方式及其对应的教学方式。其基本程序一般为：创设发现问题的情境→建立解决问题的假说→对假说进行验证→做出符合科学的结论→转化为能力。布鲁纳认

① 曹艳. 布鲁纳结构主义教学理论对我国基础教育课程改革的启示[J]. 湖北成人教育学院学报，2009(2).

为“发现”依赖于“直觉”思维，他主张在教学中采取有效方法帮助儿童形成直觉思维能力，要鼓励学生去猜想。

③ 提倡螺旋式课程。布鲁纳认为课程设计和教材的编写，应标明基础学科基本知识的学习准备，根据学生当时认知发展水平予以剪裁、排列和具体化，使知识改造成为一种与儿童认知发展相切合的形式。他认为，课程或教材的编写应按照学科的基本结构来进行。由此，他提出了螺旋式课程编写方法。所谓螺旋式课程，就是以与儿童的思维方式相符合的形式尽可能早地将学科的基本结构置于课程的中心地位，随着年级的提升，使学科的基本结构不断地拓展和加深。这样，学科结构就会在课程中呈螺旋式上升的态势。

(2) 布鲁纳结构主义教学论对信息化教学设计的启示

① 注重能激发学习内在动机的教学或学习内容设计。布鲁纳认为学习的本质在于主动形成认知结构，学习内在动机是学习者主动构建知识的根本推动力，因此，在教学内容设计上应注意引发学生的好奇心，内容难度上应结合学生的思维方式和水平，螺旋式适当拓展和加深，使学生在学习过程中循序渐进，获得成效，从而得到成功的喜悦，进而激发其展开下一步学习的心理需求。比如开发研究性学习网站时，注意问题的提出应切合学生的实际兴趣，可结合学生身边发生的事情引出研究论题，内容组织上注意能引发学生的思维，并提供充足的学习指导。

② 注重学习的过程设计而非结果设计。布鲁纳认为，教育的目的在于发展学生智力，教学主要是营造能让学生独立探究的学习情景，让学生在发现的过程中习得并获得智力提升，因此，教学设计应花较多的心思设计发现式学习环境，如利用多媒体信息创设直观情景引发学生思维联想，教师或协作学习小组鼓励学生发现问题，开展科学论证，让学生在探索的学习过程中逐渐提高智力水平。

3. 瓦根舍因和克拉夫基的范例教学理论①

范例教学理论是由德国的M.瓦根舍因和克拉夫基等人提出的。德国瓦根舍因的范例教学是借助精选教材中的示范性材料使学生从个别到一般，掌握规律性知识，并发展其能力的一种教学模式。

范例教学论者从批判传统的系统教育论出发，主张立足于问题解决学习与系统学习、形式教育与实质教育教学主体与客体统一的观点，设想范例教学概念的意义、内容与方式。他们所倡导的范例教学，目的是克服教材内容的烦琐，要求从日常生活中选取蕴含着本质因素、根本因素、基础因素的典型事例和范例，使学生透过这种范例，掌握科学知识和科学方法，并把科学的系统性与学习者的主动性统一起来。范例教学在内容上，强调基本性、基础性和范例性三条原则。基本性原则，要求教给学生基本的知识结构，包括基本概念、基本科学规律和学科的基本结构。基础性原则，要求教学内容适应学生的智力发展水平，接近他们的生活经验和切合他们的生活实际，并且对于一定年龄发展阶段的青少年来说，这些教学内容是打基础的东西。范例性原则，要求教给学生的内容是经过精选的、能起示范作用的基本知识，这种精选出来的范例性教学内容将有助于学习者举一反三。

---

① 罗明东等. 教育技术学基础——现代教学理论与信息技术整合的探索[M]. 北京：科学出版社，2007.

(1) 范例教学理论基本观点

依据范例教学理论基本型、基础性及范例性三个基本原则，范例教学具有以下 4 个基本程序。

① 范例教学阐明“个”的阶段。该阶段要求以某一个具体直观的个别事物或对象来说明事物的特征与本质，该阶段教学目的在于让学生掌握事物的本质特征。

② 范例教学阐明“类”的阶段。该阶段要求从第一阶段“个”的范例中，抓住事物的本质特征，对本质特征上一致的个别现象进行总结归类。该阶段期望通过这种归类使学生从“个”的学习向“类”的学习迁移，掌握某事物的普遍特征。

③ 范例教学理解规律性的阶段。该阶段是将“个别”抽象为“类型”后，能从中找出某种规律性内容。该阶段的目的是让学生掌握事物发展的规律。

④ 范例教学掌握关于世界的经验和生活的经验阶段。该阶段的目的是使学生在获得关于世界的知识的同时，也能把这些知识转化为对自己的认识，转化为可以用来指导自己行为的知识。

(2) 范例教学理论对信息化教学的指导意义

① 范例性教学在远程教学的作用。远程教学师生异地分离，学习的反馈存在一定滞后性，学习效果在一定程度上受到影响。在远程教学的教学内容中，如能提供完善的知识范例，并通过范例归纳系统知识，启发学生思维，引导学员从个别事物中发现其中的一般规律，这对于缺乏面对面交流的学习效果的改善具有一定作用，而如今许多企业员工网络培训也往往采用此教学理论。

② 范例性教学对教学资源建设的影响。范例教学是一种由“个”到“类”，由“特殊”到“一般”的教学过程，该教学要求学生通过典型范例发现新知识与新问题，并达到能力的迁移，因此，教学资源建设中范例的选择与设计至关重要，范例在设计过程中应注意知识的基本性与系统性原则，所设计案例应具有典型代表性，并具有启发学生产生学习迁移的思考过程，因此教学内容和资源的建设应从培养学生独立判断和行动能力为导向，所设计案例应能激发学生学习动机，促进学生主动学习。

4. 巴班斯基的教学过程最优化理论

巴班斯基是苏联著名的教育家。他的教学过程最优化的理论，在教育界有较大影响。所谓“最优化”，简单地说，就是用最短可能的教学时间，取得最大可能的教学效果，即很好地完成教学过程所应担负的教养、教育和发展任务。

巴班斯基的教学过程最优化理论，最大的特色就是其方法论基础与众不同，即他首次尝试性地使用了辩证的系统结构方法论。他指出，要使教学过程最优化，就必须以辩证的系统结构方法论来研究教学过程。

(1) 教学最优化的定义①

教学最优化是从解决教学任务的有效性和师生时间耗费的合理性着眼，有科学根据地选择和实施该条件下最好的教学方案。

对教学过程最优化理论的理解应从以下 3 个方面考虑。

---

① 罗明东等. 教育技术学基础——现代教学理论与信息技术整合的探索[M]. 北京：科学出版社，2007.

① “最优化”是指一所学校或班级在具体条件约束下取得的最大成效，也就是教师和学生在一定场合下发挥自己尽可能的能量实现教学目标，因此“最优化”不等同于“最理想”或“最好”，而是做到相应条件下“尽量好”。

② 教学过程最优化是针对教师和学生两方面来衡量的，他不仅要求科学地组织教师工作，同时也要科学地组织学生的学习活动。

③ 教学过程最优化不是一种具体的方法，而是教师工作的一项特殊原则，是使教学在尽可能少的时间内以较少的精力达到当时条件下尽可能效果最好的一种指导思想，因此，教学过程最优化是一定条件下教学效益的优化方法论。

(2) 巴班斯基的最优化教学论对教学设计的影响

① 教学设计应从系统论的角度，分析教学过程各要素自检的相互联系和相互促进作用，教学活动的设计和组织，除了具体要素的改进和完善外，更应注意从整体上关注教学各要素间的良好组合，以求达到最优的系统整体效益。

② 教学媒体的选择应从媒体的教学效益和媒体的成本付出权衡考虑，教学效益是考虑重点，因此，在信息化教学的媒体选择，应以教学成效为考虑先决条件，技术的选择应恰当，而非炫耀。

4.2.2 信息化教学设计的学习理论

1. 加涅的信息加工学习理论

(1) 信息加工学习理论主要内容[①]

罗伯特·加涅(Robert M. Gagné)，是美国当代著名的教育心理学家，他原本是经过严格行为主义心理学训练的心理学家，但在其学术生涯的后期，他吸收了信息加工心理学的思想和建构主义认知学习心理学的思想，形成了有理论支持也有技术操作支持的学习理论。这一理论解释了大部分课堂学习，并提出了切实可行的教学操作步骤。

加涅认为，教学活动是一种旨在影响学习者内部心理过程的外部刺激，因此教学程序应当与学习活动中学习者的内部心理过程相吻合。根据这种观点他把学习过程分为八个阶段，如图 4-2 所示，每个阶段一环扣一环，具有不同的意义。

① 动机阶段：动机产生阶段是整个学习过程的开始阶段，一定的学习情境成为学习行为的诱因，激发个体的学习活动，表现为对达到学习目标的心理预期，即开始产生学习的愿望并付诸行动。

② 领会阶段：学生已具备学习的动力，并注意同学习目标有关的刺激，如对来自感觉记录器的信息进行选择，并对有关信息进行短时记忆，淘汰无关信息。这个过程是短暂的心理状态，称为心向，它起着定向的作用。

③ 习得阶段：这个阶段起着编码的作用，即对选择的信息进行加工，将短时的记忆转化为长时记忆的持久状态。

④ 保持阶段：获得的信息经过复述、强化之后，以一定的形式(表象或概念)在长时记忆中永久地保存下去。

---

① 罗明东等. 教育技术学基础——现代教学理论与信息技术整合的探索[M]. 北京：科学出版社，2007，103-104.

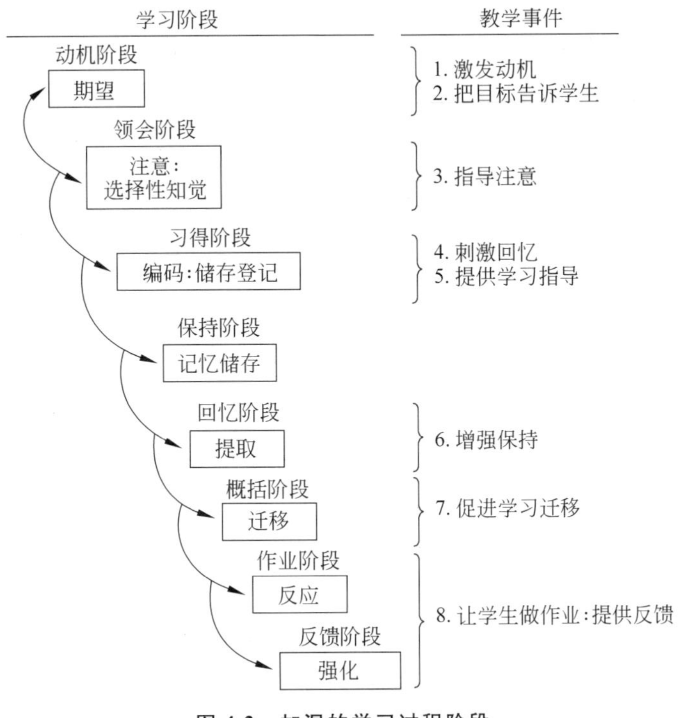

图 4-2　加涅的学习过程阶段

⑤ 回忆阶段：这一阶段为检索过程，也就是寻找储存的知识，使其复活的过程。

⑥ 概括阶段：把已经获得的知识和技能应用于新的情境之中，这一阶段涉及学习的迁移（正迁移）问题。

⑦ 作业阶段：反应发生器激起反应器活动。使学习付诸行动，展现为新作业或新操作的完成。这一阶段是获得了解决问题能力的初步表现。

⑧ 反馈阶段：学习者因完成了新的作业并意识到自己已达到了预期目标，从而使学习动机得到强化。

(2) 信息加工学习理论对教学设计的影响

加涅应用信息加工的分析方法对学生的内部认知过程进行了详细分析，这对教师进行教学设计具有很大的指导作用，对教学分析也更具针对性。加涅把教学过程与学习结果有机结合，其信息加工模型揭示了学习的内部加工的各个阶段，并把其与教学过程的各项活动一一对应，该模式揭示了教学过程的每项活动都应适合学生的内容加工过程，其学习过程的八阶段为教学设计各步骤的具体实施提供了指导与帮助。

2. 奥苏贝尔的有意义的学习观点和先行组织者的教学程序

(1) 奥苏贝尔的有意义学习理论

奥苏贝尔的有意义言语学习理论不仅用认知结构同化论的观点解释知识的获得、保持和遗忘，而且用认知结构的观点来解释知识学习的迁移。奥苏贝尔有意义言语学习理论的核心思想是，有意义学习必须以学习者原有的认知结构为基础。也就是说，新知识的学习必须以学习者头脑中原有的知识为基础，没有一定知识基础的意义学习是不存在的。因此，在有意义学习中必然存在着原有知识对当前知识学习的影响，即知识学习中的迁移是必然存在的。

既然认知结构是新知识学习的基础，原有知识必然影响当前知识的学习。那么，认知结构或原有知识是怎样影响新知识的获得和保持的呢？认知结构中的哪些因素影响知识的迁移呢？

奥苏贝尔认为，认知结构对新知识获得和保持的影响因素主要有三个。

① 认知结构中对新知识起固定作用的旧知识的可利用性。

② 新知识与同化它的原有旧知识之间的可辨别性程度。

③ 认知结构中起固定作用的旧知识的稳定性和清晰性程度。

认知结构中的这三个因素称为认知结构的三个变量。正是认知结构的这三个变量影响着新知识的获得和保持，同时也影响着知识学习的迁移。

首先，对新知识起固定作用的旧知识的可利用性是影响新知识学习的首要变量。因为，根据有意义言语学习理论，在新知识的学习中，如果学习者的认知结构中没有适当的可利用的旧知识来同化新知识，那么学习只能是机械的学习。而机械学习的迁移量最小，有时只能是零。如果学习者认知结构中可利用的旧知识的利用性很低，即可利用的知识不全面、不完整，或者很肤浅，那么，新知识就不能有效地被同化到认知结构中来。即便是勉强地同化了新知识，也影响对新知识意义的理解，新旧知识的结合也不会牢固，新知识或新观念也会很快地被遗忘。所以，认知结构中起固定作用的旧知识的可利用性影响知识学习迁移量的大小。

其次，新知识与旧知识的可辨别性也是影响学习迁移的重要变量。因为，如果在认知结构中，新旧知识的可分辨程度很低，或者两者很难分辨，那么，根据认知结构同化论对知识遗忘的解释，新获得的意义的最初可分离强度就很低。这种很低的分离强度很快就会减弱和丧失，使新意义被原来稳定的意义所代替，即使新知识很快地发生遗忘。这也影响到旧知识向新知识的有效迁移。

最后，认知结构中起固定作用的旧知识的稳定性和清晰性也是影响学习迁移的重要变量。如果起固定作用的旧知识或旧观念很不稳定或模糊不清，那么它就不能为新知识的学习提供有效的“固定点”，而且也会使新旧知识之间的可分辨性下降。从而影响新知识的学习效果。

(2)“先行组织者”教学策略

为了提高学习效果，发挥认知结构中三个变量在新知识学习中的积极作用，促进学习的有效迁移，奥苏贝尔提出了所谓“先行组织者”教学策略。这种策略也是促进学习迁移的一种有效策略。先行组织者教学策略就是在向学生传授新知识之前，给学生呈现一个短暂的具有概括性和引导性的说明。这个概括性的说明或引导性材料用简单、清晰和概括的语言介绍新知识的内容和特点，并说明它与哪些旧知识有关，有什么样的关系。使用先行组织者的目的在于如下两点。

① 为新知识的学习提供可利用的固定点，即唤醒学习者认知结构中与新知识学习有关的旧知识或旧观念，增强旧知识的可利用性和稳定性。

② 说明新旧知识之间的本质区别，增强新旧知识之间的可辨别性。

(3) 奥苏贝尔的有意义学习对信息化教学设计的启示

① 教学设计应注意意义学习情景的创设

奥苏贝尔有意义学习强调新的学习是建立在已有知识经验基础上,因此,在学生原有认知基础上创设引起学生产生意义学习的学习情境,对于学生认知结构和学习能力的发展具有较大帮助。教师在教学过程中应注意唤起学生头脑中的知识经验,使新知识与已有知识产生同化作用,教师的作用不在于为学生提供直接经验,而是营造唤起学生新旧知识关联性的学习过程与环境。

② 强调教为学服务的理念,激发学生学习内驱力

奥苏贝尔的认知内驱力观点,强调教师主要的作用在于引发学生对知识本身感兴趣,使新旧知识结构逐渐产生适当的距离,并引发学生思考与探索,因此,教师的教学主要为学生产生有意义学习而服务,培养学生对知识的需求意识、保护学生的自尊和学习信心、潜移默化地将学生的理想抱负与学习相结合,必然能激发学生的学习内驱力,提高学习的成效。

3. 建构主义学习理论

建构主义的思想来源于认知加工学说,以及维果斯基、皮亚杰和布鲁纳等人的思想。例如,皮亚杰和布鲁纳等的认知观点——解释如何使客观的知识结构通过个体与之交互作用而内化为认知结构,维果斯基的"文化—历史"发展理论的广为流传,都是建构主义思想发展的重要基础。

(1) 建构主义的知识观

知识不是对现实的纯粹客观的反映,任何一种传载知识的符号系统也不是绝对真实的表征。它只不过是人们对客观世界的一种解释、假设或假说,它不是问题的最终答案,它必将随着人们认识程度的深入而不断地变革、升华和改写,出现新的解释和假设。

知识并不能绝对准确无误地概括世界的法则,提供对任何活动或问题解决都适用的方法。在具体的问题解决中,知识是不可能一用就准,一用就灵的,而是需要针对具体问题的情境对原有知识进行再加工和再创造。

知识不可能以实体的形式存在于个体之外,尽管通过语言赋予了知识一定的外在形式,并且获得了较为普通的认同,但这并不意味着学习者对这种知识有同样的理解。真正的理解只能由学习者自身基于自己的经验背景而建构起来,取决于特定情境下的学习活动过程。否则就不叫理解,而是叫死记硬背或生吞活剥,是被动的复制式的学习。

(2) 建构主义的学习观

当代建构主义者主张世界是客观存在的,但是对于世界的理解和赋予意义却是由每个人自己决定的。我们是以自己的经验为基础来建构现实,或者至少说是在解释现实,每个人的经验世界是用我们自己的头脑创建的,由于我们的经验以及对经验的信念不同,于是我们对外部世界的理解便也迥异。所以,学习不是由教师把知识简单地传递给学生,而是由学生自己建构知识的过程。学生不是简单被动地接收信息,而是主动地建构知识的意义,这种建构是无法由他人来代替的。

学习过程同时包含两方面的建构:一方面是对新信息的意义的建构,同时又包含对原有经验的改造和重组。这与皮亚杰关于通过同化与顺应而实现的双向建构的过程是一致的。只是建构主义者更重视后一种建构,强调学习者在学习过程中并不是发展起供日后提

取出来以指导活动的图式或命题网络，相反，他们形成的对概念的理解是丰富的、有着经验背景的，从而在面临新的情境时，能够灵活地建构起用于指导活动的图式。

任何学科的学习和理解都不像在白纸上画画，学习总要涉及学习者原有的认知结构，学习者总是以其自身的经验，包括正规学习前的非正规学习和科学概念学习前的日常概念，来理解和建构新的知识和信息。即学习不是被动接收信息刺激，而是主动地建构意义，是根据自己的经验背景，对外部信息进行主动的选择、加工和处理，从而获得自己的意义。外部信息本身没有什么意义，意义是学习者通过新旧知识经验间的反复的、双向的相互作用过程而建构成的。因此，学习不是像行为主义所描述的“刺激—反应”那样。学习意义的获得，是每个学习者以自己原有的知识经验为基础，对新信息重新认识和编码，建构自己的理解。在这一过程中，学习者原有的知识经验因为新知识经验的进入而发生调整和改变。所以，建构主义者关注如何以原有的经验、心理结构和信念为基础来建构知识。

(3) 建构主义的教学观

建构主义者强调学习的主动性、社会性和情境性，对学习和教学提出了许多新的见解，主要有以下几点。

① 由于事物的意义并非完全独立于我们而存在，而是源于我们的建构，每个人都以自己的方式理解事物的某些方面，教学要增进学生之间的合作，使学生看到那些与他不同的观点的基础。因此，合作学习(cooperative learning)受到建构主义者的广泛重视。这些思想与维果斯基对于社会交往在儿童心理发展中的作用的重视的思想相一致。学习者以自己的方式建构对于事物的理解，从而不同的人看到的是事物的不同方面，不存在唯一标准的理解，通过学习者的合作使理解更加丰富和全面。

② 教学不能无视学习者的已有知识经验，简单强硬地从外部对学习者实施知识的“填灌”，而是应当把学习者原有的知识经验作为新知识的生长点，引导学习者从原有的知识经验中，生长新的知识经验。这一思想与维果斯基的“最近发展区”的思想相一致。教学不是知识的传递，而是知识的处理和转换。

教师不单是知识的呈现者，不是知识权威的象征，而应该重视学生自己对各种现象的理解，倾听他们时下的看法，思考他们这些想法的由来，并以此为据，引导学生丰富或调整自己的解释。教学应在教师指导下以学习者为中心，当然强调学习者的主体作用，也不能忽视教师的主导作用。教师的作用从传统的传递知识的权威转变为学生学习的辅导者，成为学生学习的高级伙伴或合作者。教师是意义建构的帮助者、促进者，而不是知识的提供者和灌输者。学生是学习信息加工的主体，是意义建构的主动者，而不是知识的被动接收者和被灌输的对象。简言之，教师是教学的引导者，并将监控学习和探索的责任也由教师为主转向学生为主，最终要使学生达到独立学习的程度。

(4) 建构主义指导下的教学设计

① 建构主义学习环境下的教学设计原则

强调以学生为中心。在学习过程中充分发挥学生的学习主动性，使学生在多种不同学习情境下应用所学知识，实现知识外化，让学生能根据自身行动的反馈信息，形成对客观事物的认识并找到解决实际问题的方案，因此，在学习环境和学习资源设计上更多地在于支持学生的自主与协作学习。

强调情境创设的作用。建构主义认为学习总与一定的社会文化背景即“情景”相联系，学生在实际情景中学习，可实现知识的“同化”与“顺应”，因此创设学习实际情景对于知识的意义建构具有重要作用。

强调“协作学习”对意义建构的关键作用。建构主义认为，学习者与周围环境的相互作用，对知识的意义建构起到关键作用。因此，学生建立学习群体，并在群体中进行协商与辩论，以集体的力量对所学知识进行意义建构，其所发挥的作用是个体无法比拟的。

强调对学习环境的设计。建构主义认为学生是在与周围环境发生相互作用过程中，逐步构建起对外部世界的认识，因此，学习环境是建构主义学习者进行探索和学习的场所。建构主义理论指导下的教学设计是针对学习环境的设计而非教学环境的设计，学习活动意味着更多的学习自主过程而非更多的教学控制与支配。

强调学习的终极目标是知识的意义建构。在建构主义学习环境中，学生是认知主体，是知识的主动建构者，因此，教学设计通常不是从分析教学目标出发，而是从如何创建有利于学习意义建构的情景出发，整个教学设计过程无论是教师的教学引导还是学生的自主与协作学习，均围绕“意义建构”这个最终目标展开。

② 建构主义指导下的教学设计过程

对课程和教学单元进行教学目标分析，确定学习主题。

创设与主题相关、尽可能真实的学习情景。

选择学习主题所需的信息资源的类型和内容，并确定各资源在主题学习中的作用。

进行以学生为中心的自主学习设计，促进学生对知识的迁移与内化，培养学生的创新精神。

进行协作学习环境设计，通过小组协商和讨论深化学习主题，进行更深层次的意义建构，协作学习环境设计应注意教师引导活动的设计和学生协作能力的培养。

关注自主学习、协作学习和知识建构等内容的评价设计，评价内容包括自主学习能力的评价、协作贡献能力的评价及学生对知识的意义建构效果的评价。

4. 人本主义学习理论

人本主义学习理论是建立在人本主义心理学的基础之上的。对人本主义学习理论产生深远影响的有两个著名的心理学家，分别是美国心理学家马斯洛(A. Maslow)和罗杰斯(Carl R. Rogers，1902—1987)。

(1) 人本主义学习理论主要观点

人本主义学习理论认为学习是个性、潜能和价值自我表现和实现的过程，教学的实质在于创设一个能产生预期结果的情境，即为学生的自我实现创造一个安全宽松的学习环境，使学生能主动积极地参与教育过程。学习过程中提倡师生的亲密与融洽关系，为学生营造学习安全感，使学生敢于真实表现自己，展示个性，创造性地发挥个人潜能。人本主义的学习与教学观深刻地影响了世界范围内的教育改革，其针对学习的主要观点有以下几方面。

① 知情统一的教学目标观

人本主义心理学家认为人的潜能是自我实现的，而不是教育的作用使然，因此在环境与教育的作用问题上，他们认为虽然“弱的本能需要一个慈善的文化来孕育他们，使他们出现，以便表现或满足自己”，但是归根到底，“文化、环境、教育只是阳光、食物和水，但不是种子”，自我潜能才是人性的种子。他们认为，教育的作用只在于提供一个安全、自由、充满人情味的心理环境，使人类固有的优异潜能自动地得以实现。在这一思想指导下，罗杰斯在20世纪60年代将他的“患者中心”(client centered)的治疗方法应用到教育领域，提出了“自由学习”和“学生中心”(student centered)的学习与教学观。

罗杰斯认为，情感和认知是人类精神世界中两个不可分割的有机组成部分，彼此是融为一体的。因此，罗杰斯的教育理想就是要培养“躯体、心智、情感、精神、心力融汇一体”的人，也就是既用情感的方式也用认知的方式行事的情知合一的人。这种知情融为一体的人，他称之为“完人”(whole person)或“功能完善者”(fully functioning person)。当然，“完人”或“功能完善者”只是一种理想化的人的模式，而要想最终实现这一教育理想，应该有一个现实的教学目标，这就是“促进变化和学习，培养能够适应变化和知道如何学习的人”。他说：“只有学会如何学习和学会如何适应变化的人，只有意识到没有任何可靠的知识，只有寻求知识的过程才是可靠的人，才是真正有教养的人。在现代世界中，变化是唯一可以作为确立教育目标的依据，这种变化取决于过程而不是静止的知识。”可见，人本主义重视的是教学的过程而不是教学的内容，重视的是教学的方法而不是教学的结果。

② 有意义的自由学习观

人本主义认为教学的目的在于促进学习，因此学习并非教师以填鸭式强迫学生无助地、顺从地学习枯燥乏味、琐碎呆板、现学现忘的教材，而是在好奇心的驱使下吸收任何他自觉有趣和需要的知识。罗杰斯认为，学习主要有两种类型：认知学习和经验学习，学习方式也主要有两种：无意义学习和有意义学习，并且认为认知学习和无意义学习、经验学习和有意义学习是完全一致的。因为认知学习的很大一部分内容对学生自己是没有个人意义(personal significance)的，它只涉及心智(mind)，而不涉及感情或个人意义，是一种“在颈部以上发生的学习”，因而与完人无关，是一种无意义学习。而经验学习以学生的经验生长为中心，以学生的自发性和主动性为学习动力，把学习与学生的愿望、兴趣和需要有机地结合起来，因而经验学习必然是有意义的学习，必能有效地促进个体的发展。

对于有意义学习，罗杰斯认为主要具有四个条件。

一是强调以学生为中心，突出学习者在教学过程中的中心地位。

二是让学生觉察到学习内容与自我有关。

三是伙伴学习：让学生身处一个和谐、融洽、被人关爱和理解的氛围，这种氛围包括师生之间和学生之间。

四是强调要注重从做中学。

③ 以学生为中心的教学观

人本主义的教学观是建立在其学习观的基础之上的。罗杰斯从人本主义的学习观出发，认为凡是可以教给别人的知识，相对来说都是无用的；能够影响个体行为的知识，只能是他自己发现并加以同化的知识。因此，教师的任务不是教学生学习知识，也不是教学生如何学习，而是为学生提供各种学习的资源，提供一种促进学习的气氛，让学生自己决定如何学习。

罗杰斯认为，促进学生学习的关键不在于教师的教学技巧、专业知识、课程计划、视听辅导材料、演示和讲解、丰富的书籍等，而在于特定的心理气氛因素，这些因素存在于“促进者”与“学习者”的人际关系之中。那么，促进学习的心理气氛因素有哪些呢？罗杰斯认为有以下几个：首先是真实或真诚：学习的促进者表现真我，没有任何矫饰、虚伪和防御；其次是尊重、关注和接纳：学习的促进者尊重学习者的情感和意见，关心学习者的方方面面，接纳作为一个个体的学习者的价值观念和情感表现；最后是移情性理解：学习的促进者能了解学习者的内在反应，了解学生的学习过程。在这样一种心理气氛下进行的学习，是以学生为中心的，“教师”只是学习的促进者、协作者或者说伙伴、朋友，“学生”才是学习的关键，学习的过程就是学习的目的之所在。

(2) 基于人本主义学习理论的教学设计原则①

① 以学生为中心，重视学生个人潜能的挖掘

人本主义学习理论认为：在适当的条件下，每个人所具有的学习、发现、丰富知识与经验的潜能和愿望是能够被释放出来的。由此，在进行教学设计时，应注意学生潜能的发挥，结合学生现用的知识经验水平，营造能激发学生主动学习内驱力的学习环境和气氛，因此，师生的和谐与平等关系应注意营造，学生的学习信心应适时补充，注意促使有意义学习的产生。

② 创设真实的问题情境

罗杰斯认为，要使学生全身心投入学习活动，就必须引发学生的主动学习需求，因此，创设与学生现有经验关联的真实问题情境，能激发学生的学习兴趣，满足其个体发展需求。因此，在进行教学设计时，教师的任务并不在于传授知识，而在于发现知识与真实情景之间的相互关系，并营造能促进学生自我发现知识的拟真学习环境。教师的关键任务在于激发学生学习动机，引导学生进行角色扮演和在真实情景中自我解决问题。

③ 充分利用各种学习资源

人本主义学习理论认为，当学生觉察到某些学习资源与其需求相关时，意义学习便会发生；当某些学习资源有悖于学生价值观时，学生的学习会自然受到抵制。因此，人本主义学习理论强调教师应把大量的时间放在为学生提供能满足其学习需求的各种学习资源，而不是直接向学生传授知识。

因此，进行教学设计时，应考虑以下几个方面。首先，教师应具备使用信息系统、获取信息、分析信息、加工信息、利用信息的能力。这为教师方便地利用各种学习资源提供了可能。其次，教师应主动向学生介绍自己拥有的知识、经验、特定的技能和能力，以便学生及时获得帮助。最后，建立虚拟学习社区，从网上推选一些学习、生活经验丰富的人，让他们来解答学生关心的一些问题。

④ 追求学习过程的开放性

人本主义学习理论认为学生的学习是一种在教师帮助下的自我激发、自我促进、自我评价的过程。在这种学习过程中学生不仅获得了知识，形成了学习方法，而且培养了健全的人格。因此，基于人本主义学习理论的学习过程是自由开放的，是依据学生个性自由选

① 文东，杨九民. 基于人本主义学习理论的教学设计原则[J]. 电化教育研究，2002(12)

择的学习路径。对于信息时代教师,其角色地位已由知识传播者转化为学习的促进者和帮助者。因此,在教学设计中,开放性原则应重点考量,具体的实施办法有以下几点。

首先,教师要让学生认识到他们的学习内容与自身的关系,使其发现他们学习的内容能够保持和发展自我,进而激发他们的学习热情和动机。

其次,在学生的自我激发之后,教师应为学生提供充分的学习资源和自由的学习空间,让学生积极主动地探究知识的奥秘,使学生自我促进学习,提高自身的学习积极性和学习效率。

最后,学习结果的评价也要采取开放的态度。教师应让学生进行自我评价,他人的评价放在次要地位。这样才能有助于发展学生的独立性、创造性和自主性。

⑤ 加强师生情感互动

人本主义学习理论追求认知与情感的结合,极力突出情感在教学活动中的作用,以便能形成一种以认知与情感之间的协调活动为主线、以情感作为教学活动的基本动力的教学模式。如果我们在教学活动中,师生之间以一种真诚的、互相认同的态度去传送情感,这将较好地增强教学效果,从而促进学生的意义学习。所以在进行教学设计时要摆正师生之间的关系。在教学活动中,师生的关系应是"主体与主体"之间的关系,即师生之间要相互认可、互相欣赏,同时以平等的、朋友式的关系进行交往。

4.3 信息化教学设计的基本过程①

4.3.1 信息化教学/学习要素

与传统教学相比,信息化教与学的活动模式更趋于多样化,基于资源/问题/项目/案例的学习、计算机支持的协同学习(CSCL)、计算机支持的目的性学习环境(CSILE)、操练与练习、个别授导、教学测试、教学模拟、教学游戏、情境化学习、探究性学习、虚拟学社、微型世界、协同实验室、计算机支持讲授等在各类教学中纷纷涌现,众多教学形式中,有的重教,有的重学,但以学为中心,则是众多教学活动强调与关注的主题,因此,在考虑信息化教学要素时,从学为中心的角度出发,信息化教学的基本构成要素主要有以下几个。

1. 问题/主题/项目

问题/主题/项目是指学习者学习或探究的对象,是建构的指向、思维聚焦的核心。对学科教学来说,这实际上学习目标的表现形式——是指在进行教学目标分析的基础上,把当前所要学知识中的基本概念、基本原理、基本方法和基本过程转换为问题/主题/项目,也是学习的基本内容,学习者围绕它展开一系列的学习活动。

对活动课程、校本课程或研究型课程来说,问题/主题/项目的涵盖范围或来源就更广泛了,与学生素质发展相关的社会、科学、文化、政治、生活领域中的热点问题等,凡是一切有利于学生信息能力、思维能力、知识应用能力发展的内容都可以作为信息化学习的问题/

① 钟志贤. 信息化教学设计概论[J]. 江西师范大学课程与教学研究所,2010(5).

主题/项目。但是问题/主题/项目的选择或组合，要注意其是否对学习者有挑战性、吸引力，是否有跨学科性、情景性和适应性(适应学生的心理发展水平)。

2. 信息化学习策略

信息化学习策略是指达成对问题/主题/项目进行意义建构的案例示范、量规创建/说明、资源/技术支持、活动方式设计、自我管理、学习指导/建议等。

(1) 围绕问题/主题/项目的性质和特点，为学习者提供相关的案例，增进学生的经验感受，让学生比较问题/主题/项目的学习与案例所提供的经验之间的相似性和差异性，以获得一些必要的启迪。

(2) 告之学生预期的学习结果形式及其评价的标准(一般是用结构性的评价工具——量规)，让学生对所要达成的标准心中有数，一般来说，应当允许多种学习结果形式、提供多种评价量规。

(3) 针对问题/主题/项目学习的特点，提供各种各样的学习资源/技术。当然，支持问题/主题/项目的学习资源/技术可以多种多样，传统的/现代的，电子的/非电子的，有效能工具/信息搜寻工具/交流工具/认知工具等不一而足。但是信息化学习却应当把资源/技术支持重点放在以信息化技术为支持的基础上。

(4) 活动方式可以多种多样，但要特别注重学习过程中的小组协作/交流活动，重视展开以技术支持的学习共同体的学习活动。

(5) 自我管理是指学习者对自我学习过程中的时间管理、环境管理、努力管理和获取他人支持等方面的控制。时间管理是指制定学习时间、计划、目标等；环境管理是指寻找适合自我学习风格的场所；努力管理是指把握学习过程中的心境、努力、内省和坚持不懈、自我强化；获取他人支持是指寻求教师、伙伴、小组、专家、社区人员等方面力量的帮助。

(6) 在教学单元设计的过程中，教师应为学习者提供适当的学习建议，当学习者遇到疑难时要予以必要的帮助，当学习者遭受挫折或信心不足时，要予以必要的激励。教师应当做好指导者、激励者和引导者的角色，以帮助学习者达成意义建构。

3. 信息化评价/反思

信息化学习特别注重学习过程的评价，以注重培养和发展学习者的元认知能力，使学习者学会从反思中学习。其评价活动是与学习过程共始终的，亦即学习者一开始进入具体的学习活动，评价也就开始了，而不是在学习者完成学习活动之后进行评价。信息化学习也重视结果的评价，但要求学习者说明结果产生的过程。学习者的学习结果一般是以作品的形式出现(比如电子文稿、电子演示稿、调研报告、图形/表、模型等)。在最终评价时，学习者展示和说明他的学习结果，教师/学习者按照预先提出的量规对其进行评价，评价可以采取自评、互评、教师评量等方式。既要评价个人的学习绩效，更要评价小组的学习绩效。这种评价不但能使学习者“知其然”，更能使学习者“知其所以然”，训练和培养学习者的反思性学习/思维能力；不但能注重学习者的独立学习能力，更能使学习者注重协作学习，发展学习者的独立精神和合作能力。

三个基本构成要素的关系，如图 4-3 所示。

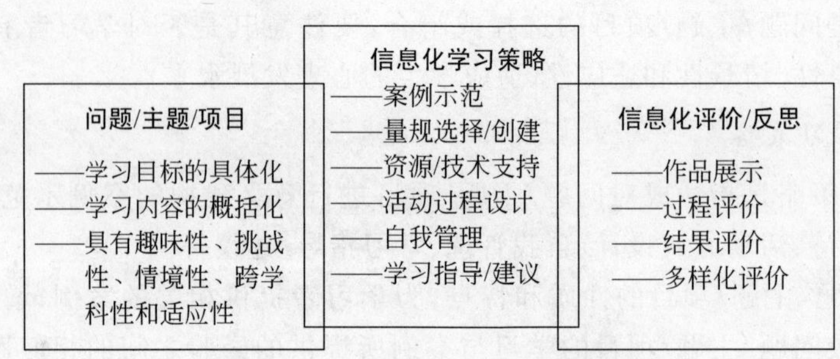

图 4-3 信息化教学/学习三要素

4.3.2 信息化教学设计的过程

信息化教学设计的宗旨是通过设计建构主义学习环境，创设适应学习者内在学习需求的外部条件，以促进学习者有意义学习的发展。这种设计要求掌握建构主义学习环境的基本构成要素，体现有意义学习的基本精神，把教师的主导作用和学习者的主体作用有机地统合起来。

1. *有意义的学习*

在建构主义看来，各级各类学校教育的根本目的，就是最大限度地激发学生投入到有意义的学习之中，学校最根本的职责就是帮助学生如何认识问题和解决问题，建构理解新事物/现象的心智模式，创设情景，让学生自己设定目标，规划自己的学习(学会学习)。于此，教育技术就是要为学校教育实现这些目标服务。有意义的学习包含五个相互联系的特性，这五个特性既是教育技术运用的目标，也是评价教育技术运用效果的标准。教育技术的运用应当有效地支持积极的、建构的、目的性的、真实的和合作的学习。

(1) 积极的(主动/自觉)特性：真正的学习需要学习者的积极参与，学习者要充分发挥自身的主动性和自觉性。让学习者投入到某项有意义的活动任务中去(而不是被强迫)，由他们去从事对象化的活动，与环境互动，并且反思对象化活动的结果。

(2) 建构的(阐释/反思)特性：建构是指对学习对象进行一系列的思维活动，对所观察的事物进行阐释和反思，形成意义。

(3) 目的性(反思/自律)特性：所有的人类活动都是目标导向的(Schank，1994)。在任何学习情景中，技术都应当首先能促进学生清晰地阐述学习目标，然后在各方面支持他们的学习。基于技术的学习系统，要求学习者能清晰阐释他们的学习行为、所做的决定、使用的策略，以及他们所发现的答案。当学习者能清晰地阐述他们的所学、反思学习的过程和所做的决定时，他们将能获得更多的理解，能更好地将他们所建构的知识运用到新的情景中去。

(4) 真实的(复杂/情景化)特性：以往，教育者最大的失误就在于过分地简化知识(观点)，他们以为这样做就能更容易地传递给学习者。其实，这样做，不仅割裂了知识与情景的联系，而且还剥离了知识(观点)的情景线索和相关信息。把知识提取成“最简单化”的形式，以便学习者学习起来更容易，看似为学习者考虑，实则大谬不然。试想，如果知识脱离了现实情景，学习者学习的是什么呢？现实世界是单一性、确定性的吗？事实并非如此。

知识(观点)的意义决定于其所依托的情景。

(5) 合作的(协作/交流)特性：小组/团体的协作/交流，有益于学习者的知识建构、有益于学习者学习多角度地分析和解决问题方法。在小组协作/交流学习中，学习者对学习任务以及完成的方法，展开交流性的协商，共享多元，相得益彰。从中，学习者可以学会多种看世界的角度，学习多种解决现实生活问题的方法。以往我们过分地强调了独立学习，在很大程度上违背了学习的本性——协作/交流学习。

2. 建构主义学习环境的设计

信息化教学设计，实际上就是要为学习者创设一个建构主义学习环境。如何创设建构主义学习环境，是近年来教育技术工作者研究的重心之一。

乔纳森(D. Jonassen，1999)等人认为，一个有效的建构主义学习环境主要包括以下几个构件：问题/项目、相关案例、信息资源、认知工具、协作交流工具和社会/情景。

(1) 问题/项目

任何建构主义学习环境关注的焦点都是问题/项目，这也是学习者解决问题的目标。问题驱动学习，构成了建构主义学习环境与客观主义学习环境的根本区别。问题应该是劣构/弱构的。问题/项目包括三个子要素。

① 问题情境：情境是问题的主要部分(如真实情境下的学习、情景认知)。

② 问题呈现/模拟：问题必须有趣味性且具感染力，能够吸引学习者的注意(如真实情境下的学习、情景认知)。

③ 问题解决空间：投入性的活动是进行有意义学习的一个重要组成部分。为了使学习者能够积极参与活动，学习者必须能操控一些活动(如创造一种产品、综合某些因素、作出决策)以及在某方面影响环境。问题解决空间有赖于建构主义学习环境的活动结构，必须提供一个真实世界的任务环境(微世界)模拟。对于学习者来说，简单地生成一个假设或试着去执行，然后论证这种观点，这就足够了。

(2) 相关的案例

为学习者提供与学习任务相关的经验(案例)，以此作为参考的途径。理解问题需要经验，这也正是初学者最缺乏的(如基于案例的学习和认知弹性理论)。

(3) 信息资源

学习者在进行问题研究的过程中，需要信息来构建他们的智力模式，形成问题解决的假设，从而驱动问题解决活动。

(4) 认知工具

在建构主义学习环境中，需要提供综合的、新颖的、真实的任务，学习者在完成这些任务的过程中需要支持，因此要为学习者提供认知工具，以拓展学习者的能力，从而使学习者完成这些任务(如视觉化工具、静态知识呈现工具、造型工具、建构工具、绩效支持工具、信息收集工具)。

(5) 交流/协作工具

通过使用以计算机为介质的交流工具支持协作和交流，建构主义学习环境能培养和支持学习共同体,或者建立知识共同体。

(6) 社会/情境支持

提供适宜的环境和情境支持,从而影响建构主义学习环境的有效性。为了有效地支持学习,在建构主义学习环境中,教学支持如模仿、指导和支架是必需的。模仿(Modeling)以两种方式存在:显性的行为模仿、认知过程中隐性的认知模仿。指导(Coaching)是一个激发学习者的过程,分析学习者的行为,在学习过程中提供反馈以及帮助调节学习者关键技能的发展(激励、激发、唤醒焦虑水平)。支架(Scaffolding)是一种支持学习者学习的系统方法。

3. 信息化教学设计过程[①]

根据已有的信息化教学实践,结合建构主义所倡导的有意义学习理论和建构主义学习环境设计精神,信息化教学设计过程可分为单元教学目标分析、教学任务与问题设计、信息资源查找与设计、教学过程设计、学生作品范例设计、评价量规设计、单元实施方案设计和评价修改八个步骤,具体的教学设计流程如图 4-4 所示。

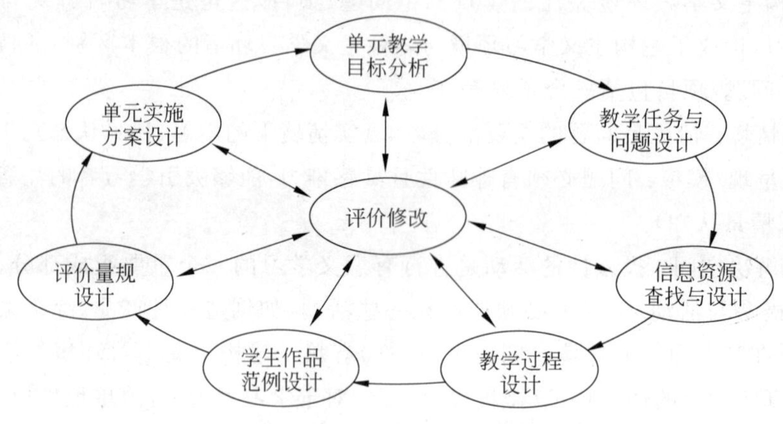

图 4-4　信息化教学设计过程[②]

(1) 分析/确定单元目标

在分析学习者特征、教学内容特点的基础上确定单元学习目标。

信息化教学设计中的学习者分析与传统教学设计中教师对学习者进行分析存在着一些区别。在信息化教学设计中,教师要逐步引导学生对自己的学习风格、现有基础与水平、兴趣爱好等做出确定与分析。教师可以根据平时对学生的观察与了解,对学习者做出的自我分析进行肯定或进行修正。信息化时代强调学生进行独立学习的能力,因此信息化教学设计有意识地让学生参与到整个设计过程,使学习者掌握设计学习过程的各种策略与方法。

学生的学习是由目标指引的。在信息化教学模式中,教师在明确总体的、较长期的阶段性教学目标之后,可以鼓励学生根据阶段性目标设定一系列子目标,学生根据自身的情

① 祝智庭.现代教育技术——走向信息化教育[M].北京:教育科学出版社,2001.

② http://jpkc.wzu.edu.cn/xdjyjs/shownews.aspx? zid=1651,2011-02-27.

况制定相关的子目标，学业基础较好的学生制定的子目标可能会比较少，而学业基础薄弱的学生则可能对阶段性目标进行更细化的划分。

(2) 学习任务与问题设计

学习任务与问题的设计由教师与学生共同协商制定。根据阶段性目标，设计真实的任务和有针对性的问题。

(3) 信息资源查找与设计

在信息化时代，学习资源异常丰富，学生可以轻而易举地通过网络、图书馆等找到自己所需的信息。然而信息的无限丰富性又给学生的学习带来一些不良的影响，其中一个比较突出的弊端是给学生的信息查找带来一定困难。教师在这方面应提供一定的帮助，如给学生提供一些寻求资源的方法，学生根据学习内容、学习地点、学习方式确定最恰当的寻找资源的途径。如果需要，教师还可以根据情况就某一个学习主题做一个资源列表，学生根据这一列表进行资料收集、分析与整理目标、寻求解决问题的方法，从而最终完成学习任务。

(4) 学习过程设计

学生在教师指导下，对自己的学习方式、学习途径、学习过程进行设计。信息化教学强调学生的自主设计能力对学生的有效学习起着关键作用。

(5) 学生作品范例设计

在教学过程中，如果要求学生以完成电子作品的方式进行学习，教师应事先做出电子作品的范例。

有了教师展示的范例，学生浏览后就会对自己将要完成的任务有一个感性的认识。但呈现范例时，又要注意避免给学生造成定式，否则会扼杀学生的个性，使报告变得千篇一律。

(6) 学习评价量规设计

在评价信息化学习，特别是其产生的电子作品时，结构化的评价工具——量规提供了较为科学的方法，对其进行认真设计将提高评价的可操作性和准确性。量规的设计应该考虑到整个学习过程以及最后的电子作品等多方面的因素。在信息化教学模式中，学习评价量规是学生学习的参照和向导。大致包括学习过程、学习态度、协作能力、目标完成情况等几个因素。

(7) 单元实施方案的设计

对教学的具体实施方案进行设计，包括实施时间表、分组方法、上机时间分配、实施过程中可能用到的软硬件以及其他必要的文档准备等。

(8) 评价与修改

由于学习过程中各因素的复杂变化性，在教学设计过程中，评价修改需要随时进行，并伴随设计过程的始终，只有对教学各环节进行合理调控才能获得最理想化的教学效果。

信息化教学设计的程序一般由学习者分析开始，整个设计过程呈现出动态、循环的特征。在每一个设计步骤中，都强调学习者作为学习主体的地位，让学生参与到整个设计过程之中，提高学生的自我意识以及对自身学习过程的反思与调节能力。

4.4 信息化教学模式的选择与设计

信息化环境下的教学既是对传统教学的继承,同时也是对技术环境下教学新模式的探索与建构过程,是各类教学模式的结构成分与技术应用条件之间的“整合”过程;教师是教学模式的实践者和创造者,丰富多变的实践情境是教学模式创新的源泉;信息技术为教学模式的发展提供了丰富的资源、工具以及交流与合作平台。信息化环境下基本教学模式是基于课堂的讲授式教学、基于问题的探究式教学、基于案例的教学模式、基于资源的自主学习、基于 WebQuest 网络探究学习、基于 ICT 的协作性学习、基于问题的研究性学习。

4.4.1 信息化教学模式的分类①

信息化教育飞速发展,使新的教学模式不断涌现,与信息化教育相关的典型教学模式有以下几种。

1. 个别授导

个别授导(Tutorial)是经典的 CAI 模式之一,其基本教学过程为:计算机呈示与提问→学生应答→计算机判别应答并提供反馈。在多媒体方式下,个别授导型 CAI 的教学内容呈示可变得图文并茂、声色俱全,并可使交互形式更为生动活泼。

2. 操练与练习

操练与练习是发展历史最长而且应用最广的 CAI 模式,此类 CAI 并不向学生教授新的内容,而是由计算机向学生逐个呈示问题,学生在机上作答,计算机给予适当的即时反馈。

3. 教学测试

此模式本质上属于 CMI(计算机管理教学)范畴,用于检验与调控学生的个别化学习进程,包括提供事前测试、分配学习任务、提供事后测试,以及进行测试分析和提供分析报告。

4. 教学模拟

教学模拟是利用计算机建模和仿真技术来表现某些系统(自然的、物理的、社会的)的结构和动态,为学生提供一种可供他们体验和观测的环境。教学模拟是一种十分有价值的 CAI 模式,在教学上有广泛的应用。例如,可以模拟电子运动、原子裂变、落体运动等,帮助学生加深对原理的理解等。

5. 教学游戏

教学游戏与计算机模拟有密切关系,多数教学游戏本质上也是一种模拟程序,只不过在其中刻意加入趣味性、竞争性、参与性的因素,做到“寓教于乐”。例如,在教学游戏中,学生可以扮演某些角色,如作为探险家在蛮荒险地求生存,作为企业家在市场竞争中求发展等,从而使学生在娱乐中形成相关的能力。

6. 智能辅导

严格地讲,智能导师也是个别授导的一种,因为它需要借助人工智能技术来实现,因此

---

① 祝智庭. 现代教育技术——走向信息化教育[M]. 北京:教育科学出版社,2001.

又称为智能辅导系统。智能辅导系统(Intelligent Tutoring System,ITS)是利用人工智能技术来模拟"家教"的行为,允许学生与计算机进行双向问答式对话。一个理想的智能导师系统不仅要具有学科领域知识,而且要知道它所教学生的学习风格,还能理解学生用自然语言表达的提问。

7. 问题解决

问题解决(Problem Solving)是一个十分广泛的概念,但作为一种 CAI 模式,是专指利用计算机作为解题计算工具,让学生利用计算机的信息处理功能解决学科领域相关的问题。通常有两种不同的做法:一是让学生利用某种计算机语言来编制解决问题的程序,如 Pascal、BASIC 等,LOGO 语言也可当作适合于儿童的问题求解语言;二是向学生提供问题求解软件包,如力学计算程序、化学分析程序、社会科学统计软件包(SPSS)、通用数学计算程序 Mathematica、工程数学计算程序 MatLeb 等。就 CAI 范畴而言,后一做法现已成为主流,因为它可使学生将精力集中于问题求解的方法而非编程细节。

8. 微型世界

微型世界(Microworld)是利用计算机构造一种可供学习者自由探索的学习环境,大多数微型世界是借助计算机化建模技术构造的,它和教学模拟与教学游戏有密切的关系。微型世界的基本特点是学生可操纵模拟环境中的对象,可建构自己的实验系统,可测试实验系统的行为。例如,有一个名叫"电子工作台"(Electronic Workbench,EWB)的软件系统允许学习者利用它提供的元件构造各种模拟电路和数字电路,并能动态测试电路的性能;还有一个名叫"交互性物理"(Interactive Physics,IP)的软件系统允许学习者构造属于经典力学系统的大部分实验。还有一种供儿童学习的 LOGO 语言,也被认为是一种微型世界,因为它提供的"图龟"世界允许学习者进行操纵并观察其反应。随着网络和通信技术的发展,网络支持的微型世界也应运而生,由美国科学探索网络开发的学习化学酸碱度知识的"pH 酸碱度"就是一个很好的例子。

9. 虚拟实验室

所谓虚拟实验室,实际上是利用虚拟现实技术仿真或虚构某些情境,供学生观察与操纵其中的对象,使他们获得体验或有所发现。有一个名叫"虚拟青蛙"的解剖实验室,学生可以做非常逼真的青蛙解剖实验,可以剥去青蛙的皮肤和肌肉,骨骼清晰可见,他还可以解剖其眼睛和大脑。

10. 情景化学习

情景化学习(Situated Learning)是当前盛行的建构主义学习的主要研究内容之一。它是利用多媒体计算机技术创设接近实际的情境进行学习,利用生动、直观的形象有效地激发联想,唤醒长期记忆中的有关知识、经验和表象,从而使学习者能利用自己原有认知结构中的有关知识与经验去同化当前学习到的新知识,赋予新知识以某种意义。情景学习模式的主要方法有认知学徒、抛锚式学习等。

认知学徒模式是从传统的师徒传技授艺模式中得到启发,情景学习论者认为,就像一个手艺人不会用预先准备好的稿子教学徒一样,教学环境和教师应该着重于用实际的方法解决真实世界的问题,而不是简单地运用预先准备好的教学顺序。教学者应该是一个指导者,是解决问题策略的分析者。教师的作用也可由智能代理实现,或在网络上由教师通过适当的教学通信工具来提供示范、教练和帮助。

抛锚式学习模式(Anchored Learning)的实质是将教学“锚接”于(安排在)有意义的问题求解环境中,这些有意义的问题求解环境被称作是“大环境”(Macro Context),因为它包括复杂的环境要素,要求学生系统地解决一系列相关的问题。每个环境能够支持学生进行持续的探索,学生能够在几个星期甚至几个月时间内从多种角度对其中的问题进行持续的求解,而且各个“锚点”(及其伴随的教学事件)都能够提供多课程的延伸。

11. 案例研习

案例研习(Case Studies)系统为学生提供一种丰富的信息环境,系统中包含从实际案例中抽取的资料,让学生以调查员的角色去调查案情(犯罪案件、医疗事故、道德伦理问题等),通过资料收集、分析和决策,得出问题的结论。

12. 基于资源的学习

基于资源的学习(Resources-Based Learning)由来已久,不是信息化教育特有的。学习资源的概念非常广泛,基于资源的学习就是要求学生利用各类资源进行自学。在信息化教育的范围内,基于资源的学习从量与质两方面来说都不可同日而语。现代信息技术,特别是多媒体与计算机网络技术的应用,为学习者提供了极为丰富的电子化学习资源,包括数字化图书馆、电子阅览室、网上报刊和数据库、多媒体电子书等。Internet 上蕴藏着无穷无尽的信息海洋。学习者只要掌握了一定的网络通信操作技能,就可以通过各种网上检索机制,方便快捷地获取自己所需要的知识进行高效的学习。

除了信息资源外,人力资源也是极有价值的学习资源。所谓的人力资源,就是指可能有助于学生学习和使学生感兴趣的人。通过计算机网络,学习者可以不受时间与空间限制,接触到世界各地的人才,他们在不施加任何压力的情况下给学习者以帮助,向学习者介绍自己所拥有的知识、经验、特定的技能和能力。

13. 探究性学习

探究性学习(Inquiry Learning)本质上是数据库系统和情报检索技术的教学应用,能按照学生的提问从学科数据库中检索出有关信息,诸如历史、地理、生物等涉及大量数据的领域。学生利用系统的信息服务功能,通过信息收集和推理之类的智力活动,得出对预设(通常由教师所给)问题的解答。

探究性学习与案例研习、基于资源学习的相似之处是,都涉及信息检索技术的应用,但它们的数据组织与范围是不同的。探究性学习的数据库通常按学科范围组织而成,案例研习的数据库是围绕有一定实际背景的事例来组织的,而基于资源学习的资源通常无预定范围。

14. 计算机支持合作学习

计算机支持合作学习(Computer-Supported Cooperative Learning 或 Computer-Supported Collaborative Learning,CSCL)是与传统的个别化 CAI 截然不同的概念。个别化 CAI 注重于人机交互活动对学习的影响,CSCL 强调利用计算机支持学生同伴之间的交互活动。在计算机网络通信工具的支持下,学生们可突破地域和时间上的限制,进行同伴互教、小组讨论、小组练习、小组课题等合作性学习活动。

15. 虚拟学伴

虚拟学伴系统(Virtual Learning Companion System,VLCS)是利用人工智能技术,让

计算机来模拟教师和同级学生的行为。关于人工智能在 CAI 中的作用,存在着一个认识不断发展的过程。20 世纪 80 年代初提出智能导师系统的概念,即企图用计算机模拟教师的行为;20 世纪 80 年代中期提出让计算机扮演学习者的角色,而不是当教师;20 世纪 80 年代末期更进一步提出了让计算机同时模拟教师和学生(多个或至少一个)的行为,从而形成一个虚拟的社会学习系统。

16. 虚拟学社

虚拟学社的名称是我们创造的,指利用网上群体虚拟现实工具 MUD/MOO 支持异步式学习交流的形式。一个教育 MOO 有一个学术主题,它利用 MOO 提供的各种通信工具,如电子邮件、电子报纸、文档、电子白板、虚拟教室等,来支持各种学习活动和校园文化。

17. 协同实验室

网上协同实验室(Collaboratory 或 Collab)是对真实实验环境和虚拟实验平台的集成,它实现了基于网络的问题求解过程。在协同实验室中,学生可以同学习伙伴一起设计实验,并通过模拟软件观看到实验结果。直到他们认为方案成熟,就可以转移到真实的实验环境中完成实验,以验证真实的情形。学生的所有行为都会被系统记录,以供进一步研究找出最佳学习路径或分析实验中的交互行为。

网上协同实验室中的学生组成一个个学习小组,所有学习小组构成一个学习型社会。在实验过程中,只有组长能够控制实验器材,获取实验数据。其他成员只是向组长提供想法和观察实验结果。当然,组内的每一名成员都进行了明确分工,他们各司其职。教师在整个实验过程中监控每一个成员的表现和实验结果。

18. 计算机支持讲授

计算机支持讲授(Computer Sopported Tecturing)包括计算机多媒体在课堂教学中的多种应用,例如:电子讲稿制作与演示;用网络化多媒体教室支持课堂演示、示范性练习、师生对话、小组讨论等。计算机在课堂教学中的应用使传统的教学形式得到新生,并且有助于教师在信息化时代的教学过程中继续发挥其应有的作用。

19. 虚拟教室

虚拟教室(Virtual Classroom,VC)是指在计算机网络上利用多媒体通信技术构造的学习环境,允许身处异地的教师和学生互相听得着看得见,不但可以利用实时通信功能实现传统物理教室中所能进行的大多数教学活动,还能利用异步通信功能实现前所未有的教学活动,如异步辅导、异步讨论等。

20. 认知工具

认知工具是支持、指引和扩充学习者思想过程的心智模式和设备,能帮助和促进认知过程,在培养学习者批判性思维、创造性思维和综合思维中起着重要作用。认知工具中有一种概念图(Concept Mapping)工具,是专门用来建立"概念地图"的。概念地图实际上是语义网络的可视化表示方法,图中有许多节点,节点与节点之间的关系用加语义标记的连线来表示。概念图的理论基础是奥苏贝尔的有意义学习理论。其认为知识的构建是通过已有的概念对事物的观察和认识开始的。学习就是建立一个概念网络,不断地向网络增添新内容。为了使学习有意义,学习者个体必须把新知识和学过的概念联系起来。奥苏贝尔的先行组织者主张用一幅大的图画,首先呈现最笼统的概念,然后逐渐展现细节和具体的东西，图4-5则为一个关于"群落水平研究的问题"关联概念图。

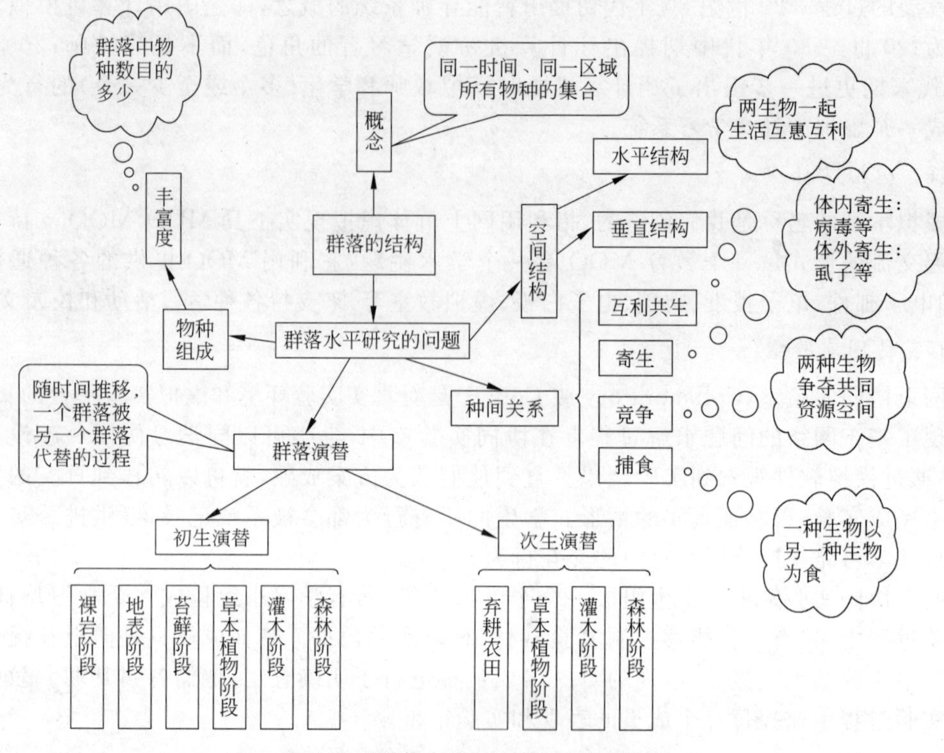

图4-5 "群落水平研究的问题"概念图

21. 电子绩效主持系统(EPSS)

电子绩效支持系统是集成信息化教育系统的一种，集成信息化教育系统是综合了不同信息化教学模式的系统。随着信息技术的发展，特别是网络通信、多媒体、人工智能以及人机界面技术的发展，今后的信息化教育系统将会朝着集成化方向发展，把信息资源、工具、情境、教学、管理等功能都综合在一个系统中。

电子绩效支持系统(Electronic Performance Support System，EPSS)主要研究目标是如何利用计算机化的电子工具帮助人们解决日常工作中碰到问题时，达到提高工作效率和效果的目的。EPSS融合了计算机辅助教学/训练、专家系统、多媒体、数据库技术于一体，给使用者以全方位支持。一个比较完善的EPSS通常由超媒体信息库(InfoBase)、专家系统、交互性训练系统、在线帮助/参考系统、效能工具、应用软件、监控系统等。各个部分集成在同一用户界面，给使用者提供全方位的支持。

4.4.2 常用的信息化教学模式的设计

1. 基于课堂的讲授式教学模式设计①

课堂讲授型教学主要指以教师讲授为主，由教师控制教学过程，并通过语言系统向学

① 李克东. 新编现代教育技术基础[M]. 上海：华东师范大学出版社，2002.

生描绘情景、叙述事实、解释概念、论证原理和阐明规律的一种教学方法。讲授型教学主要包括教师、学生、媒体、资源四个要素,教学的主要目的是让学生获得系统基本知识和训练基本技能。

传统的课堂教学由于受传统教学思想的影响,长期以来形成以教师为中心、以教材为中心、学生是知识被动接受者、媒体是辅助教师灌输知识的传播工具的格局,各要素之间的关系是经逻辑演绎的,不利于创新人才的培养。在信息技术环境下,必须根据教学需求,对组成教学过程的四要素进行科学研究与探索,形成新的教学进程结构,因此,信息化的课堂讲授式教学在设计时应注意以下几方面。

(1) 教学要明确教学思路,避免受电子课件限制。

(2) 教学内容和教学过程能引发学生的学习兴趣。

(3) 对各种资源和工具进行有机组织,明确技术应用是为新知识的传递和内化、知识的巩固熟练和深化迁移服务的意识。

(4) 对信息进行精心设计,信息呈现的速度要适当,预留学生理解与反思的时间。

(5) 教学过程中充分发挥教师主导和学生主体作用,在传授知识的过程中还应注重学生思维、创新能力的培养。

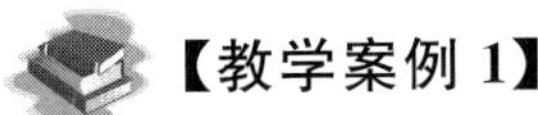【教学案例 1】

英语课堂教学设计案例①

设计者:华中师范大学北京研究院　鲁子问

1. 教学分析(见表 4.1)

表 4-1　教学分析

教学内容	《英语》(外研版)初一下第一模块第一单元	
教学对象	湖北省××县实验中学初一(1)班,学生人数 60 人	
教学项目	语词	on a school trip, take pictures, lie in the sun, postcard, enjoy
	结构	be doing
	课文	对话
教学方法	任务教学法,学生中心教学法,多媒体教学,归纳教学法。	
教学目标	语言知识	能理解 be doing 在电话中的用法和相关语词的语义。
	语言技能	能听懂他人对自己正在做什么的询问并给予回答,能向他人口头陈述自己正在做的事情。
	语言运用	能运用 be doing 把现场正在发生的事情告诉不在现场的人,向不了解画面含义的人解释画面中发生的事情。
	文化意识	能得体地向外国人介绍本地春节的活动。
	情感态度	能进一步形成开放的文化态度。
	学习策略	能通过归纳 doing 的动词变化,进一步掌握归纳动词变化的方法。

① 上饶英语教学网. http://itom130.bokee.com/5365432.html,2011.

续表

运用任务	给电视片配音，说明电视节目里的人正在做什么											
	学习技能				学习层次			教学媒体				
	听	说	读	写	知道	理解	运用	黑板	录音	录像	幻灯	课本
语词教学	√	√	√	√	√	√	√	√				√
结构教学	√	√	√	√	√	√	√	√		√		√
课文教学	√	√	√	√	√	√	√	√	√	√		√

2. 课堂教学过程(表 4-2)

表 4-2 课堂教学过程

时间	教学步骤	教师活动	学生活动	教学目的
预备铃响之后	热身准备	老师故意在接电话，让学生安静，老师对着电话说 Yes, I'm wearing the coat. I like it very much. I'll call you later.	学生各自做着自己愿意做的事情。 在老师让学生安静的手势之后，学生保持安静，自由选择是否听老师的电话内容	教师通过模拟真实的语境，向学生呈现 be doing 的运用形态。学生根据兴趣和能力感知新语言 be doing 的用法
第 1～4 分钟	启动教学，激活学生已有知识	上课开始对学生说 Happy Spring Festival! 并告诉学生：自己刚才和外国朋友通电话，告诉外国朋友有关春节的情形。外国朋友要了解我们春节的活动，今天请大家帮助老师给老师拍摄的一些春节活动配英语解说。	听老师介绍，理解老师介绍的话语。了解任务	教师导入教学内容，为任务呈现做准备。学生在老师引导下激活自己的已有知识，准备学习新知识，并激活学习新知识的兴趣，以便完成任务
第 5～7 分钟	导入新语言项目	引导学生看教师买衣服的录像。老师说 Look! I'm buying a coat. I'm talking with my friends. 把这两个语句写在黑板上，并用彩色粉笔写 ing，然后告诉学生：要告诉不在场的人，现场的人正在做什么，可以用 be doing。	在老师引导下关注春节照片上的教师本人，依据对教师的兴趣选择注意教师的衣服或其他因素。听老师讲解对话中 be doing 的用法。观察 be doing 的用法	教师通过自己生活导入新语言 be doing 结构，同时呈现其用法。学生通过真实生活场景接触、理解 be doing 的用法
第 8～15 分钟	呈现新语词	让学生说出图片上的动作行为(鼓励优秀学生用 be doing 描述)，把学生提到的动词写下来，然后听录音检测。完成活动 1、2。同时学习词汇和短语。	看图片，根据自己的能力水平说出动词或用 be doing 描述图片。 能说出大部分语词，尤其是自己感兴趣的、熟悉的语词	学生在教材内容刺激下激活已有的语词运用能力，并学习新语词，形成新的语词运用能力，能准确理解并运用所学新语词的大部分内容，尤其是自己

续表

时　间	教学步骤	教师活动	学生活动	教学目的
第16～26分钟	呈现课文学习课文	引导学生听活动3录音，回答 Where's Betty? Where's Betty's mum? 让学生由此形成对 be doing 用法的理解。再听录音，学习课文主要语句：We're having lunch. Tony is eating an ice-cream. Daming is lying in the sun.	学生听活动3录音，然后回答问题。在老师引导下得出结论：向不在现场的人说明现场正在发生的事情的时候，可用 be doing 结构。 跟读，在正音时完成活动7、8、9	老师引导学生学习课文，体会和理解 be doing 用法。 学生学习课文，掌握 be doing 的用法（向不在场的人说明现场正在发生的事情）
第27～30分钟	总结发现语法规律	老师引导学生简要总结课文中的 ing 形式。然后完成活动4，有时间可在课堂上完成活动5，没时间可在课后完成。	学生在老师引导下总结本课出现的-ing 变化形式	老师引导学生总结语法现象。 学生在老师引导下，运用归纳总结的发现式学习方法，总结归纳课文中动词 ing 的形式

2. 基于资源的主题教学模式设计[①]

学习资源是指支持教学活动实现一定教学目标的各种客观存在形态。学习资源是个非常庞杂的概念，它通常包括物质资源，人力资源和信息（环境）资源。主题是指整合教学目标的、跨学科的学习内容或学习任务。基于资源的主题教学（Resources-Based Thematic Instruction，RBTI），是指学习者围绕一个主题，通过充分发掘和利用各种不同的资源，并遵循科学研究的一般规范和步骤而进行的一系列探究活动，其目的是让学习者提高问题解决、探究、创新等能力，促使学习者的学科素养和信息素养同时得到提升，它具有资源利用的广泛性、具有主题性和主题的情境性、跨学科性、任务驱动性、探究性、反思递进性等特征。

基于资源的主题教学包括恰当的学习主题的选择、信息搜索具体目标的确定、信息资源搜索策略的实施、信息收集过程的实施、组织信息材料的评估、答案的形成、学习的反思和评价几大步骤，在进行教学设计时应注意以下几个方面。

(1) 学习主题的选择应遵循以学科为中心、以社会为中心、以自然环境为中心、以学生为中心等几个原则。

(2) 教学设计与运作的核心是探究，教学设计应考虑教学资源的选择与设计、教学情景的营造、教学工具的选择和学习活动的支持等对于学生的探究学习行为有切实有效的辅助作用。

(3) 基于资源的主题教学设计过程是：明确问题，阐述问题情境、形成假设，确定探究方向、实施组织探究活动、搜集整理资料，找出资料的意义、形成问题解决的方案、探究结果展示与交流。

① 钟志贤. 信息化教学模式[M]. 北京：北京师范大学出版社，2006.

3. 基于问题的教学模式设计

基于问题的教学模式(PBL-Problem Based Learning)是指基于问题的学习模式。它是把教学或学习置于复杂的、有意义的问题情境中,通过让学生以小组合作的形式共同解决复杂的、实际的或真实的问题,来学习隐含于问题背后的科学知识,发展解决问题能力的一种教学或学习模式。基于问题的教学模式以信息加工心理学和认知心理学为基础,属于建构主义学习理论的范畴,强调知识不是通过教师传授,而是通过意义建构获得,该模式具有三个基本要素:问题情境、学生、教师,通过情景、协作和会话,获得知识的意义建构。

(1) 基于问题的教学模式基本环节

基于问题的教学模式基本环节包含:创设情境,提出问题;界定问题,分析问题,组织分工;探究,解决问题;展示结果,成果汇总;评价,反馈。

① 创设情景,提出问题。PBL 模式强调在真实的问题情境中,在教师指导和学习伙伴协作,学习者利用原有认知结构,分析和探究需解决的问题,实现有效的知识意义建构,因此 PBL 问题的提出应注意以下几个要求。

首先,与学生密切相关,能引起学生的学习兴趣。

其次,具有明确的任务导向,学生能清楚学习的焦点和重心。

最后,能在学生原有知识架构的基础上,适当提高难度,并具有一定的知识综合性。

② 界定问题,分析问题,组织分工。问题提出后,学生应依据教师提出的问题,界定和分析问题的范围和方向,并组成学习小组,依据问题提出论证假设,列出问题已知条件和所需做的事情,根据各小组成员的特点分配学习任务,确定本研究所需的资源。

③ 指导学生探究解决问题。小组任务分工完成后,学生开始问题的探究活动,教师在整个教学过程中担当学习指导者,而非知识灌输者,因此在学习过程中,教师应指导学生查找和收集资料、整理和分析资料,并引发学生的学习互动,促进学生讨论、协作,形成问题的解决方案。

④ 展示成果,成果汇总。对小组成果、活动计划、任务安排、小组各成员如何完成任务和小组怎样开展协作进行汇总与展示。

⑤ 评价、反馈。采用自评、互评、师评相结合,以过程性评价为主、总结性评价为辅,对基于问题的学习做全面客观的评价。

(2) 基于问题的教学模式设计

基于问题的教学模式设计的关键内容包含以下几方面。

① 问题设计。问题设计主要包括两种问题的设计,一为基本问题,二是单元问题。基本问题指学科中处于核心的基本概念,是能够揭示学科内涵丰富性和复杂性的问题。单元问题则指能引导学生探索基本问题,比较具体或容易理解与操作的问题。问题设计时应注意单元问题与基本问题相结合,单元问题里可理解和操作问题的提出应能引发学生思考与探索,并对基本问题的理解提供帮助。

问题设计时,通常要考虑以下几个因素[①]。

一是,PBL 问题的设计要以学生的经验为基础,问题要能够激发学生的动机,激励他们

---

① 徐美娟.论基于问题学习中问题的设计[J].基础教育研究,2007(2).

去探索、去学习，并且设计问题时需考虑学生原有的认知水平、学习风格、学习态度，选择与之相当的问题。

二是，问题应该是劣构的（ill-strucred）、开放性的（open-ended）、真实的。劣构问题一般是宽泛的、开放的，可控制的变量较少；模糊界定、目标不确定、结构不明确；没有简单、固定、唯一的正确答案；多种解决方案、解决途径，甚至是没有解决方法。问题必须是基于真实的情境的，从而在学生的经验世界中产生共鸣，有利于学生运用策略性知识，发展策略性思维，有利于学习的迁移。

三是，PBL 的问题设计要以课程目标为基础，根据课程目标确定希望学生掌握的主要概念、原理等。保证问题有一定的难度、深度、跨学科，并确保问题的复杂程度与真实生活问题相当，既能促进学生获取知识又能发展能力，跨学科的问题学习注意与学科知识统整。

四是，好问题能够随着问题解决的进行自然地给学生提供反馈，让他们能很好地对知识、推理和学习策略的有效性进行评价，并促进他们的预测和判断。

② 学习目标的设计。PBL 学习的最终目标是希望学生在解决问题过程中能获取学科的基本结构（基本的概念、原理等），能培养学习者获取、分析与评价信息和解决问题的能力，能发展学习者自主学习和协作的技能，最终促进学习者的终身学习，因此，在进行 PBL 学习目标设计时应注意以下几点。

首先，正确处理问题与课程目标关系。

其次，学习目标的描述应具有可操作性，但又能和最终目标相契合。

最后，教学活动中注重学生多元智能的发展。

③ 信息技术与 PBL 的整合设计。信息技术在 PBL 学习过程中缺一不可，特别是网络对于信息的收集、学习交流和成果展示等方面都具有举足轻重的作用，因此如何将信息技术和 PBL 有效整合，对于 PBL 的成效影响很大，在信息技术与 PBL 整合设计中，应重点考虑以下几个问题。

一是，信息搜索工具如何选择和应用。

二是，采用什么样的信息技术开展学习交流与合作。

三是，应用什么样的信息技术促进学生认知和意义建构。

四是，以什么样的信息技术为学生开展客观全面的学习评价。

④ PBL 的评价设计。PBL 最终的学习目标是提高学生智力和解决问题的能力，实现知识的意义建构，因此，评价应以能力提升为导向，在进行评价设计时，则应考虑以下几点。

一是，评价主要注重能力的评价。

二是，评价主体应多元化，应扩展到教师、家长、社区、学伴与学生本身。

三是，基于问题学习问题的开放性使 PBL 评价不能以统一的、标准化的方式来进行，因此应设计书面考试、实践考试、概念地图、书面报告、作品集等多种评价方式综合评价学习过程和结果。

四是，评价内容应全面，通常包含能力提高、合作情况、知识获取、学习态度、最终作品等方面的评价内容。

五是，在整个学习过程中，教师的主要作用在于引导与指导，指导学生采用合适的工具获取资料，引导学生探索和讨论，并应用恰当的形式进行学习总结与评价。

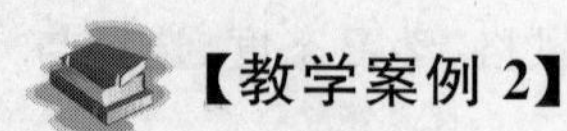【教学案例 2】

干细胞 PBL 教案①

蚌埠医学院

一、教学过程结构表

1. 现在知道什么?(事实)

(1) 学生已知道干细胞的基本知识。

(2) 学生已知媒体关于干细胞的争论报道。

(3) 人类的对干细胞技术的滥用行为会带来社会伦理问题。

(4) 人类已利用科学方法治疗某些疑难病和肿瘤,同时带来一些社会问题。

(5) 人类仍在利用科学技术发展各种方法来研究干细胞。

2. 问题该怎么解决?(想法)

(1) 找出支持合理利用干细胞的论点。

(2) 找出人们反对此做法的原因。

(3) 人类以哪些做法在影响干细胞的研究?

(4) 人类是否应该以立法方式规范干细胞的研究?

3. 还要知道什么?(学习目标或议题)

(1) 了解干细胞的概念、分类及特点。干细胞的研究和利用对人类有何影响?是好是坏?(干细胞的获取、定向分化与器官复制)

(2) 认定人类利用干细胞技术的是好是坏的标准是什么?

(3) 目前人类以使用哪些方法获得干细胞? 如何科学合理利用干细胞技术? 是否有可能实现?

(4) 分析人为方式提取干细胞、基因改造、调控干细胞分化带来的伦理问题。是否应立法或以其他方式规范人类以各种方法来研究应用干细胞? 原因为何?

4. 如何知道?(行动计划)

(1) 上网找资料。

(2) 到图书馆查阅有关的书籍。

(3) 搜集报章杂志的资料。

(4) 询问请教专业人士。

二、问题介绍

干细胞是生物体内尚未分化的原生细胞,可长期自我更新复制,并能进一步分化成各种细胞。干细胞研究成为继人类基因组大规模测序之后最具活力、最有影响和最有应用前景的生命学科研究领域,1999 年干细胞研究被美国《科学》杂志评为 1999 年度世界十大科学之冠,2000 年干细胞研究再次被《科学》杂志评为该年度世界十大科学成就之一。长期以来,人类一直在研究和寻找能治愈各种疾病、抗衰老甚至长生不老的方法。随着现代科学技术的发展,尤其是干细胞的研究,人类的这些幻想正在逐步变成现实。

① http://211.70.128.143/2005/shenglx/pbl/jiaoan/08yb_pbl/jan_gxb.html,2011-08-17.

1981年，Evans和Kaufrnan及Martin首次由小鼠中分离得到鼠的胚胎干细胞。至今已分离得到的胚胎干细胞物种有：金黄地鼠(1988)、貂(1993)、猪(1994,1997)、鸡(1996)、恒河猴(1995)、绒猴(1996)。1998年，分离得到人的胚胎干细胞及人的胚胎生殖细胞，目前不断报道成年组织来源的干细胞。来自骨髓的成体干细胞可以分化成脂肪、软骨、硬骨、肌肉、神经，甚至肝细胞。虽然胚胎干细胞具有无限的分化潜能，然而其取得牵涉伦理、政治、法律、宗教等问题。科学家搜集抽脂手术的脂肪抽取液，从中提取丰富的干细胞，经过不同培养基诱导分化处理后，这些细胞能生长成不同类型的新组织，可用于治疗自身疾病，修复自身损伤或老化的人体，而不产生排斥反应，也避免干细胞来源所引起的各种争议。

三、讨论问题

(1) 干细胞的概念。

(2) 干细胞的特点。

(3) 干细胞应用的基础。

(4) 干细胞应用技术(利弊)。

(5) 干细胞应用范围与面临的问题。

(6) 干细胞技术的市场前景。

(7) 干细胞应用的伦理、法律及社会问题。

(8) 怎样科学合理利用干细胞资源。

四、评价

(1) 教师观察同学们参与讨论互动之状况及问题反应的表现。

(2) 同学自评互评分组工作之参与度。

(3) 分组口头报告与书面报告。

4. 网络探究教学(WebQuest)模式的设计

探究是指围绕问题展开的研究活动，是逐步分析和解决问题的过程。探究学习则是指运用探究的方式进行的学习过程和活动，即学生在教师指导下，主动发现问题，以一种类似于科学研究的方法对问题进行分析和研究，从而达到问题解决和知识获得的过程与活动。网络探究，是探究学习活动的一种具体形式。它主要依托互联网的强大信息资源优势来训练学习者的探究能力。

网络探究教学(WebQuest)以布鲁纳的发现学习理论、杜威的“做中学”，社会建构主义学习理论作为理论支持，提倡学生学习过程的自我发现，自我发现问题，自我探索解决问题的途径和方法，希望学生通过对真实问题的探究，增进学生的学习动机、发展思维技巧、促进合作学习。

通常，网络探究教学以任务的形式展开，任务的种类包括总结汇编任务、设计型任务、创造成果任务、说服型任务、建立共识任务、科学活动任务、自我认识任务、分析型任务、批判型任务、复述型任务、新闻工作任务和神秘任务等。学习分短期和长期两种，短期网络探究学习为期大约1～3课时，通常根据某学习单元进行设计，其教学目标是知识的获取与整合，在短期网络探究教学结束时，学生应能够掌握和理解大量单元所需掌握的新信息，并培养学生的一定探究能力。长期网络探究教学通常持续一周至数月，其教学目标是知识的拓展与提炼，并期望学生在完成一个较长期的网络探究学习后，能够将知识进行某种方式的意义建构，并要求他们通过制作成果展示，证明自己对知识的理解和探究能力的提升。

1）网络探究教学设计原则①

网络探究教学为了实现学生思维和研究能力的提升，在设计上应遵循 FOCUS 原则，也即：

（1）F——找出精彩的网站(Find great sites)

辨别一个好的 WebQuest 的一项指标是它所采用的网站质量。我们依据什么来判别网站的质量？答案因学习者的年龄、WebQuest 的主题、我们期望的学习活动不同而不同。通常，人们根据可读性、是否能够引发学习者的兴趣，是否来自与学生平常的学校生活不同的来源等因素来寻找网站。

因此，在设计网络探究教学前，应熟练掌握常用的搜索引擎的用法，教师本身或教师指导学生通过搜索引擎查询学习所需资源，在查询到的千百个相关资源中学会过滤信息，挖掘隐藏在某页面里的深层资源，如隐藏在网页里的包含着报纸和杂志文章的档案馆、图片和文件的数据库，博物馆的馆藏人名地址录等。教师与学生应懂得跟踪自己的信息资源，对已发现的好网站，应注意标记以便于继续追寻，因此给网站添加标签不失为一个好办法。

（2）O——有效地组织学习者和学习资源(Orchestrate your learners and resources)

WebQuest 教学中，教师应精通如何将学习者和学习资源有效组织起来，从而实现资源和智慧的最大共享。如何做到有效的学习者和虚席资源的组织工作，下面几点可供教师设计时参考。

① 组织资源

教师用一台电脑驱动全班的讨论，控制节奏。

按 1∶10 的比例设置学习工作站供学习者轮流使用，其他的电脑离线运行。

由于实验室条件的限制，如果学生访问互联网的活动需要预约，或者访问时间很有限，那么一个好的教学组织在使用实验室之前安排有离线活动，使学习者有所准备从而能更好地利用实验室时间。

如果所有的电脑都不能够访问互联网，那么学习者应该能够访问储存在另外一台机器硬盘上的网页档案。

② 组织学习者

确实的相互依赖：学习者认识到没有伙伴就不会有成功。

积极的相互作用(更适合面对面运用)：就像努力解决真实任务一样，学习者自己来讲授、为彼此喝彩。

个体和小组均负有责任：小组对完成整个任务负责，每一个小组成员对过程中的某一部分负责。

人际关系和小组技能：绝大部分孩子(很多成年人也一样)需要了解怎样相互在一起

---

① http://www.being.org.cn/webquest/focus.htm，惟存教育，2011-08-16.

工作。

小组过程：要把如何提高小组效能的交流活动包含在小组学习过程里面。

在一个 WebQuest 中你怎样来创建确实的相互依赖呢？你可以通过让学习者阅读不同的网页，或者要求他们通过不同的视角阅读相同的网页，来设计出分离的责任。你也可以像成人社会那样，通过并行的活动路线来划分活动责任（例如，程序脚本编写人员、画师、产业工人）。需要避开的陷阱是设计出许多分离的角色，分离的角色将无法形成所有小组成员达到最终目标所需的共同信息。

(3) C——要求学生思考（Challenge your learners to think）

信息社会要求人才充分参与社会生活，并具有分析、综合信息的能力和自我提升的能力，因此学生能通过自己的思维和创新，活用知识，并让自己获得自我提升与发展，因此，培养学生学会思考是 WebQuest 的主要任务之一。

如何让学生学会思考，下面几点做法值得推荐。

① 给学习者一个任务

WebQuest 的关键是设置一个具有挑战性的任务。这些任务能驱使学习者从事问题解决、创新、设计和判断等的学习活动。提升学生的网络探究能力。

② 设计

任务设计时可以考虑以一种合作活动展开，活动的合作对象应对同一主题具有不同的兴趣角度，学习可通过一共同目标，以团队合作和协商的方式，达成共识，学习过程中，学习成员应学会妥协，并能通过有说服力的论述改变不同意见者的观点，学习成员之间应注意意见交换的平等性。比如说，设计一个加拿大旅游活动任务，使四个对不同事物感兴趣的家庭成员组成学习团队，要求该团队通过研讨和协商设计出一条大家均认同的旅游线路。

③ 新闻撰写

WebQuest 也可以在一个新闻活动途径基础上进行设计，学习者扮演一个角色，并且撰写一个新闻报道或者模拟日记，活动应模拟真实情景，使学生就好像他们真的出现在新闻发生的那个时间和地点上。

④ 争论中的说服

另外一个途径是寻找社会生活中真实可信的争论，围绕争论将学习者的研究主题组织起来。

(4) U——选用媒体（Use the medium）

网络是 WebQuest 教学中应用最多的媒体，虽然 WebQuest 的教学结构并不仅限于使用网络资源，但网络的优势在很多时候是传统媒体无法替代的，但在 WebQuest 教学中也要善用网络，如何善用，应从下面这几个方面着手考虑。

① 人

什么是互联网独特的品质？首先我们要认识到互联网并不仅仅是计算机的网络，它更是人的网络。除了选择有趣的、适合阅读的网页供学习者阅读以外，还可以寻找可共享的专家智慧资源。网络中就有适合许多领域研究用的“询问专家”网站。忙碌的双亲可能愿意每周抽出一到两次通过电子邮件担任某些探究主题的咨询顾问，在其他教室中的学习者也能通过网络成为孩子们的学习伙伴或者信息来源。因此善用网络中人这个资源媒体很重要。

② 交流

互联网的另一个独特品质就是交流能够被记录下来，并用来作为学习的原材料。写下你的想法可以得到其他人的修正与推敲，进而启发我们的思路、帮助我们澄清自己的想法。你可以在你的 WebQuest 中增添一个页面，允许学习者张贴他们的意见和发现，并且能够邀请校外的其他成员参与到学习活动中来。

③ 有选择的亮点

网络已经成为一个多媒体的环境。网页将变得不太像精美的杂志，而更像电视了。避免让不具备教育意义的内容（声音、图片、动画等）分散学习者注意力的批评意见是非常重要的，但是发挥网页中视频、音频有用的一面也是重要的。

(5) S——为高水平的学习期望搭建脚手架(Scaffold high expectations)

一个精彩的 WebQuest 要求学习者去做一些平常没有想到要他们去做的事情。如果你看到市中心的高中学生再现 Amistad 审判（美国反对奴隶制时期的一个代表性社会事件），或者苦思冥想珊瑚礁保护立法中的公众立场，你就会知道当学习者得到恰当支持以后会让我们多么吃惊了！脚手架是一类临时性的结构，用来帮助学习者超越他们现有的水平，更有技巧地开展活动。一个精彩的 WebQuest 根据需要构建脚手架，从而使得学习者的学习活动过程能够清晰地表现出来。

在 WebQuest 中存在三类脚手架（伯尼·道奇，2000）：接收支架、转换支架和输出支架。

① 接收支架

让学习者接触到他们以前从未接触过的资源。如果学习者没有充分准备好如何从资源中提取信息，那么课堂中的一切就建立在不可靠的基础之上。一个接收支架提供了如何根据给定资源和已有知识开展学习活动的指导。具体的接收支架实例有：观察指导、会晤技巧、在线术语表和字典等。

② 转换支架

WebQuest 要求学习者将他们读到的东西转换成新的形式。因为他们以前所受到的教育中，学习者可能没有经历过这样的转换过程，在以下这些活动过程中，他们可能从外在而清晰的帮助中得益。这些过程包括比较和对照、在许多类似的研究对象中寻找共同点、集体讨论、推理和决策。

③ 输出支架

WebQuest 通常要求学习者创建一些他们以前从来没有实现过的东西。我们可以用模板、写作提示向导、多媒体元素和组件作为学习任务的输出支架。通过为学习者做部分工作，我们允许学习者超越他们以前已经具备的能力水平。随着时间的推移，我们期望学习者能够内化这些提供的学习内容直到他们能够自主地完成这些任务。

2) Webquest 网站设计模板

自从伯尼·道奇、汤姆·马奇 1995 年第一次提出 WebQuest 模式以来，WebQuest 模式已经被发展为上百个课程，其学习模式已具有相对程序的模型，图 4-6 是 WebQuest 的一个典型设计模板，Webquest 网站可依此模板进行制作。

图 4-6　Webquest 网站设计模板

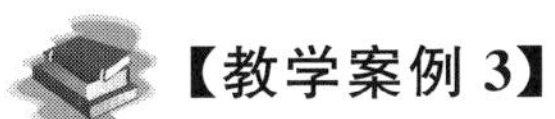

【教学案例 3】

百 万 富 翁[①]

小学四年级　数学

编译：蒯子　江苏昆山国际外国语学校

1. 情境

你现在有了一百万元，你考虑一些花掉这一百万元的办法。你可以用这笔钱如创造一个梦的世界，做一趟特别的旅行或者做对社会有益的事情。所有的学生要研究、证明和提出计划花钱的办法。

2. 任务和过程

本单元利用像电子表格、网络和演示软件等技术提出和解决一些涉及大数字、数字常识、住所价值和现实世界的问题。

① 通过解释和描述百万的概念介绍这个课题。很多孩子的书里都有有关这个数量的故事线。和学生一起参观图书馆和媒体中心，查找可以获得“百万”这个概念的印刷材料。对于最终课题的期望目标要花点时间有个明确的概念。采用可行的技术，确保预期的结果能满足各地区和年级水平课程具体实际情况。

② 因为学生花的是钱，所以了解要买的商品，确立一个主题和类目对如何花掉这些钱是有必要的。学生在全班集体讨论想法。主题可以包括，创造一个梦的世界，做一趟旅行和做有益于社会的事情。类目由主题决定，但包括下面的因素：交通运输、住房、食物、娱乐和消费。记住：钱是可测量和标价的。

---

① http://www.being.org.cn/webquest/millionaire/millionaire.htm，2011-08-11.

③ 利用电子表格,学生可根据所选的主体创建需要的类目表。他们利用公式尽可能地使花费接近百万元。在进行这项活动前,检查学生使用电子表格的技能和对电子表格的理解程度。

④ 在每个类目中,运用各种资源证明每个小项目的费用。学生需要估价资源的精确性并且采用有效的研究手段。许多消费网站提供价格信息。学生要成为挑剔的消费者,能对他们想要的产品的信息的精确性和可靠性做出判断。

⑤ 学生利用各种技术手段组织信息创建一个多媒体演示作品。由于使用电子表格,确保学生具备有效使用这种软件的基本技能。一旦学生做到这一点,就可以让他们把注意力放在有效地表达自己的想法上。这将有助于理清他们自己的思路。

⑥ 学生最终的报告应当包括:

一张填满各种发现的电子表格。

对所学东西的叙述。

对如何花掉钱的图解表述。

阐明消费过程的图解。

⑦ 所有的班级信息放在一张电子表格中进行组分析。学生用不同的方法集体讨论比较数据。结果可以用表格和图形呈现。例如,学生用排序程序发现买得最普遍的10种物品。

⑧ 更全球化的方法,学生可以和其他班级的学生联系,比较他们课题的结果,通过分析他们的消费选择,可以对文化的和经济的差别做些比较。学生额外的收获也许还包括通过与远距离教室的同学联系发现等值于一百万美元的其他货币。

3. 工具和资源

网站:百万课题资源

百万课题资源、家具(包括连接到儿童家具的网站)、房屋发现网站、汽车(汽车搜索网站)、公寓(公寓搜索网站)、前哨(计算机资源网站)、计算机软件和硬件、度假计划网站、生动的GIF画廊、寻找课题的合作者(epals班级交流)、全球化的校舍、不同文化间的电子邮件教室连接、全球化的RIGBY

其他:报纸、杂志、目录册、私人会晤和其他研究材料。

4. 结论

一百万究竟有多大,你该知道了吧。

5. 基于网络协作学习的教学模式设计

(1) 基于网络的协作学习

协作学习(CL)是指以小组或者团队的形式,通过组织学生协作完成某种既定学习任务的教学形式。计算机支持的协作学习(CSCL)则是基于多媒体计算机技术和网络通信技术进行群体协作学习的一种信息化教学模式。而基于网络的协作学习(WBCL)是计算机支持的协作学习(CSCL)的一个子集,是指利用计算机网络以及多媒体等相关技术,由多个学习者针对同一学习内容彼此交互和协作,以达到对教学内容比较深刻理解与掌握的过程。

协作学习是在建构主义学习理论、人本主义学习理论和群体动力学理论基础上发展起来的新型教育模式，学习过程关注建构主义学习理论的情境、协作、会话、意义建构各要素，强调人本主义学习理论的学生自我潜能的发挥和群体动力学理论中关于群体内聚力及其引发的群体能量的作用，因此如何设计有效的群体合作，发挥群体的最大能量，是协作学习的终极目标之一。

无论是面对面的协作学习还是基于计算机或网络的协作学习，协作性都是大家具有的共性，通常来讲，协作学习具有以下几个特点：强调学生个性的自我实现；将学习过程看作是交往过程；协作学习中师生是平等的合作者；能产生一种群体气氛，能充分发挥群体动力和集体协作效应；有助于学习者高级认知能力发展；协作学习强调整体效果；真正把因材施教和扩大教学规模统一起来。与面对面的协作学习相比，计算机或网络支持的协作学习有其独有的特点，其在跨时空，信息同步和异步交流，记录完整持久性，资源的共享，更大的交流范围和交流空间等方面均存在优势。

(2) 基于网络的协作学习的设计①

协作学习强调对学生创造力、求异思维、批判思维、探索发现精神、与学习伙伴的合作共处能力的培养，建构主义学习理论则关注学生智能的提高，强调学生在知识掌握过程中个体的作用，并希望学生在一定情境中通过自己的探索发现，主动建构知识意义的过程，无论是协作学习还是建构主义，均强调以学生为中心，强调学生能力和智力的发展，因此，建构主义学习理论对协作学习设计的指导举足轻重。

① 分析协作学习的目标。根据教学及学生个体发展的需要，确定协作学习的目标。协作学习的目标是系统性的，一般将协作学习的总体目标分解为许多子目标。子目标与具体的学习内容密切相关，子目标的确定及解决对总体目标的实现至关重要。

② 确定协作学习的内容。在一个特定的协作学习环境中，协作学习伙伴共同面对不同类型的学习任务。根据对学习任务的分析，学习者面临的学习任务主要分为三类，即概念学习、问题解决和设计。在这三种学习任务中，概念学习的性质是基于事实的，其他两种任务的性质是基于分析和综合的。对学习任务的这种划分提供了对学习任务进行分析的清晰思路。例如，在进行基于事实的概念学习时，协作学习伙伴面对的是一个共同的学习目标；在进行基于分析与综合的问题解决和设计学习时，则对学习的总体目标进行分解，形成许多子目标，学习者相对独立地完成对子目标的学习。概念学习的目的是掌握概念的含义，明确要领的特性与适用范围，从而加深对概念的理解。通过协作学习掌握概念，学习者将面对明确的目标，即非常强调协作学习过程中目标的整体性。问题解决和设计则对学习任务的整体性要求相对较低，而更强调个体对子目标的实现情况，因为子目标的解决直接影响到学习任务的完成。

③ 确定小组的基本结构。研究显示，学生在具有良好组织结构的协作小组中学习，其效果远远优于传统的班级组织形式。学生在开始协作学习时，通常缺少协作的技巧，因此，在班级中首先设计协作交互活动的技巧和建立协作学习小组的方法，对学生来讲，需要他们学会如何倾听其他同学的谈话，分析并弄清楚他们讲话的意思。学生必须学会如何激励

① 赵建华，李克东. 信息技术环境下基于协作学习的教学设计[J]. 电化教育研究，2000(3).

小组中其他参加者、如何提出问题、如何动态地监视与修改小组、如何有效地进行通信等。

④ 协作环境的创设。协作学习是在一定的情境中进行的。协作学习的前提是学生已经具有社会文化的背景知识和从事社会活动的经验。因此良好的协作学习环境有利于提高协作学习的效果与效率。协作学习研究者指出,多样化的协作学习环境可以支持有效的协作学习。协作学习的优势还在于协作活动的参与者对学习伙伴的学习愿望和不同认知水平的协作学员之间水平的相互影响与扶持,均有利于促进学习者的学习。

协作学习环境的设计主要包括由学习的主题确定协作学习的目标、参加协作学习的人数、所依据的学习理论、协作学习系统的性能等。下面列出了一些协作学习环境设计的类型。

一是,具有两个或更多的协作者,利用计算机作为协作学习工具。系统提供了协作沟通的频道,但不能承担活动的角色。

二是,具有两个或更多的协作者,有一个辅导教师参与对协作学习过程进行控制,并参加到协作活动中。

三是,具有两个或更多的协作者,在同一工作组中共同面对同一问题。当协作者处于独自状态时,辅导教师可以对其进行协作辅导。根据协作者的背景知识可以实现智能动态分组。

四是,具有两个或更多的协作者,在网络计算机环境的支持下共同面对同一问题。利用通信窗口(如聊天室),协作学习者之间可以相互发送建议、行动变更时的忠告、关于合作伙伴行动的评论等。协作者工作在互惠互利的教学模式和竞争方式下,协作学习的参与者都有可能成为其他学习伙伴解决问题的指导者。

五是,具有两个或更多的协作者,其中之一是由系统模拟的协作者。协作学习的参加者依次轮流与系统模拟的协作者交互活动,模拟协作者可根据需要自动执行,一般情况下,虚拟协作者可以从学生模型库中选择。

⑤ 信息资源的设计。协作学习需要借助一定的信息资源,如在互联网环境中检索信息、需要计算机支持下的通信交流手段、从"小资料室"(虚拟资料室)中查阅资料等。因此在进行协作学习时,教师需要为学生设计并提供一定的信息资源环境,尽量缩短无效时间,提高协作学习的效率。

在互联网环境下进行协作学习,由于受传输速率的限制,势必会影响学习者对信息资源的获取速度。在基于校园网的情况下,协作学习的设计和辅导者可以事先将学生可能用到的信息资源下载到校园网的资源中心内。根据协作学习过程中知识掌握的需要,学习者直接从校园网资源库中查询所需的信息资源。

⑥ 协作学习活动的设计。协作学习活动的设计是协作学习的主要组成部分。协作学习活动主要围绕学习内容开展,并根据学习内容采用不同的活动方式。建构主义的"支架式教学"、"抛锚式教学"、"随机进入教学"、"情境式教学"、"织网式教学"等也可以应用到设计协作学习活动中。

⑦ 协作学习效果的评价。协作学习效果的评价一般通过小组集体讨论的方式进行,在评价过程中,小组成员可以进一步加深对协作学习内容的认识与理解。在此过程中,需要协作小组准备相应的展示材料,可以使用网页或幻灯片形式辅助各自的讲解。展示过程

中或展示完成后，协作学习成员可随时根据展示内容提出问题，并要求展示者给予解答。根据展示与随机应答结果，其他各组对展示组进行总结性评价。辅导教师需要对该过程控制并及时总结各组的优缺点。

【教学案例 4】

浮　力①

大姚一中　武钱芳

1. 教学设计思想

本案例以中学物理中的第十二章《浮力》为教学内容，对协作学习模式进行介绍。本案例体现物理学科知识抽象的特点，体现物理学科教学多样化的观点，充分利用"试验"和多媒体网络工具，在整个教学过程中以学生为中心，教师起组织者、指导者、帮助者和促进者的作用，取代了传统教学中以教师为中心，老师讲、学生听的"填鸭式"的全灌输的教学模式，充分发挥了学生的主动性、积极性和创新精神。这种网络环境下的教学模式可表述为"创设情景—提出问题—网上协作—课题小结—网上测试—课题延伸"6个环节。在协作学习的过程中，教师利用监视功能对学生的学习情况进行监督，对在学习中出现的问题进行正确定位，通过遥控辅导加以补救，将学生所犯的错误消灭在萌芽中。教师控制着小组讨论的主题与时间，教师可以随时进入或退出讨论组，讨论仍能正常进行。在协同学习的过程中，学生获得知识的途径，除了从教师处获得外，同学间的讨论也非常重要，从而拓宽了学生获得知识的渠道。

2. 教学过程的设计

(1) 创设情景

教师利用多媒体课件、自然现象、虚拟试验与网络技术，创设与本节课要求掌握的内容相关的情景。在本案例中采用播放多媒体视频方式播出日常生活中常见的有关浮力的例子。例如，人在水中游泳不会下沉；空中的飞机不会降落；船在水中不会下沉等类似的例子。然后要求学生用自己以前所掌握的知识，对视频中的物体作受力分析，得出该类物体受到一个与重力相平衡的力。

(2) 提出问题

由老师和学生通过不同的方式提出最想解决的问题。本案例中的教学内容是指定内容，也就是说主题事先已知(至少授课教师已知)，问题的提出应考虑到学生的层次不同，所以问题的提出应围绕已确定的主题设计能引起争论的初始问题和能将讨论进一步深入的后续问题。什么叫浮力？浮力产生的原因是什么？浮力跟哪些因素有关？证明阿基米德定律并学会用阿基米德定律做计算题。

(3) 网上协作

明确学习任务，学生带着问题进入教师设置的学习环境中寻找解决问题的方法。本案例中学生将通过协作学习的方法解决提出的问题，协作学习就是学生为达到共同的学习目标并最大化个人学习的成果一起讨论教学内容，共负责任的学习方法，因此各个成员都要

① http://202.121.7.7/person/cbj/ArticleShow.asp? ArticleID=192.

明确协作学习的观点。为了更好完成提出的问题可将学习过程分为以下步骤。

① 分组。协作学习进程中可以把大规模的协作组分成小组，小组的组成可以由学生与学生之间根据自己的兴趣、爱好自由组合，也可以由老师根据学生的水平层次分组，在分组时要注意每一个组里至少要有一个学习成绩好的同学以带动后进生。小组的每个成员都必须对小组内的其他成员具有使命感、责任感，参与协作学习的学习者可以不必参与每一个学习环节的讨论，学习者之间可以相互交流、共同学习，所以每一个小组成员要意识到一个人的失败可能影响到其他组员的学习；小组成员之间要相互鼓励，不可取笑后进生或打击优生；小组成员之间要相互信任、相互依赖，即优生要信任后进生，给予其信心，同时后进生依赖优生。小组分好后每个小组选出一个组长，小组长在小组中相对来说要具有一定的组织能力和领导能力。

② 小组内分工。对各个小组成员进行分工，其目的在于让各成员有责任感促使其积极思考。在学习过程中每一个学习者都应该明确自己的任务，完成任务的途径有三种：

一是，在线讨论：用聊天系统与小组外成员进行同步讨论，这种讨论方式能够将讨论内容实时显示，整个在线讨论的时间有限，所以发言的时间不长，一般都是简短的语句，像我们日常生活中的交谈一样，展开的讨论没有固定的程式，主要依靠教师的随机应变和临场的掌握。就老师提出的问题，协作者从在线学习者名单中选择一位或几位协作对象，就以上几个问题进行自由讨论。在讨论过程中老师应该注意学生的发言，以便根据学生的反应及时对其提出的问题进行正确的引导；要善于发现每位学生发言的积极因素，并及时给予肯定和鼓励；要善于发现学生在发言过程中暴露出来的问题，并使用适合学生接受的方式给予指出。

二是，进入虚拟实验室：虚拟实验室是模拟真实的试验环境的试验平台，在虚拟实验室中学习者可以组成一个试验小组对有关浮力的试验进行观察并记录，最后得出结果。在本案例中的试验是现成的，不需要学习者设计，只需记录后得出结论。

三是，网络查资料：通过教师提供的网站，在网上查找有关浮力的知识，从所有相关的知识点中找到问题相关的内容，解决问题，得出自己的点。推荐网站：http://www.ccxcc.com、http://home.cfe21.com。

③ 小组内讨论。每个小组成员通过以上不同方式得出结论、观点带回小组内部讨论，在小组内讨论时要尊重每一位小组成员的观点，重视每位成员的发言，若有的观点犯了理论性的错误，其他成员该用适当的方法指出并帮助其改正，然后根据共同的观点得出结论，达到小组内协作学习的目的。

④ 汇报情况。各小组把小组内成员讨论得出的结果由小组长用Powerpoint做成幻灯片向老师汇报，还可以用BBS和其他协作组交流。小组成员也可以将自己的想法用E-mail的形式汇报给老师，并请老师给予指出错误。

⑤ 教师引导并总结(课题总结)。老师分别对各小组的结论进行分析，指出好的地方和不足之处，对学生提出要求和给予鼓励。然后对整个课题总结，给出正确结论。

(4) 网上测试

课题总结后，教师指导学生进入测试网页。每个学生根据自己的实际情况与能力选择不同层次的测试题，独立完成并将测试结果通过网络反馈给老师和其他小组成员。

(5) 课题延伸

教师要求让学生用浮力的角度去思考以下几个问题:

① 一架飞机的体积为 K,飞机的制造材料的密度为 ρ,问这架飞机最多能设置多少个座位?

② 简述潜水艇的工作原理,并用物理式表示各种情况下潜水艇水箱中水的体积。

③ 用有关的知识解释人在潜水时为什么不能很快地上升或下降?为什么人从深水中上岸要置于高压环境(与深水中的环境相当)中一段时间?

课后由学生根据自己的需要访问与本节课所学内容有关的网站,阅读课外知识,扩大知识面,作为课堂教学的延伸和补充。例如:阿基米德重大发现、发现阿基米德定律的背景(参考中学生物理之教师学生之友)等。

6. 基于案例学习的教学模式

(1) 案例教学概述

何谓案例,案例就是以故事描述的手法,刻画真实人物在复杂的真实情境中所面临的困境及必须采取的行动或决定。案例教学则是根据一定的教学目标,选择合适的案例进行教学的一种教学方法。其特征是以教学案例为载体,以学生的积极参与为前提;其目的是促进学生决策能力、问题解决能力的提高,同时也培养学生的口头与书面表达能力水平;其应用领域可能涉及多学科领域,让学生处于真实的问题情境之中,强化学生主动参与的学习能力,帮助学生将所学的内容与真实生活连接。

案例教学将理论知识与生活实际相统一,案例教学对知识情景复杂性的揭示,有助于学生分析问题和解决问题的能力提升,对学生获得更深层次的现实观点,构建自己个人的理论或知识架构具有较大帮助。通常来讲,案例教学可以在以下几个方面提升学生的知识与能力。

① 理论知识获取:案例可以用来展示有关理论,解释为什么这个事件该这样处理而不那样处理,一旦案例中隐含的理论问题或基本原理被揭示后,就可以用它来考察新的案例。在案例教学中不要匆匆忙忙去选择若干案例,而是确定让学生掌握哪些基本原理,然后再根据这些基本原理,选择出能够说明这些原理和理论的案例来。

② 典型事例示范:在某些学科中都有一些典型事例,这些事例包含解决问题的多种可能取向以及最终的解决办法,学生可从中学到解决实际问题的经验策略、思维习惯等。在所有形式的专业教育中,都存在一个共同的目标,即让学生学会像某一特定的专业人员一样思考问题,这是传统课程不能涵盖的。

③ 视野与想象力训练:案例来源于真实的情景,它一方面可以让学生不再有不切实际的幻想与想象,另一方面也促使他们去思考解决问题的多种可能性,扩大自己的视野,并使自己的想象和认知更切合实际情形。

但案例教学也存在一定局限性,比如说对教师要求较高,以学生积极参与为前提,以教师的有效组织为保证,以精选出来的、能说明问题的案例为材料,而要做到这些方面的有机结合往往很困难,有时会耗费较多时间却收效甚微。另外,案例还有可能会使学生形成一些不正确的概括化认识,因为有时某一或两个案例所展示出来的信息非常吸引人,但在这一两个案例上形成的概念化认识，远远不足以说明事物整体，这样就出现了一种"过度概括化"的现象。因此，在进行案例教学设计和教学过程中，应尽量避免这样的问题发生。

(2) 案例教学的设计

案例教学由选择案例、了解案例、分析案例、生成多种行动方案、确定最佳行动方案、反思学习过程六个步骤组成，在进行案例教学设计时，应注意以下几方面内容。

① 案例的选择

注意案例的真实性与复杂性。

所选案例能引发学习者展开讨论。

案例必须是开放式的、答案是多元的。

② 教师教学活动设计

将教学置于案例中。

组织与引导学习者围绕案例展开学习与讨论。

通过案例示范专业的思维与行动方式。

设计周到全面的指导与反馈方案。

创建协作性学习环境。

③ 学生学习活动设计

引导学生能对案例做出有意义的分析，能确定案例中关键性的假说，用图表等形式表示案例中涉及的内容和问题，提出行动或事实计划的建议，做出有意义的总结。

触发学生主动学习，并能积极参与课堂讨论。

引导学生把学到的有关知识和正在学习的案例结合，产生学习迁移。

**【教学案例 5】**

《价格变动的影响》案例教学①

辽宁省大连市二十三中学　姜雪俊

2008 年 6 月 3 日　大连教育学院

1. 复习环节

为适应市场需要，海尔集团组织科技力量开发了适合中国人烹饪习惯的微波炉新品——蒸汽转波炉。此举解决了此前微波炉不能蒸食物的世界性难题。尽管价格比其他类型的微波炉略高些，但还是受到了广大消费者的欢迎。

(1) 结合材料，谈谈蒸汽转波炉的价格高于同类产品的原因。

(2) 海尔集团成功开发新产品是遵循什么要求?

(3) 回忆价值规律的内容、表现形式。

设计目的：一方面通过习题复习上节所学内容，增强对知识的运用能力；另一方面承上启下，引出新授内容。

2. 新授环节

师：通过学习我们知道，由于价值量的变化和供求关系的影响，商品的价格时涨时落，

---

① http://www.dlteacher.com/html/2008-6/200863133916.htm.

那么价格的涨落会对我们的生活产生什么影响呢？带着对这个问题的思考，进入到我们本节课的学习。

创设情境：多媒体展示两幅图片。

师：请同学们思考这两种经济现象出现的原因是什么。

学生回答：略

（多媒体展示材料）为稳定房价，国家不断出台房价调控政策，针对二手房交易，2006年6月1日，二手房转让营业税征收年限由不足2年调整为不足5年，并且从2006年3月1日起，大连市加强二手房转让个人所得税征收，这些本应由卖者承担的税额，大部分最终叠加到房屋价格中，使二手房价格水涨船高。

师：请同学们预测二手房屋交易会出现怎样的变化。

学生回答：略

（多媒体展示材料）据政府有关职能部门统计，大连市8月10日至8月16日二手房市场成交势头呈现继续下降态势，全市累计成交面积76528平方米，成交面积继续大幅度下降，达到29.6%。

设计目的：第一种经济现象说明通过打折等手段，价格下降，需求量会增加；第二种经济现象说明价格上涨需求量会减少，并用事实加以论证。从而得出结论：一般说来，价格变动引起需求量的反方向变化。

师：请同学们尝试利用所学的函数知识，用函数图像更直观地将“价格变动会引起需求量的反方向变动”表现出来。

设计目的：从学生角度，反比例函数这个知识在初中已经学过，通过图示可以更形象地展现知识，加深对知识的理解，增强课堂的趣味性。

（多媒体展示图片）

师：请同学们分析面对价格上涨为什么消费者会出现不同的反应。

学生回答：略

设计目的：大米是生活中不可或缺的，属于生活必需品，它价格的变动往往不会导致需求量急剧变动；金饰品属于高档耐用品，则不然。

师（总结）：价格变动对高档耐用品需求量的影响比较大，对生活必需品需求量的影响较小。

师：请同学们思考实际生活中还有哪些现象可以反映这个经济学道理。

学生回答：略

设计目的：通过联系实际生活中的现象来说明观点，达到理论联系实际的目的。而且这也符合人们的认知规律：特殊——般—特殊。

师：一种商品价格的变动会引起人们对这种商品需求量的变化，其实不光这种商品价格本身，与其相关的商品价格发生变化时，也会引起对这种商品需求量的变化。

（多媒体播放视频：汽油价格居高不下，柴油车再度风行。摘自 www.cctv.com 新闻联播。）在很长一段时间里，柴油发动机因为噪声大，气味难闻，不受人们的欢迎。但是最近在美国，因为汽油价格居高不下，经济实惠的新一代柴油车越来越多地受到司机们的青睐。克里斯就是一位柴油车的使用者，他说现在每个月在燃料费用上可以少花200多美元，而且每公升汽油可以让车子多跑约13公里。据介绍,新一代柴油发动机清洁度提高98%,而且装备高压柴油喷射系统的柴油车比汽油车减少30%的燃油消耗和25%的二氧化碳排放。

师:刚才视频中提到了汽油,汽油车,柴油车。汽油车与柴油车构成互为替代品。

结合视频阐述互为替代品的含义,此知识属于新授内容,主要由老师讲解。

3. 设置探究活动

(1) 汽油车(A)与柴油车(B)购成替代品,汽油车运营成本的上升或下降会对A与B需求产生何种影响?

(2)(学生观点)降价,展开价格大战。

(3)(学生观点)质量:优质产品,性能,增加新功能,采用新技术提升质量。

设计目的:这属于一个开放性的活动设计,让学生在探讨中提出看法,促进学生对课堂的参与,提出自己的看法,并且形成争论最后达到互相促进的效果。引导学生大胆参与,使思维、能力得到提高。

学生的答案多种多样,只要言之有理,都应鼓励,特别是有创新的更应鼓励其积极性。

师:总结价格变动对生产经营的影响(三方面)。

师:小结本课知识。

4.5 信息化教学效果的评价

4.5.1 信息化教学评价概述①

所谓信息化教学评价是根据信息化的教学理念(目标、人才观、教学模式等),运用一系列评价技术、手段,对信息化教学效果进行评价的活动。信息化教学评价与传统教学评价存在以下几点不同。

1. 评价目标不同

信息化评价侧重学生学习过程和能力的评价。关注的重点不再是学到了什么知识,而是在学习过程中获得了什么技能。评价通常是不正式的,建议性的。

传统的教学评价侧重于知识的获取和学习结果评价,通常根据教学大纲要求,对学生所学到的与没学到的知识进行判断。

2. 评价标准不同

信息化教学评价是由教师与学生根据实际问题及学生先前的知识、兴趣与经验共同制定出具体的评价标准,评价标准更多地体现教师主导和学生主体作用的发挥。

传统教学评价依据的标准主要是教学大纲或教师、课程编制者等的意图,对班级全体学生的评价标准是相对固定且统一的。

3. 对学习资源的关注度不同

信息化教学过程中学习资源的来源广泛,特别是互联网介入学习后,资源丰富,但也存

① 闫寒冰.信息化教学评价——量规实用工具[M].北京:教育科学出版社,2003.

在垃圾信息的干扰，因此，如何选择适合学习目标的资源是教师和学生终身学习的必备能力之一。在信息化教学评价中，对学习资源的评价受到更广泛的重视。

在传统教学中，学习资源往往是相对固定的教材和辅导材料，对学习资源的评价相对忽视。

4. 学生评价能力获得有所不同

在信息化社会中，知识不断更新，学习信息量不断增大，实时对自己的学习开展自我评价，及时调整学习步调极为重要。因此，自我评价成为学生一个必备的能力。

在传统教学评价中，学生的角色是被动的。他们通过教师的评价被定级或分类，并从评价的反馈中认识自己的学习是否达到预期目标，自我评价的能力在传统教学中并不太过强调。

5. 评价与教学过程的整合性不同

在信息化教学中，培养自我评价的能力和技术本身就是教学的目标之一，评价具有指导学习方向、在教学过程中给予激励的作用。评价在真实任务之中，评价是整个学习不可分割的一部分。

在传统教学中，评价往往是在教学之后进行的一种孤立的、终结性的活动，目的在于对学习结果进行判断。

4.5.2 信息化教学评价的原则①

由于信息化教学评价更注重学习过程的评价、学生能力的发展，因此，在进行信息化教学评价时，应遵循以下几点原则。

1. 在教学进行前提出期望达到的目标

在信息化教学中，学习的任务往往是真实的，而学生又具有较大的自主权和控制权。为避免学生在学习过程中迷途，在教学进行前，预先通过提供范例、制定量规、签订契约(将在本讲第三部分给予详细介绍)等方式使学生对自己要达到的目标有一个明确的认识将是非常有效的。这样一来，学生们就会主动地使自己的工作与任务的预期要求看齐。

2. 评价要基于学生在实际任务中的表现

在信息化教学中，教学的组织者要尽可能地从“真实的世界”中选择挑战和问题，并在评价时关注学生在实际任务中所表现出来的提问的能力、寻求答案的能力、理解的能力、合作的能力、创新的能力、交流的能力和评价的能力。评价的重点要放在如何使学生的这些能力得到发展和提高上，而不仅仅是判断学生的能力如何上。

3. 评价是随时并频繁进行的

既然信息化教学中的评价是一个进行中的、嵌入的过程，那么它也应该是随时并频繁进行的，目的是衡量学生的表现与教学目标之间的差距，进而及时改变教学策略，或者要求学生改变他们的学习方法及努力方向。事实上，评价是促进整个学习发展的主要工具。

4. 学生对评价进程和质量承担责任

要发展自我评价能力，学生需要有机会制定和使用评价的标准，使他们在思考和反思

① 闫寒冰.信息化教学评价——量规实用工具[M]. 北京：教育科学出版社，2003.

中发展自身的技能。学生应该知道如何回答和解决诸如“需要解决的问题是什么”、“我们怎样才能知道自己已经取得了进步”、“我们如何才能得到提高”、“我们怎样才能达到优秀”之类的问题。因此,只要有可能,就要尽量鼓励学生进行自评或互评,并使他们对评价的进程和质量承担责任。

4.5.3 信息化教学评价的工具和方法①

1. 面向学习过程的评价

面向学习过程的评价侧重于测量与评价学生的学习情况,通常会采用测量工具和方法对学生的学习过程和学习结果进行描述,并根据教学目标对所描述的过程和结果进行价值判断。信息化教学中,面向学习过程的评价通常有以下几种方法。

(1) 学习契约

学习契约(Learning contract)就是一份由学习者拟定的书面资料,清楚载明学习的内容、学习的程序和方法、学习的时间以及评估的方式等。制定学习契约的目的主要是培养成人学习者规划学习的能力和加强成人学习者自我学习的责任心。在信息化教学中,以“学”为主,以“任务驱动”和“问题解决”作为学习和研究活动的主要特征,因此,为了让学生在完成任务和解决问题时有一个具体的目标或依据,也为了客观合理的评价,学习契约这种评价对学习的监督作用尤为重要。

(2) 量规

量规(rubric)是一种结构化的定量评价标准。它通常是从与评价目标相关的多个方面详细规定评级指标,具有操作性好、准确性高、主观与客观相结合的特点。作为一种学习评价工具,它主要是用于评价、指导/管控和改善学习行为的一套评价标准。在评价学生的学习时,应用量规可以有效降低评价的主观随意性,不但可以教师评,而且可以让学生自评或同伴互评。如果事先公布量规,还可以对学生学习起到导向作用。此外,让学生学习自己制定量规也是很重要的一个评价方法。随着教育信息化的发展,越来越多的学习任务是以非客观性的方式呈现的。传统的客观性评价方法已被证明具有较大的局限性,因此量规的应用逐渐受到重视。在设计量规时应注意以下几条原则。

① 要根据教学目标和学生的水平来设计结构分量。教学目标不同,量规的结构分量也应不同。例如,在评价学生的电子作品时,通常从作品的选题、内容、组织、技术、资源利用等方面考虑;而在评价学生的课堂参与性时,又会从学生的出勤率、回答问题情况、作业完成情况、小组合作情况等方面考虑。另外学生的水平也是决定量规结构的一个重要方面,不符合学生水平的结构分量在评价时往往是没有意义的。

② 根据教学目标的侧重点确定各结构分量的权重。对量规中各结构分量的权重(分数)进行合理的设置,不但可以帮助有效的评价,还可以引导学生把握好努力的方向,起到目标导向的作用。结构分量的权重设计与教学目标的侧重点有衔接的关系。还是以电子作品的评价为例,如果教师的主要目的是教会学生学习制作电子作品的有关技术,那么赋予技术、资源利用结构分量的权重应该高些;如果教师的主要目的是让学生通过电子作品

---

① 胡小强.现代教育技术[M].北京:北京大学出版社,2010.

展示自己的调查报告,那么赋予选题、内容、组织等结构分量的权重则应高些。

③ 具体的描述语言要具有可操作性。在对量规的各结构分量进行解释时,应使用具体的、可操作性的描述语言,而避免使用抽象的、概念性的语言。

(3) 范例展示

所谓范例展示(Example Presentation),就是在布置学习任务之前,向学生展示符合学习要求的成果范例,以便为学生提供清晰的学习预期。例如,在信息化的教学中,常常会要求学生通过制作某种电子文档来完成学习任务,如多媒体演示文稿或网站等,教师所提供的范例一方面可以启发和拓展学生的思路,另一方面还会在技术和主题上对学生的工作起到引导作用。科学的范例展示不但可以避免拖沓冗长或含混不清的解释,帮助学生较为便捷地达到学习目标,还会对学生日后的独立学习起到潜移默化的引导作用,使他们在必要的时候,可以通过各种途径寻找可参考的范例来规范自己的努力方向。

(4) 学习档案

学习档案(Portfolio)是按一定目的收集的反映学生学习过程以及最终产品的一整套材料,也称评定包。学习档案在客观上可有助于促进个人的成长,而学生也能在自我评价中逐渐变得积极起来。学习档案包含各种形式的学习材料,如录像带、书面文章、图画、计算机编程等。例如,一个艺术家的学习档案可包含使用一系列艺术媒体和技术所创造的艺术作品、不断进步的作品、最初的草图和已完成的作品,还有报刊上刊登的教师、学生和同行的评论。学习档案使学生能在一段时间后检查自己的成长,从而成为更有见识、更善思索和善于反思的评估者。学习档案提供具体的参考资料,凭借这些资料,教师能辅导和支持学习者达到自己的目的。在网络化教育系统中,学习档案的建立和维持可以自动进行,成为电子学档,其中不但保持学生的学习踪迹,还收集学生的电子作品。

电子学档评价:电子学档(ELP)是指信息技术环境下,学习者运用信息手段表现和展示学习者在学习过程中关于学习目的、学习活动、学习成果、学习业绩、学习付出、学习进步及关于学习过程和学习结果进行反思的有关学习的一种集合体。

基于电子学档的评价是多种评价思想所共同提倡的一种面向过程的评价方式,是技术与新的评价理论结合发展的产物。电子学档包含的内容分为学习者基本档案信息、学习相关信息(主要是学习计划、学习任务、学习进度等)、学习活动信息、评价反思信息、学习成果信息五大类;而基于电子学档的信息化评价的实施则主要包括准备、实施、总结反思、反馈调节四个阶段。

(5) 概念地图

概念地图(Concept Map)是一种图表,可用以指示课、单元或知识领域的组织(见图 4-7)。在识别与某一课题有关的概念后,学生可通过沿着空间等级层次或时间先后顺序的维度,创建心理模式。以此识别和标识概念间的相互关系。学生可通过绘图将概念联系起来,以表征这些概念对于他们个人的意义。由于概念地图提供了了解和区分概念的能力,因此,它们提供了对学生的理解和认知成长水平有用的途径。在实际应用中,教师可以和学生在进行"头脑风暴"的基础上织就一个概念地图,这一显示主题和有关子主题的网对于学习活动的进行和评价有重要的意义,有助于学生以具体和有意义的方式表征概念。概念图评价通常用于评价学习者创造性思维水平、学习者知识结构的组织状态和学习者态度情感和价值观等方面。

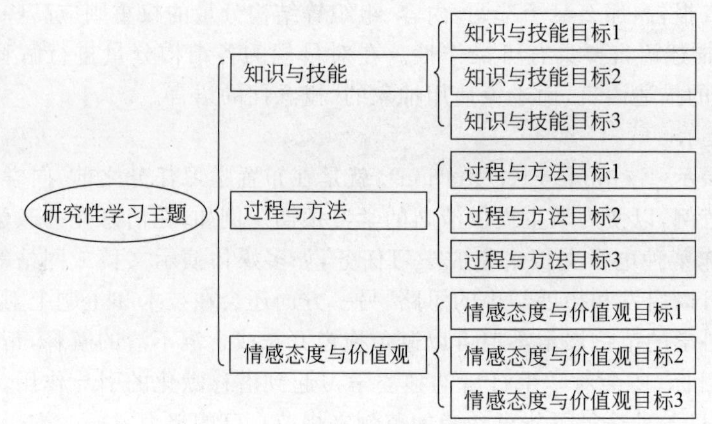

图 4-7　概念地图示例

(6) 绩效评估(performance assessment)

在信息化教学中,学生个人或小组针对某一主题,独立完成任务,并以成果(如电子作品、解决方案、研究报告等)方式来展示绩效,已经成为一种普遍认可的学习模式,在这种学习模式中,绩效评估(Performance Assessment)涉及学生创造成果或完成既定任务的过程。并且需要一整套的辅助工作,如学生作业的观察、展现、陈述、访问、学生生成的计划、模仿,以及角色游戏等。为了绩效的真实性,它们应与真实世界或该世界的某些方面保持联系,这应当是知识的应用,而不只是对知识的回忆。好的绩效评估反映了真实世界的复杂性并同时对许多方面进行测量。在绩效评估中,学生有机会显示广泛的才能。任务的完成使学生有可能模拟类似真实世界场景中所期望的角色。通过绩效评估,学生意识到学习不仅仅是记忆的练习,也是发展既有具体训练的深度,又是适应所学领域复杂性的一种感悟。

(7) 自我评价

自我评价(Self Evaluation)的作用是让学习者有针对性地反思与提高。自我评价的表单设计可以采用量规方式,但更多的是采用问卷调查表的形式。因为后一种方式可以帮助学习者通过回答预先设计好的问题来产生某种感悟,从而促使他们对自己的学习过程和学习结果进行重新审视和修改,从而增强他们的自主学习能力。

2. 面向学习资源的评价

学习资源是指学生能够与之发生有意义联系的人、材料、工具、设施、活动等。这些资源主要来自两个方面,第一是现实世界中原有的可利用的资源,另一个是专门为学习目的设计的资源,面向学习资源的评价主要评价的是第二种资源,如教学软件、网络资源等,主要是根据教学目标,测量和检验这些学习资源所具有的教育价值。

面向学习资源的评价依据思想性、教育性、科学性、艺术性、经济性五大标准展开,评价的方法包括自我评价、组织评价、使用中评价和过程评价。

(1) 自我评价

在资源开发的过程中由资源开发人员自己对资源进行评价,属于形成性评价。

(2) 组织评价

组织一些专家进行评价,又称专家评价,属于总结性评价。

(3) 使用中评价

在用户使用资源的过程中,观察用户的行为,了解用户的态度,据此对资源进行评价。

(4) 过程评价

将组织评价的过程、资源的开发过程、资源的使用过程结合起来进行评价。

在上述几种评价方法中,最常用的是组织评价法。这种评价方法一般是将有关专家组织在一起,对资源的稳定性、可靠性、表达方式的准确性、资源的教育性进行层层审核,最后将多个专家的意见综合起来,确定资源的等级。

组织评价注重对资源的教育性评审,有一定的意义。但这种评价方法在评价结果的客观性,评价指标的完备性、可信性和有效性,以及评价结果的量化问题上表现出不尽如人意的缺点。专家在评价的过程中,融入了个人的主观认识,这导致有些时候专家评价的结果和学生对资源的感受、态度不具相关性或者相关系数太小。

过程评价法是最近新提出来的一种评价方法,因其综合考虑资源在开发过程、使用过程和组织评价过程中的表现和各类人员对软件的态度,预期评价结果会更科学、更客观,但目前这种评价方法尚处于初步研究阶段,还不够成熟。

4.5.4 信息化教学评价的过程

信息化教学评价通常由评价准备、评价信息的收集与整理、评价信息的判断与分析、评价结果的形成与反馈几个环节构成,整个评价过程,注重学习者的参与,评价者根据评价目标,有针对性地开展评价准备、评价信息收集整理和评价信息的判断与分析工作,学习者则通过评价反馈,适时对学习进行调整,信息化教学评价过程如图 4-8 所示。

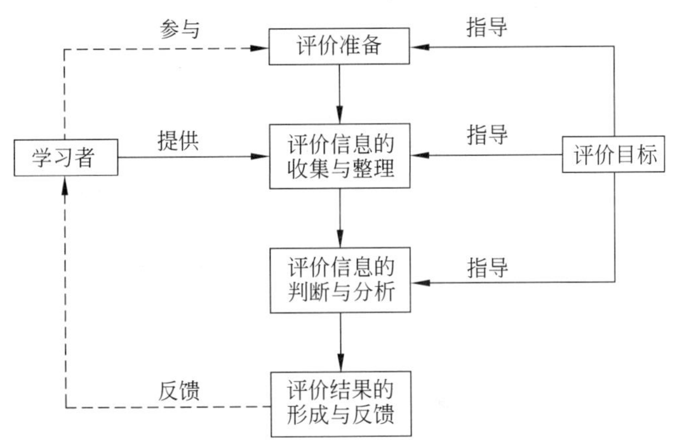

图 4-8　信息化教学评价过程

1. 信息化教学评价准备

信息化教学评价准备的工作包括:明确评价目的和评价目标、设计评价量规体系、确定收集和处理评价所需信息的方法、设计评价生成工具。

2. 信息化教学评价信息的收集与整理

为保证评价的全面与准确,与传统教学评价相比,信息化教学评价收集的学习信息种类较多，主要包括各类测试结果、各类评估表、学习社区积分、学习档案袋、可参照的评价案例等，评价者可通过学生测验结果、查阅相关资料、个别访问、问卷调查或观察等方式收集上述信息内容。整理主要是对收集到的信息进行组织、归类，使之由无序变为有序，信息的整理是信息分析的前奏，便于信息有效分析。

3. 信息化教学评价信息的分析与判断

教学评价信息的分析与判断通常采用定性描述分析和定量分析评判两种方法展开。定性分析方法一般不涉及变量关系，主要依靠人类的逻辑思维功能来分析问题，如前所述的学习档案分析、绩效评价等，是通过对学生的学习状态和学习过程进行的一种逻辑分析描述来评判学生的学习成效。定量分析方法则涉及变量关系，主要是依据数学函数形式来进行计算求解，通过数字客观描述学习过程和学习结果，前述的测验、评价量规等就是通过对学生学习的数字化处理，获得相关也相对客观的评价数据，但由于评价信息的复杂性，很多信息通过定量分析并不能完全说明问题，因此，为获得全面准确的评价结果，信息化教学评价信息的分析与判断，定性分析和定量分析方法相结合的运用越来越普遍。对学习信息细致、深入的分析有助于揭示蕴含在评价信息中的其他信息，从而使评价作用真正发挥，起到推动学习的作用。

4. 信息化教学评价结果的形成与反馈

信息化教学评价的结论是在对各种初步的评价结果进行全面、细致分析的基础上形成的，结论包括对学生学业成绩的评价、质性过程分析和学生各方面能力的评价等，评价结果的呈现应能充分体现对评价对象的尊重与关怀。评价结果的反馈则应注意及时、全面、指导性原则，同时还应注意合理应用信息技术的交互功能，提高评价反馈信息的及时与有效性。

思考与作业题

(1) 请简述信息化教学设计的含义、特定及设计原则。

(2) 信息化教学设计包含哪几个基本过程？在具体教学中如何具体实施？请用具体实例分析说明。

(3) 信息化教学有哪几种典型教学模式，各模式具体应用了哪些教学和学习理论？

(4) 信息化教学评价有哪些方法，如何在教学中具体应用？请用具体教学案例分析说明。

拓展学习

信息化教学设计案例及点评——教案：《地球能养育多少人》①

案例设计者：上海市七宝中学周纯老师

点评者：上海闵行区教育教学研究所

单元计划标题：我们只有一个地球

一、设计要点及点评

课题的选择要根据教学目标，以“任务驱动”和“问题解决”作为学习和研究活动的主线，设计相关的有具体意义的真实的任务(情境)。“我们只有一个地球”是一个关于人类与

① http://www.sxdtdx.edu.cn/jpkc/jxsj/onews.asp? /160.html,2010-04-22.

生物生存环境的问题。它是一个源于学生生活的真实事件，通过研究解决关于地球的问题，将信息技术与任务有机地整合。

二、课程问题

(1) 基本问题：我们怎样描述地球，地球怎样遭到人类的破坏。

(2) 单元问题：人为的破坏对地球造成的影响。小组提出改进建议。我们怎样从身边做起。

设计要点及点评：课程问题设计要与学科教学内容联系，与学生过去的生活经验联系，与学生生活实际相关，使用学生的语言，对学生来说有新意，能引起学生的兴趣，能够涉及多学科的复杂情景，形成逐步深入的认知阶梯。通过教师精心设计的问题，学生利用信息化环境进行协作、探究、思考，综合运用、问题解决等高级智慧活动，从而培养学生的创新精神和实践能力。

三、单元摘要

本活动介绍一些用Word制作板报的技术，如段落的调整、分栏、页眉页脚的设置、文字的查找或替换、插入自选图形。由小组讨论确定一个关于"我们只有一个地球"的主题，小组成员利用网络或其他方法查找有关信息，并制成一份科普小报，通过作品展示向学生进行科普宣传，以增强学生的环境保护意识。

设计要点及点评：在此处对学习内容进行简要概述，让学生明确将要学的是什么，如何学，如涉及角色扮演等还应在此设置情境。

学科领域(选择所涉及的学科)：信息技术、语文、社会科学、自然科学。

设计要点及点评：通过"任务"和"研究"将多学科的知识和能力整合，将信息技术学科领域的基本概念、基本操作、发展历史、伦理道德、理想与价值观等整合。

年级(选择所涉及的学生)：初二年级(2)班。

四、学习目标/学习成果

(1) 信息技术知识：段落的调整、分栏、页眉页脚的设置、插入自选图形。

(2) 信息素养的要求：能够对采集的信息发表自己的看法和意见。

设计要点及点评：概括学生通过此次学习的重点以及要达到的目标。可以是学到了一系列知识，解答了一系列问题，培养了学生高级思维能力和信息处理能力，总结了所创建的事物的特征，阐明了自己的立场并进行了说明，进行了具有创意的工作等。目标要明确，表述要清楚，符合课程标准要求，设定有利于学生的学习以及高级思维能力培养，有利于学生在信息处理能力方面的培养。学习目标/学习成果包括技术与能力两个方面，强调以能力为核心的教学目标成为整体，信息技术或知识必须在真实情境中呈现，在蕴含知识的真实场景和应用问题中呈现，激发学生真实的认知需要。强调"协作学习"，要求"采用批判性思维"利用信息、评价信息并解决问题。

五、教学过程

设计要点及点评是介绍学生完成任务应遵循的步骤，这一部分是教案的关键所在，一定要使这些步骤简明清晰。还可以在此为学生提供一些建议，帮助他们组织所收集到的信息或发展高级思维能力。"建议"可采用多种形式，其中的问题旨在分析信息或提示对要考虑的事物的注意。如果有必要，在此可以考虑对不同层次学生的个别化教学问题。教师应将完成任务的过程分解成循序渐进的若干步骤，并就每个步骤向学生提出短小而清晰的建议，其中包括将总任务分成若干子任务的策略，对每个学生要扮演的角色或者所要采用的视角进行描述等。教师还能够在这个模块中为学习和交互过程提供指导，如学生讨论开展头脑风暴，鼓励批判性思维等。

1. 引入

请学生用一句话来描述地球。教师引言：地球是人类的母亲，地球是生命的摇篮。由于臭氧层有了空洞，人口的急剧膨胀，热带雨林的大面积消失等，使我们的地球面临着各种各样的威胁。我们只有一个地球，我们每个人都应该伸出自己的双手，共同保护可爱的地球。演讲同时展示课件，有关美丽家园、人类美好生活、大自然中动植物美好的生活以及海洋污染、热带雨林骤减、人口的急剧膨胀等图片，引出课题。

设计要点及点评：要以富有挑战性的、主题鲜明的问题开始，让学生尽情流露、表达真实的内在体验与情感，激发个人多元智能的真实展现，满足学生表现欲。教师通过多媒体课件演示大量的图片，加上教师的演讲，激发学生爱护地球的热情。教师通过描述主题，创设情境，激发学生学习思考的兴趣。这里所运用的教学手段是为了提出问题，并为学生提供获取解决这些问题所需知识的条件。

2. 任务

以小组为单位组成“科普考察队”，制作一份科普小报，进行科普宣传，让大家了解环保，关注环保，成为环保人。

对每个小组的要求：找出目前地球正在遭受的一种破坏及其产生的原因和背景，对人与动植物生存环境造成的危害，提出解决方案和防护措施以及自己能够做些什么。

设计要点及点评：一个好的任务设计应做到把学生注意力集中于他们将要进行的活动，推动学习活动顺利进行。任务还应清晰明了地描述学习者行为的最终结果将是什么、设定探究式学习的解决方案指导，包括小组划分、组内成员分工、制订规划、角色扮演等，强调协作学习。任务并不仅仅是让学生回答问题，而是要求学生通过更高级思维技能来解决问题或做出决策，这些高级思维包括创造性分析、综合、判断和问题解决等。

3. 参考主题

绿色环境被破坏、水资源的匮乏、空气海洋污染、噪声危害、“白色污染”、乱扔废电池、捕杀野生动物等。

设计要点及点评：给出与单元主题相联系的主题，供学生在确定主题时参考。目的是给学生确定主题提供一些帮助，使他们逐步学会在没有帮助下确定主题。

4. 演示其他班级小组作品，让学生依照作品评价表讨论作品的优缺点

设计要点及点评：所谓范例展示就是在布置学习任务时，向学生展示符合学习要求的学习成果范例，以便为学生提供清晰的学习预期。教师所提供的范例一方面可以启发和拓展学生的思路，另一方面还会在技术和主题上对学生的工作起到引导作用。科学的范例展示不但可以避免拖沓冗长或含混不清的解释，帮助学生较为便捷地达到学习目标，还会对学生日后的独立学习起到潜移默化的引导作用，使他们在必要的时候，可以通过各种途径寻找可参考的范例来规范自己的努力方向。这个教学设计中教师通过正反例对比的方式讨论评价学生的作品范例，让学生从感性上理解什么是好的作品，教师先演示两个反例：

《消失的生命1》、《城市垃圾何处去》，组织学生讨论，引导学生既要关注信息技术，更要关注生命；后看正例：《消失的生命2》，通过对比为学生后面作品的完成打基础。

范例也可是教师事先设计好的，教师的范例要从学生的角度出发，按学生应达到的制作水平进行设计，有了教师展示的范例，学生浏览后就会对自己将要完成的任务有一个感性的认识。

5. 提出本活动的技术要求

段落的调整、分栏、页眉页脚的设置、文字的查找或替换、插入自选图形，并介绍《消失的生命2》的学习档案样张。

设计要点及点评：注意引导学生在操作实践中质疑问难、切磋学问、展示独特个性，启发他们从各个方向去分析问题，用多种方式解决同一个问题，避免思维的绝对化和僵硬化，克服思维定式。

6. 小组讨论确定主题

填写学习档案相应项目，请小组代表上台介绍小组选择的主题、分工情况及为什么要介绍该主题。引导学生评论，并提出合理建议。主题要求：具体、形象、生动、明确、易懂。

设计要点及点评："我们只有一个地球"课题很大，引导学生主题确定切入口要小，且具有研究价值和实际意义，为学生社会责任心和使命感的发展创造条件。设计时考虑给学生营造一个良好的能够使学生主动交流和讨论、开展头脑风暴的课堂氛围。课堂气氛追求的是学生动起来，自由地发出内心的呼声，创造性地思考和行动，鼓励学生发散性思维、迁移(教师教法，引导很关键)，对学生提出的想法要鼓励，引导学生选择主题，可与课题有关又可无关，由此及彼，产生更好的主题。教师要关注学生的情感和价值观的发展。

7. 对主题研究的具体要求及学习建议

(1) 主题研究：提供参考网址，要求学生充分利用网上资源，广泛查阅、整理各种资料，使用学过的信息技术完成Word板报的基本排版，并填写学习档案相关内容。文档中用图标或文字表明每部分内容是哪位小组成员完成的，并对使用的资源制作一个引用记录。

(第一、二节课结束)

(2) 学习信息技术知识技能。

段落的调整：单击"格式"菜单中的"段落"命令，在段落对话框中进行选择。提出问题，想一想、试一试，段落调整前光标应放在什么位置？还可以用什么方法进行段落的调整？行距如何设置？行距中的"1倍"是否是一个字符的高度？

分栏：单击"格式"菜单中的"分栏"命令，在分栏对话框中进行操作。思考并试一试：对整篇文档分栏，在选中文字时，最后一个回车符一起被选中，分栏的效果会如何？

页眉页脚的设置：看书、小组讨论自学。

插入自选图形：单击Word窗口下方"绘图"工具栏中的"自选图形"按钮，在弹出的子菜单中选择相应的图形样式。提出问题：在Word窗口中"绘图"工具栏没有时如何处理？试一试，如何改变图形的大小和位置。思考问题：图形上方的黄色小菱形的作用是什么？

查找、替换某些文字：看书自学。

(3) 给出作品评价表，根据技术要求，继续完成Word板报的制作，并填写学习档案。

设计要点及点评：提出对作品的要求，要为学生提供指导他们完成任务的信息资源，资源既可在线也可离线，充分利用因特网资源，但要提供参考网址，目的是引导学生不至于在网络空间盲目地“冲浪”而忽略了探究学习的主要目的，帮助学生提供可便捷存取的、高质量的信息，使学生较快地收集信息。进而能够分配更多的时间用于解释、分析信息。要向学生说明遵循哪些步骤才能完成任务，这一部分是探究学习的关键所在。一定要使这些步骤简明清晰，还要告诉他们未来的评价，这里不可忽视教师对信息技术知识技能学习的指导，学生档案的填写。当小组成员们认为他们已经收集到足以回答或解决问题的信息时，他们将在一起把所收集到的信息分类。为了分析所收集的信息，小组成员需要明确回答以下几个问题：所收集的信息是否有助于回答主要问题，信息量是否充足，是否需要收集更多的信息，所收集的信息是否足以做出决定或解决问题？建议学生作品对以下问题能做出回答：主题是什么，它涉及什么内容，为什么要发生这个问题？它是如何影响你我以及他人的？措施：问题将如何解决，为什么。反应：你怎么想，将怎样做，你认为结果会怎样。

在信息技术应用教学中要为学生设计一些有利于学生自主学习、研究、探索、与人合作、知识迁移的内容，如想一想、试一试等。

学习档案是教材的有机组成部分，填写学习档案的作用在于通过学生平时真实情景中的学习记载，反映其学习的态度，对任务的理解和认识，以及学生信息技术掌握程度。它不仅是教师教学评价的工具，还是学生学习的指导和自我评价的工具。

对使用资源制作一个引用记录，目的在于培养学生良好的使用网络资源的道德规范。

8. 展示评价作品

小组代表介绍小组作品、合作情况及如何使用 Word 技术。学生提问并评论。

设计要点及点评：有了新创造的信息，通过交流将其传递给他人，与他人交流共享，从而促进更多的新知识、新思想的产生。在信息化教学中，培养自我评价的能力和技术本身就是教学的目标之一，评价具有指导学习方向、在教学过程中给予激励的作用，正是由于有了评价的参与，学生才有可能达到预期的学习结果。因此，评价是镶嵌在真实任务之中的，评价的出现是自然而然的，是整个学习不可分割的一部分。作为一个合格的终身学习者，自我评价将是一个必备的技能，培养学生的这种技能本身就是信息化教学的目标之一，也是评价工作的任务之一。

9. 教师总结发言

设计要点及点评：总结学习内容和经验，鼓励对整个学习过程进行反思，以及对学习成果进行拓展和推广。总结部分算不上是一个很关键的部分，但是它为整个活动画上了完美的句号，给读者一种结束的感觉。

（第三、四节课结束）

因特网参考资源如下。

http：//www. kepu. com. cn

http：//www. bJkp. gov. cn

http：//earth911. gcc. ntu. edu. tw

http：//www. digitalearth. net. cn

http://www.chinaenvironment.com

http://greenworld.533.net

http://www.1shb.com.cn

http://www.SWCC.org.cn/shuibao/index.btm

http://www.google.com

http://www.sohu.com

http://www.163.com

http://cn.yahoo.com

http://www.sina.com.cn

六、区别教学

对那些需要技术帮助的学生，直接指导进行Word技术的学习。

对优秀学生重在培养他们的信息素养能力。

设计要点及点评：考虑学生个体差异，调整成效标准，以适应不同的学生。满足学生多样化学习需要，对全体学生进行信息素养教育，专门的信息技术培训。对有特殊需要的学生，化解一定的难度，给予更多的关心。分组时将有特殊需要的学生与合适的伙伴结成小组。有天赋的学生鼓励他们发挥主导能力，在学习小组中起中心及组织作用，并作为技术后盾。

第5章　信息化教学资源的获取与评价

实例与问题①

从早上八点上班到现在，胡老师坐在计算机旁边已经整整两个小时了，他在为下周的旅游景观教学内容找资料。

昨天晚上在家备课时，胡老师已经画出了这堂课的思维导图。这节课要求让学生了解旅游资源的不同种类，掌握旅游资源的特性和旅游资源的价值。

旅游资源包括自然景观和人文景观，自然景观有地质地貌景观、气象气候景观、水文地理景观和生物景观，而人文景观有建筑景观、文化艺术景观和风土民情景观。胡老师希望为每种景观至少找一个实例代表。

“自然景观——北方有吉林雾凇、香山红叶、五大连池；南方有钱塘江大潮、黄果树瀑布、云南石林……

人文景观——人文艺术方面有敦煌莫高窟、龙门石窟、乐山大佛；风土民情方面有傣族泼水节、安塞腰鼓、那达慕大会；古建筑景观方面有苏州园林、曲阜三孔、岳阳楼……”

第二部分要讲旅游资源的特性，旅游资源有四个特性：多样性、非凡性、可创造性和长存性。胡老师打算借助前面的几个例子再结合教材对这四个特点进行讲解，学生们理解起来应该没有什么问题。

第三部分是讲旅游资源的价值，教材上概括了四点，有美学价值、科学文化价值、历史文化价值和经济价值。

在这四个价值方面，胡老师认为还需要再找一些特定的素材。首先，美学价值方面，可以举九寨沟、黄山的例子；其次，历史文化价值方面，可以找些有历史典故的景点，比如金字塔、凯旋门；经济价值很好理解，一般的旅游风景区都可以拿过来举例。胡老师看了看自己前面罗列的例子，准备再找些热带风光、阳光沙滩、高山滑雪的例子。最后，在科学文化价值方面，教材上给出了科罗拉多大峡谷和华山的例子，这些地貌形成的原因是什么呢？胡老师觉得这可能是学生们比较感兴趣的地方，因此打算补充一些小材料加以说明。

百度图片是他常用的图片搜索网站，这次也不例外。上午一来到办公室，胡老师首先进入百度图片主页，以“旅游景观”作为关键字，单击搜索，只找到1 790张图片，而且这些图片都是一般性的，连翻两页，也没看到几个著名的景点。胡老师想了想，这样不行，换个关键词，胡老师又尝试了“风景胜地”、“旅游胜地”和“著名景区”这几个关键字，但是搜索到的图片看起来还是不理想。没办法，只好输入具体的景点名了，比如，“苏州园林”，这下出来的确实都是苏州园林的景物。胡老师就这样按照思维导图中列出的景点作为关键词输入，再从检索出来的一堆照片中挑选那么3～5张，顺手都存到了“我的文档”下面的“图片收藏”文件夹中，这是Windows缺省的图片存放地。

忙了两个小时，下载了近百张照片，胡老师有些兴奋。但是当他打开“图片收藏”文件夹时，又傻眼了：这些图片和机器中原先别的老师下载的图片混在一起了，整个文件夹中乱七八糟。好在Windows资源管理器中有“缩微图”显示方式，还算能够分辨出哪些图是胡老师下载的，但是一些非景点标志性图片就看不出是哪个景点的了。

---

① 广东省教育技术能力中级培训课程. http://www.gdteacher.com.cn，2011-12-20.

除了找照片之外,胡老师又根据备课的思维导图,去网上找到了一些有关旅游资源价值的数据资料。之后,胡老师将这些资源纷纷导入PPT,创建链接,又花了半个多小时,终于完成了他的课件。

胡老师起身倒了一杯茶,站在那里开始欣赏自己的课件。40多页的课件很快就播放完了,胡老师发现有几张图片上面有人,于是又坐下,打开Photoshop把其中的人去掉了。再次播放,感觉还是缺少点什么,虽然图片都是用动画方式进进出出,但看上去有些单调。

胡老师抬起头,瞥见了书架上自己前年去科罗拉多大峡谷时带回的纪录片光盘,胡老师将光盘放进光驱。果然不出他的所料,里面不仅有科罗拉多大峡谷的风光鸟瞰,还配有该地貌形成原因的讲解。真是不可多得的一个好素材啊!

胡老师打开超级解霸,选好采集的起点和节点,将这段影像截取下来,添加到PPT中,整个课件看上去很完美了……

阅读案例后,大家思考以下问题。

(1) 对于那些标志性特征不明显的图片,胡老师怎么判断是不是自己下载的呢?

(2) 应该怎样做才能将现在混乱的文件夹中的图片有序地组织起来?

(3) 胡老师希望选的照片都是纯粹的风景照,有人的照片还把人处理掉了,你是否赞同他的做法,为什么?

(4) 胡老师用超级解霸从光盘上剪辑了科罗拉多大峡谷的一段视频插入PPT中,但是在试放的时候没有声音,这可能是哪个环节出了问题?

(5) 胡老师是在百度图片上搜索教学图片,你有没有更快地收集到可用教学图片的办法?

教学指南

本章主要由信息化教学资源概述,信息化教学资源获取,信息化教学资源的管理,信息化教学资源的评价四大模块组成。结构如图5-0所示。

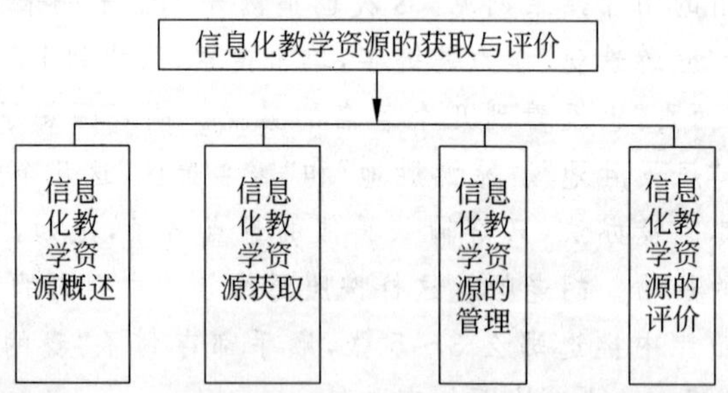

图5-0 信息化教学资源的获取与评价的内容结构

教学目标

(1) 识记:信息化教学资源的概念;信息化教学资源的类型;信息化教学资源的特点。

(2) 了解:信息化教学资源的应用;信息化教学资源检索工具;信息化教学资源的管理原则;信息化教学资源的管理内容;信息化教学资源评价的基本原则;信息化教学资源常用

评价方法。

(3) 理解：信息化教学资源的特点；常用信息化教学资源的获取方法；信息化教学资源检索策略；信息化教学资源的评价。

(4) 应用：能够根据信息化教学资源的特点确定应用情景；能够用有效的方法获取和管理资源；能够用信息化教学资源评价量表评测信息化教学资源。

教学方法与课时分配建议

教学方法：

(1) 本章的重点是信息化教学资源的特点；常用信息化教学资源的获取方法；信息化教学资源检索策略；信息化教学资源的评价。

(2) 第一节可采用“讲授—讨论”的方式，教师先讲授基本内容，然后学生参与讨论以达成共识，加深理解信息化教学资源。

(3) 第二节可采用“讲授—案例—探究”的方式，教师先讲授基本内容，然后结合案例分析获取工具、策略和方法，最后学生自由探究获取信息化资源的方法。

(4) 第三节可以采用“自学与讨论”相结合的方式，提前预习，结合管理案例讨论，教师引导学生讨论，然后总结。

(5) 第四节可以采用案例法，以经典案例来分析评价原则、工具和具体的方法。

课时分配：

授课学时 4 学时；课外学时 4 学时。

5.1 信息化教学资源概述

随着信息社会的发展，数字化技术逐渐普及，教学资源日益呈现多元化数字化的特征。信息化教学资源已经成为教学资源的主要形式。本章主要介绍信息化教学的概念、类型、特点、应用、获取、管理与评价。

5.1.1 信息化教学资源的概念

什么是信息化教学资源呢？我们首先从资源说起。资源是指一切可以被人类开发和利用的物资、能量和信息的总和，可分为自然资源和社会资源。教学资源是一种典型的社会资源。教学资源是为教学的有效开展提供的素材等各种可资利用的条件，通常包括教材、案例、影视、图片、课件等，也包括教师资源、教具、基础设施等，广义的教学资源也应该涉及教育政策等内容。而信息化资源是指以计算机技术为基础设计、形成、存储的支持教育教学活动的数字化资源①，是信息化社会中特定的数字化资源的称谓。广义的信息化教学资源还包括数字化教学环境，即教学过程中所使用的各种软件②。

① 杨改学. 解读信息化教育资源[J]. 电化教育研究，2009(3)：12-14.

② 何克抗. 教育技术中级培训参考手册[M]. 北京：高等教育出版社，2007.

5.1.2 信息化教学资源的类型[①]

根据《教育资源建设技术规范(征求意见稿)》,目前常见的信息化教学资源主要包括九类,分别是:媒体素材(包括文本、图形/图像、音频、视频和动画)、试题库、试卷、课件与网络课件、案例、文献资料、常见问题解答、资源目录索引和网络课程。另外,还可根据实际需求,增加其他类型的资源,如电子图书、工具软件和影片等。

(1) 媒体素材:媒体素材是传播教学信息的基本材料单元,可分为五大类:文本类素材、图形/图像类素材、音频类素材、视频类素材、动画类素材。

(2) 试题库:试题库是按照一定的教育测量理论,在计算机系统中实现的某个学科题目的集合,是在数学模型基础上建立起来的教育测量工具。

(3) 试卷:试卷是用于进行多种类型测试的典型成套试题。

(4) 课件与网络课件:课件与网络课件是对一个或几个知识点实施相对完整教学,用于教育教学的软件,根据运行平台划分,可分为网络版的课件和单机运行的课件,网络版的课件需要能在标准浏览器中运行,并且能通过网络教学环境被大家共享。单机运行的课件可通过网络下载后在本地计算机上运行。

(5) 案例:案例是指由各种媒体元素组合表现的、有现实指导意义和教学意义的代表性事件或现象。

(6) 文献资料:文献资料是指有关教育方面的政策、法规、条例、规章制度,对重大事件的记录、重要文章、书籍等。

(7) 常见问题解答:常见问题解答是针对某一具体领域最常出现的问题给出全面的解答。

(8) 资源目录索引:列出某一领域中相关的网络资源地址链接和非网络资源的索引。

(9) 网络课程:网络课程是通过网络表现的某门学科的教学内容及实施的教学活动的总和,它包括两个组成部分:按一定的教学目标、教学策略组织起来的教学内容和网络教学支撑环境。

信息化教学资源作为人类活动的内容、中介与工具,在教学中起着越来越重要的作用。并随着科学技术的进步,它对传统课堂的变革也将越来越具有革命性。

信息化资源的应用形态包括:课堂演示、个别化学习、模拟实验、训练复习、教学游戏、资料与工具、网络课程等。

从课堂应用和教师的密切程度来说,信息技术与课程整合中应用得最多的,即主要的信息化资源,是三类不同格式的课件:PPT 课件、网页课件、Flash 课件,它们随着时代的发展而不断进化。

5.1.3 信息化教学资源的特点

1. 处理数字化

处理数字化是指将声音、文本图形、图像、动画、视频等信息经过转换器抽样量化,由模

① 教育资源建设技术规范(CELTS-41). http://www.celtsc.edu.cn,2011-12-20.

拟信号转换成数字信号，数字信号的可靠性远比模拟信号高，对它的纠错处理也容易实现。

2. 存储海量化、管理智能化

信息化资源一般包括大量视音频数据，需要海量的存储设备，一般是大容量的磁盘阵列或者光盘库。通过大型数据库管理，可以实现快速查询和检索。这些大量的多媒体信息和资料，创设了丰富有效的教学情景。不仅利于学生对知识的获取和保持，而且大大地扩大了学生的知识面。

3. 显示多媒体化

这是指利用多媒体计算机技术存储、传输、处理多种媒体学习资料。如声音、文本、图形、图像、动画等。这与传统的单纯用文字或图片处理信息资源的方式相比要丰富得多。给学生提供的外部刺激不是单一的刺激，而是多种感官的综合刺激，这种刺激能引起学生的学习兴趣和提高学生的学习积极性。

4. 超文本结构组织信息

超文本是按照人的联想思维方式非线性地组织管理信息的一种先进技术。由于超文本结构信息组织的联想式和非线性。符合人类的认知规律，所以便于学生进行联想思维。另外，由于超文本结构的信息结构的动态性，学生可以按照自己的目的和认知特点重新组织信息，按照不同的学习路径进行学习。

5. 良好的交互性

信息化教学资源尤其是支持自主学习的资源往往提供图文并茂、丰富多彩的人机交互式学习环境，使学生能够按自己的知识基础和习惯爱好选择学习内容，而不是由教师事先安排好，学生只能被动服从，这样将充分发挥学生的主动性，真正体现学生的认知主体的作用。

随着网络技术的广泛应用，信息化教学资源还呈现出传输网络化、信息结构的动态性等。基于网络的信息化资源为探索式学习提供了更大的潜在空间。

需要说明的是，信息化教学资源的确能够为教学方式变革提供比较理想的支持环境，但并不是说其他形态的教学资源就一无是处，或信息技术可以替代其他类型的教学资源。真实实验环境、生活中的课程资源等仍然在教学中具有极其重要的作用，在教学实践中要善于发挥各种形态资源的优势。

5.1.4 信息化教学资源的应用

随着教育信息化的不断推进和新的教育理论和教学模式的出现，信息化教学资源的教学应用形式包括以下几种。

1. 课堂演示

一般来说是为了解决某一学科的教学重点与教学难点而开发的，它注重对问题的启发、提示，反映问题解决的全过程，主要用于课堂演示教学。这种类型的教学软件要求画面要清晰，尺寸比例较大，能使教学思路逐步深入地呈现。

2. 个别化学习

具有完整的知识结构，能反映一定的教学过程和教学策略。提供相应的形成性练习供学生进行学习评价，并设计友好的界面让学习者进行人机交互活动。利用个别化系统交互学习型多媒体教学软件。学生可以在个别化的教学环境下进行自主学习。

3. 模拟实验

借助计算机仿真技术，提供可更改参数的指标项，当学生输入不同的参数时，能随时真实模拟对象的状态和特征。供学生进行模拟实验或探究发现学习使用。

4. 训练复习

主要是通过问题的形式用于训练、强化学生某方面的知识和能力。这种类型的教学软件在设计时要保证具有一定比例的知识点覆盖率，以便全面地训练和考核学生的能力水平。另外，考核目标要根据每级目标设计题目的难易程度分为不同等级，逐级上升。

5. 教学游戏

这与一般的游戏软件不同。它是基于学科的知识内容，寓教于乐，通过游戏的形式，教会学生掌握学科的知识和能力，并引发学生对学习的兴趣。对于这种类型软件的设计，特别要求趣味性强、游戏规则简单。

6. 资料与工具

各种电子工具书、电子字典以及各类图形库、动画库、声音库等，这种类型的教学软件只提供某种教学功能或某类教学资料，并不反映具体的教学过程。这种类型多媒体教学软件可供学生在课外进行资料查阅使用，也可根据教学需要事先选定有关片段配合教师讲解，在课堂上进行辅助教学。

7. 网络课程

融学习的课程材料、教学活动和支持环境于一体的信息化教学资源。

5.2 信息化教学资源获取

5.2.1 利用专业网站或专题网站进行检索

通过搜索教育教学专业网站和资源网站，可以最高效地找到教学资源和素材。目前互联网上中小学各个学科都会有成百上千家教学资源网站，这类网站数量众多，既包括教育门户网站，又包括各种学科资源网、教学网、主题网站……

5.2.2 利用网页搜索引擎检索①

就一般情况而言，通过搜索引擎查找资源是仅次于利用学科资源网站进行获取资源的一种有效的、方便快捷的常用方法，比如百度（http://www.baidu.com）和谷歌（http://www.google.cn）等。通过搜索引擎可以找到大量的教育资源，一个关键词往往能搜索出成千上万条记录，这里面既包括了有价值的资源，也有着很多不符合需要的资源，所以使用

---

① 北京大学教育技术参考手册. http://training.mspil.edu.cn,2010-12-20.

者需要学会更有效地使用搜索引擎，或另辟蹊径寻找合适的资源。

在百度或谷歌中，可以在检索词后面加上文件类型来检索，如想检索 PPT 文件，在检索词后输入 PPT 即可。另外，这两种搜索引擎目前都提供了专门的图片类素材、动画类素材、音频类素材甚至视频类素材的专门检索页面。

在大多数情况下，搜索引擎是用来查找明确信息的最佳手段。

表 5-1 中列出了最常见的搜索引擎。

表 5-1　最常见的搜索引擎

站点名称		网　址
英文搜索引擎	Bing	http://www.bing.com
	Google	http://www.google.com
	Yahoo!	http://www.yahoo.com
	Alta Vista	http://altavista.com
	Excite	http://www.excite.com
中文搜索引擎	必应	http://cn.bing.com
	百度	http://www.baidu.com
	谷歌	http://www.google.cn
	新浪	http://www.sina.com.cn
	搜狐	http://www.sohu.com
	雅虎	http://cn.yahoo.com

搜索引擎的使用方法如下。

① 选择搜索引擎。

② 确定搜索主题，以决定搜索用的关键字，现在各种搜索引擎的设置都是非常简单实用的，只要根据提示单击相应按钮就可以进行相关操作了。

③ 缩小搜索范围，各种搜索引擎都有缩小搜索范围的功能，可以使搜索更精确。

这里以百度为例，介绍几种常用的搜索技巧。

注意：每个搜索引擎都是不同的，新用户可能需要在开始查找前先看一下该搜索引擎的帮助页面。

(1) 多个关键字的使用

输入多个词语搜索(不同字词之间用一个空格隔开)，可以获得更精确的搜索结果。例如，想了解上海人民公园的相关信息，在搜索框中输入“上海 人民公园”，获得的搜索效果会比输入“人民公园”的结果更精确。

需要说明的，关键字输入不是越多越好；关键字相当于限制条件，过多的关键字，有可能导致检索到的内容太少甚至检索不到。

最好先使用含义较广的词开始搜索，然后再逐步缩小范围。

(2) 使用逻辑运算符

计算机化的搜索机制是建立在逻辑运算的基础上的，熟悉逻辑运算符的用法将有助于在 Internet 上查找资料。当可供选择的东西太多或者得到的是错误结果时，逻辑运算符可用来缩小范围。逻辑运算符有3种：OR、AND及NOT。

OR：返回的结果满足其中一个条件。

AND：返回的结果满足每一个条件。

NOT：返回的结果排除条件所要求的记录。

(3) 使用简化的逻辑运算符

① 使用“需要”、“排除”等概念

搜索引擎允许你在搜索时指定多个重要的关键词。

在关键词前插入“＋”，表示在返回结果时需要此条件；

关键词前插入“－”，表示在返回结果时排除此条件。如果要避免搜索某个词语，可以在这个词前面加上一个“－”号（半角状态下的字符）。但在减号之前必须留一空格。例如，避免搜索“公园”这个词语，可以这样表示：“ －公园”。

比如：＋中国＋教育技术－电化教育，表明返回的网站内容中包含关键词“中国”与“教育技术”，但不包含“电化教育”。

② 用短语查找

如果要寻找准确的短语或短句，需要把这些短语放在双引号中，如“建构主义教学原则”。

(4) 元词搜索

在表达式中还可以设定一些限定条件，即“元词”，以加速查找，例如，只查找页面标题或特定范围。一般情况下，把元词（连同符号“：”）放在关键词的前面。

(5) 高级搜索选项的使用

通常，只需在范围较广的查询中添加词语就可以缩小搜索范围。不过，百度还提供了高级搜索页的使用，根据关键字、语言、文件格式、日期、字词位置和网域等条件，可以实现以下功能，更好地缩小搜索范围，如图5-1所示。

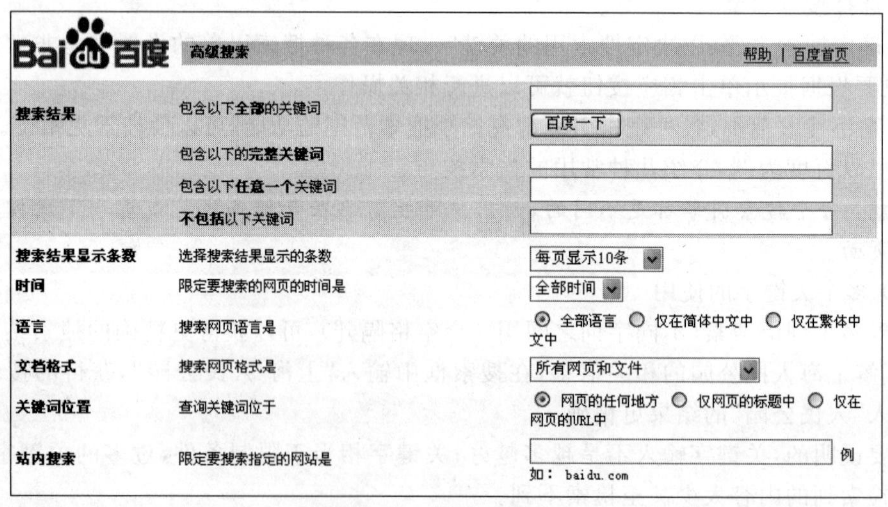

图5-1 百度高级搜索

① 将搜索范围限制在某个特定的网站中。

② 排除某个特定网站的网页。

③ 将搜索限制于某种指定的语言。

④ 查找链接到某个指定网页的所有网页。

⑤ 查找与指定网页相关的网页。

5.2.3 分类目录和网络资源指南检索

如果要查找某一大类中的内容，可以使用 Web 目录和索引。目录通常按照主题分类，一般还包括返回顶级目录的超级链接。表 5-2 是常用的目录搜索网站。

如何选择和使用目录：

(1) 选择目录大类中的项目，然后一步步地缩小范围。

(2) 用一个含义较广的关键词(如“新闻”、“台湾”等)查询，然后继续单击更详细的标题。

(3) 如果一个目录不能给你合适的结果，使用另一个，通常目录间会有很大的差别。

表 5-2 常用目录搜索的网站

站点名称		网址
英文网站	Yahoo!	http://www.yahoo.com
	Magellan	http://magellan.excite.com
	The Internet Public Library	http://www.ipl.org
	Yahooligans	http://www.yahooligans.com
	Excite	http://www.excite.com
中文网站	雅虎	http://cn.yahoo.com
	搜狐	http://www.sohu.com
	常青藤	http://www.tonghua.com.cn
	网典	http://wander.cis.com.cn
教育网站	中华人民共和国教育部	http://www.moe.gov.cn
	惟存教育	http://www.being.org.cn

5.2.4 利用专业数据库进行检索

(1) 美国教育资源信息中心(ERIC)数据库全文检索系统。

(2) Elsevier 的 Science Direct。

(3) 中国期刊网(中国知识资源总库)。

5.2.5 典型教学素材资源的获取

1. 文本资源的获取方法

文本素材的主要来源有：键盘输入；语音输入；扫描印刷品；从网络电子资源获取。需要注意的是，在获取他人资源素材的时候，一定要遵守版权法的规定，尊重他人的知识产权。

以下就几种文本资源的获取方法做详细介绍。

(1) 键盘输入方法

键盘输入法是利用键盘，按照一定的编码规则来输入汉字。这是最早采用的文本输入方法，也是现在计算机进行文字输入最普遍的方式。键盘输入文本的优点是方便快捷，易修改并且不需附加录入设备。现在文本输入新技术正向着自然输入的方向发展。

(2) 语音输入方法

语音输入法，是将声音通过话筒输入计算机后直接转换成文字的一种输入方法。利用语音识别技术，计算机能迅速、自然地把读入计算机的声音信息转换成计算机中的文本。

语音输入法在硬件方面要求电脑必须配备能正常录音的声卡和录音设备，安装语音识别软件。识别软件将录入的语音信号识别转换为数字文本，实现语音文字输入。目前，语音识别技术整合较好的软件有IBM公司的VIA Voice。语音输入方法的优点是可以快捷、自然地完成文本录入，可减轻用户使用键盘输入的疲劳；缺点是错字率仍然比较高，特别是一些未经训练的专业名词及生僻字，因此要求录入者发音比较标准，还需要先使系统适应录入者的语音语调。

(3) 联机手写识别输入

手写输入法是一种特制的感应书写笔，在与计算机接口相连的手写板上书写文字来完成文本输入的方法。它符合人们用笔写字的习惯，只要将手写板接入计算机，在手写板上按平常的习惯写字，电脑就能将其识别显示出来。

联机手写识别输入的优点是，不用专门学习训练，即写即得，并且识别率较高，其录入速度取决于书写速度。缺点是不同的字体和潦草的字迹会严重影响识别系统的识别率。手写录入实际上是在OCR(光识别技术)基础上发展的文字录入方法。

(4) 扫描仪+OCR识别输入法

在实际办公中，如果需要进行大量文字录入，如书稿、资料等，仍用手工录入无疑会浪费许多时间，用扫描转换的方法，可以大大加快文字录入速度，提高工作效率。利用OCR技术，我们可以把需要的教材、文件、资料等进行扫描转换，生成电子文档，更便于保存。

OCR是光学字符识别技术的英文缩写。扫描仪+OCR识别输入就是将印刷品类纸张上的文字以图像的方式扫描到计算机中，再用OCR软件将图像中的文字识别出来，并转换为文本格式的文件。它要求把要输入的文稿首先通过扫描仪转化为图像后才能识别，所以扫描仪是OCR技术中必需的配置。如果被扫描的原稿印刷质量越高，识别的准确率就越高，一般最好是印刷体的文字，比如图书、杂志等，如果原稿的纸张较薄，那么有可能在扫描时纸张背面的图形、文字也透射过来，干扰最后的识别效果。需要注意的是，扫描仪本身并没有文字识别功能，它只能将文稿扫描到计算机中后以图片的方式保存，文字识别则由OCR软件处理完成。

2. 图像资源的获取方法

获取图像一般有以下途径。

① 从素材光盘中寻找。

② 从教学资源库中寻找，目前学校常用的教学资源库素材中，都能找到相当一部分与教学内容相关的图形图像素材。

③ 在网上查找。

④ 从电子书籍中获取。

⑤ 从画报、画册中后期扫描。

⑥ 从课件中抓取，可以用 HySnapDX 或 SnagIt 等软件在现成的课件中抓取相应的图片。

⑦ 直接在相应的图像处理软件中创作自己想要的图形图像。

下面重点对使用截图、扫描仪和相机等获取图像的方法进行详细介绍。

(1) 截图

① 键盘截屏

最简单的截图方法是使用键盘右上方的“Print Screen”键进行屏幕抓图。

步骤一：截图。

按 Print Screen SysRq 键，对当前屏幕进行抓图，就是整个显示屏的内容。

先按住 Alt 键，再按 Print Screen 键，则是对当前窗口进行抓图。如打开了“我的电脑”窗口后，用此法就抓取“我的电脑”窗口的内容。

步骤二：打开、编辑。

打开“程序”→“附件”→“画图”，选择“编辑”下的“粘贴”，就把抓取的图片贴出来了，还可以进行简单的编辑。

步骤三：保存。

选择要保存的类型和路径，输入图片名称，单击“保存”按钮即可。默认保存为 bmp 格式。

② Windows Media Player10

Media Player10 是常用的视频播放器，也可以视频截图。我们在播放电影的过程中，遇到想截取的图片，只需按下 Ctrl+I 组合键，就会弹出保存图片的窗口。但是一定注意视频格式，对于 ASF、WMV 格式是无法截图的。

③ 豪杰超级解霸系列

豪杰超级解霸也有视频截图功能，版本 V8、V9、3000，都可以截图。

步骤一：首先打开豪杰超级解霸。

步骤二：点击“文件”按钮，打开要播放的影片。

步骤三：影片开始，使用“播放/暂停”按钮，暂停要截的图片，就像照相机按快门一样。

步骤四：使用“单张抓图”按钮，或“连续抓图”按钮，截取图片，然后单击“保存”按钮，保存图片就好了。

豪杰截图的优点在于可以连续抓图，对制作 GIF 动态图片有帮助，但截取图片不可随意调节大小，只能截取影片原大小。

④ QQ 截图

QQ 也有截图功能，这个大家平常聊天的时候可能都使用过。

步骤一：首先打开 QQ，按下键盘上的 CTRL+ALT+A 组合键。

步骤二：出现截图指示光标，按下左键不放并拖动鼠标，确定在屏幕上要截取图形的位置范围。

步骤三：在截取的图形上双击，图形粘贴到剪贴板上。

⑤ 截屏软件

除了上述方法进行截屏或截图，还有一些专门的截屏软件，如 SnagIt。

(2) 利用扫描仪将图片转换为数字图像

我们可以利用扫描仪将照片、杂志彩页等素材转成数字图像。将要扫描的内容放在扫描仪内，扫描仪会提供光源照亮图片，通过光线和镜头将图片进行成像曝光处理，不同的光线会得到不同的处理，并以数字的方式重新组合后输送到计算机中存储和显示。这样普通的照片或图片就会转化为数字图像了。

(3) 利用数码照相机拍摄数字图像

利用数码照相机可以直接拍摄数字化图像素材，比通过扫描仪获取图像要更为方便。通过数码照相机获取的数字图像通常放在相机存储卡内，再通过数据线将其输入到计算机中使用。

3. 视频资源的获取方法

视频的获取途径主要有以下几种。

① 从资源库、电子书籍、课件中获取。资源库、电子书籍中的视频资料可以直接调用，课件中的视频文件一般也放在 EXE 文件之外，不会和 EXE 文件打包在一起，可直接调用。

② 从网上下载。有许多专门的软件用于流媒体搜索，搜索到需要的视频资源后可以使用下载工具，如迅雷下载下来。

③ 直接用数码摄像机拍摄。

④ 从录像片、VCD、DVD 片中获取。最方便的方法是用超级解霸进行截取，VCD、DVD 均可用超级解霸进行截取。

⑤ 录制视频屏幕。SnagIt 也可以用于录制视频屏幕。通过 SnagIt 可以把屏幕上的一切动作抓取为 AVI 动画文件。这对于我们获取教学软件素材非常有用。

⑥ 使用工具自己制作。Premiere、绘声绘影等视频处理工具可以帮助您方便快速地制作所需的视频资源。

4. 音频资源的获取方法

音频的获取途径，主要有以下几种。

① 从专业的音效素材光盘或 MP3 素材光盘中获取背景音乐和效果音乐。

② 在资源库中查找，很多教学资源库中都可以找到小学、初中、高中语文课文中的大多数课文范读。

③ 在网上查找。

④ 从 CD、VCD 中获取，CD、VCD 可以用超级解霸的音频播放器播放，然后压缩成 MP3 格式，再根据需要决定是否转成其他格式。

⑤ 从现有的录音带中获取，方法是用音频线从录音机线路输出，再从声卡的线路输入口(或 MIC)输入，然后设置成线路输入(或 MIC)录音，最后打开附件中的录音机进行录音，再保存在相应位置。

⑥ 从课件中获取，大多数课件中的声音文件都存放在 WAV 文件夹中，从中可以找到你需要的声音。

⑦ 进行原创。

5.3 信息化教学资源的管理

5.3.1 信息化教学资源的管理原则

信息化教学资源管理是一个复杂的系统,涉及诸多因素与矛盾。管理和利用是矛盾的两个方面,既要提高信息化教学资源的利用率,又要保证资源的完好率,以达到投资少效益高的目标。因此,对于信息化教学资源管理我们需要把握以下基本原则①。

1. 可靠性原则

信息化教学资源的高可用性对学校的教学、科研来说是至关重要的,加上教学资源庞大的数量,所以对于信息化教学资源的管理必须保证完整性和可靠性。例如,在灾难性故障发生后能够在最短时间内还原数据库,使数据的完整性、安全性得到保障。

2. 灵活性原则

信息化教学资源的管理应具备较大的伸缩性,它可以集中管理,也可以将资源按类型或学科划分开来,单独进行管理。对于信息管理系统还应提供接口,可以将多种渠道收集的教学资源纳入系统的管理之中。

3. 开放性原则

信息化教学资源的开放性管理将以最大限度发挥效益,促进教学改革,创造良好的育人环境,建立有利于高素质创新型人才培养机制和以人为本的教学管理制度。信息化教学资源的开放性管理可以是面向时间、空间的开放,可以是面向内容和项目的开放,也可以是面向学习者的开放。

4. 规范性原则

规范性原则就是要求构建有效的教学资源质量保障体系,使制度规范化、操作规范化和效果规范化,最终实现教学最优化。尤其是教学资源信息管理系统必须规范化、标准化,这是发挥信息化教学资源高效益的关键。

5. 可重用性原则

信息化教学资源管理的可重用性包括技术的可重用性、内容的可重用性和过程与理念的可重用性。在信息化教学资源的规划设计与建设管理中,资源的共享性、结构性和可升级性等决定着一个教学资源的使用寿命与适用范围。确保学习者无论在何时何地,希望能通过一套可重复存取、可再用、有耐久性以及可相互沟通的资源系统,以便及时获取所需的高质量学习资源。资源通过统一的格式跨平台,可以真正地达到可重复使用、追踪学习记录,也可以有统一的标准,更能符合学习者的需求,最大限度发挥教学资源的效益。

5.3.2 信息化教学资源的管理内容

教学资源管理(Instructional Resources Management)是指通过对教学资源的计划、组

① 章苏静. 数字化教学资源管理[M]. 北京:科学出版社,2008:6-7.

织、协调和评价，以实现既定教学目标的活动过程。教学资源管理包括硬件资源的管理和软件资源的管理。① 因此，信息化教学资源管理是指对信息化教学资源的设计、开发、存储、维护等方面的计划、组织、协调与评价，是以提高信息化教学资源综合效率为目的的一系列综合活动的总称。

信息化教学资源的管理内容包括计划管理、技术管理和效益管理②。

1. 计划管理

计划管理是信息化教学资源管理过程的起始环节，是实施各项管理活动的前提，也是考核管理效益的依据。计划的目的在于正确地把握发展方向，有效利用现有资源和条件，争取获得最大的效益。

制订一个可行的计划，其依据来自四个方面：一是以国家政策、本单位教育信息化长期发展纲要以及科学理论为指导；二是以原有的资源条件为基础；三是以目前的教学任务、教学目标的实际需要为依据；四是充分体现数字化教与学的需求特点。建成的信息化教学资源系统可以实现自主学习、协作学习、教授式教学等多种教学模式，可以支持师生间畅通无阻地交流与协作，体现网络化的特点，具备大容量、大规模、开放式、共享性等特性，体现资源丰富的特点，体现技术先进的特点，实现以多样化的信息化教学资源服务于各个教学与学习环节。

2. 技术管理

技术管理是教学资源管理系统中的一个重要组成部分，要使教学资源发挥高效益，必须有先进的管理手段来支持，还需要使用一些现代管理技术和方法，如开发技术、诊断技术、维修技术、计算机辅助信息管理系统、网络技术等。

信息化教学资源技术管理包括设计、开发、验收、安装、调试、存储、应用、维护等方面的工作。技术管理的具体内容如下。

(1) 设计、开发、管理信息化教学资源信息管理系统，如数字化硬件资源设备或集成环境的信息管理平台，如何使用户通过平台随时了解本单位或其他单位各类仪器设备以及环境的有关数据和使用状态信息，对于数字化软件资源库，则如何提供便捷、高效的资源检索、查询、挖掘以及知识管理。

(2) 建立完整的技术档案，大型仪器和设施还要有可行性报告，进口仪器要有订货合同、保险凭证，其他诸如说明书、线路图、验收记录等，同时技术档案的建立和管理如何实现信息化、网络化也是当前的热门话题。

(3) 编写仪器设备以及信息管理系统、软件资源库的使用指南，严格制定操作规程和维修守则。

(4) 保护设备、设施以及网络资源完好率和提高利用率，加强维护保养，定期检验、检修、备份，制定有效的容差措施以及灾难恢复方案。

(5) 开展技术培训，定期组织操作人员进行技术培训和安全教育，提高操作人员的技术水平和维护能力，达到操作指标的要求。

---

① 中小学教师教育技术能力标准(试行). http://www.edu.cn/,2010-12-20.

② 章苏静. 数字化教学资源管理[M]. 北京：科学出版社，2008：7-8.

3. 效益管理

效益管理又称经济管理，在经济学上的含义是一种用于制定最佳定价方针的经济技术手段，而最佳定价方针能够使销售或服务产生最大的利润。管理的目的是以最小的投入获得尽可能大的产出，这也就是人们常说的管理出效益。

效益管理的主要内容可包括信息化教学资源的经费管理、信息化的资源账册管理、资源的损耗折旧以及各项考核评估。

5.3.3 信息化教学资源的管理案例

在信息化软件教学资源中，一般以多级文件夹形式来组织管理信息化教学资源，下面是一些目录管理的小技巧①。

(1) 控制每个文件夹中的资源数目。一般一个文件夹下，包含50个以内的文件数比较容易浏览和检索，如果太多则会影响浏览速度和打开速度。

(2) 控制目录结构的级数。文件夹的级数越多，检索和浏览的效率就会越低，最好控制在三级以内。

(3) 设定文件与文件夹的命名规则。为了查找方便，最好为计算机中所有的文件和文件夹使用统一的命名规则，并使这些名称具有实际意义。

(4) 利用计算机管理搜索工具检索文件，会给您带来很大的方便。例如，百度硬盘搜索可以帮您快速找到计算机中的文档、图像、视频文件、音频文件、邮件及附件、网页历史等内容。如果您想对百度硬盘搜索有更多的了解，则可以登录网站 http://disk.baidu.com 进行学习。

文件夹形式的资源包适合于个人资源管理，但却不利于资源的共享。主题资源网站也是由特定主题的资源构成的一个资源包，可以包含多种资源形式，且比较适合于不同教师和学生之间交流与共享资源。

5.4 信息化教学资源的评价

5.4.1 信息化教学资源评价的基本原则②

为保证信息化教学资源评价的科学性、规范性，明确评价的基本原则是对信息化教学资源进行评价的基本前提。

1. 科学性原则

信息化教学资源评价必须建立在科学的基础上，评价结果才可能准确、可靠、可信。科学性包括评价指标体系建立要有科学依据，制订评价方案的设计要科学合理，评价方法选择科学、正确，评价数据的处理要准确。信息化教学资源的评价还应该充分参考国家和部

① 北京大学教育技术参考手册. http://training.mspil.edu.cn,2010-12-20.

② 章苏静. 数字化教学资源管理[M]. 北京：科学出版社，2008：156-157.

委制定的相关标准，这些标准是建立评价指标体系的基础。

2. 客观性原则

信息化教学资源评价是根据一定的评价目的对信息化教学资源设计、开发和使用的效果进行科学的判定。因此评价必须忠于评价目标，遵循教学的客观规律，实事求是，做到客观、公正，这样判定才能推动信息化教学资源的发展。在构建指标体系时，应站在客观的立场上，尽可能避免人为因素，量化指标，指标数据最好有现实的或能够计算的数值作为基础，定性指标能用程度差来体现。

3. 全面性原则

信息化教学资源涉及的范围广泛、种类繁多。因此在制定评价标准时，要考虑各种因素的相互关系，在评价过程中，要全面收集、分析信息，避免片面性，使评价能全面反映评价对象的真实情况。

4. 可行性原则

信息化教学资源评价的核心是依据评价指标体系评价对象的各项功能、品质和属性等进行等级的判断。因此，在评价指标体系建立、方案的设计、方法的选择上必须考虑可行性，要在科学、全面、客观的前提下，尽可能使指标体系简便、易测。其次是评价标准的等级划分不宜过多、过细。评定标准必须具体，便于掌握。计量方法以及数据统计不宜太繁杂。

5. 导向性原则

信息化教学资源评价的目的不在于评价本身，而是通过评价了解资源建设与管理存在的问题和差距，提高信息化教学资源建设与管理水平，把信息化教学资源应用导向效益之路。以评促建、以评促改、以评促管、以评促效益、以评促发展。

5.4.2 信息化教学资源常用评价方法

20 世纪 90 年代前，教学材料的评价主要是针对音像教材进行的，我国教育技术界针对此类教材曾总结过所谓“五性”的编制原则（乌美娜，1994），在我们看来，这些原则不仅适用于传统的教学材料的评价，同时也是现在各类信息化教学资源评价应遵循的基本原则。①

(1) 教育性：看其是否能用来向学生传递教学大纲所规定的教学内容，为实现预期的教学目标服务。

(2) 科学性：看其是否正确地反映了学科的基础知识或先进水平。

(3) 技术性：看其传递的教学信息是否达到了一定的技术质量。

(4) 艺术性：看其是否具有较强的表现力和感染力。

(5) 经济性：看其是否以较小的代价获得了较大的效益。

信息化教学资源的评价是对资源建设质量的把关，在资源建设和使用过程中，是一个不可缺少的重要环节。信息化教学资源主要来自于两个方面：一方面是现实世界中原有的可利用的资源，另一方面是专门为了学习的目的而设计出来的资源，主要是各种教学产

① 教育技术教程. http://www.cysz.com.cn/jp/xdjyjs/jyjsjcdzjc1/d208.html，2011-12-20.

品。教学设计人员在设计和开发信息化教学资源的时候，既要评价经过改造、整合已有的资源而形成的教学资源，也要评价根据特定的教学需要而专门设计的教学资源。

对信息化教学资源进行评价，最基本的方法就是依据评价指标体系来进行科学评价。一般来说，既要考虑适用于各类教学资源的通用指标，也要考虑其特殊属性。

表 5-3 列出了典型信息化教学资源的评价参考指标，可以根据实际情况参考选用这些指标内容。

表 5-3 典型信息化教学资源评价量表①

一、文本素材

	评　价　项	优	良	中	较差	差
科学性	资源内容表述清晰、准确，无二义性	（ ）	（ ）	（ ）	（ ）	（ ）
	内容健康，无迷信、黄色和反动内容	（ ）	（ ）	（ ）	（ ）	（ ）
	内容来源须符合国家新课程标准要求	（ ）	（ ）	（ ）	（ ）	（ ）
教学性	能有效地支持所属教学单元的内容	（ ）	（ ）	（ ）	（ ）	（ ）
	适用于相应的使用者	（ ）	（ ）	（ ）	（ ）	（ ）
	包含应有的信息量	（ ）	（ ）	（ ）	（ ）	（ ）
技术性	文本素材的编辑风格符合其内容	（ ）	（ ）	（ ）	（ ）	（ ）
规范性	无错别字和英文大小写的错误	（ ）	（ ）	（ ）	（ ）	（ ）
	有合法的知识产权	（ ）	（ ）	（ ）	（ ）	（ ）

二、图形(图像)素材

	评　价　项	优	良	中	较差	差
科学性	资源内容表述清晰、准确，无二义性	（ ）	（ ）	（ ）	（ ）	（ ）
	内容健康，无迷信、黄色和反动内容	（ ）	（ ）	（ ）	（ ）	（ ）
	内容来源须符合国家新课程标准要求	（ ）	（ ）	（ ）	（ ）	（ ）
教学性	能有效地支持所属教学单元的内容	（ ）	（ ）	（ ）	（ ）	（ ）
	适用于相应的使用者	（ ）	（ ）	（ ）	（ ）	（ ）
	包含应有的信息量	（ ）	（ ）	（ ）	（ ）	（ ）
技术性	图片质量清晰	（ ）	（ ）	（ ）	（ ）	（ ）
	图片格式和大小恰当	（ ）	（ ）	（ ）	（ ）	（ ）
规范性	有合法的知识产权	（ ）	（ ）	（ ）	（ ）	（ ）
艺术性	色彩搭配合理	（ ）	（ ）	（ ）	（ ）	（ ）
	元素布局合理	（ ）	（ ）	（ ）	（ ）	（ ）

三、音频素材

	评　价　项	优	良	中	较差	差
科学性	资源内容表述清晰、准确，无二义性	（ ）	（ ）	（ ）	（ ）	（ ）
	内容健康，无迷信、黄色和反动内容	（ ）	（ ）	（ ）	（ ）	（ ）
	内容来源须符合国家新课程标准要求	（ ）	（ ）	（ ）	（ ）	（ ）

① 教育资源建设规范(CELTS-41). http://www.celtsc.edu.cn,2011-12-20.

续表

	评 价 项	优	良	中	较差	差
教学性	能有效地支持所属教学单元的内容	( )	( )	( )	( )	( )
	适用于相应的使用者	( )	( )	( )	( )	( )
	包含应有的信息量	( )	( )	( )	( )	( )
技术性	软件配置要求程度适当	( )	( )	( )	( )	( )
	文件格式和大小恰当	( )	( )	( )	( )	( )
	声音流畅、清晰	( )	( )	( )	( )	( )
规范性	有合法的知识产权	( )	( )	( )	( )	( )

四、视频素材

	评 价 项	优	良	中	较差	差
科学性	资源内容表述清晰、准确，无二义性	( )	( )	( )	( )	( )
	内容健康，无迷信、黄色和反动内容	( )	( )	( )	( )	( )
	内容来源须符合国家新课程标准要求	( )	( )	( )	( )	( )
教学性	能有效地支持所属教学单元的内容	( )	( )	( )	( )	( )
	适用于相应的使用者	( )	( )	( )	( )	( )
	包含应有的信息量	( )	( )	( )	( )	( )
技术性	软件配置要求程度适当	( )	( )	( )	( )	( )
	配音与画面协调一致	( )	( )	( )	( )	( )
	文件格式和大小恰当	( )	( )	( )	( )	( )
规范性	有合法的知识产权	( )	( )	( )	( )	( )
艺术性	画面转换方式合理	( )	( )	( )	( )	( )

五、动画素材

	评 价 项	优	良	中	较差	差
科学性	资源内容表述清晰、准确，无二义性	( )	( )	( )	( )	( )
	内容健康，无迷信、黄色和反动内容	( )	( )	( )	( )	( )
	内容来源须符合国家新课程标准要求	( )	( )	( )	( )	( )
教学性	能有效地支持所属教学单元的内容	( )	( )	( )	( )	( )
	适用于相应的使用者	( )	( )	( )	( )	( )
	包含应有的信息量	( )	( )	( )	( )	( )
技术性	软件配置要求程度适当	( )	( )	( )	( )	( )
规范性	有合法的知识产权	( )	( )	( )	( )	( )
艺术性	画面布局合理。动画色彩造型应和谐	( )	( )	( )	( )	( )
	配音与画面协调一致	( )	( )	( )	( )	( )
	运动图像，运动速度合理	( )	( )	( )	( )	( )

思考与作业题

1. 名词解释

信息化教学资源

2. 简答题

(1) 目前常见的信息化教学资源有哪些类型?

(2) 信息化教学资源有哪些特点?

(3) 信息化教学资源获取方法有哪些?

(4) 信息化教学资源的管理原则有哪些?

(5) 信息化教学资源评价的基本原则有哪些?

(6) 如何对信息化教学资源进行评价?

3. 实践题

(1) 本章中描述了如何用"超级解霸"进行视频截图,试用其他视频播放软件来进行截图,如暴风影音。

(2) 试用格式工厂软件对各类媒体素材资源的格式进行转换。

4. 讨论题

如何有效地搜索和获取教学中所需要的图像资源?

5. 课外延伸

找出一个典型的多媒体课件,试着考察其中的媒体素材应用是否恰当。

拓展学习

信息化教学资源的开放获取

1. 什么是开放获取①

开放获取(Open Access,OA):把同行评议过的科学论文或学术文献放到互联网上。使用户可以免费获得,而不需考虑版权或注册的限制。开放获取运动旨在打破学术研究的人为壁垒。

开放获取的途径:①开放获取期刊(OA Journals),采取读者免费,作者付费模式。代表期刊有:PLoS Biology,BioMed Central(BMC),New Journal of Physics(NJoP)等。②作者自存档(Author-Self Archiving),即作者把将发表,或已发表的研究文章以电子格式放到专门的开放获取知识库中与同行交流。

2. 信息化教学资源开放获取

(1) 开放式课程计划

麻省理工学院开放式课程计划是以网站为架构,将学院内许多教授的教学内容大规模地进行开放分享的计划,其主要目的在于资源共享,希望能提供全世界各种族、国籍、宗教

① http://baike.baidu.com/view/39873.htm.

信仰的教师、学生与自学者,免费搜寻麻省理工学院各课程教材,不必因为无法亲自来麻省理工学院而丧失这宝贵的学习机会。在由 William and Flora Hewlett 基金会、Andrew W. Mellon 基金会慷慨的赞助之下,麻省理工学院开放式课程网页在2001年4月首次宣布,而证明概念可行的先导网站则是在2002年9月公开,其课程内容琳琅满目,包括六大学院(建筑与规划学院、工学院、人文艺术学院、社会科学学院、理学院和史隆管理学院)中航空太空工程、人类学、建筑学、生物医学工程、生物学、脑与认知科学、化学工程……共三十多个领域,目前已开放至少七百门以上课程,该计划斥资一亿美元,预计十年后将共有两千多门课程上网开放,此计划让使用者可以自由观看下载各课程的课程大纲、上课笔记和教学案例,其中还有许多课程包含了影音档案、习题与考题及其解答,另有延伸阅读清单等附加部分。麻省理工学院声明开放式课程网页上的课程教材可以被任何人使用、复制、发送、翻译和修改。前提只是这些资料必须应用在非商业化目的,如果该资料被再出版或是再复制于网页上,必须要注明原作者,而且使用和修改者必须和麻省理工学院开放式课程网页一样与人共享这些资料。地址是:http://www.myoops.org/cocw/mit/index.htm。

(2) 其他开放信息化教学资源列表,如表5-4所示。

表5-4 信息化教学资源

网　址	名　称
http://www.core.org.cn	中国开放式教育资源共享协会
http://www.grids.cn	"大学堂"
http://www.jswl.cn	全国教师教育网络联盟
http://www.jingpinke.com	国家精品课程资源网
http://www.cctr.net.cn	中国高等学校教学资源网
http://www.cbern.gov.cn	国家基础教育资源网
http://www.gdedu123.com	广东省基础教育信息资源中心
http://www.k12.com.cn	中国中小学教育教学网

3. 常用下载软件

(1) 迅雷(http://www.xunlei.com)

迅雷使用的多资源超线程技术基于网格原理,能够将网络上存在的服务器和计算机资源进行有效的整合,构成独特的迅雷网络,通过迅雷网络各种数据文件能够以最快的速度进行传递。多资源超线程技术还具有互联网下载负载均衡功能,在不降低用户体验的前提下,迅雷网络可以对服务器资源进行均衡,有效降低了服务器负载。缺点就是比较占内存,一般将迅雷配置中的"磁盘缓存"设置得越大(自然也就更好地保护了磁盘),那么内存就会占得更大;还有就是比较多的广告,但是对于免费使用者来说广告也无可厚非。

(2) "电驴"(http://www.emule.com)

"电驴"是建立在点对点(peer2peer)技术上的文件共享软件。它与传统文件共享的区别是:共享文件不是在集中的服务器上等待用户端来下载,而是分散在所有参与者的硬盘上。所有参与者组成一个虚拟网络,每个用户端都可以从这个虚拟网络里的任何一个人的机器里下载文件,同时每个人也可以把自己的文件共享给任何人。

(3) 维棠 FLV 视频下载软件(http://www.vidown.cn/index.html)

维棠 FLV 视频下载软件由维棠开发小组共同开发，完全免费使用，无须注册，无须安装，直接下载即可使用，是一款真正的绿色的 FLV 视频节目下载软件。利用维棠 FLV 视频下载软件可以将各播客网站上的 FLV 视频节目的真实地址分析出来，并下载到本地，利用维棠 FLV 播放器流畅地观看，而不用担心网速慢造成的观看不畅的问题。用户同时也可以将特别喜欢的 FLV 视频节目下载下来收藏。

第6章　信息化教学资源的设计与开发

实例与问题①

林峰看了看表，离下课还有5分钟的时间，他要给同学们布置下节课的预习内容了。下节课要开始学习《五彩池》，这是一篇写景记叙文，是作者到四川松潘旅游，在藏龙山上看到五彩池的情景，文章中描写了五颜六色的水和形状各异的五彩池，表达了作者对大自然的喜爱。但是，对于四年级的学生而言，仅以文字形式让其感悟文章所要表达的情感，中间缺乏声像资料的依托，有几分困难。也许可以试试"以学生为主体"的教学法？

"同学们，下节课我们就要开始学习新课文《五彩池》了，我想改变一下教学方法，让大家做一回小老师……"，还没等林峰说完，教室里已经沸腾了。

"全班同学分为四组：概况组、图片组、视频组及成因组，每组收集不同的内容，概况介绍组主要采用文字为主、图片为辅的形式，详细介绍五彩池的地点、特点等信息；图片和视频组需要通过图片和视频来展示形状各异和色彩缤纷的五彩池，让人感受五彩池的美；而成因组主要是要讲解明白五彩池的水为什么是五颜六色的。明天下午上课时，每个小组选出一名代表汇报小组的成果，好不好？"

林峰的教学方法创新好像起作用了，学生们在下面已经按捺不住了，不等下课铃响，已经开始吆三喝五，结队策划了。这个学校是住宿学校，学生们在下午放学后及晚自习的时候都可以到图书馆的计算机房查资料、上网。

第二天下午2点钟，汇报课准时开始了。林峰要求每个小组先简单说一说收集资料的过程，然后再把资料呈现给大家。首先上台的是概况组的朱军同学。"我们小组主要负责五彩池的概况介绍，我们在百度、Google、中国语文网以及课件素材库等网站查找到了很多内容，为了更清晰地呈现，从五彩池的地点、特点、周边环境、历史等几个方面对资料进行了整理。"朱军有条不紊地讲着，下面的同学也都听得很认真。听完朱军的汇报后，林峰做了简单的总结，"感谢这组同学的精彩汇报，我们已经对五彩池有了一个系统的了解，五彩池究竟美在哪里，神奇在哪里？相信图片组和视频组的汇报会让我们有更生动直观的认识。"林峰的话音刚落，图片组的陈飞一个箭步冲上讲台，还差点跌倒，惹得大家哄堂大笑。

"我们小组主要负责收集五彩池的图片，林老师告诉我们收集图片可以使用百度的图片搜索，我们以'五彩池'为关键字，很快就收集到了需要的图片，根据不同的角度，我们选取了远景、近景、全景以及一角的图片，请大家欣赏。"图片组的汇报同样赢得了热烈的掌声。

视频组的李芳接着上场。"我们小组主要负责五彩池的视频收集，主要在专业视频网站优酷和土豆网上搜索，视频让人有种身临其境的感觉。"看着屏幕上不同颜色的水之间只有一线之隔，在阳光的照射下，水光一色的景象，同学们都惊呆了。林峰也很吃惊，他没想到学生们能收集到这么多好素材。

五彩池的成因由于涉及光的色散，是本节课的一个难点，也是一个重点，趁着大家意犹未尽之际，林峰抛出了五彩池成因的问题，"五彩池的水为什么呈现出不同的颜色呢？"他让大家先阅读课文中的相关内容，然后带着想法和疑问听成因组的汇报。

"我们组在仔细研读课文的同时，上网查阅了很多有关五彩池的资料，发现五彩池底长着许多石笋，石笋表面凝结着一层细腻透明的石粉，阳光透过池水，石笋就像高低不平的折

① 广东省教育技术能力中级培训课程.http://www.gdteacher.com.cn，2011-12-20.

光镜，把阳光折射成各种不同的色彩。可是我们并没有学过与光折射有关的内容，在林老师的帮助下，我们在Google网上搜索到了'三棱镜演示光的色散'的动画。"看着动画中的演示，同学们若有所悟地点点头。

离下课只剩15分钟了，林峰让大家谈谈通过今天的汇报自己有哪些收获。"五彩池真漂亮"，"我特别想亲自去看一下五彩池"，"书上讲的有点抽象，'三棱镜演示光的色散'动画一下子就让我明白了五彩池的成因"，同学们的发言明显比以往积极得多。在下课前，林峰讲解了这节课的生词和重点词组。

这堂课出乎意料的成功，回到办公室，林峰很激动，他决定把学生们收集的资料制作成一个课件，作为学生自学的资源，放到学校的平台上去。林峰将课件分成以下几个部分：小词典、概况介绍、图片展、视频播放、成因探究。在小词典部分介绍课文生字的读音、书写笔顺、部首、近反义词、同音词、组词，以及相关成语等资料，其他几个部分则使用学生收集整理的材料。

内容设计好了之后，接下来就是课件的制作了。在众多可以制作课件的软件中，林峰只接触过Authorware和PowerPoint，其中PowerPoint相对来说简单易用，但是考虑到它的交互能力较弱，而且学生们收集的大多是图片、音频等材料，最后林峰决定采用支持图形、图像、文字、动画、声音、视频等媒体形式，而且交互性强的Authorware来制作课件。

时间总是在忙碌充实中过得很快，课件终于做完了，虽然对于课件的整体布局和色彩搭配，林峰还不是很满意，但是这已经是尽了最大的努力了。课件已经上传到学校的交流平台上，林峰很期待来自其他班师生的反应……

请根据阅读案例，思考以下问题。

(1) 视频和图片都是在展示五彩池的五颜六色，多姿多彩，如果你是林峰，那你会怎样安排这两类媒体素材？

(2) 你会怎样来组织这些素材形成一个课件？

(3) 你是否认同林峰这样的课堂教学设计，为什么？

教学指南

本章结构如图6-0所示。

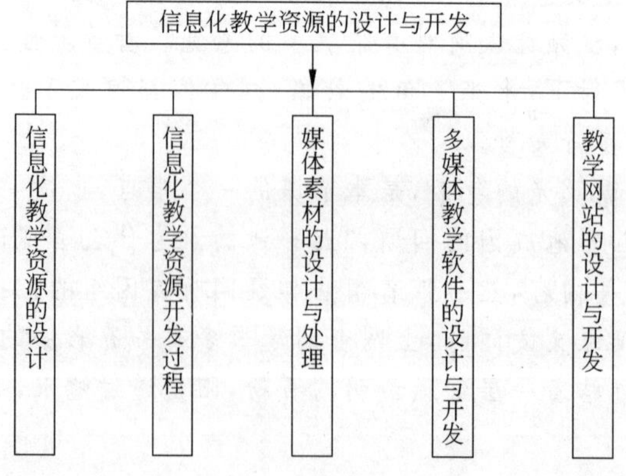

图6-0 信息化教学资源的设计与开发的内容结构

教学目标

(1) 识记：信息化教学资源开发过程；多媒体教学软件的特点与类型；多媒体教学软件的开发流程；教学网站的特点与类型；教学网站的开发流程。

(2) 了解：信息化教学资源设计原则；信息化教学资源设计目的；信息化教学资源开发技术；信息化教学资源开发类型。

(3) 理解：信息化教学资源设计方法；文本素材的设计；图形素材的设计；音频素材的设计；视频素材的设计；动画素材的设计；多媒体教学软件的设计；教学网站的设计。

(4) 应用：能够对文本素材、图像素材、视频素材、动画素材和声音素材进行适当有效的处理与应用；能够制作多媒体教学软件与教学网站。

(5) 综合：能够根据实际设计、制作与应用多媒体教学软件与教学网站。

教学与学法建议

教学方法：

(1) 本章的重点是媒体素材的设计与处理；多媒体教学软件的设计与开发；教学网站的设计与开发。

(2) 第一节可采用“讲授—讨论”的方式，教师先讲授基本内容，然后学生参与讨论以达成共识，加深理解信息化教学资源设计原则、目的与方法。

(3) 第二节可采用“讲授—案例”的方式，教师先讲授基本内容，然后结合案例分析信息化教学资源开发过程、类型与技术。

(4) 第三节、第四节和第五节都宜采用“案例讲授—教练—任务驱动—自我探究”相结合的方式，先以经典案例来分析与讲授基本知识，接着以教练法来具体学习信息教学资源处理与开发的基本操作，然后以任务驱动和自我探究的方法来处理素材和开发资源。

课时分配：

授课学时 16 学时；课外学时 12 学时。

6.1 信息化教学资源的设计

6.1.1 信息化教学资源设计原则

信息化教学资源建设以新课程改革的要求为准绳，在现代教育思想理论的指导下，以优化教学教程、教学资源为主线，从教与学的需求分析入手，以信息技术与学科教学整合为途径，重点解决传统教学中的困难，达到推进素质教育，显著提高教与学的质量和效率的目的。其设计必须符合以下几个方面的原则。

1. 教育性与科学性相结合

资源的设计要考虑资源的教育意义，即看它是否对人们的身心发展起到正面的促进作用，要有较强的知识性，要有利于激发学习者的学习动机。在统一的培养目标下，设置具体的课程目标与教学目标，围绕具体的课程目标与教学目标进行教学内容的组织与选择，设计教学内容的组织结构和流程顺序，为教学过程的展开建立逻辑主线索以实现信息化教学资源的教育意义；同时，资源的设计、开发要客观、科学，符合人们的思维习惯，能为人们的日常生活和社会活动提供参考和依据。

2. 技术性与艺术性相结合

资源的呈现方式和结构布局要合理，资源提供的清晰度与画面结构以及课件、文本等运行的技术要符合浏览器的技术标准；艺术性主要是针对多媒体素材而言，体现在表现手法的多样性、情节的生动性、构图的合理性以及画面的灵活性等方面。因此在设计中要把握好重点内容与难点内容的格式与布局设计，运用对比（包括格局、大小、色彩、虚实等对比）突出表现强调的内容，从而形成良好的设计风格（如文字大小、图片尺寸、整体装饰与局部装饰效果等），做到从整体效果到具体内容在风格上一致，内容突出醒目，谋篇布局合理。

3. 动态性与开放性相结合

信息化教学资源常常处于一个开放的系统，设计时要利用多种导航技术，为使用者提供多种检索和使用路径，体现其开放性和共享性；信息化资源的时效性决定了其处于经常变动之中，设计必然要符合动态性原则，便于更新和使用。

4. 使用方便性

信息化教学资源的存储和连接方式、检索点的设计等要符合知识概念体系和人们的思维习惯，要选择最佳的信息导航技术来设计资源导航路线，为使用者检索使用资源提供方便。

6.1.2 信息化教学资源设计目的

(1) 为有效地达成教学目标而设计。

(2) 为突出教学重点，突破难点而设计。

(3) 为有效地实施教学策略而设计。

(4) 为培养学生的信息素养而设计。

6.1.3 信息化教学资源设计理念

(1) 以建构主义学习理论、杜威的实用主义教育理论、布鲁纳的发现学习理论和教育评价理论、现代远程开放学习理论等理论为指导来进行信息化教学资源的设计。

(2) 在信息化教学资源设计中，要立足于创新学生的学习方式。信息化教学资源的设计必须关注学生的学习过程和方法，关注学生是用什么样的手段和方法、通过什么样的途径获得知识的。由于获得知识的过程和方法不一样，由此带给学生真正意义上的收获也可能不一样，对学生终身发展的影响也就有可能不同。设计信息化教学资源必须考虑适合于学习者学习，立足于创新学生的学习方式。

(3) 信息化教学资源的设计要求。

对于各类网络学习资源的设计，必须符合以下四点要求：

① 具备丰富多样的学习资源。

② 提供良好的学习交互功能。

③ 进行直观友好的界面设计。

④ 提供活泼生动的教学策略。

资源的设计,可以从相关度、整合度和扩展度等方面来考虑。

① 相关度——指与教学内容(教材、课本)相关的程度。

② 整合度——指知识内容综合、加工、处理水平的程度。

③ 扩展度——指扩大知识面、丰富素材资料、增加学习功能的程度。

6.2 信息化教学资源开发过程

6.2.1 信息化教学资源开发过程

通常,我们可以把信息化教学资源的开发分成三个阶段,它们分别是:前期准备工作阶段、中期开发阶段、后期制作阶段,如图 6-1 所示。

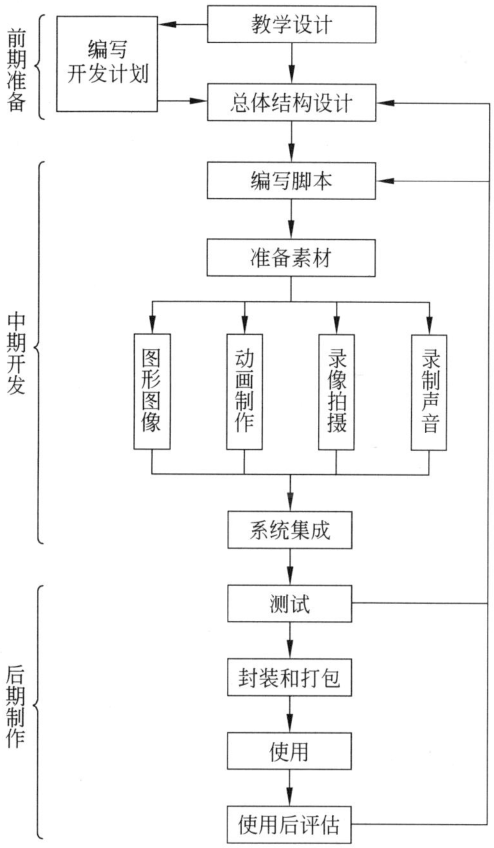

图 6-1 信息化教学资源开发阶段

1. 前期准备阶段

前期工作是整个工程的头部,这部分的工作对于整个课件的开发至关重要。一个好的、逻辑性强的、结构清晰的整体构思,会给开发工作带来莫大的方便;反之,如果前期构思模糊不清,思路混乱,将会导致开发困难,引起很多麻烦。

(1) 教学设计

教学设计在教学理论的指导下,以分析教学的需要为基础,以确立解决教学问题的步骤为目的,按照教学目标和教学对象的特点,合理选择媒体,确定教学信息的呈现方式,以确保教学软件的教学性和科学性。首先确定教学课题。然后分析教材找到新的知识点,并把总的教学目的转化为具体的教学目标。在新知识点和教学目标明确的基础上进行教学目标分析,以找到教学重点。此外,还要分析学生学习特性,找学习难点。

(2) 总体结构设计

总体结构设计就是给软件形成一个整体的框架,用这个框架进行详细设计。我们可以根据教学设计找到教学课题的教学目标、教学重点、教学难点,确定教学对课件的要求,即课件要达到什么样的教学目标,解决哪些教学重点和教学难点;根据教学中的知识点及性质,分析采用何种媒体、合作表现形式,以此来确定课件的主体结构和关键部分。

(3) 编写开发计划

首先要确定,整个资源开发有多少任务。要将任务具体细分为多个部分。如果课件由多人合作开发,则必须确定个人的分工,使每个人的任务明确。如由任课教师进行选题和确定内容;由美工制作动画、图片、视频和总体的创意;由电教教师负责课件的总体制作等,然后根据课件开发的具体内容,编写开发计划,安排好时间和内容进度。

2. 中期开发阶段

中期开发是信息化教学资源开发的实质性阶段。

(1) 编写脚本

编写脚本,就是把程序要完成的事情,按内容呈现的先后顺序,用文字把每一部分内容及其呈现方式描述出来。脚本要包括信息化教学资源系统说明、结构安排、界面设计、导航设计、媒体表现形式、背景设计等。

(2) 准备素材

素材主要有以下四种:文本、声音、视频、图像。在开始制作课件前,按分类将素材准备好。如果在制作过程中边想边做边准备素材,就会导致制作过程混乱无序,费时费力,造成很多不必要的麻烦。

(3) 系统集成

利用选择的开发工具,根据脚本将各类多媒体素材编辑成为完整的信息化教学资源。这是制作信息化教学资源最重要也是最艰苦的阶段。

3. 后期制作阶段

(1) 测试

对完成的课件进行测试,以找出存在的错误和不足。测试可分为三种类型:错误测试,也就是找出错误;功能测试,看各部分的功能是否完备,是否有功能被遗漏掉;效果测试,看运行后是否能达到预期的视觉和听觉效果。

(2) 封装和打包

做成可独立运行的文件或文件包,以便于分发和使用。

(3) 评估和修改

根据在教学中使用的情况,找出不足和错误,对资源进行进一步的修改和优化,以使效果达到最佳。

6.2.2 信息化教学资源开发类型①

1. 建设积件库

积件顾名思义就是积累的可被方便地直接调用或使用的教学软件。积件由积件库和

① 刘燕.现代教育技术[J].因特网教学资源的开发与运用模式的探究,2002(4):41-45.

组合平台构成。积件库是教学资料和表达方式的集合。积件库具有以下特点。

① 积件库可使得课件的制作在资源、形式上有充分选择的余地，教师不必花费大量时间做声音、图像的装饰，从而节省开发课件的时间，符合教师个性化的要求。

② 积件库中的课件不必包含所有需使用的内容，有一些链接可在 Internet 上使用，这样的课件小巧灵活，具有自动刷新功能。

③ 积件库的资源由包括教师在内的各界人士提供。

④ 积件库的建设应坚持共享、共建、免费的运作基调。

2. 建设信息化教学资源库

信息化教学资源库就是各种关于教学资源的汇集。建立在计算机系统之上的，可以通过 Internet 访问的教学资源库，称为网上教学资源库。从教学资源库建设的内容来看，一般有四个层次：素材类教学资源建设(主要分四大类：题库、素材库、课件库和案例库)、网络课程库建设、教育资源管理系统开发以及远程教学系统支持平台开发。这里，我们将教学资源库定位在中学或大学学科素材类教学资源的建设上。这就要求，建设教学资源库应做到目标明确、主题鲜明，所选取的素材与学科教学教研密切相关，即按照教学大纲的要求，参照教学目标、教学准备、教学重点进行设计，做到为不同教师提供不同的资源，同时提供方便、高效的搜索方法，并能开放性地用于 Internet、校园网、单机等各种环境下的网络教育教学，为学校课堂创造性的教学以及为学生提供一个体现建构主义学习理论的资源环境。

信息化教学资源库与积件库类似，都强调学习资源的开放性、共享性和组合性。但由于教学资源库是专为学习和教学而设计的结构化的资源库，投入了大量的人力和物力进行资源的采集、审核、管理和服务，最重要的特点就是资源质量高、针对性强、检索等服务功能周到，具有版权保护，一般需要收费共享。

3. 建设教学网站或个人主页

按照网站的性质可以将教育网站分为教育信息资源类网站、远程教育类网站、政府和教育科研类的非商业网站三大类。

教育信息资源类网站的内容以提供各种各样的教育教学信息和教育资源为主。如 K12 中国中小学教育教学网(www.k12.com.cn)、中国基础教育网等，这类网站均是独立运作的网站，商业运作模式各异，目前均免费提供基础教育各个学科的教学信息和教学资源。

远程教育类网站主要提供远程的学历教育或非学历教育。

政府和教育科研类的非商业网站包括：各级教育行政部门、电教馆、教研室、教科所等教育机构所建的各地教育信息网；图书馆、教育报刊所办的网络版；各级大、中、小学校所建的学校网站以及教师个人所建的学科类网站等。这类教育网站数量很多，而且增长速度很快，提供了大量各种各样的免费的教育信息和教育教学内容。一般，我们主要建设的是这类网站。

4. 建设网络课程

网络课程是指使用计算机、Internet 开设并实施的课程模式。网络课程现多用于远程教学,但是随着经济、便利的网络课程合成软件的出现,网络课程会成为教师乐于制作的教学课件之一,并将其用于常规教育的学习过程中,作为在校学生的学习资源之一。

5. 建设实验辅助教学课件

实验辅助教学课件用于实验教学中,主要起到实验前的预习、实验后的复习及递交实验报告、师生交互等实验教学辅助作用。

6. 建设虚拟实验网络教学系统

虚拟实验网络教学系统是实现在 Internet 上完成实验教学的各种功能的一种崭新的实验教学模式。

6.2.3 信息化教学资源开发技术

(1) 多媒体素材加工处理技术,见表 6-1。

表 6-1 多媒体素材加工处理技术

类　型	主要工具软件	类　型	主要工具软件
文本	记事本、写字板、Word、WPS	声音	Sound Forge、Audition
图形图像	PhotoShop、CorelDraw、Fireworks	视频/流媒体	Adobe Premiere、会声会影
动画制作	Flash、Animator、3ds MAX、Maya		

(2) 多媒体教学软件开发技术,见表 6-2。

表 6-2 多媒体教学软件开发技术

类　型	主要工具软件	类　型	主要工具软件
演示文稿	PowerPoint、WPS	电子书	ToolBook
多媒体课件	Authorware、Director、方正奥斯	多媒体备课系统	Visual Basic、Delphi

(3) 网络课件开发技术,见表 6-3。

表 6-3 网络课件开发技术

类　型	主要技术、工具	类　型	主要技术、工具
静态课件	HTML、FrontPage、Dreamweaver	动态发布课件	ASP、PHP、JSP、ASP.NET
动态课件	JavaScript、Flash、GIF	网络课程	综合技术

(4) 网络教学系统开发技术,见表 6-4。

表 6-4 网络教学系统开发技术

类　型	主要技术、工具
内容发布管理	数据库、ASP、PHP、JSP、ASP. NET 等
教学管理	
教学测试评估	
学习交流沟通	
协作学习支持	
智能教学系统	数据库、Agent、Java 等

6.3 媒体素材的设计与处理

6.3.1 文本素材的设计与处理

在信息化教学资源中，文本是最基本也是最常用的素材。一些说明、介绍、作品中的文字资料都会用到文本，作为多媒体系统的组成元素，它和其他素材同样重要。文本素材处理包含文本的采集、录入、编辑等加工处理。

1. 文本素材的设计[①]

文字是多媒体课件最重要的组成因素，在课件中常用于表达科学原理、概念、公式、原则、命题、图像说明和各种功能菜单、使用说明等。它能够清晰、准确地传递知识，是学生获取知识的主要对象。多媒体课件中的文字设计应遵循以下原则。

（1）简明扼要，清晰明了

课件中的文字不应完全复制教案中的内容，长篇累牍只会使学生分散注意力。将教学内容的重点知识、难点知识利用文字表现出来，不仅能够起到画龙点睛的作用，而且还会加深印象。论述性的文字，教师可以用语言来表述观点，这既可达到文字的作用，又有利于掌握课堂上的教学节奏。

（2）字体协调，位置合理

多媒体课件的文字设计一定要与课件主体思想相协调，经常看到在古诗文欣赏课件中出现现代变体文字字体，这虽然不违反课件本身传递知识的宗旨，但是却无法将文字和课件主题融为一体，产生文字游离于主题之外的感觉。文字的位置设计不应满、小、变形，整篇幅的文字使学生没有思考、想象的空间；字号小的文字不利于学生阅读；变形的位置设计不利于学生对内容的理解。还应该注意的是，在创作课件时，应尽量使用标准文字字体，避免使用变形字体。

2. 常见文本文件的格式

目前流行的文字处理软件种类繁多，不同的软件生成的文件格式各不相同。当使用不同的文本编辑软件编辑文本时，系统通常会采用默认的文本文件格式来保存文档。如字处

① 梁瑞仪. Flash 多媒体课件制作教程[M]. 北京：清华大学出版社，2010.

理软件 Microsoft Word XP/2003 的默认文档格式为 DOC，当然该软件还支持另外一些流行的文本文件格式，如 TXT、RTF 等。下面是比较流行的文本文件格式。

(1) TXT 格式

纯 ASCII 码文本文件，纯文本文件除了换行和回车外，不包括任何格式化的信息，即文件里没有任何有关文字字体、大小、颜色、位置等格式化信息。Windows 系统的“记事本”就是支持 TXT 文本编辑和存储的文字工具程序。所有的文字编辑软件和多媒体集成工具软件均可直接使用 TXT 文本格式文件。

利用纯文本不含任何格式化信息的特点，我们可以比较方便地实现一些图形表格文字的转换，例如，从网页上下载的文字资料一般都包含有格式控制，如果直接下载到 Word 等字处理环境中，就会带有一些不需要的格式符号，常含有表格形式，通过“记事本”等工具，将下载的文本资料转换为纯文本后再导入 Word 中，会使排版变得轻松快捷。

(2) WRI 格式

Windows 系统下的写字板应用程序所支持的文件格式。

(3) DOC 格式

Microsoft Word 字处理软件所使用的默认文件格式，其中可以包含不同的字符格式和段落格式。

(4) RTF 格式

Rich Text Format 文件格式，是一种可以包含文字、图片和热字(超文本)等多种媒体的文档。在 Macromedia 公司的多媒体开发软件 Authorware 6.0/7.0 中就可以直接对 RTF 格式文档进行编辑，并且通过 RTF 知识对象对其使用。另外，在 Microsoft Word 字处理软件中也能将文档保存为 RTF 文件格式。

(5) WPS 格式

金山中文字处理软件的格式，其中包含特有的换行和排版信息，称为格式化文本，通常只在 WPS 编辑软件中使用。

3. 常用文字处理软件简介

录入的文字资料，需要经过编辑和排版，才能处理成多媒体作品中需要的文字形式。文字处理软件种类较多，各具特色，下面介绍几款常用的文本制作处理软件。

(1) Microsoft Word

中文 Word 是基于 Windows 平台的中文字处理软件，是 MS Office 的重要组件，它提供了良好的图形用户操作界面，具有强大的编辑排版功能和图文混排功能，可以方便地编辑文档，生成表格，插入图片、动画和声音，可以生成 Web 文档。其操作实现了“所见即所得”的编辑效果。

(2) WPS Office 2003 金山文字处理软件

WPS Office 2003 也是深受用户欢迎的中文字处理软件，它是金山公司从中国用户特点出发，开发的类似于 MS Office 的国产办公软件。经过多年的不断改进，现在的 WPS Office 2003 已经是一款功能强大、方便实用，并且富有民族特色的文字处理软件。

(3) Ulead COOL 3D 三维文字制作软件

台湾友立(Ulead)公司推出的 COOL 3D 是一款优秀的三维立体文字特效工具,被广泛应用于多媒体作品设计和网页制作领域。COOL 3D 操作简单,不需要掌握复杂、高深的技术,即可制作出精美、专业的 3D 标题文字和动画特效,因而该软件成为网页、影片、多媒体、简报制作人员所喜爱的工具。

4. 文字素材处理

文字素材的处理是通过字处理软件提供的编辑环境,进行文字的输入和编辑。文字录入后,在其编辑窗口中,可按字体、字号、颜色、形状(如加粗、斜体、底纹、下画线、方框、上标、下标等)、中文版式以及设置字符间距等来对文字进行格式编排,以满足特定的外观需要。前面介绍的 Word 2003 及 WPS 2003 都可方便地完成以上操作。文字处理软件对于文字的一般格式化处理,请参看办公自动化软件的有关书籍,在此主要介绍针对文字图像化处理的操作,通过两个实例,帮助读者了解多媒体作品中应用文字素材的魅力。

实例 1:用 COOL 3D 3.5 简体中文版制作 3D 三维文字素材

步骤 1:选择"开始"→"程序"→Ulead COOL 3D 3.5 命令,启动 COOL 3D。程序启动后主界面如图 6-2 所示。如果是初次启动 COOL 3D,则会在 COOL 3D 主界面上打开一个提示信息窗口。选中"不再显示这个提示"复选框,单击"确定"按钮,以后启动 COOL 3D 时程序将不会再出现此信息提示。

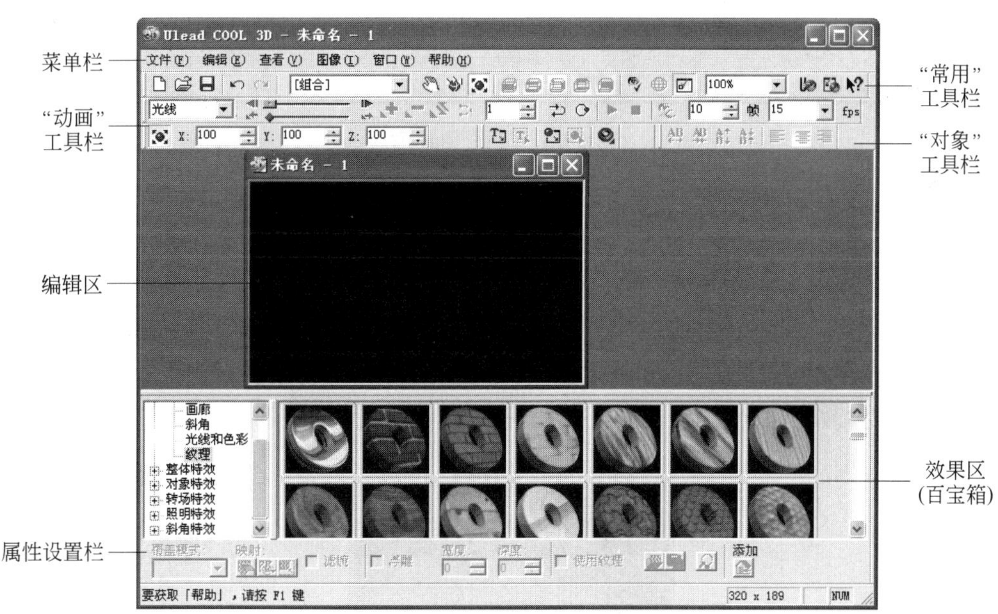

图 6-2 COOL 3D 3.5 应用程序主界面

步骤 2:进入 COOL 3D 主界面后,工作区中已打开一个默认的未命名的空白图像。若要调整文字图像的尺寸,则执行"图像"→"自定义"命令,在打开的"尺寸"对话框中设置图像的高和宽，如图 6-3 所示。

步骤 3：单击图 6-4 所示的“对象工具栏”上的“插入文字”按钮，打开如图 6-5 所示的“Ulead COOL 3D 文字”对话框，在输入区中输入文字（也可以输入符号），并选择字体和字号。输入完成后，单击“确定”按钮。此时，在图像编辑工作区就会显示输入的文字。

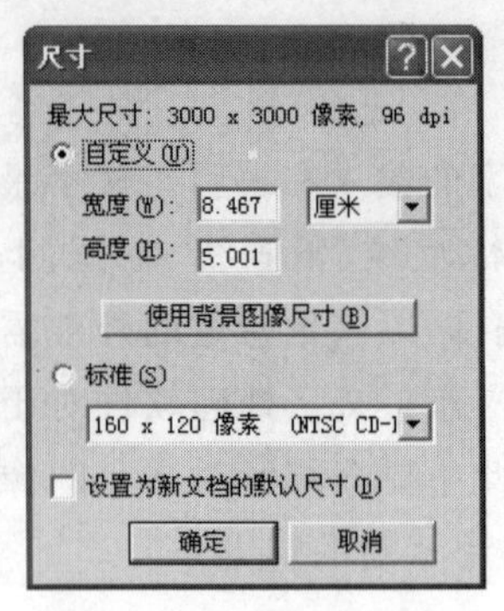

图 6-3　图像的大小设置

图 6-4　对象工具栏

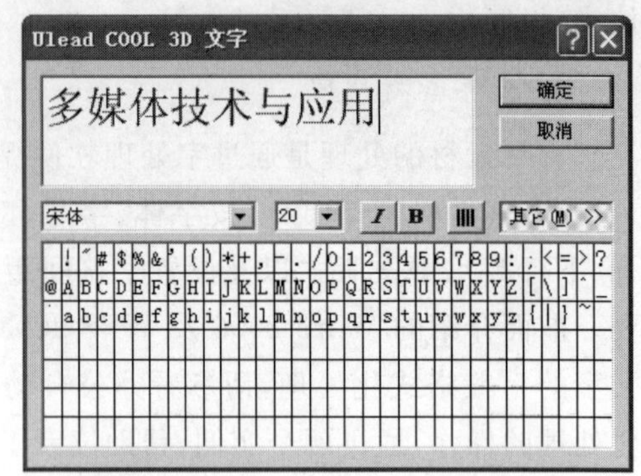

图 6-5　“Ulead COOL 3D 文字”对话框

步骤 4：单击图 6-6 所示的“标准工具栏”上的“缩放”按钮，可以缩放文字对象。单击“移动对象”按钮，鼠标指针变为手状。拖动图像，可以将文字对象移到合适位置。单击“旋转对象”按钮，鼠标指针变为环状箭头，拖动图像，可以使文字旋转。

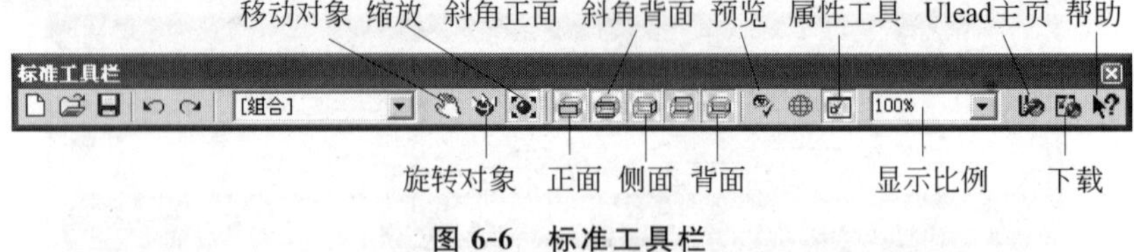

图 6-6　标准工具栏

步骤 5：单击图 6-7 所示的“文字工具栏”上的字间距按钮或，可以调整文字间的间距。完成以上操作后，文字效果如图 6-8 所示。

步骤 6：修改文字内容。单击图 6-9 所示的“对象管理器”上的“编辑文字”按钮，可重新打开如图 6-5 所示的“Ulead COOL 3D 文字”对话框，输入新的文字内容，如“多媒体教学课件”，并把“教学课件”的字体设为“华文行楷”，字号设为 22。

图 6-7　文字工具栏

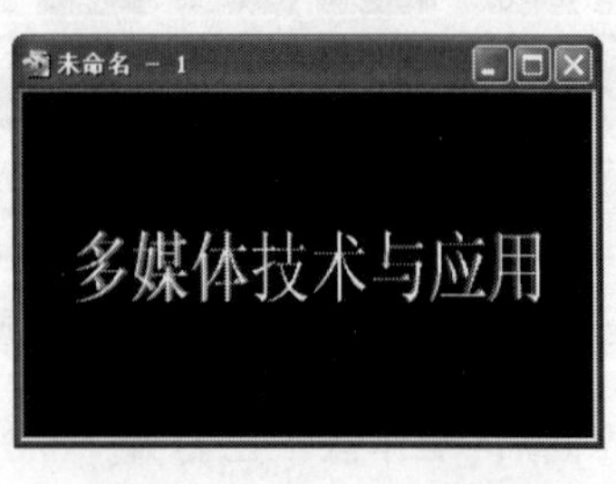

图 6-8　3D 文字效果图

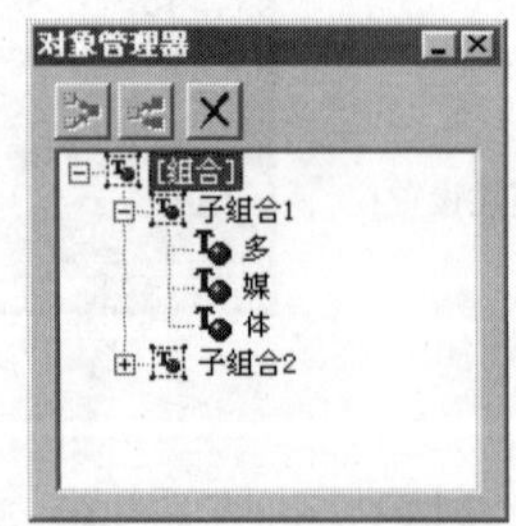

图 6-9　对象管理器

步骤 7：执行“编辑”→“文字分割”命令，把工作区的当前文字图像分割成若干独立的文字对象。接着执行“查看”→“对象管理器”命令，打开“对象管理器”对话框，如图 6-9 所示。在对话框中重新组合文字，把“多媒体”三个字合成为一个对象“子组合 1”，把“教学课件”四个字合成为“子组合 2”对象。

步骤 8：在“对象管理器”中，分别选择各个子组合对象，然后单击常用工具栏上的“移动对象”按钮，分别调整文字图像在工作区上的位置，效果如图 6-10 所示。

步骤 9：在效果工具区左边的效果类型列表中，单击“工作室”左边的+将其展开，单击“背景”，在右边显示的背景图像的缩略图框中，双击某个背景缩略图或将其直接拖曳到工作区添加 COOL 3D 内置背景图像，如图 6-11 所示。

图 6-10 重新组合的 3D 文字效果

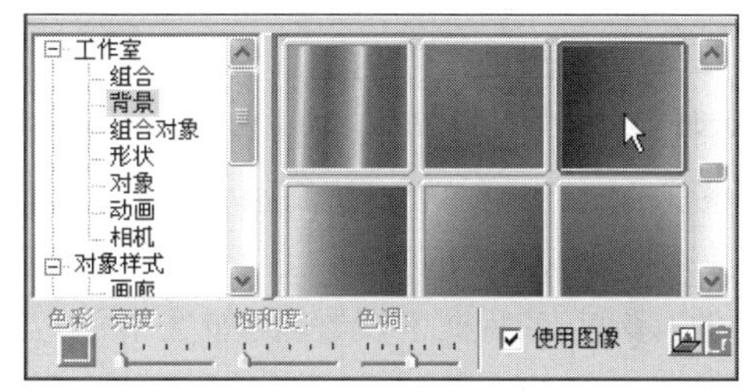

图 6-11 “背景”效果区

如果需使用外部图像文件做背景，则单击“打开”按钮，弹出“打开”对话框，如图 6-12 所示。从中挑选 JPG 或 BMP 格式的图像文件，然后单击“打开”按钮，将外部图像调入作为文字背景。

图 6-12 挑选背景图片的对话框

步骤 10：修饰文字。在效果工具区左边的效果类型列表中，单击“对象样式”选项左边的+将其展开，选择“光线和色彩”，在右边缩略图框中，双击某个色彩图例或直接拖曳该缩略图，可以为工作区中的当前文字对象设置合适的光线和色彩，并且还可通过“光线和色彩”属性栏中“色调”滑块和“饱和度”滑块微调色彩，如图 6-13 所示。光线和色彩的设置还可先从对象管理器中，分别选定子组合对象进行分别设置，不让应用到各个子对象上的光线互相影响。用同样的操作方法也可分别为两个子组合对象设置“纹理”效果和“斜角”效果的艺术修饰。“斜角”工具栏如图 6-14 所示。

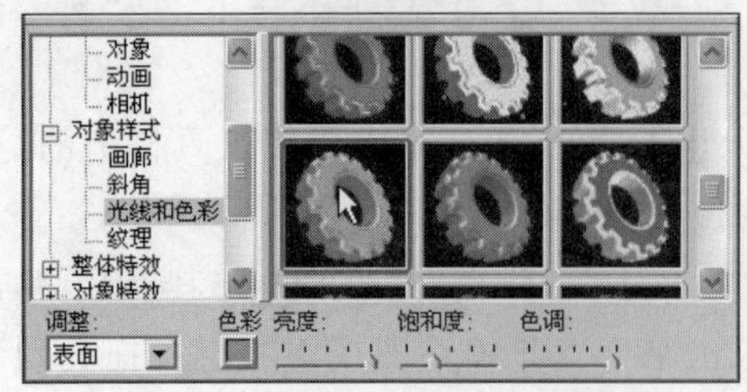

图 6-13 “光线和色彩”效果工具栏

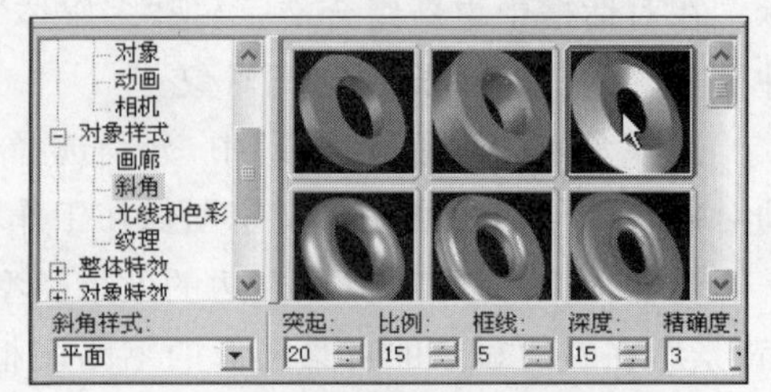

图 6-14 “斜角”效果工具栏

步骤 11：添加文字的阴影和光晕效果。在“效果”工具栏左边的效果类型列表中，单击“整体特效”选项的⊞图标将其展开，选择“阴影”选项，从右边的阴影样式图例中挑选合适的阴影效果应用到文字对象上，然后在其属性栏进行微调，以达到满意的阴影效果，如图 6-15 所示。阴影位置通过工具栏中 X、Y 偏移量设置；阴影颜色可单击“色彩”按钮，从打开的“颜色”对话框中设置，例如选中白色，阴影部分颜色即为白色。用同样的操作方法也可设置文字的光晕效果，“光晕”效果工具栏如图 6-16 所示。操作时应注意设置光晕的宽度、柔化边缘参数及色彩。本例中为了让光晕不影响文字的阴影故挑选灰色。完成以上设置后所得三维文字效果，如图 6-17 所示。

图 6-15 “阴影”效果工具栏

图 6-16 “光晕”效果工具栏

图 6-17 三维文字效果

步骤 12：外挂特效的设置。执行“编辑”菜单的“外挂特效”命令，可以打开如图 6-18 所示的“外挂特效”对话框。在此，可对添加的对象特效、照明特效等进行管理。

步骤 13：制作完成后，单击标准工具栏上的“保存”按钮，或执行“文件”→“保存”命令→“另存为”对话框。选择文件路径，输入文件名，单击“保存”按钮，即可将图像保存为

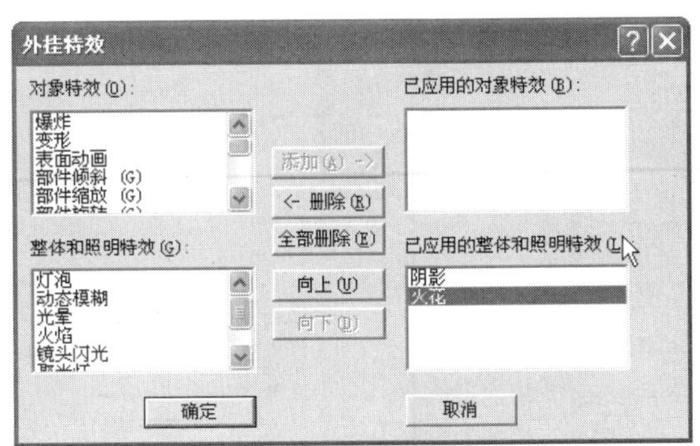

图 6-18 “外挂特效”管理对话框

C3D 格式的文件。

如果执行“文件”菜单的“创建图像文件”命令，可选择 BMP、GIF、JPEG、TCX 等其中一种图像格式保存为通常的图像素材文件；如果执行“文件”菜单的“创建动画文件”命令，则可选择 GIF 动画文件或 AVI 视频文件格式保存为视频素材文件。

实例 2：利用 Microsoft Office Word 2003 的文本框、图形工具和艺术字工具制作图像化文字标题，实例效果如图 6-19 所示。

在多媒体作品中，为了达到某种视觉效果，经常需要应用一些美观的艺术字体。设置艺术字体的有效方法是使用图像化的文字，这种图像化的文字可保留原始的文本风格（字体、颜色、形状等），并且可以很方便地调整其尺寸。

多媒体技术基础

图 6-19 图像化文字标题效果

步骤 1：启动 Word 2003 应用程序，在默认新建的文档窗口中，单击“绘图”工具栏，如图 6-20 所示。

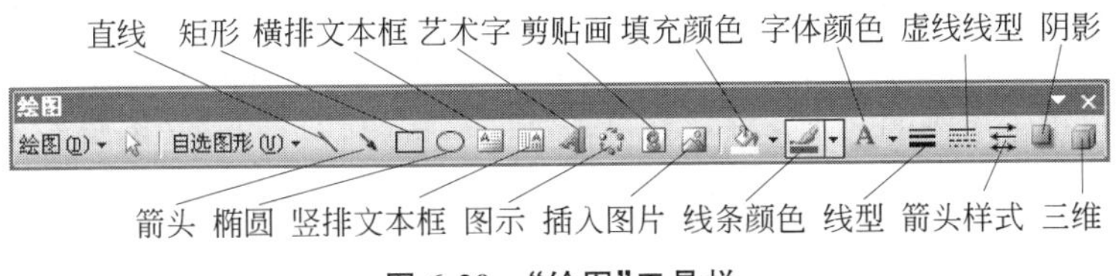

图 6-20 “绘图”工具栏

步骤 2：绘制文本框。单击绘图工具栏中的“文本框”按钮，在编辑窗口中拖曳出一文本框，并调整大小。

步骤 3：填充渐变效果。单击绘图工具栏中的“填充颜色”按钮的箭头，在其下拉列表中单击“填充效果”命令，打开图 6-21 所示的“填充效果”→“渐变”→“预设”，“预设颜色”选项设为“雨后初晴”，“底纹式样”选区中单击“中心辐射”，最后单击“确定”按钮完成设置。

步骤 4：设置文本框的边框线型和边框颜色。单击绘图工具栏中的按钮，在弹出的图 6-22 所示线型列表中单击“3 磅”选项，再单击绘图工具栏中的“线条颜色”按钮的箭头，在弹出的图 6-23 所示线条颜色列表中单击“酸橙色”。

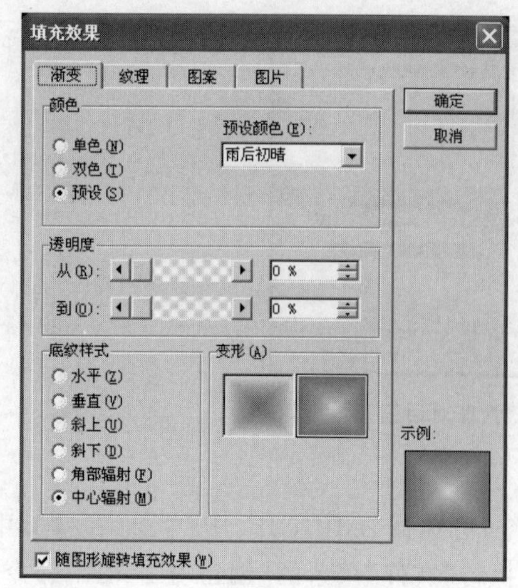

图 6-21 “填充效果”对话框

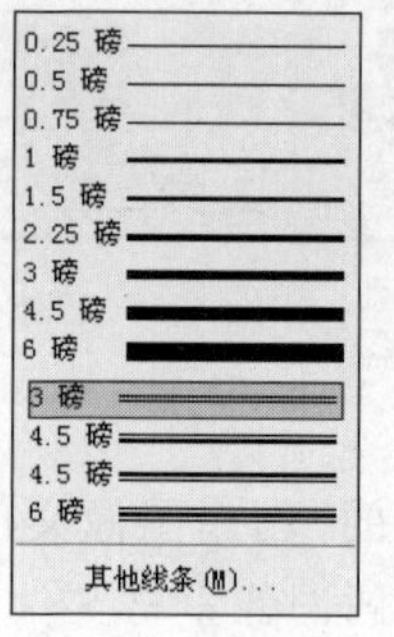

图 6-22 线型

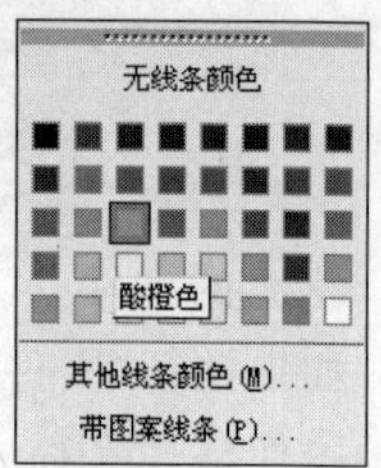

图 6-23 线条颜色

步骤 5：设置文本框的阴影。单击绘图工具栏中的“阴影”按钮，在弹出的图 6-24 所示的列表中选择一种阴影样式，完成设置后效果如图 6-25 所示。

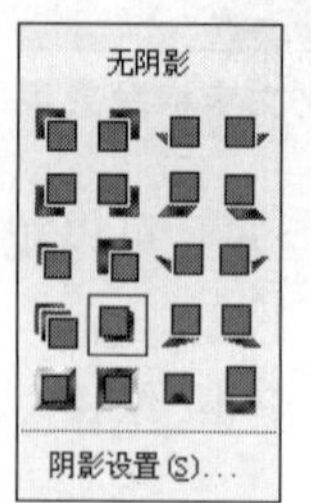

图 6-24 “阴影”列表

图 6-25 文本框设置效果

步骤 6：插入艺术字。单击绘图工具栏中的“艺术字”按钮，打开如图 6-26 所示的“艺术字库”对话框，单击所需的艺术字样式并单击“确定”按钮，在打开的“编辑艺术字文字”对话

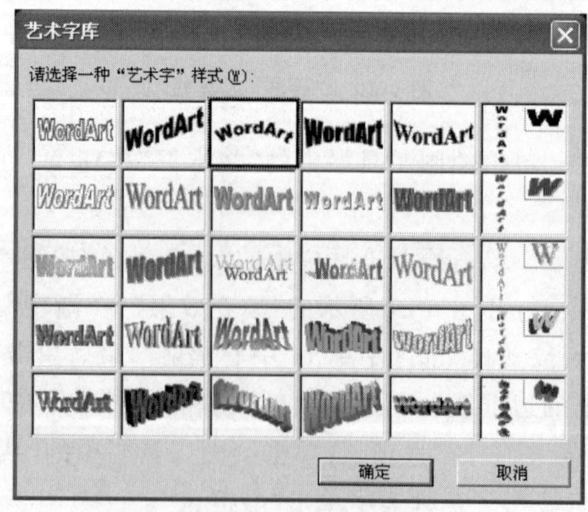

图 6-26 “艺术字库”对话框

框中输入文字“多媒体技术基础”，单击“确定”按钮，完成艺术字插入；然后，在图 6-27 所示的“艺术字”工具栏中，单击“文字环绕”按钮，从列表中选择“浮于文字上方”选项，居中设置。

步骤 7：设置艺术字的填充效果、边线颜色及阴影。选定艺术字，单击绘图工具栏中的“填充颜色”按钮的下拉箭头，在列表中选择填充颜色，设置艺术字填充效果；单击绘图工具栏中的“线条颜色”按钮的下拉箭头，在打开的列表中选择合适的线型；为艺术字添加阴影后，再从图 6-24 所示的阴影列表中单击“阴影设置”命令，打开如图 6-28 所示的“阴影设置”工具栏，通过阴影设置栏中功能按钮调整艺术字阴影效果。

图 6-27 “艺术字”工具栏

图 6-28 “阴影设置”工具栏

步骤 8：插入星形图形、美化艺术字。单击绘图工具栏中的按钮自选图形(U)的箭头选择“星与旗帜”→选择“星形”按钮，在工作区中拖曳绘制出一个大小合适的启明星图形，然后通过复制获得另一个大小相同的启明星图形，最后把两个图形移到文本框的左右两端合适位置，效果如图 6-29 所示。

图 6-29 插入的艺术字、星形图形、文本框效果

步骤 9：组合艺术字、图形、文本框。按住 Shift 键，用鼠标选定图 6-29 中的艺术字、星形图形、文本框，然后右击快捷菜单→“组合”选项→“组合”命令，完成对象的组合。

6.3.2 图形素材的设计与处理

1. 图形素材设计①

图形常用于表达形状、大小经常改变的画面，同时它们又有很高的精度要求。例如用于表达工程建筑图、电子线路图和各种统计图等。图像是被采用最多的媒体之一，常用于表达各种教学内容中的照片、透明胶片、单帧视频和数字化实物景象等。

(1) 满足表达教学内容的要求

在课件表达的教学内容中，有许多对图形有很高要求。例如在医学多媒体课件中，要求图形的形状真实，颜色应符合医学教育的规定等。在这些图形的制作时，应满足教学上的要求。

(2) 加强图形的艺术性

在满足教学要求的前提下，应努力加强图形的艺术性，尽量避免不协调的颜色搭配，这样可减少学生视觉疲劳和提高学习时心理上的愉悦感，进而加强教学效果。

(3) 提高图形的制作效率

高度复杂的图形在制作时会占用较多的资源，提高图形制作效率是非常必要的。灵活地采用将图像转换为图形并进一步处理的方法，常常可提高制作效率。

图像数据设计是将制作多媒体课件中的静止图像数据所需的各种信息总结为静止图

① 梁瑞仪. Flash 多媒体课件制作教程[M]. 北京：清华大学出版社，2010.

像数据制作指示书的过程。静止图像包括各种图形、图片和照片，它可分为二维静止图像和三维静止图像。静止图像数据是基于静止图像源进行制作的。静止图像源是指绘在纸上的各种草图、概图、原画和图片、照片。静止图像数据是指将静止图像源经扫描仪等各种数字化图像输入设备转化为计算机中的数字化数据。

图像数据的制作应首先基于静止图像数据制作指示书制作静止图像源，再根据静止图像源制作相应的静止图像数据。静止图像数据制作指示书包括表示静止图像源的各种草图、概图和静止图像数据清单。静止图像数据清单给出了多媒体课件中应包括的全部静止图像及其基本特性的清单。

图像色彩基调统一，一般将色彩赋予了各种情感，如红色为热烈、蓝色为恬静等。在课件创作中应根据这些约定俗成的色彩情感来进行设计，例如生物课件建议使用绿色系，避免使用灰色系，用颜色来培养学生爱护自然、保护自然的情操；在数学课件中，建议使用蓝色系，避免使用红色系，给学生营造一个便于思维、逻辑缜密的情境。使用同色系进行课件的创作，可以利用颜色的外延感贯穿整个课件，将课件的各个部分结合成一个整体，使学生感觉知识点紧密、相辅相成，融为一体。

另外，图像风格整体协调。无论是课件封面、引导页、教学页面、试验页面还是退出页都要在风格上相互统一。课件的风格是一个综合体，是各种艺术因素的协调组合，对任何一种因素过分的强调、突出都会影响到课件的整体风格。课件的整体风格应该在课件创作之初即确立，风格一旦确立就要坚持不变，依据对教学内容的理解确定其风格，会增加课件的艺术表现力和感染力。课件作品的风格统一，会将多媒体课件提高到一个艺术作品的角度，学生看到的、听到的是一个艺术作品，而不是在看一个枯燥、呆板的软件操作。

2. 常见图形格式

图像是表达思想的一种方法，传统的图像是固定在图层上的画面。如一张照片，就是通过化学摄影术而制成的一幅静态画面，它一旦形成就很难再改变。

数字图像以 0 或 1 的二进制数据表示，其优点是便于修改、易于复制和保存。数字图像可以分为以下两种形式：位图和矢量图。

位图以点或像素的方式来记录图像，因此图像由许多小点组成。创建一幅位图图像的最常用方法是通过扫描来获得。位图图像的优点是色彩显示自然、柔和、逼真。其缺点是图像在放大或缩小的转换过程中会产生失真，且随着图像精度提高或尺寸增大，所占用的磁盘空间也急剧增大。

矢量图以数学方式来记录图像，由软件制作而成。矢量图的优点是信息存储量小，分辨率完全独立，在图像的尺寸放大或缩小过程中图像的质量不会受到丝毫影响，而且它是面向对象的，每一个对象都可以任意移动、调整大小或重叠，所以很多 3D 软件都使用矢量图。矢量图的缺点是用数学方程式来描述图像，运算比较复杂，而且所制作出的图像色彩显示比较单调，图像看上去比较生硬，不够柔和、逼真。

图形图像的采集主要有 5 种途径：用软件创作，扫描仪扫描，数码相机拍摄，数字化仪输入，从屏幕、动画、视频中捕捉。

下面表 6-5 是常见图像格式比较表。

教学资源中运用的图像必须同时考虑它的表现力和体积大小，在两者之间选择一个合

表 6-5 常见图像格式比较

格式类型	色　彩	存储空间	兼容性	是否压缩	主要适用场合	其　　他
BMP	支持真彩色	比较多	比较好	分压缩和非压缩两种形式	单机应用、Windows运行的墙纸	
GIF	最多只有256色	比较小	比较好	有压缩	因特网、适用于带大面积单色区域的图像	可以产生动画效果，可存成背景透明化的形式
JPEG	全24位色彩	比较小	比较好	有损压缩	适用于摄影图像、因特网	并不适合放大观看，输出成印刷品时品质也会受到影响
WMF		比较小	不好	否	只能在Microsoft Office中调用编辑	Office中剪贴画的格式

适的“度”，如果包含的色彩值比较丰富，那么选择JPG格式最好；如果包含的色彩值不多，则应该选择GIF格式。

3. 图形素材处理

利用PhotoShop处理图像素材的基本操作如下。

(1) 图像文件大小的调整

在课件制作完毕运行时发现速度很慢，这可能是由于图像文件过大所造成的。所以，将图像导入课件前，要检查一下使用图像文件的大小，决定是否要先调整后再使用。改变图像大小有两种方法：一是设置图像的尺寸；二是使用压缩的图像格式(如JPG格式)，这样可以大大减小文件所占的磁盘空间，从而加快课件的运行速度。调整尺寸(resize)的方法如下。

步骤1：打开PhotoShop软件。

步骤2：选择“图像(Image)”菜单→“图像大小”(Image Size)。

步骤3：在对话框的宽(width)和高(height)栏输入需要的尺寸，尺寸的单位一般设为像素(pixel)。

步骤4：设置完毕后单击“确认”按钮即可。

(2) 旋转图像(Rotate)

有些图像素材在扫描时由于位置放置不正确，会出现倾斜、倒置等现象。旋转图像的方法很多，利用PhotoShop旋转功能可以将图像位置纠正，可以用“图像/旋转画布”命令，对图像进行水平、垂直翻转、任意角度旋转等操作。

步骤1：选择“图像(Image)/旋转画布(Rotate Canvas)”菜单

步骤2：在子菜单选择合适的选项，有90°顺时针转(CW)、90°逆时针转(CCW)，水平翻转、垂直翻转等。而常常用到的是任意旋转(Arbitrary)，自调角度(Angle)，可以精确到0.1°甚至更精准。

步骤3：旋转后，四个边角处会以底色填充，形成多余的边界。此时，可以利用下面介绍的方法来裁剪图像。

(3) 裁剪图像(Crop)

为了去除扫描时多余的边界，比如原来扫描的图片上不完整的白边，或者对图像进行重新构图，可利用PhotoShop提供的剪裁功能，具体操作如下。

步骤1：选择“矩形选区”工具(工具箱左列的第一个图标，或按快捷键M)。

步骤 2：在图像上选取需要保留的区域，将白边等多余的部分排除在选区的外面。

步骤 3：选择“图像(Image)”菜单。

步骤 4：选中“裁剪(Crop)”选项即可。

(4) 修复图像与消除图像杂质

一些扫描图像原图特别是旧照片上往往有一些瑕疵，如划痕或灰尘，或者图像另一面的文字或图像在扫描时透射过来，从而形成图像的杂质。课件制作前需要将这些杂质去掉，这时必须对图像进行修复。由于在图像中相邻位置的部分总是相似的，我们可以从这些相邻的位置上复制图像，把要修改的部位盖住，从而达到去除图像杂质的目的。

在 PhotoShop 中可以用橡皮图章(Clone Stamp)把这些杂质去掉。

步骤 1：选择“橡皮图章”工具(或按快捷键 S)。

步骤 2：选择合适的笔触(图章是一种特殊的笔)。修补时笔触大小的选择，应以污点大小为准，稍大于污点面积为好(按快捷键 F5 调出笔触功能板，有大小不一的笔触可供选择)。笔触太大会影响周围正常的图像，太小了会使修补工作过于烦琐。

步骤 3：按住 Alt 键，在污点附近的干净区域(和污点处的本来面目一致的地方)单击鼠标，这个步骤称为取样。取样时，应尽量接近污点，靠得越近效果越真实。

步骤 4：放开 Alt 键，用鼠标在污点处单击或拖动。大片面积修补时，连续单击鼠标比拖动鼠标的效果更自然。PS 会把鼠标所在位置的像素抹去，以取样所在处的图像填充。也就是说，用杂质旁边的图像把污点掩盖。

(5) 调整图片亮度/对比度(Brightness/Contrast)

用 PS 调整图片，有两种途径。其一，用“图像(Image)”菜单下的“调节(Adjust)”子菜单，直接改变图像的像素信息。其二，利用调节层(Adjust layer)。一般推荐采用后者，因为使用调整层，就像是在图像上覆盖了一块透明薄膜一样，可以通过对透明薄膜的调整而调整该图层的显示效果，对调整图层可以随时删除而恢复原图像，因此使用调整层功能对图像的调整是无破坏性的，也就是说不会永久地修改图像中的像素。

① 用 Image 菜单下的 Adjust 子菜单。亮度/对比度(Brightness/Contrast)命令可用来调节图像的亮度和对比度，以调节数码照片的曝光过度或曝光不足问题。执行“图像/调整/亮度/对比度”命令，在出现的“亮度/对比度”属性对话框中，拖动滑块可以改变图像的亮度和对比度。

② 利用调节层(Adjust layer)的方法。

步骤 1：选择“图层(Layer)”→“新建(New)”→“调节层(Adjust layer)”命令，打开“调节层”对话框。

步骤 2：在对话框的“类型(Type)”栏的下拉菜单里，选择“亮度/对比度(Brightness/Contrast)”。

步骤 3：给图层命名后(可以用默认的图层名)，出现“亮度/对比度”调节对话框，在相应的栏目输入数值或拉动调节杆，直到满意的效果。

步骤 4：确认。如果要快速恢复原来效果，按 Alt 键后，Cancel 选项将变成 Reset 选项。

步骤 5：按 F7 调出图层功能板，能看到增加了一个亮度/对比度的调节层。

(6) 调整图片色阶

步骤 1：选择“图层(Layer)”→“新建(New)”→“调节层(Adjust layer)”命令，打开调节

层对话框。

步骤 2：在对话框的"类型(Type)"栏的下拉菜单里，选择"色阶(Level)"。

步骤 3：出现色阶调节对话框，中部是图像色阶分布曲线图，图的下方有三个调节杆。其中，最左边的暗部调节杆，决定全黑从哪里开始，越往右拉图像的暗部就越黑，图像变暗；最右边的是亮部调节杆，决定全白从哪里开始，越往左拉图像的高光部分就越白，图像变明亮；居中的是灰度调节杆，决定中间灰的位置，往左拉图像变亮变白，细节明显，但反差减小，相当于增加曝光；往右拉图像变暗，反差增大，相当于减少曝光。增加反差的做法大致是：灰度调节杆往右拉，亮部调节杆往左拉。当然，利用 Image 菜单下的 Adjust 子菜单的色阶(Level)也可以达到调节色阶的效果。

(7) 调整图片的色相(Hue)/饱和度(Saturation)

步骤 1：选择"图层(Layer)"→"新建(New)"→"调节层(Adjust layer)"命令，打开调节层对话框。

步骤 2：在对话框的"类型(Type)"栏的下拉菜单里，选择"色相/饱和度"，出现"色相/饱和度"对话框。

在对话框中可以通过拖动三角来改变色相(Hue)、饱和度(Saturation)和亮度(Lightness)。对话框下面有两个色谱，上面的色谱表示调节前的状态，下面的色谱表示调节后的颜色。

(8) 调整图片的色彩平衡(Color Balance)

色彩平衡命令可纠正图像的偏色，通过执行"图像"→"调整"→"色彩平衡"命令，出现色彩平衡对话框，拖动三角滑块可改变各颜色的组成。

当然，利用调节层(Adjust layer)的方法来调节图片的方法也可以达到调节色彩平衡的效果，其步骤如下。

步骤 1：选择"图层(Layer)"→"新建(New)"→"调节层(Adjust layer)"命令，打开调节层对话框。

步骤 2：在对话框的"类型(Type)"栏的下拉菜单里，选择"色彩平衡(Color Balance)"，出现色彩平衡调节对话框。

步骤 3：在对应栏目输入数值或拉动调节杆，直到满意为止。

步骤 4：如果要快速恢复原来效果，按 Alt 键后，Cancel 选项将变成 Reset 选项，选中即可恢复原来效果。

步骤 5：按 F7 调出图层功能板，能看到增加了一个亮度/对比度的调节层。

(9) 合成图像

顾名思义，图像合成就是根据构思，需要把分别位于几个图像文件上一些图像或图像的某些部分合成在一起。这是图像处理最常用到的一种类型，将分散在几个不同图像文件上的图像合成到一幅图像文件时，经常需要利用图层进行图像的合成。

我们在纸上作画，一张图画在一张纸上。用计算机制作图像可以将画画在很多层"纸"上，一层"纸"画出图像的一部分，"纸"上没有图像的部分是透明的，通过透明的部分，可以看到下面图层上的图像。将这些"纸"叠加在一起成为一个完整的图像，计算机图像上的这一张"纸"就称为一个图层，图层可以建立、删除，也可以设置它的透明度和可见予否。而对每一个图层中的图像内容进行各种绘图、修改、编辑等操作，不会影响到其他图层，这样方便我们进行图像编辑，对于图层的某些操作，我们可以通过“图层”调板来实现。

一般在新建图像时自动产生背景层，它决定了整个图像的尺寸，因此，放在背景层的图像应该是所有图层中尺寸最大的，否则，新增图层的内容就会被剪裁掉，背景层排列在图像的最下层。有些情况下，需要将背景层转换为普通图层，以便在“图层”调板中改变它的位置、混合模式和透明程度等。

在图像合成中一般会涉及选择技术、选区修改技术、对象变换技术、图层应用技术、边缘羽化技术等。

在 Photoshop 中选择图像某些部分时，要根据选择部分图像特点，选择相应工具，如矩形、圆形、不规则形状和魔术棒工具等，还可以采用多种工具和方法结合使用，也可以利用快速蒙版修改选区，用羽化使选区边缘柔化，甚至可以将选区保存供以后调用选区。

在选择图像后，通过剪切/复制、粘贴和拖动的方法可以将选区内的图像放置在新图像上，此时可以利用 Photoshop 提供的工具进行对象的移动、缩放、旋转、变形、扭曲、翻转等操作，使其适合图形美化的需要，还可以对该对象的图层进行透明度改变、添加图层效果等。最后，利用 Photoshop 提供的文字工具进行文字的添加等操作。

4. 用 Photoshop 制作课件文字标题特效

在多媒体课件中，文字标题常常会起到突出重点、突破难点的作用。因此一般要求标题文字醒目、清楚。运用强大的图形图像处理软件 Photoshop 制作特效课件文字标题。

Photoshop 可分为图像编辑、图像合成、校色调色及特效制作等。图像编辑是图像处理的基础，可以对图像做各种变换，如放大、缩小、旋转、倾斜、镜像和透视等。也可进行复制、去除斑点、修补和修饰图像的残损等。这在课件制作的图像美化加工上会有非常大的用场，如可以去除图像上不满意的部分，最终获取满意的素材。图像合成则是将几幅图像通过图层操作、工具应用合成完整的、传达明确意义的图像，这是美术设计的必经之路。Photoshop 提供的绘图工具让外来图像与创意很好地融合，使图像的合成天衣无缝，所以一些课件的界面和背景就可以利用这些功能来完成。校色调色可方便快捷地对图像的颜色进行明暗、色调的调整和校正，也可在不同颜色间进行切换以满足图像在多媒体课件制作等方面的应用。特效制作在 Photoshop 中主要由滤镜、通道及工具综合应用完成。包括图像的特效创意和特效字的制作，如油画、浮雕、石膏画和素描等常用的传统美术技巧都可由 Photoshop 特效完成。而各种特效字的制作尤其适宜于课件应用。

在 Photoshop 中，用图层效果和图层样式创造特殊图像效果，图层样式对话框的左侧是不同种类的图层效果，包括投影、发光、斜面、叠加和描边等几个大类。对话框的中间是各种效果的不同选项，可以从右边小窗口中看到所设定效果的预览。

(1) 用 Photoshop 新建文件

步骤 1：运行 Photoshop，选择“文件”→“新建”命令，弹出“新建”对话框，如图 6-30 所示。

步骤 2：设置图像“宽度”为 200 像素、“高度”为 60 像素，在“背景内容”下拉列表框中选择“透明”选项。设置完后，单击“确定”按钮，就新建了一个图像文件，如图 6-31 所示。

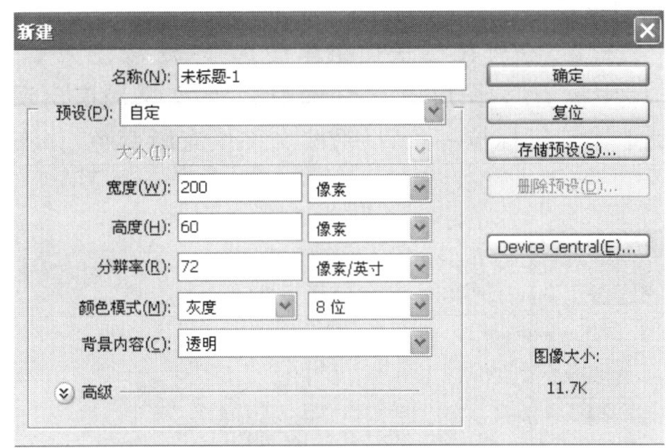

图 6-30　新建图像

图 6-31　新建文档窗口和画布

提示：一般情况下，我们为课件制作图像素材时，尽量将图像背景设置为透明色，这样便于图像素材较好地融入课件。

(2) 制作课件特效文字标题

步骤 1：选择工具箱中的“横排文字工具”，设置文字大小为 42 号，选择字体为隶书，移动鼠标指针到空白画布的左端并单击，输入文字“素材制作”。选择工具箱中的“移动工具”，调整文字的位置。如图 6-32 所示。

步骤 2：选择工具箱中“油漆桶工具”里的“渐变工具”，在主菜单下方出现“渐变选项”面板，如图 6-33 所示。

步骤 3：在“渐变选项”面板中单击按钮，弹出“渐变编辑器”窗口，如图 6-34 所示。

图 6-32　输入文本

图 6-33　“渐变选项”面板

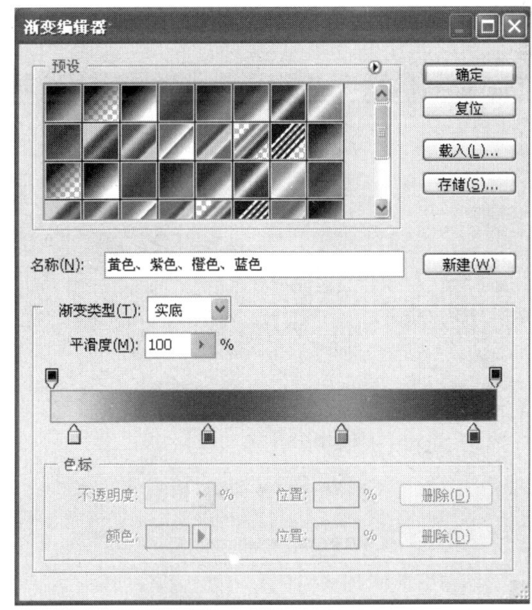

图 6-34　“渐变编辑器”窗口

步骤 4：将墨水瓶颜色修改为绿色和黄色渐变色，如图 6-35 所示。

步骤 5：单击“确定”按钮，在图层上右击，在弹出的快捷菜单中选择“栅格化文字”命令，在编辑场景中按住 Ctrl 键，单击图层面板上的“图层 1”名称选中文字，文字周围出现流动的虚线。将光标放在文字上，从上到下拖动鼠标拉一条直线，给文字填充渐变色，画布上的文字效果如图 6-36 所示。

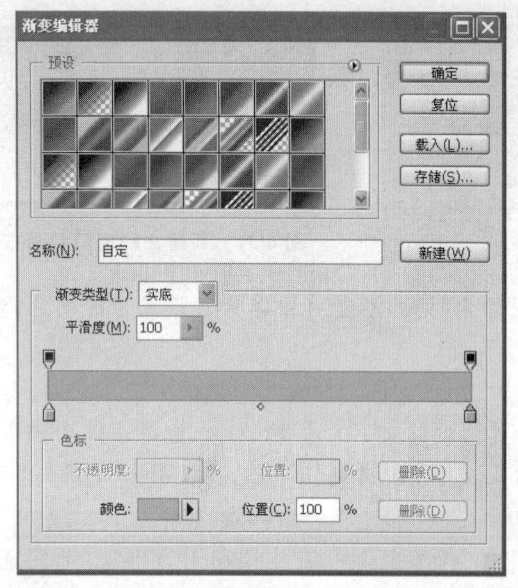

图 6-35　修改渐变色

图 6-36　填充渐变色

步骤 6：按快捷键 Ctrl+D 取消虚线框，选择“图层”→“图层样式”→“混合选项”命令，在弹出的“图层样式”对话框中，选中“内阴影”、“斜面和浮雕”、“纹理”复选框，如图 6-37 所示。

单击“确定”按钮，得到如图 6-38 所示的文字效果。

图 6-37　设置文字样式

图 6-38　完成后的文字效果

(3) 存储文件

步骤 1：选择“文件”→“存储为”命令，如图 6-39 所示。

图 6-39　存储文件

步骤 2：将图像存储为 256 色的 GIF 格式即可。

6.3.3　音频素材的设计与处理

1. 音频素材的种类

声音是携带信息极其重要的媒体。声音的种类繁多，如人的语音、乐器声、动物发出的声音、机器产生的声音，以及自然界的雷声、风声、雨声、闪电声等。这些声音有许多共同的特性，也有它们各自的特性，在用计算机处理这些声音时，一般将它们分为波形声音、语音和音乐三类。

(1) 波形声音

波形声音实际上已经包含了所有的声音形式，它可以把任何声音都进行采样量化后保存，并恰当地恢复出来。

(2) 语音

人的说话语音虽是一种特殊的媒体，它不单是一种波形声音，而且通过语气、语速、语调携带比文本更加丰富的信息。虽然与波形声音的文件相同，但必须作为一个特殊媒体研究。

(3) 音乐

音乐是一种符号化的声音，这种符号就是乐谱，乐谱可转化为符号媒体形式，表现形式为 MIDI 音乐。

2. 数字声音波形质量

影响数字声音波形质量的主要因素有三个。

(1) 采样频率

采样频率指波形被等分的份数，份数越多(既采样频率越高)，质量越好。

(2) 采样位数

采样位数即每次采样的信息量。采样通过模/数转换器(A/D)将每个波形垂直等分，若用 8 位 A/D 等分，可把采样信号分为 256 等分；而用 16 位 A/D 等分则可将其分为 65 536 等分。

(3) 通道数

通道数即声音通道的个数，表明声音产生的波形数，一般分为单声道和立体声道。单声道只产生一个波形，立体声道则产生两个波形。采用立体声道声音丰富，但存储空间要占用很多。

3. 常见音频文件格式

音频文件又可称为声音文件，它分为两大类，一类是波形音频文件，采用 WAV 格式；另一类是乐器数字化接口文件，采用 MIDI 格式。

声音文件是全数字化的，对于 WAV 格式的声音文件，通过数字采样获得声音素材；而对于 MIDI 格式的文件，则通过 MIDI 乐器的演奏获得声音素材。

(1) WAV 格式的声音文件

WAV 是 wave 一词的缩写，意为“波形”。WAV 格式的波形音频文件表示的是一种数字化声音，WAV 格式文件的扩展名为. wav。常见的 WAV 声音文件主要有两种，分别对应于单声道(11.025kHz 采样率、8bit 的采样值)和双声道(44.1kHz 采样率、16bit 的采样值)。

WAV 格式文件的特点是：采样频率和采样精度越高，数字化声音与声源的声音效果越接近，数据的表达越精确，音质也越好，但音频信号数据量也会越大，每分钟的音频一般要占用 10MB 的存储空间。

(2) MP3 格式文件

MP3 是采用国际标准 MPEG 中的第三层音频压缩模式，对声音信号进行压缩的一种格式，中文也称“电脑网络音乐”。它的扩展名为. mp3。MP3 的突出优点是压缩比高、音质较好、制作简单，可与 CD 音质相媲美。

(3) MIDI 格式文件

MIDI 是 Musical Instrument Digital Interface 的缩写，意为“乐器数字化接口”，是乐器与计算机结合的产物。MIDI 提供了处于计算机外部的电子乐器与计算机内部之间的连接界面和信息交流方式，MIDI 格式的文件采用. mid 作为扩展名，通常把 MIDI 格式的文件简称为 MIDI 文件。

4. 音频素材的设计

在教学资源制作中，音频可以增加课件的真实感，增强课件的表现力，有助于揭示事物的本质。更主要的是能调节课堂气氛，真正实现多媒体的课堂教学。要做到这一点，课件制作者必须对音频素材有较强的控制能力。音频素材在课件使用中通常被分为解说、配乐和效果声三种类型①。

（1）解说

解说一般采用解说人不出现在画面中的旁白形式，它所起的作用是：强化画面信息，补充说明画面，串联内容、转场，表达某种情绪。解说与画面的配合关系分为三种：声画同步、解说先于画面、解说后于画面。

（2）配乐

配乐的作用一方面弥补画面的空白，另一方面是增加画面所传达的信息。所以，两种类型比较多见，一种是符合课件意境；一种是反过来，突出不和谐，产生视听的反差。根据课件的设计理念，配乐可以用于片头、片尾或其他任何位置，亦可作背景音乐。使用时要求能灵活地对其进行播放、暂停和停止等控制。

（3）效果声

效果声主要起提示、点缀、渲染的作用。根据课件的设计理念，效果声在课件中可用于按钮、正确反馈、错误反馈、警告、鼓励等声效场合。比如在课件中，我们将鼠标指针移到有交互的地方（比如按钮），经常会听到"叮叮"这类的效果声，它主要起提示和引起注意的作用。

声音的设计使用应注意以下几个方面。

① 选择适当的背景音乐。背景音乐的选择必须与教学内容、课堂气氛协调一致。

② 背景效果声宜精不宜多。我们在使用时应当点到即止、宁缺毋滥，过多的声音会干扰学生的注意力。

③ 声音的音量要合适。声音、音量都要选择合适，太小了听不清楚，太大了则会影响学生的正常听课。

5. 音频素材的处理

计算机在处理音乐与处理声音时会用到不同的编辑软件，处理美化声音时经常使用 Audition、Creative WaveStudio、Wavedit、GoldWave、录音机程序、豪杰音乐等软件，处理音乐、谱曲、作曲和编曲时经常使用 Cakewalk、Encore、Overture、Finale 打谱软件、Sibelius 打谱软件、作曲大师、TT 作曲家、CuteMIDI 简谱作曲家等软件。

对声音文件具有强大的编辑功能，而且操作也很简单。通常在教学过程中常用到以下几种声音素材的编辑处理过程。

（1）外部文件声音的导入

在左边文件面板上空白的地方右击，然后单击"导入"，选择硬盘上的声音文件，即可将该声音导入到 Adobe Audition 2.0 中，如图 6-40 和图 6-41 所示。

图 6-40 导入声音

① 舒波. Authorware 7.0 音频素材的设计、开发及应用[J]. 中国医学教育技术，2007(2)：57-59.

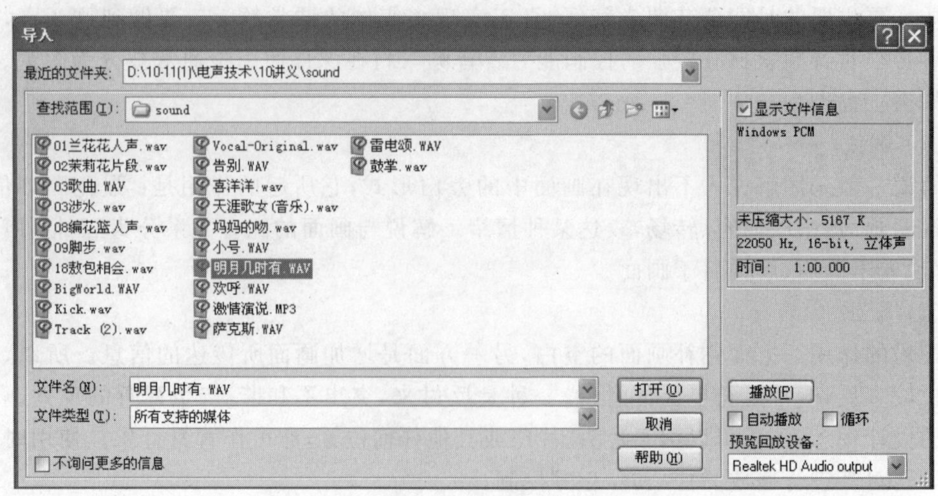

图 6-41　选择声音

另外，可用“文件”→“打开”→“打开为”(打开文件的同时可进行文件格式的转换)等方法导入声音文件，如图 6-42 所示。

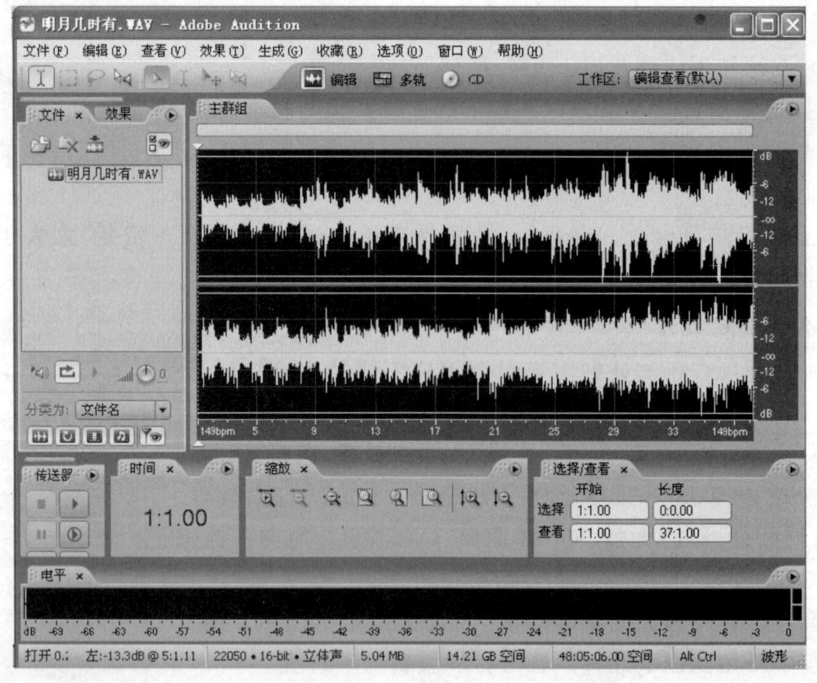

图 6-42　导入声音后的界面

(2) 声音的复制、剪切和粘贴

步骤 1：在波形窗口拖动鼠标左键选择一段波形。

步骤 2：选择“编辑(Edit)”→“设置当前剪贴板(Set Current Clipboard)”，指定剪贴板号(打钩)。

步骤 3：选取“编辑(Edit)”→“拷贝(Copy)”命令或“编辑(Edit)”→“剪切(Cut)”命令。

步骤 4：重复以上步骤 1～步骤 3，选取其他波形片段。

步骤 5：将时间线移到声音声轨的文件粘贴处。

步骤 6：选取“编辑(Edit)”→“粘贴(Paste)”命令。

(3) 消除背景噪音(环境噪音、设备噪音)

运用麦克风在普通环境录制的声音一般噪音较大，Adobe Audition 提供了强大的降噪(背景噪音、爆音及杂音)功能，下面是消除噪音的具体步骤。

步骤 1：获取环境噪声。录音前可以单独录一段环境噪音，要与你在正式录音时的环境完全一样，或者在你唱歌和说话前，空录几十秒纯环境噪音。然后录制人声或者其他音乐等，这时候环境噪音应该是始终存在于录制中的。

步骤 2：选择欲处理的噪声。录制完成后，鼠标拖动刚刚录的那一段纯噪音，如图 6-43 所示。

图 6-43　拖选欲处理的噪声

步骤 3：进行噪声采样。对这段噪音进行采样。采样的方法是运行菜单“效果(Transform)”→“恢复(recover)”→“降噪(Noise Reduction)”选项，如图 6-44 所示，在弹出的“降噪”窗口中，单击右上第三个按钮“采集预置噪音(Get Profile form selection)”，如图 6-45 所示。取样的这段噪音一般要长一些，否则不能包含足够多的噪音样本。不过要保证是“干净”的噪音，也就是说应该是纯的环境噪音。

步骤 4：消除背景噪声。选择需要进行降噪的整个音频波形，再次调出“降噪”窗口，根据刚刚的噪音采样，调整“降噪程度(Noise Reduction Level)”的值，单击“预览(Preview)”按钮可以预听处理后的效果，满意后单击“确定(OK)”按钮，这个音频文件的背景噪音消除

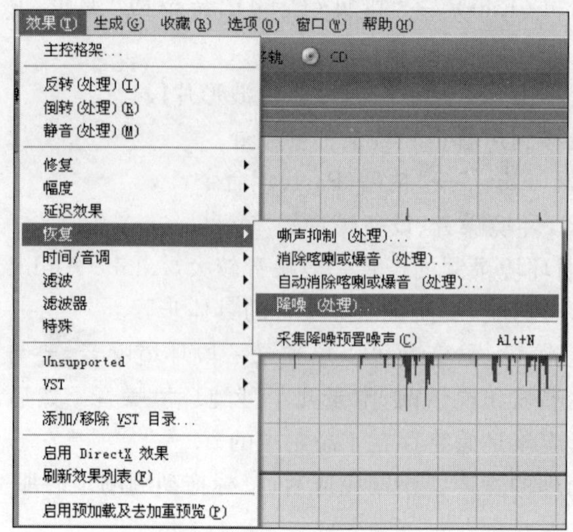

图 6-44 激活降噪器

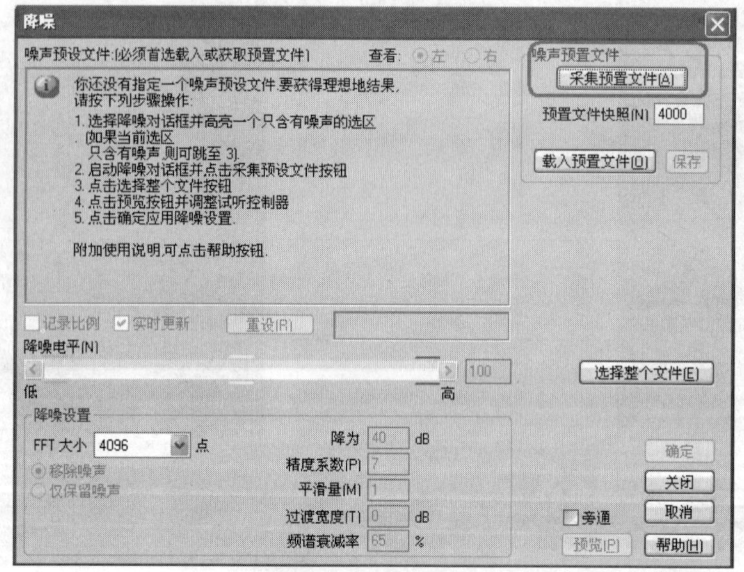

图 6-45 噪声采样

就算完成了(这种就是 FFT 采样降噪法)。

这种方式对消除包含在有用声音里的背景噪音有良好的效果。

(4) 声音的润色处理

Adobe Audition 自带的效果器种类非常多,均衡、混响、延迟、动态、回音、镶边、失真、合唱等,还有一些特殊的处理手段,比如反转波形、移调、变速等。这些效果均能给声音进行润色美化,将声音做到尽善尽美,下面我们给大家介绍几种常用的润色方法。

① 混响效果的添加

对于录制好的音频文件,我们常常会觉得听起来干巴巴的,不像磁带或者 CD 里的音乐那么“湿润”。这个原因就是我们录音的环境不好，采声效果很差，这样就必须在后期通过软件的混响效果器对原始音频进行调节，以得到一些补偿。尤其是对于人声的录制，适当混响效果的添加更是必要的。而混响效果处理的具体步骤如下所示。

步骤 1：“效果”→“延迟效果”→“混响”，如图 6-46 所示。

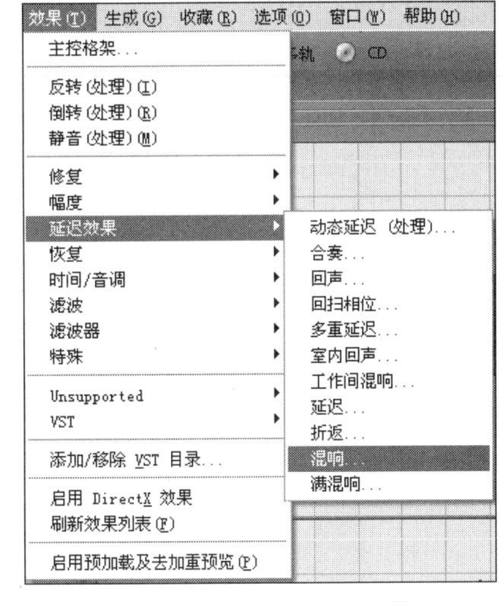

图 6-46　激活混响效果器

步骤 2：加载混响效果。在弹出的“混响”窗口中加载各种效果并进行预览，满意后单击“确定”按钮即可进行混响加载，如图 6-47 所示。

② 提高降低歌声音量

如果话筒录制出来的声音太小或伴奏的音量太大，我们可以利用 Adobe Audition 的波形振幅进行调整。步骤为：打开渐变调节窗口。单击菜单栏的“效果”→“幅度”→“放大/淡化”(汉化的版本不同，可能中文词汇略有差别)，如图 6-48 所示。

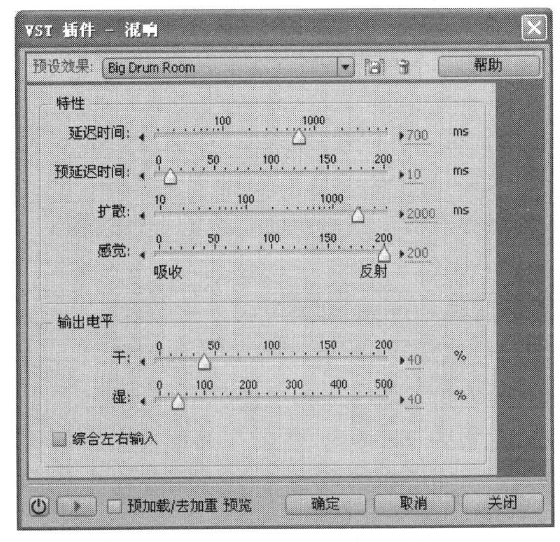

图 6-47　加载混响

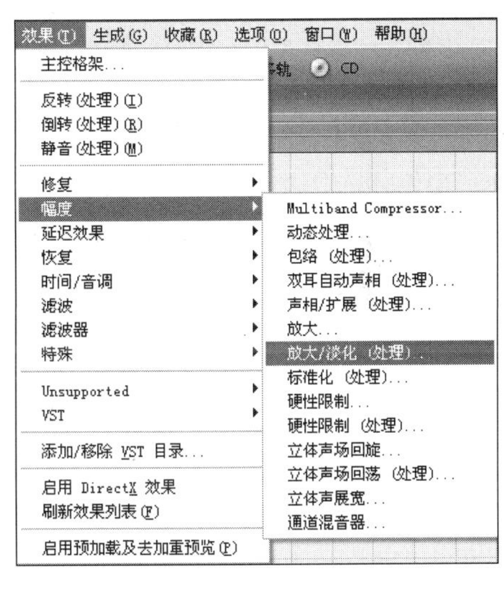

图 6-48　激活淡化处理窗口

③ 调整声音音量和渐变效果

在弹出的调整窗口中，如果要调整左、右声道的音量大小，选择“恒定放大”选项卡，如想左、右声道同时进行调解的话，记住勾选“关联左/右声道”复选项，然后调整改变音量的滑块即可实现音量调节。另外，采用该效果还可以处理声音的淡入淡出效果，即单击“淡入/出”选项卡即可实现，如图 6-49 所示。

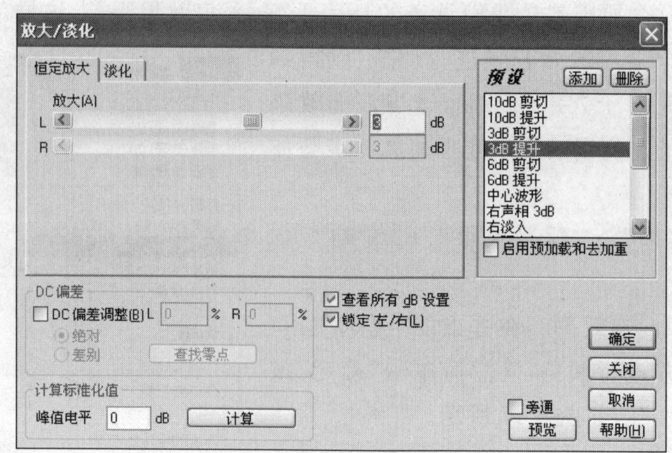

图 6-49　调整音量和渐变效果

(5) 混缩合成

混缩合成是指利用音频软件,同时在多个音轨中录制不同的音频信号,然后通过混缩获得一个完整的作品。多轨录音还可以将先录制好的一部分音频保存在一些音轨中,再进行其他声部或剩余部分的录制,最终将它们混合制作成一个完整的波形文件。

① 多轨基本操作

步骤 1:录音声音。选择音轨 1,并单击 R 按钮,然后单击左下方播放面板的红色录音键,开始录制。

步骤 2:插入伴奏音乐。在多音轨界面右击音轨 2 空白处,选择"波形文件(wave from file)"命令插入伴奏文件。

步骤 3:音量调整。选择需调整的音轨,用鼠标右键单击该声轨左边的 VO 按钮后,在音量标尺中调整声音大小。

步骤 4:声轨的对齐与移动。选择需调整的音轨,右击拖曳该声轨。

步骤 5:声轨的独奏。选择音轨,单击该声轨左边的 S 按钮,再次单击可解除。

步骤 6:声轨的静音。选择音轨,单击该声轨左边的 M 按钮,再次单击可解除。

步骤 7:声轨特效。选择音轨,单击该声轨左边的 fx 按钮,然后在菜单左窗中选择需添加的音效,然后单击菜单中的 Add 按钮,解除音效是在菜单右窗中选择需删除的音效后,单击 Remove 按钮。

② 混缩合成

步骤 1:放置多轨声音。单击 Adobe Audition 多轨编辑按钮,显示多轨编辑状态,然后将录制好的课文朗诵和外部导入的背景配乐分别放置到录音轨道的第一轨和第二轨,如图 6-50 所示。

步骤 2:混缩多轨声音。单击菜单"文件"→"导出"→"混缩音频",如图 6-51 所示,便可将伴奏和朗诵混缩合成在一起。

步骤 3:保存混缩后的声音。再单击菜单"文件"→"另存为",就可将混缩合成后的文件存为 mp3/wma 格式了。

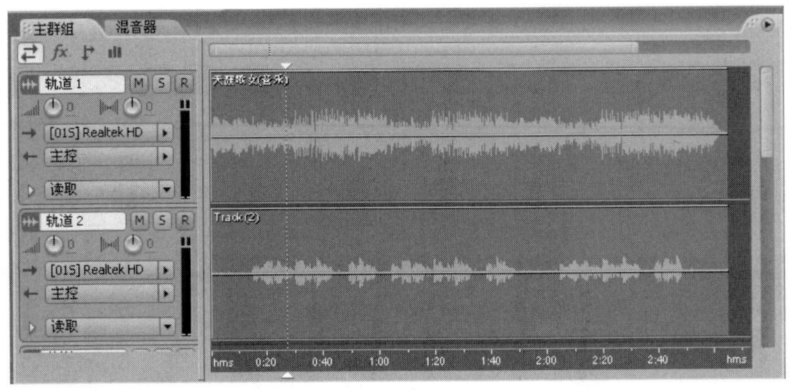

图 6-50 放置多轨声音

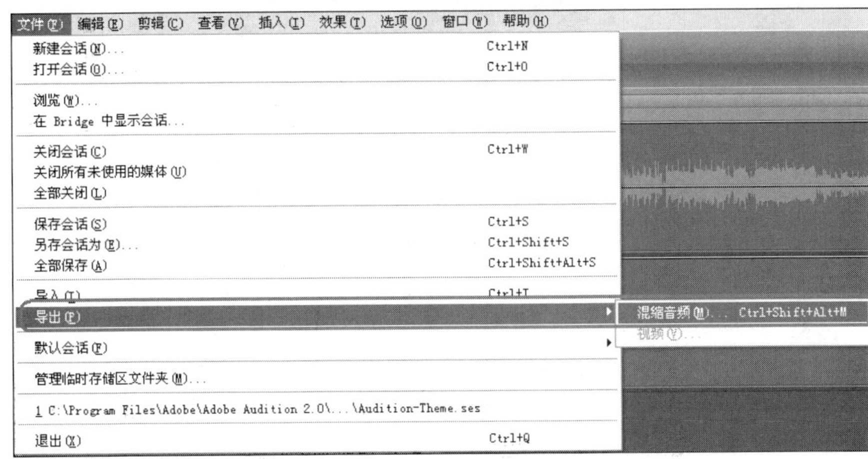

图 6-51 混缩多轨声音

6. 音频素材处理实例

(1) 制作构想

利用现有的《天涯歌女》的伴奏音乐,为女歌手制作一首演唱歌曲,并在开始时加入盛大的演出场面,结束时加入掌声和欢呼声。

(2) 素材

开场:邓丽君在香港演出的“激情演说”;伴奏音乐:《天涯歌女》音乐;独唱:《天涯歌女》人声。

(3) 制作过程

① 处理伴奏音乐

步骤 1:删除前面的 5 秒钟空白声音。在单轨界面中打开伴奏音乐,选择前面 5 秒钟的声音,按 Delete 键直接删除。在“选择/查看”面板中可精确选择,如图 6-52 所示,开始点设置为 0:00.000,结束点设置为 0:05.000。

选择/查看

	开始	结束	长度
选择	0:00.000	0:05.000	0:05.000
查看	0:00.000	3:10.247	3:10.247

图 6-52 精确选择前 5 秒

步骤 2:从波形结尾处取出背景噪音样本,为整个音乐降除背景音乐，如图 6-53 所示。

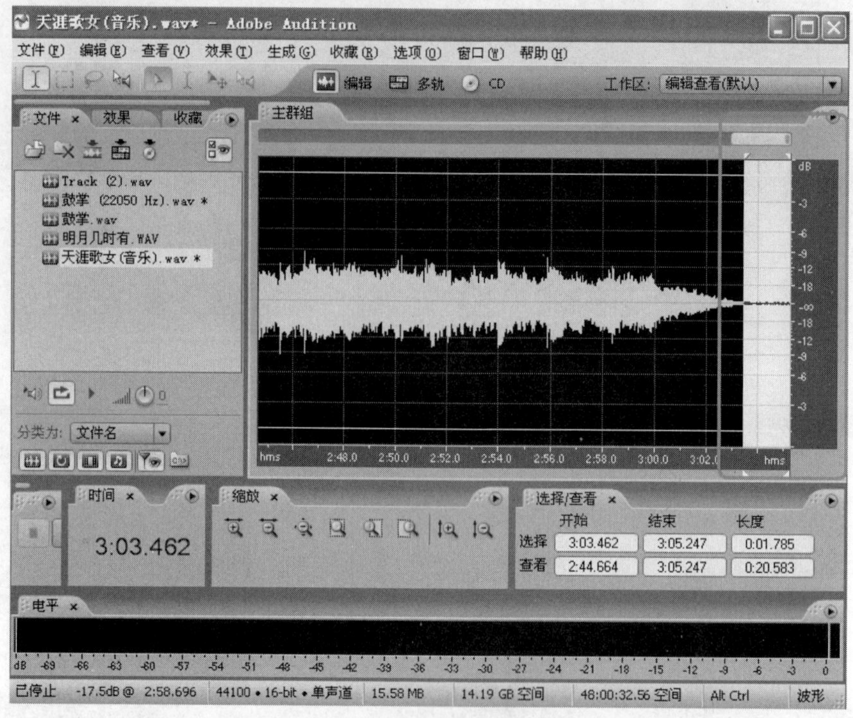

图 6-53 从波形结尾处取出背景噪音样本

步骤 3：插入到多轨工程中。

② 处理人声独唱

步骤 1：将音频中的嘶声去掉。首先，选中整个音频文件；然后在菜单“效果”→“恢复”→“嘶声抑制(处理)”，如图 6-54 所示。在弹出的对话框中，选择默认值即可，如图 6-55 所示。

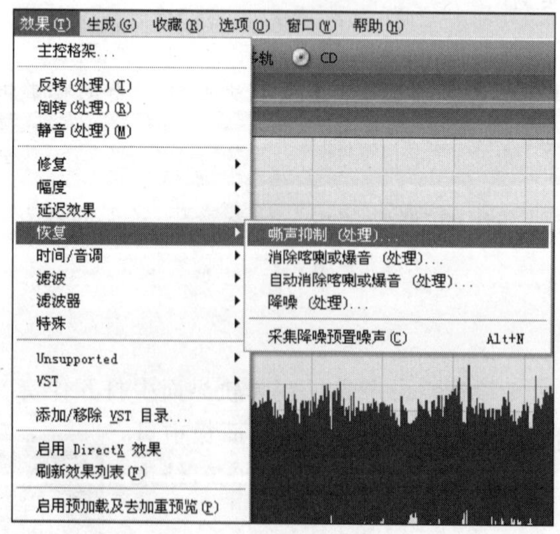

图 6-54 激活嘶声抑制

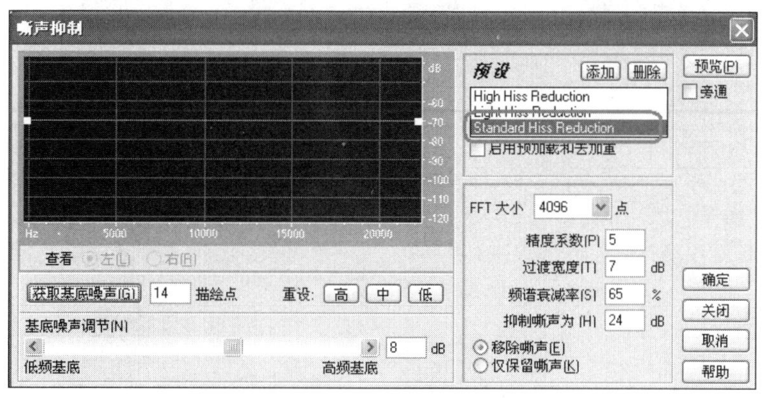

图 6-55　嘶声抑制

步骤 2：将前奏、间奏、尾奏和人声间隙处进行静音处理。选中这些片段，菜单“效果”→“静音(处理)”即可，如图 6-56 所示。处理后的音频呈现为没有任何波形的直线。

步骤 3：将整个波形提高增益(6dB Boost)。首先，选中整个音频文件；然后在菜单“效果”→“幅度”→“放大/淡化(处理)”，如图 6-57 所示；最后在弹出的对话框中“预设”选项里选择“6dB 提升”，如图 6-58 所示。

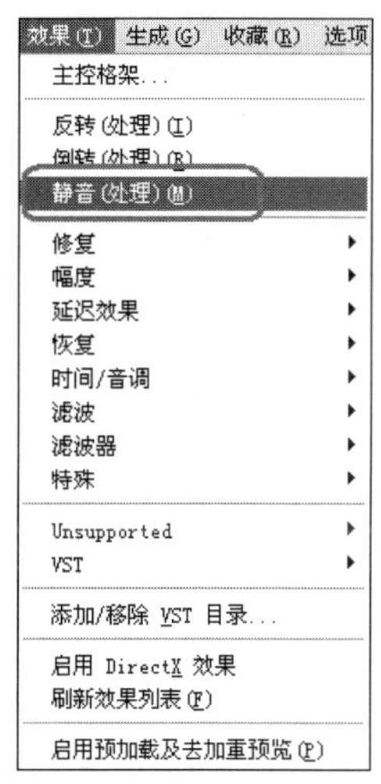

图 6-56　静音处理

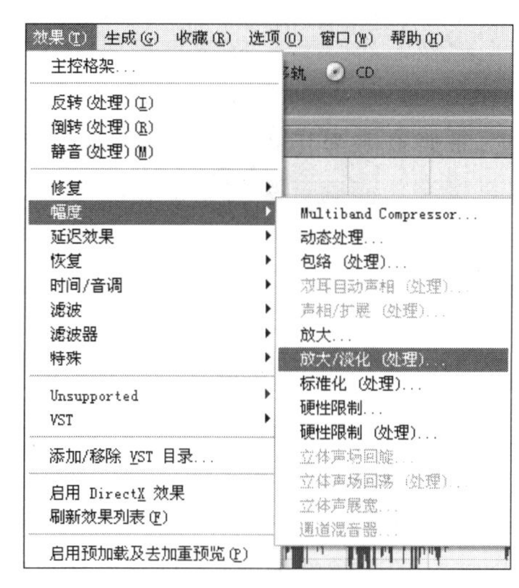

图 6-57　激活淡化处理

步骤 4：插入到多轨工程中。

③ 将“激情演说”插入到多轨工程中。

④ 将“激情演说”后面的片段截取出来，作为结束的欢呼声，并插入到多轨工程中。

在全部声音插入到多轨之后，移动音频文件，按照时间先后次序进行布局。如图 6-59 所示。

⑤ 最后混缩到文件并保存。

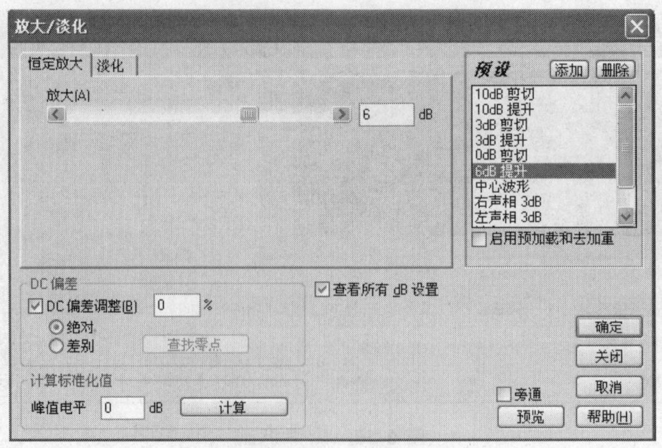

图 6-58　6dB 提升

图 6-59　多轨布局

6.3.4　视频素材的设计与处理

1. 视频素材概述

视频影像实质上是快速播放的一系列静态图像，当这些图像是实时获取的人文和自然景物图时，称为视频影像。视频有模拟视频(如电影)和数字视频，它们都是由一系列静止画面组成的，这些静止的画面称为帧。一般来说，帧率低于 15 帧/秒，连续运动视频就会有停顿的感觉。我国采用的电视标准是 PAL 制，它规定视频 25 帧/秒(隔行扫描方式)，每帧 625 个扫描行。当计算机对视频进行数字化时，就必须在规定的时间内(如 1/25 秒内)完成量化、压缩和存储等多项工作。

在视频中有以下几个技术参数。

(1) 帧速

帧速指每秒钟顺序播放多少幅图像。根据电视制式的不同，NTSC 制为 30 帧/秒、PAL 制和 SECAM 制为 25 帧/秒。

(2) 数据量

如果不经过压缩，数据量的大小是帧速乘以每幅图像的数据量。假设一幅图像为

0.6MB,帧速为30帧/秒,则每秒所需数据量将达到18MB。

(3) 图像质量

图像质量除了原始数据质量外,还与对视频数据压缩的倍数有关。

2. 视频文件格式

(1) AVI格式

AVI是Audio Video Interlaced的缩写,意为音频视频交互。该格式的文件是一种不需要专门的硬件支持就能实现音频与视频压缩处理、播放和存储的文件。AVI视频文件的扩展名是.avi。AVI视频文件应用非常广泛,并且以其经济、实用而著称。

(2) MPEG格式

它的英文全称为Moving Picture Expert Group,即运动图像专家组格式。VCD、SVCD、DVD就是这种格式。MPEG文件格式是运动图像压缩算法的国际标准,它采用了有损压缩方法减少运动图像中的冗余信息。

(3) MOV格式

美国苹果公司开发的一种视频格式,默认的播放器是苹果的QuickTimePlayer。具有较高的压缩比率和较完美的视频清晰度等特点,其最大的特点是跨平台性,即不仅能支持MacOS,同样也能支持Windows系列。

(4) ASF格式

它的英文全称为Advanced Streaming format,它是微软为了和现在的Real Player竞争而推出的一种视频格式,用户可以直接使用Windows自带的Windows Media Player对其进行播放,采用了MPEG-4的压缩算法。

(5) WMV格式

它的英文全称为Windows Media Video,也是微软推出的一种采用独立编码方式并且可以直接在网上实时观看视频节目的文件压缩格式。WMV格式的主要优点包括:本地或网络回放、可扩充的媒体类型、部件下载、可伸缩的媒体类型、流的优先级化、多语言支持、环境独立性、丰富的流间关系以及扩展性等。

(6) RMVB格式

这是一种由RM视频格式升级延伸出的新视频格式,它的先进之处在于RMVB视频格式打破了原先RM格式那种平均压缩采样的方式,在保证平均压缩比的基础上合理利用比特率资源,就是说静止和动作场面少的画面场景采用较低的编码速率,这样可以留出更多的带宽空间,而这些带宽会在出现快速运动的画面场景时被利用。这样在保证了静止画面质量的前提下,大幅度提高了运动图像的画面质量,从而图像质量和文件大小之间就达到了微妙的平衡。

3. 视频素材设计

视频的内容表现力比较强,目的是突出教学重点和难点,表现真实的动态情境,增加可信度。

(1) 视频素材清晰且能够适应各种系统平台和播放环境

由于动态影像的信息量大,增加了负载能力,要考虑到容量限制或受网络带宽的限制。

在网络环境中,播放可能会出现停顿现象,这时应适当减小影像的播放窗口,要尽可能采用流媒体技术。

(2) 注意影响视频捕获质量的硬件环境

在视频捕获时,视频卡的性能、硬盘的速度、CPU 的性能和内存的大小都会对捕获质量产生直接影响。要获得好的视频捕获效果,除了调整画面尺寸、帧率等数据量因素外,同时也要配置较好的硬件环境。

(3) 视频制作应适应多媒体课件应用的要求

多媒体课件的应用有很强的交互性,它与传统的电视教材应用于顺序存取条件下有根本的不同,因此数字视频的制作也应适应这种要求。避免制作长时间大段连续的视频数据,这将有利于多媒体作品的开发和应用,也可节省各种资源。事实上大多数作品中的视频都是与其他媒体共同穿插使用的,这样会有更好的效果。

4. 视频素材处理①

Adobe Premiere 作为目前比较通用和流行的视频采集与处理平台之一,广泛用于 Mac 和 PC 平台,可以实现视频从采集到编辑,直到最终的项目输出。其项目化制作管理、时间线轨道操作,以及与 PhotoShop 等图形软件实现有效的组合和无缝连接,为视频素材特别是 DV 素材的采集和后期制作提供完整的工作流程。下面以 Premiere Pro 2.0 为例介绍视频素材采集与处理的基本方法。

(1) 素材采集方法

视频素材采集主要是把外围摄录设备摄录的素材,以及收集到的相关视频和图片等既有素材导入到非线性编辑系统硬盘内,以备后期按照剧本要求进行编辑处理,形成作品。因而,素材采集是非线性编辑的第一步。

① 采集设备连接

采集视频素材主要配置设备有:具有足够容量的硬盘与 IEEE 1394 接口,并安装了视频采集软件的非线性编辑系统;DV 摄录机、DV 录像机等具有 IEEE 1394 接口的外围素材播放设备;IEEE 1394 数字视频接口连线,如图 6-60 所示。

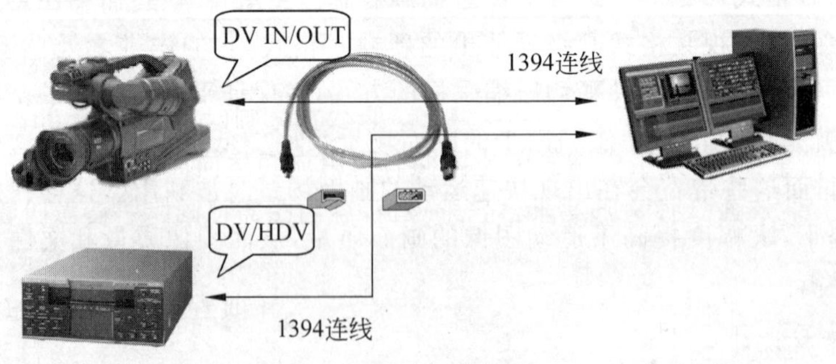

图 6-60 视频采集系统连接

---

① 梁斌,曹卫真. 现代教育技术实训教程[M]. 北京:高等教育出版社,2009.

步骤 1：把 IEEE 1394 数字视频接口连线的小的一头插入 DV 录像机或 DV 摄像机的 DV IN/OUT 接口，大的一头插到非线性编辑系统主机或其外延接板的 DV 接口。

步骤 2：打开 DV 录像机电源开关，放入 DV 磁带。如果是使用 DV 摄像机采集，还需把摄像机的电源选择旋钮旋到 VCR 档。

步骤 3：启动 Premiere Pro 2.0，进入采集工作窗口，选取相应 DV capture 驱动，如果连接无误，机器工作正常，便通过软件采集界面的控制面板直接控制 DV 录像机或摄像机的磁带播放，进行有选择的视频素材采集。

② 打开工作界面

Premiere Pro 2.0 是实行项目管理的。启动 Premiere Pro 2.0，打开封面窗口，如图 6-61 所示为其封面。新建项目单击 New Project 按钮，打开原有项目单击 Open Project 按钮。

图 6-61 premiere Pro 2.0 封面

首次使用需新建项目，单击 New Project，进入 New Project 设置窗口，在左侧 Available Presets 菜单选择相应的编制节目格式，如目前国内 DV 所用的 DV-PAL，Standard 48kHz，同时在下面 Location 和 Name 文本框处确定项目保存路径和项目名称，单击 OK 按钮进入编辑工作界面，如图 6-62 所示。

工作界面由 Windows 风格的菜单栏和各种浮动窗口构成。Premiere 的特点是窗口较多时可以先关闭部分暂未使用的窗口，需使用时可以在菜单栏 Window 下拉菜单选择相应窗口名称重新打开。一般使用时主要打开 Project 窗口、Program 监视器窗口、TimeLine 时间线编辑轨道窗口和编辑工具箱，如图 6-63 所示。

③ 素材采集工作空间设置

在 Premiere 编辑工作中，素材的采集和导入是编辑的第一步。素材的采集方式主要是通过视频播放和捕获设备如 DV 摄录像机、非线性编辑卡或 1394 接口，把 DV 磁带图像采集到非线性编辑系统电脑硬盘中。

步骤 1：执行菜单栏中 File→Capture，打开 Capture 工作窗口。图 6-64 为 Capture 工作窗

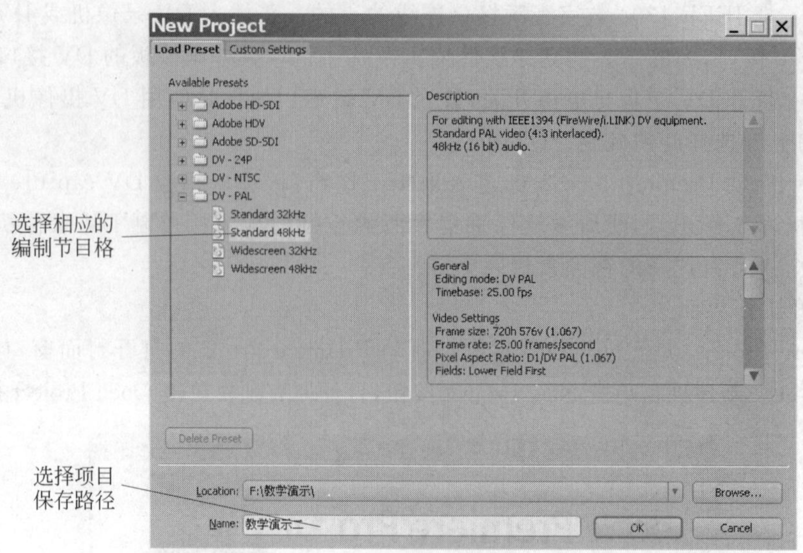

图 6-62　New Project 设置窗口

图 6-63　编辑工作界面

口，视频采集主要在此窗口完成。

步骤 2：在窗口右侧选择 Settings 标签，进行采集设置，主要是采集路径方式和相应驱动设置、采集存放目录设置。单击 Capture Settings→Edit→Project Settings 窗口，左侧项目在 Capture Format 下拉菜单选择相应的采集信号源格式，然后单击 OK 按钮。单击 Capture Location→Video→Browse，分别设置图像和声音的保存路径和文件夹。采集时需检查设置的驱动与保存路径。

至此，视频采集工作环境设置完毕，可以开始视频采集。视频采集方式主要有边播放

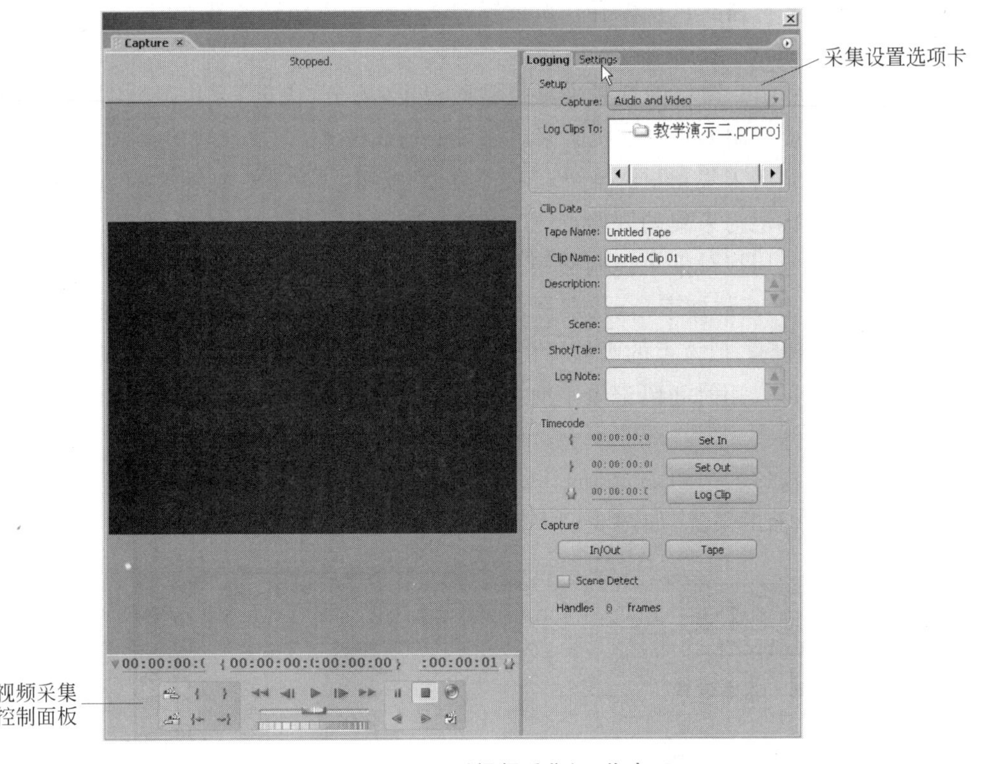

图 6-64　Capture(视频采集)工作窗口

边选择的随机采集,以及预设好采集入点和出点的定点采集。DV 信号采集时可以直接在 Premiere 软件上应用 Capture 窗口下方的视频采集控制面板,通过 1394 连线,直接控制 DV 机录像部分的播放操作,而无须在 DV 机上操作。图 6-65 为 Capture 窗口中采集控制面板。

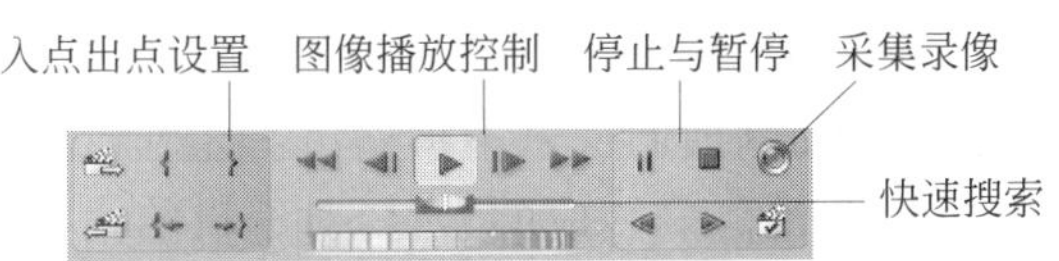

图 6-65　Capture 窗口中采集控制面板

④ 随机采集方式

步骤 1：在 Capture 窗口的视频采集控制面板上,单击“快进”、“快退”、“播放”等控制按钮,通过软件直接控制 DV 录像机上素材磁带的播放搜索,查找合适的素材,同时在采集监视器观察是否有图像同步显示,若没有则重新检查“采集设置”项的设置,直至在采集窗口同步显示素材磁带图像为止。

步骤 2：播放到合适的素材处,直接单击窗口下的 Record 按钮,启动采集记录程序,边采集边同步观看采集的图像情况和进程。

步骤 3：图像素材采集足够需停止采集时,单击“停止”按钮结束,同时弹出保存刚采集素材的命名窗口,填写素材名称,单击 OK 按钮完成。

至此，采集的素材便会自动保存在所设置的采集视音频路径文件夹中。

⑤ 定点采集方式

步骤 1：在 Capture 窗口的视频采集控制面板上，单击“快进”、“快退”、“播放”等控制按钮，通过软件直接控制 DV 录像机上素材磁带的播放搜索，查找合适的素材。

步骤 2：播放到需采集素材起点处，单击“暂停”按钮，再单击“入点”(set in point)按钮 ，把该点的画帧标记为采集的开始点，如图 6-66 所示。

步骤 3：继续运用视频采集控制面板的“快进”、“快退”、“播放”等控制按钮，控制 DV 录像机上素材磁带的播放搜索，查找素材合适的结束画面，单击“暂停”按钮，再单击“出点”(set out point)按钮 ，把该点的画帧标记为采集的结束点。这时，窗口右边的 Logging 标签页上的 Timecode 栏用时间码记录了准备采集素材的入点和出点及预采集的画面长度，如图 6-67 所示。

步骤 4：单击窗口右边的 Logging→Capture→In/Out，软件就会依照设定的起点和终点自动完成设定画面的采集，如图 6-68 所示。

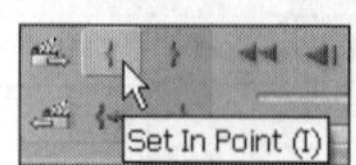

图 6-66 入点设置

图 6-67 出点设置

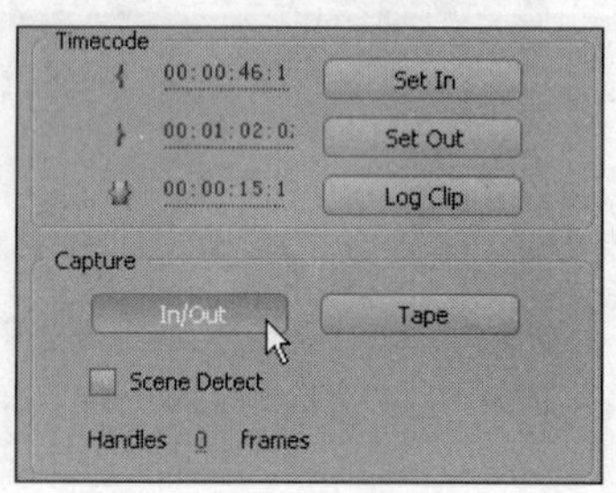

图 6-68 定点采集控制面板

(2) 编辑方法

视频编辑无论采用什么编辑处理软件，其编辑流程主要为视频采集、视频编辑、合成作品、作品发布等。Premiere 主要是应用其界面中的时间线轨道窗口，进行独特的按时间顺序组接排列画面、按轨道顺序叠加画面的视频编辑创作。

编辑前，应拟好编辑的脚本，准备好相应的素材，对编辑的内容心中有数、手中有物，就可以启动 Premiere Pro 2.0 界面，选择新建项目或打开原来已经使用过的项目，进入编辑工作窗口。

提示：编辑过程使用较多的工作窗口，为避免造成干扰，建议根据编辑流程，主要保留 Project 窗口、Program 监视器窗口、TimeLine 时间线编辑轨道窗口和编辑工具箱，其他窗口不用则关闭，需要时可在菜单栏 Window 的下拉菜单中打开。

① 导入素材

步骤 1：选择菜单栏 File→Import，打开 Import 窗口，如图 6-69 所示。

步骤 2：在该窗口中通过“我的电脑”查找选择准备好的素材，单击需导入的素材后，单击“打开”按钮，所选素材便导入到项目中。

② 预览素材

预览素材的目的是选择素材，以便决定对素材的取舍和调整。

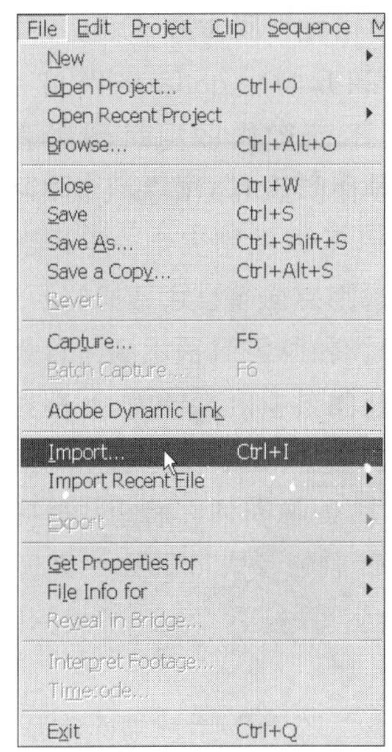

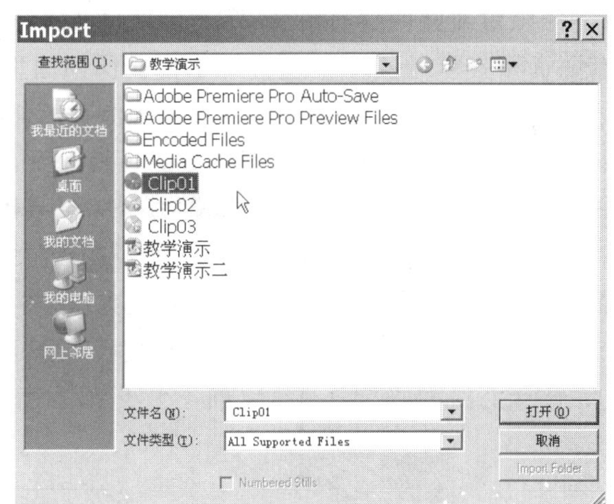

图 6-69 打开 Import 窗口

步骤 1：在 Project 窗口中单击需预览素材，直接拖放到 Source 窗口，如图 6-70 所示。

图 6-70 素材拖放预览

步骤 2：应用 Source 窗口下部的控制面板就可以进行素材播放控制，预览素材。

③ 裁剪素材

素材因拍摄问题或因应编辑长短要求，需要进行素材取舍，这就需要对素材进行裁剪。

裁剪素材方法主要有两种：一是在 Source Monitor 窗口预览过程同步进行裁剪；二是直接拖放到 TimeLine 窗口的 Video 轨道上应用剃刀工具进行裁剪。

首先，在 Source Monitor 窗口预览裁剪。

步骤 1：在 Project 窗口中单击需剪裁的素材文件，按住鼠标左键，把该素材拖到 Source Monitor 窗口，被选素材就会展示在 Source 窗口，如图 6-71 所示。

图 6-71 预览裁剪素材

步骤 2：应用 Source 窗口下部的控制面板就可以进行素材播放搜索，选取适用的画面部分，在选取部分起点处暂停，单击“入点”(set in point)按钮，把该点的画帧标记为采用的开始点。

步骤 3：继续播放或搜索画面到选用部分的终点处暂停，再单击“出点”(set out point)按钮，把该点的画帧标记为采用的结束点。

步骤 4：鼠标指针移到 Source Monitor 窗口显示的素材画面上，按住鼠标左键，把画面直接拖放到 TimeLine 窗口的时间 Video 轨道上，这是轨道上显示的就是已经裁剪后选用的画面。

其次，在 TimeLine 窗口的 Video 轨道上裁剪 Source 窗口。

步骤 1：在 Project 窗口中单击需剪裁的素材文件，按住鼠标左键，把该素材拖到 TimeLine 窗口的其中一条 Video 轨道上，如图 6-72 所示。

步骤 2：移动 TimeLine 窗口上方时间标尺上的蓝色播放头，使播放红线在 Video 轨道上素材部分来回移动，播放红线所指之处的画面，在 Timeline 窗口上方的 Program 窗口显示出来。通过 Program 窗口，可以监视 TimeLine 窗口 Video 轨道上的画面，如图 6-73 所示。

步骤 3：移动播放头同时观察 Program 窗口所显示的画面，在需裁剪的画面帧处停下，让播放红线标记剪裁画面的帧。

图 6-72　素材拖放到时间线编辑区

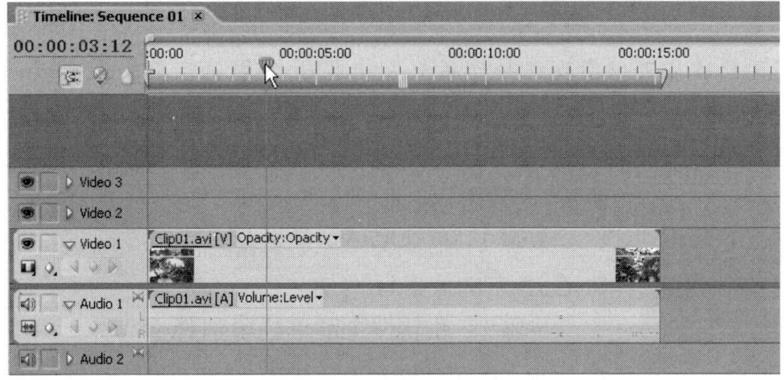

图 6-73　时间线编辑窗口

步骤 4：在“编辑工具箱”中单击“剃刀工具”，把鼠标移到 Timeline 窗口 Video 轨道上素材画面上，鼠标会转为带虚线的剃刀，把剃刀上的虚线靠上播放红线直至重叠时，单击便可在播放红线处把素材画面切成两块，如图 6-74 所示。

步骤 5：如需删除前部分素材，保留后部分素材，只需点选前部分素材，按键盘上 Delete 键便可删除，剩下的素材画面如需继续取舍，可以依照上述步骤重复进行，直至把素材画面裁剪到制作影片所需表现内容为止。

④ 调整素材

素材可以根据制作影片的要求进行个别化调整，如改变播放速度（快慢镜处理）、音画分离、添加特效滤镜产生特殊效果等。视频素材的这部分编辑，都要在 TimeLine 窗口的 Video 轨道上完成。

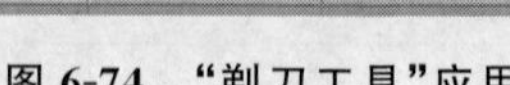
图 6-74 “剃刀工具”应用

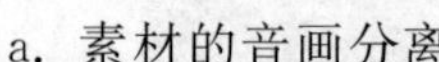
a. 素材的音画分离

步骤 1：把需要处理的带有声音的素材拖放到 TimeLine 窗口的 Video 轨道上，其所带声音部分自动出现在 Audio 轨道，点选需处理素材，这是可以看到素材的图像和声音会同时被选中，说明现在素材的声画是同步链接的。

步骤 2：在软件上方主菜单栏中选择 Clip→unLink，素材声画会被解除链接。鼠标指针在空白之处单击一下，再重新点选刚才的素材 Audio 轨道上的声音部分，这时素材的选取不再是声画同步，Video 轨道上的画面并未被选中。

步骤 3：选中 Audio 轨道上的声音部分后，按键盘上 Delete 键便可删除，剩下的素材画面不再带有声音。

提示：用同样方法可以实现视频作品中去掉画面，提取声音部分。

b. 快慢镜处理

通过修改视频素材的播放速率，可以实现加快画面播放（快镜头）和减慢画面播放（慢镜头）的效果，如图 6-75 所示。

Clip Speed / Dura...
Speed: 100.00 %
Duration: 00:00:11:17
Reverse Speed
Maintain Audio Pitch
OK Cancel

图 6-75 快慢镜处理

步骤 1：把需要处理的素材拖放到 TimeLine 窗口的 Video 轨道上，点选该素材。

步骤 2：在软件主菜单栏中选择 Clip→Speed/Duration，打开 Clip Speed/Duration（速率/持续时间）窗口，如图 6-75 所示。

步骤 3：在此窗口通过改变 Speed 的百分比，就可以改变视频素材的播放速度大小，实现画面的快慢镜头处理。

步骤 4：在此窗口勾选 Reverse Speed 项，单击 OK 按钮，便可实现视频素材画面倒放效果。

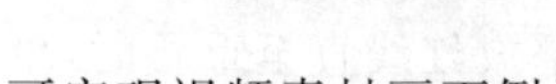
c. 添加特效滤镜

为了实现画面影视特效，针对个体化的视频片段素材，Premiere Pro 在封装程序中提供了十七类视频特效滤镜组和三类音频特效滤镜组，同时软件的开放性还提供对第三方特效插件接入的支持。下面以为视频素材添加放射模糊效果为例，讲述滤镜添加步骤。

步骤 1：在 TimeLine 窗口的 Video 轨道上，点选该素材。

步骤 2：检查 Effects 特效窗口有否打开。若未打开则在主菜单栏上 Windows→Effects，打开 Effects 特效浮动窗口。在该窗口中单击 Video effects 文件夹，展开视频特效滤镜组系列,单击 **Blur/sharpen** 子文件夹,在该组滤镜中选择 **Radial Blur**。

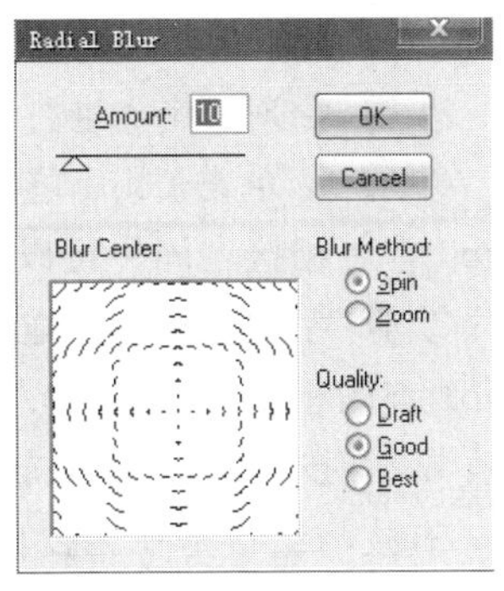

图 6-76 Radial Blur 设置窗口

步骤 3:用鼠标选中 Radial Blur,按住鼠标左键,直接拖放到 TimeLine 窗口中 Video 轨道上需要添加特效的视频素材上,弹出 Radial Blur 设置窗口,如图 6-76 所示。

步骤 4:Radial Blur 效果主要有 Spin(旋转)和 Zoom(变焦)两种,可以选择 Spin,拖动滑块设置模糊值 Amount=10,设置 Blur Center 位置,单击 OK 按钮完成。

步骤 5:打开 Effects Control→Radial Blur→Amount 子项中的按钮,使其变成,并设 Amount=1,这样就在红线指示位置添加了一个关键帧。

步骤 6:向右移动播放红线到另一个时间点位置,修改 Amount=30,这时,将在此位置又自动添加了一个关键帧。这样,从前一个关键帧到这个关键帧之间,Amount 模糊值产生了变化,画面效果也会从清晰逐渐变化到模糊,如图 6-77 所示。

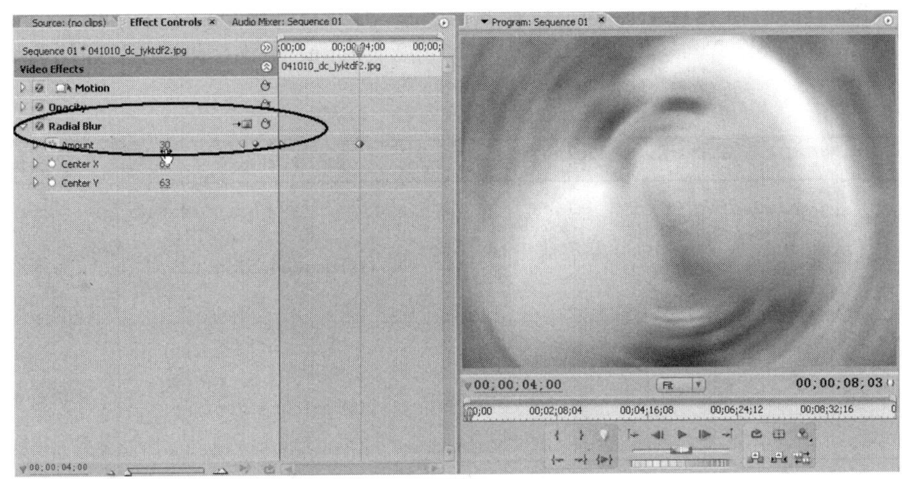

图 6-77 特效滤镜关键帧设置

提示:视频特效滤镜可以是动态的,其动态变化是通过关键帧的设置来实现的。当特效滤镜的某个参数项按钮变成后,修改该项参数值,则在红线指定位置添加一个关键帧,滤镜就会根据该参数值的变化而产生不同的效果。

⑤ 组接画面

一个影视作品往往是由许多个素材组合合成的。画面的组接就是按照剧本要求,把裁剪好的素材按照一定的逻辑顺序进行首尾相接,形成连续的画面,表达剧本的故事情节。组接画面方式在编辑中主要有两种:无技巧组接(Cut)和有技巧组接(特效转场)。

a. 无技巧组接(Cut)

步骤 1:在 Project 窗口中导入编辑素材,如 Clip1、Clip2 等。

步骤 2:如需把导入的三个素材按照 Clip2→Clip1→Clip3 顺序组接,则需单击 Clip2 拖放到 TimeLine 窗口的 Video1 轨道上,如果是影片的开始画面,则把 Clip2 左侧靠到轨道最左侧 00:00:00 位置。

步骤 3：对 Clip2 进行局部裁剪调整，使之符合影片剧本和画面要求。

步骤 4：单击 Clip1 拖放到 TimeLine 窗口的 Video1 轨道上，紧接 Clip2 后端，使其与 Clip2 首尾相接。同样可以对 Clip1 进行局部裁剪调整。

步骤 5：单击 Clip3 拖放到 TimeLine 窗口的 Video1 轨道上，紧接 Clip1 后端，使其与 Clip1 首尾相接。同样可以对 Clip3 进行局部裁剪调整。至此，无技巧组接工作完成。

b. 有技巧组接(特效转场)

有技巧组接是在无技巧组接的首尾相接基础上，在相接处添加视频转场特效来实现的。Premiere Pro 自带 11 类特效转场效果组，同时提供开放允许第三方特效插件接入。通过特技效果的转场，软化和美化两个素材画面之间的切换，实现符合构思要求的场景情节过渡。下面以 Clip2→Clip1 之间的组接提供特效转场为例，介绍一下有技巧组接基本方法。

步骤 1 至步骤 4 与无技巧组接相同。

步骤 5：执行主菜单栏中 Windows→Effects，打开 Effects 浮动面板，展开 Video Transitions 文件夹，再单击展开 3D motion 子文件夹，选择 Tumble Away 特效转场，按住鼠标左键不放，把 Tumble Away 特效转场拖放到 Clip2 与 Clip1 的连接处，这就为 Clip2 转场到 Clip1，添加了一个特效转场，如图 6-78 所示。

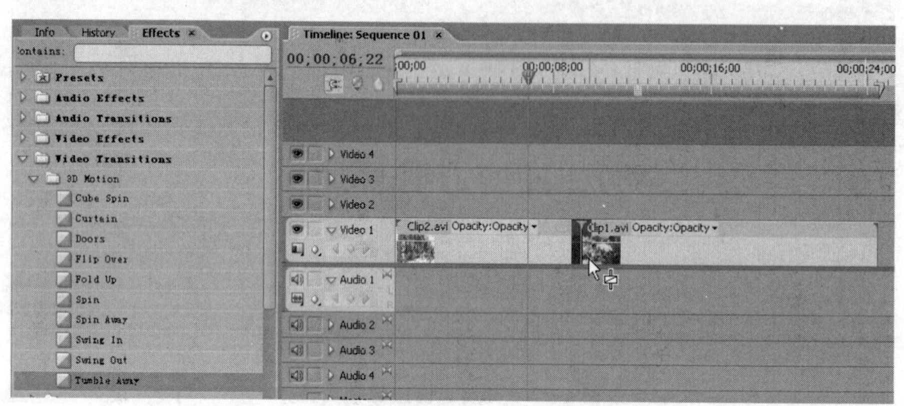

图 6-78　特效转场效果的添加

步骤 6：执行主菜单栏中 Windows→Effects Control，打开 Effects Control 浮动面板，在面板左侧可以观察调整转场的有关参数，右侧则通过拖动播放红线，在 Progarm 监视窗口预览转场效果，如图 6-79 所示。

⑥ 叠加画面

画面叠加就是利用时间线轨道的层叠性，在同一时间段，把多个素材按照其空间排列的前后顺序放在不同的轨道层，并利用画面的运动、遮罩、抠像、透明等技巧，在同一时间实现多画面叠加呈现的效果。

步骤 1：在 Project 窗口中导入编辑素材，如 Clip1、Clip2 等。

步骤 2：单击 Clip1 拖放到 TimeLine 窗口的 Video1 轨道上，把 Clip1 左侧靠到轨道最左侧 00:00:00 位置。

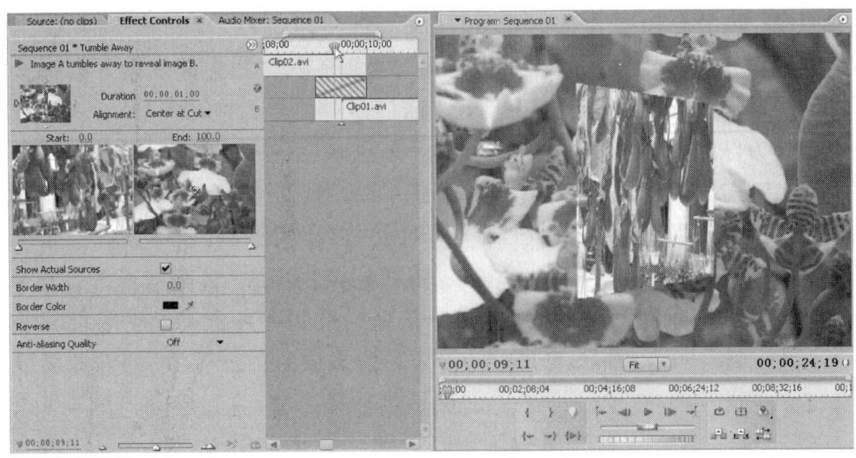

图 6-79　特效转场效果的设置

步骤 3：单击 Clip2 拖放到 TimeLine 窗口的 Video2 轨道上。

步骤 4：把 Video 轨道上的 Clip1 作为背景，Video2 轨道上的 Clip2 作为叠加画面在背景上运动变化。单击 Clip2，执行主菜单栏中 Windows→Effects Control，打开 Effects Control 浮动面板。

步骤 5：在 Effects Control 浮动面板上单击并展开 Motion 选项，提供了 Position(位置移动 x，y)、Scale(比例缩放)、Rotation(旋转角度)等参数调整。通过左侧个别调整有关参数，右侧则拖动播放红线，在 Progarm 监视窗口预览运动设置效果来实现画面的运动叠加。

步骤 6：在 Effects Control 面板选择 Scale 项中的按钮，使其变成，并设其数值为 15，这样，在红线指示位置添加了一个关键帧。

步骤 7：向右移动播放红线到另一个时间点位置，修改 Scale 参数值为 50，这时，将在此位置又自动添加了一个关键帧。这样，从前一个关键帧到这个关键帧之间，Clip2 的画面大小产生了变化，画面效果也会从小逐渐放大，如图 6-80 所示。其他参数可以参照此步骤进行调整，从而形成画面移动、旋转等效果。

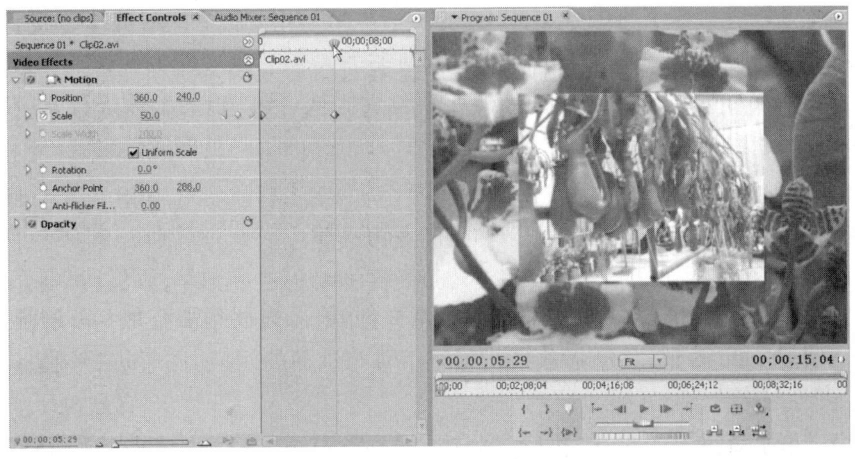

图 6-80　运动效果参数及关键帧设置

⑦ 添加字幕

字幕是视频后期制作中一项重要的视觉元素,视频处理往往离不开字幕效果。使用字幕不但可以为视频画面增色,同时有助于对画面的理解。下面介绍 Premiere 字幕的制作界面和基本制作方法。

步骤 1：单击主菜单栏中 File→New→Title,在 New Title 窗口中 Name 处输入新建字幕文件名,单击 OK 按钮,进入字幕设计窗口,如图 6-81 所示。

图 6-81　字幕设计窗口

步骤 2：在该窗口左侧工具箱中单击文字工具 T ,移到中间的字幕编辑区域单击鼠标左键,出现闪烁的输入文字光标,选择输入法输入文字“花卉世界”。输入完了,单击左侧工具箱的箭头选择工具 ,把输入的文字移到合适的位置。

步骤 3：可以在窗口下沿的 Title Style(文字风格)区域选择合适的字幕格式模板,单击选中的模板,该字体风格便赋予了刚才输入的文字。

步骤 4：利用右侧的 Title Properties 字幕属性区域,选择相关参数进行文字的风格调整,如 Opacity(透明度设置)、Rotation(旋转设置)、Properties(目标属性设置)等,如图 6-82 所示。

步骤 5：完成设置后,关闭字幕设计窗口,所制作的字幕自动保存,记录在 Project 窗口中。

步骤 6：在 Project 窗口中选中制作的字幕文件,单击拖放到需叠加字幕的画面素材上方的其中一条 Video 轨道,移动播放红线检查字幕与画面的对应,同时进行调整,直至合适为止。

步骤 7：单击轨道上的字幕,执行主菜单栏中 Windows→Effects Control,打开 Effects Control 浮动面板,在 Effects Control 浮动面板上单击并展开 Motion 选项,通过对 Position

图 6-82　字幕制作

(位置移动 x,y)、Scale(比例缩放)、Rotation(旋转角度)等参数调整,配合关键帧的设置(参考叠加画面),把静态字幕变成动态字幕。

⑧ 配乐

给视频配以相应的音乐与解说,烘托画面,营造气氛,既可以引导观众视觉,又可以引起观众的共鸣。在配乐前,应做好以下准备:一是根据脚本构思及画面实际需要,选定所配音乐,录好解说;二是根据 Premiere 对音频文件的要求进行格式转换,拷贝到非线性编辑系统硬盘素材文件夹中以备使用。音频素材准备好后就可以进行配乐。Premiere 的配乐基本方法步骤如下。

步骤 1:打开视频编辑项目,选择菜单栏 File→Import,打开 Import 窗口,在该窗口中通过"我的电脑"查找选择准备好的素材,单击需导入的素材后,单击"打开"按钮,所选素材便导入到项目中。

步骤 2:在 Project 窗口中点选需剪裁的音频素材文件,单击该素材拖到 TimeLine 窗口的其中一条 Audio 轨道上,并与需要配乐的视频素材对齐,如图 6-83 所示。

步骤 3:进行声画搭配,调整音频的时间开始点、结束点及音乐的长度,音频素材的裁剪与视频素材裁剪相同,也是使用剃刀工具,具体参考裁剪素材部分。

步骤 4:Audio 轨道上音频素材的波形显示中有一条黄线,控制音频素材播放各时间点的音量电平。通过黄色电平线上关键帧设置,可以调整音频播放过程的音量,以搭配画面,搭配解说,搭配现场效果声。如移动播放红线到需调低音乐部分的开始点,单击增/减关键帧按钮,在音量电平黄线与播放红线交接处标记一个关键帧。

步骤 5:继续往右移动播放红线少许,再次单击增/减关键帧按钮,在此标记又一个关键帧,如此类推。在需调低音乐部分的结束点处标记两个关键帧。

步骤 6:把鼠标移到第二个关键帧处,按住鼠标左键不放,把该点往下拖到适合的音

图 6-83　音频素材的导入

量，同样处理第三个关键帧。

配乐结束，把整个编辑的内容声画同步进行预览播放，反复检查与修改，直至达到剧本与构思要求，便可进入视频编辑项目的合成与输出，形成音像作品。

(3) 合成与输出

在 Premiere Pro 2.0 的编辑窗口（时间线窗口）安排好视频、音频，做好字幕和各种特技出来后，就可以合成输出，形成完整的视频节目了。我们以 AVI 视频文件来说明合成输出的具体方法。单击 Premiere Pro 2.0 的下拉菜单 file 命令，按照 file→Export→movie 执行命令，如图 6-84 所示。

图 6-84　AVI 视频文件输出

6.3.5 动画素材的设计与处理

1. 动画素材概述

动画 Animation 一词源自拉丁文字根的 anima，意思为灵魂；动词 animate 是赋予生命，引申为使某物活起来的意思。所以 animation 可以解释为经由创作者的安排，使原本不具生命的东西像获得生命一般的活动。

广义而言，把一些原先不活动的东西，经过影片的制作与放映，变成会活动的影像，即为动画。动画是通过把人、物的表情、动作、变化等分段画成许多画幅，再用摄影机连续拍摄成一系列画面，给视觉造成连续变化的图画。它的基本原理与电影、电视一样，都是视觉原理。人类具有视觉暂留的特性，就是说人的眼睛看到一幅画或一个物体后，在 1/24 秒内不会消失。利用这一原理，在一幅画还没有消失前播放出下一幅画，就会给人造成一种流畅的视觉变化效果。因此，电影采用了每秒 24 幅画面的速度拍摄播放，电视采用了每秒 25 幅（PAL 制，中国电视就用此制式）或 30 幅（NTSC 制）画面的速度拍摄播放。如果以每秒低于 24 幅画面的速度拍摄播放，就会出现停顿现象。

动画发展到现在，分了二维动画和三维动画两种，用 Flash 等软件制作成的就是二维动画，而三维动画则主要是用 Maya 或 3D MAX 制作成的。

在教学中，往往需要利用动画来模拟事物的变化过程，说明科学原理，尤其是二维动画，在教学中应用较多。在许多领域中，利用计算机动画来表现事物甚至比电影的效果更好。因此，较完善的多媒体教学软件都应配有动画以加强教学效果。

2. 动画素材格式

(1) GIF

GIF 图片以 8 位颜色或 256 色存储单个光栅图像数据或多个光栅图像数据。GIF 图片支持透明度、压缩、交错和多图像图片（动画 GIF）。GIF 压缩是 LZW 压缩，压缩比大概为 3∶1。GIF 文件规范的 GIF89a 版本中支持动画 GIF。

GIF 广泛支持 Internet 标准。支持无损耗压缩和透明度。动画 GIF 很流行，易于使用许多 GIF 动画程序创建。GIF 只支持 256 色调色板，因此，详细的图片和写实摄影图像会丢失颜色信息。GIF 支持有限的透明度，没有半透明效果或褪色效果。

(2) SWF

SWF（shock wave flash）是 Macromedia（现已被 Adobe 公司收购）公司的动画设计软件 Flash 的专用格式，是一种支持矢量和点阵图形的动画文件格式。具有缩放不失真、文件体积小等特点，它采用了流媒体技术，可以一边下载一边播放，被广泛应用于网页设计、动画制作等领域，SWF 文件通常也被称为 Flash 文件。

3. 动画素材设计

动画画面的设计应简洁生动，构图均衡统一，色彩配置和谐明快，动作自然流畅，文字清楚醒目，动画的色调与界面整体风格相符，动画的布局合理。设计时应注意画面中动的成分不宜过多，否则容易分散学生的注意力。每个动画都要有目的性，不能单纯为装饰画面而动。

具体要求是为Flash课件动画的设计做一说明。实际上，在Flash课件动画制作中，无论使用何种手法对课件中的元素进行组合，在制作过程中具有千万种的差别，唯一相同的是核心目的：教学的实用性与适用性。因此，课件的设计是有原则的，在设计与制作的过程中，一定要遵循五个大的原则，即统一、连贯、分割、对比与和谐①。

(1) 统一

统一指Flash课件制作设计作品的整体性、一致性。设计作品的整体效果是至关重要的，在设计中切勿将各组成部分孤立分散，那样会使画面呈现出一种枝蔓纷杂的凌乱效果。

(2) 连贯

要注意Flash课件制作页面的相互关系。设计中，应利用各组成部分在内容上的内在联系和表现形式上的相互呼应，并注意整个教材设计风格的一致性，实现视觉上和心理上的连贯，使整个教材设计的各个部分极为融洽，犹如一气呵成。

(3) 分割

分割指将Flash课件制作页面分成若干小块，小块之间有视觉上的不同，这样可以使学习者一目了然，教学中易于使用。在信息量很多时，分割不仅是表现形式的需要，分割也是对于教学内容的一种分类归纳。

(4) 对比

通过矛盾和冲突，使Flash课件制作更加富有生气，使教学的重点和难点更加突出。对比手法很多，例如：多与少、曲与直、强与弱、长与短、粗与细、疏与密、虚与实、主与次、黑与白、动与静、美与丑、聚与散等。在使用对比的时候应慎重，对比过强容易破坏美感，影响统一，同时容易造成主题的丢失和教学难点与重点的湮灭。

(5) 和谐

和谐指整个Flash课件制作页面符合美的法则，浑然一体。如果一件设计作品仅仅是色彩、形状、线条等的随意混合，那么作品将不但没有"生命感"，而且也根本无法实现视觉设计的传达功能。

Flash课件制作和谐不仅要看结构形式，而且要看作品所形成的视觉效果，更要注意与人的视觉感受形成一种沟通，产生心灵的共鸣。这是设计能否成功的关键，也是课件实用性与适用性的集中体现，更是直接关系到教学效果的问题。

4. 动画素材处理

(1) 利用Animator进行动画素材处理

GIF Animator 5.0是面向家庭应用设计的网上动画制作工具，在简单的所见即所得的界面中，包含着创建各种动画所需的内容，可以很轻松地实现多种动画效果，如滚动、霓虹、渐变和旗帜飘扬效果文字等。

GIF动画的制作基本过程如下。

① 调用素材

启动程序后，为了快速调用已有的动画素材，请使用"帮助"→"启动向导"，这个界面中提供了迅速打开现有的GIF动画、视频文件和样本GIF文件的快捷方式。

① 闪吧论坛. http://space.flash8.net/bbs/thread-364669-1-1.html,2010-12-20.

② 编辑图像

接下来所要做的就是比较关键的部分——对图像进行编辑。我们打开编辑操作模式，就会立即弹出编辑工具栏，它包含了各种编辑常用的工具，例如：画笔、填充工具、擦除工具、修剪工具、翻转工具和色彩框。

③ 添加主题文字

GIF Animator 5.0 可以将文字应用到动画中，制作出一些有趣的旗帜类的动画效果。"层面"→"添加旗帜文本"，可以看到 Animator 5.0 支持的各种旗帜效果：简单、霓虹、渐变、选取框和动画等。

④ 调整动画大小

为了使自己做的动画能够更好地配合个人主页的实际情况，我们还要调整整个动画的大小。"编辑"→"调整大小"，就可以按照实际需要的尺寸来控制动画的大小。"保持宽高比"选项可以使动画的画面呈正方形，并使画面的宽高同步变化。

⑤ 程序优化

GIF Animator 5.0 提供了优化功能，可以进行差异分析，以删除冗余像素，从而达到减少文件大小的目的。在主界面选择优化选项卡，并执行高级功能，单击"立即优化"即可。如果用户的整个网站包含了大量 GIF 动画文件，并想对其进行优化处理，则可以使用"批处理"功能，就可以在很短的时间内看到处理结果。

⑥ 动画输出

可以输出为 GIF 或其他格式文件。

下面以制作地球旋转动画为例来制作一个 GIF 动画。

步骤 1：准备素材。搜集或绘制地球旋转的各个侧面的图片文件。

步骤 2：启动 Animator 5.0。

步骤 3：使用动画向导，如图 6-85 所示。

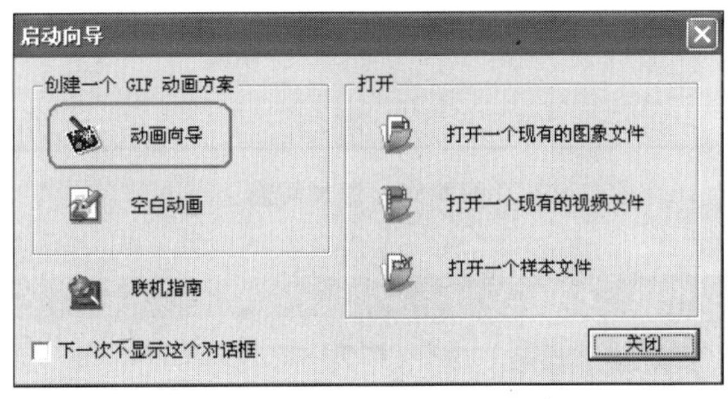

图 6-85 启动向导

步骤 4：设置画布尺寸，如图 6-86 所示。画布大小可根据实际需要和图片大小来进行设置。本例中设置为 160×160 像素。

步骤 5：添加图形，如图 6-87 所示。把已经准备好的素材全部添加进来。

步骤 6：设置画面帧持续时间，如图 6-88 所示。

步骤 7：完成向导，如图 6-89 所示。

完成后的界面如图 6-90 所示。

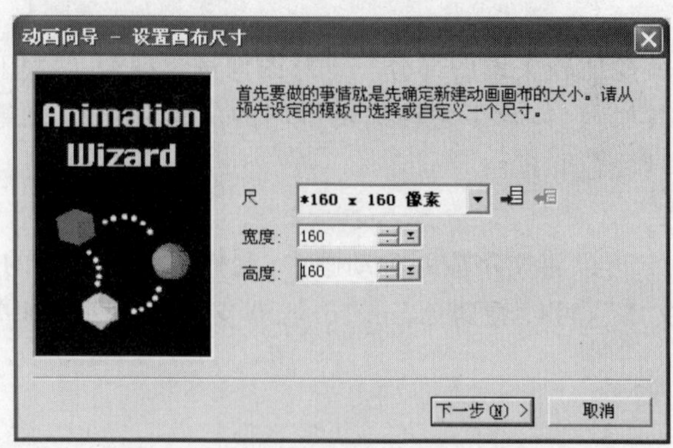

图 6-86 设置画布尺寸

图 6-87 添加图形

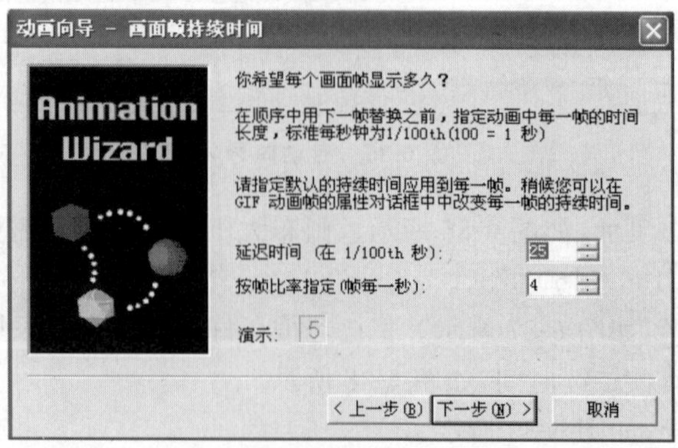

图 6-88 设置画面帧持续时间

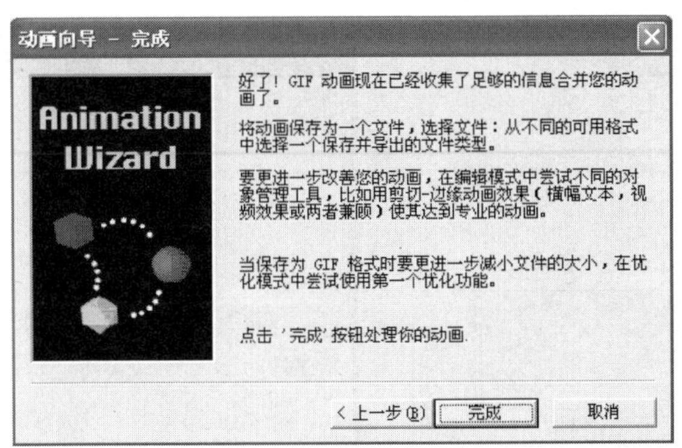

图 6-89　完成向导

图 6-90　完成后的界面

步骤 8：动画输出。"文件"→"另存为"→"GIF 文件"，如图 6-91 所示。

步骤 9：保存动画，如图 6-92 所示。

浏览动画效果，如图 6-93 所示。

(2) 利用 Flash 进行动画素材处理

Flash 是一款用于矢量图创作和矢量动画制作的专业软件，主要应用在网页设计和多媒体制作中，具有强大的功能而且性能独特。

① 基本术语

舞台：是组织动画中各部件的窗口，相当于 Photoshop 中的画布，其大小就是输出动画的大小。

场景：Flash 动画中提供了多场景动画的制作功能，也就是说在一个动画中可能涉及多个场景，可以单击时间线窗口中的按钮来切换场景。

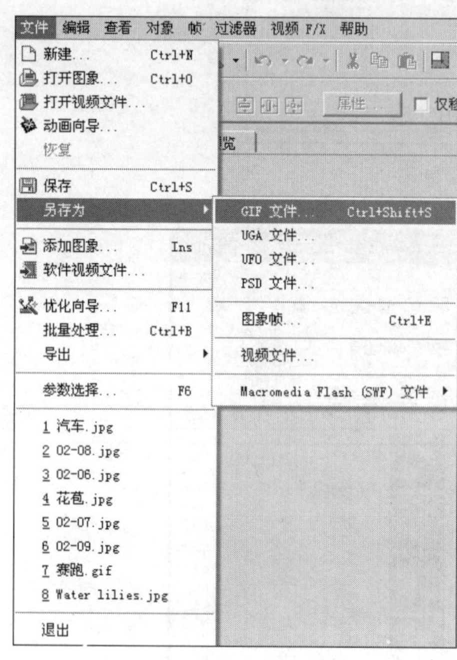

图 6-91　动画输出

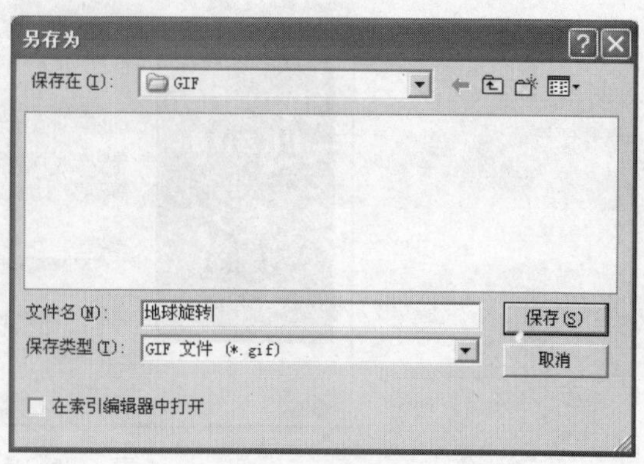

图 6-92　保存动画

图 6-93　浏览动画

帧：帧代表动画中的图像，很多的帧以顺序排列播放就形成了动画，帧具有时间性，一是它自身的长度，就是显示一帧从头到尾的时间，我们可以调节帧率来控制一帧的长度。另一个是一帧在帧序列中的位置，不同的位置会产生不同的动画效果。

关键帧：Flash 采用了一种简单的动画制作方案，即采用关键帧处理技术的插值动画，这样在 Flash 中只要设置动画的开始帧和结束帧，中间的帧动画效果就会由计算机自动计算完成，而设定的开始帧和结束帧就称为关键帧。而在动作多变的动画中，有时就需要设置两个以上的关键帧来表示动画在特定时间位置的动作。

元件：在 Flash 动画中大量的动画效果是依靠一个个小物件、小动画组成的，这些物件在 Flash 中可以进行独立的编辑和进行重复的使用，这些物件和动画称为元件(也有的称为符号)，元件分为三种：影片剪辑元件、按钮元件和图形元件。图形元件的内容可以是单帧的矢量图、图像、声音或动画，它可以实现移动、缩放等动画效果，同时具有相对独立的编辑区域和播放时间，但在场景中要受到当前场景帧序列的限制。按钮元件是 Flash 实现交互性的重要组成部分，它的作用就是在交互过程中激发某一事件，按钮元件可以设置四帧动画表示在不同操作下的四种状态：一般、鼠标经过、鼠标按下和反应区。影片剪辑元件(也有称为动画片段符号)和图形元件有一些共同点，但影片剪辑元件不受当前场景中帧序列的影响。不过和按钮元件一样要通过“控制”菜单下的测试影片和测试场景命令才能观看到效果。

层：和 Photoshop 一样，Flash 也有层的应用，其作用也和 Photoshop 差不多，这样就可以分开编辑每层的内容而不必担心会引起错误操作。同时为了动画设计的需要，Flash 还添加了遮罩层和运动引导层。遮罩层决定了与之相连接的被遮罩层的显示情况，遮罩层相当于一个完整的罩子，而里面的动画就像罩子上的洞，可以看到下面被遮罩层的图形，也可以理解为与普通层刚好相反，有动画的地方表示透明，而没有动画的地方表示遮罩。在设置动画沿路径运动的时候，我们就可以设置运动引导层，你可以在运动引导层中绘制曲线路径，而与之相连接的被引导层中的对象则沿着此曲线路径运动。单击图标就可以新建一个运动引导层，在层名称前有标志，以示区别。

时间线：也称为时间轴或时间链，是表示整个动画的时间和动画进程之间的关系，帧在时间线中以时间先后顺序排列，也表示了动画发生的顺序。在时间线面板上包含了层、帧和动画等元素，在这里我们就可以设置不同层，在不同时间发生动作的每一帧动画。

② 基本动画制作

a. 逐帧动画：就是将一个连续的动画分解成多个步骤，然后在各个关键帧中制作每一个步骤的动画内容，即动画的每一关键帧都要用户自己绘制。

b. 渐变动画：采用了一种独特的过渡变形技术，在动画制作时只需要做出第一帧与最后一帧的内容，中间过渡帧的内容 Flash 自动完成。运用渐变动画能轻易制作出具有移动、缩放、旋转、形状渐变、色彩渐变效果的动画，还能控制动画行进的速度。

Flash 渐变动画有两种类型：形状渐变和移动渐变。形状渐变动画：适用对象为图形对象。因此，若要将其他对象作形状渐变，必须将其分解、打散，才可正确创建形状渐变动画补间。运动渐变动画：适用对象为组对象、文字对象、元件。因此，若要将图形对象作运动渐变，必须将其组成群组，或转化为元件才可正确创建运动渐变动画补间。

注意：补间动画如果正确形成，在时间轴的过渡帧上有一蓝色箭头标识，否则若过渡帧上出现绿色虚线，表明系统在提醒用户，渐变动画有问题，系统没有正确形成。

c. 遮罩层动画：遮罩层是 Flash 图层的一种，通过遮罩层中的图形可以看到下面图层（被遮罩层）中的内容。遮罩层动画原理：将遮罩层中的图形建立动画，控制被遮罩层中的内容的可见与否，从而制作出奇特的动画效果。

d. 引导层动画：引导层是 Flash 图层的一种，它用来摆放组件运动轨迹的图层。要求组件放在被引导层。引导层动画原理：将被引导层（组件所在的层）建立运动渐变动画。要求：开始关键帧组件的中心点与运动路线的开始点位置重叠、结束关键帧组件的中心点与运动路线的结束点位置重叠。

(3) 交互题目制作

本例完成选择题目的制作，动画运行时选择选项，单击“提交”按钮后进行判断并给出分数。

步骤 1：启动 Flash，新建一文档，大小设置为 550×400，背景颜色为白色，如图 6-94 所示。

步骤 2：在时间线上给图层 1 命名为“文本”，在第一个关键帧上建立选择题目所需要的文本内容，如图 6-95 所示。

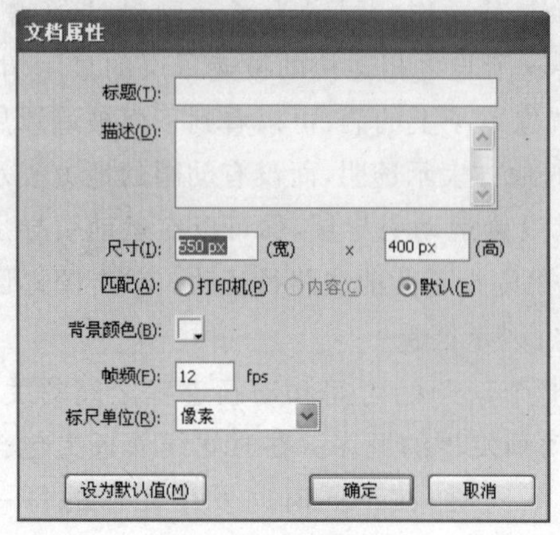

图 6-94 新建文档

1. Flash电影的输出格式为：
A.DOC B.SWF
C.PDF D.MOV
2. 属于声音制作软件的是：
A.Audition B.PhotoShop
C.Animator D.Maya

图 6-95 输入文本

步骤 3：在“文本”图层上的第二帧建立关键帧，输入文本：成绩 分。在成绩与分文本之间键入空格使其有一定间距。在此关键帧上新建文本，在属性面板中把文本的类型设定为“动态文本”(动态文本的内容可根据程序的执行而发生变化)，并给此文本设定变量为 cj，如图 6-96 所示。把此文本移动到“成绩”与“分”文字的中间，即在这里显示成绩，如图 6-97 所示。

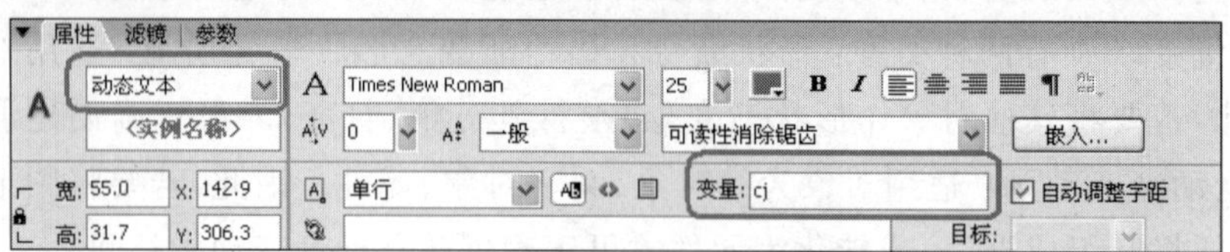

图 6-96 动态文本

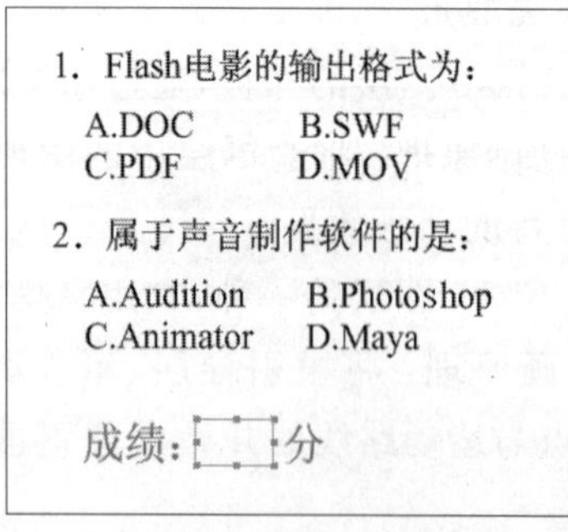

图 6-97 第二帧布局

步骤 4：新建图层，命名为“按钮”。在按钮层我们做两件事情，一是制作选项的空按钮；二是制作“提交”按钮和“返回”按钮。

首先，制作选项的空按钮，目的是当鼠标指向此选项时，鼠标变为手型。菜单“插入”→“创建新元件”，选择元件类型为按钮，名称命名为“按钮框”，如图 6-98 所示，单击“确定”按钮。

其次，在按钮编辑界面中，利用工具箱中的矩形工具画一矩形，矩形的大小可以为任意，最后能够覆盖一个题目的选项。在画矩形时，笔触颜色和填充颜色都设为“无”，如图 6-99 所示。

图 6-98　创建空按钮

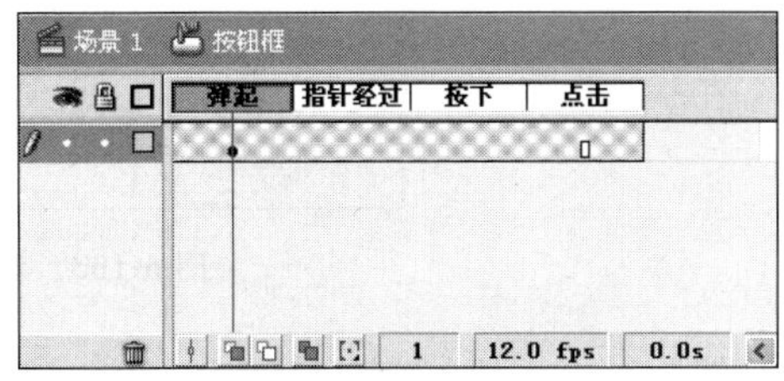

图 6-99　编辑空按钮

步骤 5：回到场景中，把空按钮从库中直接拖到图层“按钮”的第一个关键帧上，调整大小，分别覆盖题目中的八个选项。然后在公用按钮库中选择一个按钮，插入到当前关键帧上，如图 6-100 所示。在本层第二帧上建立关键帧，删除“提交”按钮，建立一个“返回”按钮，如图 6-101 所示。

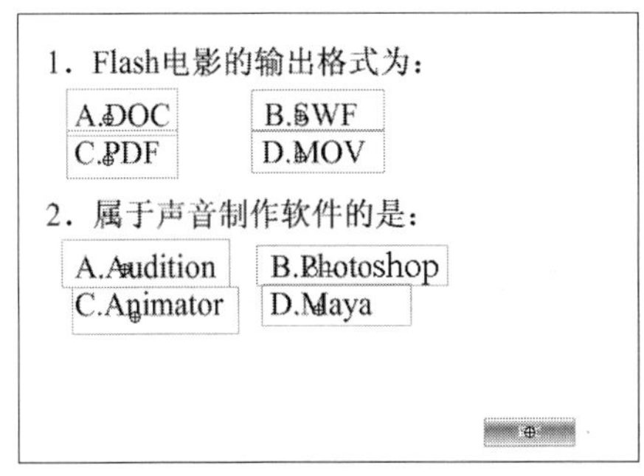

图 6-100　制作“选项”按钮关键帧

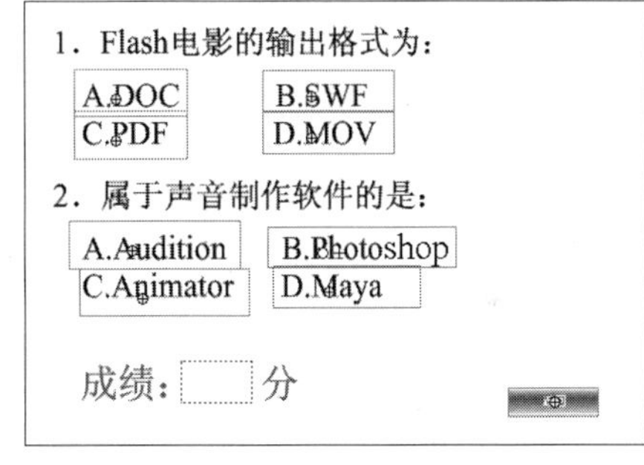

图 6-101　加入“返回”按钮

步骤 6：新建图层，命名为“反馈”。在反馈层，我们要求显示学生的选择输入。因此，首先制作一个“选项”的影片剪辑，如图 6-102 所示。这个影片剪辑总共有 5 帧，第一帧为空白帧，第二帧为字母 A 帧，第三帧为字母B 帧，第四帧为字母 C 帧，第五帧为字母 D 帧，如图 6-103 所示。当学生点击每个选项时在界面上出现相对应的字母，在这里控制影片剪辑跳转到对应帧就可以了。

图 6-102　插入“选项”影片剪辑

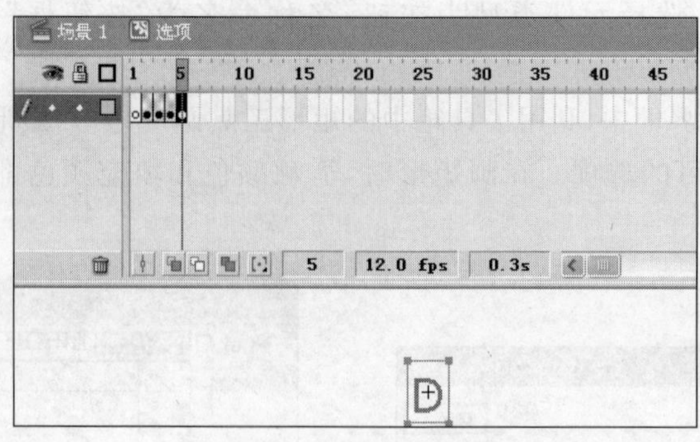

图 6-103　制作“选项”影片剪辑

然后在第一帧(为空白帧)上,单击右键,插入动作代码: stop();如图 6-104、图 6-105 所示。

完成后回到场景中,选中“反馈”图层第一个关键帧,从库中把“选项”影片剪辑,拖动到题目 1 的后面,并在属性面板中,给此影片剪辑的实例命名为 dx1,如图 6-106 所示。同样,再次从库中把“选项”影片剪辑拖动到题目 2 的后面,并在属性面板中,给此影片剪辑的实例命名为 dx2,如图 6-107 所示。

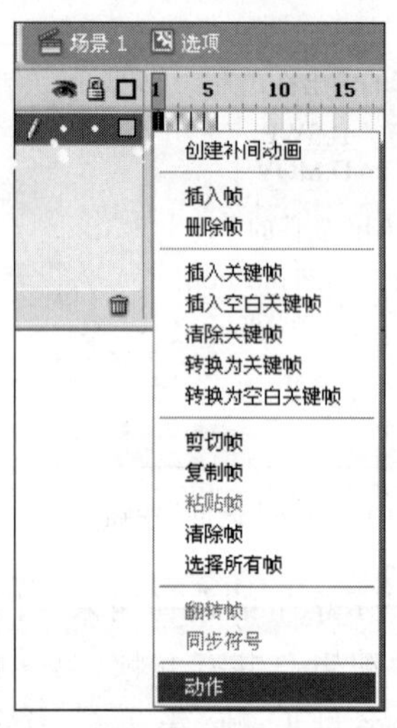

图 6-104　帧动作

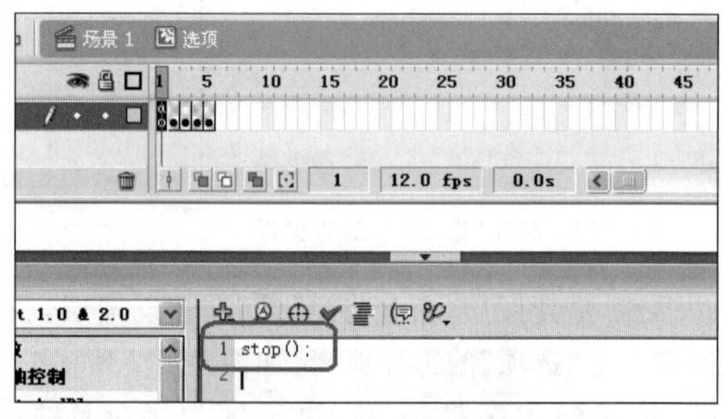

图 6-105　帧动作代码

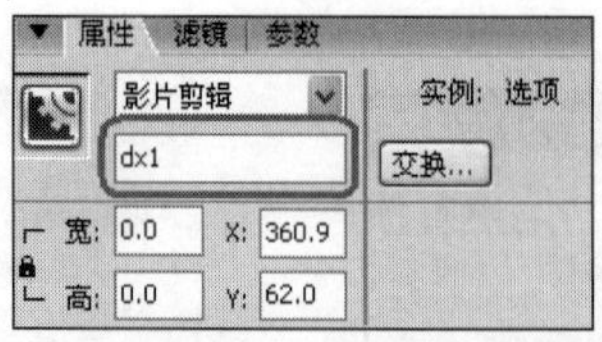

图 6-106　实例命名 1

图 6-107　实例命名 2

步骤 7: 新建图层,命名为“程序控制”,插入两个关键帧。在第一个关键帧上加入动作代码:

```
stop();
cj=0;
d1=0;
d2=0;
dx1.gotoAndStop(1);
dx2.gotoAndStop(1);
```

说明：cj 为动态文本的变量名称，d1 为题目 1 的答案状态，d2 为题目 2 的答案状态，dx1 和 dx2 分别为“选项”影片剪辑的实例名称。此段代码的功能是：动画播放时停止在当前帧，cj、d1、d2 的初始值都为 0，“选项”影片剪辑的显示状态在第一帧即空白帧上。

在第二个关键帧上加入动作代码：

```
stop();
cj=(d1+d2)*50;
```

此段代码的功能是：动画播放时停止在当前帧，计算总成绩，并在动态文本中显示出来。

步骤 8：给 8 个按钮设置动作代码，如表 6-6 所示。特别注意的是，此时是给按钮设置动作代码，因此一定要选中当前按钮。

表 6-6　给按钮设置动作代码

题目 1 选项	动作代码	题目 2 选项	动作代码

A	on (release) {
	d1=0;
	dx1.gotoAndStop(2);
	}
		A(正确答案)	on (release) {
			d2=1;
			dx2.gotoAndStop(2);
			}

B(正确答案)	on (release) {
	d1=1;
	dx1.gotoAndStop(3);
	}
		B	on (release) {
			d2=0;
			dx2.gotoAndStop(3);
			}

C	on (release) {
	d1=0;
	dx1.gotoAndStop(4);
	}
		C	on (release) {
			d2=0;
			dx2.gotoAndStop(4);
			}

D	on (release) {
	d1=0;
	dx1.gotoAndStop(5);
	}
		D	on (release) {
			d2=0;
			dx2.gotoAndStop(5);
			}

步骤 9：给“提交”按钮设置动作代码。

```
on (release) {
    gotoAndStop(2);
}
```

给“返回”按钮设置动作代码。

```
on (release) {
    gotoAndStop(1);
}
```

完成后的时间线如图 6-108 所示。

步骤 10：按下 Ctrl＋Enter 组合键，测试影片，至此全部完成，如图 6-109 所示。

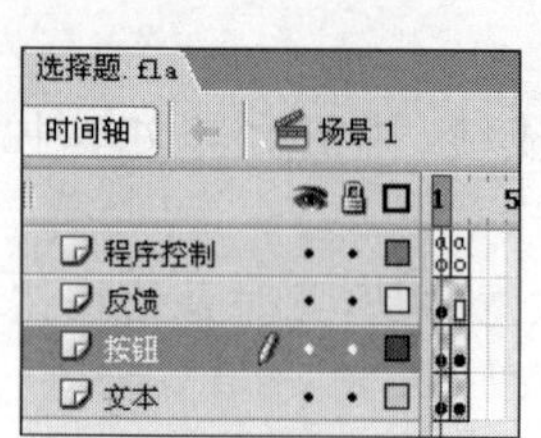

图 6-108　完成后的时间线

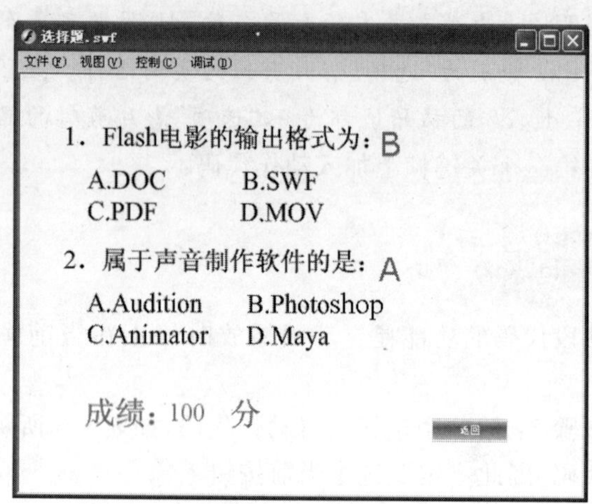

图 6-109　测试影片

本例制作思路以及代码具有通用性，即按照此思路可以制作多选题以及填空题目。

6.4　多媒体教学软件的设计与开发

多媒体教学软件是根据课程教学大纲的培养目标要求，用文本、图形、图像、音频、视频、动画等多媒体与超文本结构去展现教学内容，并且用计算机技术进行记录、存储与运行的一种教学软件①。

6.4.1　多媒体教学软件的特点与类型

1. 多媒体教学软件的特点

多媒体教学软件要根据教学目标设计，表现特定的教学内容，反映一定的教学策略。它可以用来存储、传递和处理教学信息，能让学生进行交互操作，并对学生的学习作出评价。

由于多媒体技术自身的集成性、控制性、交互性等特点的影响，使多媒体技术的教学应用过程与传统的教学过程或一般的电化教学过程不同，概括起来主要有如下几方面。

(1) 图文声像并茂，激发学生学习兴趣

多媒体教学软件由文本、图形、动画、声音、视频等多种媒体信息组成，图文声像并茂，

① 南国农. 信息化教育概论[M]. 北京：高等教育出版社，2008.

所以给学生提供的外部刺激不是单一的刺激，而是多种感官的综合刺激，这种刺激能引起学生的学习兴趣和提高学生的学习积极性。

(2) 友好的交互环境，调动学生积极参与

多媒体教学软件提供图文并茂、丰富多彩的人机交互式学习环境，使学生能够按自己的知识基础和习惯爱好选择学习内容，而不是由教师事先安排好，学生只能被动服从，这样将充分发挥学生的主动性，真正体现学生认知主体的作用。

(3) 丰富的信息资源，扩大学生知识面

多媒体教学软件提供大量的多媒体信息和资料，创设了丰富有效的教学情境，不仅利于学生对知识的获取和保持，而且大大地扩大了学生的知识面。

(4) 超文本结构组织信息，提供多种学习路径

超文本是按照人的联想思维方式非线性地组织管理信息的一种先进的技术。由于超文本结构信息组织的联想式和非线性，符合人类的认知规律，所以便于学生进行联想思维。另外，由于超文本结构的信息结构的动态性，学生可以按照自己的目的和认知特点重新组织信息，按照不同的学习路径进行学习。

2. 多媒体教学软件的类型

根据多媒体教学软件的内容与作用的不同，可以将多媒体教学软件分为如下几种类型。

(1) 课堂演示型

这种类型的多媒体教学软件一般来说是为了解决某一学科的教学重点与教学难点而开发的，它注重对学生的启发、提示，反映问题解决的全过程，主要用于课堂演示教学。这种类型的教学软件要求画面要直观，尺寸比例较大，能按教学思路逐步深入地呈现。

(2) 学生自主学习型

这种类型的多媒体教学软件具有完整的知识结构，能反映一定的教学过程和教学策略，提供相应的形成性练习供学生进行学习评价，并设计许多友好的界面让学习者进行人—机交互活动。利用个别化系统、交互学习型多媒体教学软件，学生可以在个别化的教学环境下进行自主学习。

(3) 模拟实验型

这种类型的多媒体教学软件借助计算机仿真技术，提供可更改参数的指标项，当学生输入不同的参数时，能随时真实模拟对象的状态和特征，供学生进行模拟实验或探究发现学习使用。

(4) 训练复习型

这种类型的多媒体教学软件主要是通过问题的形式用于训练、强化学生某方面的知识和能力。这种类型的教学软件在设计时要保证具有一定比例的知识点覆盖率，以便全面地训练和考核学生的能力水平。另外，考核目标要分为不同等级，根据每级目标设计题目的难易程度逐级上升。

(5) 教学游戏型

这种类型的多媒体教学软件与一般的游戏软件不同，它是基于学科的知识内容，寓教于乐，通过游戏的形式，教会学生掌握学科的知识和能力，并引发学生对学习的兴趣。对于

这种类型软件的设计，特别要求趣味性强、游戏规则简单。

(6) 资料、工具型

资料工具型教学软件包括各种电子工具书、电子字典以及各类图形库、动画库、声音库等，这种类型的教学软件只提供某种教学功能或某类教学资料，并不反映具体的教学过程。这种类型的多媒体教学软件可供学生在课外进行资料查阅使用，也可根据教学需要事先选定有关片段，配合教师讲解，在课堂上进行辅助教学。

6.4.2 多媒体教学软件的开发流程

多媒体教学软件的基本功能是教学功能，软件中的教学内容及其呈现、教学过程及其控制的设计应由教学设计所决定。同时，多媒体教学软件开发的具体过程及其组织应按照软件工程的思想和方法进行。

1. 多媒体教学软件开发组人员构成

(1) 项目负责人。

(2) 学科教学专家。

(3) 教学设计专家。

(4) 软件工程师(系统结构设计)专家。

(5) 多媒体素材制作专家。

(6) 多媒体课件制作专家。

2. 多媒体教学软件开发基本过程

(1) 选题

多媒体教学软件选题必须有明确的教学目标，选用教学活动中学生需要帮助理解和创造环境的教学内容、重点与难点、抽象难以表述的内容、课堂实物演示比较困难或危险的内容、微观结构等。选题也要考虑到教学软件(课件)的特点和要求，要能充分发挥多媒体的优势。选题还需考虑多媒体教学软件的使用环境，包括硬件环境和软件环境的支持、适宜的教学模式、对使用者的技术要求等。多媒体教学软件的开发要尽可能降低对使用环境的要求和减少开发成本，尽可能选用方便的设计平台，以求最大限度地提高使用面和易操作性。

(2) 教学设计

教学设计是关键的环节，也是教学思想最直接和具体的表现，最能体现教师的教学经验和教师个性的部分。在多媒体教学软件设计与开发过程中，多媒体教学软件的教学设计就是应用系统的观点和方法，在分析教学内容和教学对象的基础上，围绕教学目标要求，合理选择和设计媒体，采用适当的教学模式和教学策略进行多媒体教学软件设计的过程。

教学设计的内容主要包括学习者的特征分析(原有的认知结构与能力)、教学目标的编写、学习内容分析、多媒体信息(图、文、声)的选择和设计、教学模式选择、教学策略设计、学习评价(提问、应答、反馈)及用于描述教学设计结果的稿本编写等。

多媒体信息的呈现形式有文本、图形/图像、音频、数字视频以及动画等，比如文本类信息，它的逻辑表现能力强，制作方便，是传递教学信息内容的主要媒体形式；图形/图像、音频、数字视频及动画类素材，可以使课件制作得丰富多彩、有声有色。在使用过程中，应根据媒体所具有的教学特性以及教学内容选用最合适的媒体呈现形式。

(3) 系统设计

系统设计定义了多媒体教学软件的教学信息组织结构及呈现形式。它构建了课件的主要框架，安排目录主题的显示方式，建立信息间的层次结构和浏览顺序，确定信息间的交叉跳转关系，体现了教学功能与教学策略。系统设计可详细分为：结构设计、交互界面设计、导航设计。

(4) 多媒体素材的搜集与制作

理想的、恰如其分的素材是制作优秀多媒体教学软件的基础，素材使用的优劣直接关系到多媒体教学软件的质量。制作人员应建立一个素材库，平时要注意积累所需的素材，并且要进行登记，进行分类保管。

(5) 教学软件的编辑合成

根据教学内容的不同，根据素材的类别以及多媒体教学软件的开发要求，选择适合表现内容的制作平台，如 PowerPoint、几何画板、Flash 等。利用这些多媒体创作工具对各种素材进行编辑，按照教学进程、教学结构以及设计思路，将多媒体教学软件分成模块进行制作，然后将各模块进行交互、链接，最后整合成一个多媒体教学软件。

(6) 预演、评审、制作光盘

编辑制作完一个多媒体教学软件后，一般要进行预演或试用，由教师、学生或专家从评价的标准等各方面进行评审，然后经过不断修改、补充和完善，直到达到最好的教学辅助效果。为了利于交流、便于保存，课件最后应该刻录制作成光盘。

6.4.3 多媒体教学软件的设计

本小节主要论述多媒体教学软件的系统设计。系统设计可详细分为：结构设计、交互界面设计、导航设计。

1. 封面设计

封面是多媒体教学软件第一页的图形界面。它能给学习者留下深刻的第一印象，具有先入为主的作用，所以封面设计至关重要。

封面通常要呈现多媒体教学软件的题目名称，题目的位置、大小、字体、颜色都要醒目、美观、规范。封页底部的图案修饰、色块色调要与教学内容和题目字体协调一致。封页除题目与底图外，还可以窗口形式呈现一段视频、动画等，并配上符合教学内容的背景音乐，使封页显得生动、活泼，具有动感、美感，充分体现多媒体教学软件的图文声像并茂的特点。总之，封面要形象生动，引起学习者兴趣，并能通过点击或自动进入主页。

2. 屏幕设计

屏幕是教学信息的呈现区域，学习信息交互的界面，屏幕风格的设计也是多媒体教学设计的重要环节。总体要求是布局合理、具有艺术性、生动形象、主题突出、可视性强。多媒体教学软件的屏幕设计主要包括版面布局设计、文字用语的选择、色彩搭配等。

(1) 屏幕对象的布局

合理地安排屏幕对象的布局是屏幕设计的第一步,在进行屏幕布局设计时要注意以下几点。

① 在屏幕上的对象应力求上下左右达到平衡;每一个屏幕对象如窗口、按钮、菜单条等外观和操作应做到一致化。

② 应力求以最少的数据显示最多的信息。

③ 对象显示的顺序应依需要排列。

④ 画面应对称,显示的名称或窗口应依重要性排列,可能会造成不利影响的项目尽量排在次要的位置。

(2) 文字用语的选择

在多媒体教学软件中使用文字的基本要求就是精确、简洁、富有感染力。具体表现在以下几点。

① 使用文字表达,比如概念、原理、事实、方法等学习内容时,要充分考虑屏幕的容量,合理地取舍要表达的内容。

② 使用文本作标题时要字斟句酌,特别要注意文字间的细微差别。

③ 对话中使用的语句要尽量避免太专业的"行话"和过于冷僻的词汇,应用简短而常用的词汇来表达。

(3) 色彩的选用

色彩在屏幕设计中的作用是不容忽视的,它不但充当有特定意义的视觉符号,用来逼真地反映客观世界,而且,可以作为一种组织屏幕信息、形成良好屏幕格式的手段。此外,色彩可以增添屏幕的吸引力,激起学习者的兴趣。

在选用色彩时,最重要的是明确色彩使用的目标任务,即色彩的作用是辅助交流,以完成信息从机器到任务的有效传递。要合理运用色彩,应注意以下几点。

① 避免同时使用太多的颜色,在同一画面中一般以四五种为限。过多的颜色会增加学习者的反应时间,增加出错的机会,易于引起视觉疲劳。

② 在选择色彩时注意色彩的可分辨性和协调性,既要选择在光谱上有一定间隔的色彩,又要尽量避免将对比强烈的颜色放在一起。

③ 活动对象与非活动对象颜色应不相同。活动对象的颜色要鲜明一些,非活动对象的颜色要暗淡一些。

④ 定义色彩的含义要与用户的色彩经验和期望相一致,不同国家、民族、宗教、年龄层次、社会地位的人往往对色彩有着不同的理解。

⑤ 要注意色彩的空间分布位置,应在视野的中心多选用红、绿色,而边沿则比较适于采用蓝、黄、黑色。

⑥ 要注意色彩的顺序,如果要用一个色彩的渐变序号来表达某种顺序信息,色彩编排应与光谱顺序相吻合,以符合人们的视觉习惯。

3. 结构设计

知识结构是指知识点之间的关系与联系的一种形式,知识结构通常可分为并列结构、层次结构和网状结构等几种类型。进行知识结构的设计，要注意体现知识内容的关系，体现学科教学的规律，体现知识结构的功能。

多媒体教学软件的结构设计中既要注意教师的教学过程，也要重视学生的认知结构，通过超文本结构组织信息，启发学生的联想思维。超文本结构可以实现教学信息的灵活获取以及教学过程的重新组织，适合个别化及个性化的学习需求，有利于因材施教。

(1) 并列知识结构

并列知识结构是指知识点之间是并列的、同级的关系。

(2) 层次知识结构

层次知识结构是指知识点之间是不同级的关系。这种不同级的关系可以是递进关系、因果关系、条件关系等，但后一层知识的学习是要在前一层知识的基础上才能进行的。

(3) 网状知识结构

网状知识结构是以上两种结构的综合体，知识点之间形成一种复杂的网状结构。网状结构也就是超文本结构，学生在内容单元间自由航行，没有路经的约束。

4. 交互设计

多媒体交互式课件能引导学生思维，是提高学生主体参与学习活动的一个重要环节，要重视问题与回答方式的设计。高水平的问题能引发学生有效地思考，理解事物之间的联系与规律；灵活多样的问答方式可以为学生提供表达意见的环境。

交互界面的设计要求方便操作，应具有一致性、容错性、兼容性。多媒体课件中能进行人机交互作用的方式主要有菜单、按钮、图标、窗口和对话框等。

(1) 菜单交互

菜单交互让使用者在一组多个可能的对象中进行选择，各种可能的选择项以菜单形式显示在屏幕上。菜单的形式是多样的，包括有文字的、图形的，呈现的、隐藏的，弹出式的、下拉式的、菜单条式的菜单等。

(2) 按钮交互

按钮通常含有一套源程序，当被使用者激活时可以完成课件的某种功能操作。按钮的形状有多种，通常有三角形、矩形、圆形等平面图像，也可以是立体图形的样式。常用的多媒体课件制作工具如 PowerPoint 按钮库里面存放了许多制作好的按钮供使用。当然，用户也可以根据需要用 Flash、Photoshop 等工具自己制作不同形状、不同颜色的按钮。

(3) 图标交互

多媒体课件中的图标交互是用简洁的图形符号模拟现实中的事物，以形象、逼真地反映各种操作功能。因而使用十分方便，如用喇叭图标表示声音操作、用打印机图标表示打印等。

(4) 窗口交互

多媒体课件中的窗口指屏幕上的一块矩形区域。窗口内可以包括其他组成屏幕的各种要素，并且可以缩放、移动、多级窗口叠放。

(5) 对话框交互

多媒体课件中的对话框通常以弹出式窗口呈现。通过对话框可以使学习者和系统进行更细致、更具体的信息交流活动。窗口常用一些选择项和参数设定空格组成。

5. 导航策略的设计

导航是引导学习者利用多媒体教学软件学习的措施，是教学策略的体现。导航策略的设计旨在为学生提供丰富的多媒体信息资源，创设有意义的学习情境的同时对学生自主学习进行引导和帮助。尤其是网络信息的线索导航，更是为学习者提供了浩瀚的信息资源，但同时也应注意避免因设计不周使学习者迷航。多媒体教学软件的导航方法很多，如检索、帮助、线索、浏览、书签等。

(1) 检索导航设计

检索查询系统为学习者提供方便的检索方法，供学习者在任何位置都可利用关键词、标题等快速检索所需的学习信息，查询自己的位置，以帮助学习者能迅速找到自己的位置和想要去的地方。

(2) 帮助导航设计

设计帮助菜单，当学习遇到困难时，学习者借助帮助菜单，可获得软件提供的解决问题的方法和途径。

(3) 线索导航设计

利用线索导航，当学习者在浏览访问系统的链和节点时，可以设置和记录学习者的学习历史途径，可使学习者能按原来的学习路径返回。

(4) 浏览导航设计

浏览导航用可视化的图形标示出超文本的结构，包括超文本的网络结构中的各个节点及各节点之间的联系，以帮助学习者明确自己的位置，直接进入任何节点浏览。学习者通过浏览、观察学习信息的网络结构，找出自己所需的学习信息。

(5) 书签导航设计

为学习者提供书签的功能。学习者在浏览学习的过程中，将其认为重要或感兴趣的学习信息标上书签号，以后只要输入某书签号，就能快速检索到该学习信息，并返回到设置书签的位置。

6.4.4 多媒体教学软件的制作

PowerPoint 是 Microsoft 公司 Office 系列办公组件中的幻灯片制作软件，由于它和其他 Office 软件一样，容易使用，界面友好，因此在设计制作多媒体课件中，应用也很广泛。本书以 PowerPoint 软件为制作多媒体教学软件的工具来制作实例。

1. PowerPoint 入门

(1) 幻灯片式的演示效果

PowerPoint 制作的多媒体课件可以用幻灯片的形式进行演示，非常适用于学术交流、演讲、工件汇报、辅助教学和产品展示等需要多媒体演示的场合。因此 PowerPoint 文件又常被称为“演示文稿”或“电子简报”。

(2) 强大的多媒体功能

PowerPoint 能简便地将各种图形图像、音频和视频素材插入到课件中，使课件具有强大的多媒体功能。

(3) 操作界面

操作界面如图 6-110 所示。

图 6-110　操作界面

(4) 视图

PowerPoint 共有五种视图。

① 幻灯片视图：即当前课件页的编辑状态，视图的大小可以通过“常用”工具栏上的比例栏进行调整。

② 大纲视图：主要用于输入和修改大纲文字，当课件的文字输入量较大时用这种方法进行编辑较为方便。

③ 幻灯片浏览视图：是一种可以看到课件中所有幻灯片的视图，用这种方式，可以很方便地进行幻灯片的次序调整及其他编辑工作。

④ 备注页视图：主要用于作者编写注释与参考信息。

⑤ 幻灯片放映视图：即当前幻灯片的满屏放映状态。

2. 基本操作

(1) 创建课件页

① 新建文稿。启动 PowerPoint，“新建演示文稿”→“空演示文稿”，如图 6-111 所示。

图 6-111　新建演示文稿

② 选择版式。在选取版式对话框中选择“空白版式”，如图 6-112 所示。

③ 输入文本。选择“插入”→“文本框”→“文本框”，在编辑区拖动鼠标，绘出文本框，然后输入相应文字。

④ 格式化文本。与其他字处理软件(如 Word)相似。

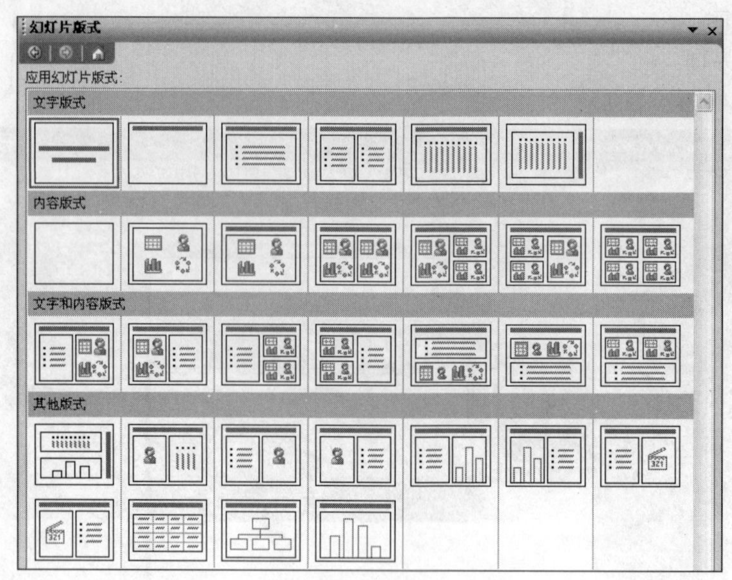

图 6-112 选择版式

⑤ 调整文本位置。通过调整文本框的位置来调整文本的位置。先选中要调整的文本框,使其边框上出现 8 个控制点,然后根据需要拖动控制点,文本框随之改变大小。当鼠标指针放在文本框边上的任何不是控制点的位置时,鼠标指针附带十字箭头,这时拖动鼠标可调整文本框的位置。

(2) 课件页的放映

PowerPoint 幻灯片的放映有两种操作方法。

① 幻灯片放映视图。通过幻灯片放映视图可以播放当前正在编辑的这张幻灯片。如果这张幻灯片后面还有其他的幻灯片,则在放映时单击鼠标可连续向后播放。

② "观看放映"命令。选择"幻灯片放映"→"观看放映"命令,PowerPoint 就开始放映该课件页。同样,如果这张幻灯片后面还有其他的幻灯片,则在放映时单击鼠标可连续向后播放。

(3) 编排与修改

① 插入剪贴画。剪贴画是一种矢量图形。在课件中适当地使用各种剪贴画,可以为课件增色不少。选择"插入"→"图片"→"剪贴画",选取合适的剪贴画,然后单击"插入"按钮。

② 选取模板。单击"格式"→"幻灯片设计"→"设计模板",选择合适的模板,如图 6-113 所示。

如果不想对课件页添加模板,而只是希望有一个背景颜色,可以照下述方法进行。单击"格式"→"背景",在"背景"对话框中,打开下拉列表框,或单击"其他颜色"选择合适的颜色,也可以选择"填充效果",如图 6-114 所示。

(4) 创建交互

放映 PowerPoint 课件时的默认顺序是按照课件页的次序进行播放。通过对课件页中的对象设置动作(超级链接),可以改变课件的线性放映方式,从而提高课件的交互性。

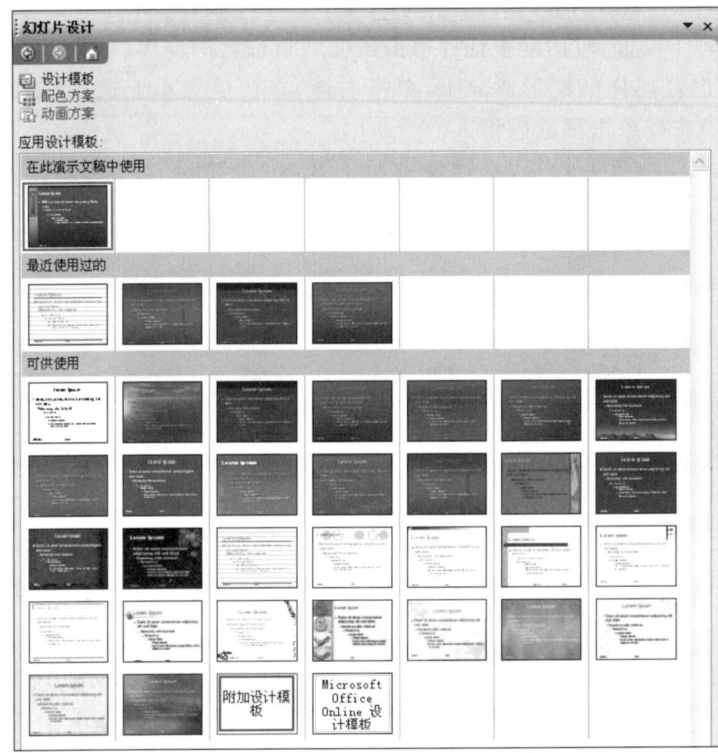

图 6-113 设计模板

图 6-114 设置背景

① 动作按钮链接。PowerPoint 包含 12 个内置的三维按钮,可以进行前进、后退、开始、结束、帮助、信息、声音和影片等动作。如图 6-115 所示。

在课件页上制作动作按钮的步骤,如图 6-116 所示。

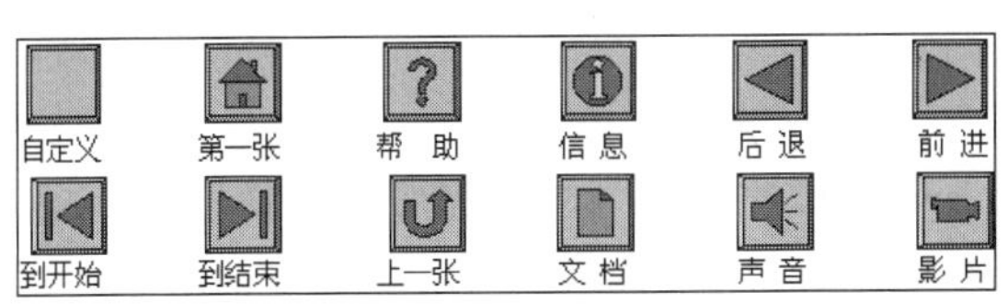

图 6-115 动作按钮

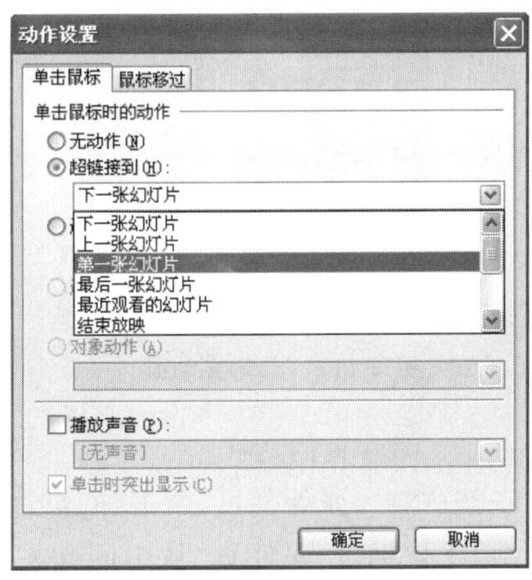

图 6-116 动作设置

步骤 1:选择动作按钮。单击“幻灯片放映”→“动作按钮”,选择所需的动作按钮。

步骤 2:制作动作按钮。鼠标指针变成十字形后,在课件页上拖动鼠标,即可制作出所需的动作按钮。

步骤 3：定义动作。在“动作设置”对话框中选择单击鼠标后将进行的动作。

② 图形对象链接。在要设置动作的图形对象上，单击右键，在快捷菜单上选择“动作设置”，在“动作设置”对话框中选择单击鼠标后将进行的动作。

③ 热字链接。选中热字文本，单击右键，在快捷菜单上选择“动作设置”，其他设置同上。

(5) 动画

① PowerPoint 动画的基本特点。PowerPoint 动画功能的基本特点如下。

第一，动画对象多样化。包括文字、图形和图像等都可产生动画效果。

第二，动画动作模式化。无论动画对象是什么，其动作模式(或称动画方式)都被限制在 PowerPoint 所规定的 50 余种内。

第三，动画制作方法极其简单。

② 自定义动画。

步骤 1：在幻灯片视图下，单击幻灯片中要设置动画效果的对象。

步骤 2：单击“幻灯片放映”→“自定义动画”，然后在效果页面中选中合适的动画效果，如图 6-117 所示。

步骤 3：单击“预览”按钮可看到动画效果，单击“确定”按钮，完成设置，如图 6-118 所示。

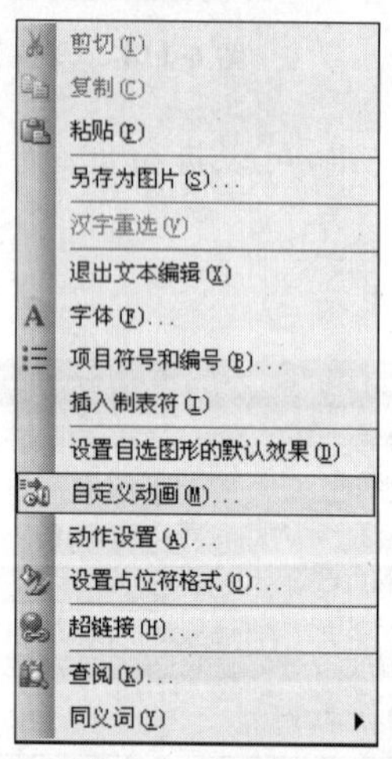

图 6-117 自定义动画

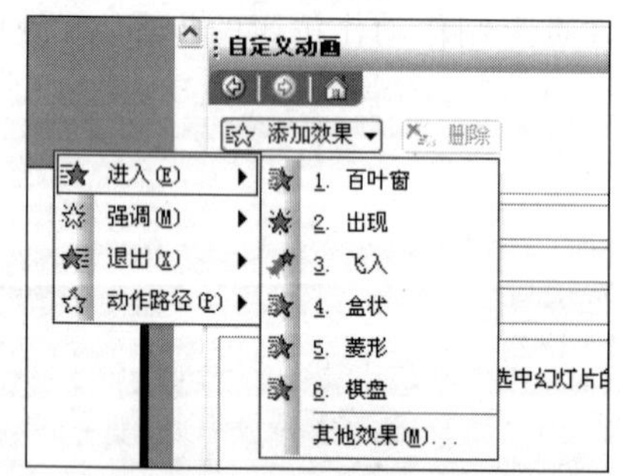

图 6-118 添加动画效果

(6) 课件页的切换

选中第一张课件页，单击“幻灯片放映”→“幻灯片切换”。在“幻灯片切换”对话框中设置“单击鼠标时”课件页“从中间向左右”“慢速”展开或其他切换效果，然后单击“应用”按钮，如图 6-119 所示。

若选中“单击鼠标换页”，则在放映时，单击鼠标可连续播放下一张幻灯片，否则只能通过单击设置动作的对象换页了。

3. 交互类课件的制作

(1) PowerPoint 交互性功能

如何体现出具有交互性能的课件，下面主要对母版、触发器、动作路径的运用作一个简要的说明，对制作交互式课件很有作用。

① 幻灯片母版

在同一演示文稿中我们可以应用多个不同的设计模板，使我们的演示文稿界面风格统一，美观又有所变化。而现在所说的幻灯片母版，与设计模板有所不同，如果想在整个课件每一页都统一显示某个按钮或图片等信息，则需要在幻灯片母版上进行设置。PowerPoint 2003 版进入幻灯片母版后，可以对母版进行编辑。幻灯片母版通常设计一些对整个课件中每一个幻灯片都需要的文字信息、命令按钮、幻灯片背景图片、背景颜色等。

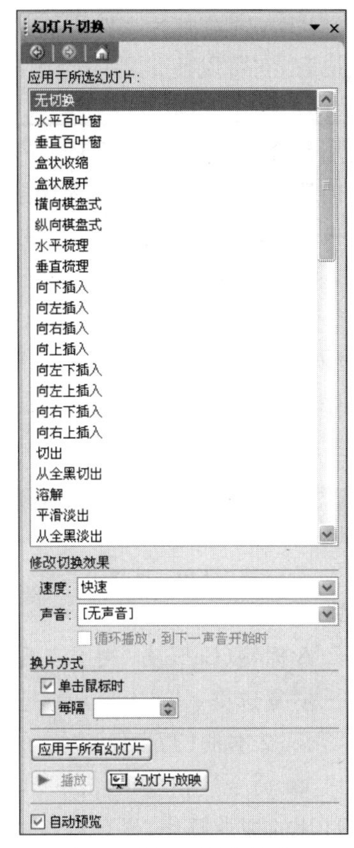

图 6-119　幻灯片切换

② 触发器的设置

触发器同样是 PowerPoint 2003 及以上版本的一个新增功能。它存在于对象自定义动画的“计时”选项中，在放映视图中，只有当鼠标单击触发对象时，才开始播放该对象。在播放幻灯片时，通过单击鼠标来呈现对象的方法不能很好地控制对象出现的顺序，所以我们可以用触发器这个功能开发某个对象的呈现过程，比通常通过单击鼠标来呈现对象的方法好。利用触发器可以制作交互性强的幻灯片，如制作选择题、判断题，弹出式菜单等。

③ 路径动画

对象动画除了分为进入、强调、退出三种传统自定义动画方式外，在 PowerPoint 2003 版中还新增了“路径动画”工具。动作路径是一种不可见的轨迹，我们可以将幻灯片上的图片、文本行或形状等项目放在动作路径上，使它们沿着动作路径运动。例如，我们可以使用系统提供的各种预设路径(如弹簧形、心跳形)，或我们自己手绘路径，将文本或图形对象从幻灯片上的一个位置移动到另一个位置；我们还可以对路径进行编辑和修改，以符合我们的需要。

(2) PowerPoint 交互性课件制作基础

① VBA 基础知识

直到 20 世纪 90 年代早期，使应用程序自动化还是充满挑战性的领域。对每个需要自动化的应用程序，人们不得不学习一种不同的自动化语言。例如：可以用 Excel 的宏语言来使 Excel 自动化，使用 Word Basic 使 Word 自动化，等等。微软决定让它开发出来的应用程序共享一种通用的自动化语言——Visual Basic For Application(VBA)，可以认为 VBA 是非常流行的应用程序开发语言 Visual Basic(VB)的子集。实际上 VBA 是“寄生”于 VB 应用程序的版本。

VBA究竟是什么？更确切地讲，VBA是微软在其开发的应用程序中共享的通用自动化语言，它可以使常用的应用实现自动化，可以创建自定义的解决方案。VBA是Visual Basic for Application的简写，它以VB语言为基础，经过修改并运行在Microsoft Office的应用程序，它是不能像VB一样能生成可执行程序的。VBA是Microsoft Office系列软件的内置编程语言，是应用程序开发语言VB(Visual Basic)的子集。它功能强大，面向对象，可极大地增加Office系列软件的交互性。

② 认识控件对象

在PowerPoint做课件时，提供了一组工具叫ActiveX控件。所谓ActiveX控件就是一种图形对象，可以使用它在PowerPoint演示文稿中控制一组预定义的事件(或执行一段程序代码)。

显示控件工具箱：在PowerPoint中选择菜单“视图”→“工具栏”→“控件工具箱”，则“控件工具箱”就会出现在PowerPoint工作区内，如图6-120所示。

图6-120 控件工具箱

在制作课件过程中，我们会经常用到的有下面几种控件。

A 标签(Label)：用于表现静态文字信息，如显示选择题、判断题的题目等。

复选框(CheckBox)：是一个选择控件，可用于多项选择题的制作。

文本框(TextBox)：可以输入文本，用来制作填空题。

命令按钮(CommandButton)：可用于制作幻灯片上的按钮，还可通过按钮来改变幻灯片的播放顺序，设计超级链接。

选项按钮(OptionButton)：通常一组使用，只能选中其中一个，用来制作单项选择题或判断题。

这是控件的属性，当设置完一个控件后，单击该按钮，就显示该控件的属性窗口。

查看代码，当鼠标选中某一个控件时再单击该按钮，即可查看该控件的代码窗口，或在代码窗口中输入一段程序代码。

除了上面几个常用控件外，Windows系统还有许多控件没有列出，在“控件工具箱”最右边那个按钮叫“其他控件”。单击这个按钮，系统就会出现下拉列表，弹出更多的控件让你选择。

③ 控件的事件与方法

什么是“事件”？一个事件就是用户在控件对象上所做的一个动作。当系统响应用户的某些动作时，会自动触发事件代码。例如，用户在控件对象上做出单击动作时，系统自动执行为Click事件编写的程序代码。

当在幻灯片中设置了一个控件，如“命令按钮”，再用鼠标双击该控件，就会自动进入到VBA代码编辑器，控件默认的事件一般都为控件的Click事件，Click即点击的意思。我们可以通过代码窗口上面的下拉列表选择要编程的对象和该对象的响应事件，如图6-121所示。

什么是“方法”？方法，就是控件对象进行的操作。例如，某对象的显示(Show)方法、隐藏(Hide)方法、清除内容(Clear)方法、复制(Copy)方法等。上面的例子就是把用户窗体(Userform1)执行“显示(Show)”操作。

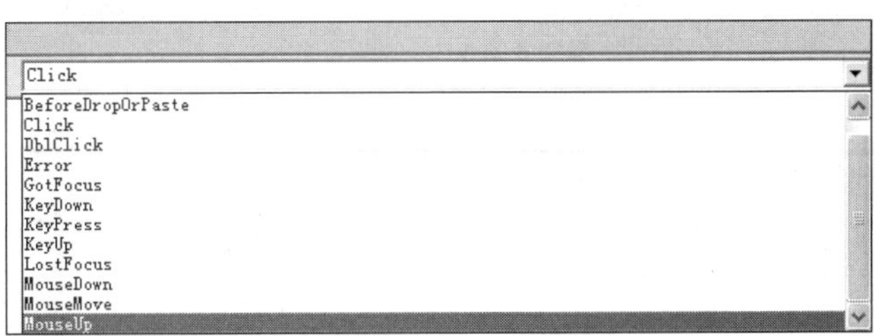

图 6-121 控件事件

“方法”与“事件”有相似之处,都是为了完成某个任务,但同一个事件可完成不同任务,取决于您所编的代码是怎样的,而方法则是固定的,任何时候调用都是完成同一个任务,所以其中的代码也不需要我们编写,系统已为我们编好(我们也看不见),只需在必要的时候调用即可。

方法的调用:控件名称.方法。

在方法调用格式中,“控件名称”与“方法”之间必须使用“.”隔开。如:UserForm1.Show。

在 VBA 编程中,控件的方法很少,应用时也用得很少,一般在用户窗体的应用中会出现调用窗体的方法比较多。

(3) 制作实例

① 目录菜单的制作

目录菜单主要是利用 PowerPoint 中的母版和触发器来制作的,最终效果是以导航下拉式菜单形式出现在所有文件中的幻灯片上。具体浏览效果,请查看本书随书光盘。利用触发器制作交互课件菜单。利用“动作按钮”来控制课件中“目录菜单”的出现,需要时单击“按钮”,“目录菜单”即出现,不需要时再单击“按钮”,“目录菜单”即消失。制作要求在“母版幻灯片”中进行,因为“目录菜单”需要在每一个幻灯片页面中根据教学的需要随时调出使用,所以必须在“幻灯片母版”中制作。

步骤 1:进入母版操作界面。具体是“视图”→“母版”→“幻灯片母版”。如图 6-122 所示。

步骤 2:制作按钮菜单。具体是“幻灯片放映”→“动作按钮”→“自定义”。如图 6-121 所示。根据制作需要输入相关文本,并做好样式调整与优化,如图 6-123 所示。

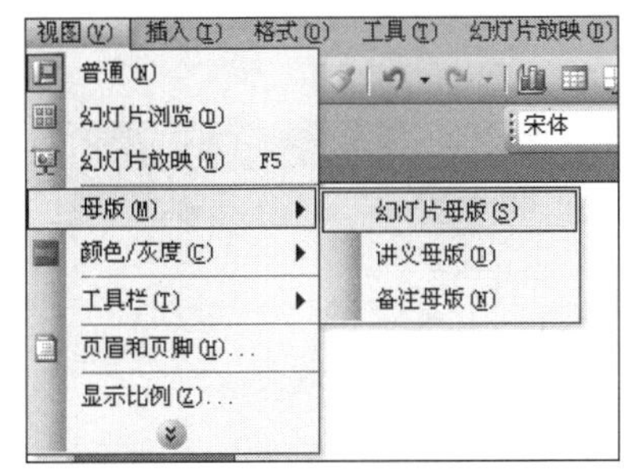

图 6-122 切换到幻灯片母版

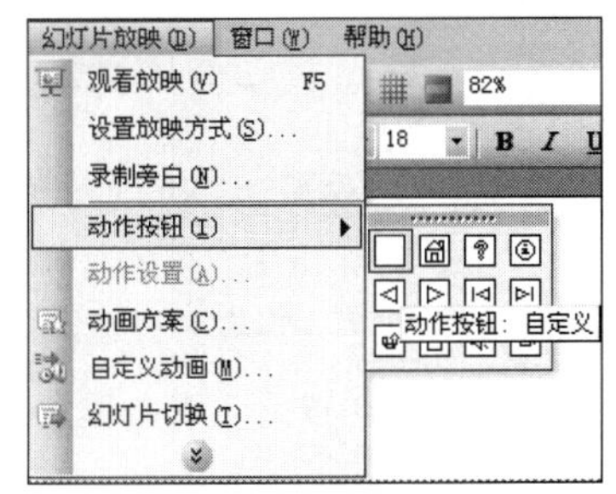

图 6-123 插入动作按钮

在本例中,我们制作如图 6-124 所示的内容。

步骤 3:给按钮菜单制作超链接,链接到所要跳转的幻灯片上。本例中给“杂诗(王

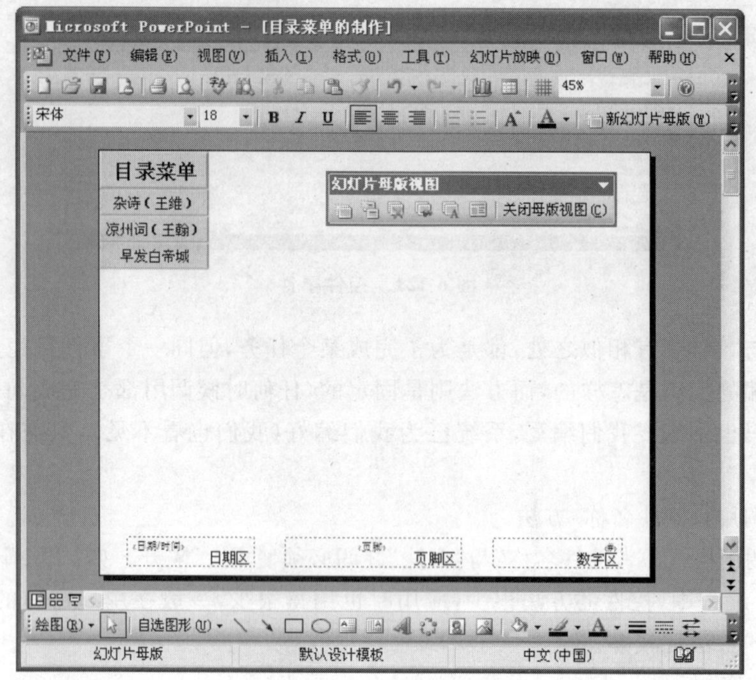

图 6-124　界面图

维)"、"凉州词(王翰)"、"早发白帝城"三个按钮制作超链接，分别链接到具体的幻灯片上。

步骤 4：同时选中"杂诗(王维)"、"凉州词(王翰)"、"早发白帝城"三个按钮，右击出现"自定义动画"对话框，选择"计时"选项，如图 6-125 所示。

接着，在出现的对话框中展开触发器，选择"单击下列对象时启动效果"，在右边的选项中，选择你所设计的动作按钮。注意，此时要仔细查看动作按钮的名称，切记不能选错，如图 6-126 所示。

图 6-125　设置"计时"

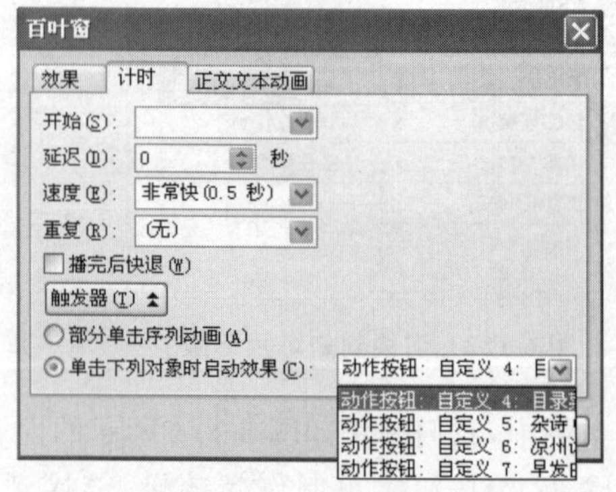

图 6-126　设置"触发器"

本例中,可以总结为用动作按钮“目录菜单”来触发“杂诗(王维)”、“凉州词(王翰)”、“早发白帝城”三个按钮出现动画效果。

总体效果如图 6-127 所示。

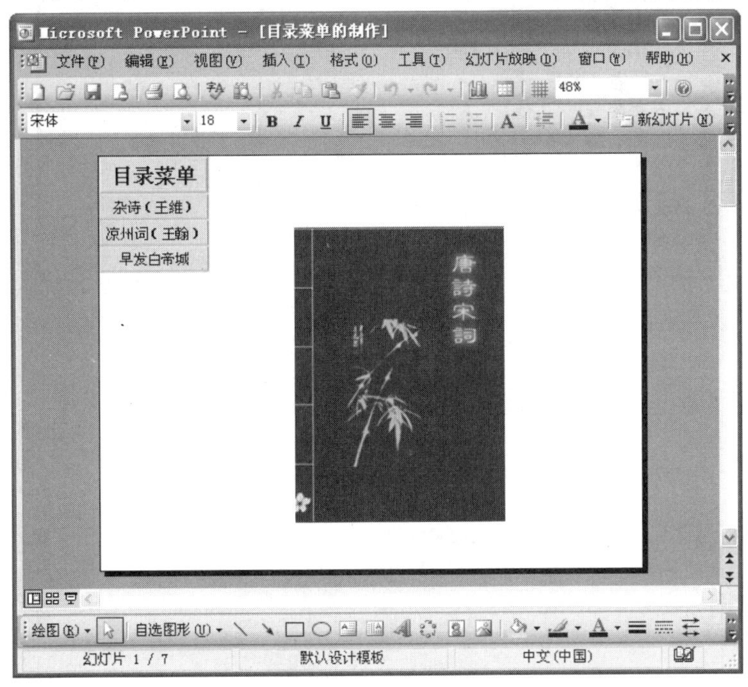

图 6-127　总体效果

② 页面嵌入 Flash

如果使用 Flash 创作软件创建了动画(或者从网上下载的动画资源),并将其保存为 swf 格式文件(.swf 文件扩展名),您可以使用特定的 ActiveX 控件和 Macromedia Flash 播放器在 PowerPoint 演示文稿中播放它。要运行 Flash 文件,必须在幻灯片中添加 ActiveX 控件并在该幻灯片中创建一个指向 Flash 文件的链接。也可以在演示文稿中嵌入该文件。

步骤 1:控件的注册。

要在 PowerPoint 中播放 Flash 文件,必须将名为 Shockwave Flash Object 的 ActiveX 控件“注册”到计算机上。如果已注册,它将出现在从“控件工具箱”中打开的控件列表中(将在下面的步骤中详细说明)。如果未注册,请从 Macromedia Web 站点上下载 Macromedia Flash 播放器的最新版本;它将在计算机上注册该控件。为确保复杂动画能够正常运行,建议您安装 Macromedia Flash 播放器的最新版本。

步骤 2:建立文件夹。

为了确保制作过程中不出现路径问题,我们把 SWF 文件和 PPT 文件放在同一根目录下,如图 6-128 所示。

步骤 3:添加控件到幻灯片。

在 PowerPoint 的普通视图下,单击“控件工具箱”→“其他控件”,在列表中,向下滚动并单击 Shockwave Flash Object,然后将“+”状鼠标指针放到幻灯片上以绘制该控件。拉动鼠标,以适应动画的尺寸,如图 6-129～图 6-131 所示。

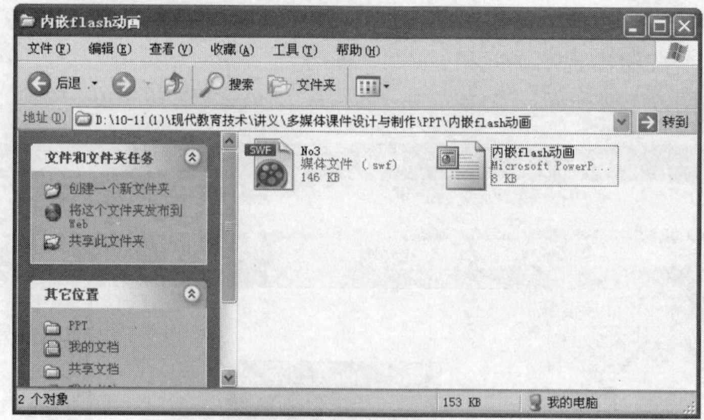

图 6-128 建立文件夹

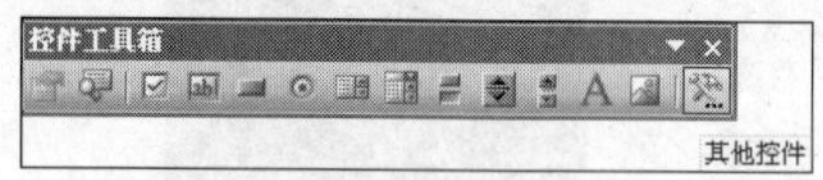

图 6-129 其他控件

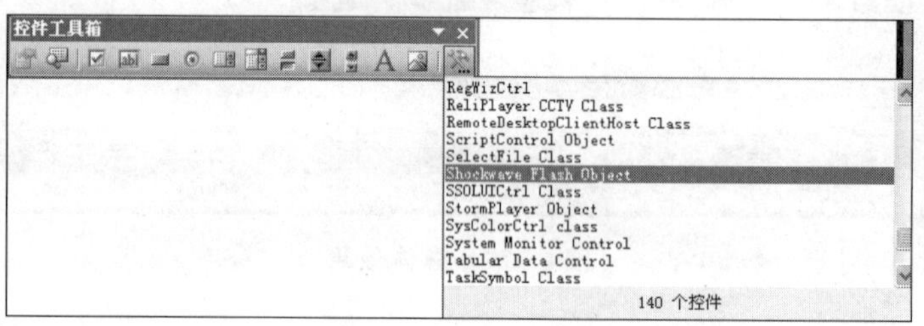

图 6-130 Flash 控件

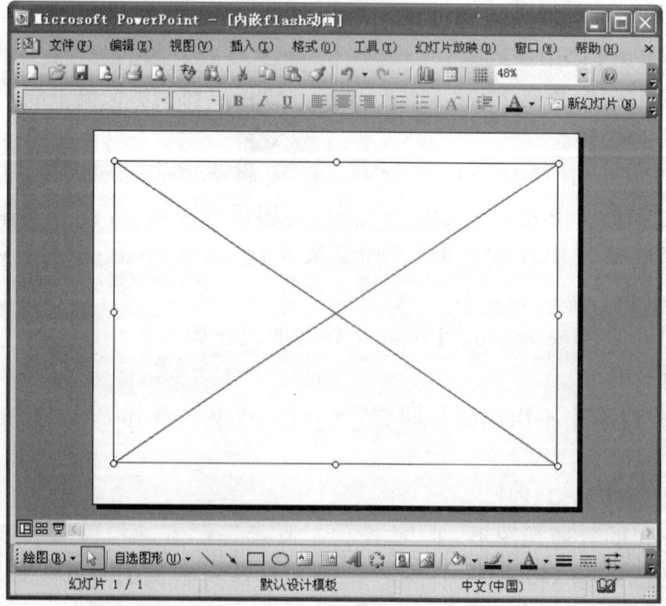

图 6-131 绘制控件大小

步骤4：为控件设置属性。在绘制好的Flash控件上右击，然后单击“属性”→“按字母序”→Movie。在取值栏(Movie旁边的空白单元格)中，输入要播放的Flash文件的完整驱动路径(包括文件名在内)。本例中，由于两个文件在同一目录下，因此直接输入No3.swf即可，如图6-132所示。

属性

ShockwaveFlash1 ShockwaveFlash

按字母序 | 按分类序

(名称)	ShockwaveFlash1
AlignMode	0
AllowFullScreen	false
AllowNetworking	all
AllowScriptAccess	
BackgroundColor	-1
Base	
BGColor	
DeviceFont	False
EmbedMovie	False
FlashVars	
FrameNum	-1
Height	438
left	30
Loop	True
Menu	True
Movie	No3.swf
MovieData	
Playing	True
Profile	False
ProfileAddress	
ProfilePort	0
Quality	1
Quality2	High
SAlign	
Scale	ShowAll
ScaleMode	0
SeamlessTabbing	True
SWRemote	
top	42
Visible	True
Width	660
WMode	Window

图6-132　设置属性

步骤5：要设置动画播放的特定选项，请执行以下操作，完成后关闭“属性”对话框。确保Playing属性设为True，该设置使幻灯片显示时自动播放动画文件。如果Flash文件内置有“开始/倒带”控件，则Playing属性可设为False。如果不想让动画反复播放，请在Loop属性中选择False(单击单元格以显示向下的箭头，然后单击该箭头并选择False)。

步骤6：运行幻灯片。在幻灯片的普通视图下，单击PowerPoint窗口左下方的“幻灯片放映”按钮，观看放映，如图6-133所示。要退出幻灯片放映并返回普通视图，请按Esc键。

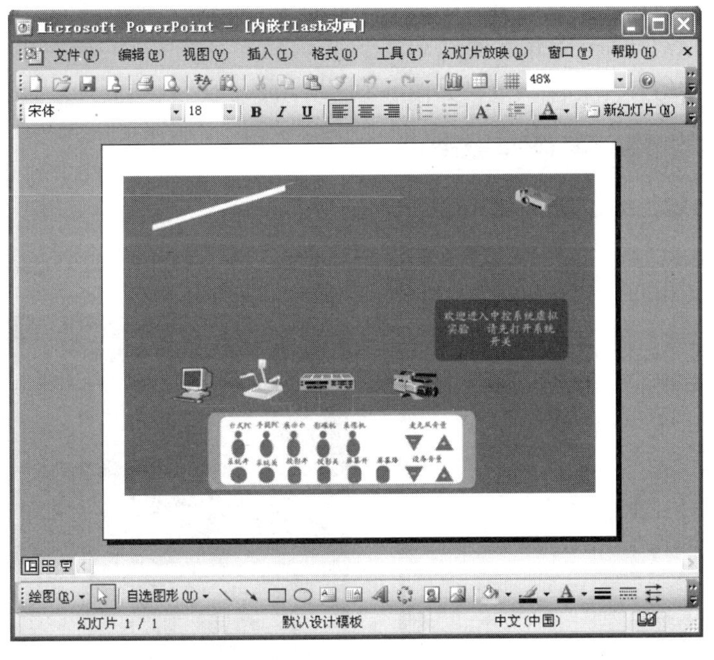

图6-133　总体效果

那么现在思考一个问题：网络上最常见的Flash流媒体视频flv能否嵌入到PPT内部在同一页面放映呢？答案是肯定的，操作步骤如下。

步骤 1：准备资源。要准备两个文件，一个是 flv 播放器；一个是要播放的视频文件。本例中的三个文件如图 6-134 所示。

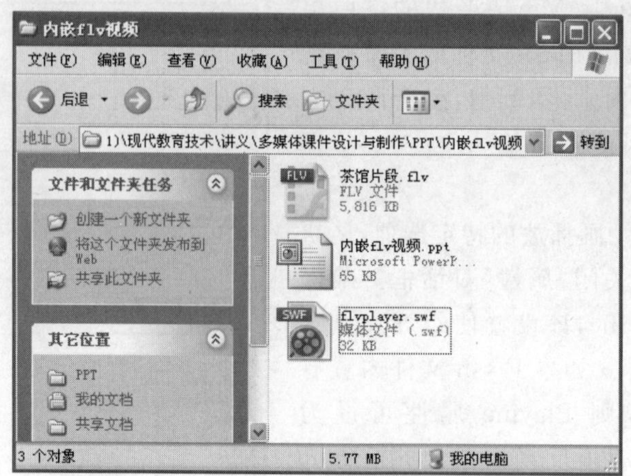

图 6-134 准备文件

三个文件分别是：内嵌 flv 视频.ppt 为 PPT 文件；茶馆片段.flv 为要播放的视频文件；flvplayer.swf 为 flv 播放器。

步骤 2：插入 Flash 控件。方法如前所述。

步骤 3：设置 Flash 控件属性，如图 6-135 所示。

其他属性设置如前所述，这里要特别关注的是 Flash 控件属性 Movie 的值。在本例中设为：flvplayer.swf?file=茶馆片段.flv。

步骤 4：播放幻灯片文件。效果如图 6-136 所示。

属性

ShockwaveFlash1 ShockwaveFlash

按字母序 | 按分类序

(名称)	ShockwaveFlash1
AlignMode	5
AllowFullScreen	false
AllowNetworking	all
AllowScriptAccess	
BackgroundColor	-1
Base	
BGColor	
DeviceFont	False
EmbedMovie	False
FlashVars	
FrameNum	-1
Height	432
left	48
Loop	True
Menu	True
Movie	flvplayer.swf?file=茶馆片段.flv
MovieData	
Playing	True
Profile	False
ProfileAddress	
ProfilePort	0
Quality	1
Quality2	High
SAlign	LT

图 6-135 设置控件属性

图 6-136 总体效果

③ 选择题的制作

要制作单选项，需要使用 选项按钮（OptionButton），选择按钮通常一组使用，只能选中其中一个，用来制作单项选择题或判断题。

我们制作实例，如图 6-137 所示。

步骤 1：新建幻灯片文档。

步骤 2：创建题目文本框，输入相关文本。

步骤 3：创建选项按钮。单击“控件工具箱”→“选项按钮”，光标在幻灯片适当位置拖动鼠标创建第一个选项按钮；按照此方法再制作两个选项按钮。此时，我们要关注四个属性：名称、Caption、GroupName、Value。名称为控件的名字，在编程时用到，可以用默认的名称，也可以自己起名。Caption 为控件显示文本。GroupName 为组别名称，需要注意的是同一个单选题目的组别名称必须相同。Value 为控件的值，决定是否被选中的状态，如图 6-138 所示。

图 6-137　总体效果

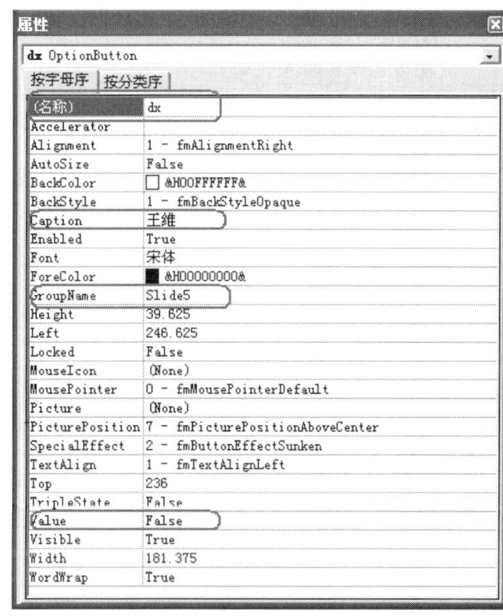

图 6-138　设置控件属性

设置选项按钮属性值，如表 6-7 所示。

表 6-7　设置选项按钮属性值

属性 \ 按钮名称	dx	OptionButton2	OptionButton3
Caption	王维	李白	白居易
Value	False	False	False

步骤 4：制作“提交”按钮。

步骤 5：给“提交”按钮添加代码。在“提交”按钮上右击→“查看代码”，如图 6-139 所示。

并输入以下代码。此段代码的功能是单击“提交”按钮时进行判断，如果 dx（第一个选项）为真即被选中，则给出反馈信息“非常好！很聪明！”，否则给出反馈信息“非常遗憾！”，如图 6-140 所示。

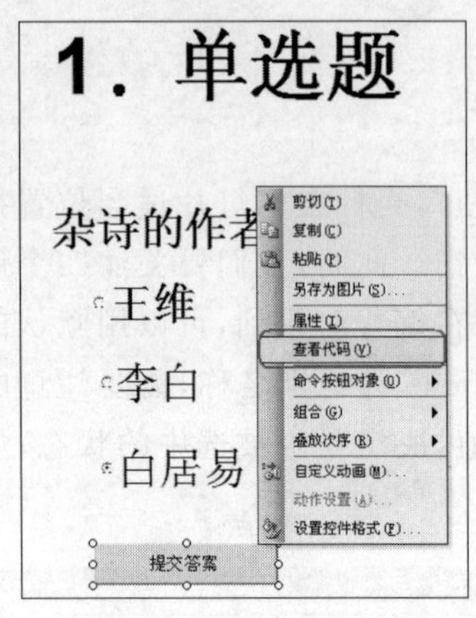

图 6-139　插入代码

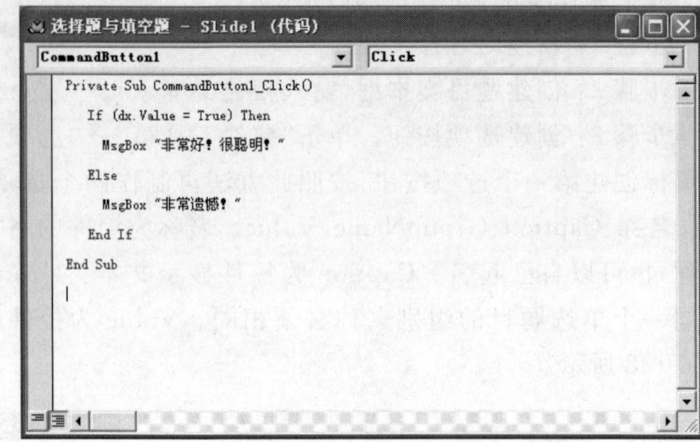

图 6-140　输入代码

此代码中有两个知识点前文没有提到：

一是编程结构，此处使用的分支结构即 IF 语句，它的格式为：

```
If 条件 1 Then
  表达式 1
  Else
   表达式 2
  Eend if
```

如果条件 1 成立，则执行表达式 1；否则，执行表达式 2。

二是系统函数即 msgbox 是 Visual Basic 和 VBS 中的函数，可实现弹出窗口。

步骤 6：放映幻灯片，选择题目选项，查看运行效果，如图 6-141 所示。

多选题的制作和单选题非常类似，只不过选项按钮用的是复选框控件，如图 6-142 所示。

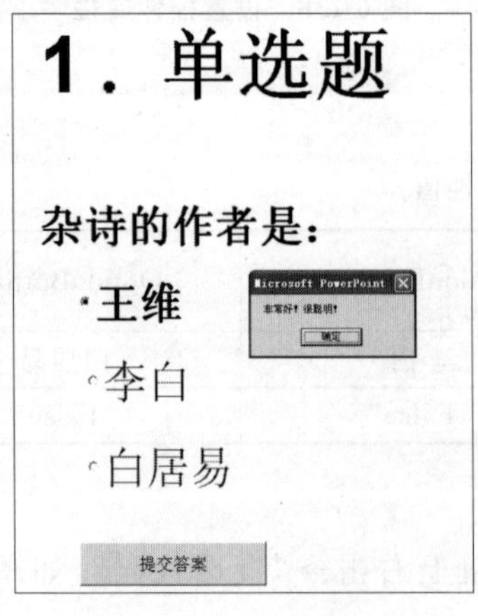

图 6-141　整体效果

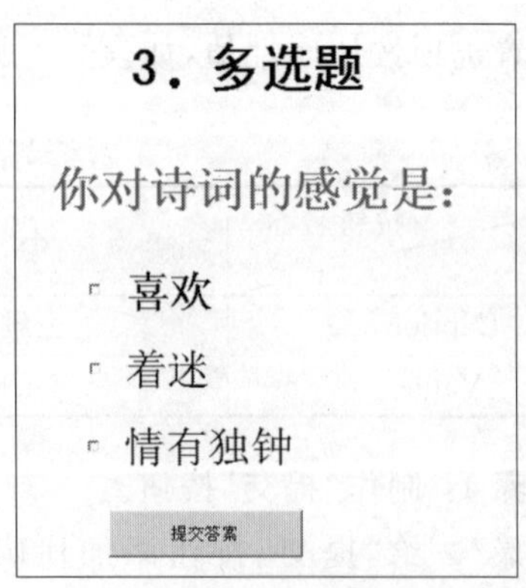

图 6-142　多选题效果

另外，在输入的代码中也稍微有所不同，不过也很容易理解，如图 6-143 所示。

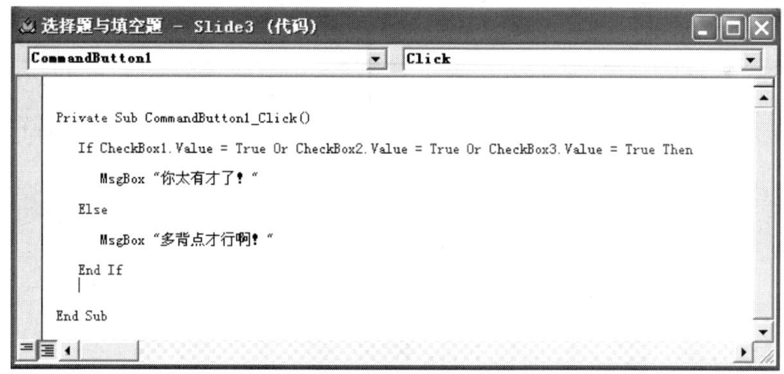

图 6-143　输入代码

④ 填空题的制作

填空题的制作思路与选择题的制作相似，所用控件为文本输入控件。如图 6-144 所示。

在属性设置中，要注意两个属性：Value 和名称。名称为控件的名字在程序中用到。Value 是具体的输入值，记录用户的输入，如图 6-145 所示。

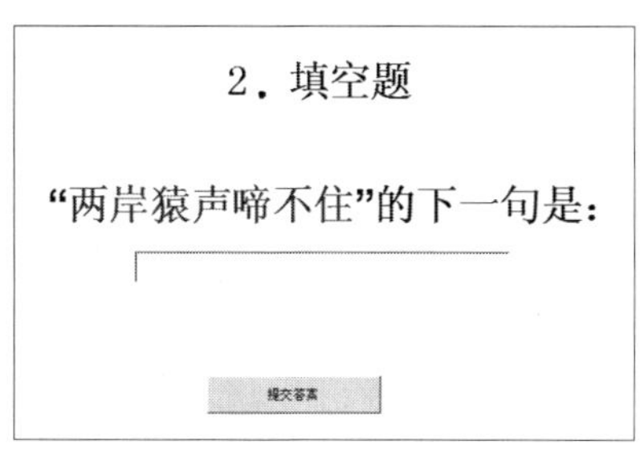

图 6-144　总体效果

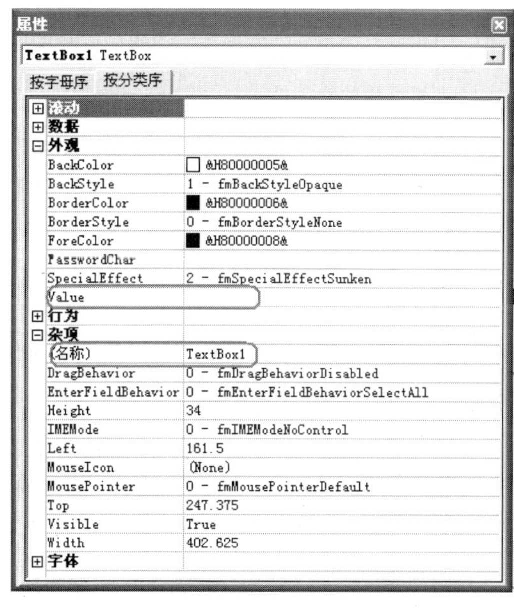

图 6-145　设置属性

输入的代码如图 6-146 所示。

总体效果如图 6-147 所示。

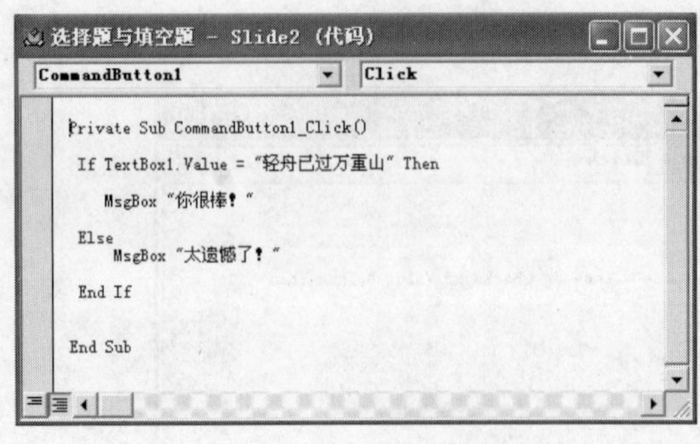

图 6-146　输入代码

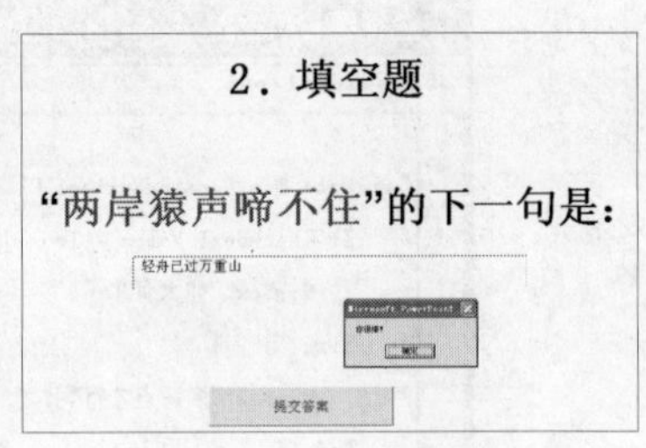

图 6-147　执行效果

6.4.5　多媒体教学软件的评价

无论哪种类型的多媒体教学软件的评价，基本上是对其教育性、科学性、技术性、艺术性和实用性等要素的评价，具体的评价标准如表 6-8 所示。

表 6-8　多媒体教学软件评价表

评审指标	评价标准		优	良	差	评价得分
科学性（25 分）	描述内容的科学性	课件的取材紧扣教学大纲，选题恰当，内容科学，适应教学对象需要	8-6	5-4	3-1	
	问题表述的准确性	课件中所有表述的内容要准确无误	7-6	5-4	3-1	
	引用资料的正确性	课件中引用的资料准确真实、举例合情合理	5-4	3	2-1	
	逻辑结构的合理性	课件逻辑严谨，层次清楚，突出重点，分散难点，深入浅出，易于接受	5-4	3	2-1	
教育性（45 分）	直观性	课件的制作直观、形象，利于学生理解知识	8-6	5-4	3-1	
	趣味性	有利于调动学生学习的积极性和主动性	7-6	5-4	3-1	
	新颖性	课件的设计新颖，进一步调动学生的学习热情，信息量大	7-6	5-4	3-1	
	启发性	课件在课堂教学中具有较大的启发性，促进思维能力培养	7-6	5-4	3-1	
	针对性	课件的针对性强，内容完整，重点突出，案例典型，例题恰当	8-6	5-4	3-1	
	实用性	课件适用于教师日常教学	8-6	5-4	3-1	
技术性（25 分）	多媒体效果	课件的制作和使用恰当运用了多媒体效果模拟仿真形象，画面清晰，动画连续，色彩逼真，文字醒目	5-4	3	2-1	
	稳定性	容错能力强、课件在调试、运行过程中不应出现故障	5-4	3	2-1	
	易操作性	界面友好，操作简单、快捷可重复播放，快慢适度、交互设计合理，智能性好	5-4	3	2-1	
	易维护性	课件可以方便地更新，利于交流、提高	5-4	3	2-1	
艺术性（10 分）	画面艺术	画面简洁，具有较高艺术性，整体标准相对统一，图像、动画、文字设计合理，字形、字体、字号易于辨识	5-4	3	2-1	
	语言文字、声音效果	课件所展示的语言文字规范、简洁、明了。声音清晰，无杂音，对课件有充实作用	5-4	3	2-1	
得分合计						

注：得分 80 分以上为优；61～79 分为良；60 分(含)以下为差。

6.5 教学网站的设计与开发

6.5.1 教学网站的特点与类型

教学网站是指教师或教育部门在网络上发布教育信息资源的专门性站点，是指反映教育教学各方面内容与活动，或者服务对象明确的资源网站。教学网站可依据使用对象、建设主题、主题内容等纬度进行分类。而本书所指的教学网站的概念比较宽泛。典型的教学网站可以有主题学习网站、网络课程、教学辅助网站以及互动学习网站。

1. 主题学习网站

主题学习网站是一个以专题知识为导向来建设和应用的网站，是供学生开展课程教学和开展研究性学习的平台，以培养学生的创新精神、实践能力，提高学生的信息素养为目标[①]。专题学习网站是基于专题知识的资源扩展，是基于资源的研究性学习平台，因此需要提供更多的支持和评价学习的工具。

专题学习网站的建设和应用在这几年内发展迅速，在质量和效用上都向深度和广度发展。然而，并不是所有的主题都能用于探究式的专题学习。专题学习网站适用于基于专题资源的探究性教学与学习，适合于那些能够扩展的“弱构”领域的开放性问题。专题资源的选择、设计和建构是至关重要的。“研究性学习问题的形成取决于问题的内在价值、学生的内在兴趣和聚焦能力”[②]，因此，专题的选择必须慎重，要针对学生“最近发展区”的程度。另外，专题资源并不是毫无章法的堆砌，而是要经过严格的教学设计，要能够促进学生的思考、启发学生的思维。学生在建构知识时更要关注过程性的表现，也就是说要实施多元评价与过程性评价，从而能够更接近真实地评价学生，促进学生的发展与提升。

2. 网络课程

“网络课程是基于计算机网络传递、处理和交流的具有特定教学内容结构和教学功能结构的教学材料。”[③]网络课程是用网络的形式表现相对完整的一门课程内容，要求支持以学生为中心的自主学习，因此具有系统性、扩展性和平台性。系统性是指网络课程内容的系统化、教学活动控制的系统化，也就是从教学目标的说明到教学策略的设置以及学习评价都要体现系统性。扩展性是指要支持以学生为中心的自主学习，促进学生知识的扩展。平台性是随着系统性和扩展性而来的，要有一套学习支持和技术保障机制，体现出平台性的特征。

网络课程适用于系统的课程内容，适合于那些“以知识性（概念、规则和原理）内容为主，便于学习者自学，并且有较多的多媒体素材支持的内容”[④]，也要适合于学生完整的自主学习。

网络课程应用中出现的最主要的偏差是书本的数字化以及技术至上的思想。书本搬家似的网络课程学习内容在使用者眼中是绝对的数字垃圾，并不会真正的查看和阅读，而

---

① 李克东.专题学习网站的建设与应用[J].http://lhzx.szftedu.cn,2009(5).

② 钟启泉.课程的逻辑[M].上海：华东师范大学出版社，2008：133.

③④ 李康.网络课程的含义及其教学设计的问题[J].中国远程教育，2006(9)：46-49.

是走马观花的浏览。要提高网络课程学习内容的超文本或超媒体的阅读效率，必须从设计和引领上下工夫。技术至上者的误区在于以为提供了相对完善的技术支持与保障，学生自主学习的意愿和效率肯定会有所提升，但这只是必要而非充分条件。“技术并没有帮助人们发展一种全新的学习，学习归根到底是由学习者来完成。”①

3. 教学辅助网站

相对于网络课程而言，教学辅助网站则体现对课堂教学的辅助性功能，是对课堂教学的补充，可有效实现混合式学习，对教学效果的提升以及对课堂教学的帮助是明显的。教学辅助网站可用于提供课堂教学的资源、发布教学信息、提交学生的论文、教师和学生简易的交互，也可以是相对完整的网上课程。一些不合适开发为网络课程的教学内容或课程内容，完全可以采用教学网站进行辅助。另外，教学辅助网站以简单实用为主，不应该追求高大全，避免造成教学功能的弱化以及无用教育信息资源的堆砌。

4. 互动学习网站

互动学习网站是指提供各类学习活动网络环境下的学习平台，最大的特点就是为学生在网上的交互学习提供充分探索、充分交流与充分表达的网络环境，为学习的全过程提供支持，并能通过网站很好地整合网上网下的学习活动。② 此类网站一般由学科教师与他的学生们共同建设与维护。如典型的网上少科院（http://www. yuexiao. com/website/index. asp），此网站是月浦新村小学课外科技活动的网站。

6.5.2 教学网站的开发流程

建立一个网站就如同盖一幢大楼，它是一个系统工程，有自己特定的工作流程，只有遵循这个步骤，按部就班地一步步来，才能够减少网站建设中的失误，以最快的速度设计出一个满意的网站。一般而言，教学网站开发流程分为八个步骤，如图 6-148 所示。

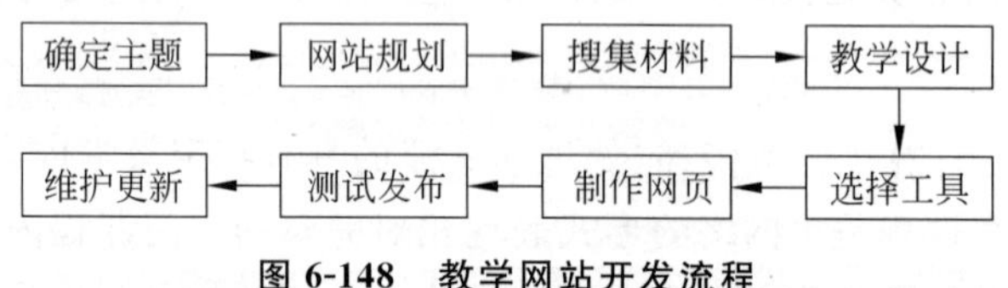

图 6-148 教学网站开发流程

1. 确定网站主题

网站设计中，主题是否明确、内容是否全面、规划是否合理，都将直接影响网站质量。因此在创建网站时，首先考虑网站要表现什么内容，会提供哪些服务，使用对象（学生、教师、教育研究者等）有哪些，在此基础上确立网站主题。

2. 网站规划

网站规划就是将网站内容按照一定的结构层次和链接关系划分成若干栏目，方便观众浏览。这一步的工作通常是先画出网站结构图，如图 6-149 所示，再根据该图在本地硬盘

---

① 焦建利. 教育技术学基本理论研究[M]. 广州：广东教育出版社，2008：108.

② 柳栋. 关于学校学习网站评价方案的初步思考[J]. 网络科技时代，2001(5).

创建网站文件夹，如图 6-150 所示，在网站文件夹中创建栏目文件夹，栏目文件夹中创建二级文件夹……这样逐级创建、逐级细分，当网站规模扩大时，管理难度却没有增加。同时，网站规划还包含栏目设置、风格设计、颜色搭配、版面布局、文字图片的运用等，只有在制作网页时全盘考虑，才能使其具有特色与吸引力。

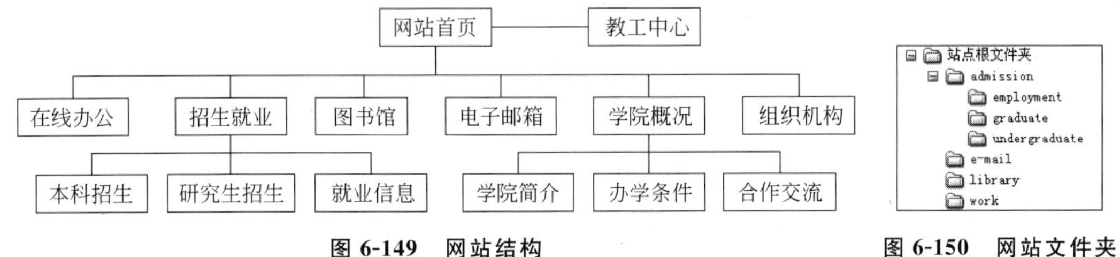

图 6-149　网站结构　　**图 6-150　网站文件夹**

(3) 搜集材料

一旦确定了网站内容，就可以为创建网站搜集所需材料了。这些材料包括文本、图片、音频、视频、动画等，可以通过图书、报刊、网络、自己制作等途径获取，并注意其真实性、有效性、合法性。广泛搜集后，应将所有材料认真筛选，去粗取精，去伪存真，分门别类放到网站文件夹中，方便使用。

(4) 教学设计

教学网站不同于商业网站，它的规则重点体现在其教学互动性以及体现一定的教学策略。学生能够通过教学网站预习和复习相应的课程，教师可实现对所学课程的检验。学生在学习过程中遇到问题可通过教学网站，由教师或其他学生帮助解答，教师可以进行在线辅导、布置作业等操作，学生还可以下载相关的教案、习题等。

(5) 选择制作工具

不同的网站制作软件在制作网站的过程中应用的技术是略有区别的。但是，从整体而言网站大致可以分为两类：静态网站和动态网站。

静态网站没有数据库的支持，网站运行过程中不提供人机交互功能，只是将文字、图形、动画、视频等资料进行数字化显示，达到能够让人浏览的目的。

动态网站是指具有后台管理的、可以实现人机交互功能的网站，这类网站除了将文字、图形、动画、视频等进行数字化显示外，还可以通过后台管理随意添加内容在前台显示。动态网站主要制作网站中有关数据管理的功能模块，制作技术比较复杂，需要和数据库进行联结交互，要求制作者具备一定的编程能力和数据库管理技术，需要熟练使用 SQL 语句。制作动态网站的语言目前流行的有 ASP、PHP、JSP 等，在制作过程中配合脚本语言使用，例如：VBScript 和 JavaScript。

(6) 制作网页

制作网页就是按照网站结构图，利用 Dreamweaver 等网页设计软件将搜集到的材料进行整合的过程。

(7) 测试和发布网站

开发网站的过程中少不了测试环节，它可以让我们发现网站中存在的问题并及时改进。网站测试包括基本测试，如网页色彩的搭配、链接的正确性、CSS 应用的统一性等；技术测试,如网站的安全性、稳定性,系统可能存在的漏洞,数据库测试等。测试方式可以采用自己测试即将本地机做成服务器,看是否可以正常运行,找第三方进行测试以及使用专门的测试软件进行测试相结合的方式。

通过测试,便可以发布网站即将网站上传到服务器。此过程可以分为两种方式:Web 方式,向提供空间的服务商进行申请,成功后登录其主页,进入 Web 上传页,然后按照提示进行操作;FTP 方式,利用专门的 FTP 软件或 Dreamweaver 等工具,输入申请获得的 FTP 主机地址、域名和密码,然后进行上传。

(8) 网站维护和更新

没有哪一个网站一经做好就不再变动了,随着网站运行所出现的问题,内容的更新,我们必须要经常维护更新网站,保持内容的新鲜,只有这样,才能弥补网站存在的缺陷,吸引住浏览者的目光。

6.5.3 教学网站的设计

1. 网站内容的设计规划

教学网站的内容设计与组织是网站规划中最重要的部分,是网站吸引浏览者最重要的因素。教学网站通常的功能模块有教师介绍、教师课表、课程教案、参考资料、教学论坛、课后答疑、典型问题、优秀作品、学生成绩管理、考试管理、作业管理等。这些模块之间的关系有的是同级关系,有的是从属关系,可根据其关系画出模块层次关系图,架构网页内容的布局,原则上主要功能模块在前,次要功能模块在后,并且为每一个模块对应的网页命名,提前标注说明。

2. 确定教学网站的风格

用 Dreamweaver 制作网站时,首先要确定网站的整体风格,风格要与网站的主题相匹配。一般而言,门户类商业网站的风格简单明了,同时需要在网站的适当位置预留空间作为广告的位置;教学网站的风格相对而言要求色彩鲜明,能够迅速吸引学生的注意力,同时不需要提供广告位置。

3. 首页的设计

首页的设计是一个网站成功与否的关键。人们往往看到第一页就已经有一个整体的感觉。如果首页设计得好,吸引学生的注意力,就能够促使学生继续单击进入,使他们能长时间停留在站点上。首页面不一定要设置得非常复杂,只要安排合理,同样可以起到较好的效果。

对于一个教学网站而言,网站首页上应包含教师专区、学生专区、服务专区等几个部分。

4. 网页的色彩搭配

不同的色彩给我们的视觉冲击是不一样的,因此在用 Dreamweaver 制作网站时,确定网站的标准色彩是相当重要的一步。不同的色彩搭配产生不同的效果,并可能影响到访问者的情绪。标准色彩是指能体现网站形象和延伸内涵的色彩。例如:IBM 的深蓝色,肯德基的红色条型,Windows 视窗标志上的红、蓝、黄、绿色块,都能使我们觉得贴切、和谐。标准色彩要用于网站的标志、标题、主菜单和主色块,给人以整体统一的感觉。至于其他色彩也可以使用,只是作为点缀和衬托,绝不能喧宾夺主。如黑色和白色是网页的标准色彩,但是只有黑色和白色的网站绝对不可能会非常吸引人的，因此在网页中又加入了红色和绿色，同时红色和绿色占据了比较小的色块，它们之间又体现了一种左右方向上的对称性。

5. 网页文字的设置

教学网站中的文字一定要精练，要能体现教学的重点、难点；同时文字要适中，不能过密；字体要清晰、美观；文字设计要规范化，尽量使用标准字体（标准字体是指用于标志、标题、主菜单的特有字体。一般我们网页默认的字体是宋体）。为了体现网站与众不同的风格，我们可以根据需要选择一些特别字体。注意各个页面的标题及正文的文字大小要统一、规范，形成统一的格式。

6. 教学网站的内容组织

课程内容采用模块化的组织方法，模块的划分应具有相对的独立性，基本以知识点或教学单元为依据。课程内容的组织是以有良好导航结构的 Web 页面为主，链接有特色的网络或单机运行的教学课件，课件以知识点教学单元为单位。课程内容应根据具体的知识要求采用文本、声音、图像、动画等多种表现形式。自测部分可根据具体的知识单元设置。每一个教学单元的内容都有如下几个部分：学习目标、教学内容、练习题、测试题（每一章）、参考的教学资源。课时安排、学习进度和学习方法说明等。在疑难关键知识点上提供多种形式和多层次的学习内容。根据不同的学习层次设置不同的知识单元体系结构。模块组织结构应具有开放性和可扩充性，课程结构应为动态层次结构，而且要建立起相关知识点间的关联，确保用户在学习或教学过程中可根据需要跳转。内容的表现形式应采用文字说明、背景资料支持、配音阐述、重点过程动画表现以及小画面教师讲授录像播放相结合。

7. 教学网站的内容表现

在画质上，应要求构图合理、美观，画面清晰、稳定，色彩分明、色调悦目，动画、影像播放流畅且具有真实感。图形图像应有足够的清晰度。构图的基本要求是设计好屏幕的空间关系，使画面新颖简洁、主体突出，具有艺术感染力，是教学内容形象地展示在学习者面前。在内容结构上，同一网页中不宜同时出现过多动态区域。网页长度不宜太长，一般不要超过三屏，在 800×600 屏幕分辨率下不应横向滚屏。每门课程的网页应保持统一的风格和操作界面。背景音乐应选用恰当。控制功能、操作方法符合常规习惯。表现形式要生动活泼、色彩要和谐、页面布局美观，重点内容要有多媒体表现。课程内容的设计应尽量加入交互方式，激发学生在学习过程中主动参与和积极思考。在疑难的知识点上充分发挥多媒体的功能，展现其内涵，使学生能够深刻体会，从而有利于培养学生获取知识的能力和创新能力。学习者对课程中的有关图片、资料、动画可选择浏览或不浏览，也可选择背景音乐开或关，以及配音阐述的开或关。

6.5.4 教学网站的制作①

1. 建立站点

首先在本地 E 盘建立一个文件夹 website，并在其内部建立一个 images 的文件夹。如

① 梁斌，曹卫真. 现代教育技术实训教程[M]. 北京：高等教育出版社，2009.

图 6-151 所示。

运行 Dreamweaver，单击“管理站点”菜单→“新建站点”命令，如图 6-152 所示。打开“站点定义”对话框，单击“高级”选项卡，如图 6-153 所示，在“站点名称”输入“学院网站”，“本地根文件夹”选择第 1 步建立的文件夹 website，其他采用默认设置，单击“确定”按钮。“文件”面板如图 6-154 所示，说明站点建立完成。

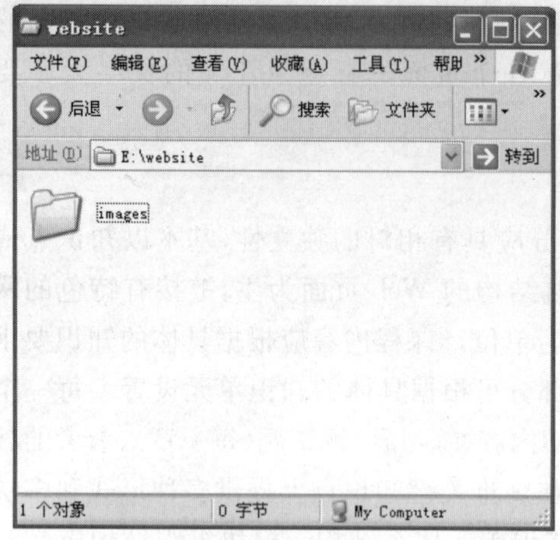

图 6-151 本地文件夹

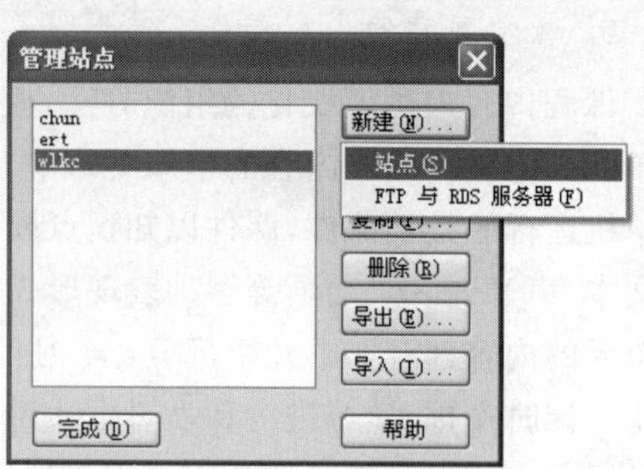

图 6-152 新建站点

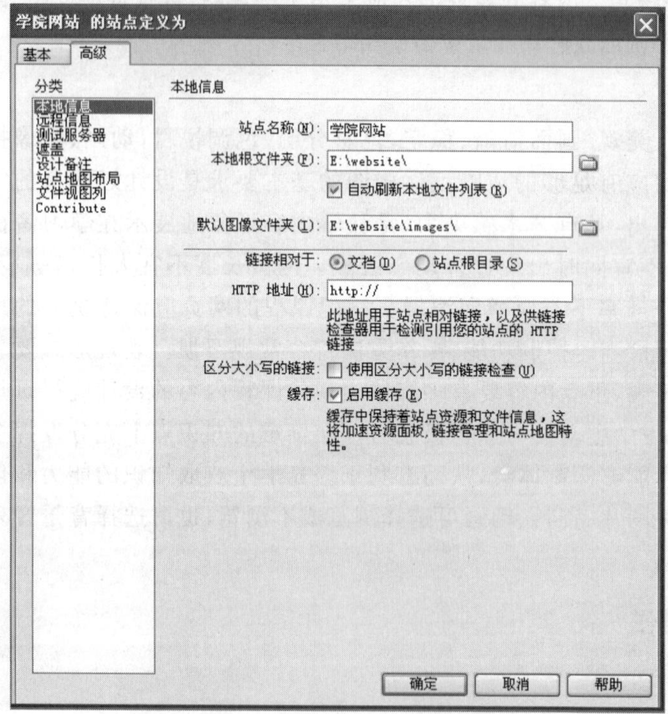

图 6-153 “站点定义”对话框

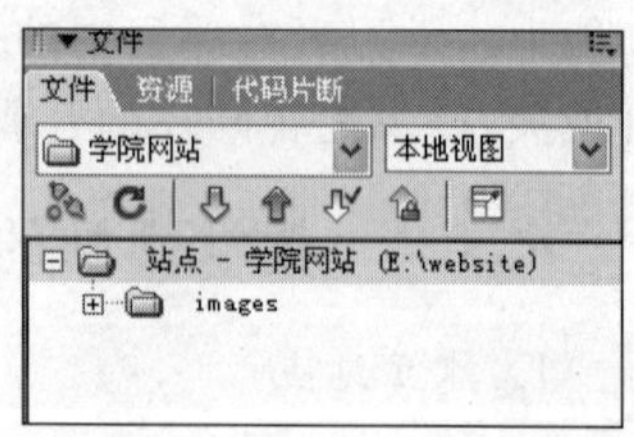

图 6-154 “文件”面板

2. 制作主页

作为一个网站，首先出现的是首页，下面来创建首页文件——index.html。

(1) 新建文档

“文件”菜单→“新建”命令，打开“新建文档”对话框，“类别”列表框中显示出八大选项，“基本页”列表框中显示出六大选项，普通网页都是HTML文档。“类别”列表→“基本页”选项→“HTML”选项→“创建”按钮，创建一个新的文档；也可以在浮动面板“文件”中双击index.html文件，进入主页编辑状态，如图6-155所示。

图 6-155　新建页面

保存首页文件时的注意事项：一是保存位置，要保存在所建立的根目录下；二是文件名称，一般为index.html或default.html。如图6-156所示，本例采用index.html。

图 6-156　保存首页

(2) 文字操作

文本的信息量大且生成的文件小,容易被浏览器下载,不会让浏览者用过多的时间等待,因此,不论网页内容如何丰富,文本始终都是网页中的基本元素。同时掌握好文本的使用也是网页制作的基本功。

① 输入文字。新建文档之后打开编辑界面,在“编辑窗口”中输入图 6-157 所示的文字。

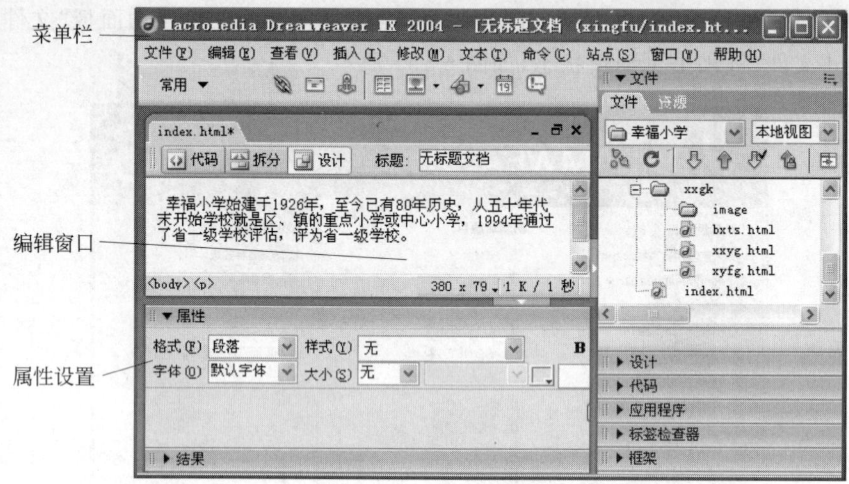

图 6-157 主页中的文字

② 编辑文档。一个精美的网页跟排版布局关系很大,页面的排版是给人的第一印象,可以对图 6-157 中的文字进行编辑。

步骤 1:插入换行符。使用键盘的 Ente 键可以换行,但同时也就结束了一个段落。如果既要换行又要处在同一个段落中,就必须使用换行符,将光标移动到要换行的字符处按 Shift+Enter 组合键,文档在同一个段落中换行,同时出现了换行符的符号。

步骤 2:设置字体和文字大小。鼠标指针选中欲改变字体的文字,然后单击属性面板中的字体和字体大小下拉菜单设置即可。

步骤 3:修改文本颜色。鼠标指针选中欲修改的文本,然后在属性面板中选择颜色,打开调色板选择颜色即可。而要改变整个页面的文本颜色,可以打开“页面属性”对话框,选择“外观”→“文本颜色”,打开调色板选择颜色即可。

步骤 4:其他。在属性面板中可以设置文本的对齐方式,如加粗、倾斜、左右对齐、居中对齐等,这些都与 Word 或者 WPS 等文字处理软件用法相同,大家可以试一试,在此不做过多的叙述。

(3) 图像操作

图文并茂是网页的一大特色,图像不仅能使网页生动、形象、美观,而且能使网页中的内容更加丰富多彩,因此图像在网页中发挥着举足轻重的作用。

① 插入图像。Dreamweaver MX 2004 中插入图像非常方便,只要在站点管理器相应的文件夹下选中图像,用鼠标拖曳到文档编辑窗口即可,也可以打开“插入”菜单→“图像”命令,然后打开“选择图像源文件”对话框,选择图像文件并确定就能将图像插入网页中了。

插入图像后的效果如图 6-158 所示。

图 6-158 插入图像的效果

如果选择的图像文件不在定义的站点目录内，将弹出对话框询问复制到网站的目录下，应该选择“是”，否则，今后将网站上传到服务器之后该图像就无法显示。

② 图像属性。与输入文本之后需要编辑排版一样，插入图像之后也要进行布局编排，同时来设定图像各种特有的属性。用鼠标拖动“缩放手柄”可以改变图片大小，但仅仅是在网页中显示的大小，并不改变原图像尺寸。选中图片(即图像周围出现拖放手柄)的时候，“属性”面板也能设置该图像的属性如下。

“宽”、“高”：是图片的尺寸，默认单位是像素。

“源文件”：是图片的路径，单击后面的文件夹图标也能选择其他图片。

“链接”：是链接的目标页面或者定位点的 URL。

“目标”：链接时的目标窗口或框架。

“替代”：是图片的文字注释，当图片不能正常显示的时候，图片的位置就会显示文字注释。

“编辑”：启动图像编辑软件对图像编辑。

“地图”：用于制作图像映射(热点)。

“垂直边距”、“水平边距”：图像在垂直或水平方向与网页中其他元素之间的距离。

“边框”：图像边框的宽度。选择空白或零时没有边框。

“对齐”：下拉列表用于指定图片相对于文本的排列方式。

“低解析度源”：当前图片的低分辨率副本的路径。如果图片很大，则先让浏览器下载显示一个文件较小的图片副本，浏览器装载完其他内容后再回头来下载较大的图像，这样做既能保持网页的完整性，又能减少用户等待的时间。

(4) 保存文档

如果是新建的文件,选择主菜单的"文件"→"保存"命令,将打开"保存为"对话框,选择保存路径,给文件命名 index.html 后,选择保存类型,然后单击"保存"按钮即可完成文件保存。

3. 建立链接

网站中的网页是通过超级链接的形式关联在一起的。超级链接是网页中最重要也是最根本的元素之一,没有它的存在,网页之间失去了关联,也就不成为网了。

先在图 6-158 所示主页 index.html 文件中图的下方输入三个标题:"学校概况"、"教师队伍"、"学生园地"。然后按照上面同样的方法制作图 6-156 中每个栏目下的网页各一个,例如"学校概况"下的:xxyg.html(介绍学校的发展历史),"教师队伍"下的:szll.html(介绍师资力量)和"学生园地"下的:xsdy.html(介绍学校的少先队建设)。下面来实现从主页的标题链接到相应的子页面,例如从"学校概况"链接到 xxyg.html 页面。

1) 网页链接的三种形式

网页中的超级链接分为以下三种形式:

① 绝对路径。如:http://www.reion.net/mmc/index.htm

② 文档相对路径。如:xxgk/xxyg.htm

③ 站点根目录相对路径。如:/xxgk/xxyg.htm

2) 文本超级链接

浏览网页时,鼠标经过某些(带有下画线的)文字的时候,鼠标指针的形状会发生变化,根据网页设计的不同,可能文本也会发生一些变化,比如出现下画线或下画线消失、文本颜色和字型改变等。这就是提示浏览者"这里是一个超级链接",此时用鼠标单击这个超级链接,就会打开所链接的网页。

(1) 建立文本超级链接

在 index.html 文件中用鼠标选中"学校概况",实现链接有三种方法,如图 6-159 所示。

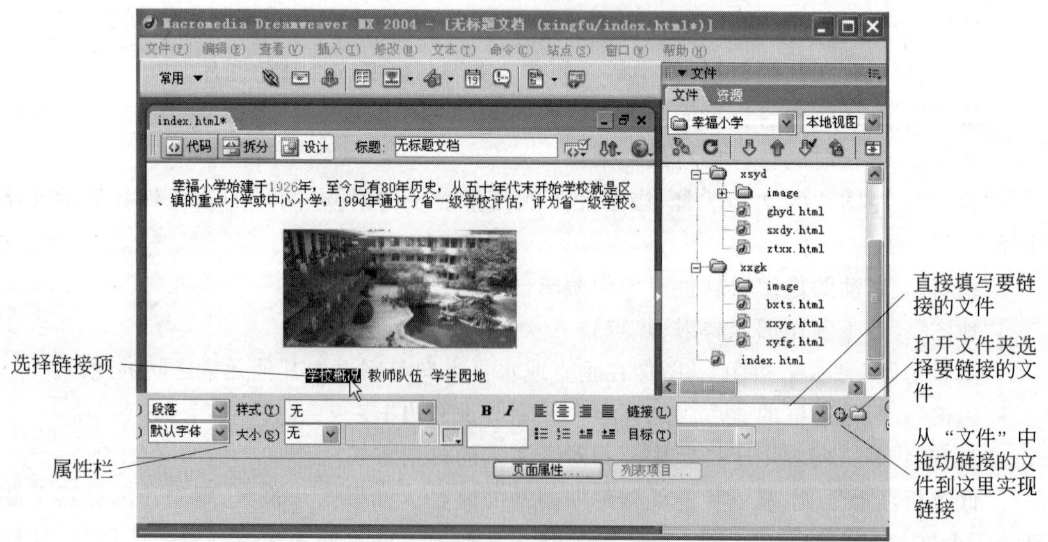

图 6-159 链接方法

① 在属性面板的“链接”文本框后单击文件夹图标，打开“选择文件”对话框，选择要链接的网页文件即可。

② 在浮动面板“文件”中拖动要链接的文件到属性面板“链接”文本框后的图标上即可。

③ 在属性面板的“链接”文本框内直接填写要链接的网页文件的路径和文件名。这里我们要引入相对路径的概念。如果要链接的文档与当前文档在同一文件夹中，这只需要输入文件名；要链接的文件位于当前文件所在文件夹的子文件夹中，要加上子文件夹名；也可以使用从站点根目录到文档所在文件夹所经过的全部路径，不过这一般适合在使用多台服务器的大型网站中。如果不是很熟悉路径的概念，建议大家采用相对路径。

上面所列出的都是相对文档与文件夹而言的，以此建立的链接叫做“相对路径”。

为文本添加链接之后，属性面板中的“目标”文本框就变成了可选状态，如图6-160所示。

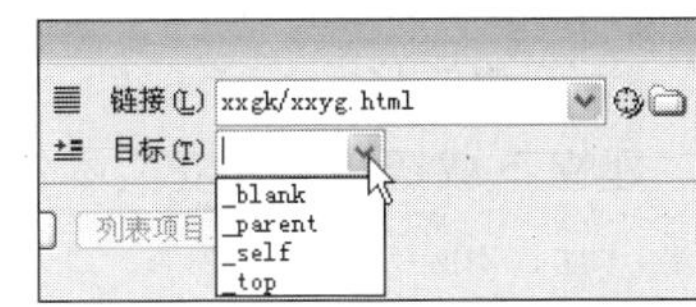

图 6-160　链接的“目标”选项

“目标”选项说明：_blank 为打开新窗口显示网页内容；_parent 返回到上一级窗口显示网页内容；_slef 在当前窗口显示网页内容；_top 回到最顶窗口显示网页内容。

重复上面的步骤为“教师队伍”、“学生园地”设置超级链接。

(2) 设置文本链接的不同状态

在浏览网页时，会发现有些文本链接颜色会发生变化，有的有下画线，而有的没有下画线，单击链接文字后有的颜色发生了改变，有些并不改变，这些效果需要的实现进行文本链接的设置。

“属性”面板→“页面属性”，打开其对话框，对话框中的“分类”→“链接”，出现如图6-161所示的对话框，尝试修改各个选项的颜色，运行观察效果，理解每个选项的含义。

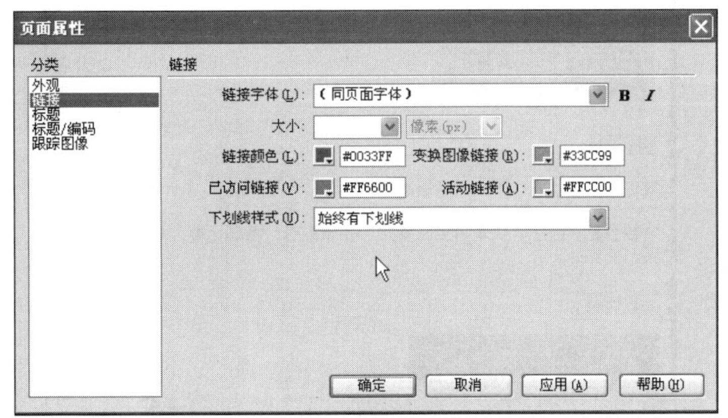

图 6-161　链接属性设置对话框

3) 图像链接

图像链接与文本链接大体相同，不同的是首先要选中图像，然后在链接文本框中设置。更多的内容，在前面图像属性中已经介绍，不再赘述。

4）电子邮件链接

工具栏“常用”→“电子邮件”按钮，弹出如图 6-162 所示的对话框，依次填写文本和正确的邮件地址，网页中文本的内容就会变成一个电子邮件超级链接，用户单击它时，就能启动 Outlook 或 Foxmail 等软件发送邮件了。

图 6-162　建立电子邮件链接

5）下载链接

建立下载链接与建立文本链接基本相同，不同的是在“链接”文本框中最后的文件扩展名是.rar、.zip 等。

6）建立锚点

当一个页面中如果内容过多，就会使页面变得很长，用户要通过拉动浏览器的滚动条才能在页面中浏览相关的内容，这样就很不方便。建立锚点，就可以在本页面中快速地查找相关的主题和信息。锚点是同一个页面中内容的跳转。例如在图 6-163 所示的 xxyd.html 页面中，如果我们单击“队员活动”就能直接跳转到相关的内容，而不需要拖动浏览器的滚动条。

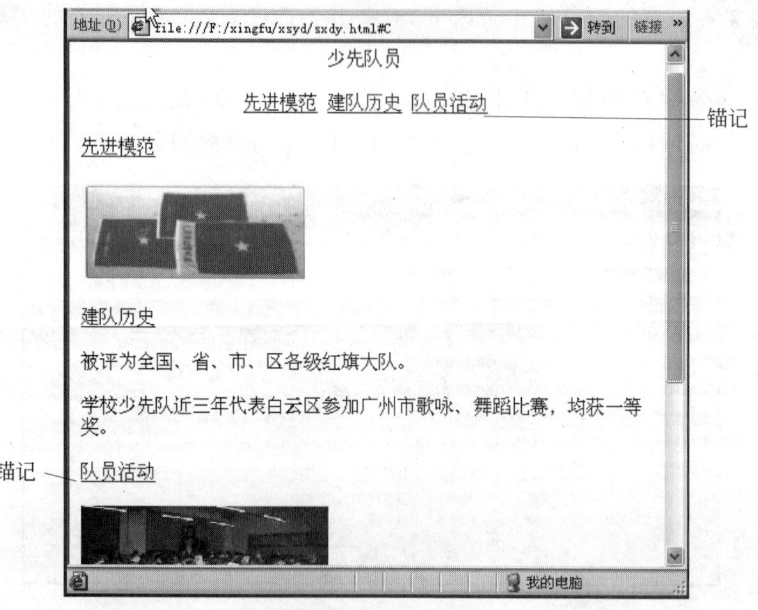

图 6-163　锚记的效果

在 Dreamweaver 中打开 xxyd.html，如图 6-164 所示，将光标移动到“队员活动”前面，在工具栏选择“常用布局”→单击“命名锚记”按钮，弹出“命名锚记”对话框，在锚记名称文本框填写一个名称，如 C，单击“确定”按钮后，就在相应位置插入了一个锚点。

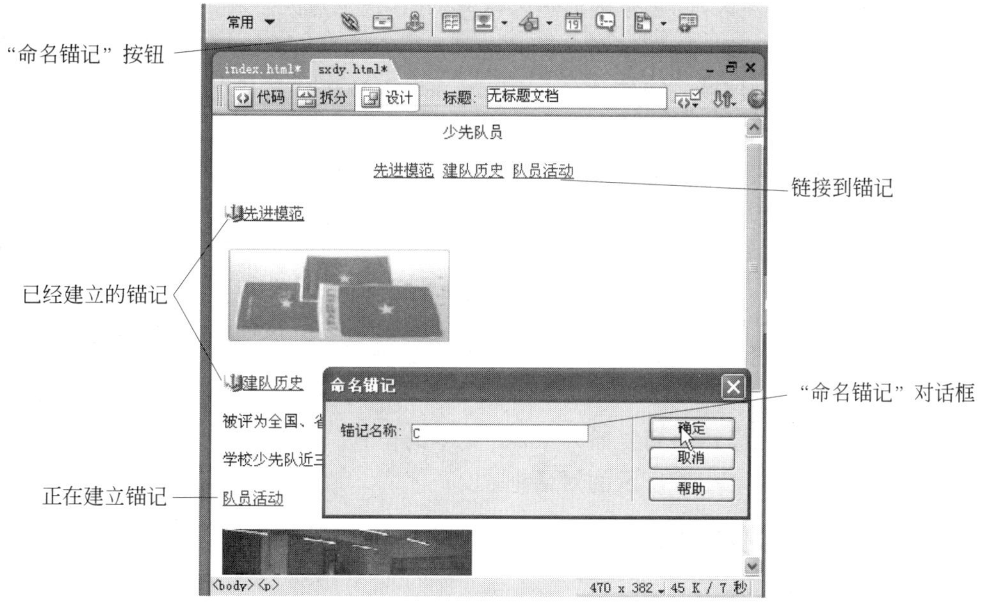

图 6-164 建立锚记

用鼠标选择图 6-164 顶部标题文本"队员活动",并在属性面板的"链接"文本框中输入#C,保存文档,在浏览器中打开该文档,单击"队员活动"超级链接时,就会快速跳转到队员活动的内容。

7)热区链接

前面介绍的图片链接,一张图只能对应一个链接,能不能一张图对应多个链接呢?答案是可以的,选取一张图片后,可以在属性面板看到图 6-165 所示的"地图"选项。

图 6-165 "地图"选项

其中，创建矩形热区，创建圆形热区，创建多边形热区。例如单击，鼠标指针变成十字形，此时可以在 index. html 文件的图片上画出一个蓝色矩形的热区，如图 6-165 所示。

在属性面板的“链接”输入链接地址，# 表示一个空链接，“替代”为当鼠标指向热区时所显示的文字，与图片的替代相似。我们可以通过选择不同的热区，并通过调整热区四个角的控制点调整热区的大小。通过热区，我们可以在图片的任何地方做一个链接，当然可以在一张图片画很多热点，做很多链接，分别链接到不同的页面。

4. 插入多媒体

(1) 插入 Flash 文本

在 Dreamweaver 中直接插入 Flash 文本即可制作具有动画效果的文本，而不用在 Flash 软件中制作。

在文档窗口中将光标移动到要插入 Flash 文本的位置。选择菜单栏“插入”→“媒体”→“Flash 文本”，打开如图 6-166 所示的对话框。

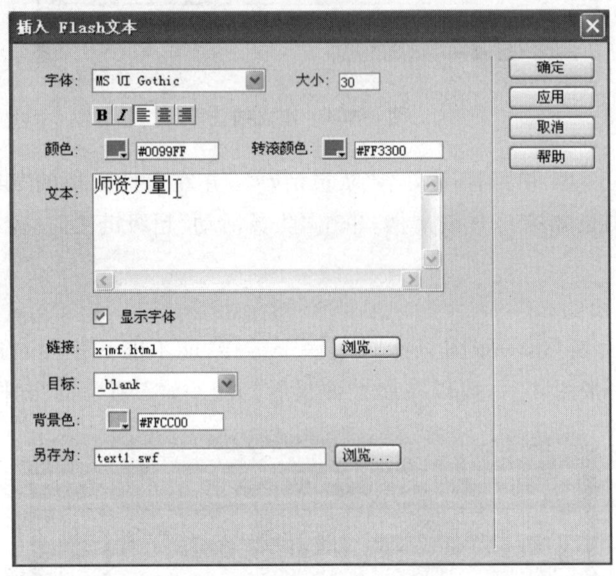

图 6-166　插入 Flash 文本

“字体”、“大小”：选择所需要的字体和字号。

“颜色”：选择页面起始时显示的文本的颜色。

“转滚颜色”：鼠标经过时的颜色。

“文本”：需要显示的文本。

“链接”：鼠标单击后链接的 URL。

“目标”：在新窗口还是在本窗口打开等的选项。

“背景色”：Flash 的背景颜色。

“另存为”：保存的路径和文件名。

(2) 插入 Flash 按钮

同插入 Flash 文本一样，无须在 Flash 软件中制作，即可直接在 Dreamweaver 中制作出

Flash 按钮。选择菜单栏“插入”→“媒体”→Flash 按钮后，填写对话框中的项目，完成制作。

（3）插入 Flash

在菜单栏中选择“插入”→“媒体”→Flash 打开对话框，选择路径，单击“确定”按钮，即可在文档中插入 Flash，但是在编辑窗口中不能显示 Flash 动画，只有在保存文档之后，在浏览器中才能正常显示 Flash。

（4）插入插件

打开一个需要添加音乐的网页文件，在菜单栏选择“插入”→“媒体”→“插件”，打开对话框，选择路径和文件之后单击“确定”按钮，网页文件中出现如图 6-167 所示的插件图标。

鼠标选中插件图标，在图 6-168 所示的“属性”面板中可以设置其属性。

图 6-167 插件图标

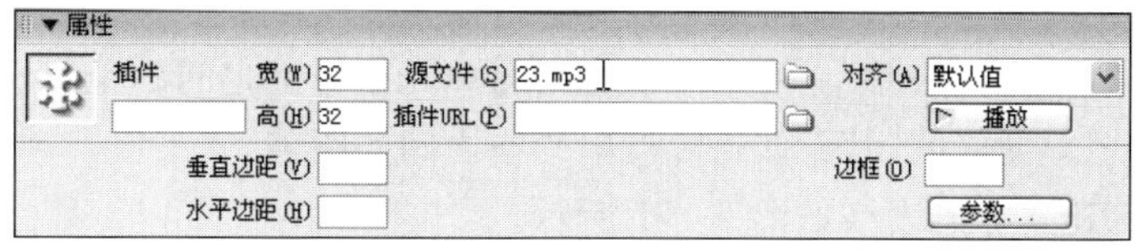

图 6-168 插件属性面板

“宽”、“高”设置为零的时候，网页中不出现播放器外观，这种做法可以使音乐作为网页的背景音乐。默认音乐播放一次后停止，如果想要循环播放则需要在代码中设定；当宽高设置为 300×40 的时候，出现图 6-169 所示大小的播放器外观，可以对音乐进行控制。“插件 URL”设置站点中播放音乐媒体的插件路径和文件名，如果不设置，则会使用服务器端的插件播放该文件。

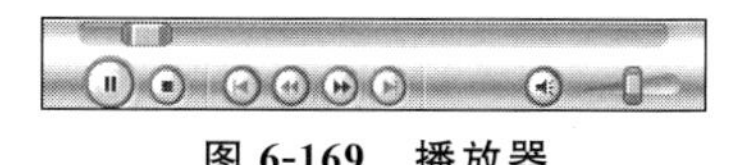

图 6-169 播放器

5. 网页排版：表格

通过前面的讨论，我们可以编辑文本，插入图像和多媒体，已经可以制作网页了。可是在制作过程中，会发现无论怎样排版都有些不尽如人意。这是因为 HTML 本身并没有提供更多的排版手段，我们往往要借助表格实现网页的精细排版。可以说表格是网页制作中最为重要的一个技巧，它不但可以精确地定位文本、图像和其他网页中的元素，还可以有效排列数据。表格运用的好坏是区分专业网页制作和业余爱好的客观标准。

图 6-170 “表格”对话框

1）表格的组成

将光标移动到准备插入表格的地方单击菜单“插入”→“表格”或单击对象面板的▦，打开图 6-170 所示的对话框。

“行数”、“列数”：文本框中填写相应的数字就能够定义表格的行数和列数。

“表格宽度”：文本框配合后面的下拉选项可以定义表格的宽度。表格的宽度可以用像素或百分比单位，如果您需要浏览者无法改变表格宽度，请使用像素单位；如果您需要表格随用户屏幕分辨率改变，请选用百分比。

“边框粗细”：文本框中的数字定义了表格边框的宽度，如果设置为零，则不显示边框，这在网页布局中经常使用，虽然没有边框，但是我们在菜单栏的“查看”→“可视化助理”→“表格边框”命令，就能显示出边框的虚线，便于大家布局，最后生成的网页在浏览器边框不会显示出来。

“页眉”：选现定义表格标题出现的位置。

“标题”：文本框输入表格标题的文本。

“对齐标题”：下拉选项定义标题的位置。

“摘要”：添加备注文字。

“单元格边距”：单元格中元素与单元格边框之间的距离。

“单元格间距”：单元格与单元格之间的距离。

建立好的表格如图 6-171 所示。

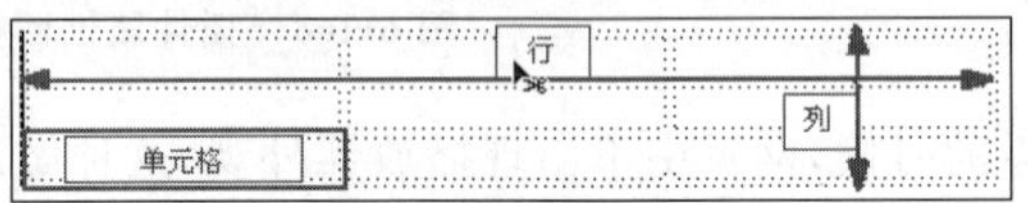

图 6-171　表格中的行和列

2）网页版面格式

当我们在互联网上任意打开一个网页，例如一个版面比较复杂的主页，其界面大多都与图 6-172 所示的基本相似。

图 6-172　网页表格案例

从图中的黑色线框可以看出，网页版面的格式是由表格构成的，通常是一个大表格的单元格中又能嵌套小表格，小表格中又可以再嵌套表格，表格的单元格还可以根据格式需要进行合并，这样做的目的都是为了能精确地固定网页中文字、图像、动画等多媒体元素在版面中的位置。

所以，在制作网页时，首先根据版面设计要求设计、添加表格，表格中又可以再插入表格。在单元格中插入表格的时候，单元格中的表格叫做内嵌入式表格，内嵌表格中的单元格可以再分成多行或多列，并且可以无限制地插入，不过内嵌的表格越多，浏览器下载时间越长，所以内嵌表格最好不要超过三层。由于网页是不显示边框线的，一般要把表格的边框宽度设置为0。

然后在表格单元中插入多媒体元素，如图像、文本等，方法如同文档操作一样。添加文本，表格会随着增多而自动增高。在单元格中添加图像时，如果单元格的尺寸小于图像的尺寸，单元格也会自动增高或增宽。

可以看出，要制作出美观的网页，必须熟练掌握表格的操作。

3）编辑表格

（1）选择表格

最常用的选择表格的方法有四种。

① 用鼠标单击表格左上角边框，选中表格。

② 将光标放在表格中的任意处，然后打开菜单栏“修改”→“表格”→“选中表格”命令。

③ 拖动鼠标从表格左上角至右下角，选中所有单元格，然后打开菜单栏“编辑”→“全选”命令。

④ 单击表格任意处，然后在状态栏选择<table>标签。这是最简单、最常用的方法，如图6-173所示。

被选中的表格状态如图6-174所示。

<body><table><tr><td><p>

图6-173　选择表格

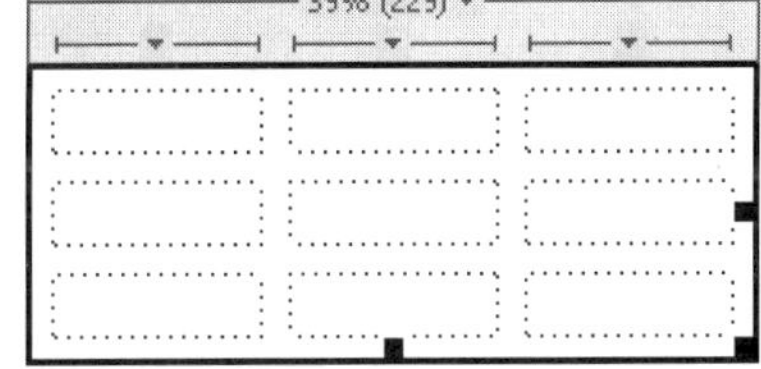

图6-174　表格被选中的状态

（2）更改表格尺寸

图6-172中表格边框上的黑色方块叫做拖放手柄，鼠标移动到拖放手柄上出现双向箭头光标的时候即可拖动至合适的尺寸。当然要精确定义表格的尺寸还是要在如图6-175所示的属性栏中设定。

图6-175　表格属性设置

“表格 Id”：用于编程和在今后的行为中使用。

“背景颜色”：打开调色板选择颜色，即可指定表格的背景色。

“背景图像”：给出图像的路径和文件名即可指定表格的背景图像，如果既指定背景图像又指定背景颜色，则图像部分会遮挡住背景颜色，除非它是一个透明的 GIF 图像。

“边框颜色”：打开混色器面板选中颜色，即可指定表格边框颜色；通过不同的表格边框颜色背景颜色的指定，可以得到多种效果，例如把边框色设为红色，背景色设为黄色。

在图 6-172 所示的状态栏中，可以选中一行或者一个单元格。选中一行即单击状态栏的<tr>；选中一个单元格即单击状态栏的<td>；设置单元格的属性，就能得到更多表格的效果，例如选中第一个单元格，然后在属性面板选择单元格边框颜色为黑色；背景颜色为浅黄色。

(3) 选定多个单元格

按下 Ctrl 键并单击单元格即可选中该单元格，继续单击即可选中其他单元格。图 6-176 所示是同时选中了第 1 行 1 个单元格、第 3 行 2 个单元格、第 5 行 1 个单元格的状态。

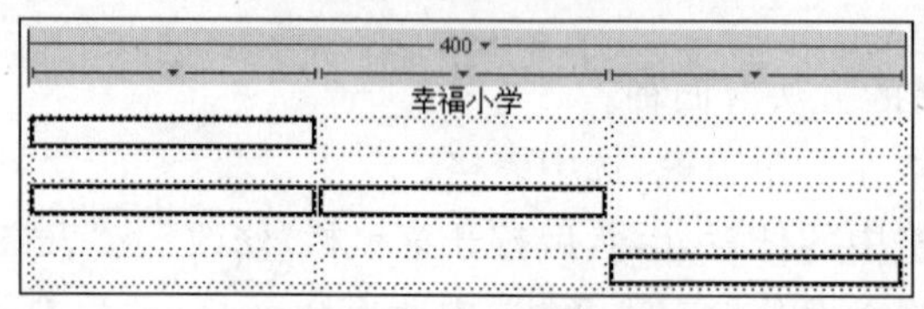

图 6-176　选定多个单元格

(4) 拆分/合并单元格

选中单元格可以合并，例如图 6-174 中第 3 行和第 4 行的 4 个单元格，选中后选择“修改”→“表格”→“合并单元格”命令即可，合并效果如图 6-177 所示。

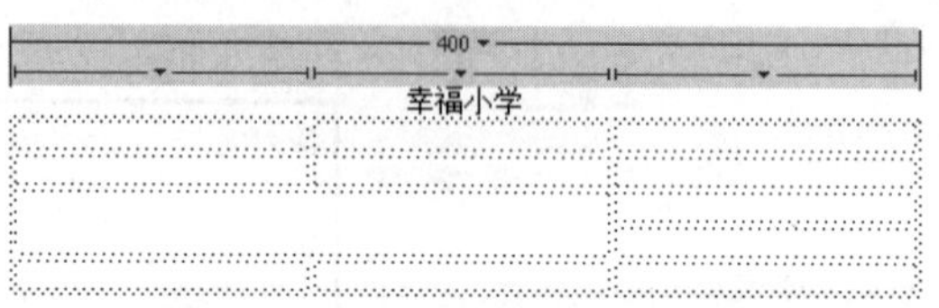

图 6-177　合并单元格的效果

选中一个单元格后选择“修改”→“表格”→“拆分单元格”命令，打开如图 6-178 所示的对话框。

选择拆分第 1 行第 2 列为 2 行后的效果如图 6-179 所示。

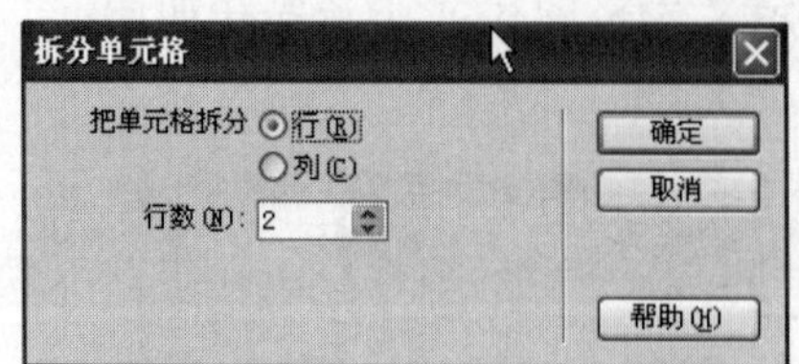

图 6-178　“拆分单元格”对话框

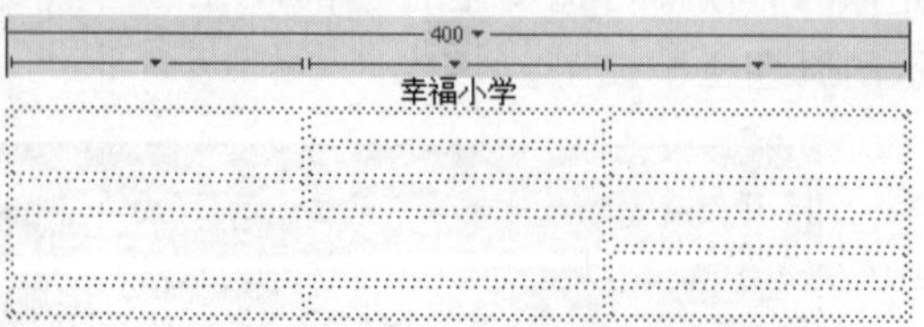

图 6-179　拆分单元格后的效果

(5) 插入行或列

将设计布局改为"布局"模式,图 6-180 中右边显示的功能按钮即为"插入"按钮,鼠标指针移动到按钮上停留时会有文本提示,选中单元格后单击"插入"按钮即可完成插入行或列。

图 6-180 "插入"按钮

4) 表格使用技巧

如果你的网页里没有一个表格,那可以说算不上一个网页(Flash 做的除外),表格的重要性就可想而知。表格的使用有很多的技巧,下面对其中一些做简介。

(1) 表格的宽设为 100%

使用表格排版网页,可以使你的网页更美观,将表格的宽设为 100%,可以使网页的兼容性更好。有的人喜欢用层来排版,但层在不同分辨率的浏览器中有不同的效果,兼容性不好。

(2) 不要把整个网页放在一个大的表格里

因为一个大表格里的内容要全部下载完才会显示,如果整个网页放在一个表格里,那么你的网页就只会出现两种情况:全部不显示或全部显示出来。

(3) 细线边框的表格

插入一个表格,边框大小设为 0(border=0),间距设为 1(cellspacing="1"),背景色设为深色(如:bgcolor="#000000"),全部选定单元格,并将单元格的背景色设为浅色(如:bgcolor="#FFFFFF"),这样可以得到一个细线边框的表格。

(4) 用表格代替水平线

插入一个表格,将高度设为 1(按需要设定),当然也可以将宽设为 1,制作竖线。在 Dreamweaver 里制作时,先将高设为 1 后,切换到代码窗口,将表格里的空格符去掉( ),如果不去掉空格符,将看不到效果。

(5) 制作有立体感的表格

图 6-181 展示了 3 个特殊效果的表格。

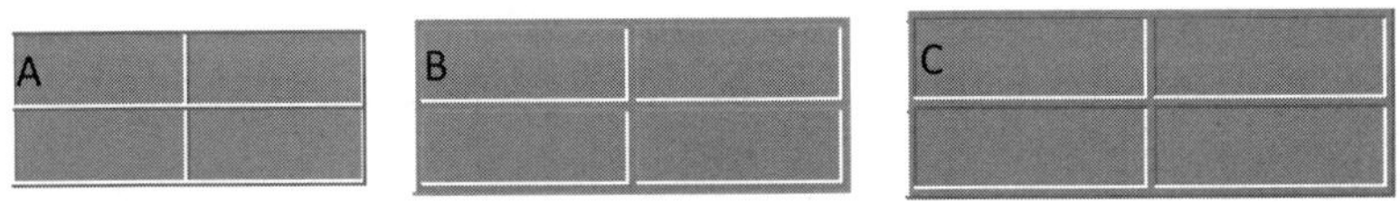

图 6-181 特殊效果的表格

A 表格的参数:border="1" cellspacing="0" cellpadding="0" bordercolor="#FFFFFF" bordercolorlight="#000000" bgcolor="#9999CC"

B 表格的参数:border="1" cellspacing="2" cellpadding="0" bgcolor="#9999CC"

C 表格的参数:border="1" bordercolor="#FFFFFF" bordercolorlight="#000000" bgcolor="#9999CC"

其实有一个技巧,把 bordercolor 设置浅一点,表格就会凸起来了。

(6) 研究别人制作的网页

表格的嵌套在网页制作中被经常使用到,尤其是在一些门户网站中,为了使大量的信息整齐地展示在浏览者面前,表格的嵌套就使用得最为频繁。可以在浏览器中把正在浏览的网页保存下来,然后在 Dreamweaver 中打开,观察表格使用的情况。刚开始的时候,对表格的应用可能看得不太懂,但做网页时间长了,就可以领悟出其中的道理了。

5. 框架

在一个网页中,我们并不需要所有的内容都在单击链接的时候改变,比如导航条、站点标志、版权信息等,都是不需要改变的。因此我们没有必要在每一个网页中都插入这些元素,这不但能减轻设计制作网页的工作量,也可以减少用户浏览时由浏览器检测这些元素是否已经被装载过的时间。框架主要的作用就是将窗口划分为几个"区域",然后根据需要在某些区域放置不需要改变的元素,某些区域放置需要改变的内容。这种结构的网页特别适合教学网站。

图 6-182 是锐意网络中"多媒体课件设计与制作"课程(www. reion. net/mmc/index. html)的界面。左侧是课程内容选择的目录,上方是课程标志和教学辅助资源以及功能按钮,这些内容不需要改变,唯一需要改变的是右侧的区域,它根据我们单击的内容不同而出现不同的内容。

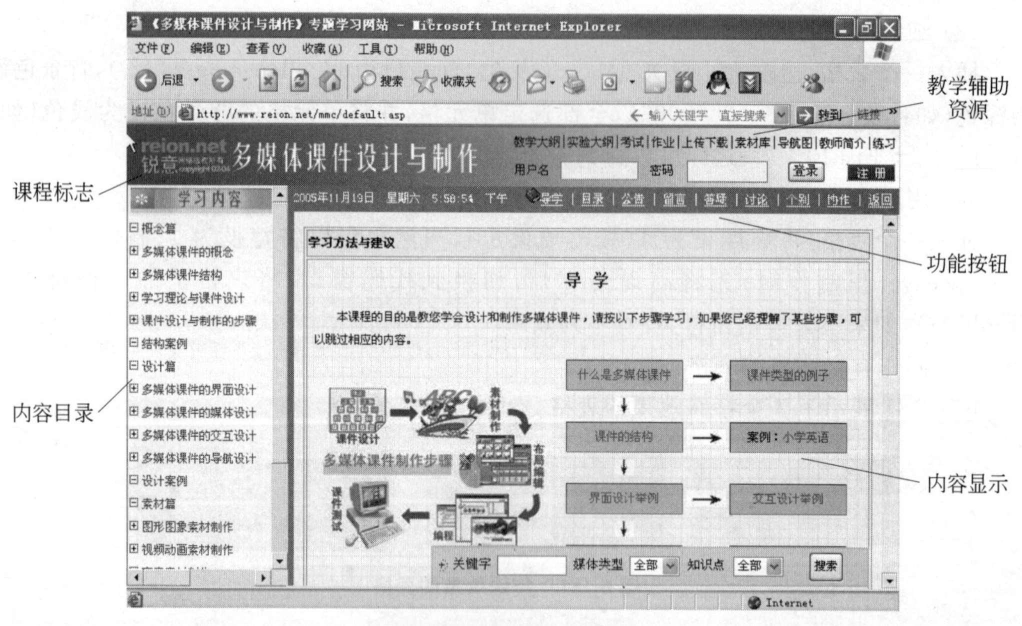

图 6-182 框架格式的网页

根据上面的分析得知,这个页面是一个由 3 个框架组成的框架集合,所谓框架就是把屏幕分割开来成为"区域"的框架的集合,我们称之为框架集。实际上框架页面是一个仅仅包含框架集的页面,里面的内容则是各个框架加载的页面产生的。例如对于图 6-182 的网页实际上包含 4 个网页文件,整个框架是一个网页文件,左边、顶部和中间各是一个网页文件。

所以开发框架类的网页步骤是,首先制作各个区域中的网页,并分别保存成网页文件;

然后创建框架；最后在框架的各个区域中载入制作好的网页文件。

下面我们来制作一个类似图 6-182 效果的实例来说明框架、框架集、框架页面和页面的关系。

(1) 建立 3 个网页

对照图 6-182 中左边、顶部和中间页面的样式，制作 3 个网页文件，并分别存为 leftframe.html、topframe.html 和 mainframe.html。

(2) 创建框架

图 6-183 的界面中，在工具栏中选择“布局”方式，单击中间的“布局”按钮，然后单击“框架”按钮的下拉箭头，选中“顶部和嵌套的左侧框架”。

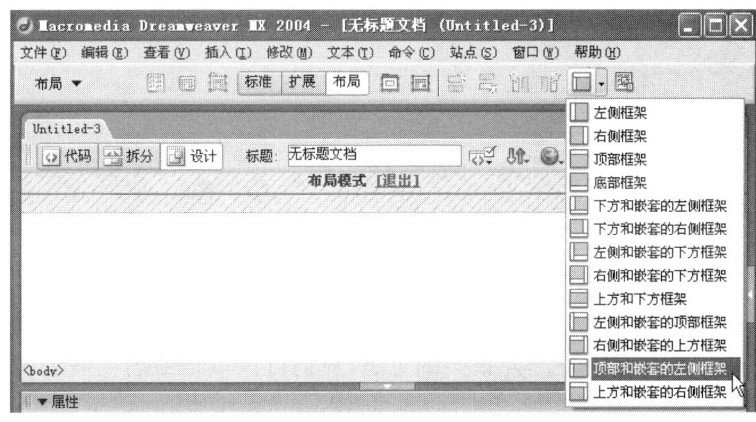

图 6-183　创建框架

网页编辑区呈现如图 6-184 所示状态，注意看由虚线组成的部分，分别是左、顶、右 3 个框架，这就是由 3 个框架组成的框架集了。

图 6-184　框架结构

可以通过属性面板调整框架集的属性。“边框”：“否”代表在浏览器中不显示边框；“是”表示在浏览器中显示边框；默认则表示由用户浏览器设定来控制。边框宽度与边框颜色与表格的属性设置相同。

(3) 设置分框架属性

这是在控制面板上出现如图 6-185 所示的“框架”面板，如果没有这个面板，请使用 Shift＋F2 组合键或者在窗口菜单下选中“框架”。这个面板在框架操作过程中非常有用。

注意看，目前黑色的粗框框选在左边，这表明我们选择的是左框架，这个过程叫做选取框架。这里要注意区分框架和框架集的关系，与之相对应的是左框架的属性，如图 6-186 所示。

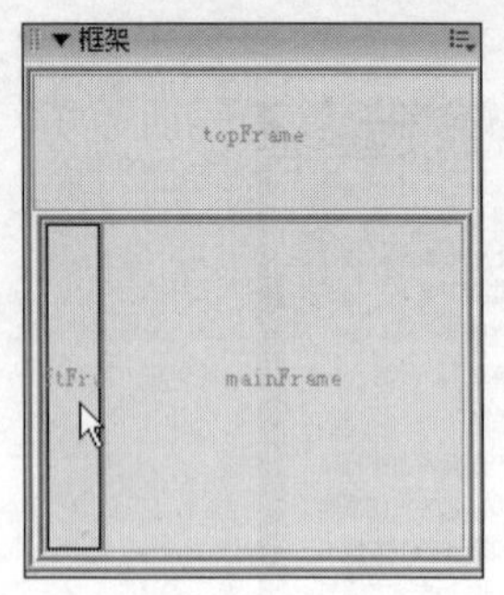

图 6-185 “框架”控制面板

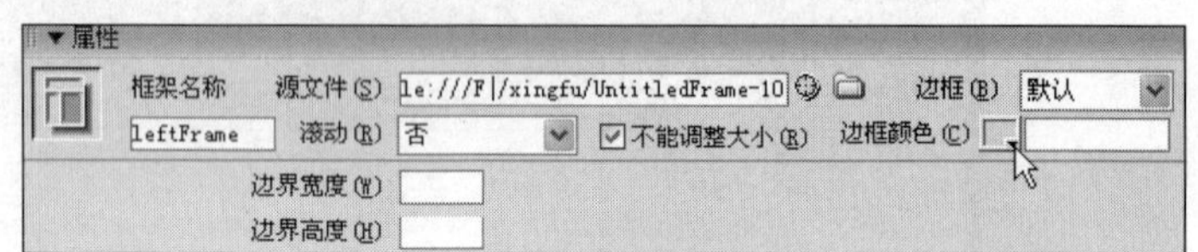

图 6-186 分框架属性设置

“框架名称”：leftFrame 就是左框架的意思，我们可以重新命名为我们习惯的名字，但必须注意，框架的命名不能是数字开头，也不能用“top”这样的 JavaScript 中的保留字。这里实例中我们就使用 leftFrame 默认的框架名。各参数说明如下。

“边框”：可以设置在浏览器中是否显示当前框架的边框，大多浏览器默认是显示边框，除非框架集已经选择为不显示。

“边框颜色”：选择的颜色会应用到和本框架接触的所有的边框，并且会重写框架集已经安排的边框颜色。

“边界宽度”：用于指定框架边框左右和内容之间的空间。

“边界高度”：用于指定框架边框上下和内容之间的空间。

“滚动”：指定在浏览器中本框架是否显示滚动条，其中“是”表示不论本框架中内容显示器默认窗口是否完全显示，即不论内容多少，浏览器始终显示滚动条；“否”正好与“是”相反；“自动”根据内容的多少在需要时显示，否则就不显示，这个比较常用，既能满足需要又能保持页面的同一性。“默认”则取决于用户浏览器的设置。

“不能调整大小”：在浏览器中用户是否可以用鼠标拖动框架，一般为了整体效果，选中不能调整大小。当然，在我们的设计制作过程中我们还是可以用鼠标拖动设计位置的。

(4) 在分框架中载入网页文件

在图 6-186 分框架属性设置的“源文件”中指定一个在本框架中要显示的源文件，本实例中我们选择前面制作的 leftframe.html 文件。在“框架”面板重复选取框架动作，分别选择顶框架、右框架，在分框架属性面板中分别指定源文件为前面制作的 topframe.html 和 mainframe.html，这时就得到了类似图 6-187 的框架页面了。

（5）设置超级链接

我们的制作还没有完成，当用鼠标单击左框架内容目录时，要在右边的框架中显示相应的内容，同样单击顶框架中的功能时，也要在右边的框架中显示相应的内容。实现这种效果的制作方法步骤如下。

① 制作内容网页

单击内容目录或功能按钮，要在右边的框架中显示相应的内容，这样就要先分别制作出这些内容页面，并存为一个个网页文件。

② 建立链接

如图 6-187 所示，在左边的框架中选中一条内容目录，例如选中“多媒体课件的概念”，然后在属性栏的“链接”中设置在步骤①中为“多媒体课件的概念”制作的具体内容网页文件，例如这里是 0. html。为了能让 0. html 显示在右边的框架中，一定要把属性栏的“目标”设置为 mainFrame（也就是右框架的名字）。

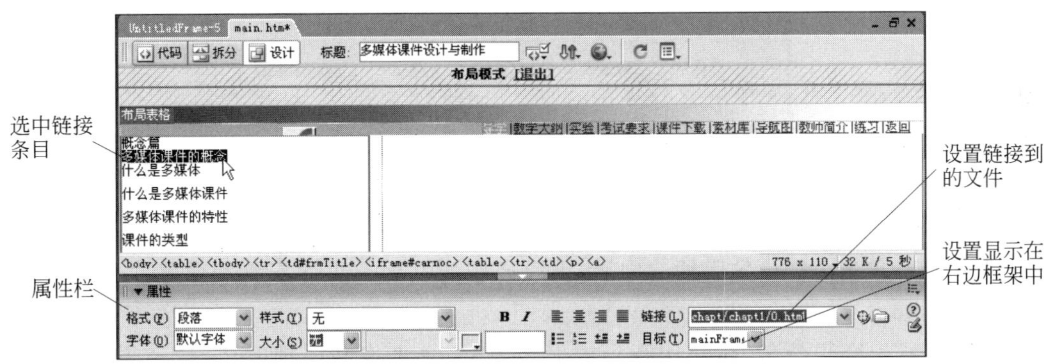

图 6-187 设置框架超级链接

重复上面的步骤，完成其他目录和功能按钮的超级链接的制作。

（6）保存框架文件

我们可以看出，其实当我们已经熟悉框架、框架集和页面之间的关系之后，我们就能直接在框架集的页面中开始做相关的网页了，一个框架网页中除了框架集之外还有框架中包含的网页，因此选择保存全部，并分别命名即可。本实例中如果选择全部保存就会要求您保存 4 个文件。当我们完成上面的工作，全部保存之后，一个用框架制作的网页就制作成功了。

6. 网页排版：层

在众多网页制作软件中 Dreamweaver MX 2004 独有层的功能。Dreamweaver MX 2004 的层与 Flash MX 和 PhotoShop 中的层不同，Dreamweaver MX 2004 的层可以游离在文档之上，因此可以用层来精确定位网页元素；层可以通过时间轴来移动或者变换位置，实现动画效果；层还可以转换为表格，为不支持层的浏览器提供解决方法。

（1）建立层

在工具栏中选择“布局”→“标准模式”→“描绘层”按钮或在菜单栏选择“插入”→“布局对象”→“层”，就可以在文档窗口建立一个层，如图 6-188 所示。

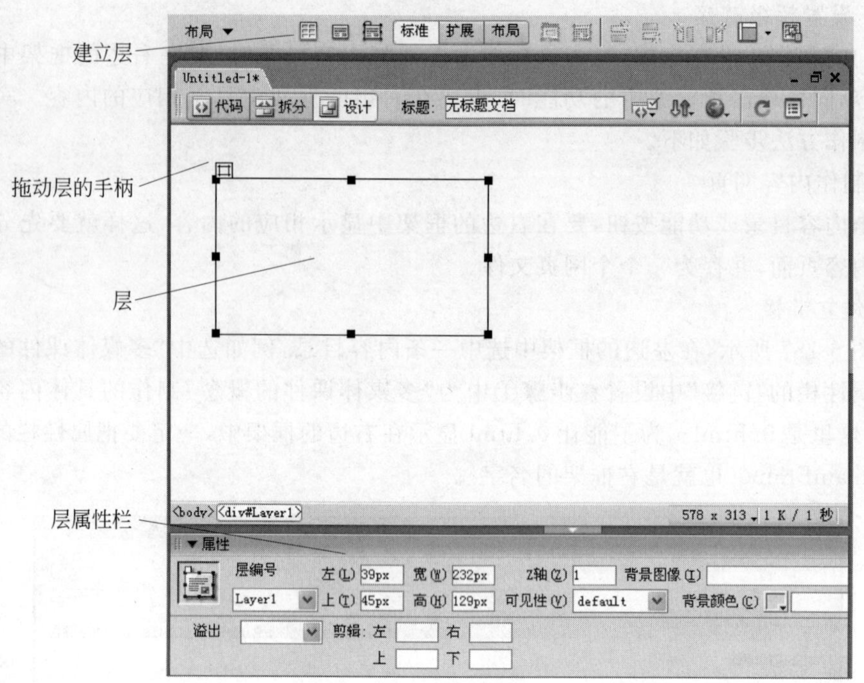

图 6-188　建立层

鼠标指针单击上图中的手柄选中层,就可以在属性面板里面查看和设置各种参数了。各参数说明如下。

"层编号":给层命名,在使用行为或者 JavaScript 来控制层的时候,就必须用到这个名称。

"左"、"上":层与浏览器窗口左边、上边的距离。

"宽"、"高":层的宽度和高度。

"Z 轴":除了屏幕的 X、Y 轴,逻辑上增加了一个垂直于屏幕的 Z 轴,其数值代表垂直平面的方向上层的序号。

"可见性":层的可见性,default 表示默认,inherit 表示继承,visible 表示可见,hidden 表示隐藏。

"背景图像"、"背景颜色":用来设置层的背景图像和背景颜色。

"溢出":设置当层内的内容超过层的大小时的显示方式,visible 表示层将向右向下扩大以显示层内的全部内容;hidden 表示只显示层尺寸以内的内容;scroll 表示不改变层的大小,但增加滚动条,不管层的尺寸是否够大都会显示滚动条;auto 表示只有在层不够大的时候才出项滚动条。

"剪辑":用于指定层的哪一部分是可见的。

(2) 层面板

选择菜单的"窗口"、"层"或者使用快捷键 F2 都可以打开层面板,它与层的属性面板配合使用,可以快速地对层进行操作,层面板如图 6-189 所示。

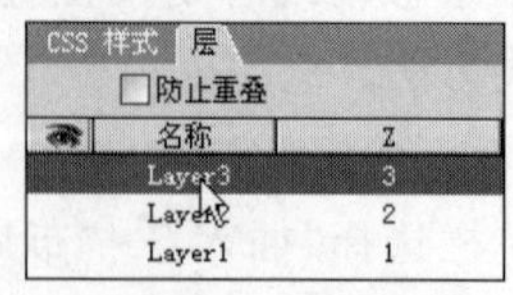

图 6-189　层控制面板

层面板可以实现以下功能：将一个层嵌套到另一个层、选中一个或者多个层、修改层的 Z 轴顺序、修改层的可见性，禁止或者允许层重叠。我们可以使用层面板上这些功能来完成下面阴影字的制作。

步骤 1：在文档窗口插入一个层。

步骤 2：在层中输入文本"阴影字"然后在属性面板把字体设置为 36 号，红色。

步骤 3：然后选中该层使用鼠标右键单击选择拷贝，再粘贴，这样就复制了一个跟该层大小、内容完全一致的另一个层，将这个层在属性面板层编号中改为 Layer2。

步骤 4：在 Layer2 将文字颜色改为黑色。

步骤 5：选中 Layer2 图层，用键盘的方向键移动该图层，按下左箭头两次，上箭头两次，就看到文字阴影的效果了。

步骤 6：在层面板上，将 Layer1 的 Z 轴数值改为 2，得到文字阴影效果。

以上这个实例说明，层是可以叠加的，并且叠加在一起的层是通过 Z 轴来确定位置的，Z 轴的值可以是正数、负数和零，数值大的层在上面。合理的使用层和 Z 轴可以变换出各类效果。

(3) 用层设计表格

我们制作网页当然希望能支持各类浏览器，以便向更多的浏览者传递我们的信息，尽管层定位网页的元素比使用表格定位方便了很多，但并不是所有的浏览器都支持层，仅以 IE 浏览器而言，只有 IE 4.0 以上的浏览器才支持层，因此有的时候我们为了兼顾各类浏览器，就只有采用表格的形式，Dreamweaver MX 2004 层转换为表格的功能既利用层定位网页元素的便捷性，又能兼顾更多各类浏览器，给我们提供了很大的方便。

① 层转换为表格

选中要转换的层，然后选择菜单中的"修改"→"转换"→"层到表格"，弹出如图 6-190 所示的"转换层为表格"对话框。各参数说明如下。

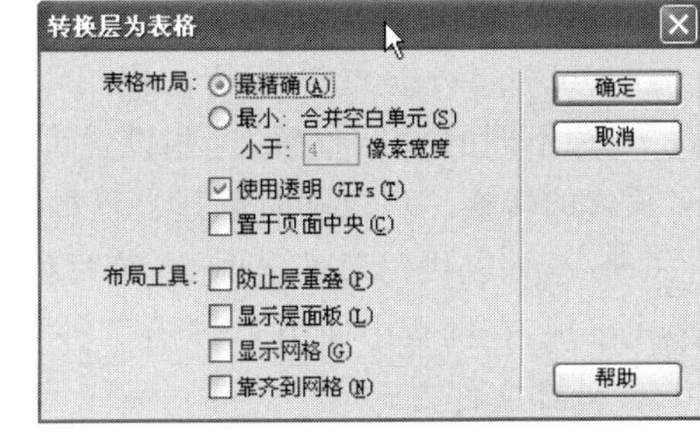

图 6-190 转换层为表格

"最精确"：为每个层创建一个单元格并增添一些单元格来保持相邻的层之间的距离，精确的保证转换之后的位置。

"最小"：当一些层的坐标位置接近时，去掉一些宽高小于指定像素的空单元格，这样能减少 HTML 文档容量，但转换后页面会有一定的差别。

"使用透明 GIFs"：软件自己生成一个透明的 GIF 格式的图像填充在表格最后一行，用于保证在所有的浏览器中都有一致的外观，选中该项之后将不能拖动表格的列来编辑表格，如果不选择，可能导致在不同的浏览器中表格具有不同的列宽而具有不同外观，可以根据设计需要选用本功能。

"置于页面中央"：选中后表格在页面居中对齐，反之默认左对齐。

"防止层重叠"：选中该项可以防止层的重叠，如果有重叠发生将无法转换，在层到表格的转换中该项应该选取。

"显示层面板"、"显示网格"、"靠齐到网格"：这几项主要为了便于布局设计，根据需要决定是否选取。

选定并单击“确定”按钮，Dreamweaver MX 2004 自动打开一个新的窗口，窗口内的内容布局和用图层制作的布局完全一致。

② 表格转换到层

在表格布局中布局受到局限的时候，可以把表格转换为层，然后通过移动层来调整布局，与层转换为表格不同的是，层转换为表格应该取消“防止层重叠”的选择，使层能够根据需要相互叠加，然后通过改变 Z 轴位置来达到设计要求。有一点必须注意：一旦取消了“防止层重叠”，层叠加之后就无法再转换为表格了。

7. CSS 样式表

曾经制作过网页的学习者可能有这样的经历：制作好的网页在自己的电脑上看版面非常整齐，但到别的电脑浏览器上浏览，整个网页的版面都乱了，主要是文字的大小、网页的大小都变了，这主要是浏览器中字体的大小设置不同，网页中的字体就会随之改变。一个好的网页，应该不受浏览器字体设置的影响。为了让网页中的文本等在任何一台电脑上浏览都始终保持原有的外观，就要使用 CSS 样式表。

(1) CSS 的概念

CSS 是 Cascading Style Sheets(层叠样式表单)的简称。它允许作者在 HTML 文档中加入样式(如字体类型、颜色、大小等)。对于设计者来说它是一个非常灵活的工具，不必再把繁杂的样式定义编写在文档结构中，可以将所有关于文档的样式指定内容全部脱离出来，在行内定义、在标题中定义，甚至作为外部样式文件供 HTML 调用。CSS 在当前的网页设计中已经成为不可缺少的技术，例如去除链接文字的下画线就是 CSS 最简单的应用。

Dreamweaver 是最早将 CSS 应用于网页的工具。通过直观的界面，设计者可以定义超过 70 种不同的 CSS 设置，这些设置可以影响到网页中的任何元素，从文本的间距到类似于多媒体的转换。可以随时创建自己的样式单，然后在任何时候链接调用它。

CSS 也是以代码形式出现的，编写好的 CSS 代码，在网页的 HTML 中以<style>标签形式出现，在网页中使用 CSS 有三种方式。

① 外部文件方式

外部文件方式即用任何一种文本编辑工具将编辑好的 CSS 代码保存为 ***. css 的文件，然后在网页的文档头加入代码<Link Rel = "stylesheet" Href = " ***. css" Type = "text/css">凡是在网页文档头加入了这行代码的网页都将按照 CSS 格式显示。这种方式一般是使整站风格统一时使用。

② 内部文档头格式

它是将 CSS 风格网页的文件头之间，应用的范围仅在该文档。这种方式主要在确定某个页面风格时使用。

③ 直接插入式

这种方法是在每一个 HTML 标签后直接书写 CSS 属性。对页面的某一个标签进行调整时使用这种方式。

(2) 创建 CSS 样式表

CSS 是 HTML 代码的扩充，只要修改 CSS 代码中的参数值，就能随心所欲地改变网页的风格，创建 CSS 样式表可以方便直观地在“CSS 样式”面板和“CSS 属性”面板完成，只需要单击鼠标,就能自动生成 CSS 代码。下面我们来创建前面制作的主页文件 index. html 的 CSS 样式表。

步骤 1：在 Dreamweaver 打开前面制作的主页文件 index. html,打开“窗口”→“CSS 样式”→“CSS 样式面板”,其右下角的几个快捷按钮见图 6-191。

步骤 2：单击 CSS 面板上的 ,新建一个样式表,如图 6-192 所示。

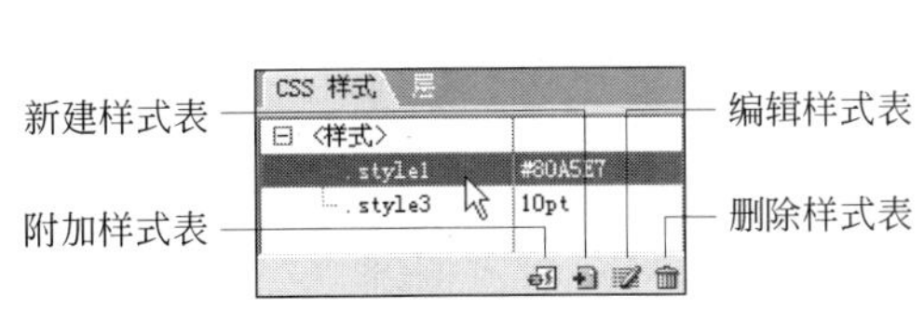

图 6-191 “CSS 样式”面板

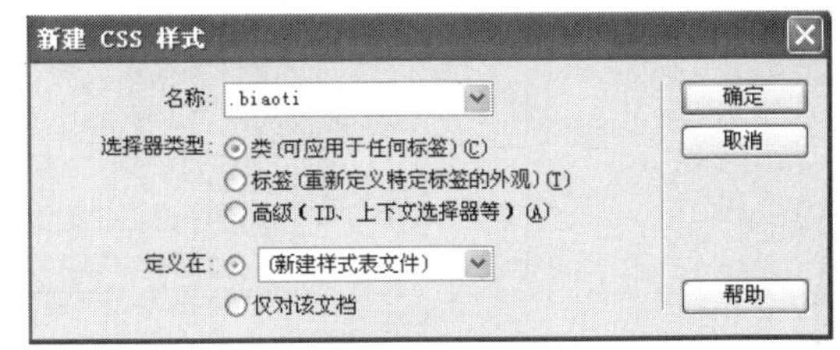

图 6-192 新建 CSS 样式

图 6-192 中参数说明如下。

“名称”：为新建的样式命名,必须以“.”开头,以英文字母命名。

“选择器类型”：类表示应用于任何标签。标签表示定义特定的标签;高级表示为具体的某一个标签组合或者具有 ID 属性的标签定义格式。

“定义在”：选择“(新建样式表文件)”→“确定”,弹出对话框,要求将样式保存为样式表文件,供“外部文件方式”使用;选择“仅对该文档”定义只能用在该文档的样式。

这里我们输入名称为. biaoti,单击“确认”按钮,出现图 6-193“保存样式表文件为”对话框,输入文件名：zhuye,单击“保存”按钮。

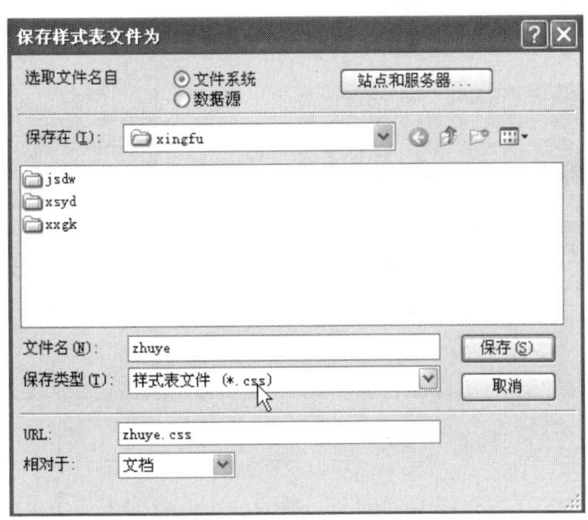

图 6-193 保存样式表文件

步骤 3：样式定义。这时出现如图 6-194 所示的样式定义窗口,首先为主页的标题定义样式,其样式名称为. biaoti,定义字体为黑体,字号为 24 号,颜色为红色,背景颜色为蓝色,单击“分类”→“背景”,设置背景颜色后单击“确定”按钮,. biaoti 样式表建立完毕。

步骤 4：给网页对象应用样式。下面我们把 index. html 主页中的标题文字设定为我

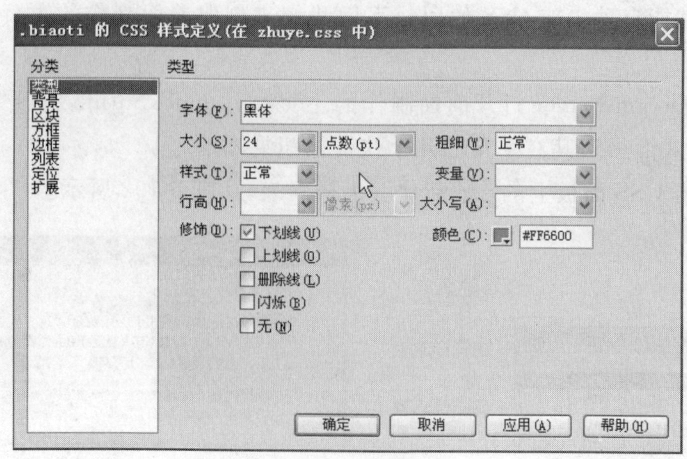

图 6-194　定义样式

们建立的.biaoti 样式，方法是：在 index.html 编辑窗口中选中标题，然后在属性面板“样式”中选择.biaoti 即可，图 6-195 是应用后的效果。

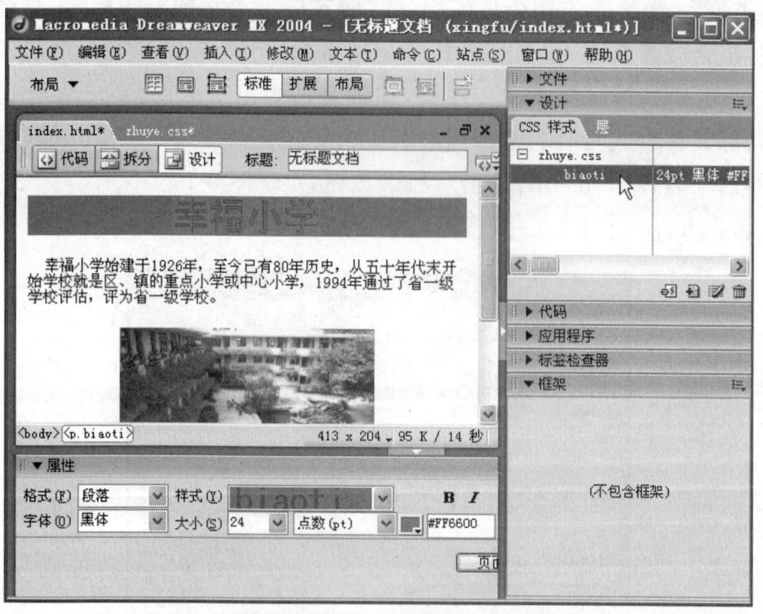

图 6-195　应用样式

步骤 5：更改样式。在“CSS 样式”面板，选中.biaoti，然后单击右下角的“编辑样式”按钮，可以对刚才设定的样式进行更改。

步骤 6：添加新的样式。可以继续为 index.html 文件定义样式，单击 CSS 面板上的新建一个样式，例如“名称”输入.zhengwen，但“定义在”一定要设置为“仅对该文档”，如图 6-196 所示。

(3) CSS 定义的八大类样式

从图 6-194 可以看到，CSS 定义样式有八个大类，每个类都有自己相应的属性，下面分

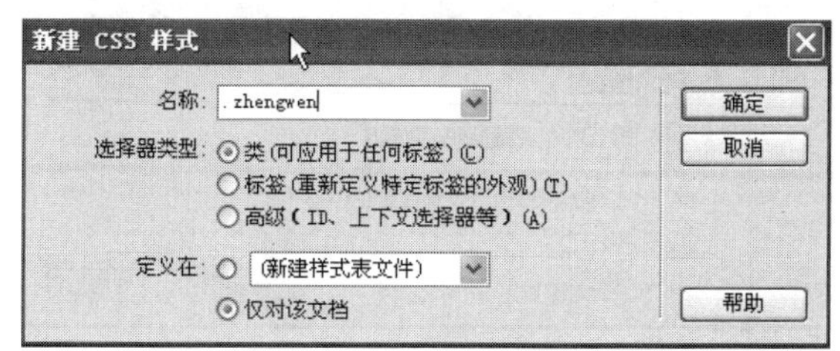

图 6-196　添加新样式

别进行简要说明。

① 类型

CSS 包含 9 种属性,主要针对网页中的文本。

② 背景

背景的功能是在网页的元素后面放置固定的背景色或者图像。注意:是网页元素后的背景色或背景图像,而不是网页的背景色或背景图像。

③ 区块

区块是指网页中的文本、图像、层等元素的集合,区块属性用于控制块中内容的间距、对齐方式、文本缩进等。

④ 方框

CSS 将网页中所有的块元素都看作包含在一个虚拟的方框内,可以对这个方框进行设置。

⑤ 边框

边框面板的属性主要针对方框的边框。

⑥ 列表

列表属性主要用于控制列表内的各项元素。

⑦ 定位

定位主要用于精确定位层的位置。

⑧ 扩展

扩展分为:打印网页设置,网页特殊效果设置、指定某个元素上要使用的光标形状、为网页中的元素添加各种过滤效果。

样式表的使用是专业网页制作者与业余网页制作者的主要区别,对网页中所有版面格式的控制要尽可能使用 CSS 样式表来完成。

(4) 链接样式设置

有的链接是无下画线的或者鼠标指针移到后下画线不见了,对这些链接的效果也使用 CSS 样式表来设置。

步骤 1:单击 CSS 面板上的⊞,新建一个样式,如图 6-197 所示。

步骤 2:"选择器类型"选中"高级","定义在"设定为"仅对该文档"。

步骤 3:"选择器"中可以选择下列项目进行设置。

a:link:表示已经链接。

a:visited:表示已单击过的链接。

图 6-197 链接样式设置

a:hover：表示鼠标移上链接时。

a:active：表示链接激活时。

然后重复几次上面的步骤，按要求分别定义好上面几个标签，就可以制作出各种链接效果了。

8. 行为与特效

一般说来，动态网页或一些特殊效果，如弹出信息框、播放音乐、禁止鼠标右键、自动跳转等，是通过 JaveScript 或基于 JaveScript 的 Dhtml 代码来实现的，包含 JaveScript 脚本的网页，还能够实现用户与页面的简单交互，但是编写脚本既复杂又专业，需要专门学习。幸运的是，Dreamweaver 提供了一种称为“行为”(Behavior)的机制，虽然行为也是基于 JaveScript 来实现动态网页和交互，但却不需书写任何代码。在可视化环境中点击几个按钮，填几个选项就可以实现丰富的动态页面效果，实现人与页面的简单交互。

(1) 行为和事件

行为是对某一对象的操作，它主要表述了对象的动态属性，操作的作用是设置或改变对象的状态。行为最终表现为一种执行的效果，行为(Behavior)是由事件(Event)和动作(Action)组成的，例如：事件是访问者对网页所做的事情，比如把鼠标指针移动到一个链接上，这就是一个鼠标经过的事件，这个事件触发浏览器去执行一段 JavaScript 代码，这就是动作，然后产生了 JavaScript 设计的效果，可能是打开窗口，也可能是播放音乐等，这就是行为。与行为相关的有三个重要的部分是对象(Object)、事件(Event)和动作(Action)。

① 对象(Object)

对象是产生行为的主体，很多网页元素都可以成为对象，如图片、文字、多媒体文件等，甚至是整个页面。

② 事件(Event)

事件是触发动态效果的原因，它可以被附加到各种页面元素上，也可以被附加到 HTML 标记中。一个事件总是针对页面元素或标记而言的，例如：将鼠标移到图片上、把鼠标放在图片之外、单击鼠标，是与鼠标有关的三个最常见的事件(onMouseOver、onMouseOut、onClick)。不同的浏览器支持的事件种类和多少是不一样的，通常高版本的浏览器支持更多的事件。

③ 动作(Action)

行为通过动作来完成动态效果，如图片翻转、打开浏览器、播放声音都是动作。动作通常是一段 JaveScript 代码，在 Dreamweaver 中使用其内置的行为往页面中添加 JaveScript

代码，不必自己编写。

④ 事件与动作

将事件和动作组合起来就构成了行为，例如：将 onClick 行为事件与一段 JaveScript 代码相关联，单击鼠标时就可以执行相应的 JaveScript 代码（动作）。一个事件可以同多个动作相关联，即发生事件时可以执行多个动作。

Dreamweaver 内置了许多行为动作，好像是一个现成的 JaveScript 库。除此之外，第三方厂商提供了更多的行为库，下载并在 Dreamweaver 中安装行为库中的文件，可以获得更多的可操作行为。也可以自行设计新动作，添加到 Dreamweaver 中。

(2) 行为面板

使用 Shift＋F4 组合键或者在窗口菜单选中“行为”，可以打开行为面板，如图 6-198 所示。

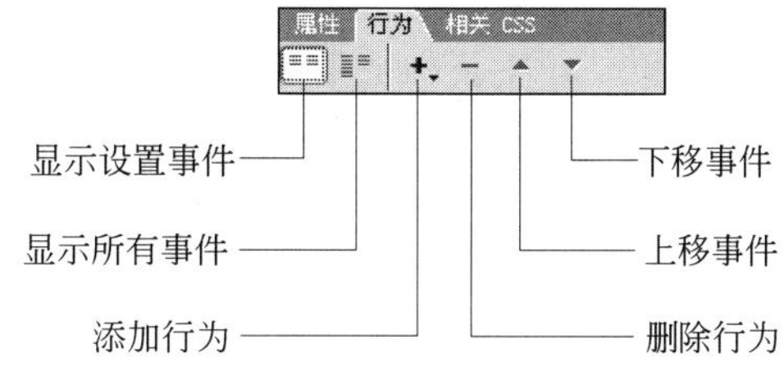

图 6-198　行为面板

(3) 行为

单击图 6-198 中的“+.”按钮，弹出行为选择框，其中列出了所有的行为，但对于不同的元素，可以选择的行为也有所不同。以下是一些常用的行为说明。

播放声音：可以为网页加入声音；

打开浏览窗口：可以打开一个小窗口（和网上的弹出窗口一样）；

弹出信息：可以弹出一条警告信息；

调用 JavaScript：调用网页中包含的 JavaScript 程序；

检测浏览器：检测访问者使用的是什么类型的浏览器；

转到 URL：跳转到其他页面；

设定图像导航条：和交换图像差不多；

设置文字：在特定的地方显示文字；

显示或隐藏层：设置图层的显示或隐藏；

跳转菜单：插入跳转导航菜单；

跳转菜单开始：控制导航菜单跳到哪个页面。

(4) 事件

在图 6-198 中选择事件(Event)，决定在什么情况下触发行为，常见的事件有如下几种。

onMouseOver：鼠标移到目标上；

onMouseUp：按下鼠标再放开左键时；

onMouseOut：鼠标移开时；

onMouseDown：按下鼠标时（不需要放开左键）；

onClick：单击时；

onDblClick：双击时；

onLoad：载入网页时；

onUnload：离开页面时；

onResize：当浏览者改变浏览窗口的大小时；

onScroll：当浏览者拖动滚动条时。

(5) 行为应用例子

下面制作这样的效果：当在浏览器中打开所建立的网页 index. html 时，播放背景音乐，鼠标单击页面中的图时，弹出一个窗口显示“欢迎光临”。

步骤 1：打开前面建立的 index. html 文档，如图 6-159 所示的文档。

步骤 2：单击编辑窗口状态栏上的<body>标记，选中整个网页。

步骤 3：打开行为面板，单击“+.”按钮，在菜单中选择“播放声音”。

步骤 4：在弹出的菜单中输入音乐文件的路径，然后单击“确定”按钮。

步骤 5：单击鼠标选中文档中的图片。

步骤 6：在行为面板添加行为，选择“弹出信息”，在对话框中输入“欢迎光临”，如图 6-199 所示。

步骤 7：将事件设置为 onClick，如图 6-200 所示。

图 6-199 “弹出信息”行为设置

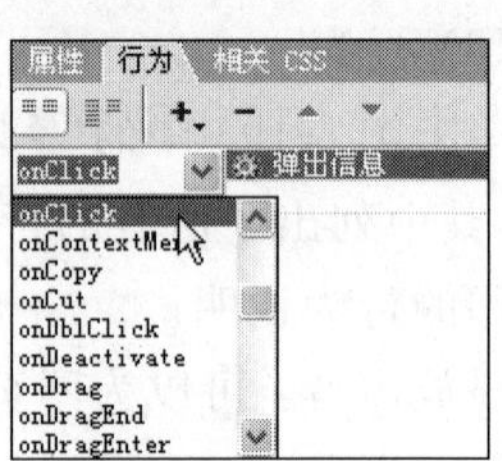

图 6-200 选择事件

步骤 8：保存页面，按 F12 键测试，当在图中单击鼠标时，会弹出一个信息。

9. 表单

表单是用户与网站或网站管理人进行交流的工具。利用表单可以制作网页中的留言板、调查表等功能，可以完成网站前端的操作，对于与服务器交互的后端开发要使用某种语言进行编程。表单的使用分为两部分：一部分是表单本身，即怎样把表单作为页面元素加入到网页页面；另一部分为表单的处理，即调用服务器端的脚本程序来处理表单中的数据，这要进行复杂的网络编程，如 ASP、PHP、CGI、JSP 等，这里不进行讲解。下面通过制作一个留言板界面来学习如何将表单加入网页页面。

(1) 表单窗口

选择“插入”面板→“表单”类别，显示所有表单对象，表单中共有 14 个元素，如图 6-201 所示。

A B C D E F G H I J K L M N

A—表单；B—为文本框；C—隐藏域；D—文本区域；E—多选框；F—单选框；G—单选按钮组；H—列表/菜单；I—跳转菜单；J—图象域；K—文本字段；一按钮；M—标签；N—字段集。

图 6-201 表单面板

(2) 插入表单

单击 A 插入一个表单，如图 6-202 所示，图 6-201 中的表单对象必须放在此表单红线内。

图 6-202　插入表单

(3) 插入表格

在表单内插入一个 5 行 2 列的表格(边框为 0),并填上文字,如图 6-203 所示。

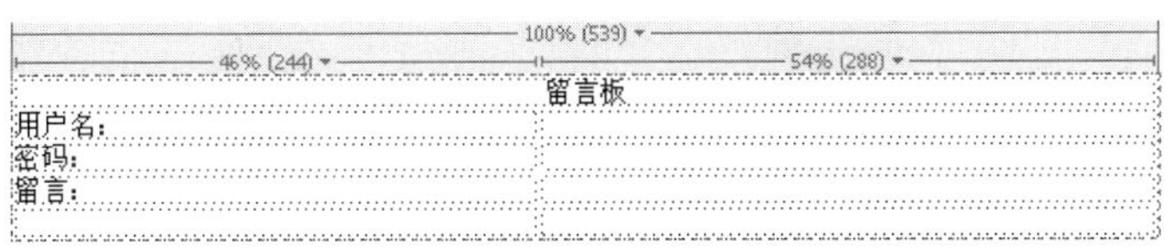

图 6-203　插入表格

(4) 插入表单对象

把光标移到表格的第 2 行第 2 列,单击图 6-201 中的 B,插入一个文本框,在属性栏设置此文本框的字符宽度和最多字符数为 12,允许输入"用户名"的字符数为 12;光标再移到表格第 3 行第 2 列,再插入一个文本框,在属性栏设置此文本框的类型为"密码",这使得用户在输入密码时将以" * "出现,并将字符宽度和最多字符数设为 8,如图 6-204 所示。

图 6-204　"密码"文本框属性设置

光标移到第 4 行第 2 列,单击 D 插入一个文本区域,在属性栏做如图 6-205 所示的设置。

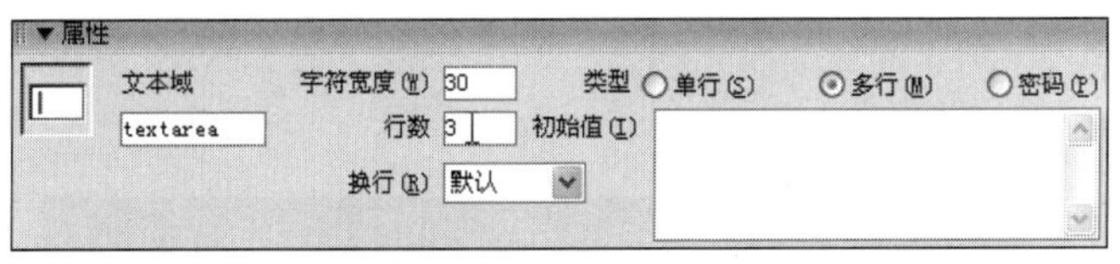

图 6-205　文本区域属性设置

上述文本框属性栏的参数说明如下。

"字符宽度":可以理解为框的宽度,即为多少个字符的长度。

"最多字符数":框可以填写字符的最大个数。

"类型":单行就是见到的样子;如果选多行就变为文本区域了;如果选了密码,填上去的内容将以 * 号表示。

"初始值":是表单最初的内容。

合并表格第 5 行的两个单元格,点击两下 L 插入两个按钮,选中第二个按钮,在"属性"面板把"动作"设为"重设表单",如图 6-206 所示。

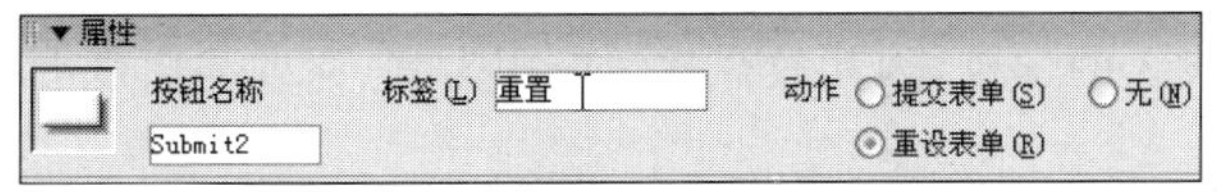

图 6-206　"重置"按钮属性设置

按钮属性栏的参数说明如下。

“按钮名称”：可以理解为名字。

“标签”：就是按钮上显示的字。

“动作”：提交表单(提下时发送表单的内容)；无(普通按钮)；重设表单(按下后表单的内容还原为默认状态)。

按上面的步骤操作后出现如图 6-207 所示的留言板界面。

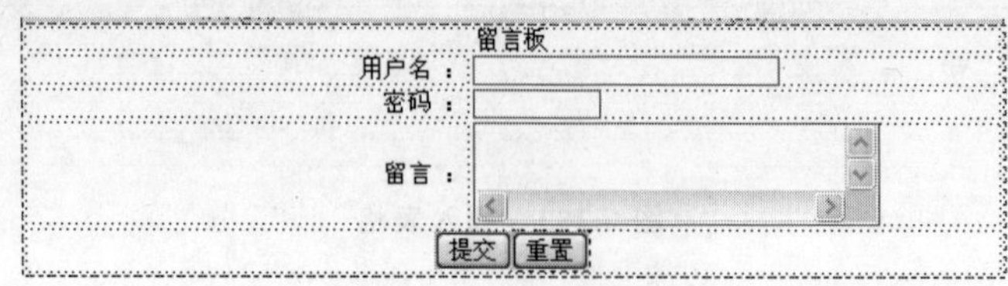

图 6-207 留言板界面

(5) 添加“检查表单”行为

打开行为面板，单击图 6-207 中的“提交”按钮，在行为对话框中添加“检查表单”的行为，如图 6-208 所示。

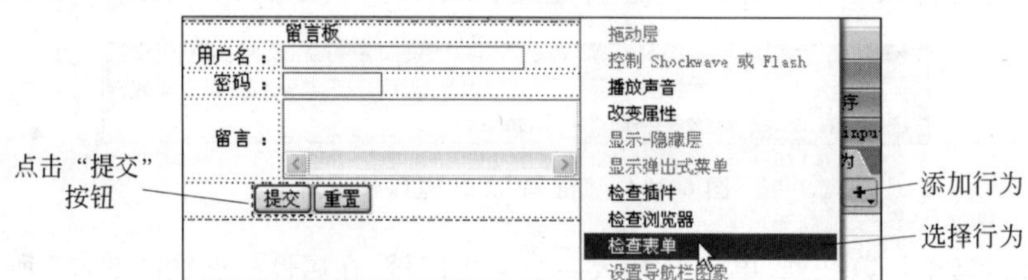

图 6-208 添加“检查表单”行为

参数设置如图 6-209 所示。

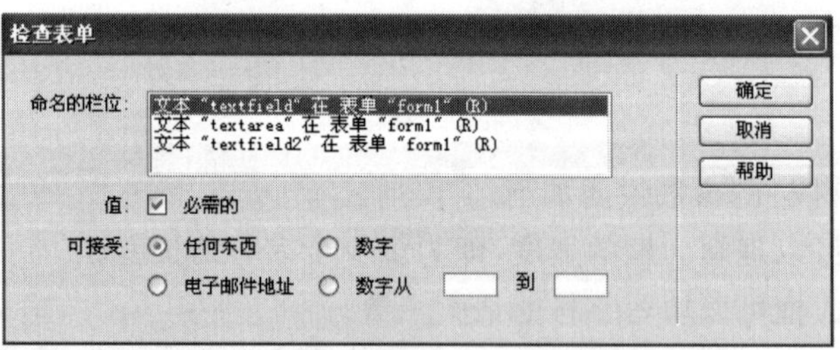

图 6-209 “检查表单”行为参数设置

6.5.5 教学网站的评价

1. 评价的原则①

(1) 分层评价原则

对于不同硬件投入的学校，因其教育教学应用力度、深度与广度要求不同，对它们的教

① 柳栋. 关于学校学习网站评价方案的初步思考[J]，网络科技时代，2001(5).

育网站发展的要求不同，评价结果因此也不同。一所硬件重点配备的学校与一所自力更生建设经济适用性校园网络环境的学校相比，对前者在教育教学应用方面应该提出更高的要求，进而对前者的学校教育网站的发展要求更高。在两者的学校教育网站发展水平相同的情况下，对后者的评价高度将远高于前者。

对于不同类型的学校，因其教育教学应用力度、深度与广度要求不同，对它们的教育网站发展的要求不同，评价结果因此也不同。一所重点高中与一所普通小学相比，对前者的教育教学应用要求要比后者高，当两者学校教育网站发展水平相同的情况下，对后者的评价高度将远高于前者。

处于教育信息化不同发展阶段的学校，因其教育教学应用力度、深度与广度要求不同，对它们的教育网站发展要求不同，评价结果因此也不同。起步较早的学校与一所刚刚起步的学校，对两者的教育教学应用要求不同，当后者学校教育网站发展水平低于前者的情况下，对后者的评价高度可能会与前者相同。

(2) 动态发展原则

处于教育信息化不同发展阶段的同一类学校，因其教育教学应用力度、深度与广度要求不同，对它们的教育网站发展要求不同，评价结果因此也不同。在两次评价之间，一个学校教育网站若停滞不前，那么后一次的评价高度将低于前一次评价。

相等时间段，不同的评价对象因其发展速率不同，对其教育网站发展的评价结果不同。两所条件相似的学校，在相同长度的时间段，若一方比另一方发展的速度快，那么对前者的评价高度将超过后者。

(3) 整体性原则

对学校教育网站的评价不能替代对学校教育信息化进程的整体性评价，它是学校教育信息化进程整体性评价的有机组成部分。

2. 评价的方法

(1) 等级量表法

对学校教育网站的建设主体、教育科研、学习活动方式与资源建设等内容的评价采用等级量表，以学校自评与有关部门抽查核准相结合的方法进行。各指标的具体量化，需要通过实践不断摸索，需要根据整个教育信息化不同的发展阶段、根据每个时期的工作重点、根据不同的评价对象、根据评价对象不同的发展阶段选择不同的权重。

(2) 个案分析法

在学校教育信息化进程中，围绕学校、教师或学生在一个发展过程中新生的活动目的，所派生出来的、有价值的学习发展活动，采用特定的个案分析的评价方法。学校要注意收集、整理相应的资料，由教育科研人员组成的专家小组根据学校积累的案例素材，进行个案分析，从而做出相应的定性评价。

最后，从参与评价的主体来看，基本上可以采取“网络自评主动呈交”和“行政业务部门抽查”的办法。行政及业务管理部门可以在网络上制作自动呈交的评价表，结合抽查定期评定。

(3) 典型评价量表

如表 6-9 所示。

表 6-9　一般教学网站评价量表

一级指标	二级指标		分值	评价标准	得分	备注
目标定位（10分）	1.1	教学对象	4	学科专业网站在人才培养中的作用和地位定位准确，有明确具体的教学应用对象。		
	1.2	专业特色	6	主题突出，学科特色明显。		
整体设计（20分）	2.1	新颖性	3	结构设计新颖、独特，富有创意。界面简洁、美观、新颖，风格协调统一，富有较强的视觉效果，符合学习者的认知心理，干扰因素少。		
				采用了先进的计算机网络技术，交互方式和表现形式灵活多样，有创新。		
	2.2	交互性	10	具有良好的交互功能，具备检索、解答、自测等人—机交互和讨论答疑、协作等人—机交互功能，可满足同步、异步等网上教学和协作学习的需要，反馈及时，后台服务好。		
				能保存学习者的学习进程、学习结果等，学习记录完整准确，体现了良好的网络学习的特点。		
	2.3	便捷性	3	有使用说明、疑难技术问题解答、在线故障求助和在线帮助功能，且帮助和问题提示信息及时、清晰、准确、恰当。		
				导航结构清晰完整，简明直观；有明确的定位标记，标明学习者在网站中的位置；可方便地在各个栏目及学习内容的篇、章、节间跳转；跳转链接明显易辨，准确高效。		
	2.4	维护性	2	具备良好的资源上传、下载功能。		
				教学单元、素材、数据或程序模块维护方便；具备增加、更新、删除等资源维护管理功能。		
				网站维护人员梯队合理，有可持续发展潜能。		
	2.5	稳定性	2	管理、使用权限划分合理，具有数据和应用程序的备用及恢复功能，具备监控与防范恶意攻击和计算机病毒的功能，网站运行稳定、安全、可靠、快捷。		
教学设计（15分）	3.1	栏目设置	5	栏目划分及布局合理，组织结构清晰，主次详略得当。		
	3.2	教学策略	8	注重学习者认知主体作用的发挥，体现了素质教育、创新教育思想，体现了学习者个性化、人性化要求，教学策略得当，可激发和维持学习者自主学习的动机和兴趣。		
				内容编排和设计易于引发学习者的学习兴趣，充分考虑了学习者的年龄、知识背景、认知特点、学习需求等诸多因素。		
教学设计（15分）	3.2	教学策略	8	媒体选用和信息组合得当，能最佳地表现教学内容，有很强的感染力，启发性强，能引导学习者积极思考，促进学习者的学习，提高学习效果。		
	3.3	教学测评	2	具备单元练习、测验等考核评价功能，可全面、科学地评估和调查学生的学习情况。		
				学生自测时，能提供适当提示或帮助以找到答案，有助于学习者的理解和改错。		
				练习、测评的题型、题量丰富，组卷方便、合理、实用。		

续表

一级指标	二级指标		分值	评 价 标 准	得分	备注
信息资源（45分）	4.1	科学性	5	内容科学严谨，逻辑性强，无思想性、学术性错误，符合学科教学目标要求。		
				文字、符号、计量单位和公式符合国家标准，无表述性错误。		
				内容健康，无迷信、黄色和反动内容。		
	4.2	系统性	10	学科知识体系完整，分类科学合理，全面反映了本学科的教学内容和科研学术情况。		
				本学科各门课程教学大纲、教学要求等教学信息和网络教材、讲授教材等教学资源配套齐全，各类信息资源分配合理，查询检索方便。		
				教学大纲规定的重点、难点教学内容均有配套的电视教材或多媒体教材。		
	4.3	丰富性	20	各种素材、教材、案例、实例资源丰富，形式多样，可充分满足教学要求。		
				教学参考资料丰富，相关外部资源链接多。		
				有与课程相关的必要的实践活动，提供与教学内容对应的技能培训与实验功能。		
	4.4	先进性	5	体现了先进的教学思想、教学方法。		
				反映了本学科前沿和教学改革成果，有学科发展前沿的精、新、尖内容。		
	4.5	规范性	5	符合国家、军队相关技术规范和标准。		
				符合保密规定；转引的资源信息均注明出处及作者姓名，无侵权行为。		
				程序采取模块化设计，兼容性好。		
效果效益（10分）	5.1	应用效果	5	已投入应用，在教学实践中发挥的作用大，效果好。		
	5.2	应用效益	5	推广应用范围广，使用周期长，点击率高。		
				投资合理，社会效益好。		

思考与作业题

1. 名词解释

多媒体课件　教学网站

2. 简答题

(1) 信息化教学资源的设计原则有哪些？

(2) 信息化教学资源的开发分为哪些阶段？

(3) 文本、图形、声音、视频、动画的特点分别是什么？在多媒体教学软件中如何设计这些素材资源？

(4) 多媒体教学软件有哪些类型？如何进行评价？

(5) 教学网站有哪些类型？如何进行评价？

3. 实践题

(1) 根据本章的讲解,完成本章所有的实例。

(2) 根据本学科的特点,设计并制作多媒体教学软件。

(3) 根据本学科的特点,设计并制作专题学习网站。

4. 讨论题

在实际教学中,如何有效使用PPT课件?

5. 课外延伸

认真阅读拓展资源,试用串流大师制作网络流媒体课件。

拓展学习

“串流大师”制作同步流媒体IP课件

台湾讯连科技(Cyberlink)的“串流大师”是一套先进易用的流媒体多媒体课件制作工具软件。“串流大师”可以结合影像、声音、图片、HTML和PowerPoint投影片,制作出多媒体的简报,并将制作好的内容发布到本机硬盘或远程的服务器上。“串流大师”提供了许多功能强大,但却简单易用的工具,让您能以最低的成本提供对员工的训练、制作客制化的多媒体业务简报,以及生动的产品展示等等。还有,通过“串流大师”多元的输出功能,可以让他人随时随地观看您的简报内容。

1. “串流大师”简介

“串流大师”英文名为StreamAuthor,最新版本为3.0,特别适合制作同步多媒体课件,高效低耗地对企业员工展开培训,或用于网上教学。它也将其最终作品称为演示文稿。当然,与微软的Producer一样,也可用来定制多媒体销售演示文稿和生动的产品演示等。可以到其公司站点http://www.cybetlink.com.tw/或http://www.gocyberlink.com/下载测试版。这里以“串流大师3.0”英文版为例进行介绍。

1) 系统要求

以下是使用本程序时的最低建议需求。

(1) 最低系统需求

① 操作系统:Windows 2000/XP

② 内存:256MB RAM

③ CPU:Pentium Ⅲ 700MHz或AMD Athlon 700或更高速的处理器

④ 磁盘空间:100MB

⑤ 音讯装置:声卡/芯片和喇叭

⑥ 视讯装置:VGA影像卡/芯片含8MB以上视讯内存

⑦ 撷取装置:支持WDM驱动程序的视讯撷取装置:PC相机、影像撷取卡、电视调频卡、IEEE 1394(Firewire)接口的DV摄录像机

音讯撷取装置:麦克风

(2) 浏览的系统需求

① Windows Media Player 7.0播放程序或更新的版本。

② Internet Explorer 浏览器 5.5 版或更新的版本。

③ 声卡/芯片和喇叭。

2) 支持的文件格式

演示文稿(幻灯片)素材的范围很广,可以是 PowerPoint、Word、Excel、PDF、Flash 文件及 HTML 网页文件,还支持图形文件和 URL 链接。要使用 Microsoft PowerPoint、Word 及 Excel 文件作为演示文稿素材,需要安装相应的 Microsoft Office 程序套件。要使用 Adobe PDF 或 Macromedia Flash 文件作为演示文稿素材,需安装 Adobe Acrobat Reader 或 Macromedia Flash Player。至于音频和视频媒体文件,支持常见的音频、视频和图形文件格式,"串流大师"可编辑 wmv 文件。

3) 支持的项目类型

为满足不同场合的需要,"串流大师"支持 4 种项目类型。

(1) 实时演示文稿

适合录制现场培训或教学活动,配上 PowerPoint 素材,实时制作特定格式的多媒体文件。录制完成后,视频、音频素材也同时完成,无须进行后期编辑。

(2) 录制工作室

适合直接对教学或培训活动进行视频捕获,并可以随时暂停,删除不需要的段落,然后从暂停处继续。还可在实时录制中加入 PowerPoint、Word、PDF 和网页文件等素材。

(3) 文件工作室

适合对现有视频、音频文件进行后期制作编辑,并在制作过程中加入各种演示文稿素材。显然,这种项目更适合广大教师和培训人员制作同步多媒体课件。

(4) 屏幕及视频捕获

适合实时录制桌面屏幕画面(包括光标移动及命令)或现场活动。

4) 制作和发布流程

对于上述 4 种项目来说,制作和发布演示文稿的流程基本相同。

(1) 创建项目文件。

(2) 设置媒体库,导入媒体和演示文稿素材。

(3) 同步媒体。

(4) 制作和发布演示文稿。

2. "串流大师"制作和发布实例

实时演示文稿和录制工作室项目都可转换为文件工作室项目,以便于后期制作。这里就文件工作室项目为例来介绍如何制作同步多媒体课件。在具体制作之前,需要做好前期的素材准备,包括视频素材和演示文稿素材。

1) 建立项目文件

(1) 启动软件程序

选择菜单"文件"→"新项目",单击"文件工作室"按钮,如图 6-210 所示。

(2) 选择演示文稿样式

样式用来定义最终演示文稿总体的框架结构。"串流大师"提供两种类型,一种是窗口

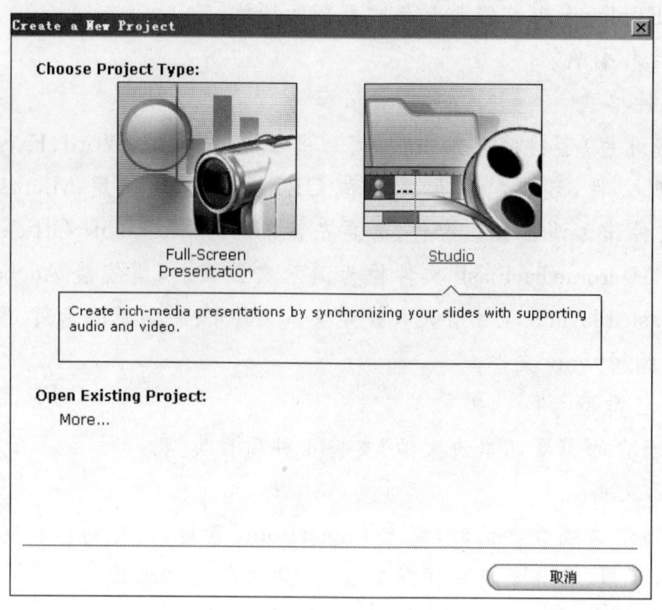

图 6-210 选择项目类型

大小的层叠样式表(CSS);另一种是可调整窗口大小的多窗体窗口。这里选择“多窗体窗口”单选按钮。由于串流大师可同时支持两个幻灯片窗口,在“幻灯片窗口的数目”区域中选择第 2 个选项,然后单击“下一步”按钮,如图 6-211 所示。

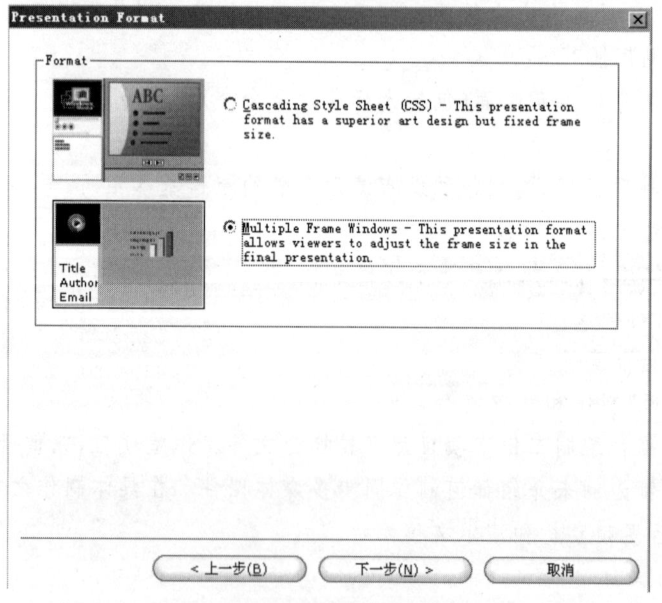

图 6-211 选择演示文稿样式

(3) 选择要使用的模板

选择模板,然后单击“下一步”按钮,如图 6-212 所示。

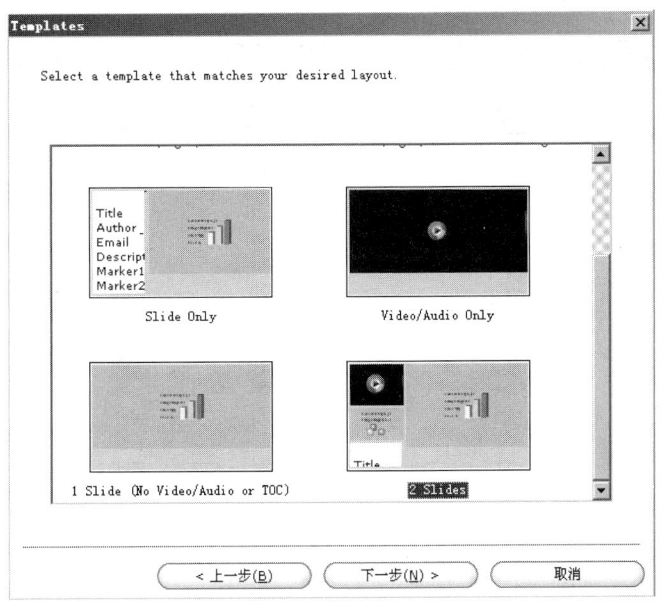

图 6-212　选择要使用的模板

(4) 选择要导入的文件

除了音频、视频文件外，这里可为窗口导入不同的源文件。每类文件都可根据需要添加多个文件，如图 6-213 所示。

Studio Presentation

Capture Devices

Video:

Audio: Realtek AC97 Audio

Slide Files

D:\电化教育学\新讲义\学习环境的设计.ppt

Add

Delete

Convert PowerPoint slides to images (PowerPoint animations will

(You may add more source files later.)

Media Files

D:\电化教育学\新讲义\李清照词.wmv

Add

Delete

(You may add more media files later.)

< 上一步(B)　完成　取消

图 6-213　选择要导入的文件

(5) 保存

单击"完成"按钮，完成项目的创建并保存。整个的工作界面如图 6-214 所示，它们分别是预览窗口、幻灯片窗口、媒体库和时间线。

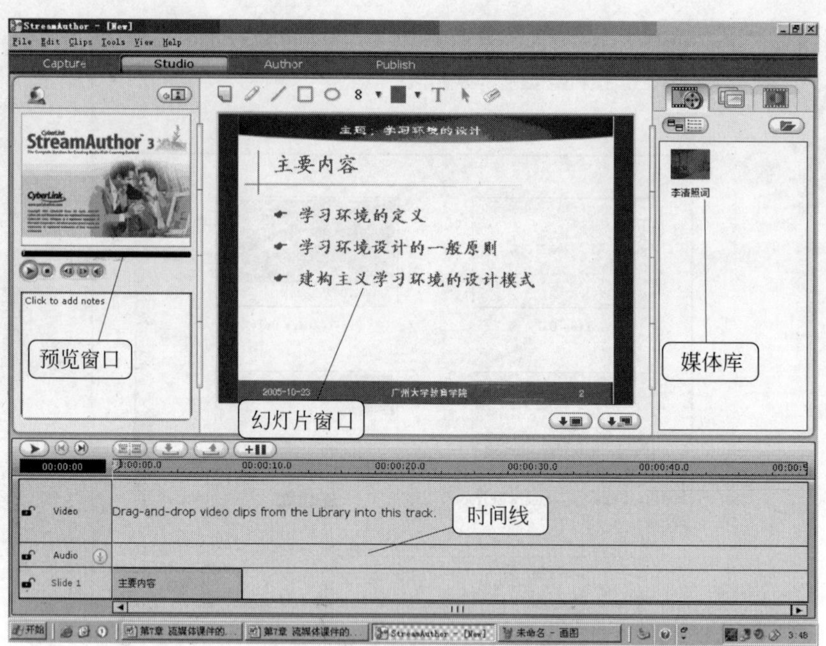

图 6-214 "串流大师"整体工作界面

2）设置媒体库

"串流大师"通过媒体库的几个选项卡来管理要合成的各类文件，可根据需要导入其他媒体文件或幻灯片文件。

（1）媒体选项卡：管理项目的视频和音频文件，如图 6-215 所示。

（2）幻灯片选项卡：管理项目的幻灯片文件，包括 URL、PowerPoint、Word、Excel、HTML、PDF 或 Flash 文件，如图 6-216 所示。

（3）过渡效果选项卡：列出所有可用过渡效果，如图 6-217 所示。

图 6-215 媒体选项卡

图 6-216 幻灯片选项卡

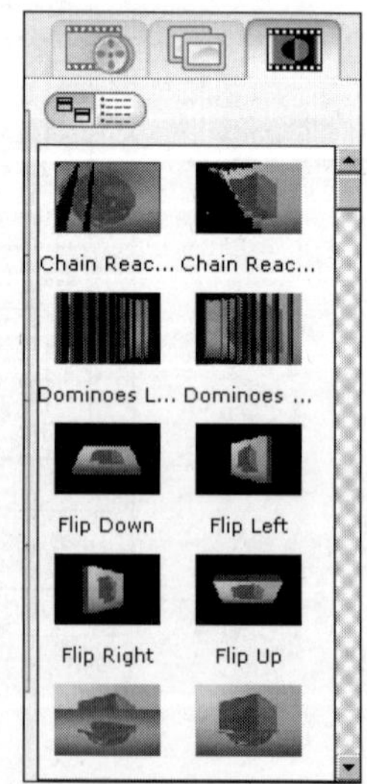

图 6-217 过渡效果选项卡

3）同步媒体

首先要将媒体文件和幻灯片文件添加到时间线上。一种方法是从媒体库中选取文件，将其拖放到相应的时间线轨道上；另一种方法是右键单击文件，在弹出的菜单中选择“添加到时间线”命令。

然后进行同步操作，使幻灯片切换与媒体文件播放同步。这里也有两种方法，一种是先单击播放时间线上的播放按钮，一边播放媒体，一边根据同步要求在幻灯片窗口中切换幻灯片，并单击“插入”按钮，也可以直接单击“插入下一张幻灯片”按钮；另一种方法是在停止的状态，先设定时间线标记的位置，然后切换幻灯片并单击“插入”按钮，如图6-218所示。

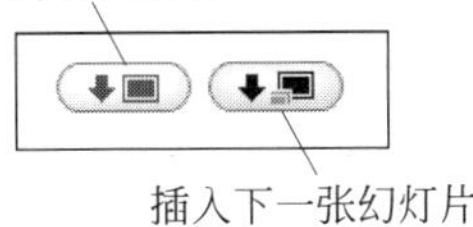

图6-218　同步媒体按钮

4）制作和发布演示文稿

一旦演示文稿完成以后，就可以使用数种格式将其发布到各目标位置。可将演示文稿发布为演示文稿文件、EXE文件或SCORM 1.2兼容的ZIP文档。也可以将文件发布到本机磁盘或远程服务器，并从范围广泛的各式发布选项中选择选项。

选择“发布”选项卡，出现如图6-219所示的界面。

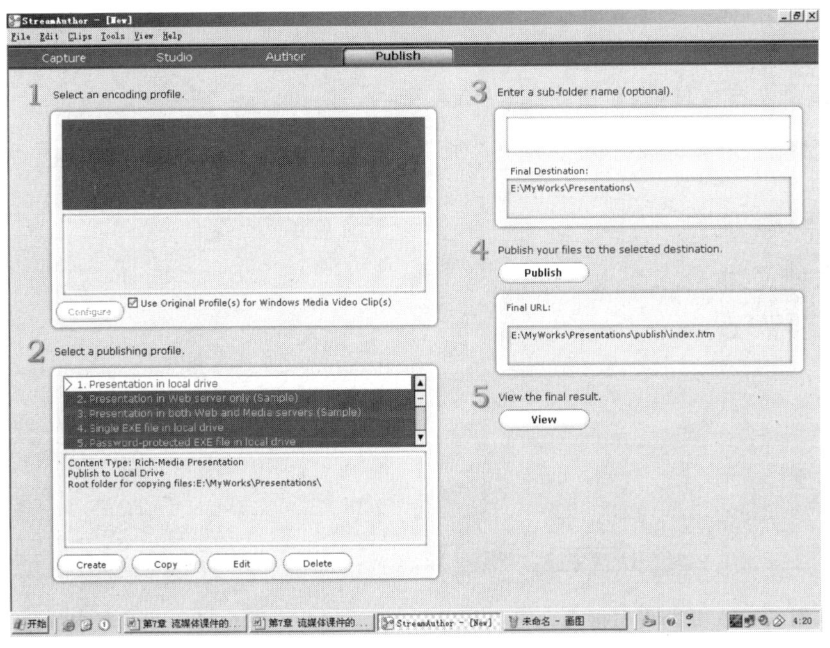

图6-219　发布界面

从这里可以看出，整个的发布过程可以分为五个步骤。

步骤1：选择一个发布范本，这决定对流媒体文件如何进行编码以及不同的应用环境。

步骤2：选择发布模板。注意这里的模板是发布位置和发布格式的结合。就发布位置来说，可以是本地硬盘，也可以是远程服务器。就发布格式来说，有以下5种。演示文稿：完整独立地保留所有的原始演示文件；EXE文件：将所有文件合并为一个可播放的

EXE 文件;ZIP 文档:将所有文件合并为压缩文件;电影文件:包括全部视频和音频内容的单个文件;SCORM 文件:符合 SCORM 1.2 标准的 ZIP 文件。

系统在这里提供了 8 种模式给用户来选择。以选择第一种为例,如图 6-220 所示。

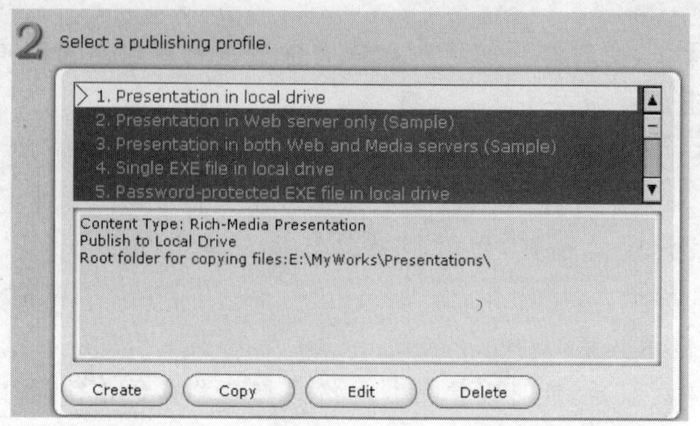

图 6-220 选择发布模板

选择好发布模板之后,再单击左下方的"创建"按钮,这时候就会出现发布格式的选择。如图 6-219 所示,在本地硬盘中可以发布的格式有演示文稿格式(网页内容和视频、音频)以及可执行文件和 ZIP 文件。以选择第一种为例,如图 6-221 所示。

然后选择发布的位置,如图 6-222 所示。

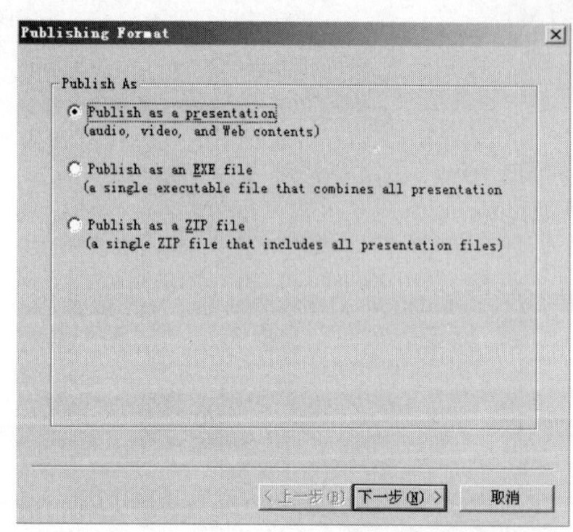

图 6-221 选择发布格式

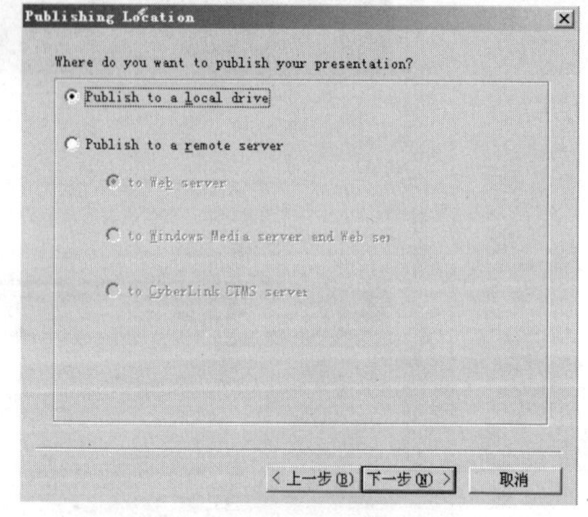

图 6-222 选择发布位置

接着是对输出目录的设置,主要是有两项内容。一是要输入发布文件夹的名称;二是输入演示文稿的首页名称。如图 6-223 所示。

最后,输入范本的名称,单击"完成"按钮就可以了,如图 6-224 所示。

步骤 3:输入该项目要保存位置的子文件夹名称,如图 6-225 所示。

步骤 4:最后,直接单击"发布"按钮就可以了,如图 6-226 所示。

步骤 5:进行预览。

图 6-223　对输出目录的设置

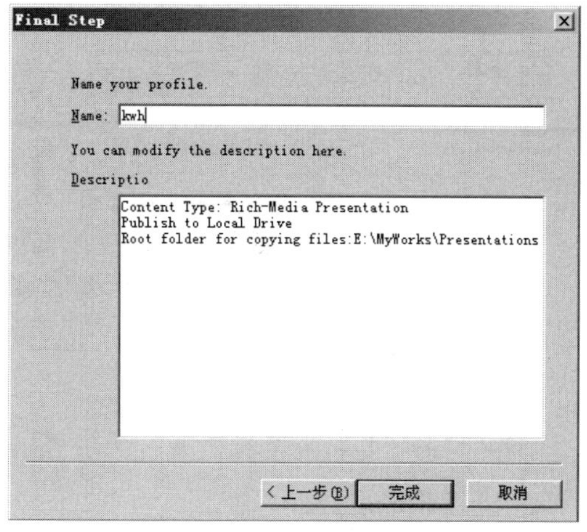

图 6-224　给范本命名

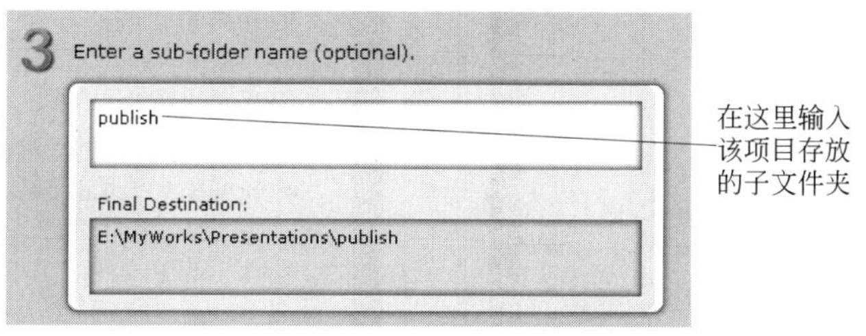

图 6-225　项目保存命名

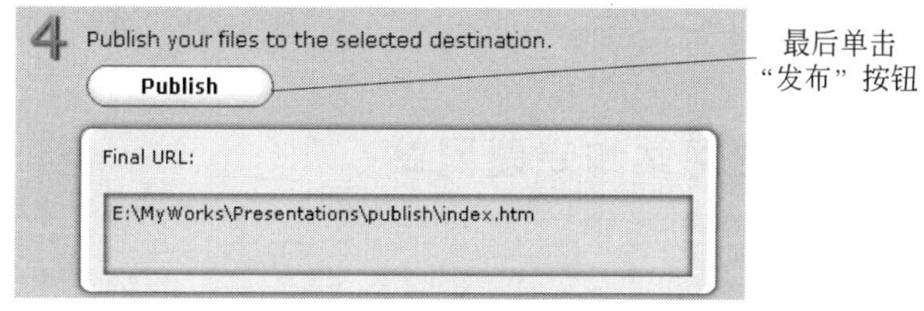

图 6-226　发布

至此，完成发布工作，可以到发布位置进一步查看已经发布的文件内容。另外，还有其他几种发布方式，可以分别进行尝试。

“串流大师”给同步流媒体课件提供一些在线交互功能，本质上只是动态网页或静态网页的链接。

3. 录制幻灯片上的绘图笔和鼠标光标

“串流大师”有一个特色功能，就是提供绘图笔和鼠标光标录制功能，能够将绘图笔高亮区域和鼠标光标的活动录制在演示文稿幻灯片上。使用绘图笔工具，在幻灯片上做各类标记和指示，可以写字、画线，对讲课的重点进行强调等。鼠标光标的活动可以演示某些过程和步骤。但是特别要注意的是只有在媒体播放的过程中，才能使用幻灯片窗口上的绘图工具和鼠标光标工具，也只有对幻灯片才能进行绘图。也就是说只有在媒体播放的过程中，幻灯片窗口上的绘图笔工具和录制鼠标光标工具才可用并呈现亮色。如图 6-227 所示。

图 6-227　绘图笔工具和录制鼠标光标工具

1）录制绘图标记

在文件工作室窗口中播放媒体，单击幻灯片窗口上的绘图笔工具，然后根据讲解内容在幻灯片上做出标示，或绘制一些简单的图形。录制完成后，播放就可以看到效果了。

还可以对绘图笔属性进行设置，分别是大小和颜色等。如果要删除的话，用橡皮擦可以擦除，如图 6-228 所示。

2）录制鼠标光标的移动轨迹

播放媒体，单击鼠标光标录制按钮，根据需要在幻灯片上移动鼠标指针。录制完毕后，播放就可以看到效果了，如图 6-229 所示。

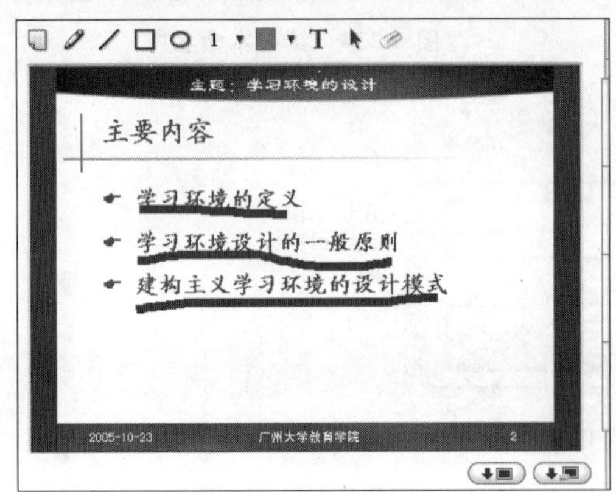

图 6-228　使用绘图笔

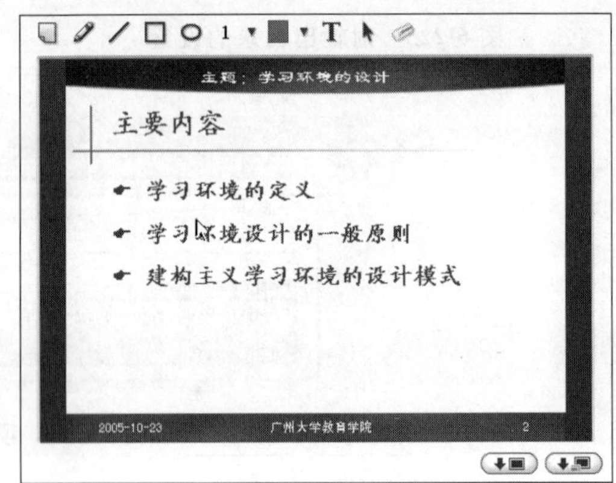

图 6-229　录制鼠标光标轨迹

附录：常见常用专业网站和专题网站

1. 常用媒体素材网站

（1）国家基础教育资源网(http://www.cbern.gov.cn/derscn/portal2/SearchAction.do?method=index)内容丰富多样，包括媒体素材和课件、案例，等等，其中媒体素材又分为文本类素材、图形(图像)类素材、视频类素材、音频类素材和动画类素材五种。

（2）万全图库(http://pic.n63.com/)主要提供了各种网页素材图片，包括静态的和动态的，内容极其丰富，还提供了站内搜索，查找图片也很方便。

（3）图片素材库(http://sucai.jz173.com/)包含了多种类型的图片素材，为网页制作提供了丰富的资源。

（4）e 库素材(http://www.iecool.com/)。

（5）课件素材库(http://www.oh100.com/teach/shucaiku/)分为动态图库、静态图库和音效库，三种大的分类下又有细分，内容丰富。

（6）教育资源素材库(http://www.e21.edu.cn/resource/sucai/sucai/)是一个与具体学科相关的素材库，涉及语文、数学等十八门学科，设有站内搜索，可以方便地查找所需资源，同时还可以上传自己的资源，实现资源的共享。

(7) 课件资源素材库(http://edu.qz.fj.cn/share/)是一个课件资料素材库，提供了十四门学科的相关课件的下载，资源不是特别丰富，但是内容值得一看。

(8) 中国飞天音乐教育网(http://www.ftmusedu.com/dhs.htm)是一个以音乐为主题的网站，内容十分丰富，各种类型的音乐应有尽有。

2. 常用学科资源网址

	语文教学网站	
1	中学语文教学资源网	http://www.ruiwen.com/
2	小学语文教学资源网	http://xiaoxue.ruiwen.com/
2	中国语文网	http://www.cnyww.com/
3	中学语文信息网	http://www.ywxxw.com/
4	中学语文中考高考资源网	http://www.ywzk.com/
5	语文天地网	http://www.ywtd.com.cn/gb/node/2005-05/17/default.htm
6	中小学教学资源站	http://www.edudown.net/Soft/ShowClass.asp?ClassID=11
	数学教学网站	
1	中小学教学资源站	http://www.edudown.net/Soft/ShowClass.asp?ClassID=12
2	小学数学教学网	http://www.xxsx.cn/
3	小学数学专业网	http://www.shuxueweb.com/index.html
4	小学生学习网	http://www.xxshw.com/Article/Index.asp
5	数学论坛	http://www.gzjzes.net/forum/index.asp
	英语教学网站	
1	英语合作网	http://www.51share.net/
2	牛津英语教与学	http://www.wdabc.com/
3	中学英语教育资源网	http://en.ruiwen.com/
4	英语	http://www.cbe21.com/subject/english/
5	英语文学网站资源	http://www.cycnet.com/englishcorner/digest/literature.htm
6	新知堂剑桥少儿英语网	http://www.xinzhitang.com.cn
	物理教学网站	
1	三人行初中物理网	http://www.srxedu.net/
2	中国物理教育网	http://www.cpenet.org.cn/
3	物理教育网	http://www.wuli.com.cn/
4	不倒翁物理教学网	http://www.ccxcc.com/
5	物理教学网站	http://physweb.51.net/teach.htm
6	中学物理教学资源专业站	http://www.gzwuli.com/
	化学教学网站	
1	化学教育网	http://www.huaxue.com.cn/
2	化学学科网站	http://hx.zxxk.com/
3	化学学科网	http://huaxue.luohuedu.net/huaxue/

4	中学化学学科网	http://zxhx.jyjy.net.cn/article/index.asp
5	化学学科网站	http://huaxue.rcjy.com.cn/Index.asp
6	中学化学同步辅导	http://www.huaxue123.com/
	历史教学网站	
1	历史教学资源	http://www.lovemf.cn/
2	中学历史教案资源库	http://202.121.7.7/person/zxlsjxw/ja1.htm
3	中学历史同盟	http://www.history999.com/
4	中学历史在线	http://www.ls11.com/
5	史海泛舟	http://www.laoluo.net/
6	中国基础教育网历史频道	http://www.cbe21.com/subject/history/
	思想政治教学网站	
1	中学思想政治教学网	http://www.zz6789.com/Index.htm
2	高中思想政治教学	http://miaozq.2000y.net/
3	中学政治教师联盟网	http://www.jslmw.com/
4	中国基础教育网政治频道	http://www.cbe21.com/subject/politics/
5	政治教学网	http://www.zhzhi.com/Index.html
	科学教学网站	
1	小学科学网	http://www.raxk.com/Index.html
2	科学教育	http://www.sedu.org.cn/
3	e21 科学探究网	http://kxtj.e21.edu.cn/e21web/
4	中国科普网	http://www.kepu.gov.cn/
5	科学教育网	http://www.sedu.org.cn/
6	中国科普博览	http://www.kepu.ac.cn/gb/
	体育教学网站	
1	动力体育教学网	http://www.fsty.net/main.asp
2	中学体育网	http://www.zxty.net/
3	体育教学资源互动网	http://www.pe-web.org/
4	体育教学网	http://www.yemao518.com/
5	体育教师网	http://www.365kj.com/
6	中国基础教育网体育与健康频道	http://www.cbe21.com/subject/sports/
	美术教学网站	
1	美术教学小时学习网	http://www.24xuexi.com/tutorial/paper/teach/art/
2	中国美术教学网	http://www.e-art.cn/
3	中国少儿美术教育网	http://www.ccartedu.com/
4	上海美术教育网	http://www.shmsjy.com/
5	小学美术教学资源	http://www.lily.cor.cn/
6	中国美术教育信息网	http://www.arteduinfo.com/bbs/index.php

续表

地理教学网站		
1	中国基础教育网地理频道	http://www.cbe21.com/subject/geography/
2	中学地理教学网	http://www.dljxw.com/
3	地理教学网	http://www.dilijx.cn/
4	地理教育资源网	http://www.djz.edu.my/kecheng/dili/dili-main.htm
5	北京地理教学资源网	http://www.zxdl.bjedu.gov.cn/new/index.asp
6	CCTV-国家地理频道	http://www.cctv.com/geography/index.shtml
信息技术教学网站		
1	信息技术教学网	http://xxjs.e21.edu.cn/
2	信息技术课程教学研究网	http://www.51itedu.com/
3	中小学信息技术教育	http://www.itedu.org.cn/
4	信息技术教学资源网	http://www.techchen.com/chen/
5	中小学信息技术教育网	http://www.nrcce.com/
6	中国信息技术教育网	http://www.nettime.net.cn/
音乐教学网站		
1	音乐教学	http://vod.yueqi.com/
2	中国音乐教育网	http://www.musiced.com.cn/
3	中小学音乐	http://www.hzjys.net/xkweb/yinyue/
生物教学网站		
1	中学生物	http://www.biosky.cn/
2	中学生物资源网	http://swzy.sdedu.net/
3	中国生物教学网	http://www.shengwu.com.cn/
4	中学生物教学资源网	http://202.121.7.7/person/jscszzh/index.htm

第 7 章　现代远程教育

实例与问题

我国远程教育经历了函授教育、广播电视教育以及以信息和网络技术为基础的现代远程教育三个阶段，自 20 世纪 90 年代后期，我国远程教育发展迅速，从 1998 年清华、浙大、北邮和湖大开始试点到现在，短短十余年的时间，教育部批准的试点学校已达 68 所，毕业生也由最初的 3000 多人扩展到如今的 600 多万人。如今，中国远程教育涉及面广，大到高等学校教育，小到企业内部培训，但从 2005 年推开的全国中小学教师教育技术能力培训的效果看，成效值得肯定，但问题凸显较多，主要体现在以下几个方面。

(1) 远程教育还没有跳出传统教育的束缚，教师仍停留在知识主讲者的角色，学生学习被动，终身学习理念仍未形成。

(2) 适合我国的系统完善的远程教育理论有待完善。

(3) 现代远程教育师资队伍匮乏，从事远程教育课程的开发设计，运用远程教育理论主持远程学习的教师严重不足。

本章也即针对上述问题，从远程教育系统、教学过程、教学模式和新技术在远程教育中的应用等方面，从理论和实践两方面对远程教育做一系统阐述，为培养具备一定远程教育能力的师范生提供一定借鉴与参考。

教学指南

本章主要由现代远程教育概述、现代远程教育的教学系统、新技术在现代远程教育中的应用、移动学习四大内容组成，详细的内容结构如图 7-0 所示。

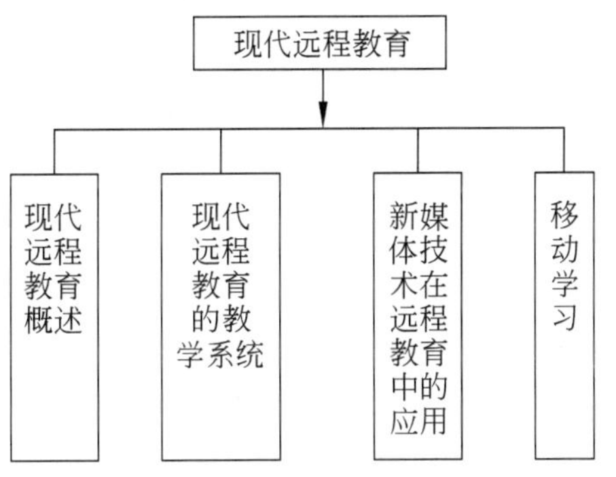

图 7-0　现代远程教育的内容结构

教学目标

(1) 识记：现代远程教育概念及特征、现代远程教育教学系统构成。

(2) 了解：新技术在现代远程教育中的主要应用方面及移动学习的发展状况。

(3) 理解：现代远程教育教学系统组成及具体教学过程。

(4) 应用：能将现代远程教育教学模式和移动学习应用模式在具体教学中应用。

教学方法与课时分配建议

教学方法：

教法和学法上注重学生理论联系实际能力的培养，授课形式以理论讲授和具体案例分析讨论相结合的方式展开，通过组织学生专题讨论，培养学生透彻理解远程教育的含义及在教学中的具体应用。

(1) 本章的重点是现代远程教育概念；现代远程教育的教学过程及应用模式。

(2) 7.1 可采用“讲授—讨论”的方式，教师先讲授基本内容，然后学生参与讨论以达成共识，加深对现代远程教育基本概念的理解。

(3) 7.2 可采用“讲授—案例—探究”的方式，教师先讲授基本内容，然后结合案例分析现代远程教育的系统组成、现代远程教育的过程及各种模式的具体应用。

(4) 7.3 可以采用“讲授—案例—讨论”相结合的方式，教师在讲授理论的同时，结合具体的新技术在远程教育中的应用案例，引导学生讨论并得出总结。

课时分配：

计划时数 10 学时，其中现代远程教育概述 2 学时，现代远程教育教学系统 4 学时，新技术在现代远程教育中的应用 2 学时，移动学习 2 学时。

7.1 现代远程教育概述

7.1.1 现代远程教育的概念

关于远程教育的定义有多种说法，亚洲开放大学协会认为：“远程教育是学生与老师，学生与教育组织，也就是和学校之间，主要采取多种媒体的方法进行系统教学和通信联系的教育形式。”该定义阐述了学校、教师、学生三个主体在远程教育中的“准永久分离状态”关系，并利用多媒体通信形成一定的系统形态。

美国版权局的定义则提出：远程教育是一种学生和老师在时间上和在空间上分离的教育形式。该定义同样描述了远程教育中师生之间的时空分离关系。①

百度百科则认为现代远程教育是利用网络技术、多媒体技术等现代信息技术手段开展的新型教育形态，是建立在现代电子信息通信技术基础上的网络教育，以面授教学、函授教学和广播电视(视听)教学为辅助，它以学习者为主体，学生和教师、学生和教育机构之间主要运用多种媒体和多种交互手段进行系统教学和通信联系。该定义在远程教育的基础上灌注了“现代”两字，并对现代媒体技术，特别是网络技术在远程教育中的媒介作用及远程教育的具体教学形式进行了界定。

从以上几个定义的描述均可找到以下几点共性。

(1) 现代远程教育由教师、学生和教育组织三个主体构成。

(2) 三个主体对象在时空上处于分离状态。

---

① 丁新. 中国远程教育：从规范走向创新[J]. 现代远距离教育，2009(6).

(3) 现代媒体技术,特别是现代信息技术和网络技术是三个主体的连接体,并采用现代通信手段形成一定的系统教学形式。

由此,现代远程教育的定义可做如下概括:现代远程教育是利用现代电子信息通信技术,依托一定的教育组织,将时空分离的教师和学生联系在一起,并采用多种媒体交互手段进行系统教学的新型教学形式。

7.1.2 现代远程教育的特征

关于现代远程教育的特征有很多说法,从远程教育的本质看,就其教育、教学优势上分析,现代远程教育具有教学交互性强、打破时空局限、媒体资源丰富、支持灵活自主的开放式学习[①];而与常规学校相比,现代远程教育又具有教育开放性、教育资源与教育功能的延伸性、学习的灵活性、媒体的中介性和教育活动的可调控管理性等特点,综合来讲,现代远程教育具有以下几个特征。

(1) 超越时空局限

现代远程教育师生在时间和地域上处于一种分离状态,但现代通信技术的发展使不同地域的交流变得更为便捷和形式多样化,这为看似分离的教师和学生组成教学同盟,并开展形式多样的教学活动提供了可能。

(2) 教学功能无限延伸

常规学校教育将教育活动局限在有形校园内部,教育资源与教学功能的作用也局限在有限的人群范围内。远程教育借助各种现代媒体技术将教育信息和教学活动向社会延伸,教育资源和教育功能得以向外扩张,受教育人群无限扩大,现代教育的终身学习理念得以实现。

(3) 对现代通信技术的高度依赖

现代远程教育是基于现代媒体通信技术基础上进行的教育活动,其各个环节,如学习注册、教学活动开展、作业的布置与提交、评价和信息的交流与反馈等,都离不开现代媒体在其中发挥的中介作用。脱离了现代通信技术,现代远程教育将难以开展,此依赖性虽然给远程教育带来一定局限,但现代通信技术的进一步发展同样会带来现代远程教育新的变革与创新,并产生不可忽视的教育能效。

(4) 教育形式更为灵活开放

在网络技术和现代媒体技术支持下,现代远程教育开展将凸显其更为灵活的优势。首先,招生手段更为灵活。在校学生和社会人员可根据自己的学习需求,利用通信技术平台自主参与到学习中;课程设置更为灵活。为满足职业教育和终身学习的需求,现代远程教育在课程设置上更能迎合需求变化,减少了学校正规教育课程内容更新滞后,课程体系僵化所造成的学习与社会需求脱节的影响;学习方式更为灵活自主。现代远程教育依托现代通信技术,使师生可以在异地同时、异时同地或者是异时异地进行教学,利用网络Web 2.0技术的强大交互功能,师生的学习交互也变得更为及时和形式多样化,协作学习、自主学习、混合式学习等多种基于网络的学习方式也应运而生,由此所带来的学习收益也成为现代远程教育的一大优势;教学管理更为灵活便捷。现代远程教育的教学管理现在大

① 丁新.中国远程教育:从规范走向创新[J].现代远距离教育,2009(6).

部分依靠计算机网络完成，许多教学管理平台具有自动管理和远程互动处理功能，学生的咨询、报名、交费、选课、查询、学籍管理、作业与考试管理等，都可以通过网络远程交互的方式完成，从而大大降低了传统管理方式的工作强度，提高了管理效能。

(5) 教学资源极大丰富，资源共享程度获得极大提升

现代远程教育的开放性，促使仅在学习内部共享的资源在通信网络中四面传播，各种优秀教育资源通过网络跨越了空间距离的限制，最优秀的授课过程、最好的教学成果能被更多人分享，网易公开课频道将耶鲁、哈佛、麻省等知名学校的优秀课程在公众网中向世人免费播放成为国内利用网络分享优质教育资源的一个典范。

7.2 现代远程教育的教学系统

7.2.1 现代远程教育教学系统的基本构成①

远程教育教学系统通常是由多个具备不同功能的模块或子系统构成的。这些不同功能的子系统在远程教育教学活动中起着不同的作用，通过它们之间的相互配合、相互补充来实现远程教学。现有的远程教育系统从教学的角度看，主要以远程授课子系统、自主学习子系统、学习支助子系统、学习测评子系统为核心，通过远程教学管理系统对其进行管理。所有这些系统互相配合，构成一个完整的远程教育的教学系统。

1. 远程授课子系统

授课子系统的功能就是通过教师的现场讲授来向学生传授知识与技能。但是，在现代远程教学过程中，教师与学生并不需要同处一室，而是通过通信网络和终端接收设备创设出一种虚拟的课堂环境，使学生在终端接收设备前具有课堂临场效果感，如果有双向通信网络的支持，在授课过程中，师生之间还能够进行交互，教学效果将获得进一步的提升。

远程授课系统是远程教育教学系统的一个重要组成部分。以多媒体技术和计算机网络技术为支撑的远程授课子系统，如图 7-1 所示，不仅集合了多媒体视频和音频效果，提供了多种形式的多媒体素材，而且拥有强大的检索功能，教师可以根据需要制作教程和教案，也可以随时增删和修改教程内容。学生还可以通过 Internet 根据个人情况，以课程点播的方式进行学习，不受时间空间的限制。

根据授课子系统中教师与学生能否进行交互，该系统还可以进一步被划分为单向系统和双向系统两类。单向系统通常是采用单向广播方式进行教学。这种方式类似于电视节目的现场直播。但不足之处在于教师不能看到学生或者听到他们的声音，因而师生之间的交互活动也无法进行。尽管无法交互，但这种教学方式也有其自身的优点。首先，其系统覆盖范围可以很大，能够遍及各个偏远地区，因而具备一定的规模效益。其次，由于是单向广播，所以其接收技术、设备简单，网络建设和网络使用的费用较低。最后，由于对传输网络的技术要求较低，所以可以直接利用我国已建成的大量单向网络传输系统，比如卫星

① 王继新，张屹. 远程教育原理与技术[M]. 北京：北京大学出版社，2008.

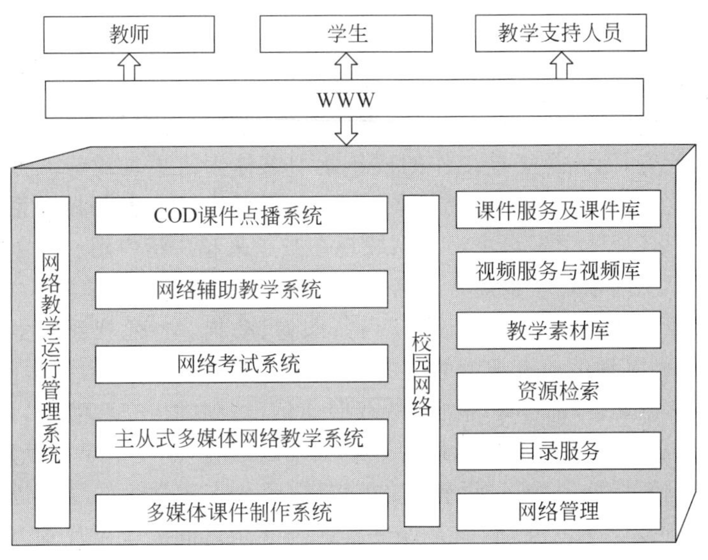

图 7-1　多媒体技术和计算机网络技术支持的远程授课子系统①

电视网、有线电视网等。目前使用单向传播的远程教育系统主要是采用视频广播这种方式。

在双向系统中，学生不仅能看见教师的图像，听到教师的声音，而且教师也能了解位于各个终端的学生情况，能够针对学生的情况来调整教学策略，控制教学进程，并且还能够向学生提出问题并得到学生对问题的回答等。整个教学过程是基于双向传输网络系统和多媒体计算机终端来进行的。由于每个终端既要发送信号，又要接收信号，所以双向系统的终端设备、网络的技术指标和成本均比单向系统要求要高，但由于双向系统能够实现师生的交互，所以和面对面的课堂教学类似，其教学形式也更加符合学生的学习习惯，教学效果也更为良好。现阶段，主要是借助于视频会议系统来构建实时双向系统，图 7-2 就是远程授课课程录制现场。

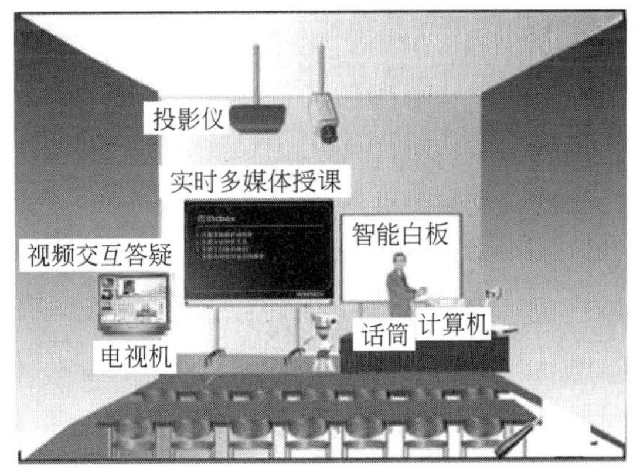

图 7-2　远程授课课程录制现场②

①② http://jpkc.hznu.cn/YUAN/show.aspx? id=318.

2. 自主学习子系统

自主学习子系统是支持学生利用远程教育系统学习材料进行自主学习的系统。该系统是远程教育区别于普通学校教育的一个重要方面。自主学习系统具有不受时空限制和学习方式灵活等优点，因此对于已工作的成年学习群体来讲更具优势。另外，有些远程教育系统可能由于经费或是网络环境等方面的原因，并没有建立教师授课系统，因此为学生提供一种自主学习环境的学生自主学习系统正在被越来越广泛应用。

自主学习子系统的学习材料通常包括教学网页、课件、视频点播等等，教学网页和课件均由专门的教师或技术人员编写，集合了声音、图像、动画、文字、视频等多种媒体素材，教学内容丰富，能提供多种生动有趣的教学方式。两者唯一不同的是，教学网页可通过网络邮件、BBS、聊天室等服务，实现终端之间的双向通信，达到师生交流互动，课件则只是一个应用程序，学员可根据需要从课程网站中下载或在线运行，学生的学习互动主要通过课件的程序运行进行判断反馈，并通过设置好的学习内容分支对学生的学习进行修正与强化，此种互动并非教师与学生的互动，而是课件程序与学生之间的学习反馈互动，因此课件的内容设计要求更为缜密周全，对学生的学习有可能存在的效果要有足够的预测。视频点播则是通过将视音频教学材料预先储存在教学服务器上，供用户随时随地对教学材料进行访问学习。通常来说，视频点播的内容可以是教师上课的视频，教学实践环节的视频如实验过程，也可以是一些辅助性的学习材料。将这些视频存放在服务器上，学习者就能够根据自己的时间安排，随时随地收看视频点播了。

3. 学习支助服务子系统

学习支助服务系统是现代远程教育中一个重要的组成部分，它的主要功能是远程教学院校及其代表教师为远程学生提供的以师生之间或学生之间的人际面授和基于技术媒体的双向通信交流为主的各种信息的、资源的、人员的和设施的资助服务的总和。

由于远程学习是一种高度自主性的独立学习，而且参加远程学习的学生并不一定都掌握自主学习的方法，所以学生的自学能力、自制能力、对信息资源的选择能力和对学习过程的控制能力，都需要在院校教师的指导与帮助下逐步培养和发展起来。建立完善的学习支助服务系统有助于指导、帮助和促进学生的自主学习，以及提高远程学习的质量和效果。其核心在于既支持学生的学习，又减轻学生学习中的障碍，为学生提供学习服务。远程教育中的学生学习支助服务包括远程教育机构和教师为学生提供的信息服务、资源服务、人员服务和设施服务等。

4. 学习测评子系统

远程教育系统不仅应为学生提供学习材料和答疑服务，而且还要获得有关学生学习情况的统计数据以用作学习效果的评价。因此，作为一个功能完备的远程教育系统，必须具备一整套的学习测评系统。目前常见的方式有：师生之间利用 E-mail 来进行作业的布置与提交；利用 WWW 服务进行网上在线测试等。

基于网络的远程教育测评系统包括试题库、测验试卷的生成工具、测试过程控制系统和测试结果分析工具、作业布置与批阅工具等。试题库是其中的首要组成部分，它的主要功能是将某门课程的试题资源按照一定的教育测量理论加以组织，为测试试卷的生成与作业的布置提供试题素材，并为学生考试成绩的评价提供学科结构的支持。

测验试卷的生成工具就是要根据测试的目的，自动从试题库中抽出试题，组成符合教师考试意图的试卷，根据考试的目的不同，可以有智能组卷、相对评价组卷、绝对评价组卷三种成卷方式。测试过程控制系统主要完成对网上测试过程的控制，如远程实时监控，在需要时锁定系统，不允许学生进行与测试无关的浏览，控制测试时间，到时自动交卷等。

测试结果分析工具一般是根据每道题中的知识点和学生的答题情况，对一些教育测量指标作统计与分析，根据这些测量指标所具体指示的意义，调整教学过程中的活动，并对具体学生给出诊断，对下一步学习提出建议。另外，还要根据考试测验的统计数据，运用教育评价理论分析题目的质量，如区分度、难度等。作业布置与批阅工具可以在试题库系统的基础上，自动形成作业，并在网络上发布、收集和批阅。

5. 远程教学管理子系统

远程教学管理系统的目的是为参加远程学习的学员提供一个集成的学习环境，使学员们可以方便地利用远程教学系统的各种学习设施，如远程考试系统、远程讨论系统、多媒体作业系统等。同时，它可以对学员的学习记录进行统计分析，并将结果反馈给学员和有关人员，以提高学习效率。在整个远程教学管理工作中，教学教务管理系统在远程教育中居于一个至关重要的地位，它起着调配教学资源、组织教学活动、总结教学数据等重要作用。由于远程教育覆盖面广，生源广泛，学生数目众多，采用信息技术支持的远程教育教学教务管理系统，远程教育的学籍管理、成绩管理和课程教学管理工作将实现自动化处理能力，这将大大减少人工操作的错误率和工作强度，从而保证远程教育的管理工作准确高效地运作。通常来讲，学生的学籍管理包括学生的入学资格审验、入学注册、在校学籍变动等；成绩管理包括学生考核成绩合成、成绩登录、成绩查询及变更、成绩互认、毕业审核、办证、学位申请办理、电子注册等；课程管理则包括对“教”和“学”两个方面的管理，主要内容是教学支持服务管理、主要教学环节监控、教学结果评价和认定等。

【教学案例 1】

清华在线教育平台教学系统构成[①]

“清华在线”网络教学平台是在总结了清华大学远程教育网上教学与教务管理的支撑平台以及清华大学网络辅助教学系统的基础上，由清华大学计算机与信息管理中心开发的网络教学与教务管理系统。作为一个完整的互联网学习平台，它具有基于 Internet 的多媒体教学、考试与测评、师生交流、提供教学资源共享等多种功能的系统，既包括网上授课、网上自学、网上辅导、网上测试、教学讨论和答疑等各种教学功能，还可以在网上提供丰富的多媒体课件，以便学生下载自学。平台以互联网为载体、以各种多媒体教学素材库和网络课程为知识仓库，并充分利用互联网上的各种资源，提供学生方便快捷检索素材、下载教师课件、进行自主学习等功能。

“清华在线”教育平台立足于用户，首先为网络教学提供了必需的课件支撑平台，且广泛支持各类课件；用户端只需配有浏览器，即可实现网上学习。其次，为教务管理部门定制了一套操作方便、通用性强的远程教务管理系统软件，包容了多种办公管理所需的套件工

① http://jpkc.hznu.cn/YUAN/show.aspx? id=322.

具；与此同时，引入了统一的身份认证与授权管理机制；并对不同条目实现了搜索引擎功能，实现了网上课程自动生成等多种功能。

1. 教学子系统

在这一平台中，集合授课子系统和学生独立学习子系统。主要提供课程的网上发布、作业管理、教学评估等功能。

网上教学第一步要做的就是将教学内容在网上发布，教师可以通过网络教学平台发布自己的课程资源，并有管理自己课程的权限。

教学评估主要根据测试结果进行分析，根据考试测验的统计数据，运用教育评估理论分析题目的质量，如区分度、难度等，以及确定教学的重点和难点。

作业管理，提供各学科教师发布作业、学员提交作业、教师查看并批改学生提交的作业等功能，使教师能够及时获得学生学习状况信息。

2. 学习测评子系统

这是个网络考试、题库管理的平台。包括有网络考试、题库管理、自动组卷、自动阅卷等功能。

考试系统有随机出题功能，可以为每个学生产生不同的试卷，以防作弊。

同时控制测试过程，如锁定系统，不允许学生进行与测试无关的浏览，控制测试时间，到时自动交卷等。

考试系统也可提供自动组卷功能，教师设定组卷条件，系统自动根据条件组成所需试卷；在学生完成试卷后，系统自动批改试卷，并可将结果反馈给学生，这样管理员可针对学生反馈信息和考试的成绩定期对题库和试卷库进行维护和更新工作。

3. 学习支持服务子系统

在这一系统，教师和学生进行讨论与交流，平台为学习者提供各种服务以达到最优学习。包括网上辅导、答疑及讨论等等。其中的答疑模块主要解决学员在学习中的疑难问题。

答疑可以分为常见问题解答(FAQ)和临时库答疑两种。

FAQ 为自动答疑的一种方式，通过建立 FAQ 数据库，并实现动态更新。

通过查询功能实现对 FAQ 库中问题的搜索，可以按照关键字进行搜索。

学生提交的新问题首先进入临时答疑库，教师定期对学生问题进行回答。

系统将根据问题提出人员的多少自动将临时答疑库的问题提取到 FAQ 库中。

4. 教学管理子系统

教学管理系统可同时适应学分制和学年制两种教学制度。不但管理远程教学的各个环节，如从学生入学到毕业的各种教学活动，还管理远程教学所涉及的各种对象和资源，如管理员、教师、专业、课程、课件等。

教务公告管理：发布通知、修改通知、删除通知。

学员的学籍管理：学生个人信息的录入、修改、删除等。

开课教师管理：任课教师信息的增加及删改。

课件管理：课程课件的上传、查看、维护等。

专业管理：招生专业管理。

课程管理：开设课程的相关信息和维护。

开课管理：排课并自动生成课程网站。

学生注册管理：入学情况、学费缴纳情况等。

学生选课管理：包括选课、选课确认、退选等。

考试管理：考试教室安排、科目安排等。

成绩管理：学生成绩录入、修改、查看，统计等。

教学站管理：各教学站的管理。

7.2.2 现代远程教育的教学过程[①]

在现代远程教育的教学过程中，教师、学生、教学媒体和教学手段等基本要素，与传统教育相比都发生了相当程度的变化，内涵得到了极大的丰富。这深刻影响着远程教育中教学过程的形态与面貌。

1. 远程教育教学过程的基本要素

在远程教育中，师生的交流环境与班级授课制有着明显的区别，对远程教育的教学过程中教师要求也有所改变，教师的角色与传统教育相比也有了很大的变化。

(1) 远程教育教学过程中的教师[②]

教育离不开教学，教学是远程教育系统的核心功能。现代远程教学是教师导学和学生自主学习的一种学习活动，教师角色的转换与认同，成为远程教育教学活动成功的关键。从事远程教育的教师队伍是一个以专业建设和课程教学为中心，教学和技术协调，主持教师和面授辅导教师密切配合而组成的团队。与传统教学相比，教师的角色转变主要表现为以下几个方面。

① 从课堂主讲者向学习组织与指导者转变。远程教育中，学习者学习起点多种多样，知识能力也因人而异，学习目标也不尽相同，学生的学习活动也以自主学习为主，因此，教师的主要作用不在于传授知识，而在于指导学生如何正确、有效地使用教学信息资源与系统，帮助学生实现通过网络和多媒体技术去获取知识和解决问题的能力。但是，这并不意味着教师的作用不重要。相反，由于学生接受的不是面授辅导，对课程的重难点的理解难免会出现偏差，因此，教师通过网络对学生进行有针对性地辅导，帮助学生解决学习过程中遇到的实际困难以及指导学生更好地进行下一阶段的学习，就显得尤为重要。在远程教育中，教师的指导与帮助主要体现在两个方面：一是采用面授的方式，教师对课程大纲、考试大纲、各章学习应注意的问题做概括性介绍。二是根据课程性质与特点，教师提出学习方法和建议，如指导学习者如何看书；如何找出重点；如何提出难点，发现疑点；如何做读书笔记；如何进行知识系统化整理，如何写学习心得、如何应用理论知识分析和解决问题、如何备考等。

② 从单一教书匠向远程教育专家转变。远程教育采用现代教育技术手段，通过多种教学媒体的综合应用，远距离、大范围地传播教学信息。其具有教学方式复杂化、专业门类

---

① 王继新，张屹. 远程教育原理与技术[M]. 北京：北京大学出版社，2008.

② 杨改学. 现代远程教育[M]. 北京：国防工业出版社，2003.

广、人才培养规格层次多、教学任务多样化、教学对象广泛和教学管理层级化等特点，再加之终身学习理念在远程教育中的应用，使远程教育对教师提出了更高的要求。在远程教育中，教师不单是一位授课者，还应承担包括教材建设、教学指导、教学组织与管理、教学科研等工作。因此，远程教育的教师在职责上将承担更多的角色，主要完成的职责任务包括以下几个方面。

一是根据专业学科教学计划和远程教育目标，制订远程教育教学计划，并组织实施。

二是以终身学习理念为指导，制作适用于远程教育的课件、视听教材、辅助教材和开拓学生知识和能力的相关信息资源。

三是利用尽可能的条件提供教学服务，制定教学管理细则，对教学、教学管理工作和学生的学习活动进行指导、检查、监督和评估，积极开展远程教育、教学的研究和学术研究，提升自己的远程教育能力。

(2) 远程教育教学过程中的学生

远程教育的学习者年龄跨度大，学生来源广泛、数量大，由于以成人学生居多，学习者均来源于不同行业，因此学员具备的学习经验各自不同，自愿学习的动机也比较大，远程教育的学生在学习动机和原有认知结构上均与传统教学的学生不同。

① 远程教育学生的学习动机主要来源于学历提升和工作需求。社会的发展和进步，随即带来社会各行业对员工的学历和工作能力的要求日益提升，为适应社会发展以求生存，已工作的成年人期望通过远程教育寻求发展的契机。因此，提升学历，充实和提高自身适应工作发展的需求成为远程教育学员主要的内部学习动机，为满足学员内部动机需求，远程教育应根据学员工作性质特点，在教学设计上注重教学内容的充实性与实用性，在学习活动设计上，则应注重反馈的及时有效性，从外部动机上鼓励学员积极参与学习。

② 远程教育学生的原有认知结构中，理论知识落后或薄弱，但实践经验丰富。远程教育学生大多是在职学习，他们有一定文化基础，但已有知识已不能满足当前实际工作需求，然而他们在工作中积累的丰富实践经验则为他们进一步学习带来极为有利的条件。因此，在教学设计过程中，应注重结合学员的实践经验，通过学员熟知案例的分析与讨论，充实和提升学员的相关理论水平和进一步实践升华的能力。另外，远程教育学员还存在年龄差异大、原有知识基础参差不齐、工作和家庭环境存在差异、学习时间的多寡等因素，远程教育应充分考虑学员认知基础的不同，设计有针对性的辅导与支持活动。

③ 远程教育学生对自学能力要求教高。远程教育的学生大多是成年人，参与远程学习也主要因为自己职业发展的内部需求，因此，学员的自律性与全日制学生比较来讲相对较高，但远程教育学习过程中，自学占很重要的比重，对学员的自学能力要求也较高，学员应懂得自我计划和自我调控，因此，远程教学如能针对学员的学习差异性，培养学员结合自己的工作和能力等情况，自订学习计划和进度，教会学生善用学校提供的多种媒体、学习资源和学习支助服务系统，在自己工作和生活的环境里进行自主学习，并懂得在有问题时通过学习支助服务系统寻求帮助和找到解决问题方法等，将大大提高学员的学习成效。

(3) 远程教育教学过程中的教学媒体

现代远程教育使用文字教材、音像教材、CAI 课件、计算机网页和 VCD 光盘等多种媒体进行教学。

① 文字教材。文字教材是现代远程教育多种媒体的核心，是传递教育教学信息及学生进行自主化学习的基本依据。美国心理学家布鲁纳说：“最好的学习动因是学员对所学教材有内在的兴趣。”研究表明，远程学习者对教材的依赖程度越来越高，对面授教学的依赖程度越来越小。所以，现代远程教育的教材，应该有别于传统函授课程所使用的教材，要使它能承担传统教学环境下教师能发挥的各种作用，即要充分考虑培养学生自主学习的意识、方法以及对学习过程实施支持、辅助和监控等功能。

② 音像教材。音像教材是对文字教材内容的进一步阐释与必要补充，也可以是阶段性辅导、期末复习等。主要用于解决学生自学较为困难，需要老师加以必要归纳、概括、提示或解释的问题。图 7-3 是物理工程管理音像教材的封面。

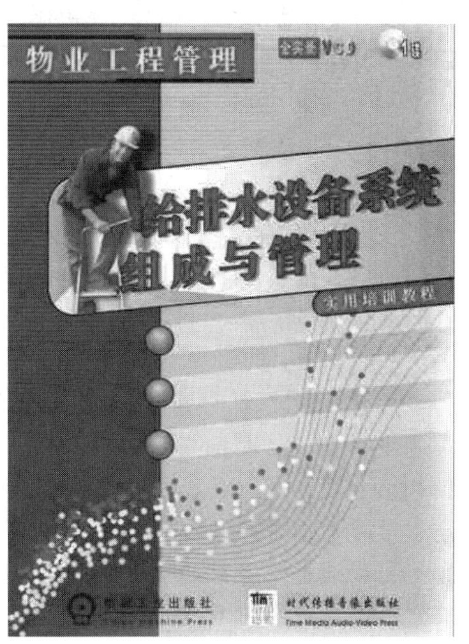

图 7-3　物理工程管理音像教材

③ CAI 课件。CAI 课件即计算机辅助教学软件，是对文字教材内容的多角度分解与细化，为学生提供利用计算机网络进行个体化、交互式学习的途径，强化学生的自我练习与检测。网络版 CAI 课件将成为网上教学的主要媒体。图 7-4 是 Flash 多媒体 CAI 课件制作的课件主菜单界面。

图 7-4　Flash 多媒体 CAI 课件制作的课件主菜单界面

(4) 远程教育教学过程中的支助服务

现代远程教育为中国教育的发展带来革命性的变化和历史性的机遇，但也存在如何保证教学质量的问题，要保证远程教育的质量，就必须有高质量的学习支助服务。所谓学习支助服务是坚持以学生为主体，努力为学生自主学习和个别化学习提供完善的资源支持、辅导、答疑、咨询、沟通、管理等各项帮助和服务，建立一种有利于学生自主学习的环境。现代远程教育采用课堂面授辅导、远程函授辅导、VBI 数据广播、电视直播教学、电话和双向视频系统，以及网上教学、网上讨论、电子信箱等手段，为教师和学生提供支助服务。

① 课堂面授辅导。教师占用课内学时的 1/4～1/3 时间，解答学生在自学过程中遇到的重点、难点、疑点问题，或组织学生进行实例分析与专题讨论等。目的是通过师生面对面的交流，使学生掌握正确的学习方法，从而快速地吸收知识、形成技能，转化为能力。

② 远程函授辅导。函授辅导主要是通过报刊、信件等形式，向学生提供教育教学信息，课程重点、难点、疑点解释，练习自测题及期末复习、学习方法指导等。

③ VBI 数据广播。利用 VBI 接收技术，将广播电视与计算机连接起来，使没有上网条件的远程教学点，通过 CETV-1 电视频道或计算机，随时收看或下载远程教育中心发布的各种教育教学信息、课程辅导、多媒体课件、复习考试等内容。

④ 网上教学。目前主要采用计算机互联网多媒体课件检索和双向、实时、交互式课堂面授相结合的方式。用主页形式在互联网上及时提供课程教学信息、例题解析、作业答案和学生学习中共同问题的答案。通过虚拟教室，使分散在各地的学生听取学校老师授课，老师也可以通过网络看到学生的反应，接受并及时回答学生的提问；双方还可以直接通过网络进行课堂讨论，提问答疑，通过虚拟实验室完成远距离操作和演示训练等。

2. 远程教育的教学过程特点

由于远程教育的本质是教的行为和学的行为在时空上的分离，而教与学的时空分离在本质上又是因为教师和学生的时空分离造成的，因此在教师和学生时空分离的情况下，教学活动必须借助各种媒体来完成。因为学习者不能像传统的面授教育那样可以得到教师直接的持续的指导，因此远程教育的主要任务就是实现教与学的再度综合，这也是远程教学过程实施的中心环节。在这种情况下，远程教育的教学过程具有以下几个特点。

(1) 师生、生生时空分离

远程教育与传统的面授教育相比，最大的区别就在于教师与学生和学生与学生之间处于分离状态。现代远程教育教学过程中，学生和老师或学生和学生并不共处一室，学生主要通过信息媒体进行学习，教师不能直接控制学生的学习活动，一切教学程序均是教师和教学设计人员，根据专业教学计划和课程教学大纲事先设计、编制好的。

(2) 教学过程互动性强

由于远程教与学的过程，师生是时空分离的，故现代远程教学必须借助先进的通信媒体，通过大量的师生和生生远程互动对教学进行反馈与调整。因此，与传统的教学相比，远程教育教学中的互动对象与形式更多样化，主要的互动类型大约可以分为四种：教师与学生的交互、学生与学生的交互、学生与学习内容的交互，以及在网络学习环境下，学生与学习界面的交互。

(3) 教学过程具备开放性

远程教育教学的开放性，体现在教学对象、教学时间、教学空间的开放，教学内容、方式和方法的开放，以及教学管理和服务的开放等。其中教学对象的开放性最为显著。

远程教育的对象大多是来自各行各业的成人，他们与在校学生相比，具有更丰富的社会生活经验和情感经验，人格更具独立性；他们边工作边学习，在工作中学习；成人学习一个很重要的特点是更关注学习内容，能够及时应用于现实工作中，期望能给现实工作带来帮助，学习目的具有时效性，学习内容具有实用性。

(4) 对媒体技术的依赖性强

远程教育中的教师与学生处于分离状态，各种活动都必须借助媒体技术来完成。尤其是现代远程教育，是在计算机网络发展的基础上发展起来的，所以对媒体技术的依赖性更强，几乎所有的教学活动都与媒体技术，特别是网络技术有关，其技术含量远高于传统教育。目前，远程教学技术包括媒体选择以及传送这些媒体的技术，它们是远程教学的重要组成部分。在特定的远程教学项目中，某种技术相对于其他技术而言，也许更具优势。因此认真分析每种技术的相对优缺点非常重要。当前，远程教学中所使用的技术与媒体很多，主要包括数码信息存储技术、卫星广播电视技术、交互电视和交互网络技术等。

提高远程教育的教学质量必须重视远程教育的教学过程，应该围绕远程教育中的人才培养模式改革及教学模式的探索，把教学过程作为由多个教学和教学管理环节构成的有机联系的整体，加强教学过程的设计、组织、管理、监控和评价，狠抓教学过程的落实，尤其是要针对教学过程中的突出问题和薄弱环节采取相应的措施。再者，远程教育的特点决定了其教学过程的实施是“团队作业”，各团队成员应该能够各司其职，各负其责，并注意根据各环节的内在联系，通过相互间的配合协调，从不同角度、不同层面共同保证教学质量。

7.2.3 现代远程教育的教学模式①

教学模式是在一定教学思想或教学理论指导下建立起来的一种教学活动结构框架和活动程序，这种教学框架从宏观上描述了教学活动整体及各要素之间内部的关系和功能。目前，现代远程教育的教学模式主要有网络课程授导模式、教师远程授课模式、基于资源的自主学习模式、基于网络的合作学习模式、网络教学模拟与虚拟实验教学模式等五种。

1. 网络课程授导模式

网络课程授导模式是以计算机网络为平台，学生通过教学人员设计的网络课程进行学习的一种教学形式，该教学通过网上视频点播系统(VOD)、网上教学课件点播系统、电子邮件及 BBS 等方式传播教学内容，学生根据自己的认知基础和学习情况，利用课程提供的“导航”机制实现符合自己学习需求的“非线性”阅读，学习更为灵活，也更符合学生自己的认知个性，个性化教学特点较强。网络课程授导模式中，课程由教师和课程制作人员共同完成，教师主要负责提供教学信息和引导学生学习，学生则在网络终端通过网络传输系统获取学习内容，师生互动则通过 Internet 的双向实时和非实时的交流工具实现，具体的教学结构如图 7-5 所示。

① 王继新，张屹. 远程教育原理与技术[M]. 北京：北京大学出版社，2008.

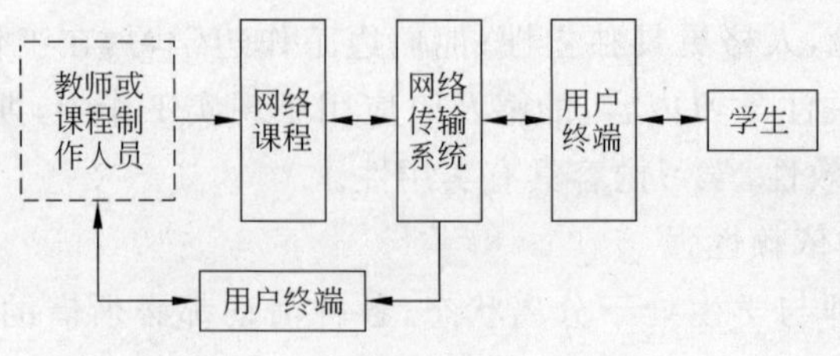

图 7-5　网络课程授导模式①

【教学案例 2】

广州大学《摄影技术》网络课程

《摄影技术》课程是一门技术性，实践性很强，且具有一定艺术创作性的课程，该课程要求学生具有自己的艺术见解，并能将其作品创作思路利用技术水平进行表现。因此，作品展示、作品分析和讨论将是该课程的重要教学环节之一，《摄影技术》网络课程的开设，为教学知识内容的多媒体展示、学生作品的上传和讨论分析、学习专题的答疑和讨论提供了较好的平台。

为保证课程的知识含量，提高网络的利用率，《摄影技术》课程由教学目标、课程介绍、教学计划、教学大纲、学习方法、上课讲义、实验指导书、摄影专业英语词典、参考书、相关网络学习资源、课程学习内容、练习与测验、课程论坛等模块组成。课程大体分为三个部分，教学目标、课程介绍、教学大纲、学习方法等模块旨在明确学生的学习目的，并对如何开展网络学习进行必要的指导；上课讲义、实验指导书、摄影专业英语词典、参考书、相关网络学习资源、课程学习内容、练习与测验则通过丰富的学习资源为学生进行理论学习提供有力支持；课程论坛则通过学习专题讨论、作品分析、学生作品分享与互评提高学习交互性，进而提升学生对知识的理解与运用。图 7-6 为《摄影技术》网络课程界面。

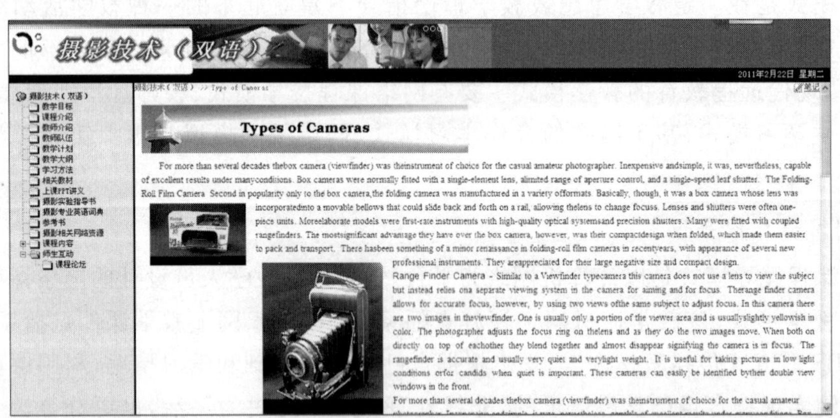

图 7-6　《摄影技术》网络课程界面

2．远程教师授课模式

远程教师授课模式是一种远程的教学手段与传统的教学模式相结合的教学形式，它是

① http://jpkc.hznu.cn/YUAN/show.aspx? id=322.

指教师通过有线电视、卫星电视、会议电视、计算机网络电视等视、音频设备与通信网络对学习者进行实时教学授课或辅导，学生通过计算机网络或会议电视等相应设备与教师建立实时(或非实时)的反馈联系的一种教学过程。这种模式从意义上讲是传统教学模式在网络上的延伸，它的优势是能实现实时的信息传播与反馈，教师可以根据学生的反馈及时调整教学的内容和教学方法，易于控制教学的效果。然而从形式上讲，它与传统教学模式没有本质上的区别，仍摆脱不了教师主观讲授、学生被动接收的现状，虽然借助一定的网络交流手段实现了教师与学生间的互动交流，但和面对面教学相比，学习反馈的及时性和丰富性仍需通过技术的革新，进一步加强与完善。远程教师授课的教学过程主要由“教师在多媒体教室讲授→网络、卫星等实时传播→学生集中或个别学习→学生通过相应通信方式提问、咨询”四个方面组成，具体模式结构如图 7-7 所示。

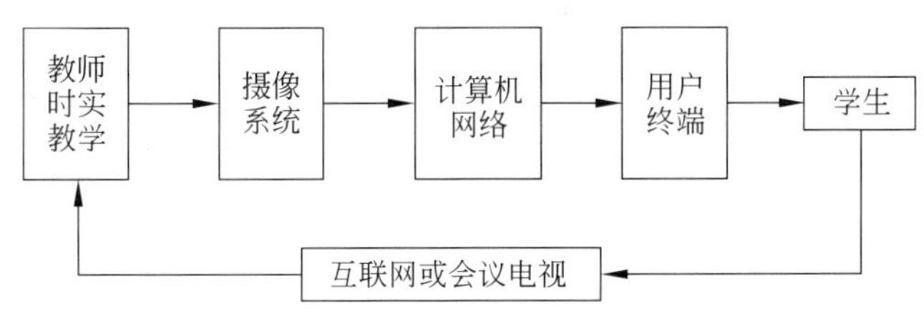

图 7-7 远程教师授课模式①

【教学案例 3】

易捷智能录播系统②

易捷智能录播系统主要由几部分组成：智能导播控制系统、课件实时录制系统、课堂直播系统、非线性课件编辑系统。系统总体结构如图 7-8 所示。

1. 智能导播控制系统

智能导播控制系统是对系统中的导播系统进行智能控制的系统，以视频图像分析为基础，采用了模式识别分析算法，对视频监测区域实施行为检测，自动测算视频区域内特定对象的空间坐标，生成控制信号，控制录制摄像机的云台方位和焦距，实现对特定行为的自动定位，实现对特定对象的自动跟踪，使精品课堂录制系统智能化。

具体用途：教师位置的自动识别；自动跟踪教师；自动定位站立学生。

系统采用先进的智能视频图像分析技术，融合了视频分析、图像处理、模式识别以及人工智能等技术，使用专用摄像机，通过对视频图像的不间断、实时分析，精确定位授课教师位置，以及起立回答问题的学生位置，并进行跟踪录制。

2. 课件实时录制系统

可以非常简单、方便地把整个课堂情景实时录制下来，生成有音视频和电子文档的流媒体课件。并且压缩率很高，能够实现动态的捕捉，自动生成文字索引。

整个系统分为两部分：录制端和教师端。

① http://jpkc.hznu.cn/YUAN/show.aspx? id=322.

② http://www.easyhao.com/solution/solution.html.

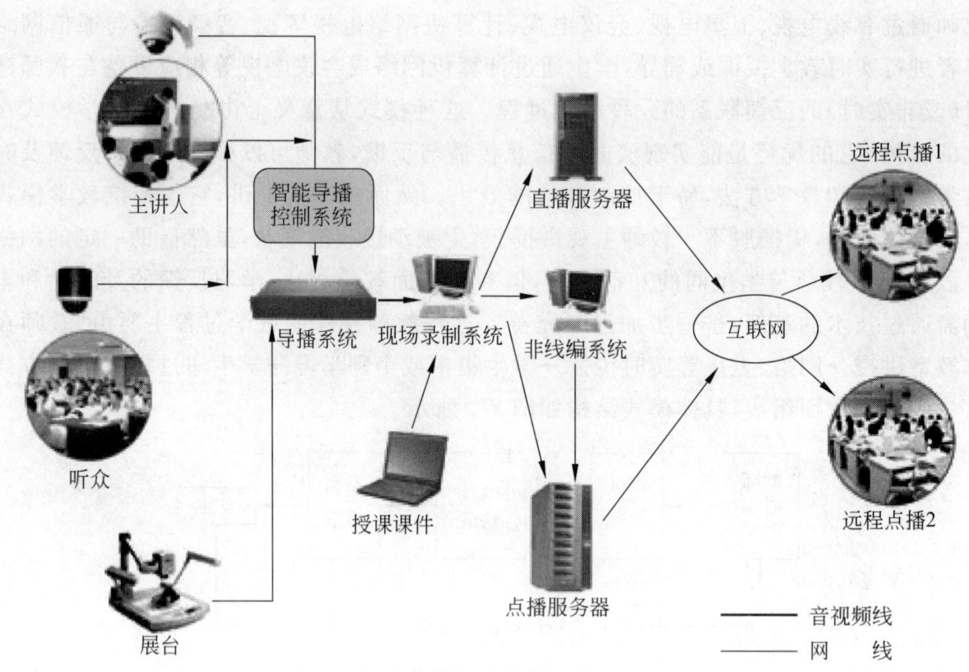

图 7-8　系统总体结构

在录制机上配置一块视频采集卡，通过 AV 线将摄像机的音频、视频信号接入到视频采集卡。

在录制机上安装课件实时录制系统录制端软件，实时捕捉教师的音视频信息，经过压缩处理后，生成流媒体文件（ASF 格式）。

在教师计算机上安装课件实时录制系统教师端软件，这个软件将教师计算机屏幕捕获下来，通过局域网传送给录制端软件。

授课结束后，课件实时录制软件自动生成三分屏、四分屏课件或单画面电影模式，将这个课件导入到服务器后，学生可以通过互联网进行点播学习。

3. 课堂直播系统

通过 IP 网络，例如局域网、互联网、卫星网，将课堂内容直播出去，课堂内容包括音频、视频以及计算机屏幕内容，接收端通过 IE 浏览器即可收看直播课堂内容。

直播服务器放在学校的网络中心或电信的数据中心，直播服务器上运行课堂直播系统软件，直播服务器从录制机取得视频、音频以及屏幕信息，并发送给用户，实现直播功能。

4. 非线性课件编辑系统

非线性课件编辑系统是基于课件实时录制系统生成的课件进行后期非线性编辑。您可以使用课件实时录制软件从视频摄像机或计算机屏幕上捕获教师的演示操作。然后可以在 Media Studio 导入现有的 Microsoft PowerPoint 演示文稿、音视频文件、VGA 流文件以及静止图像，然后将旁白与视频和 PowerPoint 演示文稿同步。此时可以将做好的课件发布到校园网、企业的 Intranet 网站、企业网络中或者网站上。

非线性课件编辑系统是一个操作简单、功能强大的课件编辑软件。能够充分利用已有的教学培训资源制作课件；支持多种文件格式，如：asf、avi、wmv、rm、wav、mp3、rma、ppt、 pps、vga、bmp、jpg、jpeg 等。

3. 基于资源的自主学习模式

基于资源的自主学习模式是指学生主要利用信息资源进行自主学习的过程。学习过程中，学生在教师的指导下，借助远程教育提供的丰富的学习资源和良好的学习环境，运用各种信息搜索工具，获得相关的信息，然后加以分析、提炼、加工、综合，得出自己的结论，再利用 E-mail、BBS 或面对面地与同学们进行讨论，最后通过网上工具把自己的结果加以发布。基于资源的自主学习要求，学生具有较高的主动学习能力，其学习过程有利于拓展学生个性发展的空间，提高学生自主探究能力，其中包括获取、识别信息资源的能力，独立解决问题的能力，从而激发学生的创造性思维，达到学会学习的目标。基于资源的自主学习模式结构图如图 7-9 所示。

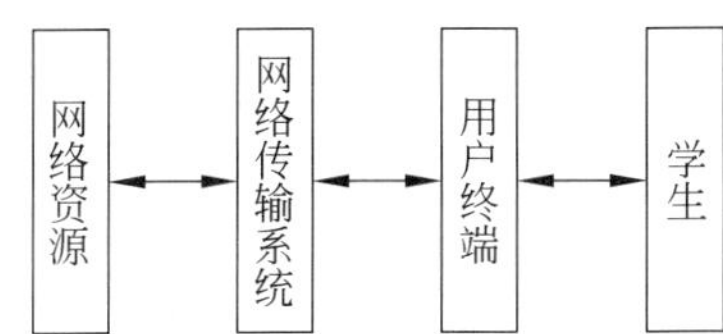

图 7-9 基于资源的自主学习模式[1]

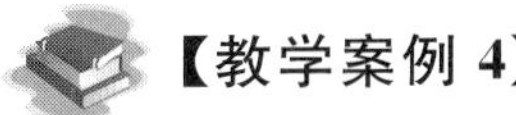

【教学案例 4】

基于网络资源的探究性学习——"大气污染及其防治"[2]

执教人 朱梅

课题背景：20 世纪以来，科学技术日新月异，一次又一次新的技术革命促进了世界经济的高速发展，它一方面给人类带来了巨大的物质财富；另一方面也带来了日益严重的大气污染问题。人们在分享科技革命成果的同时，也不得不承受大气污染的苦果：烟尘到处弥漫、粉尘四处飘荡、酸雨肆意侵害、光化学烟雾笼罩城市、臭氧空洞逐年增大、恶臭气味熏人。大气污染正毁坏着生命的"保护伞"，地球的外衣已变得千疮百孔。蓝天在呼唤：让天更蓝。

研讨问题：因特网上资源浩如烟海，其中关于社会、生活以及学科教育的资源为探究性学习提供了丰富的探索和实践材料。本课题以"大气污染及其防治"作为案例，学生运用已具有的网络信息资源搜索能力，获取相关知识，并对其筛选、处理；最后根据小组自拟的小课题制作网页、组建网站，并进行发布、交流。

本课题分三阶段实施。

一、教学目标

通过本节课的学习，使学生能根据主题，运用已有知识，借助计算机和网络资源进行信息的搜索、筛选，并进行加工处理；最后以小组作品进行交流。一方面培养学生基于网络的

① http://jpkc.hznu.cn/YUAN/show.aspx? id=322.

② http://www.xhedu.sh.cn/~ldfz/erqikegai/kegai145.htm.

自主性学习；另一方面使学生了解大气污染对生产、生活和社会发展的危害及对大气污染的防治，从而树立全新的观点——环境是我们的生存与发展息息相关的生命共同体。

二、教学内容

(1) 分组并确立小组子课题(自拟主题)。

(2) 根据主题搜索、筛选信息。

(3) 充分利用网络进行资源共享。

(4) 相关主题作品的完成与合成。

(5) 作品的发布与交流。

三、教学重点、难点

充分调动学生的积极性并发挥他们的主观能动性及团结合作精神，运用计算机和网络资源进行信息的搜索、筛选和处理。

1. 教学设备和资源

视频传输系统与相关网络资源。

2. 教学过程

(1) 网上资源获取的基本能力复习

相关文件夹的建立。

网上信息(图像、文字资料)的保存。

整张网页的下载。

(2) 信息的搜索与筛选

学生浏览相关网络信息，并下载信息；

信息的加工、处理(网页文件的建立)。

制作技能运用：

① 运用表格进行页面排版。

② 跑马灯(即字幕)的运用。

③ 水平线的合理使用。

④ 悬停按钮。

⑤ 横幅广告管理器。

⑥ 动态 HTML 效果。

⑦ 项目符号和编号的运用。

⑧ 超链接的正确使用。

(3) 作品的合成与交流

利用组内成员已完成的单张网页作品进行合成，并推选其中的代表作品。

作品要求：

① 内容介绍完整、主题明确。

② 布局设计美观，有自己的风格。

③ 所立标题清晰易懂，链接逻辑有序、易跟随。

④ 采用的图片清晰、数量合理、和内容有关。

⑤ 文字、色彩和背景配合恰当，网页可欣赏性强。

组内推选代表，来演示作品，并进行相关介绍；
介绍内容：
① 作品的制作目的是什么？
② 你认为你的作品最大的特点在哪里？
递交作品：学生将自己的作品递交到位于教师机上的自己的学号文件夹目录中。
(4) 教师总结
(略)

4. 基于网络的合作学习模式

基于网络的合作学习模式是指在计算机网络平台上或其他通信平台支持下，学伴们通过互教、讨论、合作性课题研究等方式进行学习，教学过程中教师(或学生)制定学习目标，学生们则通过信息平台进行互教、讨论，并开展合作性课题研究，教师参与或调控学生的学习过程并引导学生共同总结出研究结论，具体的教学结构如图 7-10 所示。

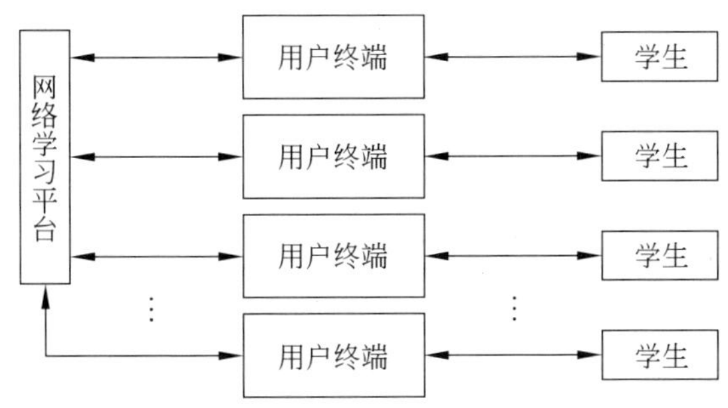

图 7-10 基于网络的合作学习模式①

合作学习依靠身处异地的不同学习者通过网络共同讨论协作研究或处理某一个问题，学习者可利用现有的 BBS、聊天室或网络共享白板进行协商与讨论。该教学模式便于培养学生团结、合作精神，便于调动学生学习的主观能动性，有利于促进学生高级认知能力的扩展，是一种应用较广的远程学习模式。

【教学案例 5】

GLOBE at Night 远程合作学习案例分析②

一、项目介绍

"有益于环境的全球性学习与观察计划"(Global Learning and Obser2 vations to Benefit the Environment，GLOBE)由美国副总统戈尔在 1994 年世界地球日发起，是一个国际性的环境教育远程合作项目。诺贝尔获奖者利昂博士说过："GLOBE 是让孩子们参与到科学中具有典范作用的十分理想的项目。"到目前为止，参与 GLOBE 项目的有全球 109 个国家和美国本土 129 个合作伙伴。GLOBE at Night (夜晚观星活动)是 GLOBE 项目里面

① http://jpkc.hznu.cn/YUAN/show.aspx? id=322.
② 白晓晶，丁兴富. 远程合作学习项目的设计和组织——GLOBE at Night 远程合作学习案例分析[J]. 现代远距离教育，2006(5).

开展的一个短期独立子项目。

二、项目的设计

1. 项目主题的确定

GLOBE 项目希望通过学生收集和观测的数据让学生、老师和从事科学研究的部门了解到更多有关环境状况的信息。夜晚观星活动作为其中的一个子项目,则是希望在全球范围内对星空的清晰度进行观察,通过收集的数据来评估夜晚照明对星空的污染程度。

2. 项目活动结构的确定

夜晚观星活动要在全球范围内收集星空可见度的数据,然后通过 ESRI 地理数据库的分析看到这场全球运动的结果。因此,夜晚观星的活动结构定位于信息的收集与分析。

3. 项目目标的确定

夜晚观星活动强调学生在夜晚观星活动中可以学到以下七点:

怎样在夜空定位和识别星群;

学生的观察是如何受到照明影响的;

科学和技术已经对本地和全球产生了挑战;

照明状况在全球如何分布;

学生所处环境下不同光源的影响力;

学生所处社区的照明污染中的经济因素;

怎样理解人类人口分布的模式。

4. 项目相关学科知识的确定

夜晚观星活动在给老师的活动信息包里详细介绍了本次活动符合了哪些美国国家教育标准,比如说地球和星空科学标准、个人和环境科学、地理和生活、数和操作等。并且把教育标准细化到具体年级具体学科。

三、项目的组织过程

夜晚观星活动是一个国际合作的项目,邀请全球范围内的同学、老师和家庭参与其中。实施时间为一周,要求参与者在 2006 年 3 月 22 日至 29 日任一天晚上的 7 点至 9 点进行观察。观察后数据的上传时间从 3 月 22 日项目开始到 4 月中旬结束。

1. 操作流程

访问项目网站:http://www.globe.gov/globeat-night;

下载夜晚观星活动信息包(老师和学生有不同的 PDF 文档包);

在 2006 年 3 月 22 日至 29 日期间选择一个清晰的晚上,找到猎户星座(网站提供不同纬度的猎户星座示例图),并把看到的星座状况跟星空亮级示例图做比较(共有 7 个星空亮级示例图);

通过网站汇报观测情况(3 月 22 日至 4 月中旬);

把参与者的邮件加入到夜晚观星的邮件列表中,以汇总这次全球行动的结果。

2. 项目的交流与反馈

夜晚观星活动是一个实验性较强的项目,操作周期短但步骤明确,所以没有开设论坛让参与者进行讨论,但是参与者有任何问题和建议都可以通过电子邮件跟项目组进行联系。全球参与合作的情况,可通过夜晚观星活动网站提供的地图浏览器观测得到,参与者还可通过加入项目邮件列表获得项目组其他成员的学习支持。

四、项目总结

GLOBE at Night 通过全球范围内的合作参与，将不同地区的数据整合在一起，共同分析出星空清晰度受全球照明的影响情况，通过该项目的合作学习，参与者的主动学习能力、人际交往和沟通能力、信息技术应用能力均获得了提升，该项目融合了多种学科知识，参与者在不同的时间、不同的情境中，带着不同的目的以及从不同的角度进行多次的交叉学习，从而全面把握概念，促进知识的建构。

5. 网络教学模拟与虚拟实验教学模式

网络教学模拟与虚拟实验教学模式是指教师利用计算机建模技术、仿真技术和虚拟现实技术来模拟或虚构某些现实情境，学生通过观摩、体验以及参与训练的方式进行学习。网络教学模拟与虚拟实验教学模式包含两个应用方面，一是进行教学真实情境模拟，二是虚拟实验，教学情境模拟主要用于课程教学，虚拟实验则用于实验教学，具体模式如图 7-11 所示。

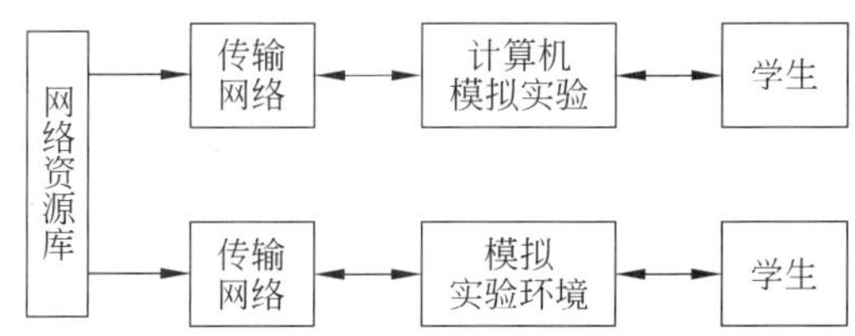

图 7-11 网络教学模拟与虚拟实验学习模式[①]

教学情境模拟是利用计算机建模和仿真技术来仿构某些自然的、社会的、物理的或化学的结构和动态，学生通过这些仿真情境获得真实的体验，并因此构建知识体系。教学情境模拟在远程教育的教学中广泛应用。如化学反应的三维模型演示、物理原子裂变的过程模拟、地理水循环系统的运作等均在网络教学中得以广泛应用，并取得较好教学效果。

虚拟实验就是通过计算机技术、网络技术和虚拟现实技术构建虚拟实验室环境，实验者在远程终端生成的虚拟实验室里实验，操作虚拟仪器，进行实验操作，并观测数据、整理实验数据，得出实验结果。

网络教学模拟与虚拟实验教学模式是开展远程演示或操作性实验教学的一种很好的教学模式，但技术含量要求高，限于技术环境和经济环境的制约，远程教育的教学推广存在一定难度。

【教学案例 6】

北京邮电大学网络教育技术研究所虚拟实验教学系统[②]

北京邮电大学网络教育技术研究所的虚拟实验教学系统及课程系列是为解决网络教育实验教学难题，研发的一套可在网上开展的基于 B/S 架构的虚拟实验教学软件产品。多年实验教学应用表明，该产品为培养学生的创新意识，提高实际动手能力和设计能力，提供

① http://jpkc.hznu.cn/YUAN/show.aspx? id=322.

② http://www.bupticet.com/outpart/propaganda/virxpinfo.html.

了新的教学手段和模式。

一、虚拟实验教学环境

虚拟实验教学系统可构建在高校校园网络之上，成为高校网络教学资源的一部分。虚拟实验教学系统属于教学系统的一个子系统。如图7-12所示。

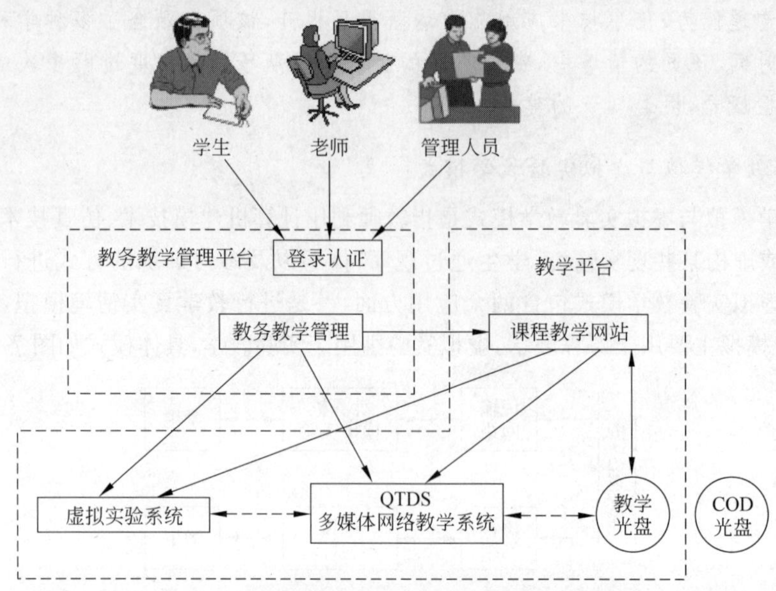

图7-12　虚拟实验教学系统的网络结构

虚拟实验教学系统支持用户开展远程实验和本地实验，其原理就是利用远程网络，将本地或异地的不同实验用户与虚拟实验室连接起来，共享一个虚拟的实验空间，所有用户通过网络对相同或不同的实验科目进行实际操作，从而实现实验教学和管理的目的。如图7-13所示。

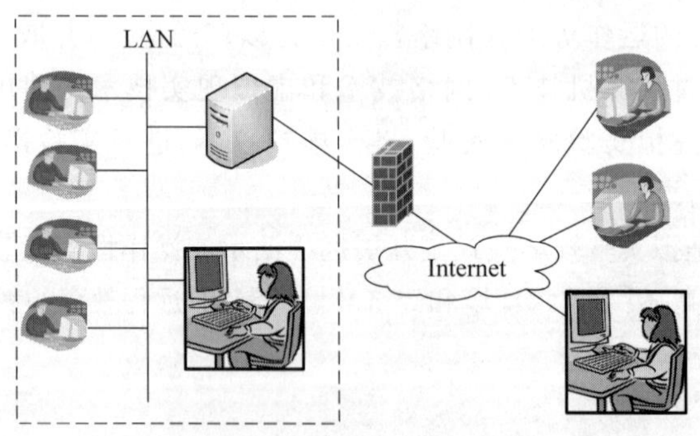

图7-13　虚拟实验教学系统

二、系统构成和功能

1. 虚拟实验平台

虚拟实验平台与真实实验台一样，能供学生自己动手配置、连接、调节和使用实验仪器设备进行实验。通过该平台，教师既可搭建典型实验或调取实验案例，方便地向学生布置实验任务，还可在实验结束后查看学生的实验结果，给出实验成绩和评价。平台为自由搭建任意合理的实验模型提供了可能，能满足教师对各层次实验教学的需求。学生既可通过该平台动手操作，又可自主设计实验，有利于培养创新意识和能力。

2. 实验教学管理

系统面向学生、教师和管理员三种角色实现教学管理。

学生学习管理：个人身份认证、选择实验、开展实验、接受实验指导、在线提交实验报告、保存和提交实验结果、查询实验成绩和批语。

教师教学管理：典型实验、新建实验、发布实验、布置实验、批改实验报告、实验评价、统计并发布学生的实验成绩和批语。

实验管理员管理：系统账号与分组管理、权限管理、课程管理、系统审计、系统维护等。

3. 仪器设备管理

对实验教学所需要的各种元器件和仪器（设备）进行管理和维护。元器件和仪器（设备）均按一定比例的彩色图形方式直观呈现出来，图形外观与真实的元器件和仪器（设备）相似。实验操作时可方便地调节各种按钮，选择不同的实验参数，同时，可清晰地观察到实验仪器输出的变化图形，方便学生开展实验时灵活地进行选择。

4. 实验过程指导

学生在实验过程中遇到困惑或疑难问题时，教师通过系统为其提供实验平台操作帮助和实验过程演示指导；系统以电子文件形式提供实验介绍、实验方法、实验重点、实验难点、实验目的、实验原理、实验准备、实验过程、实验报告的要求及实验应注意的事项等内容的帮助。

5. 实验答疑与交流

教师和学生通过教学论坛进行互动交流，学生可将实验中的经验、教训、收获和问题在论坛上发布，教师可将实验中的不足提出来，师生共同探讨。教师从中可以得到及时的实验教学反馈信息，以便调整实验教学的进度和深度。学生也可从中吸收别人的经验，快速提高自己的能力。

6. 实验结果评价

系统对学生提交的实验结果进行智能批改，自动给出实验成绩。教师根据学生提交的实验结果和实验报告，给出实验成绩和评价，反馈给学生并输出成电子表格上报教务管理部门。学生可查询自己以往的实验成绩和评价，教师可查询全部学生历次的实验成绩。

7. 实验课程资源

基于虚拟实验平台目前可提供《计算机网络》、《计算机通信网》、《Linux 操作系统》、《数字电路》、《电路分析》等课程共 54 个典型实验，其中“计算机网络和 Linux 操作系统”实验 36 个，“数字电路”实验 8 个，“电路分析”实验 10 个。实验资源库正在不断增加和完善中。

8. 实验教学光盘

实验教学光盘主要向学生提供实验课程教学中常用的学习资源，资源内容都是从课程资源库中优选而来，其目的是便于学生的离线学习，既可以节省学生的上网费用，还能缓解学校教学服务器和租用网络带宽的压力。教学光盘的资源还可从教学网站上动态更新。

学生还可以借助教学光盘，在网络故障和不便于使用网络时，完成实验操作和学习。教学光盘可实现作业和实验更新，离线完成的实验结果和实验报告均可通过网络进行上传提交。

三、虚拟实验教学流程

图 7-14 为虚拟实验教学流程图。

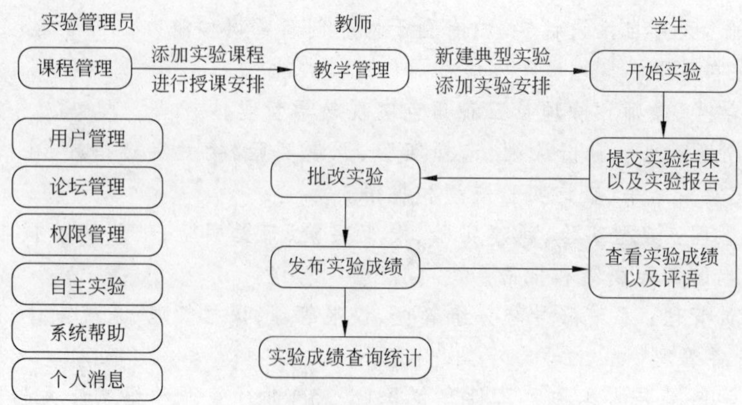

图 7-14　虚拟实验教学流程图

1. 实验管理员

对实验课程进行添加,并对参与实验的学生班级进行设置。实验管理员可查看参与实验教学的教师和学生班级,也可进行修改或删除。具体操作如图 7-15 所示。

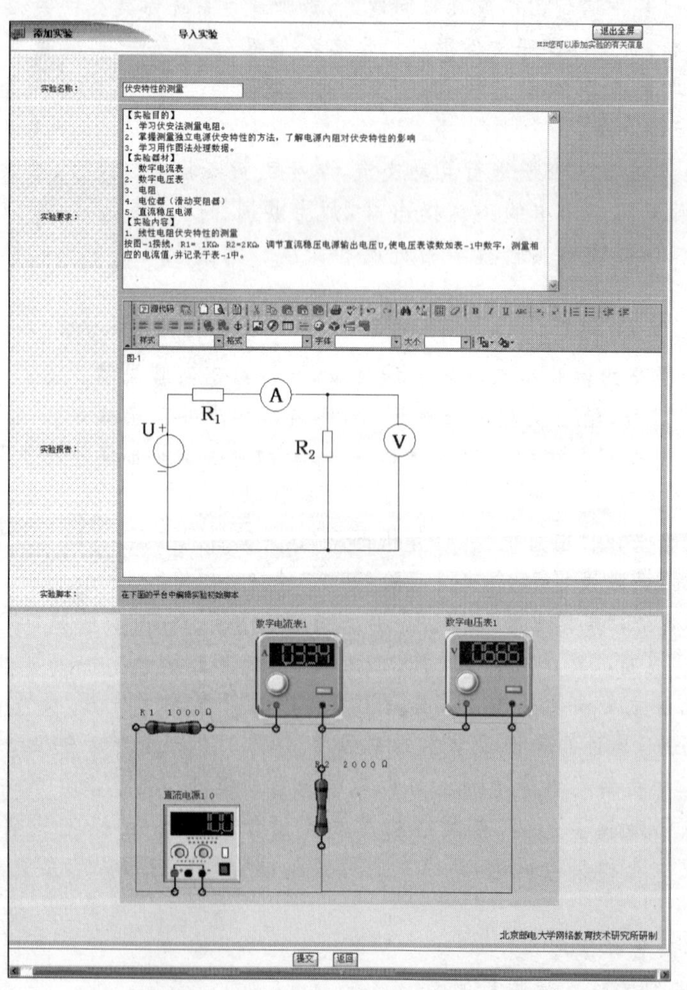

图 7-15　教学管理：教师新建典型实验

2. 教师

根据教学计划,可新建实验或从实验资源库调取典型实验,对参与实验的学生班级进行实验安排。实验过程中,对学生提交实验情况进行检查和督促。实验时间截止,对学生提交的实验报告和实验结果进行批改,并将实验成绩进行统计并发布。如图 7-16 所示。

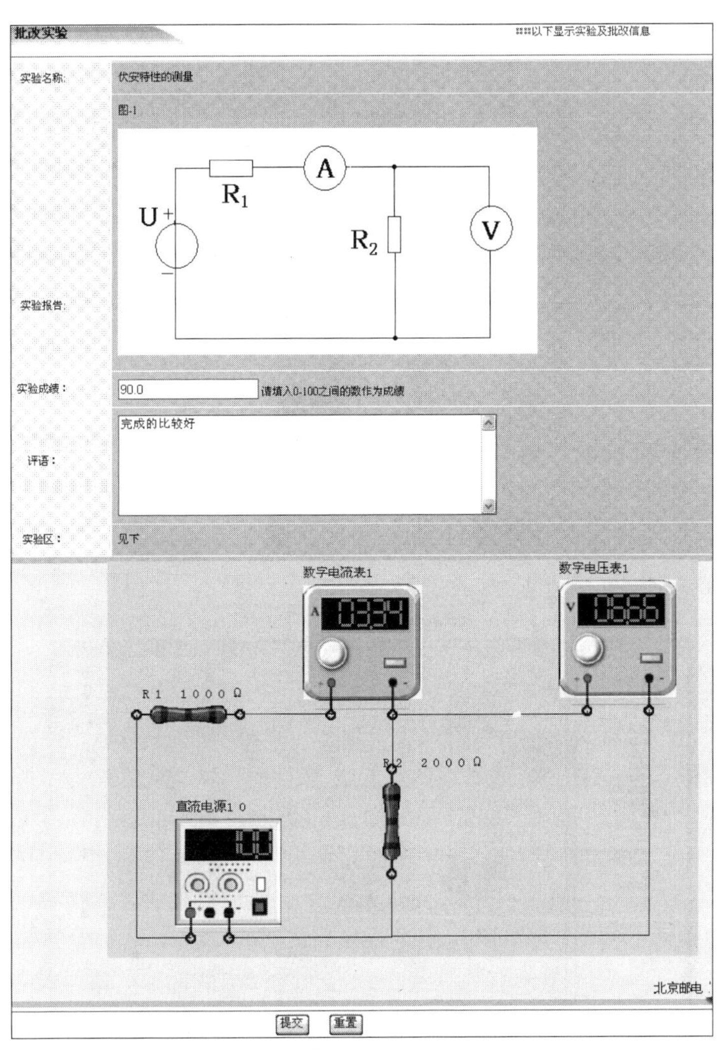

图 7-16　教学管理:教师批改实验

3. 学生

根据实验教学安排和要求,进入虚拟实验平台,进行自主实验操作。实验过程中,可寻求系统的帮助和教师的指导。实验完成后,保存实验结果,填写实验报告并在线进行提交。在教师对实验报告批改完并发布后,学生可查看自己的实验成绩和教师给出的评语。如图 7-17 所示。

4. 后续工作

实验结束后,教师和学生可通过教学论坛,对实验过程中遇到的疑难问题、经验教训和实验体会进行交流,以达到学习提高的目的。

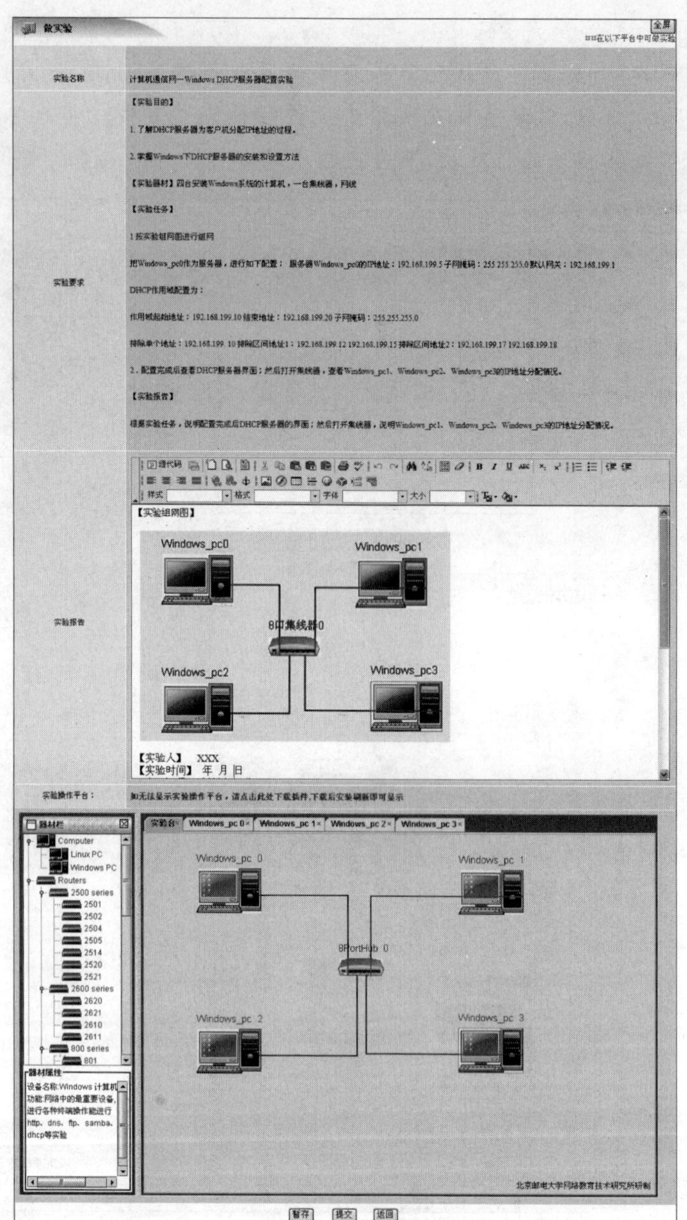

图 7-17　学生在实验平台进行自主实验

7.3　新媒体技术在远程教育中的应用

7.3.1　计算机网络在远程教育中的应用

20 世纪 90 年代末，随着计算机网络技术和多媒体技术的飞速发展，我国的远程教育在经历了函授教育和广播电视教育两个发展阶段后，进入了以网络教育为主的第三代现代远程教育阶段。第三代基于计算机网络的远程教育系统，彻底打破了校园的限制和时空的局限，扩大了受教育对象，为教育实现社会化和终身化提供了有利平台。

所谓计算机网络就是将多个具有独立工作能力的计算机系统，通过通信设备和线路，由功能完善的网络软件实现资源共享和数据通信的系统。基于计算机网络的远程教学系统由硬件、软件和教学资源共同组成，硬件是实施远程教育的物质基础，主要由接入模块、交换模块、服务器模块、课件制作与开发模块、网络管理与计费模块和双向交互式同步教学模块等组成，为教师和学生的网络登录、教学信息和资源的存储、教学内容和资源的更新与丰富、网络的监控与管理和师生的互动交流提供网络实体支持。软件是远程教育得以实施与开展的软体内容，由系统软件、教学应用软件和网络教学平台组成，系统软件支持网络平台的正常运行，教学应用软件和网络教学平台包括多媒体授课系统、网络题库系统、师生交互工具、教学管理系统和由各系统生成的网络学习内容构成，以保证网络远程教学的有效实施。教学资源包括所有适合网络传输的教学内容，有教学素材、各类型的网络教学课件、网上演示实验和 Web 虚拟实验、讲稿、课程辅助材料等。教学资源是远程教学的后援，对于扩展学习广度、丰富学习内容、为教学内容的创建于更新提供了补充与支持。

计算机网络由广域网、城域网和局域网构成，现代远程教育系统是一种广域网系统，但在具体应用上则体现在校园局域网和 Internet 广域网两个方面。

1. 校园网在远程教育系统中的应用

校园网是指利用网络设备、传输媒介、组网技术与协议以及各类系统管理软件和应用软件，将校园内计算机和各终端集结在一起，并用于科研、学校管理、资源共享和远程教学等工作的计算机局域网系统。校园局域网是现代远程教育系统的基础，为教学和科研提供了先进的信息化环境。

校园网是为学校师生提供教学、科研和综合信息服务的校内局域网，因此其在远程教育中的具体应用体现在以下几个方面。

(1) 为远程教育提供丰富的信息资源

利用校园网组建的数字校园，为教育信息资源的获取的快捷和便利性提供了基础平台，而在校园网上，为远程教育提供信息资源主要来源于四个渠道。

① 教学资料库：提供教学研究和备课用的学科数据库，优秀教案和教学实录。

② 学习资源库：提供学生进行个别化学习的课件、优秀作业库、课程辅助资料等。

③ 数字化图书馆：提供电子杂志、电子图书和多媒体音像教材等。

④ 教育科研网及 Internet 网络：提供丰富的学习拓展资源

(2) 为远程教育提供便利的学习平台

校园网使校园里包括课室、宿舍、图书馆甚至校园任何一个角落的电脑成为其网络的终端，师生可在不同地点不同时间参与到教学中，为远程教育开展教学提供了有效的学习平台，利用校园网开展教学主要可通过以下几个途径实现。

① 利用多媒体网络课室开展联机式的集中面授互动教学。多媒体网络课室具有多媒体教学、Internet 浏览、电子考场等功能，利用多媒体课室进行教学可充分发挥计算机的交互性和网络的及时性，提高师生的互动能力，从而充分发挥教师的主导作用和学生的主体作用。

② 利用校园网的电子阅览室、多媒体信息资源库、Internet 网络资源开展分散式的自主学习。学生可通过校园网任何一个终端进行学习资源的查阅、开展学习讨论和学习答疑、完成和提交练习和测验、进行协作学习和互助学习、参与学习社团活动等自主学习活动。校园网不仅为教师和学生提供了便利的交流平台，也为培养学生信息素养和终身学习能力提供了发展空间。

(3) 为远程教育提供自动化的管理渠道

校园网为学校的事务管理提供了数字化环境，远程教育的学籍管理、课程管理、选课管理、成绩管理及财务管理均获得主动化处理能力，这为降低管理人员的工作量，提高远程教育管理工作效率提供了良好渠道。

【教学案例 7】

分布式三层交换机智能校园网解决方案①

图 7-18 为分布式三层交换机智能校园网。

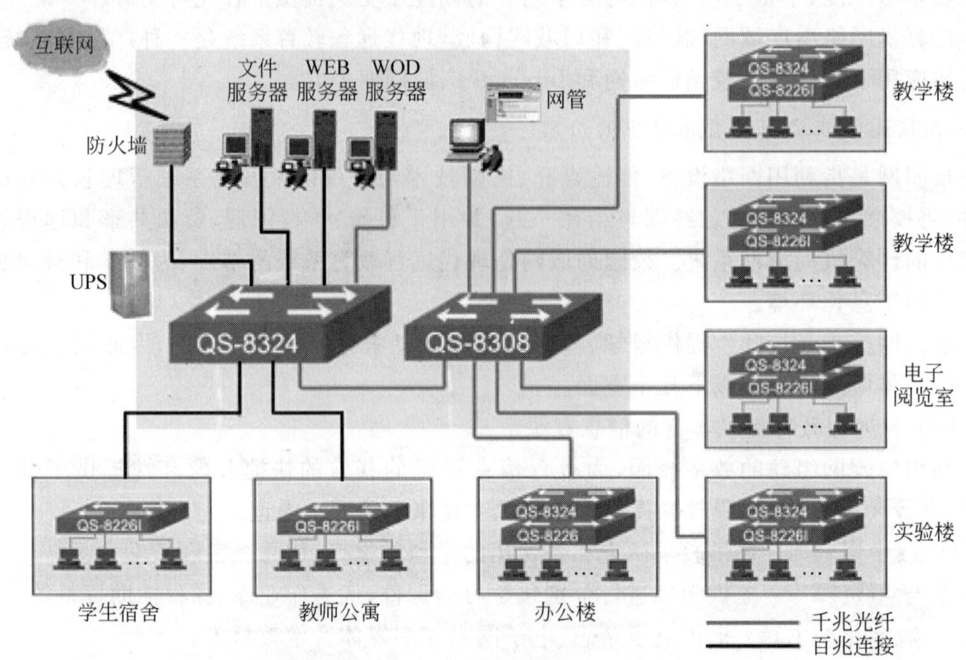

图 7-18 分布式三层交换机智能校园网

1. 三层结构组建智能校园网的特点

(1) 主干采用三层架构，充分利用三层交换的高性能管理，满足大容量、高速率的数据传输。

(2) 基于三层的管理，对网络各种信息数据的处理游刃有余。

(3) 分布式的三层提供强大的系统张力，避免了牵一发而动全身。

① http://tech.ddvip.com/2007-05/117802370923358_2.html.

(4) 处于三层的交换技术,实现网络路由管理。不但有效控制网络风暴,又能实现跨 VLAN 的网络连接,为网络的安全提供了强有力的保障。

(5) 分布式的三层结构使得管理智能化,提高了管理效率。

2. 分布式三层智能校园网的特点

(1) 具有高速的网络连接

校园网的核心为面向校园内部师生的网络,因此园区局域网是该系统的建设重点,由于参与网络应用的师生数量众多,而且信息中包含大量多媒体信息,高速的网络连接成为组建校园网必不可少的首要条件。

(2) 信息结构多样化

校园网应满足不同层面的应用需求,可分为多媒体应用(互联网访问、多媒体教学、电子图书馆、视频点播、学校网站、内部 E-mail 等)、信息管理(成绩统计、档案管理等)和远程通信(外部拨入、异地互联等)三大部分内容。由于数据成分复杂,不同类型数据对网络传输有着不同的质量需求。

(3) 良好的可扩充性

对学校而言,常更换网络设备是一笔很大的开支,在组建校园网过程中首先应考虑的因素是在今后 5 年内的可持续扩充性,运用三层交换机正是顺应了当今学校网络的需求以及今后整体网络的改良和升级。

(4) 安全可靠

校园网中有大量关于教学和档案管理的重要数据,不论是被损坏、丢失还是被窃取,都将带来极大的损失。在安全方面,学校采用了防火墙功能将校园网分成内外两个部分,从而避免内部网上核心服务器受到侵害;考虑到网络设备较多,结构较为复杂,采用同一厂商的网管能够对设备进行更为详尽细致的管理,增强了网络应用的可靠性。

(5) 操作方便,易于管理

校园网面向不同知识层次的教师、学生和办公人员,应用和管理应简便易行,网管软件应做到全中文、界面友好、易用性强,不宜太过专业化。

(6) 性价比高

学校对网络建设的投入有限,因此要求建成的网络应经济实用,选购交换机设备应首先考虑产品性价比高、售后服务强的厂家,同时根据自身网络的实际需要,量体裁衣。

2. Internet 在远程教育系统中的应用

Internet 是世界上最大的互联网,由数以万计的小型网络组成。Internet 以 TCP/IP 协议连接各个国家、地区和机构计算机网络,在 Internet 上所有的数据以分组的形式传输,发送方将信息和文本分组后在 Internet 上发送,接收方则将接收到的分组重新组装成原来的信息。

利用 Internet 广域网这个大舞台,远程教育的具体应用有很多方面。

(1) 虚拟课室

虚拟教室是在计算机网络上利用多媒体通信技术构造的学习环境,允许身处异地的教师和学生进行仿真教学。虚拟教室是计算机技术、多媒体技术、数字压缩技术、网络通信技术等多技术结合的产物,它具有实时视频点播教学、实时视频广播教学、多媒体备课与授课、多媒体个别化交互式网络学习、同步辅导、同步测试、疑难解析、BBS讨论、教学监控等教学功能，是当前网络教学的一大利器。

(2) 虚拟学习社区

虚拟学习社区是以建构主义学习理论为理论基础，基于计算机信息处理技术、计算机网络资源共享技术和多媒体信息展示技术的新型远程教育网络的新型学习组织。虚拟学习社区的成员可以是地球上连接Internet的任何一个个体学习者，成员来自世界上不同的国家和地区，具有不同的学历和不同的知识背景。在虚拟学习社区中包含学习者和助学者两类人群，两者必须以一个共同的学习任务开展交流和进行资源分享，有效的合作学习将是影响虚拟学习社区学习效能的关键之一。

(3) 微型世界①

微型世界是一种新型的教学模式，现在微型世界(Microworld)一般指利用计算机构造一种可供学习者自由探索的学习环境，这个学习环境是按照现实生活中的某些规律而建立起来的，大多数微型世界是借助计算机建模技术构造的，它和教学模拟与教学游戏有密切的关系。微型世界的基本特点是学生可操纵模拟环境中的对象，可建构自己的实验系统，可测试实验系统的行为。同智能导师系统(ITS)不同，微型世界呈现在学生和教师面前的不再是教学—训练型的教学模式，而是一个充满各种针对某个主题建立的资源的局域环境，学生在此微型世界里或教师以及专家系统发生交互、对话，完成布置的任务。微型世界又被称为交互学习环境(ILE)。不同的资源主题，构成了不同的微型世界。

(4) 虚拟实验室

虚拟实验室是一种基于Web技术、虚拟仿真技术构建的开放式网络化的虚拟实验教学系统，是现有各种教学实验室的数字化和虚拟化。虚拟实验室由虚拟实验台、虚拟器材库和开放式实验室管理系统组成。虚拟实验室为开设各种虚拟实验课程提供了全新的教学环境。虚拟实验台与真实实验台类似，可供学生自己动手配置、连接、调节和使用实验仪器设备。教师利用虚拟器材库中的器材自由搭建任意合理的典型实验，这一点是虚拟实验室有别于一般实验教学课件的重要特征。

在虚拟实验室中，学生既可以在虚拟实验台上动手操作，又可以自主设计实验，有利于培养操作能力、分析诊断能力、设计能力和创新意识。在虚拟实验室中，学生更易获得相关的知识、科学的指导和敏捷的反馈。虚拟实验室是未来实验室建设的发展方向。

7.3.2 卫星通信网在远程教育中的应用

1. 基于卫星通信网络的远程教育系统

卫星通信是第二次世界大战后发展起来的一种先进无线通信技术，卫星电视教育系统则是利用通信广播卫星的电视频道来传送电视教育节目，从而达到扩大教育覆盖面的目的。卫星电视教育包括教育信息的获取、发送、传输和组织教学过程等方面，其覆盖面广、不受地域限制、大传输量和低信号干扰的特点，为教育资源匮乏地区和分散到各地的学习者进行开放式教育和无校园的学校教育提供了便利。

---

① 百度百科. http://baike.baidu.com/view/1659700.htm.

由于卫星电视广播网覆盖面大，接收终端简易，因此，利用卫星电视广播进行电大教育一直以来是我国远程教育的重要方式之一，随着现代远程教育的发展，提高卫星广播电视网在远程教育中的利用效益，教育部对卫星电视教育网进行了改造，提高的转发功率，将模拟信号改为数字压缩信号，如今卫星电视教育网可以传输图像、声音、文字、数据等综合信息，可以高速下载远程教育信息，形成了一个具有一定交互功能，覆盖全国城乡的远程教育网络，图 7-19 是基于卫星通信的远程教育系统的结构示意图。

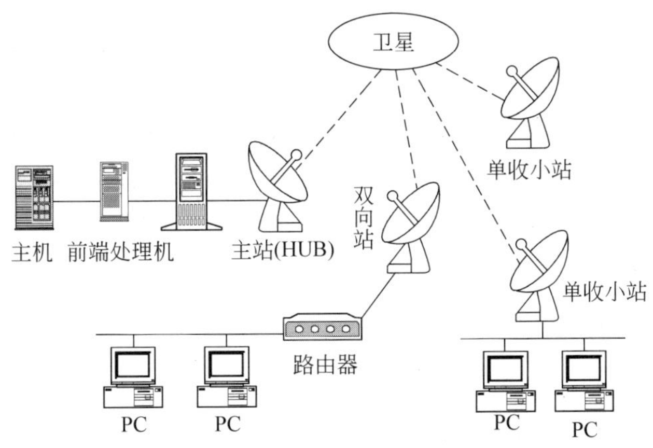

图 7-19　基于卫星通信的远程教育系统的结构[①]

2. 卫星通信网络在现代远程教育中的应用

如今卫星通信网络在国内外远程教育中均得到广泛应用，应用范围主要包括以下几个方面。

（1）职业培训

随着全球经济的融合，越来越多的跨国公司在全球各个国家成立了分立机构，如何管理和培训各地在职员工，成为这些大型公司亟须解决的问题。卫星通信网络的发展解决了这一难题。如今，许多发达国家的公司企业利用卫星传播的功能，为分公司提供在职培训。美国公司通过商业电视网将在总公司摄制的培训内容传送到上千个远程站点并让上百万员工接收获得培训。某些专业的企业电视网，还充当网络管理和课程中介的角色，与各学校进行联系，让受教育者进行继续教育并获得学分。

（2）军用培训

与商业培训相类似，远程教育网在提高军人和相关人员的业务水平上同样发挥优势，在这方面，美国利用较为全面。美国利用远程教育网开设了许多军事性质的课程，陆军后倾管理学院利用卫星教育网队军方和政府员工进行培训，美国空军技术研究所利用空中技术网对覆盖美国境内的各空军基地播放工程和后勤补给等培训课程，海军则通过电子学区网(CNET)给主要训练中心传送相关课程，国防信息系统则利用国防部商业电视网(DCTN)传送跨领域的远程学习。

① http://jpkc.hznu.cn/yuan/detail.aspx? id=352&page=2.

(3) 农业科技培训

目前中国卫星通信在很多省份和自治区都建立了宽带事业网，中国卫通发射的中星6B、中星9号两颗卫星也可将广播电视在全国的覆盖率提高到98%以上，使我国广大边远地区及农村用户使用较小的天线都能直接接收到卫星下传的广播电视信号，中央电视台农业频道也以《致富经》、《科技苑》等专栏节目向农民普及农业科技知识，提高农村的科技意识，科学种田。

(4) 青少年教育培训

卫星广播电视对青少年传播先进文化、加强思想教育也具有重要意义。中央电视台科教频道、综艺频道、纪录频道、少儿频道、戏曲频道、音乐频道等和中国教育电视台均通过生动多样的文化综艺和科学节目对广大青少年进行科学知识普及和文化熏陶，对青少年综合素质提高、加强思想教育都起了重要的作用。中国网通还联合国内特色教育机构、高等院校和政府机关建立了涵盖多个层次的学历教育、认证教育、职业与成人教育、素质教育于一体的卫星远程教育系统，为青少年学习成长、教育资源的全社会共享、促进教育均衡发展提供了良好的平台。

【教学案例 8】

卫星通信助力远程教育　大学远程教育网全面升级[①]

近几年，远程教育市场蓬勃发展，“非典”疫情的爆发更使其受到空前瞩目。据悉，中国政府已将“大力发展现代远程教育”列入“十五”计划，预计到2005年，全国普通高校将全部建立校园网，网络教育的注册学生将达500万元。

信息传输网络的建设是发展远程教育的基础。我国是一个地域宽广、通信发展不均衡的国家，尤其在广袤的西部地区，现有地面网络已无法满足通信的需求。卫星通信覆盖领域广、传输性能高、建设周期短的特点，使其在远程教育领域，特别对于西部地区的教育发展，具有不可或缺的重要作用。

据悉，2003年国内六家基础运营商中唯一拥有卫星资源的中国卫通，表示远程教育领域将是其市场推广的重点方向之一。

日前，中国卫星通信集团公司，经过三个多月的调试与考量，成功完成了西安交通大学网络教育学院卫星网络的转网与升级工作。新网络以高性能的亚太2R卫星为通信核心，连接起全国各地的教学小站，整网的稳定性与传输准确性均有较大幅度的提升，充分发挥了卫星通信覆盖领域广、传输性能高、建设周期短等优势，有效满足了近来蓬勃发展的远程教育需求。

西安交大网络教育学院是教育部首批的15所网络教育试点单位之一，目前它已成为西部地区重要的远程教育基地。学院原有一套基于卫星和地面网络的网络教育支撑平台，随着教学规模的扩大及教学内容的丰富，旧有网络的传输性能和稳定性受到挑战，为充分保障教学工作的顺利进行，西安交大决定全面实施网络“转星”与升级计划。

“中国卫通了解到西安交大的网络改建需求之后，很快便提交了详细的转星方案。建

① http://it.sohu.com/54/13/article211271354.shtml.

议采用性能稳定、中国全境 EIRP 值较高的亚太 2R 卫星：该星轨道位置为东经 76.5°，在中国西部地区的天线仰角好，有利于信号的发射与接收。”中国卫通有关人员介绍说。“同时，该星在以香港为中心的东南沿海地区作了波束的加强，充分保障信号的覆盖质量。此外，该卫星的使用还将卫星定点保持的精度由原有的±0.1°提升至±0.05°，解决了各教学小站接收信号不稳定的问题。”

据介绍，为了客户在“转星”期间所有小站接收畅通，中国卫通制定了“双星并发”的详细方案，将自有的北京上地的地球站作为客户卫星信号的中继转发站，保障了一个月的转发期内所有小站转星工作的平滑过渡。

中国卫星通信集团公司的卢先生告诉记者：“中国卫通主要致力于五大业务体系，最终形成完整的天地一体化的无缝隙宽带信息服务网络。通过走特性化的、跨越式的发展道路，实现中国卫通具有特色的、可提供综合电信和信息服务的目标。”

7.3.3 移动通信网在远程教育中的应用

1. 基于移动通信技术的现代远程教育[①]

移动通信技术的发展，使远程教育产生了一种新的方式——移动远程教育。移动远程教育(Mobile Distance Education)是运用移动通信技术进行的现代远程教育，它是现代远程教育体系的有机组成部分。移动远程教育中开展的移动学习除具备数字化学习的所有特征之外，它还具有一个与其他数字化学习不同的特性，即学习的移动性。学习者可以随时随地进行不同目的、不同方式的学习，而不会被限制在计算机桌前。学习过程中，学习环境是移动的，学习资源是移动的，教师、助学人员和学生都是移动的。

随着科技水平的不断进步，移动学习的终端形式越来越丰富，也为基于移动学习的远程教育系统提供了更多的选择。基于移动学习的远程教育体系大致分为以下几部分。

(1) 移动教育资源

目前，国内基于互联网建立起来的教育网络已经得到普及。存储在教育站点和服务器上的教育资源已经能够有效地应用于基于移动学习的远程教育系统中，但必须考虑如何在远程移动技术上兼容运行，且资源内容设计也应注重移动学习的特点和移动学习者的兴趣保持。

(2) 移动通信支持系统

基于移动学习的远程教育的实现，主要依赖于移动通信支持系统的支撑，如果缺乏这种有效的技术后台支持，移动学习将成为一句空话。当前国内移动通信网络越来越健全，网络覆盖范围越来越广泛，这给基于移动学习远程教育的发展奠定了坚实的基础。随着移动资费的降低，移动信息传输速度的提升，移动学习将获得进一步的普及与推广。

(3) 移动学习终端

技术的不断更新换代，使移动学习的终端变得更加丰富多样。特别是 3G 时代的到来，和智能手机的普及，移动终端将是数码相机、MP3 播放器、移动硬盘、掌上电脑乃至电视机的集大成者，基于智能手机的远程移动学习更易于推广和普及。

① 李亮亮. 基于移动学习的远程教育研究[J]. 高教前沿，2010(6).

2. 移动通信技术在远程教育中的具体应用[①]

(1) 移动通信技术在课外教学中的应用

课外教学是传统课堂教学的一种延伸,是对课堂知识的补充与拓展,利用移动通信技术,学生可通过教师事先组织好的教学活动,开展户外探究学习,学生在学习过程中通过移动通信工具获得教师的远程指导与帮助,并提高获取信息、发现问题、应用知识的能力。中国台湾中央大学开发的鸟类观察学习系统(Bird-watching Learning System,BWL)是一个典型的课外移动学习支持系统。该学习项目利用无线网卡建立一点对点的无线网络环境,并通过为每个学习者配备一个含有 Wi-Fi 无线网卡的智能掌上电脑 PDA,构建一个户外移动学习环境,帮助学生进行鸟类观察学习。台湾的三所中学的初中学生参与了利用 BWL 系统进行的鸟类观察实验,对他们实验的评估结果表明利用 BWL 系统可以提高学生的学习效果,而且比预想的结果还要好。

(2) 移动通信技术在公共教育中的应用

博物馆作为文化的窗口,承担着向大众普及文化的重要社会智能,为了提升博物馆的文化推广功能,移动技术在博物馆也得到了广泛推广。2011 年 2 月,谷歌与全世界 17 家艺术博物馆合作,推出了"谷歌艺术计划"项目(Art Project),该项目将馆藏的每一件作品介绍存入网络数据库,然后建立一个覆盖全馆的 Wi-Fi 系统,这样游客可以通过 iPhone 手机或 iPad 阅读有关介绍,而无须再花钱租借讲解机。另外,挪威的 Gidder 项目还通过 Wiki 网站和移动电话技术支持学习者对艺术品进行协作解释,不仅支持在博物馆参观过程中的学习,同时也支持参观前的准备工作,以及参观后的修改和复习。

(3) 移动通信技术在个人非正式学习中的应用

非正式学习是相对正规学校教育或继续教育而言的,指在工作、生活、社交等非正式学习时间和地点接受新知的学习形式,移动通信技术发展起来的 PDA(个人掌上电脑)、UMPC(超级移动个人计算)、MID(移动互联网设备)和 Smartphone(智能手机)等移动终端设备,为学习者随时随地学习提供了保障。如今,很多移动设备生产厂商和移动学习研究机构均开展了研究合作项目,Nokia 公司推出的"行学一族"项目,针对有一定学习需求的中国手机用户开展诸如外语和日常生活技能知识的培训和学习等。该系统基于服务器/客户端架构,服务器地址为 http://www.mobiledu.cn,手机用户通过 PC 或者手机下载客户端安装包,在支持 Java 的手机终端上安装并注册后,通过访问 wap.mobiledu.cn 可以进行在线学习。

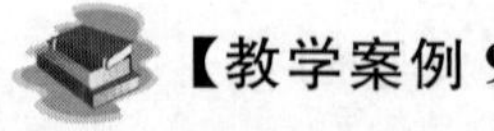**【教学案例 9】**

建立移动的课程环境[②]

新加坡 Singapore：建立移动的课程环境

年份：2009 年

---

① 李乾,高鸽,孙双.移动学习应用模式研究综述[J].现代教育技术,2008(10).

② http://chinalde.com/a/xingyexinwen/2009/1125/12329.html.

目的：建立移动课程环境

在新加坡 SingaporeMobiSkoolz，于 2009 年发动，由 40 名学生和 10 名教员参与。这是一个建立无线研究的远程教育方案，应用学校已有的因特网平台和新增的移动设备来增强研究效果和创建课程环境，那样使学生可以在任何时间都可以在线取得作业、重温以及核实、测试、注销，教员和学生可以用 E-mail 进行沟通。

MobiSkoolz，是一个纯粹的建立支持无线研究的远程教育处理方案，有以下特征：①协助获取笔记，各种研究资料的简单窍门；②对已经泛读过的笔记进行跟踪；③MobiQuiz，一个测试 Editor，应用者可以自测和自我评价；④MobiPollz，一个测试课堂表决和反响的道具；⑤MobiPigeonz，帮助学生之间沟通笔记的道具；⑥MobiFolderz，协助向服务器备份和上传数据。

7.3.4 视频会议系统在远程教育中的应用

1. 视频会议系统及现代远程教育

视频会议系统（Video Conference System）又称会议电视系统，是集通信、计算机技术、微电子技术于一体的远程异地通信方式。视频会议系统支持多人之间实施多媒体交互、数据共享和任务协作，它提供视频、音频、文字、图像等多媒体信息的空间环境，为人们更自然地进行交流提供了一个技术平台。

在视频会议系统上进行的视频会议由多人参与，与会人员动态变化，所开展的会议一般都会围绕一个主题展开讨论，会议形式可多样化，可以有主持也可以没有主持。目前，远程教育中视频会议系统主要应用于远程授课、资源下载、教学答疑和讨论等方面。

2. 视频会议系统在现代远程教育中的应用

视频会议系统按终端类型不同分为会议室系统和桌面系统，不同类型的系统具有不同的特点，在远程教育中应用的方面也有所不同。

(1) 会议室视频会议系统在现代远程教育中的应用

会议室视频会议系统一般用于较大规模的视频会议，提供高质量的视音频效果，远程教育中双向、实时授课系统主要采用该系统。我国许多高校，如北京邮电大学、浙江大学等，均采用该视频会议系统进行实时远程教学，为达到良好的教学效果，建立连接的多媒体课室除了远程会议功能以外，还具有电子白板、应用过程和数据共享、文件传输等功能，教师可利用会议系统实现强大的数据交换过程，能进行幻灯片放映、电子白板信息交流，并实施开展讨论、答疑等教学活动。

(2) 桌面视频会议系统在远程教育系统中的应用

会议室视频会议系统虽然可进行高质量的实时授课，但学生必须在限定时间内在规定的远程会议教室听课，使该系统在空间自由度上存在一定局限性。桌面视频会议系统采用开放技术，将视频会议与个人计算机融为一体，通过个人计算机配备相应的软、硬件，如麦克风、摄像头、释码软硬件、多点控制设备等形成一个远程会议环境，这样学生和教师在家里通过多媒体计算机建立起一个虚拟课室，与会者与对方可进行视、音频交流，如结合视频点播功能，该学习还可以突破时间限制，实现自主学习。

桌面视频会议系统提供视音频交互、文字交流、电子白板、应用程序共享和文件传输等功能,可实现课程学习、学习讨论、教学内容示范、教学答疑、信息分享等远程教学活动,是实现远程互动教学的又一有利形势。

【教学案例 10】

红杉树视频会议系统应用于上海交通大学①

以红杉树为代表的纯软件视频会议系统为上海交通的应用提供了理想的解决方案。通过红杉树视频会议系统,实现老校区和新校区各个办公楼之间视频会议、远程培训的要求,同时在学校领导和老师电脑计算机部署软件终端,会议室里部署专业级别视频设备,扩大视频系统的应用范围,同时通过该系统满足多个校区之间远程教育的需求,提高上海交通大学的信息化教育水平和质量。整体系统建成后应满足以下应用需求。

1. 多方视频日常行政办公交互式会议

上海交通大学多校区之间距离较远。通过本视频会议系统,能在多个校区的会议室之间进行日常行政和教学工作,有效提高了工作效率和教学质量,同时节省大量会议成本和教职工办公效率。

2. 远程教学

上海交通大学视频系统的部署可满足在多个校区进行分布式部署,多校区范围内进行远程、异地教学、课件演示、多媒体课件录制播放功能。

3. 视频学术交流

对于学校内部以及与国外友好学校举行的各种学术交流活动,通过使用该视频会议系统,可以实现同步学术交流,也有利于扩大学术交流活动的参加人数和范围,从而保证良好的学术交流效果。

4. 多个视频的可视通信

通过在学校领导办公室配置桌面音、视频终端,使领导可以作为视频会议的一方加入视频会议中;同时通过音视、频终端可以实现几个校区领导之间的相互可视通话,从而节省了大量电话通话费及领导的时间,提高了办公效率。

5. 实时视频录播与点播

该视频会议系统对在上海交通大学校内举行的重要活动、重要会议可以进行现场录像和实时视频转播,并且可以将录制下来的视频文件作为片源在学校网站上发布,供学校教职工和学生点播。

6. 融合通信增值服务

IP 集合通信系统的特点主要表现在总体拥有成本低、效率高,不受地域分布的限制,可用性与适应性强、可实现集中管理与控制。本次视频会议系统的建设,为未来多业务、多应用系统进行有效的通信手段的融合奠定了良好基础。

该系统的应用效果如下:系统启用后,满足了上海交通大学利用教育网召开远程会议、远程教学、国内外学术交流等多种需求。节约了宝贵的时间、精力,降低了会议成本,充分发挥出真实、高效、实时的优点,为上海交通大学提供了一种简便而有效的协同工作手

① http://www.pjtime.com/2012/8/57517419.shtml.

段，使用户可以通过网络来进行音频、视频和数据的交互，实现了基于网络的现代化教育和远程教学的功能。良好的音视频效果、易操作的应用界面、便捷的会议交互等先进而又实用的功能，解决了异地教学、远程沟通的现实问题。同时通过部署录播系统，可以完成对重大会议内容的记录，实现会议内容的点播和实况直播功能，从而为上海交通大学的学术沟通和管理提供了便利的条件和有效的手段。

7.4 移动学习

7.4.1 移动学习概述

1. 移动学习的概念

关于移动学习，到目前为止确实没有统一的定义。各地学者各抒己见，观点不尽相同。我国学者黄荣怀、王晓晨与李玉顺在远程教育杂志《面向移动学习的学习活动设计框架》一文中，针对目前文献中所出现的关于移动学习的定义，整理出三类观点。

(1) 以技术为中心的移动学习定义(即移动学习是使用移动设备的教与学)。

(2) 基于与电子学习关系的移动学习定义(即移动学习是电子学习的一种扩展)。

(3) 基于学习活动的移动学习定义(即任何教与学的活动都可以通过移动设备进行传递)。

马来西亚学者黄龙翔、陈文莉及新加坡学者吕赐杰、张宝辉等人认为，这样的分类其实是从教学设计者和执行者(如教师或研究人员)的角度出发，而遗漏了一个更新的观念——基于学生个人化学习历程的定义。

维基百科(Wikipedia)网站上提供了一个相对有用的定义：移动学习是手持式移动技术支持的学习或跨越各种情境或地点发生的学习。因此，移动学习包括那些使用移动或个人设备支持的课堂学习和扩增实境性学习(Augmented Learning)，或把固定和移动技术结合起来跨越许多不同地点的学习。

英国诺丁汉大学学习科学研究院院长迈克·沙尔普斯(Mike Sharples)教授根据这一定义，从两种视角来理解移动学习，即技术视角和知识视角。无论何种视角，都需要关注如何把新的个人便携式技术部署到学习系统，都需要关注如何设计新的个人便携式技术来辅助学习。从技术视角来看，人们能够拥有哪些类型的技术，人们是否可以随身携带它们，这些技术能够用于支持自己的学习和小组学习。从一个角度来看，同等重要的是学习者学习的移动性。学习者不是只在一个地点学习，他们总是跨越不同地点、跨越不同情境，在不同的转换中进行着学习，这种转换包括转学、离校、上大学，并且总是希望能够继续进行学习和得到支持，而不是离开课堂后就终止了。

余胜泉博士是国内移动学习领域十分活跃的研究者，他指出：移动性已成为这个世界越来越突出的特点。移动学习兴起于各种手持设备迅猛发展的大背景下，指学习者在自己需要学习的任何时间、任何地点，通过手持式移动设备和无线通信网络学习资源，与他人交流和学习。

基于以上定义，可从以下几方面理解移动学习的内涵与外延。

① 移动学习是在无线移动计算设备（如移动电话、PDA、笔记本电脑等）的帮助下进行的学习。因此，在移动过程中，利用印刷材料或电子词典之类的设备进行的学习不是移动学习。

② 移动学习除了具备 E-learning 的所有特征之外，还有另一重要特性：学习者不受空间限制，不再被限制在计算机桌前，可以随时随地进行不同目的、不同方式的学习，教师和学生都可以处于移动的状态。

③ 移动学习实现的技术基础是移动计算技术和互联网技术，即移动互联技术。

④ 移动学习是一种双向交流的学习方式，学习者和教师或同学可以随时随地进行互动交流。

2. 移动学习的理论基础

移动学习作为计算机网络技术在教育中的具体应用，移动学习的实践必须有新型学习理论做指导。另外，从人类学、社会学的角度思考移动学习，分析移动学习出现的必然性，也有助于我们深入认识这一新型学习方式。移动学习与以下学习理论有着密切的关系。

(1) 分布式认知学习观①

分布式认知理论认为认知工作不仅仅依赖于认知主体，还涉及其他认知个体、认知对象、认知工具及认知情境。因此，分布式认知认为知识存在于不同的场所，认知存在于人脑与外部环境中，特别存在于社会和文化的结构和时间中，并强调学习资源的"去中心化"，学习活动更多的是通过个体间的相互作用，以及他们与所有人工制品之间的交互活动来进行，因此强调对交互活动的支持。认为要在由个体与其他个体、人工制品所组成的功能系统的层次来解释认知现象。

移动学习是宽带移动多媒体通信技术在教育中的具体应用，移动学习时代最大的特点就是移动性，学习者在自己认为合适的时间和地点，通过手持式移动设备和无线通信网络获取学习资源，与他人交流和学习。移动学习这一特征，正好体现了人与人之间以及人与技术工具之间的一种意义交互和远程协作，因此，分布式认知理论关于学习活动是个体之间和个体与人工制品之间的交互活动的观点则成为移动学习建构与实践的理论依据。

(2) 非正式学习理论②

非正式学习（Informal Learning）是一种隐含式的学习，强调学习的泛在性，认为人际通信交流的本质就是学习，非正式学习蕴含于日常生活之中，随时随地皆可发生，比如朋友之间的聊天、同事之间的讨论等，这些都是非正式学习的机会，我们可以通过这些交流获取知识和信息，找到问题的解决方法。因此，和学习伙伴进行交流就是一种非正式学习，斯坦福大学荣誉校长约翰·斯通在"2002 年北京中外大学校长论坛"上接受媒体采访时就指出，学生在大学期间 50%以上的知识与技能是从伙伴或同学那里学到的，而不是从课堂或教授那里学到的。

非正式学习具有个体学习的自主性、学习产生的随机性、知识获取的社会性、学习形式的多样性和学习个体间的协作性等特点。移动学习是在移动设备支持下，能够在任何地点

---

① 张伟，陈琳，丁彦. 移动学习时代的学习观：基于分布式认知论的视点[J]. 中国电化教育，2010(4).

② 魏洪伟，邸佳奇，孙惠杰. 移动学习理论研究与实践[J]. 计算机工程与科学，2009(9).

和任何时间发生的学习，其学习具有泛在性与随机性的特点，也强调学习交互和学习者学习自主能力的发挥，因此非正式学习理论也为移动学习提供了强有力的理论支持。

(3) 情境认知与学习理论①

情景认知与学习理论(Situated Cognition and Learning)是20世纪80年代后期至90年代初期发展起来的，理论提出的主要代表人物是瑞兹尼克、布朗、科林斯、杜吉穗和莱夫，其中布朗、科林斯和杜吉穗在《教育研究者》杂志上发表的《情境认知与学习文化》的论文中，对情景认知学习理论有一清晰的表述，他们认为：知识是具有情境性的，知识是活动、背景和文化产品的一部分，知识正是在活动中，在其丰富的情境中，在文化中不断被运用和发展着。学习的知识、思考和情境是相互紧密联系的，知与行是相互的——知识是处在情境中并在行为中得到进步与发展的。

情境认知与学习理论是在心理学情境观的基础上，从人类学、批判理论、生态学与政治学等相关学科的研究中反思发展起来的，维果斯基的社会建构主义是情境学习理论的关键思想。维果斯基认为，知识源于社会的意义建构，学习者应在社会情境中积极的相互作用，学习是知识的一种社会协商过程。

情境认知与学习理论将学习者隐喻为"认知学徒"(Cognitive Apprentice)，重视隐性知识(Tacit Knowledge)的学习，强调通过"活动感知"(Active Perception)为学生建构学习模式、搭建抛锚式学习的支架、发展学生的自信心，强调外部学习环境对于学习的重要意义，认为学生应通过野外考察获得自然科学知识，通过调查研究与访谈获得社会科学知识，但是，野外考察、调查研究与访谈等学习活动难以组织、成本较高，学生要在野外和社会中获取知识困难也比较大。因此，要在一般的学校教育中开展难度较高，但移动通信技术使随时随地获取任何知识成为可能，并将极大地提高学习活动的质量。因此，移动学习为情境认知与学习理论提供了技术支持，情境认知与学习理论则为移动学习提供了理论基础。

(4) 上下文学习理论②

上下文学习理论(Conextual Learning)认为，学习者自身原有的记忆、经验、动机和反应构成了一个完整的内部世界，学习者在处理新的信息或知识时，与其内部世界发生意义，这便是学习。因此，上下文学习理论认为，人在学习过程中，大脑会本能地在上下文中搜寻意义，并把自己的内部世界与新信息或新知识产生意义关联。

上下文学习理论强调学习者内部世界对于学习的重要性，重视对学习者现有知识结构、学习动机、学习兴趣的分析。而在网络学习和移动学习等数字化学习中，能很方便地记录学生所访问过的学习网站、阅读过的学习内容，从而分析和总结出学习者的知识结构与学习习惯。因此，与情境认知和学习理论一样，网络和移动技术为上下文学习理论在教学中的应用提供了技术基础，而上下文学习理论则为网络和移动学习的实施提供了理论借鉴。

7.4.2 移动学习应用模式

移动通信技术和移动终端设备的发展，不仅为学习提供了新的媒体和工具，而且给学

---

① 王文静. 情境认知与学习理论研究述评[J]. 全球教育展望，2002(1).

② 魏洪伟，邸佳奇，孙惠杰. 移动学习理论研究与实践[J]. 计算机工程与科学，2009(9).

习者带来了新的学习方式，进一步促使学习理念的变革。这种新的学习方式通过渗透、关联、混合传统的学习模式，促进情境学习、非正式学习、协作学习等学习理念的创新性实践。根据北京师范大学李乾等人的研究和总结，移动学习的应用模式可从知识传递—情境认知、个人学习—协作学习、正式学习—非正式学习三个维度来进行阐述，该研究相对全面地阐述了移动学习的媒体技术应用、学习活动模式和不同学习环境下的学习支持，但总体来讲，移动学习模式大体可从以下两方面进行分类。

1. 基于移动媒体技术支持的移动学习模式①

(1) 基于短信息的移动学习模式

基于短消息的移动学习模式主要应用于通信数据少、简单文字描述的学习活动，是目前普遍的一种移动学习途径，技术也相对成熟，费用较低，用户数量也最多。通过短信系统，学校可以及时提供各种服务信息，如课程和考试安排、考试成绩通知、学习激励和学习引导等，但由于短信内容只能是文字和简单图片，且字数有限，所以应用范围主要局限在移动学习活动管理和控制方面，信息也主要集中在通知和简短信息的发送上。

(2) 基于浏览器的移动学习模式

基于浏览器移动学习模式是在3G通信技术发展前提下孕育而生，3G通信技术的推出，使WAP手机和智能手机等可与互联网连接的移动设备得到迅速普及和推广，利用该类移动设备，教师和学生可利用无线终端，经由电信网关后接入Internet，持有该类移动设备的用户可访问教学服务器，并进行浏览、查询和实时交互，随时随地参与到学习过程中。

(3) 基于便携存储技术的移动学习模式

科技发展日新月异，越来越多的便携媒体设备在市场出现并备受大众欢迎，E-booking、MP5播放器、硬盘便携式媒体播放器、便携式闪存播放器开始在移动学习中受到青睐。利用便携存储设备，学习者可以在移动状态或休息之余浏览学习信息，进行学习练习与测验。移动设备可存储的信息媒体形式多样化，包括文字、图像、声音、视频、动画、课件等，由于移动学习时间零散，便携存储的信息应注意内容的小单元化和碎片学习原理。

2. 基于学习活动的移动学习模式②

(1) 基于即时问题解决的移动学习

人类的学习就是为了更好地解决生活中面临的各种问题，学习其实就是一种问题解决的过程。因此，培养一个成功的问题解决者，帮助学习者有效成功地解决工作或学习中遇到的问题，培养学习者分析、解决问题的能力以及探索知识的能力是学习的重要目标。为此，学习就需要创设问题发生的真实情境，使学生在问题情境中解决问题的同时掌握与问题相关的知识和技能。移动技术和移动设备的发展，为即时问题解决的学习提供了技术和环境支持。英国利物浦约翰莫瑞斯大学数字内容国际中心设计的实习医生移动学习系统，使实习医生在对病人的护理的过程中，根据病人病情发展，通过PDA和无线因特网获取医疗和保健的多媒体学习信息，同时还可以利用无线网络向乳腺癌专家询问专门的主题知识。日本德岛大学设计开发的LOCH（Language-learning Outside the Classroom with

① 马万锋. 移动学习应用模式探究[J]. 科技资讯，2008(31).

② 李乾，高鸽，孙双. 移动学习应用模式研究综述[J]. 现代教育技术，2008(10).

Handhelds)普适语言学习环境，学生在外地进行调查和交流任务时，如遇到语言上的障碍可以通过无线通信即时获得教师的帮助，学生也可以通过移动网络分享学习经验，使学生在真实情境中进行语言的应用和反思。

(2) 基于探究的移动学习

基于探究的学习强调学习者的探究体验，而移动技术则能支持学生的信息检索、资料收集、数据记录、信息共享、协作交流等学习活动，从而满足学生的探究行为并从中对知识进行建构与迁移，中国台湾中央大学设计的 BWL 蝴蝶观察学习系统就是移动技术支持的探究学习的典型例子。该系统通过让学生携带具有拍照功能的 PDA，在户外开展蝴蝶观察活动，学生在活动中利用 PDA 对观察到的蝴蝶进行拍照，然后通过基于内容的图片查询技术，查询蝴蝶的相关信息，如果系统中没有拍摄蝴蝶的信息，则通过日志子系统将该章图片及信息记录下来，加入原有系统中。该系统可以帮助学习者提高查询、决策、检查、修改的能力，充分发挥了无线网络技术和移动学习系统的优势。

(3) 情境感知移动学习

移动技术支持的情境感知学习(context-aware learning)是通过使用 RFID 标签、GPS 定位等技术，感知学习者所处的的具体情境，如时间、地点标签等，并将与具体情境相关的学习内容自动推送给学习者。现在很多博物馆的导航系统就利用标签技术、移动通信技术和移动设备创造出情境化学习环境并提供专家级的向导说明，当用户携带移动设备接近某件展品时，移动设备通过感知展品的标签信息，以文字、音频、视频等形式向用户呈现展品的来历、相关事件等详细信息，使游览者不只是看到展品，还能轻松、深刻地学习它的相关知识。

(4) 参与模拟的体验式移动学习

对于某些不易接近的学习情境，移动设备的交互和显示功能能模拟这种真实的学习情境，让学生在模拟情境中进行体验学习。通常，这种移动能使学习者沉浸在一个动态模拟系统中，他们不仅只是模拟观看者，而且自身就是模拟系统的一部分，这种学习模式被称为共同参与模拟仿真(participatory simulations)。NESTA 未来实验室的 Savannah 项目，就是使用移动设备为学生提供一种丰富的模拟的交互性学习经历，在该项目中，学生扮演非洲草原上的某种动物角色来学习与这个动物有关的知识。比如，学生在野外扮演狮子的角色，在 100 米内的野外漫步，Savannah 项目为学生提供的配有 GPS 追踪系统的 PDA，可让学生在虚拟的环境中看、听、闻、查各种环境和狮子自身的参数信息，探索和体验狮子的感受。另外，该系统还模拟了一个休息区，学生在离开野地后可以回到这儿进行进一步的思考、学习、制定策略，比如如何成功捕食，如何才能在虚拟的草原中生存下来等。

(5) 移动技术支持的个人自主学习

个人自主学习是指学生在教师必要的指导下，通过独立的分析、探索、实践、质疑、创造等方法来实现学习目标的一种学习活动。移动技术支持的个人自主学习案例很多，只要是利用移动设备进行的，个人的一种能动学习就是移动技术支持的个人自主学习，如利用智能手机阅读相关学习材料，利用 PDA 学习某个网络课程，还有前面提到的博物馆导航系统的自我学习、英国利物浦约翰莫瑞斯大学支持实习医生学习的移动学习系统等都是移动技术知识个人自主学习的范例。

(6) 移动技术支持的协作学习

移动技术支持的协作学习(Mobile Computer Support Collaborative Learning，MCSCL)是

协作学习的一个分支领域,主要研究的是如何在无线网络环境中促进协作学习者知识的有效构建。由于移动媒体的小巧便捷,MCSCL 能够弥补协作学习活动空间限制的一些弱点,当小组成员在一个相同的空间中开展协同学习时,无线交互的移动设备因其移动性和小屏幕等特点,能够增强学习信息交换中空间的可用性,在交互行为和小组规模上具有较大的灵活性。目前,全球关于移动学习对信息交流、知识共享、协同知识建构等方面的研究很多,也不乏许多成功案例,如日本东京大学交互技术实验室组织的,学生利用集成有 USB 照相机、GPS 定位器和 SketchMap 软件的平板电脑开展的地图绘制的协作学习活动,又如瑞典 Vaxjo 大学开发的 C-Notes 移动工具,能让学习者在阅读和学习过程中标记他们觉得有用的观点和知识,学习者可以利用这些标记实现学习、协商和交换观点,最终达到知识协同建构的过程。美国密歇根大学开发出的 Pocket Pico Map 是一个以学习者为中心的移动概念图软件,它使用一系列的脚手架(scaffolding)技术和搭建技术(elicit articulation),帮助学生描述他们创建的概念和关系。实验结果表明,学生可以在课堂创建独立的概念。

7.4.3 国内外移动学习的发展状况

1. 国内移动学习发展状况①

移动学习是继数字化学习后出现的又一新学习模式,是教育技术领域研究的一个新热点。自 2000 年移动学习概念引入我国,国内科研院校、企业等对该领域开始进行探索。时至今日,其研究发展迅速、硕果累累,但作为一个全新的领域仍有许多问题有待我们去发现、思考、解决。

我们国家对移动学习的研究实践始于 21 世纪初,虽然与欧美相比,研究水平和研究规模都有待提高,但也取得了一定成效,先主要开展的研究项目有以下几个。

(1) 教育部高教司的移动教育理论与实践项目

该项目是由国内第一个移动教育实验室北京大学现代教育中心教育实验室承担研究的,项目持续的时间是从 2002 年 1 月到 2005 年 12 月,研究共分为四个阶段。

第一阶段,开发了基于 GSM 网络和移动设备的移动教育平台,该阶段主要涉及移动计算技术,重点是利用短信解决信息交换,实现基于 SMS 的移动网和互联网共享。

第二阶段,开发了基于 GPRS 的移动教育平台,该平台在前一种平台上增加了普适计算技术,主要针对 GPRS 数据服务,开发了适合多种设备的教育资源,如课件、网站等,并解决了 GPRS 手机、PDA 和 PC 上资源共享的问题。

第三阶段,开发了基于本体的教育资源制作、发布与浏览平台,此平台在前平台基础上增加了提高教育资源和教育服务的开发规范、动态扩充和可定制性的本体技术,为教育语义 Web 打下了基础。

第四阶段,教育语义网络平台的建立,该平台主要利用语义 Web 技术提高教育服务平台的智能性,利用语义 Web 以及本体技术建立多功能的教育服务平台。

(2) 教育部"移动教育"项目

该项目主要由北京大学、清华大学和北京师范大学参与,项目的核心内容有两个。

---

① 周金凤. 移动学习研究现状概述与思考[J]. 曲靖师范学院学报,2004(11).

一是建立“移动教育”信息网，利用中国移动的短信息平台和GPRS平台向广大师生员工提供教育科研、教学管理、生活资讯等方面的信息服务，同时让师生员工能够享用更加优质优惠的移动电话服务。

二是建立“移动教育”服务站体系，在各主要大学建立“移动教育”服务站，为参与“移动教育”项目的用户提供各种服务，以及电信卡、手机、笔记本电脑、掌上电脑、无线网络设备等“移动教育”项目相关产品。

(3) 多媒体移动网络系统项目

多媒体移动教学网络系统CALUMET[Computer Aided Learning(CAL) Unite Multimedia Education Technology(MET)]是由南京大学和日本松下通信工业公司以及SCC(Software Consultant Corporation)软件公司进行的一个多媒体移动教学的实验研究，该实验系统融合了先进的多媒体教育技术、移动通信技术和互联网技术，在校园网中实现了随时随地地教学。该系统具有三大主要功能。

移动学习：用户通过PHS手机和笔记本电脑拨号接入CALUMET系统局域网，访问用户可以在透明网内、校园网或Internet上的课件服务器，随时随地进行学习。

移动上网：用户通过无线拨号进入CALUMET网络，经由代理网关，访问Internet，看新闻、查资料、听音乐等。

移动通话：PHS手机可用于校园内的移动通信，在系统的电波覆盖到的范围内可以随意通话，所有系统内部的通话都是免费的；同时CALUMET系统的PHS无线通信系统可以与个人固定市话捆绑，作为固话某一范围内的移动分机使用。

但从以上项目发现，国内移动学习研究才刚起步，主要研究集中技术的可行性分析、系统终端软件的研发和理论研究这三个方面，在移动学习内容设计规范方面的研究还很少，国内移动学习系统也存在不稳定、操作性较差、课程学习资源匮乏等诸多问题，但随着技术的进步和教育学者对移动学习的重视，移动学习的前景将更为乐观，前沿技术的应用、个性化课程资源的设计与开发、整个系统的绩效改进、标准化问题等，将成为以后移动学习的研究热点。

2. 国外移动学习发展状况[①]

目前，移动学习在国外已广受关注，国外已经将移动学习作为未来网络学习的重点发展方向。国外的移动学习研究主要集中在欧洲和北美的部分经济发达国家，研究目的主要有两类，一类是由目前的E-learning提供商发起，他们力求借鉴E-learning的经验把M-learning推向市场，更多地用于企业培训，另一类则由教育机构发起，他们立足于学校教育，试图通过新技术来改善教学学习和管理。如今国外较有影响的移动学习研究项目有以下几个。

(1) WirelessAndrew 项目

1994年在卡内基枚隆大学(Carnegie Mellon University)开展了一个研究项目Wireless Andrew，后来因为广泛使用无线网络连接PDA等移动设备，而改名HandheldAndrew。在卡内基枚隆大学WirelessAndrew项目内一个很著名的项目是关于在教室内使用掌上设

① 杨俊锋，王以宁. 国外有影响的移动教育研究项目比较分析[N]. 赛迪网-中国计算机报，2006-08-29.

备的 PittsburghPebblesPDA。该项目研究在教室内使用掌上电脑的各种应用，其中一个是老师如何使用掌上电脑在讲课时评价学生。这个项目可以看做是开创了移动教育的先河。

(2) M-learning 解困教育社会问题项目

2001 年英国 Ultrallab 实验室的 M-learning 解困教育社会问题项目，主要用于解决存在于欧洲年轻人社会的文盲问题、缺少继续教育问题以及由于缺少信息技术而导致的不公平问题；该项目是为 16～24 岁的缺乏基本的读/写和数理能力的青年群体而建立，由英国、瑞典和意大利 3 个国家的 5 个组织共同承担，历时 3 年。项目的目标是通过使用各种移动通信手段为这一群体创建一个移动学习环境，同时开发出适合他们的移动学习资源，包括各种课程服务和产品。

(3) MOBIlearn 移动技术项目

2002 年欧洲 GiorgioDaBormida 负责的 MOBIlearn 服务非正式学习的移动技术项目，主要用于探究如何利用先进的移动技术开展基于问题的非正式学习和工作中学习的方法。

(4) FromElearningToMlearning 和 MobileLearningTheNextGenerationOfLearning 项目

这两个项目由爱尔兰远程教育专家 DesmondKeegan 负责，项目从 2002 年开始，主要关注的内容是从电子学习到移动学习和下一代移动学习两个主题，这两个项目分别解决了在 PDA 上开展移动学习课程和把 3G 技术引入移动学习面临的所有问题。

(5) SLL 移动学习资源开发项目①

斯坦福大学学习实验室 SLL 从语言学习入手，开发出了适用于外语学习的移动学习模块。模块包括了生词训练、测验单词和词组翻译等功能，并总结了移动学习资源开发应注意的原则：移动学习应注重开发最适合于听觉、零碎时间、受外界干扰的学习者的那部分内容。鼓励学习者学习个性化，以便与自己的学习风格和背景需要相吻合。

另外还有英国的移动电话项目、意大利的移动学习项目和 Pretoria 大学的非洲农村地区的移动学习项目，都为我们提供了宝贵的参考经验。

(6) 新加坡 MobiSkoolz 移动教学环境研究项目

亚洲的移动学习最早由新加坡兴起，2001 年，新加坡开展了 MobiSkoolz 构建移动的教学环境的研究，该项目是一个建立无线学习的教育方案，它使用学校已有的因特网平台和新增的移动设备来增强学习和教学环境，这样使学生可以在任何时间都可以在线获得作业、复习以及核实测试登记，教师和学生可以用 E-mail 进行交流。该项目具有以下特征：

① 提供了一个获取笔记和各种学习材料的简单方法。

② 对接受或者已经阅读过的笔记进行跟踪。

③ MobiQuiz 的测试编辑器可以让使用者自测和自我评价。

④ MobiPollz 是一个方便课堂表决和反馈的工具。

⑤ MobiPigeonz 是一个管理学生之间交流笔记的工具。

⑥ MobiFolderz 可向服务器备份和上传数据。

(7) 韩国"手机大学"项目

2006 年韩国成立了第一所"手机大学"，该大学学生利用一家网络风险公司开发出来

---

① 任海峰，赵君. 移动学习国内外研究现状分析[J]. 成人教育，2010(1).

的新技术，将学生的有关信息储存到手机中，并且利用装配在学校图书馆、餐厅、自动售货机、停车场和商店中的红外线扫描仪完成交易。学生们在校园里购物或者借书不再使用现金或者信用卡，只需按一下手机上的按键就可以了。虽然这只是一种学校管理研究项目，但由此可见其教育发展的前景。

思考与作业题

(1) 请结合现代远程教育的特点谈谈你对现代远程教育概念的理解。

(2) 现代远程教育由哪些基本功能模块构成？各模块在教学中发挥怎样的作用？

(3) 现代远程教育教学过程有哪些基本要素？并结合远程教育教学过程，分析各要素在远程教育教学过程中的特点及作用。

(4) 请举例分析新技术在现代远程教育中的具体应用。

(5) 请用具体案例说明移动学习模式在教学中的具体应用。

拓展学习

中国远程教育的发展概况[①]

从20世纪初，蔡元培成立中国教育会(函授教育雏形)到2011年68所高校组成的远程教育网，中国远程教育已走过百余年的发展历程，虽然中间起起落落，但在科技和全球远程教育发展的推动下，也稳步前进，从我国远程教育的发展历程和发展特点看，中国远程教育大约经历了萌芽、函授教育、广播电视教育和现代远程教育四个发展阶段。

1. 萌芽阶段

我国远程教育的萌芽起始于19世纪末20世纪初近代学校制度诞生的历史时期。1902年蔡元培先生等在上海成立的中国教育会，是我国的函授教育雏形，标志着我国远程教育的发起。1914年商务印书馆正式创设了函授学社，这是我国最早开设的函授学校。在我国，应用各种视听技术媒体开展以成人为对象的各种社会电化教育和以学校学生为对象的正规学校电化教育也是起始于20世纪初。自20世纪20年代起开始利用幻灯、电影进行教学。此后，广播、电唱、录音等也逐渐引进和发展起来。陶行知即自20世纪20年代起就倡导电化教育并身体力行。他不仅在他组织规划的教育活动中利用幻灯、无线电收音机和活动电影，而且租用无线电电台举办教育广播。1936年7月，当时的教育主管部门成立了电影教育委员会，并在全国建立了81个电影教育施教区。1937年7月，成立了播音教育委员会，在全国建立了播音教育指导区41个。1937年以后，许多省市也相继建立电化教育组织。1940年，电影教育委员会和播音教育委员会合并成立了电化教育委员会。可以说，20世纪上半叶是我国教育技术发展史上的起步期，也是我国远程教育的萌芽和准备期。

2. 远程教育发展的第一阶段——函授教育阶段

以函授高等教育为代表，20世纪50年代，作为第一代大学层次的远程教育的代

① 人民政协网. www. rmzxb. com. cn.

表——函授高等教育得以创建，即由中国人民大学和东北师范大学为先驱的普通高校创建函授部和函授学院。这也是我国远程教育发展的第一阶段，其技术代表和特征是邮政通信和印刷技术。我国函授高等教育在新中国的兴起有其政治经济和社会文化上的原因。新中国政府将普通高校举办函授教育看做是提高当时干部和工农的理论、文化和专业水平，培养社会经济建设需要的大批专门人才的重要手段。1954 年，教育部在“东北师范大学函授教育视察报告”中指出：函授教育是普通高等教育的重要组成部分。该文件确立了函授教育在所有普通高校中的地位。直至 1955 年，有 7 所普通高校举办函授教育，共注册函授学生 4 390 人。1955 年 2 月，中国函授教育有了第一批专科毕业生共 1 600 人。1956 年，厦门大学创办了以海外侨胞和港澳同胞为对象的海外函授部。从 1955 年至 1957 年，高教部和教育部制定了一系列规范函授教育的法规，对函授教育的指导原则、任务、目标、开设专业、学期、学生对象、入学考试、教学要求、学制和管理体制作了明确的规定。1957 年，已有 58 所普通高校举办函授教育，共计有函授学生 35 000 人。在 20 世纪 60 年代上半期，函授教育有了更大的发展。1965 年，开展函授教育的普通高校达到 123 所，包括理工、农林、医药、文科、艺术、财经、政法、师范和体育各科大学，开设专业 138 种，注册函授学生 189 000 名，相当于当年普通高校在校生的 28%。当年函授教育招收新生 74 000 名，毕业生 16 000 名。从 1955 年到 1965 年，全国普通高校共有函授毕业生 80 000 名。

3. 远程教育发展的第二阶段——广播电视教育阶段

20 世纪 60 年代初期，伴随着信息技术的迅猛发展以及在教育领域的逐步应用，我国远程教育不仅有了新的发展，而且开始了形态的转型，主要表现为广播、电视逐渐成为远程教育的手段和媒体。与此同时，相对独立的远程教育主体(机构)也应运而生，即在天津、北京、上海、沈阳、广州、哈尔滨等中心城市，相继成立了广播大学或广播电视大学。建立于 1960 年 2 月的北京电视大学是中国也是世界上开创历史的城市电视大学。由当时的北京市副市长、历史学家吴晗任校长。至此，我国开始了远程教育的第二阶段即广播电视教育阶段。这一阶段的远程教育是指在邮政通信和印刷技术基础上，利用广播电视(卫星和微波)、录音录像、电话电传和计算机以及电信传播等媒体开展的远程教育。可以说，广播电视、录音录像是第二阶段远程教育的技术代表和特征之一。1960—1966 年，北京、上海、沈阳、哈尔滨等城市的电视大学培养了大量的人才，仅北京电视大学一家就培养毕业生 8000 多名，另有 50 000 人次单科结业。不幸的是，在 1966 年爆发的“文革”中，无论是函授教育还是电视大学都被迫中断。

直至 20 世纪 80 年代，曾一度中断的高等函授教育和广播电视教育才得以重建和繁荣。1978 年，文化经济接近崩溃，中国处于百业待兴的局面，人力、物力、财力有限，社会又急需大量的人才，光靠需要高投入的普通高等院校来培养是不可能的。此时，覆盖全国绝大多数省区的彩色电视网已经建成，举办面向全国的广播电视大学的条件已经基本成熟。在邓小平的倡导下，利用电视、广播等现代化手段加速发展教育事业的提议引起了充分的重视。1978 年 11 月 26 日至 12 月 3 日，当时的教育部和中央广播事业局在北京联合召开了全国首届广播电视大学工作会议，制定了《中央广播电视大学试行方案》。1979 年 1 月，中央广播电视大学在北京正式成立，全国除西藏、台湾外的 28 个省、自治区、直辖市都建立了省级广播电视大学。中央广播电视大学的建立，是我国现代远程开放教育的开端，形成了从中央到省、直辖市、地市级、县级的分级办学、管理的远程开放教育网络系统。20世纪80年代，我国的广播电视远程教育得到空前的发展，到1985年，共有注册全科专科生67.4万名，分别相当于同年全国普通高等学校和其他成人高等学校在校生总数的40%和64%。与此同时，高等函授教育的重建和发展也被提上日程。1980年4月，教育部召开了全国高等学校函授教育和夜大学工作会议，明确了对加强此项工作的重要性和紧迫性的认识。同年9月，国务院批转了教育部《关于大力发展高等学校函授教育和夜大学的意见》，指出："普通高等学校在组织全日制大学教育的同时，应该根据自身的条件积极开展函授和夜大学教育。实践证明，普通高等学校开展函授和夜大学教育是培养专门人才的重要而且效益高的方式，同时也是提高整个民族的文化科学水平的重要举措。所有单位和部门都应该充分重视成人高等教育和加强对这一工作的领导。要在中国充分发挥高等函授教育和夜大学的作用。"上述"意见"对普通高校举办函授教育和夜大学的政策、任务、办学形式、教学工作、人才培养、经费、毕业生的就业和待遇等做出了具体规定，从而为中国函授教育和夜大学的健康发展打下了重要的基础。

在1980年，重建函授教育的普通高校只有69所，注册学生总数162 134名。自那以后，中国的高等函授教育进入了新的历史发展时期。到1986年，提供函授教育的普通高校达到371所，占普通高校总数的35%。开设高等函授教育专业286个，占普通高校开设的全日制专业总数的35%。其中，工科类147个，农林类38个，财经类28个，师范类27个，文艺类18个，理科类16个，其他专业12个。1986年共有注册学生414 685名，其中本科生139 000名，专科生276 000名。1986年6月，国家教委在北京召开了全国高等函授教育工作会议，总结过去30年来的工作经验。

1997年2月，国家教委颁发了《普通高校函授教育暂行条例》。这是中国高等函授教育的第一个法规性文件，为高等函授教育运行和发展的系统化、规范化和制度化奠定了基础。"条例"第一次明确规定要向应届高中毕业生提供高等函授教育。"条例"还提出了各级各类函授教育计划的制订，函授教师队伍、课程材料和辅导站三项基本建设的指导方针。1988年11月，国务院学位委员会颁发了《关于向成人本科毕业生授予学士学位的暂行条例》，并规定其适用于高等函授教育。1997—1998学年，共有635所普通高等学校提供高等函授教育。另有4所独立函授学院。1996—1997学年的注册学生数是896 300名，招收新生286 400名，毕业生212 300名。

4. 远程教育发展的第三阶段——现代远程教育阶段

20世纪90年代末，随着计算机网络技术和多媒体技术的飞速发展，我国的远程教育在经历了函授教育和广播电视教育两个发展阶段后，进入了以网络教育为主的现代远程教育阶段。这一阶段远程教育发展的主要标志是：我国普通高等学校纷纷开展以双向交互卫星电视和计算机网络为技术基础的现代远程教育；我国广播电视大学在推进开放性和现代化建设、与普通高等学校联合办学方面取得了重大进展；我国政府决定实施现代远程教育工程，构建远程教育网络，推进高等教育大众化、终身教育体系和终身学习社会的形成；我国加快建设国家信息技术基础设施和远程教育网络平台以及我国产业界和全社会对开放与远程教育的重视和投入的增长。

我国的现代远程教育是从高等教育起步的。1994年，在国家教委的主持下，由清华大学等十所高校共同筹建"中国教育和科研计算机网示范工程",并建成中国教科网(CERNET)。教科网的建成标志着我国现代远程教育的起步。1996年,清华大学等普通高校提出要开展双向交互式远程教育,清华大学王大中校长率先提出发展现代远程教育。同年,全国广播电视大学工作会议在黄山召开。在黄山会议上,全国电大教育工作者在对广播电视大学的性质和定位、形势和任务取得共识的基础上,明确了实现"共建系统、共享资源、共创辉煌"新战略的基本思路,即实现一个目标:在21世纪初将广播电视大学基本建成有中国特色的远程教育的开放大学;做好两项命题:不断扩大电大远程教育的开放性和实现教学现代化;实行两项试点:以注重开放和个体化学习为特征的注册视听生教育和专科起点的本科教育(简称专升本);加强两项基本建设:全国广播电视大学系统建设和多种媒体远程教学的教材建设;坚持和扩大广播电视大学办学的基本方向,即四多:多层次、多规格、多学科和多形式;以及四个面向:面向基层、面向农村、面向边远地区和面向农村地区。1997年,湖南大学首先与湖南电信合作,建成网上大学。清华大学则在1998年推出了网上研究生进修课程。

1998年春,人大、政协两会期间全国政协委员、湖北函授大学校长游清泉提出提案"加快发展远程教育,构建我国远程教育的开放体系"。1999年,我国国务院批准了教育部制订的"面向世纪教育振兴行动计划",明确将"现代远程教育工程"列为六大重点工程之一,并拿出3.6亿元,专门用于支持现代远程教育。同年3月,教育部批准清华大学、浙江大学、北京邮电大学、湖南大学作为国家现代远程教育的第一批试点院校。此后,试点院校数目不断扩大,至2001年,试点高校扩大到68所。另外,1999年教育部还制定了《关于发展现代远程教育的意见》;9月,"CERNET高速主干网建设项目"立项,目标是在2000年12月前完成CERNET高速主干网的建设,满足我国现代远程教育需求。2000年,教育部颁布了《教育网站和网校暂行管理办法》,并颁布了《关于支持若干所高等学校建设网络教育学院开展现代远程教育试点工作的几点意见》,根据这个意见,试点院校具有很大的自主权,如可以自己制定招生标准并决定招多少学生,可以开设专业目录之外的专业,有权发放国家承认的学历文凭等。2001年开始我国以网络教育为特征的现代远程教育全面启动。据2004年数据,我国远程教育投资占教育信息化总体投资的21.2%,达到70亿元。2005年有调查显示,我国网络教育市场超百亿元。2005年10月11日,中国共产党第十六届中央委员会第五次全体会议通过《中共中央关于制定国民经济和社会发展第十一个五年规划的建议》,"建议"第一次写入"发展现代远程教育,促进各级各类教育协调发展,建设学习型社会"。这表明发展现代远程教育已成为国家战略、社会共识。

2006年,教育部高教司发文,正式启动"数字化学习港与终身学习社会的建设"示范项目;至此,全国接受远程高等教育的学生总数达280万人。至2007年,我国远程教育基本覆盖所有农村中小学。

第 8 章　新技术在教育中的应用

实例与问题

云计算、移动网络技术、社交网络技术、思维可视技术、虚拟情境技术等发展日新月异、风起云涌，随着信息技术、学习理论等相关领域的不断发展变化及教育教学改革与实践需求的变化，教育技术领域会不断出现新兴的前沿问题。本章就关注这些新技术在教育中的应用，探讨新技术在教育实践中的教学功用、应用方法和出现的新情境、新问题。

教学指南

新技术层出不穷，对新技术在教育中的应用也都在不断实践探索之中，因此在本章的教学中要重点让学生明晰一些新技术的特点以及教学功能，知道这些新技术在教育中的应用现状和发展趋势，激发学生对于新技术用于教育教学的实践兴趣和探索精神。

本章主要内容分为独立的5节：云计算技术在教育中的应用、移动网络技术在教育中的应用、社交网络技术在教育中的应用、思维可视技术在教育中的应用、虚拟情境技术在教育中的应用。本章结构如图8-0所示。

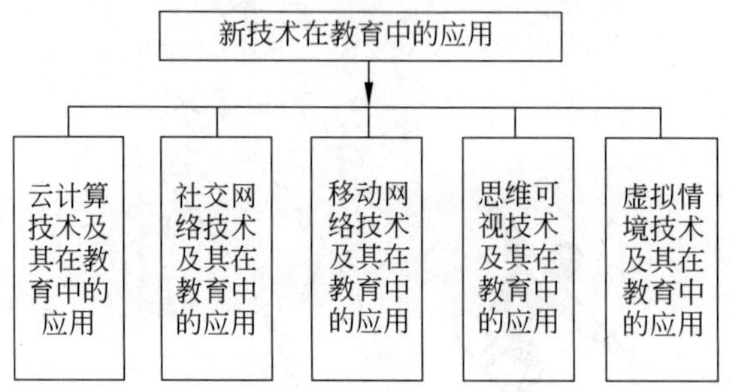

图8-0　新技术在教育中的应用的内容结构

教学目标

(1) 了解云计算的概念、特点，理解云计算在教育中的功用。

(2) 了解社交网络技术的概念、特点，理解社交网络技术在教育中的作用，熟悉常见社交网络工具的教学应用，能够分析和思考给出的教学案例。

(3) 理解移动网络技术在教育中的作用，了解移动学习的概念和特点，知道移动学习的发展现状和趋势。

(4) 了解思维可视技术的概念和特点，能够区别概念图与思维导图，熟悉概念图和思维导图的教学应用，能够分析和思考给出的教学案例。

(5) 了解虚拟情境技术的概念和特点，了解几种典型的虚拟情境技术，理解虚拟情境技术在教育教学中的优势和作用。

教学方法与课时分配建议

教学方法：

宜综合采用课堂讲授与演示、案例教学、研讨多种教学方法，鼓励或安排学生尝试使用这些新的技术进行教育教学实践。

课时分配：

计划时数为10学时，每个独立的节各2学时。

8.1 云计算技术及其在教育中的应用

8.1.1 云计算概述

1. 云计算的基本概念

从Amazon的“弹性计算云”到IBM的“蓝云”，从Google Apps到微软的Windows Live，云计算已经成为一种研究时尚，被行业者们所追捧。对于“云”的解释，众说纷纭，每个人都在自己的行业诠释着它，赋予它不同的意义。据不完全统计，有关云计算的专业定义大约有20多种，施密特与李开复等业界人士对其给予了形象的比喻，分别把云计算比喻为银行的自动取款机（ATM）和钱庄，强调的都是随需随用，让原本抽象模糊的概念变得真实清晰。按照维基百科里的解释，云计算（cloud computing）是一种动态的易扩展的且通常是通过互联网提供虚拟化的资源计算方式，用户不需要了解云内部的细节，也不必具有云内部的专业知识，或直接控制基础设施。云计算只是一个新名词，而非一个新概念。它是并行计算（Parallel Computing）、分布式计算（Distributed Computing）和网格计算（Grid Computing）的发展，是虚拟化（Virtualization）、效用计算（Utility Computing）、IaaS（基础设施即服务）、PaaS（平台即服务）、SaaS（软件即服务）等概念混合演进并跃升的结果。①

“云计算”是信息时代的社会化服务人们使用计算机的需求成为一种社会化商品流通，就像煤气、水电一样实现高效的社会化服务，使用方便，费用低廉。当你每天使用公共服务的邮箱时，在线使用公共服务的相册时，通过公共服务搜索资讯时，当你使用网络上面的在线文件编辑、在线概念图工具、社会性工具软件、协作学习环境时，你已经在使用云计算服务。②

2. 云计算的功能特点

从理论层面上来说，云计算是互联网的延伸，它虽然依托于互联网，却独具特色。其功能特点可以归结为4点。

（1）网络化

云计算依托于互联网而生，从而继承了互联网的网络性，并在此基础上进行了扩展与丰富。比如好看簿（http://www.haokanbu.com/）、Google协作平台、Google论坛等云服务工具，虽然它们的大平台载体都是互联网，但是其功能各异，好看簿以图片博客而为大家所喜爱，Google协作平台因深度互动被更多人使用等。因此，网络化也是云计算的根本特性。

---

① 贺小华.云计算在教中的育应用[J].软件导刊-教育技术，2009(9).

② 黎加厚.在中国教育技术协会2008年年会上的报告[R]，2008.

(2) 个性化

云计算是一个庞大的资源库,能够动态伸缩。从远程教学到泛在学习,从柜台服务到网上交易,越来越多的服务以一种全新的模式渗透到人们最日常的生活中去。有电的地方就有计算,有网的地方就有云服务。用户可以在任何时间与任何地点进行自由选择,并且可以根据个人需求、知识背景与兴趣爱好来选择资源。

(3) 低成本

云计算时代,企业或学校无须购买昂贵的服务器,也无需为服务器的维护与更新而感到烦恼,只需要把计算机接入互联网,把任务交给云端来处理即可,从而大大降低了原成本。

(4) 高性能

每个人都有计算机中毒而不得不反复重装系统的经历,都遇到过某软件版本低而无法打开重要资源的尴尬。云计算时代,这些问题将不再成为困扰,全世界最专业的团队将会解决难题。因为云的终端是由谷歌、IBM 等专业的网络公司来搭建的,具有高稳定性。

8.1.2 云计算在教育中的应用

1. 云计算在教育领域中的应用现状

作为云计算最初的应用实践者——教育领域,对于云计算的推广似乎有点低调。但其潜在市场不容忽视,各大公司相继开发了自己的云计算教育计划。继 Google101 计划之后,2008 年年初,Google 先后与中国台湾大学、台湾交通大学以及清华大学开展了云计算项目研究。其他业界巨头也紧跟云计算步伐,随之也分别推出了自己的云计算教育项目,如 IBM 的"蓝云"计划,Amazon 的"云计算开放式基金","杭州师范大学——微软 I T 学院"的建立。总之,这些项目为国内外培养云计算相关人才打下了坚实基础,同时为企业与教育之间架起了合作桥梁,进一步促进了云计算在教育领域中的推广。

云计算在中国起步虽比较晚,但从目前的发展态势来看,其市场前景相当乐观。2009 年 5 月 16 日至 17 日,中国教育技术协会在上海举办了全国首届"云计算辅助教学高级培训",旨在帮助有条件的学校掌握云计算辅助教学的理论与技术,促进我国基础教育教学改革,提高教学质量。如果说 Google 公司与清华大学合作开展的云计算研究项目打开了中国的云计算之门,那么"云计算辅助教学高级培训"则是在中国大地播下的云计算的种子。继此次培训之后,我国各地区中小学逐渐开始实践云计算辅助教学。如鞍山一中、广州天河区中小学、浙江海盐地区中小学等。

云计算在我国教育领域中的发展,从高校与公司开展的云计算合作研究项目到高校教师教学培训业务,再到今天的中小学云计算辅助教学实践。这样的发展态势充分说明了我国对云计算教育应用的肯定与重视,同时为我国新课程改革的发展起到了推动作用,并对传统教育提出了挑战。然而,无论是最初的 Google101 计划,还是我国的"云计算辅助教学培训",云计算虽然涉足教育领域,但大多只是停留在教学应用的单一层面上。因此在后期的云计算教育应用推广中,我们应放开视野,寻找更多的应用领域,以充分发挥云计算的高效能。

2. 云计算在教育领域中的功用

与其他新技术相比，云计算以其低门槛的优势受到学校的青睐。随着云计算在教育领域中应用的逐步深入，它的教育辅助功能也逐步被人们认识，为人们所重视。深入分析云计算的教育辅助功能，将有助于我们开发出更多的教育应用，充分展现云计算的教育辅助功能。

(1) 建立学校内部管理平台

学校管理是影响学校变革与发展的一个重要因素。传统的科层制管理模式，甚至是一长制管理模式，在一定程度上被认为是制约学校管理质量乃至学校和谐的因素，扁平化的集体制管理模式越来越受到现代学校管理者们的青睐。所谓集体制管理，是指构建一个学校内部管理平台，学校任何管理制度的制定不再是某个或几个高层领导的决断，而是大家集体智慧的结晶。在这里没有等级制度之分，学校的每一个人，从校长到教师、学生，甚至后勤部门的清洁人员，都有权利在这个平台上发表个人意见，提出自己的独特见解。因此，平台创建的环境应该是开放、和谐、深度互动的。增进学校各级之间的交流，构建和谐合作团队，有利于学校的可持续发展。

(2) 建立教学辅助平台

各地中小学在选择云计算辅助教学平台时，Google 协作平台以简单操作和深度互动的优势成为师生们的首选。作为教师教学的辅助者，Google 协作平台主要发挥了以下 3 个功能。

① 增强师生、生生交流。Google 协作平台不仅具有简单的评论功能，它的公告式页面更具有类似 BBS 的深度交流功能。教师可以通过这种页面形式创建公告版或讨论版，随时发起一个话题或者发布课前预习和课后作业的公告。学生则可以在后面跟帖发表自己的意见，当然教师应对于学生的异议给予及时的反馈，促进师生、生生之间的交流，从而提高教学效果。

② 实现个性化学习。任何一个云计算服务总是脱离不了网络，Google 协作平台也不例外，也正因为依托于网络，个性化学习才得以畅行。它突破了传统校园教学受时间和空间限制的状况，学生可以根据自己的实际情况，在任何时间、任何地点选择学习内容。在 Web 2.0 环境下，个人使用更多的是网络学习和非正式学习，构建个人网络学习环境就显得尤为重要。在云时代，学习者可以根据云服务的类型，自由地选择学习内容和学习方式。网络中有大量的 Web 2.0 工具，如使用 iGoogle 我们可以个性化自己的网络空间，Diigo 创建个人的美味书签，Sakai 管理网络课程等，这些 Web 2.0 工具都属于云服务的范畴。在云时代，我们就可以轻松、自如地创设人性化的网络学习环境。①

③ 培养学生的创新精神与自主性。云计算创建的是一个自由的学习空间，教师承担的是辅助者与促进者的角色，学生成为主动的学习者，享受更多自由支配学习的权利。例如，Google 协作平台的协作编辑功能，让更多的学生参与到教师的教学项目中，充分发挥了其自主性和创新性。当然，为保证学生的有效学习，我们应根据不同年龄阶段学生的自主控制能力，来分配教师在教学过程中发挥作用的比例。Google 协作平台具有丰富的页

① 万利平，陈燕. 云计算在教育信息化中的应用探究[J]. 中国教育信息化，2009(9).

面形式,并且每一种页面形式都具有不同的教学功能。如列表式页面的学习管理功能、文件箱式页面的资源管理功能等,教师可以根据学科教学的实际情况进行合理选择。

(3) 建立家—校互动平台

家庭教育是学校教育的基础,建立家—校互动平台将促进家长与教师之间的及时交流。依托于网络的云计算不仅为家校之间的交流提供了便利,并且给予了家长更多的主动权,提高了家长的参与性,主要表现在以下3个方面。

① 引导家长参与学校管理。家校互动平台不是单纯的电子公告板,而应是一个互动园地。通过该平台,家长们不仅能了解学生的在校状况,还能对学校课程设置是否合理,学生管理制度是否恰当等情况提出自己的意见,学校则应予以回应,让家长们真正参与到学校的管理中来。

② 促进家校交流教育理念与经验。基于云计算建立的家—校互动平台最重要的特点在于家、校之间教育理念的交流,而不是传统的宣传教育。同时,通过该平台家长之间可以分享各自的教育经验,在"互帮互助"版块,家长们可把自己在教育过程中碰到的难题说出来,其他家长或者教师可就此发表个人意见,形成良好的家校关系。

③ 提供教育服务。学校可以通过平台向家长们展示从学校教育到生活教育、从教育理念到教育方法等一些成功案例,提供一站式的教育服务,为学生的健康成长共同努力。当然,还有更多的云服务工具也可以实现上述教育功能,如好看簿、Google论坛等,这也充分预示云计算在教育中的应用将有更多发现。Google协作平台也有很多有待改进之处,如一般用户的空间容量小。

(4) 助推终身教育

终身教育主张在每一个人需要的时刻以最好的方式为其提供必要的知识和技能。这就对国民的终身教育提出了更高的要求。政府的人力资源和社会保障部门、工会、妇联以及各种行业协会可以组织各类专业技术人员开发高质量的培训、教育信息资源,在云平台上发布。属于不同行业、不同群体的个体可以根据需要自由选单,按需学习。覆盖国民的公共云教育平台可以在终身教育领域发挥重要的作用。①

8.1.3 创建有效的云计算教育环境②

云计算创建的是一个自由广泛的空间,应用于教学中时,我们既要保证学习者的自主性,也要提高学习的有效性。因此,在设计教学的过程中,我们应注重教育环境的合理创建。创建一个良好的云计算教育环境,将有助于充分发挥云计算的教育辅助功能,有助于学习者利用云计算进行更加有效的学习。而如何创建一个有效的云计算教育环境,应该坚持以下基本原则。

1. 以学习者为中心

以学习者为中心是云计算教育环境设计的核心原则。在环境创建之初,我们需要对学习者进行需求分析,确定合适的教学内容、资源与活动。环境的设计者应该站在使用者的

---

① 孔令旗. 云计算对教育影响的探讨[J]. 焦作师范高等专科学校学报,2011(3).

② 贺小华. 云计算在教育中的应用[J]. 软件导刊-教育技术,2009(9).

角度思考，对环境中的每一项资源进行合理的设计，如资源呈现方式是否友好、学习内容是否过量等。总之，要想学习者之所想，设计一个更加人性化的教学环境。

2. 确保资源有效与新颖

学习有效性与学习内容之间有着必然的联系，在云计算教育环境中，其重要性更为凸显。因为在云计算教学中，大部分教学资源来源于网络，对于形形色色的网络资源，我们需要进行认真的筛选，尽量选择一些稳定的网络资源，防止一些网络链接因时间过久而失效；另外，为了保证学习环境中资源的新颖性，环境的管理者需要对资源进行及时更新，并将其突出显示，引起学习者的注意和兴趣。

(3) 资源的恰当设置

不管是教学中使用的资源，还是教学后的参考资源，我们都应该呈现在合适的位置，并且每一个资源模块的结构应该统一，便于学习者快速查找、浏览，不至于在云计算的学习中迷航。同时，应尽量减少学习过程中的干扰因素，尤其对于低年级的学生，这些设计将很容易转移他们的学习注意力。如在资源呈现时设计一些不必要的动画、声音等。

(4) 协作与共享

协作与共享是云计算环境的核心理念，也是它与传统教学环境的区别所在。以Google协作平台创建的云计算教育环境为例，部门之间的合作，师生之间的互动，家长之间的经验交流，都充分体现了这一原则。因此在任何一个云计算环境创建过程中我们都应该围绕共享与协作进行再设计，使云计算环境的特性充分发挥出来。

(5) 合理使用网络资源

保护知识产权是一个应时刻实践的准则，网络资源也不例外。云计算环境从平台的构建到资源的组织都依托于网络。因此，在设计云计算环境时，我们需要谨记这一准则，并付诸实践。

8.2 社交网络技术及其在教育中的应用

8.2.1 社交网络技术概述

1. 社交网络技术

社交网络即社交网络服务，源自英文SNS(Social Network Service)的翻译，中文直译为社会性网络服务或社会化网络服务，意译为社交网络服务。社交网络含义包括硬件、软件、服务及应用，由于四字构成的词组更符合中国人的构词习惯，因此人们习惯上用社交网络来代指SNS。

近年来，社交网络的发展引人注目。目前，约有一半以上的中国网民通过社交网络沟通交流、分享信息，社交网络已成为覆盖用户最广、传播影响最大、商业价值最高的Web 2.0业务。社交网络在人们的生活中扮演着重要的角色，它已成为人们生活的一部分，并对人们的信息获得、思考和生活产生不可低估的影响。社交网络成为人们获取信息、展现自我、营销推广的窗口。

2. 社交网络技术的特点①

(1) 信息传播方式多维度化

信息传播是社交网络的核心功能，订阅和分享是构建用户关系和进行信息传播最重要的行为。传统网络信息工具Blog和BBS论坛是“点对点”或者是“点对面”的传播方式。现代社交网络提倡的是将人作为节点放置于社交网络之中。节点与节点的关系是以现实生活中的社会交往关系为基础，并且会因为信息的分享与发布建立起更为广阔的信息联系。六度分割理论作为社交网络的基础理论指出：任何陌生人之间所间隔的人不会超过六个，也就是说，最多通过六个人你就能够认识任何一个陌生人。而这种人与人之间联系的建立就是依靠每一个网络节点通过社交网络相互连接。多维度化的信息传播方式会有效助力信息的传播速度和广度，并且彻底改变信息节点的对应角色和关系。

(2) 信息传播途径的多元化

由于社交网络的每一个信息传播的节点是不同个人组成的，因此信息内容的选择、分享、交互都具有强烈的主观色彩，反映了不同的声音、表情、肢体语言，通过文字、图片、声音、视频等形式出现。这也使得传统信息发布的权威性受到挑战，即在特定的范围内，符合社会性传播的信息而不是统一确定性的信息更容易得到传播。这种传播会出现对同一对象不同的描述和注解，造成罗生门式的信息干扰。

(3) 传播行为的人际化

传统的博客和论坛基于广泛的点到面的信息传递，而不是熟人网络，人的网络形象与现实形象的差距也很大。社交网络的基础理论，即嵌入型理论认为：社交网络基于信任而不是信息本身，这种人际交往乃至经济行为往往发生于相识者之间，而不是发自于完全陌生的人。在基于身份确认和信任建立的社交网络中，能实现更有效的信息传播，实现更大范围的关注和更加广泛的群体交流。而且人际传播的信息不再是原始发布的信息本身，交互所产生的选择性分享与评论也构成信息的一部分，成为影响信息传播的重要因素。

8.2.2 社交网络技术在教育中的应用

1. 博客在教育中的应用

博客，又译为网络日志、部落格或部落阁等，是一种通常由个人管理、不定期发布新文章的网站。博客上的文章通常根据张贴时间，以倒序方式由新到旧排列。许多博客专注在特定的课题上提供评论或新闻，其他则是个人的日记。一个典型的博客结合了文字、图像、其他博客或网站的链接及其他与主题相关的媒体，能够让读者以互动的方式留下意见，是许多博客的重要因素。大部分的博客内容以文字为主，仍有一些博客专注在艺术、摄影、视频、音乐、播客等各种主题。博客是社会媒体网络的一部分。

我们可以将博客在教育中的应用归纳为以下几点②。

2. 博客作为教学信息的承载工具

(1) 电子教案

在教学中，传统的承载教育信息可以是印刷材料、手写材料等，而利用博客，教师可以

① 郑铭. 浅议社交网络与泛在学习的实现[J]. 教学仪器与实验，2012(10).

② 刘芳. 博客的教育应用与展望[J]. 科技信息(学术研究)，2008(2).

将教学教案、读书笔记、收集的资料形成电子文档，并且还可以写一些教育随想，将对教学的思考录下来。比传统的教案丰富，而且更新容易、快捷。

(2) 学习笔记

学生可以将自己的学习过程、学习心得、疑难问题、知识要点等写入博客，还可以整理在互联网上找到的资料，建立链接，成为自己的学习脉络。

3. 博客作为教学信息的传播工具

博客本身就是一种网络信息交流传播工具，应用在教育教中进行交流和协作，不但可以成为教师课后的一个网络交流平台，进行一些教研活动，而且可以成为学生自主学习、协作学习的平台。

(1) 教师交流工具

博客可以承载教师教学的一切信息，包括对教学工作的观察和思考，博客的公开性让这些信息成为共享资源，通过与其他教师分享，一方面使自己的劳动创造更大的社会价值；另一方面使自己在分享交流中获得更快的提高。

(2) 师生交流工具

目前学校教学的组织形式还是以课堂教学为主，师生可以在课堂中进行一定的交流，但是由于课堂时间有限，师生交流受很大限制。尤其在高校，教师工作繁忙，很难抽出专门的时间与学生进行专业学习讨论，那么就可以借助博客，使之成为师生交流的一种方式。教师可以将自己学生的学习情况和与课程相关的教学资源的网址记录在博客上；学生可以将各自的学习心得、收集的一些有价值的学习资源记录在博客上。通过博客师生共同分享知识、分享认识，也可以建立基于某个学习主题的博客，开展主题研究讨论，以促进进师生了解，增强对知识的理解。

(3) 学伴交流工具

现在的学生对网络的依赖越来越大，甚至有些沉迷于网络，这是令教师、家长头疼的一个问题。如果引导学生建立自己的博客，并将自己的所思、所想、所见、所作和所得记录在博客，让同学、朋友、父母、老师都来分享，不但可以促进学习交流，而且可以让长辈了解孩子。目前已经出现一些“小组博客”和“协式博客”，为共同学习、交流提供了一个平台。

4. 博客作为教育教学研究的工具

(1) 教育叙事研究

教育叙事研究是教师在教学生活中通过对自己教学的研究，继而形成研究结论，并将结果记录成叙事报告的一种教学研究方法。传统的教育叙事研究是封闭的和个人性的，有局限，严重影响了其生命力。而教师通过博客这种全球化、个性化的网络工具进行叙事性地记录教育中的所思、所想，并借博客的开放性将其传播，增强了教育叙事研究的生命力，逐渐成为一线教师进行教学研究的工具。

(2) 课程整合的有力工具

教育技术领域的专家，北京师范大学的何克抗教授认为：信息技术与课程整合的内涵，不是把信息技术仅仅作为辅助教学或助学的工具，而是强调要利用信息技术来营造一种新型的教学环境，该环境应能支持实现情境创设、启发思考、信息获取、资源共享、多重交互、自主探究、协作学习等多方面要求的教学与学习方式，充分发挥学生的主动性、积极性、创造性。

博客是营造出符合整合内涵的教学环境的有力工具。教师用博客把文字、图形、音频、视频等多种媒体信息整合，向学生发布课程教案设计，创设合理的学习情境；利用博客可以发布精练的有价值的学科资源，提供信息的共享；还可以利用博客，为学生定期提供研究的项目或讨论的话题，鼓励学生共同参与资料整理、问题解决或讨论，以此来启发学生的积极思考，培养学生自主探究、协作学习的能力。另外在博客中记录学生的学习，建立学生学习的电子档案，有针对性地对学生的学习进行评价，提供及时的反馈和学习指导，促进师生的交流，真正达到信息技术与课程整合的目标。

5. 微博在教育中的应用

微博是一种通过关注机制分享简短实时信息的广播式的社交网络平台。微博提供了这样一个平台，既可以作为观众，在微博上浏览感兴趣的信息，也可以作为发布者，在微博上发布内容供别人浏览。发布的内容一般较短，例如140字的限制，微博由此得名。也可以发布图片、分享视频等。微博最大的特点就是：发布信息快速，信息传播的速度快。

整个微博社会网络体系是一个非常复杂的系统，个体成员之间强、弱关联是不相等的，有些成员会因彼此之间互动相对紧密而形成相对稳定的关系集合。随着微博的迅猛发展，微博给人的感觉是越来越不“微”，利用其独特的社会网络分众传播机制，微博在商业推广、名人宣传以及新闻报道等方面取得了骄人的战绩。在这些喧闹的背后，越来越多的学者开始思索微博在教育中的应用潜能。

从娱乐与个人琐事的随性而为到教育的理性创新应用，微博除了需要在技术上更进一步加强对教育目标和过程的支持外，更多的是需要建构性的巧妙设计以及与教学活动的有机整合。几种典型的教育应用模式①如下。

(1) 组建班级社区

支持课堂内的班级社区在课堂外的延伸和活力，从而促进正式和非正式场景人际互动的无差异性融合，甚至可以组建虚拟班级社区。

(2) 协作学习

简短的文字要求、即时的反馈机制使得协作学习变成一件有趣的活动。另外，不同国家、不同学校之间对真实世界的各种视野的文化交流也充满无穷魅力。

(3) 元认知训练

比如语言、思维，微博要求经过深思熟虑，用最简洁精练的话语表达自己的观点或与他人沟通，这样就可促进个体思想凝练和有效交流能力的训练。

(4) 学术专题讨论

可就某一给定的主题，开展充分、自由的互动和交流，通过微博“@用户名”的机制，就可方便追踪思维的脉络，发现一致的观点，倾听不一样的声音。

(5) 会议后台交谈(Backchannel Communication)

通过微博可以在不影响主讲者发言的情况下，很好地支持在会议现场听众之间自发展

---

① 郁晓华，祝智庭. 微博的社会网络及其教育应用研究[J]. 现代教育技术，2010(12).

开的后台电子交谈。另外，还可协助主讲者及时了解现场的氛围以做出调整，还能有效支持现场与不在场人员之间的沟通。

(6) 项目管理工具

使得项目成员可以即时把握项目的进展情况，同步成员的目标和行为，收集问题并协商解决办法。

(7) 搭建个人学习网络

通过关注专家或想学习的“名人”，同时寻求拥有共同学习兴趣的同伴，形成自己的学习社区网络，获取所需的资源以及求助问题的解答。

6. 即时通信工具在教育中的应用

即时通信(Instant messaging，IM)是一个终端服务，允许两人或多人使用网络即时地传递文字信息、档案、语音与视频交流。随着即时通信技术的发展，人与人之间的信息交流逐渐从面对面对话、信函过渡到短信、电话等方式，同时也促进了网络技术和多媒体技术的发展。这些特点在需要大量个别化指导、经验交流与合作交流的教育教学以及教研中具有重要的应用价值。这里，我们以腾讯 QQ 为例。

(1) 即时通信工具 QQ 在教学中的应用①

① 教学资源的传输与共享。现今网络上的教学资源丰富，但质量良莠不齐，学生的分辨能力相对较低，而教师可以利用自己的专业知识取其精华、去其糟粕，利用 QQ 的文件传输功能及时给学生传输一些学习内容资料，供学生参考。同样，学生也可以积极地行动起来，进行共享。

② 开展探索讨论式教学与交互讨论式学习。利用 QQ 在线讨论，打破了现实中的时空限制，当有开展讨论的需要时，不论是异地同时，还是异地异时，学生都可以利用网络与其他学习者就自己疑惑的问题进行探讨。首先，教师在利用 QQ 辅助学生学习的过程中，可根据学习内创建不同主题的群讨论组让学生参与，邀请学生加入，多人围绕主题展开讨论。其次，教师可以针对学生的个体特点和学习情况进行一定的单独辅导，可提出问题和学生辩论，进一步提高学生的学习参与度和本质的探索精神。最后，教师可以在群内定时发布一些题目征集答案，在规定时间内收集各组的答案，并对各个小组的答案进行评审，这样可进一步提高学生的团队合作精神。

③ 构建课外教学辅导平台与搭建远程教学支撑平台。教师可以利用群聊、公告、群邮件、讨论组等为学生答疑解难、共享教学资源、发布教学通知或公告，以及上传与下发作业，师生不用见面就可以实现即时交流。利用 QQ 个人空间，建立个人电子档案，展示自我学习情况。

(2) 即时通信工具 QQ 在教研中的应用②

教学是教师的生命线，而教研又是教学的根本，以前由于地域的限制，我们无法和全国各地的教师交流学习，但 QQ 使我们的交流合作更加方便。

① 教学教研合作的新方式。教师把自己的教学困惑、教学观点、教学经验通过 QQ 群

①② 富明远. 浅谈 QQ 在教育教学以及教研中的应用[J]. 新课程(中)，2012(11).

与大家一起分享,能凝聚更多人的智慧,达到一种更高的学术层次,促进普通教师与优秀教师的广泛交流。教师可以在QQ群上与其他教师进行交流,合作著写论文。利用QQ群进行集体教研活动可以利用教师的业余时间,既不耽误学校的正常教学活动,也不耽误部分教师照顾老人、孩子,避免了心挂两肠。

② 名师学习的新平台。以往普通教师要与全国各地的名师交流,往往受限于地域的限制,而QQ让教师能够在平时就可以领略到名师先进的教育理念,可与全国各地的同行,尤其是专家、学者进行交流,突破了地域的限制,可有效地扩大教师的视野,增加信息的容量,更新教育的理念。

7. 社会网络下的泛在学习

泛在学习是泛在计算环境下未来的学习方式,是一种任何人可以在任何地方、任何时刻获取所需的任何信息的方式,是提供学生一个可以在任何地方、随时使用手边可以取得的科技工具来进行学习活动的3A(Anywhere,Anytime,Anydevice)学习。泛在学习具有7大特点:①永久性;②易获取性;③即时性;④交互性;⑤教学活动的真实性;⑥适应性;⑦协作性等。①

随着信息化技术的不断进步,人们发现终身学习离不开信息化工具,而使用工具获取信息的便利性、学习内容与设备的可兼容性、学习内容的可分享性、学习活动的可交互性等是实现随时随地进行学习活动的重要条件。这些对学习方式、工具、内容的要求不仅反映了学习者的愿望,而且为学习的信息化、社交化提供了方向。

社交网络与泛在学习的出现有着共同的技术基础,反映了同样的社会化需求。但要实现泛在学习更有效或者说将社交网络赋予学习的属性,我们就要分析实现泛在学习所需要的内在条件与社交网络特点的联系。泛在学习更多的是针对继续教育阶段的人员,在离开系统的学校学习生活之后,利用信息技术来进行学习的活动。这种学习包括正式的课程学习、非正式的资料学习、准正式的主题学习等。

社交网络下的泛在学习具有②3个特点。

(1) 信息选择的自主性

学习者在选择信息的时候可以根据自己的职业发展的需要、个人兴趣等因素来选择关注的信息类别,而且可以随时变更所关注的信息来源,是一种自主灵活的信息获取方式。

(2) 学习行为的社会性

通过社交网络进行的学习行为,学习者在获取信息、分享信息、与信息互动的过程中包含了真实的人格特征,有强烈的主观色彩,并且会因为关注和兴趣点而形成网络社会群体。微博里的微群、即时通信软件里的群、人人或者豆瓣里的各种圈,都是社会化的信息传导方式。从学习来看,就是有共同学习兴趣、接受同类信息、可以有效社交互动的"网络同学"。

(3) 教学相长的交互性

社交网络下每个人都是一个信息点,是构成网络的一员,信息再也不是简单的一个中心伞状向四周扩散,而是每一个节点呈网状不规则传播。很多知识由一成不变的固定内

---

① 杨孝堂.泛在学习:理论、模式与资源[J].中国远程教育,2011(6).

② 郑铭.浅议社交网络与泛在学习的实现[J].学仪器与实验,2012(10).

容，变为互相转发并根据形势作变动调整的内容。

8.2.3 社交网络技术在教育中的应用案例

1. 社交网络与大学生思想政治教育①

新媒体时代，大学生的自主性、多变性更加凸显。以往学生管理的传统模式未能有效地发挥作用，因此高校思政工作者必须主动适应新形势的变化，运用新媒体去实现对大学生的有效管理。

(1) 主动融入，建设平台，成为大学生社交网络的参与者。思政工作者要改变以往灌输式的单向教育模式，主动接近大学生，成为大学生的朋友，才能打破思想交际的隔阂。开设微博、注册人人网，搭建专门的网页、网站，甚至是多功能互动平台，成为学生网络社交的一员。

(2) 强化大学生文明网络社交教育网络是自由的，大家可以各抒己见，其中也混杂着一些不正确的言论。作为大学生思政工作者要在校园内营造文明的社交网络氛围，并协助相关部门制定相应准则，让网络社交既能满足大学生社会交际和情感交流的需求，又懂得自我保护和不伤及他人。

(3) 增进线下互动，引导大学生正视社会现实。尽管是实名注册，但大学生在网络社交过程中不容易找到现实社交的归属感。我们要把虚拟社交和现实社交有机结合，通过虚拟社交平台，先起到聚拢大学生的作用，再在这个基础上去开展一些大学生喜闻乐见的文娱活动，让大学生在现实社交中找到归属感。很多大学生也已经习惯将自己的心情、个人状态、思想状况通过社交网站进行记录。当发现问题时，适时介入网下的实际生活去帮助大学生解决问题，给予及时引导。

(4) 注重分类指导原则，让社交网络成为工作的好助手。伴随着社交网络的发展，各种社交网站符合了不同大学生群体的需求，其诉求是有一定区别的，这给我们分类指导大学生奠定了良好的基础。在常见的社交网站中，人人网是大学生交流空间，开心网更多是办公室白领的交际工具，微博是知识分子舆论平台，QQ 则比较广泛地覆盖了不同年龄段的大学生，因此，只要掌握了其主要的适用人群，就能比较好地去运用分类指导的原则，利用社交网络深入到不同层次大学生的生活和思想中，将社交网络变成高校思政工作者有力的工作助手。

总之，合理利用社交网络，健全网络人格，需要大学思政工作者比较理智和融洽地处理好社交网络与现实、网络人格和现实人格的关系，帮助大学生解决心理诉求，帮助他们更好地适应现实社会，成为社会的栋梁。

2. 社交网络技术在会展课程教学中的运用②

(1) 会展信息的获取

会展的本质就是信息交流的媒介和平台，参展商或参会者通过直观的参与、展示理念、交换信息，甚至促进合作投资从而带来资金流的汇集。这就要求会展行业从业人员必须具

---

① 王雷．社交网络与大学生思想政治教育途径探究[J]．西南农业大学学报(社会科学版)，2012(3).

② 唐颖．基于社交网络技术的会展课程教学研究[J]．南昌教育学院学报，2012(6).

备使用社交网络技术及时收集处理各类信息、掌握国际会展变化动态、关注世界上大型事件的开展情况的能力。

获取会展信息是社交网络技术在会展教学中的基本运用，通常情况下可以通过以下社交网络途径实现。

① 网络搜索引擎。搜索引擎可以让资料信息的收集有的放矢，对教学中出现的争议问题，教师可以引导学生及时查询。

② 政府行业性网站。会展行业的有序健康发展离不开政府和行业协会的宏观指导，通过浏览这些部门单位的网站能够让学生了解最新的会展管理规章制度、会展举办的申报申办手续流程等。例如国际展览业协会 UFI，其宗旨是提供各国展览举办管理水平，通过浏览该网站可以获得国际展览会的总体情况、态势分析等方面的信息；再以中国会展经济研究协会为例，它是我国的专业会展机构，通过对其浏览可以获得中国各地区会展发展以及差异信息，会展经济、建设规划等方面的论文等。能丰富学生课内外知识，打造学生坚实的行业知识基础。

③ 会展活动官方网站。现实中的大型会展活动是会展实践教学的重要资料来源，通过大型活动官方网站，我们的会展教学可以做到时时跟进其策划，到会展举行全程了解学习。例如中国东盟博览会官网(http://www.caexpo.org/gb/home/)，网站中告知了东盟博览举办进度、告知了参展步骤和详细流程以及各项服务信息等，网站的实践教学可以让学生充分掌握一个展会举办的各种工作。

(2) 会展业信息管理系统的了解和使用

社交网络技术是会展企业工作必不可少的工具，也是会展活动顺利进行的有力保证。以参展观众登录系统为例，目前会展组织者都利用登录系统对参展人数、进出次数、身份状况等信息进行统计和识别，没有办法想象缺少该系统的展览给展览组织者带来多大工作量。再例如会务管理系统，它涉及从展前的展位预定、项目注册到展后的统计评估、光盘制作等各方面，让会展组织工作变得更加高效率。社交网络技术在会展教学中的使用，可以让学生在大学学习期间就接触到这些会展行业信息管理系统，并简单了解其使用方法，大大增强了课堂教学的针对性和实用性。

3. 基于社交网络的大学英语教学模式探究①

从课堂教学延伸和课外知识扩展这两个目的出发，我们可以从以下两个方面将社交网络和大学英语教学进行有效结合。

(1) 以授课教师为中心，以班级为单位，以课文为主线，构建作为课堂延伸的英语教学型社交群，进而通过社交网络对传统大学英语课堂教学进行补充，解决传统的大学英语教学交互性差以及教学资源浪费的问题。教师可以通过英语教学型社交群向学生介绍课文的背景知识以及通知学生课前需要准备的知识点，从而为课堂的顺利进行做好准备；在课后的学习交流方面，学生可以把对课文的感想与大家共享，大家也可以共同探讨课文中的疑难点；在课后作业的跟踪和反馈方面，教师可以通过这些社交群制定课后作业并对学生作业中存在的问题进行统一解答；教师可以将课堂上的遗漏或者错误点进行补充或修正；

① 崔希芸．基于社交网络的大学英语教学模式探究[J]．中国科教创新导刊，2012(31)．

教师也可以和学生针对授课方法进行探讨。

(2) 根据学生兴趣的不同构建进行课外知识扩展的英语学习型社交群。这些群以学生为中心,大家针对感兴趣的话题使用英语进行讨论。学生可以根据自己的爱好选择加入某个社交群。教师作为一个监督者对群的发展加以引导,可以定期让每个学生轮流在群中发表自己生活中相关领域的见闻、见解、感悟,其他同学可以对其进行点评,这样在交流互动过程中就促进了英语学习。如果某个群关注的领域发生了突发事件,则群成员可以随时在群里共享。对突发事件的讨论,更能强化大学英语学习与现实世界的联系。这样,我们就可以通过社交网络将英语学习和实际生活联系起来,解决传统的大学英语教学和日常生活结合不够紧密的问题。

8.3 移动网络技术及其在教育中的应用

8.3.1 移动网络技术概述

移动网络技术是移动通信技术与无线互联网技术的结合,一般指使用移动终端设备,如手机、掌上电脑或其他便携式工具,连接到公共网络。其中移动终端有手机、PDA、智能手机、学习机、MP3/MP4 播放器等;其中通信技术有 GSM、GPRS、3G 等移动通信协议,Wi-Fi、AdHoc、WiMax 等无线通信协议,数据线、蓝牙、射频等。

借助卫星电视、视频会议系统、计算机网络技术而兴起的 E-learning 已经深刻地改变了学习的面貌。在教育领域中,移动网络技术的应用正在促成一种新的学习形态,即移动学习。移动学习,在今天的教育技术领域已经成为一个激动人心的话题,吸引了大量的研究者进入这个领域。如何应用移动技术为教学提供新的可能已成为教育技术的一个热点研究领域。①

8.3.2 移动学习的定义及特点

1. *移动学习的定义*

移动学习作为数字化学习和移动计算技术相结合的产物。目前对移动学习并没有一个确切的定义,国内外的专家学者各抒己见,从不同的角度去理解和诠释移动学习。②

国外学者 Desmond Keegan 认为:移动学习的发展将使学生在远程学习上更加自由,只要能够实现其电话装置的无线通信连接,无论在飞机场、在床上或在他们选择的任何地方,都可以进行学习。

北京大学现代教育技术中心移动教育试验室给移动教育做出如下的定义:移动教育(Mobile education)是指依托目前比较成熟的无线移动网络、国际互联网以及多媒体技术,学习者和教师通过使用移动设备,如手机、个人数字助理 PDA、Pocket PC 等,来更为方便灵活地实现交互式的教学活动。

① 曾祥翊. 从国际学者对话透视教育技术发展[J]. 电化教育研究,2011(8).

② [爱]Desmond Keegan. 从远程学习到电子学习再到移动学习[J]. 丁兴富译. 开放教育研究,2000(5).

叶成林博士认为：移动学习是指利用无线移动通信网络技术以及网线移动通信设备，如移动电话、个人数字助理PDA、Pocket PC等获取教育信息、教育资源和教育服务的一种新型学习方式[①]。移动学习具有学习便捷性、教学个性化、交互丰富性、情境相关性等特点。移动学习是网络学习和分布式学习的一种延伸。并指出移动学习研究的五个关键性问题是：移动学习系统相关技术研究、移动学习终端软件开发研究、移动学习课程开发研究、移动学习教学模式研究、移动学习系统的标准化研究。

移动学习是数字化学习的扩展，学习内容与数字化学习相同，只是信息与知识获取方式借助于移动通信设备和网络。从内容和形式方面看，移动学习与数字化学习、网络学习没有本质的差别，但是移动学习的移动性、情境认知的特点，使其成为一种全新的学习技术和方式。

2. 移动学习的特点[②]

(1) 便捷性的学习工具、灵活性的学习环境，提供随时随地的学习空间

移动学习使得学习者可以随意支配时间，把握空间，获取语音、视频、数据等信息，并随时与同伴、老师之间互动交流。

(2) 自主性、个性化的学习方式

这意味着学习者可以自己决定学习时间、学习地点、学习方式，选择学习内容和制订学习计划等。学习可以发生在上学的路上，可以发生在下班回家的公共汽车上，可以发生在学校图书馆，甚至发生在郊游途中或公园长椅上。总之，移动学习无处不在，它满足了不同的学习习惯和学习喜好，适应了不同的学习能力和学习水平。

(3) 以知识导航为特征的、提出问题解决方案为目的的学习任务

知识导航是指学习者在可获得的知识海洋中对知识进行配置和管理，学习被看做是探索、评价、操作、整合和导航的任务活动，而这一切的最终目的就是解决真实情境下的实际问题。当学习者通过参加解决问题的活动和互动协作来解决真实情境中的问题时，成功的学习发生了。

(4) 学习活动更具有情境性，资源丰富并以真实情境作为学习隐喻

情境有利于增强学习的意义，学习的目标不是被动获取知识，而是在新的情境中应用这些知识。移动学习产生了一种新的互动方式，实现了学习者与情境间之间的互动。

(5) 以群体协作和个体探究学习为典型组织形式

超强的交流互动功能是移动设备的重要特性，借助于它的强大动力，学习者可以在完成个体探究学习的过程中，通过各种途径与世界范围内的各类人群开展群体协作学习。

8.3.3 移动学习的发展现状

1. 国外移动学习的发展现状[③]

国外移动学习的应用领域已经涉及社会的各个层面，如中小学教育、高等教育、职业教

① 叶成林，徐福荫等. 移动学习研究综述[J]. 电化教育研究，2004(3).

② 黄荣怀，王晓晨，李玉顺. 面向移动学习的学习活动设计框架[J]. 远程教育杂志，2009(1).

③ 郭绍青，黄建军，袁庆飞. 国外移动学习应用发展综述[J]. 电化教育研究，2011(5).

育、远程教育等，可以说是面对社会各种人群全面展开。移动学习应用已经涉及人类社会的各个领域，它依托无线移动网络技术、国际互联网技术、多媒体技术等，使学习者和教师利用移动设备实现了交互式教学活动。但这种新兴的学习方式并没有得到广泛的普及，这是因为移动学习在具体的实施中受到以下因素的制约。

（1）技术方面的因素

移动学习所涉及的技术主要包括移动终端技术、无线通信技术、移动互联网技术等。这些技术在具体的实施过程中都会直接或间接地影响移动学习的效果。首先，移动终端的大小、屏幕的尺寸、处理信息的速度以及存储能力的大小，都会对移动学习的效果产生影响；其次，移动互联网络也会影响移动学习的效果；最后，由于移动教育要利用移动设备和移动通信网访问互联网上的教育资源，所以其访问形式要受到移动设备与移动通信网之间以及移动通信网与互联网的通信协议的制约。

（2）市场方面的因素

移动学习终端没有从研究状态成为教育实践的主要方式，其中一个重要因素在于市场。在远程通信的商家眼中移动学习是一项投资大、利润低的项目，所以他们大多都不愿参与进来，这就使得移动学习失去了广大的市场前景。

（3）观念方面的因素

移动学习作为一种新兴的学习方式，要真正地进入人们的意识领域，被人们所认识并采用需要经过一个较长的过程，因为长期以来，人们对这些移动设备用途的认识已经形成一种固定的思维模式，如手机，人们常常把它看作是一种通信设备，而 MP3/MP4 则被人们看做是较为流行的娱乐设备。因此，要将这些设备真正地用在学习领域存在着一定的问题，也许只有当移动学习给广大用户真正带来实惠、切实提供教育效益的时候，才能被大众所接受。

（4）经济方面的因素

在项目研究中，许多移动设备是从研究项目经费中划拨专款购买的，并免费提供给学生使用。而在大范围的移动学习应用实践中，学生要购买移动设备，并且不同的移动学习途径对移动设备的要求也有所不同。昂贵的设备费用对一些学生来说是一笔不小的开支。经济条件不好的学生意味着他们很少有机会参与到移动学习中来。

（5）教学层面的因素

我们都知道教学活动能否顺利进行受到四方面因素的制约，即教学者、学习者、教学环境、学习资源。移动学习同样也受到这些因素的制约。首先，移动学习的学习环境容易受到外界干扰。由于移动学习是在任何时间、任何地点开展的学习，因此学习者的学习极易受到干扰。其次，移动学习资源的呈现及建设还不充分。在通过移动设备传递学习信息的过程中容易受娱乐、游戏等信息的影响。同时移动设备又对学习资源的格式有严格的要求，这些都直接影响到了移动学习的开展。最后，教师与学习者对移动学习认识不足，把移动设备看做是学习过程中分散注意力的因素。例如在美国的许多中小学，手机是被禁止使用的。移动学习要求教师要转变观念，学生要提高信息素养。

2. 国内移动学习的发展现状①

我国对移动学习的研究实践始于2000年,由德斯蒙德·基更引入我国。近年来,移动设备的性能不断提升,价格不断降低,我国移动设备的普及率也正迅速增长,移动学习在人们生活中发挥着越来越广泛的作用,而与发达国家相比,我国对移动学习的研究起步比较晚,理论水平和实践水平都不高。由于移动学习的理论还不够完善,移动技术还不够成熟,目前可以实施的移动学习基本上有基于短信息的移动学习、在线短信息下载的移动学习、在线信息浏览的移动学习、在线实时信息交互的移动学习等方式。

目前,我国移动学习的研究文献逐年增加,呈现稳定上升的趋势,相关研究表明:移动学习的研究方法还不够完善,带有较强的主观性;越来越多不同领域的研究者加入移动学习研究行列;移动学习的理论研究在当前仍然占据优势,技术性支持和交互性发展等还有待于进一步的研究。移动学习的研究也取得了一些优秀研究成果,例如国内的一些知名网站(如网易、新浪),陆续推出WAP方式或手机短信方式的外语学习服务。大量移动学习平台陆续被开发,这样越来越多的人逐渐了解、认同并应用移动学习方式。

总体上来说,无论在国内还是在国外移动学习都取得了一定的研究成果。但从实际层面上来看,当前移动学习仅仅停留在理论及其应用策略的研究和小范围实验上,对移动学习的应用和普及暂时并未普及到教育和培训中。移动学习推广的困难本身也说明了移动学习的局限性。

8.3.4 移动学习的应用模式②

最直接的应用形式就是让学习者能够通过移动设备来实现数字化学习。其应用模式主要有以下六种。

1. 基于短信息的移动学习服务

基于短信息的移动学习是移动学习中最简单、快捷的一种学习方式。学习者通过手机、PDA等无线设备,将短信息发送到教学服务器(位于互联网):教学服务器分析学习者的短信息后转化成数据请求,并进行数据分析处理,再发送给学习者。利用这一过程,实现学习者通过无线移动网络与互联网之间的通信,完成一定的教学活动。这种学习适用于通信数据少、简单文字描述的教学活动。最常用的交互工具有移动通信设备、电子邮件、论坛以及移动QQ等聊天工具。

2. "播客"(Pod casting)

Pod casting是苹果公司的iPod和"广播"(broadcast)的合成词,它是RSS技术与MP3播放器结合的产物。它把预先录制的MP3音频文件发布在Blog上,利用相关的RSS订阅软件(如 ipodder),可以定制并将这些MP3音频文件下载到电脑上播放,或将MP3文件放在便携式MP3播放器中随时收听。同时,利用Pod casting可以方便地制作和发布自己的广播节目,随时随地收听所需要的信息。一些教师利用音频软件把自己教学的音频资料编

① 李云霄,王子亮. 移动学习发展现状及反思[J]. 中小学电教,2012(12).

② 高毅,崔向平. 浅析移动学习的特征及应用模式[J]. 丝绸之路,2009(4).

辑成 MP3 文件，发布在网上，供学习者下载到自己的电脑或 MP3 播放器中去听。这种方式是教师课堂教学的延伸，学习者可以利用这些 MP3 文件来温习课程或补充笔记。

3. 课堂及时信息反馈系统

课堂及时信息反馈系统是移动设备在教室中成功运用的一种系统，是基于无线网络支持交互性的课堂提问与回答系统。在课堂上，学习者每人手持一个遥控器和与计算机联机的接收器，进行课堂测验活动或游戏比赛活动。该系统利用学习者反馈回来的数据，给教师及时、准确反馈教学信息。同时，教师也能马上诊断学习者学习的成效。即时补救教学，收集到各种反馈数据用于以后对学习者知识结构的分析研究。这种方式能大大提高学习反馈和响应的效率，可以用在课堂形成评价、控制演示文稿播放、抢答活动、票选表决、团体竞赛和意见调查等活动中。

4. 在线信息浏览

移动设备接收的信息是基于 WML 的，而一般 Web 服务器上的页面文件以 HTML(超文本标识语言)的格式存放。因此，通过移动设备在线浏览互联网信息时就要将 HTML 文件转换成 WML 文件。在线信息浏览主要是实现学习者与教师、学习者与学习者的实时交互。在学习者与教师的交互中，教师可以给学习者提供各种适合移动学习特点的学习策略，帮助学习者了解自己的学习风格，找到适合个人需求与发展的学习策略：教师还需要为学习者提供咨询、支持和鼓励，帮助学习者解决学习中的问题。学习者可以建立学习小组。小组成员在学习过程中担任不同的角色，通过相互合作实现共同的学习目标。

5. 基于问题和基于资源的学习

基于问题的学习是近年来受到广泛重视的一种教学方式，它强调把学习设置到复杂的、有意义的问题情境中，通过让学习者合作解决真实性问题，来学习隐含于问题背后的科学知识，形成解决问题的技能和自主学习的能力。学习型手机因为携带方便、操作简单，非常适合基于问题的学习模式。基于资源的学习，是一种学习者通过对各种各样的学习资源的开发和利用，来完成课程目标和信息文化目标的学习，也就是一种自我更新知识和拓展知识的学习。基于资源的学习是以学习者为中心的，学习者积极主动参加学习，学习者在学习过程中使用大量的学习资源，学习地点多样，学习时间灵活。

6. 非正式学习

非正式学习是一种隐含式学习，源于直接的交互活动及来自伙伴和教师丰富的暗示信息。这些暗示信息远远超出了明确教授的内容。斯坦福大学荣誉校长约翰·斯通出席"2002 年北京中外大学校长论坛"接受媒体采访时，指出学生在大学期间 50%以上的知识与技能是从伙伴或同学那里学到的，而不是从课堂或教授那里学到的。从伙伴那里学习就是一种非正式学习。从这个意义上讲，现代大学制度的成功在于将年龄相仿的一群人聚集在一起，为其相互充分学习与交流提供机会，而不仅仅是教师的课堂讲授。非正式学习强调学习的泛在性，认为人际通信交流的本质就是学习。

8.3.5 移动学习的未来趋势

综合世界范围内对移动学习的研究项目，可以发现以下几个方面的发展趋势[①]。

---

① 郭绍青，黄建军，袁庆飞. 国外移动学习应用发展综述[J]. 电化教育研究，2011(5).

1. 融合了网络技术,形成了一种无处不在的学习环境

以通信卫星、蜂窝电话、数字传输网络等为代表的现代通信系统的发展,使得人们在“地球村”内随时随地的信息传递逐渐成为了可能,特别是随着近年来互联网、蜂窝移动网络与无线通信技术的进步,极大地缩短了人与人、人与信息的距离。这种无处不在的通信网络以及以用户为中心的信息服务,为学习者创造了无处不在的学习环境。移动学习在应用过程中将移动技术、网络技术和数字化学习技术高度融合,改变了固定程式化学习模式,实现了灵活的、情境化的、随时随地的个性化学习。

2. 移动交互技术的应用,使得移动学习的开展更加便利

移动终端的可用性问题是制约其学习应用的主要瓶颈之一,移动人机界面直接影响到移动终端的可用性,其发展将会左右到移动学习的产业化进程及适用的人群规模。有效的人机互动,可以让移动学习体验变得更轻松、更高效、更令人满意,甚至更令人惊喜,从而大大促进了移动学习的普及和新应用模式的创建。

3. 不同教育观与学习观的引入,使得现代移动技术支持下的随时随地学习成为可能

从未来教育的视角来看,教育是指一个人的发展过程。虽然我们生来能力还不足、不能自立,但是我们的潜力是无限的。教育从某种意义上说是一种“软件”,允许我们成为有能力的自立的成年人,教育通过“随时随地”的学习而发生。托夫勒认为网络出现后学校就可以不要了,取而代之的是全球化的教育体系。虽然这个观点很难成立,但未来的学校教育一定会发生变化。在移动学习相关技术的支撑下,任何人在任何时间都可以进行学习,甚至可以贯穿于整个生命。

4. 面向成人教育,使得终身教育观得到了进一步的发展

移动学习的特性非常适合成人教育,移动学习在成人教育方面的应用能够发挥和延伸网络远程教育的优势,符合终身教育观,具有很大的发展潜力。成人教育涵盖了学历教育与非学历教育、继续教育与终身教育、职前教育与在职教育等多个领域,而成人学习又相对灵活、社会活动频繁、集中学习时间较少,移动学习能够满足成人学习者继续学习的需求,是推动终身教育观发展的新模式。

5. 侧重于教与学的关系、学习方式、教学模式、课程资源开发与建设等方面的探索

从国外的多个移动学习研究项目可以看出,在国外一些发达国家已经具备了开展移动学习的基础条件,如基础设施、物质保障、技术条件等,因此移动学习的研究重点开始转移到探索如何处理移动学习中教与学的关系、移动学习的有效学习方式以及教学指导模式等方面,并且注重适用于移动学习的课程资源的开发和建设。

6. 移动学习的应用模式呈现多样化的发展趋势

综合国外移动学习项目的开展现状,可以发现移动学习的应用研究涉及移动学习的可行性研究、移动学习的资源开发、WAP 站点建设、短消息服务、基于问题的学习、基于工作的学习、协作学习、终身学习等方面。例如基于手机短消息 SMS(ShortMessaging Service)或多媒体短信业务 MMS 的移动学习、基于 WAP 连接浏览的移动学习、基于移动博客的移动学习等移动学习应用模式都逐步呈现出了多样化的发展趋势。

总之，经过近几年的努力，对于移动学习应用的研究已经全面展开。技术的进步与社会经济的发展，带来了教育理念和学习方式的变革，终身学习、基于工作的学习以及做中学的理念已深入人心。相信在不久的将来，将会有越来越多的学习者采用这种新型的学习方式，从而使得移动学习走上迅猛发展的道路。

8.4 思维可视技术及其在教育中的应用

现实生活中我们都感觉到图形图像已经铺天盖地了，“一图胜千言”，不论是配合文字还是单独出现，人们从图形图像中得到的信息都远远超出了文字或口头言语的表述。这种特征也广泛地体现在教育中，概念图就是越来越被广泛地应用于教学的典型一例。概念图也是盛行于国外特别是欧美国家的一种教学形式。

8.4.1 思维可视技术概述

1. 思维可视化

思维是人脑对客观现实概括的和间接的反映，反映的是事物的本质和事物间规律性的联系。思维可视化是一种以数据可视化、计算可视化和信息可视化为基础，促进知识的传播和创新的技术。“思维可视化”就是把学习过程中的思考方法和思考路径通过图示技术呈现出来。思考方法主要包括在学习过程中常用的抽象、概括、区分、推理(演绎、归纳、类比)、分析、综合等逻辑思考的方法，还包括发散、聚合、递进、抽具象转化等思考方式，思维路径主要指思考过程中的思维发展线索(包括横向展开、纵向推进、侧向切入等)。

实现“思维可视化”的技术主要技术有：图示技术(思维导图、模型图、流程图、概念图、图像、图示等)；生成图示的软件技术(Mindmanager、Mindmapper、FreeMind、Sharemind、XMIND、Linux、Mindv、imindmap 等)；交互式软件(实现学习者与可视化学习资源的双向互动)；网络信息平台建设，实现可视化教学资源的共享，突破时间、空间和学习人数的限制；利用 PPT、投影仪、交互式电子白板、电子书包、一体机等将思维可视化教学资源呈现出来。[①]

本教材着重两种思维可视技术：概念图和思维导图。

2. 概念图

(1) 概念图的定义

概念图(concept map)是一种用节点代表概念，连线表示概念间关系的图示法。概念图的理论基础是奥苏贝尔的学习理论。知识的构建是通过已有的概念对事物的观察和认识开始的。学习就是建立一个概念网络，不断地向网络增添新内容。为了使学习有意义，学习者个体必须把新知识和学过的概念联系起来。奥苏贝尔的先行组织者主张用一幅大的图画，首先呈现最笼统的概念，然后逐渐展现细节和具体的东西。

---

① 全国教育信息研究“十二五”重点规划课题《思维可视化技术与学科整合的理论及实践研究》. http://www.swks125.com/.

概念图是20世纪60年代康奈尔大学的诺瓦克(J. D. Novak)博士根据奥苏贝尔的有意义学习理论提出的一种教学方式。诺瓦克博士认为:"概念图是用来组织和表征知识的工具。它通常将某一主题的有关概念置于圆圈或方框之中,然后用连线将相关的概念和命题连接,连线上标明两个概念之间的意义关系。"①

"概念图"是一种知识以及知识之间关系的网络图形化表征,也是思维可视化的表征。一幅概念图一般由"节点"、"链接"和"有关文字标注"组成。节点是由几何图形、图案、文字等表示某个概念,每个节点表示一个概念,一般同一层级的概念用同种的符号(图形)标识。链接是表示不同节点间的有意义的关系,常用各种形式的线连接不同节点,这其中表达了构图者对概念的理解程度。文字标注可以是表示不同节点上概念的关系,也可以是对节点上概念的详细阐述,还可以是对整幅图的有关说明。

(2) 概念图的特征

① 层级结构

运用层级结构的方式表示概念之间的关系。含义最广、最具概括性的概念在最上端,更多的、明细的、概括性不强的概念依次排列在下方。一个特定领域的概念层级结构也取决于这个知识应用的背景,因此,构建概念图最好能够参考我们试图回答的特定问题,或者参考我们希望通过概念图来理解的事物或情境。

② 交叉连接

运用交叉连接表示概念之间的关系。交叉连接表明了概念图上的某些领域知识相互联系的方式。在新知识的创建中,交叉连接表明了知识创造的跳跃性。

③ 理性与情感交融

虽然概念图表现的是概念和命题,但同样反映了创建者在创建概念图过程中的情感状态,概念图既有理性、清晰性的特点,也映射了创建者的情感品质。

(3) 概念图的构建

① 必须列出概念。

② 把含义最广、最有包含性的概念放在图的顶端。可是,有时要确定含义最广、最有包容性的概念比较困难。

③ 继续往下写,以增加更多具体的概念。一个概念下面不要有三个以上连接的概念。用线条把概念连接起来,并用连接词注明连接。连接词语应能说明两个概念之间的关系,这种说明可视为一句陈述或叫命题。连线使概念之间建立了意义。

④ 寻找概念图不同部分概念之间交叉线的连接,并标明连接线。

⑤ 把说明概念的具体例子写在概念旁。

(4) 概念图的应用

概念图在教育以及商业中广泛用于头脑风暴(brain-storming)以及传达一些复杂概念,概念图被认为有助于创意奇想。例如,概念图绘制有时被用作为头脑风暴的工具。虽然概念图通常是非常个人化且特殊的,但是也会被用在复杂概念的沟通工作中。形式化的概念图也被用在软件设计工作中。通常这种概念图会以 Unified Modeling Language

① 赵国庆,陆志坚."概念图"与"思维导图"辨析[J].中国电化教育,2004(8).

(UML)作为开发方法中的标记系统。概念图运用在人工智慧与语义网络之类的研究中，概念图绘制也被视为一种初阶的“本体建构(ontology-building)”以表征形式化的论证。

(5) 概念图软件

概念图软件 Inspiration 是美国 Inspiration 软件公司开发的一种专用概念构图软件(http://www.inspiration.com/)。基于可视化学习技术的 Inspiration 广泛应用在语言艺术、科学、社会研究以及任何的思维构建过程当中。使用群体从小学六年级的学生到成人。Inspiration 直观、易用的界面可以非常形象地表达抽象的思维及复杂概念之间的关系。概念图软件可以说是脑科学和信息技术的完美结合。

Inspiration 的功能特点有如下几点。①

① 在利用 Inspiration 制作出来的概念地图中，除了主题概念(Main Idea)外，它的每一个层级节点和注释(Note)都可以隐藏。

② Inspiration 可以对概念地图中的每一个节点进行详细的解释和阐述，使得初学者对该节点(抽象的概念)有一个更形象的认识，在 Inspiration 中这叫做注释(Note)，标注可以用文字、图片或者其他各种媒体形式。

③ 在 Inspiration 中各个节点都是模仿人脑模型的一种链接，另外各个节点还可以超链接到某一种不易被导入进来的媒体形式、程序或者互联网资源上。

④ Inspiration 界面直观，操作简单。同利用纸、笔画概念图类似，用户只需要拖动符号框并输入文字就形成了一个节点，在不同的节点之间拉出箭头连线并在连线上输入节点之间的关系就形成了一个命题，而且利用计算机修改概念图更加容易、便捷。

⑤ Inspiration 为用户提供了丰富的素材库，包括各种基本图形、数字、艺术、科学、文化、地理、食品、健康、人物、技术以及娱乐等在内的多种彩色静态或动态图形符号。另外用户也可以自己添加创建和导入新的素材到素材库中。

3. 思维导图

(1) 思维导图的定义

思维导图又叫心智图，是表达发射性思维的有效的图形思维工具，它简单却又极其有效，是一种革命性的思维工具。思维导图是 20 世纪 60 年代英国人东尼·博赞创造的一种笔记方法，与传统的直线记录方法完全不同。它以直观形象的图式建立起各概念之间的联系，是一种强大的图形技术，这种技术为打开大脑潜能提供了一种通用的工具。它以一种简单而有力的方式，全方位地激起大脑皮层——如词语、图像、数字、逻辑、节奏、颜色和空间意识等②。思维导图充分运用左右脑的机能，利用记忆、阅读、思维的规律，协助人们在科学与艺术、逻辑与想象之间平衡发展，从而开启人类大脑的无限潜能。

(2) 思维导图的特点

思维导图是通过绘制图的方法，将人认知知识、解决问题和创新想象的思路、途径以及如何对它们进行配置有序地表达出来。它一般以主题为中心，有组织、分层次地放射和互相关联地展现，充分展示形象思维、逻辑思维的有机整合。它的核心思想就是把形象思维

---

① 王东. 概念图软件 Inspiration 功能特点及其在教学中的应用[J]. 中国教育技术装备，2006(6).

② [英]东尼·博赞. 思维导图——大脑使用说明书[M]. 张鼎昆，徐克茹译. 北京：外语教学与研究出版社，2005.

和逻辑思维结合起来，让人的左、右半脑在思维过程中同时运作，最终将思维痕迹在纸上用图画和线条形成发散性的结构，呈现一个容易记忆的顺应大脑发散性思维的自然表达过程。①

Tony Buzan 认为思维导图有四个基本的特征②。

① 注意焦点清晰地集中在中央图形上。

② 主题的主干作为分支从中央向四周放射。

③ 分支由一个关键的图形或者写在产生联想的线条上面的关键词构成，比较不重要的话题也以分支的形式表现出来，附在较高层次的分支上。

④ 各分支形成一个连接的节点结构。因此思维导图在表现形式上是树状结构。

(3) 思维导图的应用

思维导图可以应用于生活和工作的各个方面，包括学习、写作、沟通、演讲、管理、会议等，运用思维导图带来的学习能力和清晰的思维方式会改善人的诸多行为表现。

① 提高学习速度和效率，更快地学习新知识与复习整合旧知识。

② 激发联想与创意，将各种零散的智慧、资源等融会贯通成为一个系统。

③ 形成系统的学习和思维习惯，将能够达到众多想达到的目标，包括快速地记笔记，顺利通过考试，轻松地表达沟通、演讲、写作、管理等。

④ 打开大脑潜能的强有力的图解工具，可以运用于生活的各个层面，帮助我们更有效地学习，更清晰地思维。

(4) 思维导图软件

FreeMind(http://freemind.sourceforge.net/)是一套由 Java 撰写而成的实用的开源思维导图软件，可用来帮助整理思绪的工具软件，可将每一个环节用图形表示，透过将思路图形化、结构化，帮助对整个作业流程的了解。

FreeMind 的功能特点如下。

① 管理项目(包括子任务的管理、子任务的状态、时间记录、资源链接管理)。

② 笔记或知识库。

③ 文章写作或者头脑风暴。

④ 结构化的存储小型数据库。

4. 概念图与思维导图的异同③

在国外，不论是从公司的培训还是从学校的教学研究情况都可以看到，思维导图和概念图的发展隶属于两个不同的分支，它们有着各自的发展空间和领域。而相对于国内的情况来看，人们往往在对它们的认识和应用上把它们的概念相互混淆。

从定义上看，思维导图注重具体构建的过程；而概念图注重构建的结果。

从知识表示的能力看，思维导图呈现的是一个思维过程，学习者可以通过思维导图理清思维的脉络，掌握整个知识架构，从而有利于直觉思维的形成、促进知识的迁移；而概念图能够构造一个清晰的知识网络，并使得学习者通过概念图直观快速地把握一个概念

① 向冬梅，孙冲武．将思维导图应用于生成学习的探讨[J]．网络科技时代，2007(8)．

②③ 杨凌．概念图、思维导图的结合对教与学的辅助性研究[J]．电化教育研究，2006(6)．

体系。

从制作方法上看，思维导图往往是从一个主要概念开始，随着思维的不断深入，逐步建立的一个有序图，它是对思维过程的导向和记录；而概念图则是先罗列所有概念，然后建立概念和概念之间的关系，一幅概念图中可以有多个主要概念。

8.4.2 概念图在教学中的应用

1. 概念图的教学意义①

(1) 优化知识的表征，促成思维可视化

一般来说，教师往往习惯采用线性文本的形式将教学内容的各条要素罗列出来，对于较为复杂的知识，这种方法显示的知识零散而不系统，容易造成学生概念上的混淆和模糊，不便于学生对知识的掌握。与线性文本不同的是，概念图能够很好地突出知识网络的内部结构以及概念之间的上下位关系。通过手工方式或专用软件绘制知识概念图，教师可以为学生提供系统、完整的知识网络结构，同时清晰地映射出自己对知识的整个思维过程，达到思维的可视化。这种知识表征形式无疑可以加深学生对知识的理解和内化。

(2) 实现知识导学和课程导航

任何一门课程都有一定的系统性和复杂性，知识包罗万象，概念错综复杂。各个知识单元之间既有缜密的逻辑关系，又相对独立地形成单独的知识点。因此，教师常常按照课程知识的逻辑顺序分阶段进行授课、组织安排每堂课的教学进度。然而，对于刚刚进入该课程学习的学生而言，对课程的全貌和系统结构往往没有清晰的认识，只是被动地进入某个知识分支进行学习，接收了具体的知识碎片，却不能判断自己目前的学习处于整个知识网络的哪一具体位置，把握不了知识全貌。这种情况在每堂课之前甚至在同一堂课上都有可能出现，阻碍了学生新旧知识之间的融会贯通。为解决这一常见问题，我们可以适当采用概念图来辅助课堂教学。教师可以在讲授一门新课之前首先用一幅总概念图展示课程的知识全貌，实现知识导学；也可以在每堂课上呈现所要教授的知识分支的概念图，作为课程导航。据此，学生可以有目的地进入学习状态，对自己的学习有一个清晰的认识。

(3) 改善学生信息加工方式，提升思维能力

人类的学习是一种典型的认识活动，它本质上是学习者主动建构自己关于整个人化自然环境的认知结构的过程。绘制概念图的过程其实就是以直观形象的方式进行个人思考和表达的过程，非常接近人的自然思维过程。这种信息加工方式避免了简单、机械地记忆、复述知识，需要学生运用概念图主动地进行系统化的知识的分析、加工和整理。学生的理解和记忆能力可以得到有效的提高，发散思维和创造性思维也将大大提升。

(4) 创设有意义的学习环境，实现师生会话和小组协作

奥苏贝尔认为影响学生有意义学习的因素是学生原有认知结构中的概念与当前所学的新概念之间的"可利用性"、"可分辨性"和"稳定性"。只有增强原有概念与当前所学概念之间的"可利用性"、"可分辨性"和"稳定性"，才能促进有意义的学习。

---

① 刘赣洪，张静. 概念图作为教学工具的应用探究——以"计算机病毒"为例[J]. 中国电化教育，2008(10).

概念图作为一种图示化的组织和描述知识的工具，可以形象地展示学生认知结构中概念之间、概念与命题之间以及命题与命题之间的关系，增强学生新旧概念之间的“可利用性”、“可分辨性”和“稳定性”，我们可以使用概念图来创设问题情境或事实情境，通过学生小组共同制作概念图和概念图的对比促进学生的会话和协作跨越机械学习和意义学习的鸿沟，实现意义建构。

2. 概念图教学的教学功能

概念图可以以多种方式运用到不同的教学情境中，有以下一系列行之有效的具体应用方法。[①]

(1) 作为教学设计的辅助工具，改变教师的备课方式

① 信息管理工具

使用概念图，可将多个零散的知识点集合在一起，归纳整理教学思路，突出最有价值的知识，以免在纷繁的信息中浪费时间。

② 撰写教案的辅助工具

使用概念图，可以科学、合理地组织教学信息，使之更灵活有弹性，容易修改。首先，建立宏观概念图，纳入所有主要概念和原理；其次，建立中观概念图，显示部分的知识结构，并将它与整体概念图相连；最后，建立更小的概念图，与更小的知识块相对应，直到将所有的概念都表示出来。

(2) 作为课堂教学工具，开拓全新的授课形式

① 导航工具

教师绘制宏观概念图，可帮助学生明确自己身处知识网络之中的位置，有效导航课堂教学，突出教学目标和重点、难点。

② 导学工具

教师可以提供尚不完整的概念图，启发学生通过思考对预留的细目空位进行填充，完善下位概念，并将概念之间的关系用连接词表示出来；或是鼓励学生自行绘制概念图，支持个体主动意义建构，促进知识内化和分享。

③ 开展协作学习的工具

教师可引导学生用概念图表达个体观点，进行讨论。如在学生头脑风暴的讨论活动中，或是在探究式的小组活动中，及时记录下讨论结果，共同协作绘制概念图，展示集体成果。

(3) 作为评价工具，革新教师的评价方式

① 形成性评价工具

教师通过观察学生的构图过程，了解其学习进展，并给出即时诊断，改进教学。概念图为教师和学生提供的关于学业成就的反映不是一个抽象的分数，而是学生认知结构的具体表现，避免了被分数所迷惑。

② 总结性评价工具

考试的目的是检验学生的知识和理解力，而不是他们的背诵能力和复述能力，教师可

---

① 刘赣洪，张静. 概念图作为教学工具的应用探究——以“计算机病毒”为例[J]. 中国电化教育，2008(10).

(3) 实施教学

在实施教学的过程,根据教学内容的安排,选择不同的教学策略实施。在这个过程中,可以使用思维导图来引导学生积极地去探讨学习内容。比如说在任务驱动型的教学中,提出了学习任务,学习者积极思考任务。这个时候可以使用思维导图来引导学习者参与到课堂中来,师生共同建构思维导图,加深学生印象。

(4) 总结

在这一阶段,通过课堂教学,学习者对知识点已经有了一定的认识,为了加深学习者知识的自我建构,在总结的阶段使用概念图来梳理学生的知识体系,当然要引导学习者加入进来,师生共同建构,加深知识体系完整和学生的知识记忆。

要注意的是,思维导图可在不同类型的课中,有不同的教法步骤。思维导图应用在讲授新课、复习课中有很多优越性。本书只说明通用的教学步骤,读者可尝试和总结使用思维导图在不同类型课中的模式和策略,如复习课。

3. 思维导图的教学应用案例

【教学案例】

小学语文阅读思维导图教学①

其开展思维导图阅读教学一般模式如图 8-3 所示。

1. 学生课前绘制思维导图,进行自主预习

每学习一篇课文前,教师布置一项预习课文的作业,让学生课后先行理解即将所学的课文内容,边读课文边绘制思维导图(前提是学生已掌握绘制思维导图的基本方法),借助绘制图的过程,进行积极的思维活动,为学生明确以下预习准备工作。

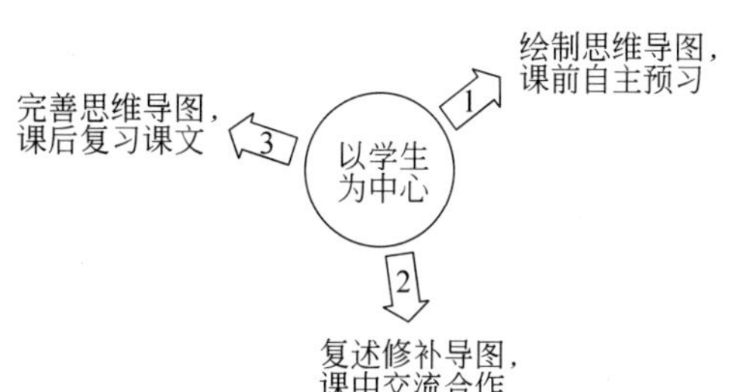

图 8-3 思维导图阅读教学一般模式

(1) 通读课文,初步感知。浏览、略读课文,初步感知课文内容,确定文章的类型或初步感知文章的中心思想。

(2) 勾勒词语,原文标注。在原文章中画出生字词、四字词、成语或叠词等。

(3) 概括段意,明确手法。尽可能地概括文辞段落所写的主要内容,或标注文段使用的表达方式、表现手法、修辞手法或说明方法等重要内容。

(4) 展开想象,绘制导图。学生使用思维导图专用本进行思维导图的绘制,这个过程,学生是不受任何拘束的,自由地勾勒出对文章解读的过程,充分地感知课文和了解课文。

学生通过绘制思维导图,是学生在进行知识内化的个性化思维活动过程,学生进行内心的体验和感悟往往比外在的接受和学习更为深刻,这远比学生仅通过简单朗读课文进行

① 胡亮萍. 小学语文阅读思维导图教学过程初探[DB/OL]. http://blog.sina.com.cn/s/blog_6aa782ba0100qy0u.html.

预习,来得更有效果。

2. 学生课中复述修正导图,师生交流合作

(1) 借助导图,背诵课文。新课之前,教师会先让学生背诵上一篇已学的课文。学生可以拿着导图,按图索骥,根据自己先前所画下的思路,一步一步地脱稿复述所学文章。

经观察证明,这个环节可以检验出学生对课文的原认知程度,通过学生复述课文过程中,教师可以很快地检验出学生对已学课文的掌握程度,并对学生做有针对性的补充。

(2) 复述导图,分享心得。思维导图绘制完成后,教师利用课堂时间,让学生借助思维导图进行讨论式课堂学习。采用小组合作形式,让学生把自己所画的思维导图与组员进行共享,然后学习小组内部交流,商讨文章内容,特别是在文章的结构、表现手法、表达方式、修辞手法或说明方法等方面多下工夫讨论,最后推荐小组内部最终确定的导图方案,派出代表向同伴讲解课文。

(3) 修正补导图,师生合作。在学生讲解课文过程中同步进行。教师根据学生所复述的课文内容,在导图中进行修正和补充,同时帮助学生调整阅读理解上的偏差,学生修正自己的思维导图,扩充知识点。

经观察证明,这个环节利用导图进行师生交流,充分调动了学生积极思考的情绪,在合作的过程中,学生与学生之间形成一个知识互补、相互促进的过程。与此同时,摆脱了以往教师讲解、学生听讲的教学模式,而以学生为主体,进行语言表达的积累,训练学生的说话、听说方面的实际运用能力,让学生在向同伴解读文章的过程中,也充当小老师的角色,培养其表达能力和逻辑思维能力。

3. 学生课后完善思维导图,复习背诵课文

借助在课堂中已完善的思维导图,进行课文的再一次复习。根据思维导图的提示复述或背诵文章,同时用笔记录下自己新的理解,检查自己阅读理解上的遗漏,进一步加深对课文的理解。

8.5 虚拟情境技术及其在教育中的应用

自从计算机诞生以来,传统的信息处理环境一直是以计算机为中心,是“人适应计算机”。要实现以人为本,让“计算机适应人”,必须解决一系列技术问题,形成和谐的人机环境。虚拟情境技术就是解决这一类问题的方法之一。

虚拟情境是情境类型(包括故事情境、问题情境、模拟情境、真实情境、虚拟情境、协作情境)中的一种。情境虚拟技术是虚拟现实技术中的一种,也是信息技术与课程整合中采用虚拟情境教学的基础。

8.5.1 虚拟情境技术概述

1. 什么是虚拟情境

虚拟情境(Virtual Situation,VS)是一种完全在虚拟的信息环境中进行的有目的性的交互体验。其中“情境”这个概念来源于艺术(文学、音乐、漫画、电影等)和心理学领域,指

人脑想象和抽象出的一个有典型性的状态、人物(事物)关系、场面、场景、氛围等,VS的整个概念是指借助虚拟情境技术得以在各个领域中通过重现一种典型状态来实施文化的表现和传播。

创设虚拟情境是利用三维图形生成技术、多传感交互技术以及高分辨显示技术,生成三维逼真的虚拟环境,使用者戴上特殊的头盔、数据手套等传感设备,或利用键盘、鼠标等输入设备,便可以进入虚拟空间,成为虚拟环境的一员,进行实时交互,感知和操作虚拟世界中的各种对象,从而获得身临其境的感受和体会。运用计算机虚拟的技术,可以在计算机空间,通过与其交互,得到身临其境般感觉的情境。

目前,虚拟情境技术已广泛应用于航空航天、医学实习、建筑设计、军事训练、体育训练、娱乐游戏等许多领域。将VR技术应用于教育可以使学生游览海底、遨游太空、观摩历史城堡,甚至深入原子内部观察电子的运动轨迹。分布式虚拟图书馆突破了物理时空的限制并有效地利用了共享资源,基于国际互联网的分布式虚拟图书馆具有巨大的前景。

2. 虚拟情境的特点

虚拟现实的基本特征可归纳为3个:沉浸性、交互性和构想性。[①]

(1) 沉浸性(Immersion),又称临场感或存在感,是指用户全身心投入到计算机创建的三维虚拟环境中,利用一切感觉去体会该环境,让用户如同在现实世界中的感觉一样。在此情境下用户可以更清晰地观察所研究的对象,将抽象的数据信息变换为现实的体验,从中获取知识。

(2) 交互性(Interactivity)是指用户对该环境下的物体的可操作程度和真实环境下的操作程度是相当的。用户用手去抓取虚拟环境下的物体,能感受到该物体的存在,有质感有质量,并且会随着手的移动而移动。

(2) 构想性(Imagination),又称为自主性,是指虚拟现实向使用者提供了发挥想象力的机制。人可以从定性和定量综合的集成环境中得到感性和理性的认识,拓宽了人类认知范围,从而可深化概念,促进学习效果的提高。

3. 虚拟现实技术介绍

(1) 虚拟现实关键技术[②]

① 动态环境建模技术

虚拟环境的建立是虚拟现实技术的核心内容。动态环境建模技术的目的是获取实际环境的三维数据,并根据应用的需要,利用获取的三维数据建立相应的虚拟环境模型。三维数据的获取可以采用CAD技术(有规则的环境),而更多的环境则需要采用非接触式的视觉建模技术,两者的有机结合可以有效地提高数据获取的效率。

② 实时三维图形生成技术

三维图形的生成技术已经较为成熟,其关键是如何实现“实时”生成。为了达到实时的目的,至少要保证图形的刷新率不低于15帧/秒,最好是高于30帧/秒。在不降低图形的质量和复杂度的前提下,如何提高刷新频率将是该技术的研究内容。

---

① 余卫红,陈超. 虚拟现实技术在教育教学中的应用及思考[J]. 软件导刊(教育技术),2012(8).

② 万波. 虚拟现实关键技术分析及其应用综述[J]. 高等函授学报(自然科学版),2000(4).

③ 立体显示和传感器技术

虚拟现实的交互能力依赖于立体显示和传感器技术的发展。现有的虚拟现实还远远不能满足系统的需要，例如数据手套有延迟大、分辨率低、作用范围小、使用不便等缺点；虚拟现实设备的跟踪精度和跟踪范围也有待提高，因此有必要开发新的三维显示技术。

④ 应用系统开发工具

虚拟现实应用的关键是寻找合适的场合和对象，即如何发挥想象力和创造力。选择适当的应用对象可以大幅度地提高生产效率、减轻劳动强度、提高产品开发质量。为了达到这一目的，必须研究虚拟现实的开发工具。例如，虚拟现实系统开发平台、分布式虚拟现实技术等。

(2) 虚拟现实软件①

VR 技术的发展是与 VR 软件相辅相成的。OpenGL 是通用共享的开放式三维图形标准；WorldToolKit(WTK)是提供完整的三维虚拟环境开发平台；Vega 主要应用于实时视觉模拟；Open Inventor 是面向对象和交互式的专业 3D 图形开发工具包；OpenGVS 用于场景图形的实时开发；EON 是实时视觉效果与物理机制以及真实的人体动作有机结合体；VRML 和 X3D 常用于基于 Internet 的网络虚拟现实；AVS/Express 涉及工程分析、航空航天、遥感和国防等领域；STK 用于航天和卫星的虚拟仿真；STAGE Scenario 是作战指挥等高度灵活开放的开发平台；CG2 VTree 是基于便携平台的图像开发包；VRAX 和 NavMode 的沉浸感做得比较好；VirSSPA 通常用于虚拟医学手术流程；VEStudio 主要应用在三维地理信息、展示和古迹复原等。

(3) 全景环视技术

全景环视技术也称 360°全景环视技术，就是把相机环绕 360°拍摄的一组照片拼接成一个全景图像，用一个专用的播放软件在因特网上显示。观看者可以通过鼠标控制环视的方向，可上、可下、可左、可右、可近、可远，感觉身临其境，好像在一个窗口前浏览一个现实的场景。但从严格意义上说，全景环视技术并不是真正意义上的三维图形技术。从广义上讲，全景就是视角超过人的正常视角的图像，而我们这里说的全景特指水平视角 360°，垂直视角 180°的图像。全景实际上只是一种对周围景象以某种几何关系进行映射生成的平面图片，只有通过全景播放器的矫正处理才能成为三维全景。

360°全景顾名思义就是给人以三维立体感觉的实景 360°全方位图像，此图像最大的三个特点如下。

① 全：全方位、全面展示了 360°球形范围内的所有景致；可在例子中单击鼠标左键按住拖动，观看场景的各个方向。

② 景：实景，真实的场景，三维实景大多是在照片基础之上拼合得到的图像，最大限度地保留了场景的真实性。

③ 360：360°环视的效果，虽然照片都是平面的，但是通过软件处理之后得到的 360°实景，却能给人以三维立体的空间感觉，使观者犹如身在其中。

---

① 陈浩磊等．虚拟现实技术的最新发展与展望[J]．中国科技论文在线，2011(1)．

360°全景是用真实的照片来得到三维立体的感觉，这是一般图片和三维建模都无法达到的。360°全景和一般图片都可以起到展示和记录的作用，但是一般图片的视角范围有限，也毫无立体感，而360°全景不但有360°的视角，更可以带来三维立体的感觉，让观察者能够沉浸其中。三维建模的立体感和沉浸感无疑比360°全景更强，但是三维建模的制作需要大量的人力、物力，特别是希望达到非常真实的程度时，而360°全景的拍摄和制作相对来说都是非常简单方便的，尤其是数据量很小，系统要求低，适合在各种方式、各种终端设备上观看。所以360°全景不但可以全方位地记录某时某地的现场情况，更可以让我们将某个地方的实景用三维立体的方式表现出来，这样性价比极高的展示方式和记录手段是一般图片和三维建模根本无法完成的。当我们需要真实、直观、全面地再现某个场景，用于记录或者展示时，360°全景无疑是最好的选择。

8.5.2 虚拟情境技术在教育中的应用

1. 虚拟情境的教学优势

(1) 营造虚拟情境，突破课程内容的表现形式①

虚拟现实技术在教学中应用，主要体现为沉浸、交互、构想三个基本特征。通过虚拟教学，让学习者沉浸在虚拟的真实情境中，动手操作相关设备，在与设备的交互过程中，领会教育者的设计思想，进而达到学习的目的，有效改善在目前教学过程中，学习者获得的知识以间接知识经验为主的现状，促进学习者对知识的理解。

(2) 提供教学示范，改进教学手段与方法

应用虚拟现实技术，不仅在于对教学手段与方法的改进，更是一种示范效应。通过虚拟现实技术创建三维"真实"情境，能够使学习者以直观的方式进行观察与学习，突破教学在时间和空间上的限制，使知识变得直观生动。在虚拟的学习环境中，学习比单纯依靠文字来进行交流的形式更加生动具体，在提高学习者学习兴趣的同时，又避免了学习者在学习过程容易出现的枯燥感和孤独感。同时在学习过程中，学习者能够亲身感受到新技术对教学的影响，体会现代教育技术手段的魅力，这要比教育者单纯的说教更有说服力，更能激起学习者学习的兴趣。

(3) 优化教学环境，节约教学成本

通过虚拟现实技术构造的虚拟教学环境，可以让学习者随时随地对各种实验设备进行旋转、平移、缩放等相关操作，熟悉设备的操作规程，反复操作各种命令按钮，掌握设备的使用方法。在虚拟的教学环境中实验设备可以重复使用，而且不会有任何物理上的损耗，最大限度上节约了教育教学资源，弥补了传统教学环境的不足。

(4) 规避风险，真实实验或操作往往会带来各种危险

利用虚拟现实技术进行虚拟实验，学生在虚拟实验环境中，可以放心地去做各种危险的实验。例如：虚拟的飞机驾驶教学系统，可免除学员操作失误而造成飞机坠毁的严重事故。

① 吴祥恩. 虚拟现实技术在"现代教育技术"课程中的应用研究[J]. 中国电化教育，2011(3).

2. 虚拟情境技术在教育中的应用

虚拟情境技术应用于教育是教育技术发展的一个飞跃。它营造了“自主学习”的环境，由传统的“以教促学”的学习方式代之为学习者通过自身与信息环境的相互作用来得到知识、技能的新型学习方式。它主要应用在以下几个方面。

(1) 科技研究

当前许多高校都在积极研究虚拟现实技术及其应用，并相继建起了虚拟现实与系统仿真的研究室，将科研成果迅速转化实用技术，如北京航空航天大学在分布式飞行模拟方面的应用；浙江大学在建筑方面进行虚拟规划、虚拟设计的应用；哈尔滨工业大学在人机交互方面的应用；清华大学对临场感的研究等都颇具特色。有的研究室甚至已经具备独立承接大型虚拟现实项目的实力。虚拟学习环境虚拟现实技术能够为学生提供生动、逼真的学习环境，如建造人体模型、电脑太空旅行、化合物分子结构显示等，在广泛的科目领域提供无限的虚拟体验，从而加速和巩固学生学习知识的过程。亲身去经历、感受比空洞抽象的说教更具说服力；主动地去交互与被动的灌输，有本质的差别。

(2) 虚拟实训基地

利用虚拟现实技术建立起来的虚拟实训基地，其“设备”与“部件”多是虚拟的，可以根据需要随时生成新的设备。教学内容可以不断更新，使实践训练及时跟上技术的发展。同时，虚拟现实的沉浸性和交互性，使学生能够在虚拟的学习环境中扮演一个角色，全身心地投入到学习环境中去，这非常有利于学生的技能训练。包括军事作战技能、外科手术技能、教学技能、体育技能、汽车驾驶技能、果树栽培技能、电器维修技能等各种职业技能的训练，由于虚拟的训练系统无任何危险，学生可以不厌其烦地反复练习，直至掌握操作技能为止。例如在虚拟的飞机驾驶训练系统中，学员可以反复操作控制设备，学习在各种天气情况下驾驶飞机起飞、降落，通过反复训练，达到熟练掌握驾驶技术的目的。

(3) 虚拟仿真校园

教育部在一系列相关的文件中，多次涉及了虚拟校园，阐明了虚拟校园的地位和作用。虚拟校园也是虚拟现实技术在教育培训中最早的具体应用，它由浅至深有三个应用层面，分别适应学校不同程度的需求：简单的虚拟我们的校园环境供游客浏览；基于教学、教务、校园生活，功能相对完整的三维可视化虚拟校园；以学员为中心，加入一系列人性化的功能，以虚拟现实技术作为远程教育基础平台。虚拟现实可为高校扩大招生后设置的分校和远程教育教学点提供可移动的电子教学场所，通过交互式远程教学的课程目录和网站，由局域网工具作校园网站的链接，可对各个终端提供开放性的、远距离的持续教育，还可为社会提供新技术和高等职业培训的机会，创造更大的经济效益与社会效益。

随着虚拟现实技术的不断发展和完善，以及硬件设备价格的不断降低，我们相信，虚拟现实技术以其自身强大的教学优势和潜力，将会逐渐受到教育工作者的重视和青睐，最终在教育培训领域广泛应用并发挥其重要作用。

思考与作业题

(1) 云计算在教育教学中有哪些作用？你认为云计算在教育教学中的应用前景如何？
(2) 什么是移动学习？移动学习的发展趋势如何？

(3) 社交网络技术在教育教学中有哪些作用?

(4) 概念图在教学中有哪些作用? 思维导图在教学中有哪些作用?

(5) 概念图和思维导图有何异同?

(6) 虚拟情境技术有哪些教学功能? 虚拟情境技术在教学中有哪些应用?

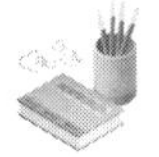

拓展学习

思维导图软件 FreeMind 简易教程

1. 简介

FreeMind 是一套非常容易上手的简易绘图软件,由 Java 语言编写并以一个高效率的树形图软件为出发点。由于跨平台以及采用 xml 保存数据,方便读取或者与其他程序转换,符合 GPL 的自由软件,因此 FreeMind 应用普及。

2. 安装

使用 FreeMind,需要一个必需的 Java 运行环境安装组件 JDK。请你先安装 JDK,再安装 FreeMind。由于是自由软件,在正规的软件下载站点上都可以下载,如华军软件园或太平洋下载基地。

3. 基本操作

(1) 启动 FreeMind

启动 FreeMind 进入其主界面,如图 8-4 所示。

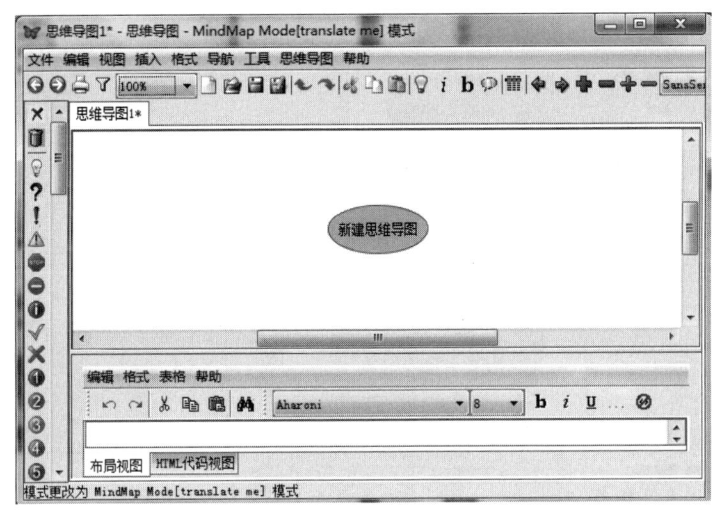

图 8-4 FreeMind 主界面

(2) 新建文件

选择"文件"→"新建",可以新建一个思维导图。新建的思维导图默认主节点为"新建思维导图",也就是将要讨论的主题。可以单击主节点,改变其文本,如图 8-5 所示。

(3) 插入子节点

选中主节点,选择"插入"→"插入子节点",可以生成一个子节点,如图 8-6 所示。

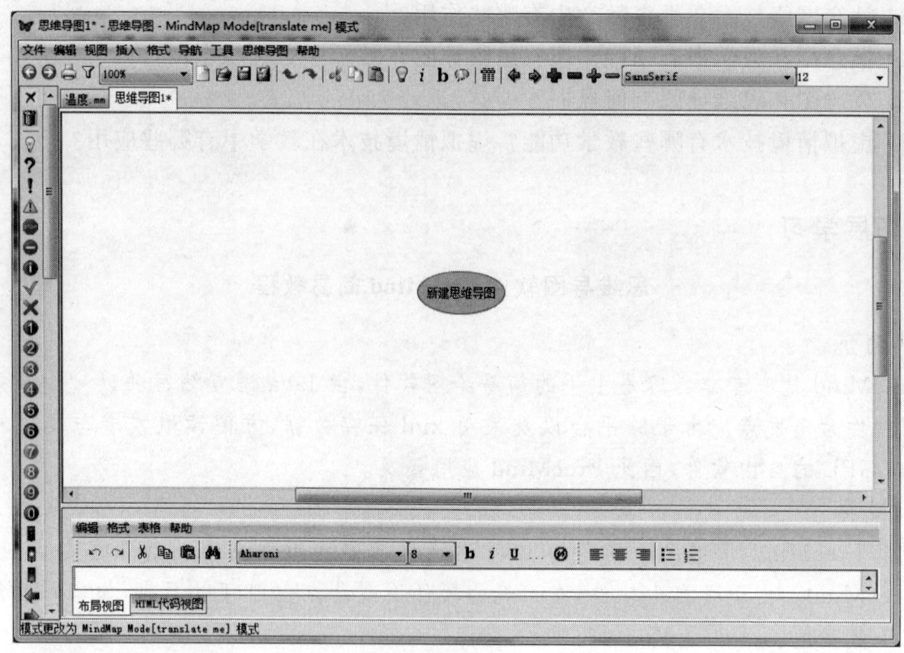

图 8-5 默认主节点

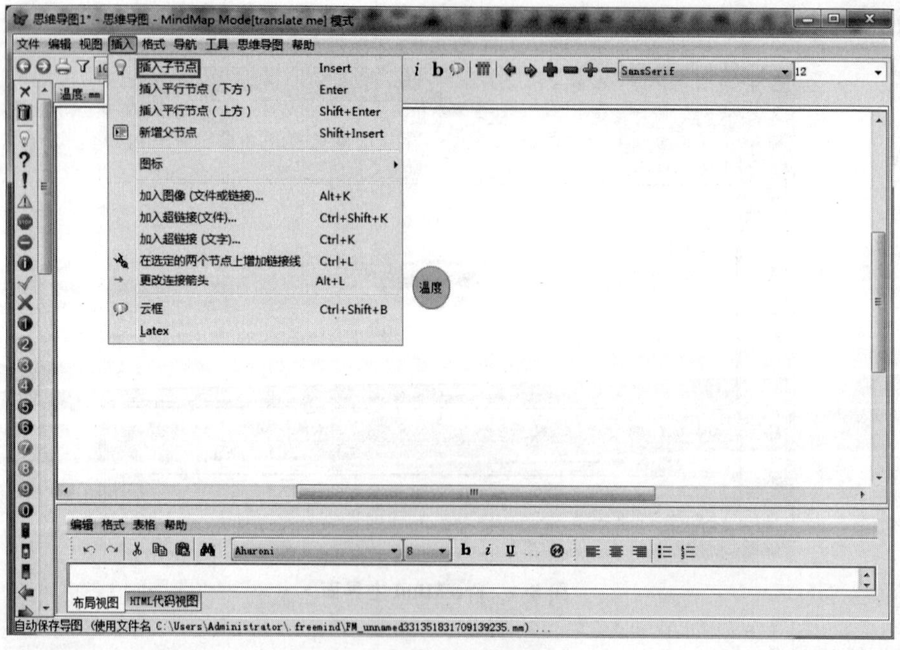

图 8-6 插入子节点

（4）输入节点内容

在子节点文本框内输入子节点内容，如图 8-7 所示。要改变节点文字的字体、颜色、大小等内容选择“编辑”→“编辑长节点”，如图 8-8 所示。长节点编辑窗口如图 8-9

所示。

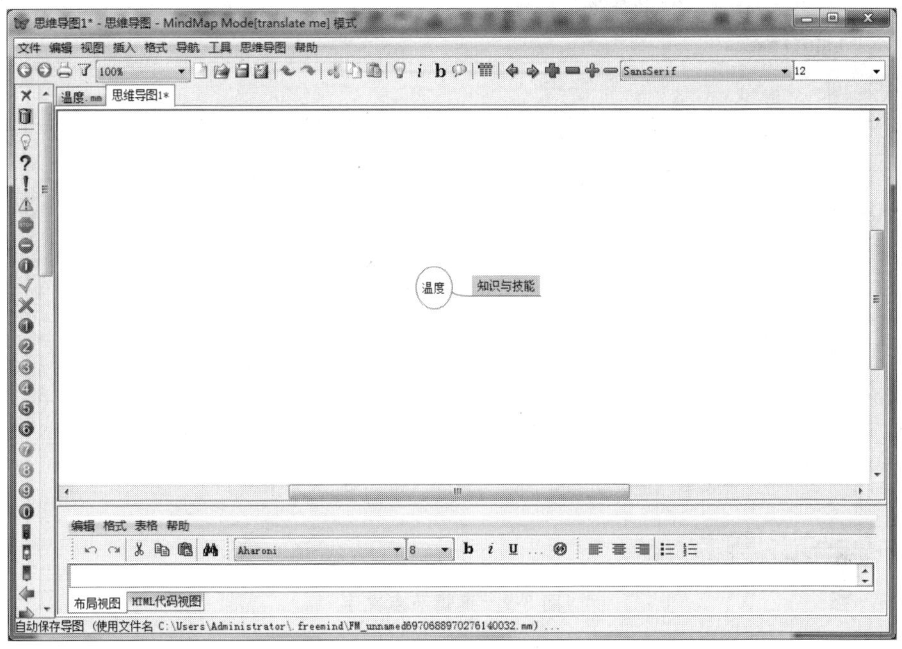

图 8-7 输入子节点内容

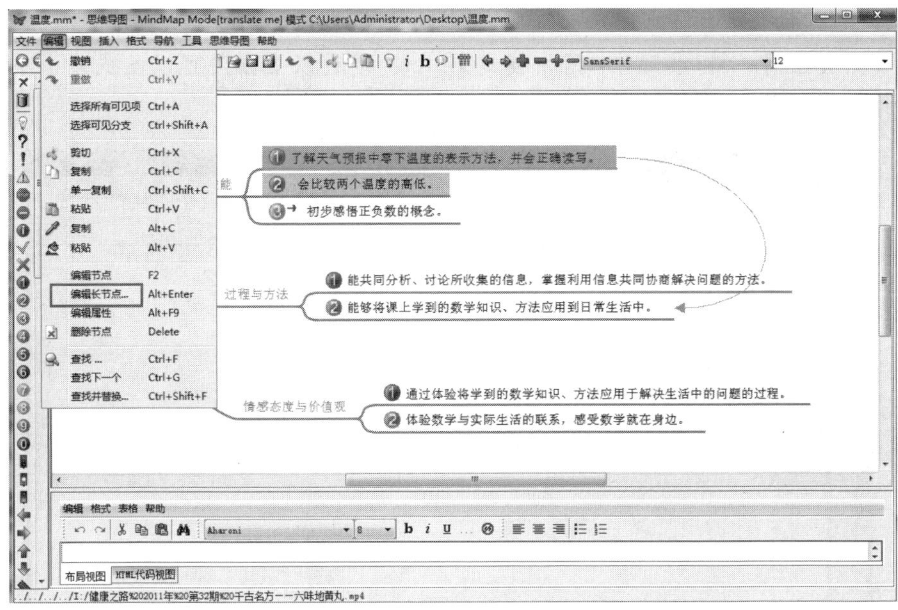

图 8-8 插入长节点

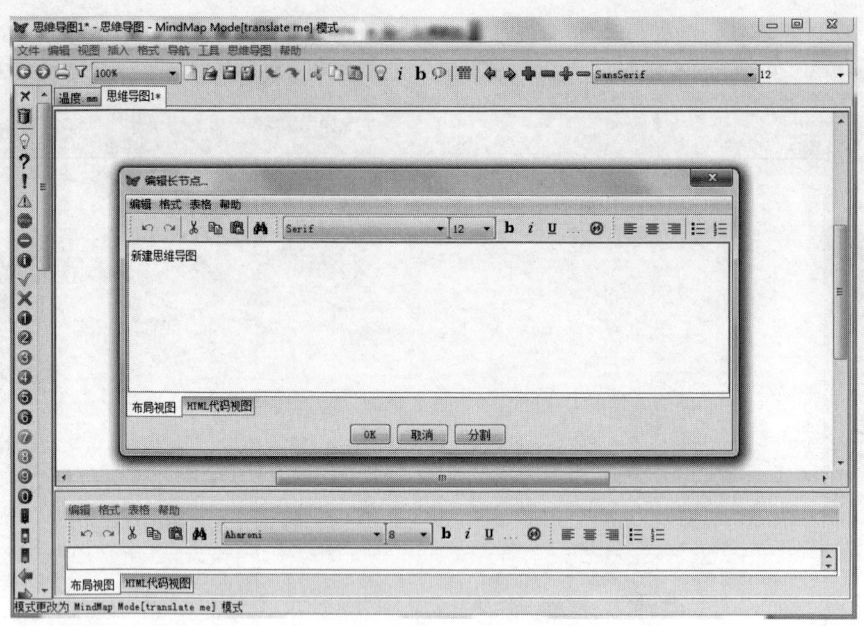

图 8-9 编辑节点文字

(5) 平行节点插入方法

可以用 3 种方式生成子节点的平行节点：第一种，重复步骤(3)；第二种，选中子节点，选择“插入”→“插入平行节点(下方)”[或者“插入平行节点(上方)”]，如图 8-10 所示，这时插入的节点会在同一侧；第三种：用快捷键 Enter。通过以上方法可以生成多个平行子节点的思维导图如图 8-11 所示。

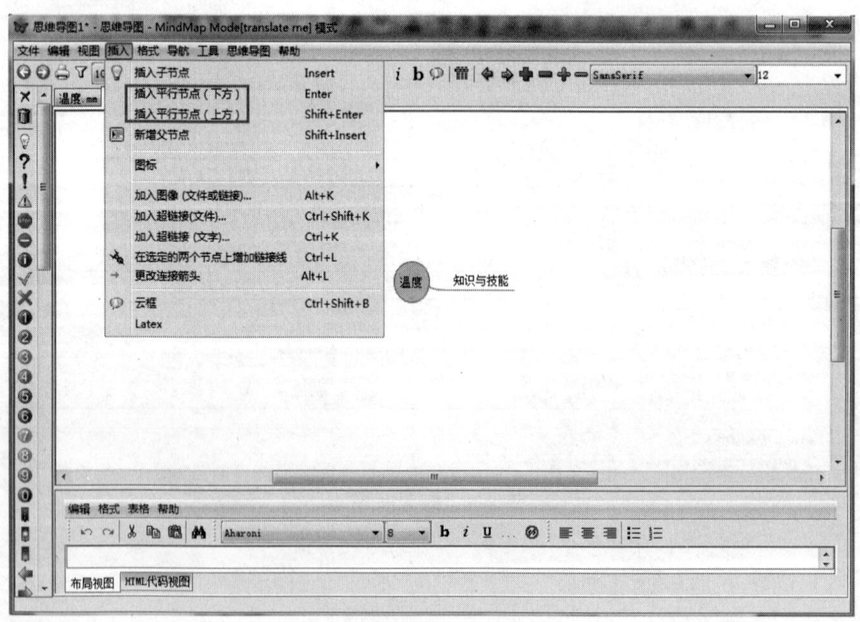

图 8-10 插入平行节点

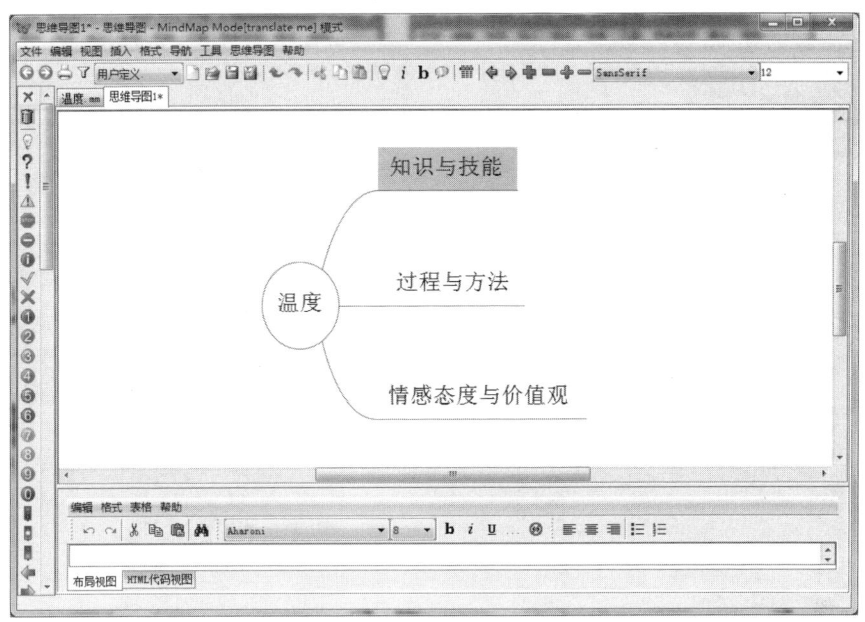

图 8-11 生成多个平行节点

(6) 为节点添加子节点

选中其中一个节点，选择“插入”→“插入子节点”，可以生成此节点的一个子节点，如图 8-12 所示，同样可以在子节点的文本框内输入相应内容，如图 8-13 所示。用(5)中的 3 种方式也可以生成该节点的平行节点，如图 8-14 所示。

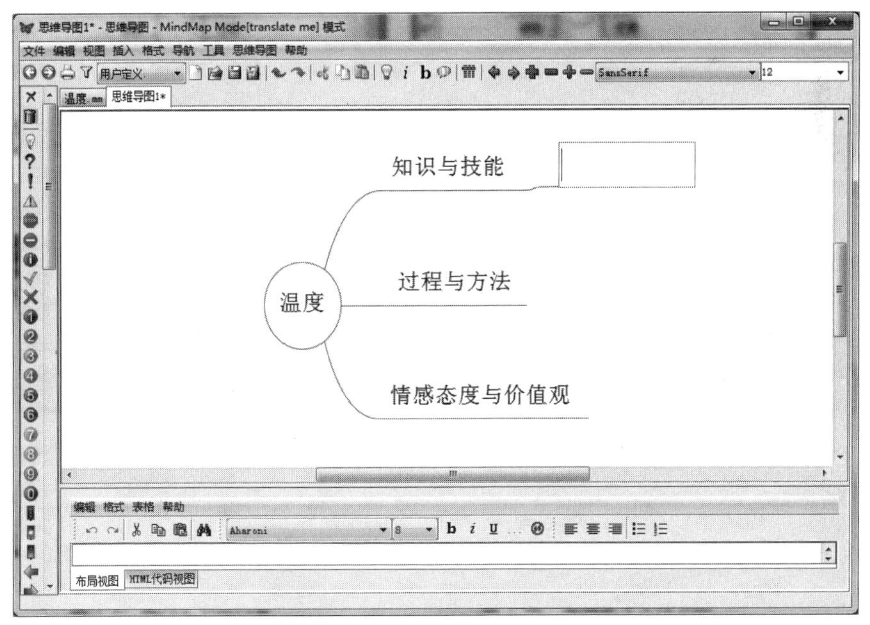

图 8-12 生成节点的子节点

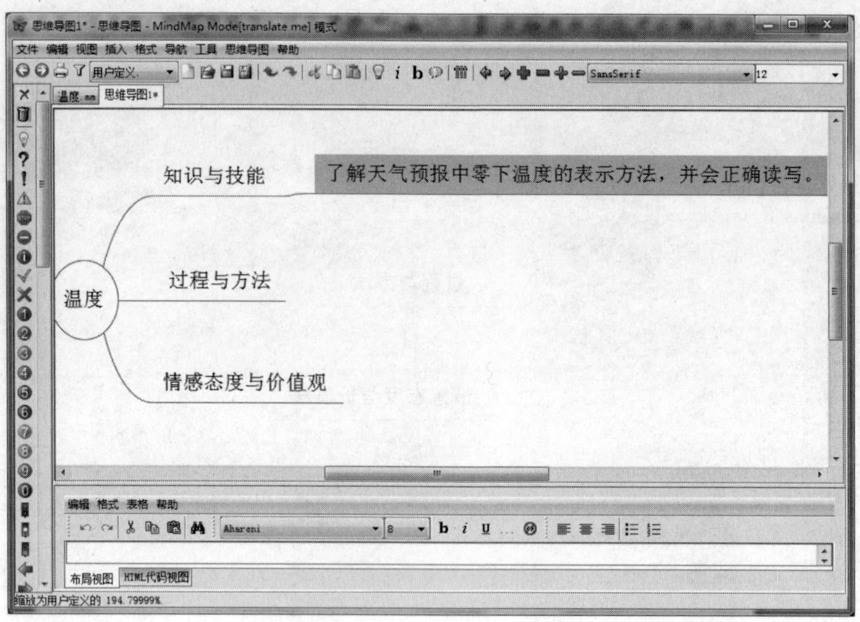

图 8-13 输入子节点内容

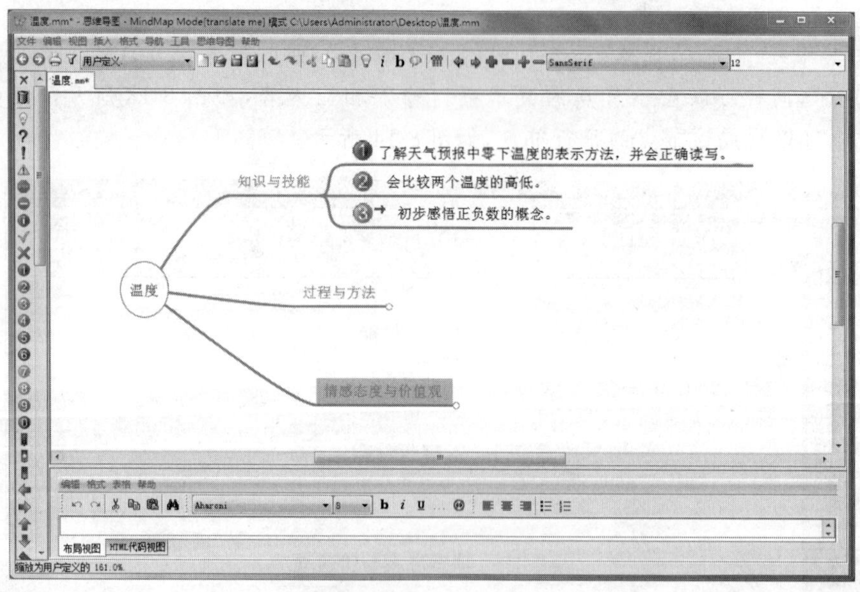

图 8-14 生成多个平行节点

现在你就可以用 FreeMind 做一个自己的思维导图了。当然，还可以增加图标、连接线、设置节点背景颜色、线条类型与样式。

参考文献

[1] 周伟涛.一对一数字化学习：课堂教学改革的有益尝试(第12版)[N].中国教育报,2012.

[2] [美]Thomas R. Guskey.教师专业发展评价[M].方乐,张英等译.北京:中国轻工业出版社,2005.

[3] 王珠珠,刘雍潜等.《中小学教育信息化建设与应用状况的调查研究》报告(下)[J].中国电化教育,2005(11).

[4] 教育部办公厅关于全面推动农村中小学现代远程教育三种模式应用的指导意见[DB/OL]. http://www.moe.edu.cn/edoas/website18/level3.jsp?tablename=1555&infoid=14904,2011-07-23.

[5] 南国农主编.信息化教育概论[M].北京：高等教育出版社,2004.

[6] 马丽.职前教师信息化教学能力提升的有效策略研究[J].内蒙古师范大学学报,2010(8).

[7] 杜玉霞.西部地区中小学信息化教学资源的优化与应用研究策略研究[D].广州：华南师范大学,2007.

[8] 王卫军.教师信息化教学能力发展研究[D].兰州：西北师范大学,2009.

[9] [美]巴巴拉·西尔斯等.教学技术：领域的定义和范畴[M].乌美娜等译.北京：中央广播电视大学出版社,1999.

[10] 南国农."中国电化教育(教育技术)发展史研究"课题研究情况汇报[J].电化教育研究,2012(10).

[11] 李克东.新编现代教育技术基础[M].上海：华东师范大学出版社,2002.

[12] 中国国务院.国家中长期教育改革与发展纲要(2010—2020年)[Z].2010.

[13] 李运林,徐福荫.教育媒体的理论与实践[M].北京：北京师范大学出版社,2009.

[14] 祝智庭,顾小清,闫寒冰.现代教育技术——走进信息化教育[M].北京：高等教育出版社,2005.

[15] 张剑平.现代教育技术理论与应用[M].北京：高等教育出版社,2006.

[16] 马晓云.浅谈现代教育媒体的选择与运用[J].现代远程教育杂志,2004(3).

[17] 搜狐.掌上电脑使用指南[DB/OL]. http://it.sohu.com/.

[18] 中国教育和科研计算机网.交互式电子白板对我国基础教育的作用和意义[DB/OL]. http://www.edu.cn/cp_6531/20090604/t20090604_381880.shtml.

[19] 中国教育和科研计算机网.选购电子白板注意哪些参数[DB/OL]. http://www.edu.cn/wang_luo_5787/20071130/t20071130_268146.shtml.

[20] 现代教育技术网络课程[DB/OL]. http://www.mdjnu.com/jsj/jyjs/xuexi22.htm.

[21] 百度文库.交互式电子白板的使用方法和技巧[DB/OL]. http://wenku.baidu.com/view/a6ee1596dd88d0d233d46a02.html.

[22] Apple Inc. apple.教育应用[DB/OL]. http://www.apple.com.cn/education/ipad/.

[23] 未来交互式电子白板的发展趋势[DB/OL]. http://home.zdjw.gov.cn/blog/u/3828/archives/2009/12243.html.

[24] 上海杰图软件技术有限公司[DB/OL]. http://www.jietusoft.com.

[25] 现代教育技术[DB/OL]. http://61.234.243.251/ec/c5/kc/kcjs/3z-7.html.

[26] 单中惠,杨汉麟.西方教育学名著提要[M].南昌：江西人民出版社,2000.

[27] 余武.教育技术——信息时代教与学[M].北京：中国科学技术大学出版社,2002.

[28] 祝智庭.现代教育技术——走向信息化教育[M].北京：教育科学出版社,2002.

[29] 罗明东等.教育技术学基础——现代教学理论与信息技术整合的探索[M].北京：科学出版社,2007.

[30] 杨改学. 解读信息化教育资源[J]. 电化教育研究,2009(3).
[31] 何克抗. 教育技术中级培训参考手册[M]. 北京：高等教育出版社,2007.
[32] 教育资源建设技术规范(CELTS-41)[DB/OL]. http://www.celtsc.edu.cn/,2011-12-20.
[33] 北京大学教育技术参考手册[DB/OL]. http://training.mspil.edu.cn/,2010-12-20.
[34] 章苏静. 数字化教学资源管理[M]. 北京：科学出版社,2008.
[35] 中小学教师教育技术能力标准(试行)[DB/OL]. http://www.edu.cn/,2010-12-20.
[36] 吴祥恩. 虚拟现实技术在"现代教育技术"课程中的应用研究[J]. 中国电化教育,2011(3).
[37] 教育技术教程[DB/OL]. http://www.cysz.com.cn/jp/xdjyjs/jyjsjcdzjc1/d208.html,2011-12-20.
[38] 北京中天灏景网络科技有限公司[DB/OL]. http://www.converse3d.com/.
[39] 广东省教育技术能力中级培训课程[DB/OL]. http://www.gdteacher.com.cn/,2011-12-20.
[40] 刘燕. 现代教育技术[J]. 因特网教学资源的开发与运用模式的探究,2002(4).
[41] 梁瑞仪. Flash 多媒体课件制作教程[M]. 北京：清华大学出版社,2010.
[42] 梁斌,曹卫真. 现代教育技术实训教程[M]. 北京：高等教育出版社,2009.
[43] 舒波. Authorware 7.0 音频素材的设计、开发及应用[J]. 中国医学教育技术,2007(2).
[44] 闪吧论坛[DB/OL]. http://space.flash8.net/bbs/thread-364669-1-1.html,2010-12-20.
[45] 李克东. 专题学习网站的建设与应用[DB/OL]. http://lhzx.szftedu.cn.
[46] 钟启泉. 课程的逻辑[M]. 上海：华东师范大学出版社,2008.
[47] 李康. 网络课程的含义及其教学设计的问题[J]. 中国远程教育,2006(9).
[48] 焦建利. 教育技术学基本理论研究[M]. 广州：广东教育出版社,2008.
[49] 柳栋. 关于学校学习网站评价方案的初步思考[J]. 网络科技时代,2001(5).
[50] 武法提. 网络教育应用[M]. 北京：高等教育出版社,2003.
[51] 王以宁. 网络教育应用[M]. 北京：高等教育出版社,2003.
[52] 丁兴富. 我国远程教育的萌芽、创建和起步[J]. 现代远距离教育,2001(1).
[53] 丁兴富. 我国组织实施跨世纪的现代远程教育工程[J]. 现代远距离教育,2001(2).
[54] 丁兴富. 我国高等教育大众化和远程教育基础设施的建设[J]. 现代远距离教育,2001(3).
[55] 贺小华. 云计算在教育中的应用[J]. 软件导刊—教育技术,2009(9).
[56] 黎加厚. 在中国教育技术协会 2008 年年会上的报告[R],2008.
[57] 万利平,陈燕. 云计算在教育信息化中的应用探究[J]. 中国教育信息化,2009(9).
[58] 孔令旗. 云计算对教育影响的探讨[J]. 焦作师范高等专科学校学报,2011(3).
[59] 郑铭. 浅议社交网络与泛在学习的实现[J]. 教学仪器与实验,2012(10).
[60] 刘芳. 博客的教育应用与展望[J]. 科技信息(学术研究),2008(2).
[61] 郁晓华,祝智庭. 微博的社会网络及其教育应用研究[J]. 现代教育技术,2010(12).
[62] 富明远. 浅谈 QQ 在教育教学以及教研中的应用[J]. 新课程(中),2012(11).
[63] 杨孝堂. 泛在学习:理论、模式与资源[J]. 中国远程教育,2011(6).
[64] 王雷. 社交网络与大学生思想政治教育途径探究[J]. 西南农业大学学报(社会科学版),2012(3).
[65] 唐颖. 基于社交网络技术的会展课程教学研究[J]. 南昌教育学院学报,2012(6).
[66] 崔希芸. 基于社交网络的大学英语教学模式探究[J]. 中国科教创新导刊,2012(31).
[67] 曾祥翊. 从国际学者对话透视教育技术发展[J]. 电化教育研究,2011(8).
[68] [爱]Desmond Keegan. 从远程学习到电子学习再到移动学习[J]. 丁兴富译. 开放教育研究,2000(5).
[69] 叶成林,徐福荫等. 移动学习研究综述[J]. 电化教育研究,2004(3).

[70] 黄荣怀,王晓晨,李玉顺. 面向移动学习的学习活动设计框架[J]. 远程教育杂志,2009(1).
[71] 郭绍青,黄建军,袁庆飞. 国外移动学习应用发展综述[J]. 电化教育研究,2011(5).
[72] 李云霄,王子亮. 移动学习发展现状及反思[J]. 中小学电教,2012(12).
[73] 高毅,崔向平. 浅析移动学习的特征及应用模式[J]. 丝绸之路,2009(4).
[74] 陈浩磊等. 虚拟现实技术的最新发展与展望[J]. 中国科技论文在线,2011(1).
[75] 全国教育信息研究"十二五"重点规划课题《思维可视化技术与学科整合的理论及实践研究》[DB/OL]. http://www.swks125.com/.
[76] 赵国庆,陆志坚."概念图"与"思维导图"辨析[J]. 中国电化教育,2004(8).
[77] 王东. 概念图软件 Inspiration 功能特点及其在教学中的应用[J]. 中国教育技术装备,2006(6).
[78] [英]东尼·博赞. 思维导图——大脑使用说明书[M]. 张鼎昆,徐克茹译. 北京:外语教学与研究出版社,2005.
[79] 向冬梅,孙冲武. 将思维导图应用于生成学习的探讨[J]. 网络科技时代,2007(8).
[80] 杨凌. 概念图、思维导图的结合对教与学的辅助性研究[J]. 电化教育研究,2006(6).
[81] 刘赣洪,张静. 概念图作为教学工具的应用探究[J]. 中国电化教育,2008(10)..
[82] 钱虹. 概念图运用于教学设计的实践研究——谈"苹果为什么会落地"的教学设计[J]. 小学时代(教育研究),2012(12).
[83] 齐伟. 概念图、思维导图在教学中的应用实例[J]. 教育技术导刊,2005(8).
[84] 胡亮萍. 小学语文阅读思维导图教学过程初探[DB/OL]. http://blog.sina.com.cn/s/blog_6aa782ba0100qy0u.html.
[85] 余卫红,陈超. 虚拟现实技术在教育教学中的应用及思考[J]. 软件导刊(教育技术),2012(8).
[86] 万波. 虚拟现实关键技术分析及其应用综述[J]. 高等函授学报(自然科学版),2000(4).